中华人民共和国行业推荐性标准

公路工程预算定额

JTG/T 3832—2018

（上　册）

主编单位：交通运输部路网监测与应急处置中心
批准部门：中华人民共和国交通运输部
实施日期：2019 年 05 月 01 日

人民交通出版社股份有限公司

律 师 声 明

图书在版编目(CIP)数据

公路工程预算定额:JTG/T 3832—2018 / 交通运输部路网监测与应急处置中心主编. — 北京:人民交通出版社股份有限公司, 2019.1

ISBN 978-7-114-14366-3

Ⅰ.①公… Ⅱ.①交… Ⅲ.①道路工程—预算定额—中国 Ⅳ.①U415.13

中国版本图书馆 CIP 数据核字(2019)第 002410 号

标准类型:**中华人民共和国行业推荐性标准**

Gonglu Gongcheng Yusuan Ding'e

标准名称:**公路工程预算定额(上册)**

标准编号:**JTG/T 3832—2018**

主编单位:**交通运输部路网监测与应急处置中心**

责任编辑:吴有铭　黎小东　王海南　侯蓓蓓

责任校对:赵媛媛

责任印制:刘高彤

出版发行:人民交通出版社股份有限公司

地　　址:(100011)北京市朝阳区安定门外外馆斜街 3 号

网　　址:http://www.ccpress.com.cn

销售电话:(010)59757973

总 经 销:人民交通出版社股份有限公司发行部

经　　销:各地新华书店

印　　刷:中国电影出版社印刷厂

开　　本:880×1230　1/32

印　　张:23.25

字　　数:748 千

版　　次:2019 年 1 月　第 1 版

印　　次:2023 年 4 月　第 4 次印刷

书　　号:ISBN 978-7-114-14366-3

定　　价:300.00 元(上、下册)

(有印刷、装订质量问题的图书,由本公司负责调换)

中华人民共和国交通运输部公告

第 86 号

交通运输部关于发布《公路工程建设项目投资估算编制办法》
《公路工程建设项目概算预算编制办法》及《公路工程
估算指标》《公路工程概算定额》《公路工程预算定额》
《公路工程机械台班费用定额》的公告

现发布《公路工程建设项目投资估算编制办法》(JTG 3820—2018)、《公路工程建设项目概算预算编制办法》(JTG 3830—2018)作为公路工程行业标准;《公路工程估算指标》(JTG/T 3821—2018)、《公路工程概算定额》(JTG/T 3831—2018)、《公路工程预算定额》(JTG/T 3832—2018)、《公路工程机械台班费用定额》(JTG/T 3833—2018)作为公路工程行业推荐性标准,自 2019 年 5 月 1 日起施行。原《公路工程基本建设项目投资估算编制办法》(JTG M20—2011)、《公路工程基本建设项目概算预算编制办法》(JTG B06—2007)、《公路工程估算指标》(JTG/T

M21—2011)、《公路工程概算定额》(JTG/T B06-01—2007)、《公路工程预算定额》(JTG/T B06-02—2007)、《公路工程机械台班费用定额》(JTG/T B06-03—2007)同时废止。

上述标准的管理权和解释权归交通运输部,日常解释和管理工作由主编单位交通运输部路网监测与应急处置中心负责。请各有关单位注意在实践中总结经验,及时将发现的问题和修改建议函告交通运输部路网监测与应急处置中心(地址:北京市朝阳区安定路5号院8号楼外运大厦21层,邮政编码:100029)。

特此公告。

中华人民共和国交通运输部
2018 年 12 月 17 日

交通运输部办公厅   2018 年 12 月 19 日印发

《公路工程预算定额》编委会

主 编 单 位：交通运输部路网监测与应急处置中心

参 编 单 位：湖南省交通运输厅交通建设造价管理站

四川省交通运输厅交通建设工程造价管理站

山西省交通运输厅公路交通工程定额站

广东省交通运输工程造价事务中心

福建省交通工程造价管理站

云南省交通运输厅工程造价管理局

贵州省交通建设工程造价管理站

河北省公路工程定额站

陕西省交通厅交通工程定额站

湖北省交通基本建设造价管理站

黑龙江省公路工程造价管理总站

北京市道路工程造价定额管理站

广西壮族自治区交通工程造价管理站

海南省交通工程造价管理站

安徽省公路工程定额站

新疆维吾尔自治区交通运输厅工程造价管理局

国道网(北京)交通科技有限公司

深圳高速工程顾问有限公司

昆明海巍科技有限公司

中交公路规划设计院有限公司

北京交科公路勘察设计研究院有限公司

主　　　　编：方　申

主要参编人员：杨志朴　王彩仙　李　宁　帖卉霞　李　燕　杨　莉　张　磊　陈永真　王春雷
　　　　　　　李　征　余佩群　杨智勇　刘小燕　胡　雷　姜永利　步越超　于泽友　管　培
　　　　　　　易万中　陈同生　莫　钧　张睿麟　雷英夏　雷晓明　马海燕　杜国艳　李光仪
　　　　　　　赵福玉　田　涛　李凤求　虞晓群　汪　昊　黄　敏　李道松　黄成锋　俞　恒
　　　　　　　刘丽华　吴　鸿　晋　敏　顾　剑　张玉峰　张胜林　杨　新　车正伟　吴　培
　　　　　　　余宏泰　胡振山　罗杏春　吴培关　张　杭　林英杰　辛广宇　向　峰　王　博
　　　　　　　刘兴庄　张贵军　王潇军　张　炬

主　　　　审：赵晞伟

参与审查人员：张建军　张慧彧　张冬青　孙　静　桂志敬　唐世强　黄成造　陈乐生　郜玉兰

李春风　杜洪烈　闫秋波　姚　沅　张艳平　张　靖　王　荣

感 谢 单 位：广东省南粤交通投资建设有限公司
　　　　　　　中交第二航务工程局有限公司
　　　　　　　中交第二公路工程局有限公司
　　　　　　　中铁大桥局集团有限公司
　　　　　　　四川公路桥梁建设集团有限公司
　　　　　　　北京中交京纬公路造价技术有限公司
　　　　　　　北京云星宇交通工程有限公司
　　　　　　　北京公科飞达交通工程发展有限公司
　　　　　　　山西省交通科学研究院

总　说　明

一、《公路工程预算定额》(JTG/T 3832—2018)(以下简称本定额)是全国公路专业定额。它是编制施工图预算的依据,也是编制工程概算定额(指标)的基础,适用于公路建设新建与改扩建工程。

二、本定额是以人工、材料、机械台班消耗量表现的公路工程预算定额。编制预算时,其人工费、材料费、机械使用费,应按现行《公路工程建设项目概算预算编制办法》(JTG 3830—2018)的规定计算。

三、本定额包括路基工程、路面工程、隧道工程、桥涵工程、交通工程及沿线设施、绿化及环境保护工程、临时工程、材料采集及加工、材料运输共九章及附录。

四、本定额是按照合理的施工组织和一般正常的施工条件编制的。定额中所采用的施工方法和工程质量标准,是根据国家现行的公路工程施工技术及验收规范、质量评定标准及安全操作规程取定的,除定额中规定允许换算者外,均不得因具体工程的施工组织、操作方法和材料消耗与定额的规定不同而调整定额。

五、本定额除潜水工作每工日 6h、隧道工作每工日 7h 外,其余均按每工日 8h 计算。

六、定额中的工程内容,均包括定额项目的全部施工过程。定额内除扼要说明施工的主要操作工序外,均包括准备与结束、场内操作范围内的水平与垂直运输、材料工地小搬运、辅助和零星用工、工具及机械小修、场地清理等工程内容。

七、本定额中的材料消耗量是按现行材料标准的合格料和标准规格料计算的。定额内材料、成品、半成品均已包括场内运输及操作损耗,编制预算时,不得另行增加。其场外运输损耗、仓库保管损耗应在材料预算价格内考虑。

八、本定额中周转性的材料、模板、支撑、脚手杆、脚手板和挡土板等的数量,已考虑了材料的正常周转次数并计入定额内。其中,就地浇筑钢筋混凝土梁用的支架及拱圈用的拱盔、支架,如确因施工安排达不到规定的周转次数时,可根据具体情况进行换算并按规定计算回收,其余工程一般不予抽换。

九、定额中列有的混凝土、砂浆的强度等级和用量,其材料用量已按附录二中配合比表规定的数量列入定额,不得重算。如设计采用的混凝土、砂浆强度等级或水泥强度等级与定额所列强度等级不同时,可按配合比表进行换算。但实际施工配合比材料用量与定额配合比表用量不同时,除配合比表说明中允许换算者外,均不得调整。

混凝土、砂浆配合比表的水泥用量,已综合考虑了采用不同品种水泥的因素,实际施工中不论采用何种水泥,均不得调整定额用量。

十、本定额中各类混凝土均未考虑外掺剂的费用,当设计需要添加外掺剂时,可按设计要求另行计算外掺剂的费用并适当调整定额中的水泥用量。

十一、本定额中各类混凝土均按施工现场拌和进行编制;当采用商品混凝土时,可将相关定额中的水泥、中(粗)砂、碎石的消耗量扣除,并按定额中所列的混凝土消耗量增加商品混凝土的消耗。

十二、水泥混凝土、钢筋、模板工程的一般规定列在第四章说明中,该规定同样适用于其他各章。

十三、本定额中各项目的施工机械种类、规格是按一般合理的施工组织确定的,如施工中实际采用机械的种类、规格与定额规定的不同时,一律不得换算。

十四、本定额中施工机械的台班消耗,已考虑了工地合理的停置、空转和必要的备用量等因素。编制预算的台班单价,应按《公路工程机械台班费用定额》(JTG/T 3833—2018)分析计算。

十五、本定额中只列工程所需的主要材料用量和主要机械台班数量。对于次要、零星材料和小型施工机具均未一一列出,分别列入"其他材料费"及"小型机具使用费"内,以元表示,编制预算即按此计算。

十六、其他未包括的项目,各省级公路造价管理部门可编制补充定额在本地区执行;还缺少的项目,各设计单位可编制补充定额,随同预算文件一并送审。所有补充定额均应按照本定额的编制原则、方法进行编制,并将数据上传至"公路工程造价依据信息管理平台"。

十七、定额表中注明"某某数以内"或"某某数以下"者,均包括某某数本身;而注明"某某数以外"或"某某数以上"者,则不包括某某数本身。定额内数量带"(   )"者,则表示基价中未包括其价值。

十八、本定额中凡定额名称中带有"※"号者,均为参考定额,使用定额时,可根据情况进行调整。

十九、本定额的基价是人工费、材料费、机械使用费的合计价值。基价中的人工费、材料费按附录四计算,机械使用费按《公路工程机械台班费用定额》(JTG/T 3833—2018)计算。项目所在地海拔超过3000m以上,人工、材料、机械基价乘以系数1.3。

二十、定额中的"工料机代号"系编制概预算采用电子计算机计算时作为对工、料、机械名称识别的符号,不应随意变动。编制补充定额时,遇有新增材料或机械,编码采用7位,第1、2位取相近品种的材料或机械代号,第3、4位采用偶数编制,后3位采用顺序编制。

总 目 录

上 册

下　　册

上 册 目 录

第一章　路基工程

说　明

本章定额包括路基土、石方工程,特殊路基处理工程,排水工程和防护工程等项目。

土壤岩石类别划分:

本章定额按开挖的难易程度将土壤、岩石分为六类。土壤分为三类:松土、普通土、硬土;岩石分为三类:软石、次坚石、坚石。

本章定额土、石分类与六级土、石分类和十六级土、石分类对照表如下:

本章定额分类	松土	普通土	硬土	软石	次坚石	坚石
六级分类	I	II	III	IV	V	VI
十六级分类	I ~ II	III	IV	V ~ VI	VII ~ IX	X ~ XVI

第一节　路基土、石方工程

说　明

1. "人工挖运土石方""人工开炸石方""机械打眼开炸石方""控制爆破石方""抛坍爆破石方""挖掘机带破碎锤破碎石方"等定额中,已包括开挖边沟消耗的人工、材料和机械台班数量。因此,开挖边沟的数量应合并在路基土、石方数量内计算。

2. 各种开炸石方定额中,均已包括清理边坡工作。

3. 机械施工土、石方,挖方部分机械达不到,需由人工完成的工程量由施工组织设计确定。其中,人工操作部分,按相应定额乘以系数 1.15。

4. 抛坍爆破石方定额按地面横坡坡度划分,地面横坡变化复杂,为简化计算,凡变化长度在 20m 以内,以及零星变化长度累计不超过设计长度的 10% 时,可并入附近路段计算。

5. 自卸汽车运输路基土、石方定额项目和洒水汽车洒水定额项目,仅适用于平均运距在 15km 以内的土、石方或水的运输。当运距超过第一个定额运距单位时,其运距尾数不足一个增运定额单位的半数时不计,等于或超过半数时按一个增运定额运距单位计算。当平均运距超过 15km 时,应按市场运价计算其运输费用。

6. 路基加宽填筑部分如需清除时,按刷坡定额中普通土子目计算;清除的土方如需远运,按土方运输定额计算。

7. 下列数量应由施工组织设计提出,并入路基填方数量内计算:

(1)清除表土或零填方地段的基底压实、耕地填前夯(压)实后,回填至原地面高程所需的土、石方数量。

(2)因路基沉陷需增加填筑的土、石方数量。

（3）为保证路基边缘的压实度须加宽填筑时，所需的土、石方数量。

8. 工程量计算规则：

（1）土石方体积的计算。

除定额中另有说明者外，土方挖方按天然密实体积计算，填方按夯（压）实后的体积计算；石方爆破按天然密实体积计算。当以填方压实体积为工程量，采用以天然密实方为计量单位的定额时，如路基填方为利用方，所采用的定额乘以下列系数；如路基填方为借方，则应在下列系数基础上增加 0.03 的损耗。

公 路 等 级	土方			石方
	松土	普通土	硬土	
二级及二级以上公路	1.23	1.16	1.09	0.92
三、四级公路	1.11	1.05	1.00	0.84

（2）零填及挖方地段基底压实面积等于路槽底面的宽度（m）和长度（m）的乘积。

（3）抛坍爆破的工程量，按设计的抛坍爆破石方体积计算。

（4）整修边坡的工程量，按公路路基长度计算。

1-1-1 伐树、挖根、除草、清除表土

工程内容 伐树:1)锯(砍)倒;2)断枝;3)截断;4)运出路基外;5)场地清理。
挖根:1)起土挖根;2)场地清理;3)运出路基外。
除草:1)割草;2)挖根(连根挖);3)场地清理。
清除表土:推土机推挖表土,推出路基外。

单位:表列单位

顺序号	项 目	单位	代号	伐树及挖根(10棵) 树(直径10cm以上)			砍挖灌木林(1000m²) (直径10cm以内)		除草(1000m²)				挖竹根(10m³)	清除表土(100m³) 推土机功率(kW)	
				人工伐树及挖根	人工伐树,挖掘机挖树根 挖掘机斗容(m³)		稀	密	人工割草	人工挖草皮	推土机推除草皮 推土机功率(kW)			90以内	135以内
					1.0以内	2.0以内					90以内	135以内			
				1	2	3	4	5	6	7	8	9	10	11	12
1	人工	工日	1001001	3.5	1.2	1.2	6.2	13.6	2	14.1	—	—	0.3	0.4	0.4
2	90kW以内履带式推土机	台班	8001003	—	—	—	—	—	—	—	0.3	—	—	0.21	—
3	135kW以内履带式推土机	台班	8001006	—	—	—	—	—	—	—	—	0.18	—	—	0.12
4	1.0m³以内履带式液压单斗挖掘机	台班	8001027	—	0.07	—	—	—	—	—	—	—	0.05	—	—
5	2.0m³以内履带式液压单斗挖掘机	台班	8001030	—	—	0.05	—	—	—	—	—	—	—	—	—

顺序号	项 目	单位	代 号	伐树及挖根(10棵) 树(直径10cm以上) 人工伐树及挖根	伐树及挖根(10棵) 人工伐树,挖掘机挖树根 挖掘机斗容(m³) 1.0以内	挖掘机斗容(m³) 2.0以内	砍挖灌木林(1000m²) (直径10cm以内) 稀	砍挖灌木林 密	除草(1000m²) 人工割草	人工挖草皮	推土机推除草皮 推土机功率(kW) 90以内	推土机功率(kW) 135以内	挖竹根(10m³)	清除表土(100m³) 推土机功率(kW) 90以内	推土机功率(kW) 135以内
				1	2	3	4	5	6	7	8	9	10	11	12
6	小型机具使用费	元	8099001	17.7	17.7	17.7	—	—	—	—	—	—	—	—	—
7	基价	元	9999001	390	229	220	659	1445	213	1499	314	288	92	262	235

注:1. 挖竹根按挖坑体积计算;挖芦苇根按挖竹根乘以系数0.73。

2. 砍挖灌木林,每1000m² 灌木林220棵以下为稀,220棵以上为密。

3. 清除表土和除草定额不可同时套用。清除的表土如需远运,按土方运输定额另行计算。

1 – 1 – 2　挖淤泥、湿土、流沙

工程内容　人工挖运:1)挖;2)装;3)运输;4)卸除;5)空回。

挖掘机挖装:1)挖掘机就位;2)挖淤泥、流沙;3)装车或堆放一边;4)移动位置;5)清理工作面。

抽水机抽水:1)抽水机就位;2)排水管安放;3)抽水。

单位:1000m³

顺序号	项　目	单位	代号	人工挖运				挖掘机挖装淤泥、流沙	抽水机抽水
				第一个20m挖运			手推车运输每增运10m		
				淤泥	砂性湿土	黏性湿土			
				1	2	3	4	5	6
1	人工	工日	1001001	386.3	212.9	276.8	8	6.5	3
2	90kW以内履带式推土机	台班	8001003	–	–	–	–	1.12	–
3	1.0m³以内履带式液压单斗挖掘机	台班	8001027	–	–	–	–	3.76	–
4	φ150mm电动单级离心水泵	台班	8013003	–	–	–	–	–	3.2
5	基价	元	9999001	41056	22627	29418	850	6356	781

注:1. 本章定额不包括挖掘机的场内支垫费用,如发生,按实计算。

2. 挖掘机挖装淤泥、流沙如需远运,按土方运输定额乘以系数1.1另行计算。

1-1-3 人工挖及开炸多年冻土

工程内容 人工挖:1)挖、撬、打碎;2)装土;3)运送;4)卸除;5)空回。

人工开炸:1)打眼爆破;2)撬落打碎;3)装土;4)运送;5)卸除;6)空回。

单位:1000m³

顺序号	项 目	单位	代 号	第一个20m		手推车运输每增运10m
				人工挖运	人工开炸运	
				1	2	3
1	人工	工日	1001001	687.3	293	9
2	钢钎	kg	2009002	–	18	–
3	煤	t	3005001	–	0.171	–
4	硝铵炸药	kg	5005002	–	180	–
5	非电毫秒雷管	个	5005008	–	385	–
6	导爆索	m	5005009	–	503	–
7	其他材料费	元	7801001	–	16.1	–
8	基价	元	9999001	73046	35768	957

1−1−4 挖土质台阶

工程内容 1)画线挖土;2)将土抛到填方处。

单位:1000m³

顺序号	项 目	单位	代 号	人工挖台阶			挖掘机挖台阶		
				松土	普通土	硬土	松土	普通土	硬土
				1	2	3	4	5	6
1	人工	工日	1001001	17.4	28.1	43.7	1.6	1.9	2.1
2	1.0m³ 以内履带式液压单斗挖掘机	台班	8001027	−	−	−	1.12	1.3	1.49
3	基价	元	9999001	1849	2986	4644	1508	1755	2004

1-1-5 填前夯(压)实及填前挖松

工程内容 填前夯(压)实:原地面平整,夯(压)实。

填前挖松:将土挖松。

单位:1000m²

顺序号	项 目	单位	代 号	填前夯(压)实				填前挖松
				人工夯实	履带式拖拉机		12~15t 光轮压路机	
					功率(kW)			
					75 以内	120 以内		
				1	2	3	4	5
1	人工	工日	1001001	25.8	2	2	2	4.9
2	75kW 以内履带式拖拉机	台班	8001066	–	0.16	–	–	–
3	120kW 以内履带式拖拉机	台班	8001068	–	–	0.11	–	–
4	12~15t 光轮压路机	台班	8001081	–	–	–	0.27	–
5	基价	元	9999001	2742	317	333	371	521

注:1. 夯(压)实如需用水时,备水费用另行计算。

2. 填前挖松适用于地面横坡 1:10~1:5。

3. 二级及二级以上公路的填前压实应采用压路机压实。

— 9 —

1-1-6 人工挖运土方、装运石方

工程内容 人工挖运土方:1)挖松;2)装土;3)运送;4)卸除;5)空回。

人工装运石方:1)装石方;2)运送;3)卸除;4)空回。

单位:1000m³ 天然密实方

顺序号	项 目	单位	代 号	挖运土方				装运石方			
				第一个20m			手推车运土每增运10m	第一个20m			手推车运石每增运10m
				松土	普通土	硬土		软石	次坚石	坚石	
				1	2	3	4	5	6	7	8
1	人工	工日	1001001	113.7	145.5	174.6	5.9	167.6	192.8	221.7	7.7
2	基价	元	9999001	12084	15464	18556	627	17813	20491	23562	818

注:1. 当采用人工挖、装土方,机动翻斗车运输时,其挖、装所需的人工按第一个20m挖运定额减去30.0工日计算;当采用人工装石方,机动翻斗车运输时,其装石所需的人工按第一个20m装运定额减去52.0工日计算。

2. 当采用人工挖、装、卸土方,手扶拖拉机运输时,其挖、装、卸所需的人工按第一个20m挖运定额减去18.0工日计算;当采用人工装、卸石方,手扶拖拉机运输时,其装、卸所需的人工按第一个20m装运定额减去32.0工日计算。

3. 石方开炸按相应定额计算,本章定额只考虑爆破后的人工装运。

4. 当遇升降坡时,除按水平距离计算运距外,并按下表增加运距:

项 目	升降坡度	高度差	
		每升高1m	每降低1m
手推车运输	0%~5%	不增加	不增加
	5%~10%	15m	5m
	10%以上	25m	8m

1-1-7 夯实填土

工程内容 1)打碎土块并耙平;2)洒水或风干土壤;3)分层夯实。

单位:1000m³ 压实方

顺序号	项　　目	单位	代　号	夯实填土	
				人工夯实	夯土机夯实
				1	2
1	人工	工日	1001001	85	48.8
2	蛙式夯土机	台班	8001095	−	70.42
3	基价	元	9999001	9034	7291

注:如需洒水,备水费用另行计算。

1-1-8 机动翻斗车、手扶拖拉机配合人工运土、石方

工程内容 等待装、卸车、运送、空回。

单位:1000m³ 天然密实方

顺序号	项 目	单位	代 号	机动翻斗车						手扶拖拉机					
				第一个 100m		每增运 50m				第一个 100m		每增运 50m			
						平均运距(m)						平均运距（m）			
						500 以内		1000 以内				500 以内		1000 以内	
				土方	石方	土方	石方	土方	石方	土方	石方	土方	石方	土方	石方
				1	2	3	4	5	6	7	8	9	10	11	12
1	1t 以内机动翻斗车	台班	8007046	26.85	32.33	1.79	1.95	1.63	1.77	–	–	–	–	–	–
2	手扶式拖拉机(带拖斗)	台班	8007054	–	–	–	–	–	–	33.55	39.54	1.78	1.93	1.62	1.76
3	基价	元	9999001	5712	6877	381	415	347	377	6915	8149	367	398	334	363

注:1.本章定额不包括人工挖土、开炸石方及装、卸车的工料消耗,需要时按"人工挖运土方、装运石方"定额附注的有关规定计算。

2.本章定额不适用运距超过1000m的情况。

1-1-9 挖掘机挖装土、石方

工程内容 挖掘机就位,开辟工作面,挖土或爆破后石方,装车,移位,清理工作面。

单位:1000m³ 天然密实方

顺序号	项 目	单位	代 号	挖装土方								
				斗容量(m³)								
				0.6 以内			1.0 以内			2.0 以内		
				松土	普通土	硬土	松土	普通土	硬土	松土	普通土	硬土
				1	2	3	4	5	6	7	8	9
1	人工	工日	1001001	2.7	3.1	3.4	2.7	3.1	3.4	2.7	3.1	3.4
2	0.6m³ 以内履带式液压单斗挖掘机	台班	8001025	2.7	3.16	3.64	–	–	–	–	–	–
3	1.0m³ 以内履带式液压单斗挖掘机	台班	8001027	–	–	–	1.7	1.98	2.26	–	–	–
4	2.0m³ 以内履带式液压单斗挖掘机	台班	8001030	–	–	–	–	–	–	1.14	1.3	1.47
5	基价	元	9999001	2535	2960	3391	2318	2696	3062	1998	2281	2568

单位:1000m³ 天然密实方

顺序号	项　目	单位	代　号	装石方					
				斗容量(m³)					
				1.0 以内			2.0 以内		
				软石	次坚石	坚石	软石	次坚石	坚石
				10	11	12	13	14	15
1	人工	工日	1001001	3.4	3.78	4.15	3.4	3.78	4.15
2	1.0m³ 以内履带式液压单斗挖掘机	台班	8001027	2.28	2.51	2.89	–	–	–
3	2.0m³ 以内履带式液压单斗挖掘机	台班	8001030	–	–	–	1.6	1.75	2.02
4	基价	元	9999001	3086	3401	3895	2763	3029	3474

注:土方不需装车时,应乘以系数0.87。

1-1-10 装载机装土、石方

工程内容 1)铲装土方或爆破后石方;2)装车;3)调位;4)清理工作面。

单位:1000m³ 天然密实方

顺序号	项 目	单位	代 号	土方			软石			次坚石、坚石		
				装载机斗容量(m³)								
				1以内	2以内	3以内	1以内	2以内	3以内	1以内	2以内	3以内
				1	2	3	4	5	6	7	8	9
1	1.0m³ 以内轮胎式装载机	台班	8001045	2.49	–	–	3.79	–	–	5.02	–	–
2	2.0m³ 以内轮胎式装载机	台班	8001047	–	1.41	–	–	2.13	–	–	2.81	–
3	3.0m³ 以内轮胎式装载机	台班	8001049	–	–	1.08	–	–	1.59	–	–	2.1
4	基价	元	9999001	1457	1390	1350	2218	2099	1987	2938	2769	2625

注:1. 装载机装土方如需推土机配合推松、集土时,其人工、推土机台班的数量按"推土机推运土方"第一个20m定额乘以0.8系数计算。

2. 装载机与自卸汽车可按下表配备:

装载机斗容量(m³)	1以内		2以内		3以内		
汽车装载质量(t)	6以内	8以内	10以内	12以内	15以内	20以内	30以内

1-1-11 自卸汽车运土、石方

工程内容 1)等待装、运、卸;2)空回。

单位:1000m³ 天然密实方

顺序号	项 目	单位	代 号	土方									
				自卸汽车装载质量(t)									
				6 以内		8 以内		10 以内		12 以内		15 以内	
				第一个 1km	每增运 0.5km	第一个 1km	每增运 0.5km	第一个 1km	每增运 0.5km	第一个 1km	每增运 0.5km	第一个 1km	每增运 0.5km
				1	2	3	4	5	6	7	8	9	10
1	6t 以内自卸汽车	台班	8007013	11.19	1.44	–	–	–	–	–	–	–	–
2	8t 以内自卸汽车	台班	8007014	–	–	8.25	1.15	–	–	–	–	–	–
3	10t 以内自卸汽车	台班	8007015	–	–	–	–	6.82	0.83	–	–	–	–
4	12t 以内自卸汽车	台班	8007016	–	–	–	–	–	–	5.96	0.72	–	–
5	15t 以内自卸汽车	台班	8007017	–	–	–	–	–	–	–	–	5.01	0.58
6	基价	元	9999001	6443	829	5611	782	5178	630	5015	606	4643	538

单位:1000m³ 天然密实方

顺序号	项 目	单位	代 号	土方				石方					
				自卸汽车装载质量(t)									
				20 以内		30 以内		6 以内		8 以内		10 以内	
				第一个 1km	每增运 0.5km	第一个 1km	每增运 0.5km	第一个 1km	每增运 0.5km	第一个 1km	每增运 0.5km	第一个 1km	每增运 0.5km
				11	12	13	14	15	16	17	18	19	20
1	6t 以内自卸汽车	台班	8007013	–	–	–	–	13.86	1.71	–	–	–	–
2	8t 以内自卸汽车	台班	8007014	–	–	–	–	–	–	10.71	1.39	–	–
3	10t 以内自卸汽车	台班	8007015	–	–	–	–	–	–	–	–	8.45	1.14
4	20t 以内自卸汽车	台班	8007019	3.84	0.43	–	–	–	–	–	–	–	–
5	30t 以内自卸汽车	台班	8007020	–	–	2.88	0.32	–	–	–	–	–	–
6	基价	元	9999001	4303	482	3906	434	7980	985	7285	945	6415	865

单位:1000m³ 天然密实方

顺序号	项 目	单位	代 号	石方							
				自卸汽车装载质量(t)							
				12 以内		15 以内		20 以内		30 以内	
				第一个 1km	每增运 0.5km	第一个 1km	每增运 0.5km	第一个 1km	每增运 0.5km	第一个 1km	每增运 0.5km
				21	22	23	24	25	26	27	28
1	12t 以内自卸汽车	台班	8007016	7.3	0.96	–	–	–	–	–	–
2	15t 以内自卸汽车	台班	8007017	–	–	6.18	0.74	–	–	–	–
3	20t 以内自卸汽车	台班	8007019	–	–	–	–	4.75	0.57	–	–
4	30t 以内自卸汽车	台班	8007020	–	–	–	–	–	–	3.56	0.42
5	基价	元	9999001	6143	808	5728	686	5322	639	4828	570

1-1-12 推土机推土、石方

工程内容 推土方:1)推土;2)空回;3)整理卸土。
推石方:1)推运爆破后石方;2)空回;3)整理。

单位:1000m³ 天然密实方

顺序号	项 目	单位	代 号	土方											
				推土机功率(kW)											
				75 以内				90 以内				105 以内			
				第一个20m			每增运10m	第一个20m			每增运10m	第一个20m			每增运10m
				松土	普通土	硬土		松土	普通土	硬土		松土	普通土	硬土	
				1	2	3	4	5	6	7	8	9	10	11	12
1	人工	工日	1001001	2.4	2.6	2.9	–	2.4	2.6	2.9	–	2.4	2.6	2.9	–
2	75kW 以内履带式推土机	台班	8001002	2.43	2.66	3.51	0.94	–	–	–	–	–	–	–	–
3	90kW 以内履带式推土机	台班	8001003	–	–	–	–	1.98	2.15	2.61	0.72	–	–	–	–
4	105kW 以内履带式推土机	台班	8001004	–	–	–	–	–	–	–	–	1.68	1.87	2.08	0.64
5	基价	元	9999001	2404	2628	3412	831	2328	2527	3040	754	2237	2483	2762	755

单位:1000m³ 天然密实方

顺序号	项 目	单位	代 号	土方											
				推土机功率(kW)											
				135 以内				165 以内				240 以内			
				第一个 20m			每增运 10m	第一个 20m			每增运 10m	第一个 20m			每增运 10m
				松土	普通土	硬土		松土	普通土	硬土		松土	普通土	硬土	
				13	14	15	16	17	18	19	20	21	22	23	24
1	人工	工日	1001001	2.4	2.6	2.9	–	2.4	2.6	2.9	–	2.4	2.6	2.9	–
2	135kW 以内履带式推土机	台班	8001006	1.09	1.21	1.34	0.4	–	–	–	–	–	–	–	–
3	165kW 以内履带式推土机	台班	8001007	–	–	–	–	0.88	0.97	1.08	0.32	–	–	–	–
4	240kW 以内履带式推土机	台班	8001008	–	–	–	–	–	–	–	–	0.62	0.67	0.76	0.23
5	基价	元	9999001	2000	2213	2453	640	1923	2114	2355	606	1715	1854	2098	542

单位:1000m³ 天然密实方

顺序号	项 目	单位	代 号	石方											
				推土机功率(kW)											
				105 以内						135 以内					
				第一个 20m			每增运 10m			第一个 20m			每增运 10m		
				软石	次坚石	坚石	软石	次坚石	坚石	软石	次坚石	坚石	软石	次坚石	坚石
				25	26	27	28	29	30	31	32	33	34	35	36
1	人工	工日	1001001	3.2	3.6	3.9	–	–	–	3.2	3.6	3.9	–	–	–
2	105kW 以内履带式推土机	台班	8001004	2.73	3.03	3.44	0.89	0.98	1.08	–	–	–	–	–	–
3	135kW 以内履带式推土机	台班	8001006	–	–	–	–	–	–	1.78	2.03	2.23	0.55	0.61	0.67
4	基价	元	9999001	3561	3958	4473	1050	1156	1274	3189	3632	3984	880	976	1072

单位:1000m³ 天然密实方

顺序号	项 目	单位	代 号	石方											
				推土机功率(kW)											
				165 以内						240 以内					
				第一个20m			每增运10m			第一个20m			每增运10m		
				软石	次坚石	坚石	软石	次坚石	坚石	软石	次坚石	坚石	软石	次坚石	坚石
				37	38	39	40	41	42	43	44	45	46	47	48
1	人工	工日	1001001	3.2	3.6	3.9	-	-	-	3.2	3.6	3.9	-	-	-
2	165kW 以内履带式推土机	台班	8001007	1.42	1.58	1.79	0.44	0.49	0.53	-	-	-	-	-	-
3	240kW 以内履带式推土机	台班	8001008	-	-	-	-	-	-	1	1.12	1.23	0.32	0.35	0.38
4	基价	元	9999001	3031	3377	3806	834	929	1004	2695	3021	3311	754	824	895

注:上坡推运的坡度大于10%时,按坡面的斜距乘以表列系数作为运距:

坡度 i(%)	$10 < i \leqslant 20$	$20 < i \leqslant 25$	$25 < i \leqslant 30$
系数	1.5	2.0	2.5

1-1-13 铲运机铲运土方

工程内容 铲运土、分层铺土、空回、整理卸土。

单位:1000m³ 天然密实方

顺序号	项 目	单位	代 号	拖式铲运机斗容(m³)											
				8 以内				10 以内				12 以内			
				第一个100m			每增运50m	第一个100m			每增运50m	第一个100m			每增运50m
				松土	普通土	硬土		松土	普通土	硬土		松土	普通土	硬土	
				1	2	3	4	5	6	7	8	9	10	11	12
1	人工	工日	1001001	2.4	2.6	2.9	–	2.4	2.6	2.9	–	2.4	2.6	2.9	–
2	75kW 以内液压履带推土机	台班	8001002	0.26	0.32	0.56	–	0.2	0.24	0.42	–	0.14	0.19	0.32	–
3	8m² 以内拖式机械铲运机	台班	8001022	2.16	2.66	3.31	0.48	–	–	–	–	–	–	–	–
4	10m³ 以内拖式机械铲运机	台班	8001023	–	–	–	–	1.65	2.03	2.53	0.35	–	–	–	–
5	12m³ 以内拖式机械铲运机	台班	8001024	–	–	–	–	–	–	–	–	1.22	1.6	1.95	0.27
6	基价	元	9999001	2736	3332	4254	500	2629	3192	4049	466	2416	3116	3848	451

注:1.采用自行式铲运机铲运土方时,铲运机台班数量应乘以系数0.7。

2.上坡推运的坡度大于10%时,按坡面的斜距乘以表列系数作为运距:

坡度 i(%)	$10 < i \leqslant 20$	$20 < i \leqslant 25$	$25 < i \leqslant 30$
系数	1.5	2.0	2.5

1-1-14 开 炸 石 方

工程内容 人工开炸:1)选炮位、打眼、清眼;2)装药、填塞;3)安全警戒;4)引爆及检查结果;5)排险;6)撬落、撬移、解小。
机械开炸:1)开工作面、收放皮管、换钻头钻杆;2)选炮位、钻眼、清眼;3)装药、填塞;4)安全警戒;5)引爆及检查结果;6)排险;7)撬落、撬移、解小。

单位:1000m³ 天然密实方

顺序号	项目	单位	代号	人工打眼			机械打眼		
				软石	次坚石	坚石	软石	次坚石	坚石
				1	2	3	4	5	6
1	人工	工日	1001001	143.3	202.9	297.0	33.5	51.3	77
2	钢钎	kg	2009002	18.0	36.0	45.0	–	–	–
3	空心钢钎	kg	2009003	–	–	–	9	18	27
4	φ50mm 以内合金钻头	个	2009004	–	–	–	17	25	32
5	煤	t	3005001	0.171	0.207	0.27	–	–	–
6	硝铵炸药	kg	5005002	132.5	180.0	228.3	129	179	228.3
7	非电毫秒雷管	个	5005008	152.0	196.0	320.0	148	195	320
8	导爆索	m	5005009	81	104.00	126	79	103	126
9	其他材料费	元	7801001	12.1	17.7	22.2	17.6	25.6	33.1
10	9m³/min 以内机动空压机	台班	8017049	–	–	–	4.59	7.1	11.88
11	小型机具使用费	元	8099001	–	–	–	239.8	434	728.8
12	基价	元	9999001	17684	24913	36026	9896	14907	22695

注:本章定额仅包括爆破石方,如需清运,可按相关运输定额计算。

— 24 —

1-1-15 控制爆破石方

工程内容 1)开工作面;2)选炮位、打眼、装药;3)爆破、排险;4)清理解小;5)安全警戒全部工作。

单位:1000m³ 天然密实方

顺序号	项 目	单位	代 号	控制爆破石方		
				软石	次坚石	坚石
				1	2	3
1	人工	工日	1001001	94.2	133	179.5
2	空心钢钎	kg	2009003	10.8	21.6	32.4
3	φ50mm 以内合金钻头	个	2009004	21	30	39
4	硝铵炸药	kg	5005002	232.2	322.2	410.9
5	非电毫秒雷管	个	5005008	266	351	576
6	导爆索	m	5005009	141	186	226
7	其他材料费	元	7801001	32.2	46.5	59.6
8	9m³/min 以内机动空压机	台班	8017049	5.11	7.92	12.27
9	小型机具使用费	元	8099001	280.5	494.6	828.4
10	基价	元	9999001	18651	26823	37455

注:本章定额仅包括爆破石方,如需清运时,可按相关运输定额计算。

1-1-16 抛坍爆破石方

工程内容 1)小炮改造地形;2)开挖井室、出渣并支撑;3)装药堵塞及敷设导爆线路;4)设立安全警戒、引爆及检查结果;5)排险;6)撬松、解小。

单位:1000m³ 天然密实方

顺序号	项 目	单位	代号	地面横坡30°以内		地面横坡50°以内		地面横坡50°以上	
				人工打眼	机械打眼	人工打眼	机械打眼	人工打眼	机械打眼
				1	2	3	4	5	6
1	人工	工日	1001001	104.6	22	79.4	19.6	64.7	15
2	钢钎	kg	2009002	27	–	18	–	9	–
3	空心钢钎	kg	2009003	–	18	–	9	–	9
4	φ50mm以内合金钻头	个	2009004	–	17	–	8	–	8
5	煤	t	3005001	0.126	–	0.099	–	0.072	–
6	原木	m³	4003001	0.54	0.54	0.54	0.54	0.54	0.54
7	硝铵炸药	kg	5005002	876.5	871.7	649.6	646	493	490.3
8	非电毫秒雷管	个	5005008	166	164	128	127	90	89
9	导爆索	m	5005009	81	78	62	60	44	42
10	其他材料费	元	7801001	62.9	68.5	48.9	51	38.5	41.5

单位:1000m³ 天然密实方

顺序号	项 目	单位	代 号	地面横坡30°以内		地面横坡50°以内		地面横坡50°以上	
				人工打眼	机械打眼	人工打眼	机械打眼	人工打眼	机械打眼
				1	2	3	4	5	6
11	9m³/min 以内机动空压机	台班	8017049	–	4.96	–	4.44	–	4.44
12	小型机具使用费	元	8099001	–	292.6	–	249.8	–	233.3
13	基价	元	9999001	23296	18736	17657	14843	13981	12308

注:1.本章定额仅包括爆破石方,如需清运时,可按相关运输定额计算。

2.采用推土机清运时,按推土机推软石定额乘以表列系数:

地面横坡	30°以内	50°以内	50°以上
系数	0.65	0.55	0.35

1-1-17 挖掘机带破碎锤破碎石方

工程内容 1)准备工作;2)破碎石方;3)解小巨石;4)锤头保养及钢钎更换。

单位:100m³ 天然密实方

顺序号	项 目	单位	代 号	挖机带破碎锤破碎石方		
				软石	次坚石	坚石
				1	2	3
1	人工	工日	1001001	2.9	3.2	4.1
2	破碎锤钢钎	根	2009039	0.11	0.21	0.32
3	其他材料费	元	7801001	280.9	436.4	722.4
4	设备摊销费	元	7901001	239.3	256.4	299.1
5	2.0m³ 履带式液压单斗挖掘机	台班	8001030	1.11	1.85	2.35
6	基价	元	9999001	2739	4277	5696

1-1-18 机械碾压路基

工程内容 填方路基:1)机械整平土方,机械解小并摊平石方;2)拖式羊足碾回转碾压;3)压路机前进、后退、往复碾压。
零填及挖方路基:1)机械推松、整平土方;2)压路机前进、后退、往复碾压。

I. 填 方 路 基

单位:1000m³ 压实方

顺序号	项 目	单位	代 号	碾压土方								
				高速、一级公路					二级公路			
				光轮压路机		振动压路机			光轮压路机		振动压路机	
				机械自身质量(t)								
				12~15	18~21	10以内	15以内	20以内	12~15	18~21	10以内	15以内
				1	2	3	4	5	6	7	8	9
1	人工	工日	1001001	2.1	2.1	2.1	2.1	2.1	2.1	2.1	2.1	2.1
2	105kW以内履带式推土机	台班	8001004	(1.2)	(1.2)	(1.2)	(1.2)	(1.2)	(1.2)	(1.2)	(1.2)	(1.2)
3	120kW以内自行式平地机	台班	8001058	1.47	1.47	1.47	1.47	1.47	1.47	1.47	1.47	1.47
4	12~15t光轮压路机	台班	8001081	4.61	–	–	–	–	3.61	–	–	–
5	18~21t光轮压路机	台班	8001083	–	3.48	–	–	–	–	2.64	–	–
6	10t以内振动压路机(单钢轮)	台班	8001088	–	–	3.1	–	–	–	–	2.25	–
7	15t以内振动压路机(单钢轮)	台班	8001089	–	–	–	2.48	–	–	–	–	1.65
8	20t以内振动压路机	台班	8001090	–	–	–	–	1.72	–	–	–	–
9	基价	元	9999001	4677	4591	4772	4645	4493	4090	3958	4004	3750

单位:1000m³ 压实方

顺序号	项 目	单位	代 号	碾压土方			碾压石方					
				三、四级公路			高速、一级公路		二级公路		三、四级公路	
				光轮压路机	振动压路机	拖式羊足碾	振动压路机					
							机械自身质量(t)					
				10~12	10以内	6	20以内	25以内	10以内	15以内	10以内	15以内
				10	11	12	13	14	15	16	17	18
1	人工	工日	1001001	2.1	2.1	2.1	10	10	8	8	5	5
2	105kW以内履带式推土机	台班	8001004	(1.2)	(1.2)	(1.2)	1.26	1.26	1.39	1.39	1.52	1.52
3	120kW以内自行式平地机	台班	8001058	1.47	1.47	1.47	–	–	–	–	–	–
4	6t以内拖式羊足碾(含拖头)	台班	8001077	–	–	1.79	–	–	–	–	–	–
5	10~12t光轮压路机	台班	8001080	2.8	–	–	–	–	–	–	–	–
6	10t以内振动压路机(单钢轮)	台班	8001088	–	1.79	–	–	–	2.5	–	2.53	–
7	15t以内振动压路机(单钢轮)	台班	8001089	–	–	–	–	–	–	1.79	–	1.98
8	20t以内振动压路机	台班	8001090	–	–	–	2.19	–	–	–	–	–
9	25t以内振动压路机	台班	8001091	–	–	–	–	1.72	–	–	–	–
10	9m³/min以内机动空压机	台班	8017049	–	–	–	1	1	0.8	0.8	–	–
11	小型机具使用费	元	8099001	–	–	–	88.7	88.7	70.9	70.9	–	–
12	基价	元	9999001	3406	3588	3205	6569	6332	5396	5067	4611	4460

单位:1000m²

顺序号	项目	单位	代号	高速、一级公路					二级公路				三、四级公路
				光轮压路机		振动压路机			光轮压路机		振动压路机		
				机械自身质量(t)									
				12~15	18~21	10以内	15以内	20以内	12~15	18~21	10以内	15以内	
				19	20	21	22	23	24	25	26	27	28
1	人工	工日	1001001	0.7	0.7	0.7	0.7	0.7	0.7	0.7	0.7	0.7	0.7
2	105kW以内履带式推土机	台班	8001004	(0.45)	(0.45)	(0.45)	(0.45)	(0.45)	(0.45)	(0.45)	(0.45)	(0.45)	(0.45)
3	120kW以内自行式平地机	台班	8001058	0.44	0.44	0.44	0.44	0.44	0.44	0.44	0.44	0.44	0.44
4	10~12t光轮压路机	台班	8001080	–	–	–	–	–	–	–	–	–	1.3
5	12~15t光轮压路机	台班	8001081	3.28	–	–	–	–	2.73	–	–	–	–
6	18~21t光轮压路机	台班	8001083	–	2.51	–	–	–	–	2	–	–	–
7	10t以内振动压路机(单钢轮)	台班	8001088	–	–	1.85	–	–	–	–	1.54	–	–
8	15t以内振动压路机(单钢轮)	台班	8001089	–	–	–	1.49	–	–	–	–	1.22	–
9	20t以内振动压路机	台班	8001090	–	–	–	–	1.06	–	–	–	–	–
10	基价	元	9999001	2523	2487	2269	2204	2152	2200	2103	1989	1913	1264

注:1.本章定额按自行式平地机整平土方编列,当采用推土机整平土方时,可采用括号内数字并扣除定额中平地机的全部台班数量。

2.如需洒水,洒水费用另行计算。

1-1-19　渗水路堤及高路堤堆砌

工程内容　渗水路堤:1)石料选择与修打;2)挂线、堆砌边坡及填心;3)铺碎石及草皮;4)铺黏土(包括洒水拌和);5)操作范围内的材料运输。

高路堤堆砌:1)堆砌边坡;2)填内心。

单位:1000m³

顺序号	项　目	单位	代号	渗水路堤				高路堤堆砌	
				填片石部分路堤高度(m)				堆砌边坡	填内心
				1 以内	2 以内	4 以内	6 以内		
				1	2	3	4	5	6
1	人工	工日	1001001	334.7	243.8	212.7	196.1	241.1	91.8
2	草皮	m²	4013002	946	438	190.7	112.6	–	–
3	黏土	m³	5501003	325.73	150.8	65.67	38.78	–	–
4	捡清片石	m³	5505007	1100	1100	1100	1100	–	–
5	碎石(8cm)	m²	5505015	182.78	84.62	36.85	21.76	–	–
6	基价	元	9999001	78744	57371	48365	44800	25709	9757

注:1.本章定额不包括填石上部的填土工作。

2.在地基易被冲刷地段,需设反滤层时,工、料另行计算。

3.渗水路堤是按无压力式渗水路堤编制;压力式渗水路堤如需在填石上部土质路堤部分加铺护坡时,工、料另行计算。

4.渗水路堤定额中的片石是利用路基开炸石方或邻近隧道弃渣,片石的价格按捡清片石计算。

1-1-20 整修路基

工程内容 整修路拱:1)整平;2)按规定的坡度修整路拱。

整修边坡:1)修整;2)铺平;3)拍实。

单位:表列单位

顺序号	项 目	单位	代 号	整修路拱		二级及二级以上公路整修边坡		三、四级公路整修边坡	
				机械	人工	人工	机械	人工	机械
				$1000m^2$		1km			
				1	2	3	4	5	6
1	人工	工日	1001001	-	7.6	235.7	141.4	111.2	70.7
2	0.6m³ 以内履带式液压单斗挖掘机	台班	8001025	-	-	-	8	-	4
3	120kW 以内自行式平地机	台班	8001058	0.08	-	-	-	-	-
4	8~10t 光轮压路机	台班	8001079	0.13	-	-	-	-	-
5	基价	元	9999001	147	808	25050	21688	11818	10844

1-1-21 旧路刷坡、改坡、帮坡、检底

工程内容 刷坡检底:1)挖土;2)装、卸、运土;3)挂线;4)整修边坡及底面。

帮坡:1)翻土、挖台阶;2)耙平打夯;3)挂线、修理边坡及路拱。

改坡、检底:1)选炮位、打眼、清眼;2)装药填塞;3)引爆及检查结果。

单位:1000m³

顺序号	项 目	单位	代 号	刷坡检底			帮坡			改坡			检底		
				松土	普通土	硬土	松土	普通土	硬土	软石	次坚石	坚石	软石	次坚石	坚石
				1	2	3	4	5	6	7	8	9	10	11	12
1	人工	工日	1001001	20	22	24.2	185.3	211.9	266	238	333.2	443.2	285.6	399.8	519.8
2	钢钎	kg	2009002	–	–	–	–	–	–	18	36	45	22.5	45	56.3
3	煤	t	3005001	–	–	–	–	–	–	0.171	0.207	0.27	0.214	0.259	0.338
4	硝铵炸药	kg	5005002	–	–	–	–	–	–	132.5	180	228.3	165.6	225	285.4
5	非电毫秒雷管	个	5005008	–	–	–	–	–	–	152	196	320	190	245	400
6	导爆索	m	5005009	–	–	–	–	–	–	80	104	125	100	130	157
7	其他材料费	元	7801001	–	–	–	–	–	–	15.1	22.1	27.9	15.1	22.1	27.9
8	1.0m³以内履带式液压单斗挖掘机	台班	8001027	4.07	5.42	6.78	–	–	–	–	–	–	–	–	–
9	基价	元	9999001	6989	8815	10674	19694	22521	28270	27750	38766	51568	33419	46677	60820

注:1. 土质路基边坡厚1m以内,检底厚0.5m以内者,执行刷坡检底定额。

2. 帮坡是指路基填筑宽度在2m以内,以利用方填筑的土方工程,若以借方填筑,则应增加挖运土方的工、料、机消耗。

3. 石质改坡定额适用于改坡厚度在1.5m以内,检底厚度在1.0m以内的情况。

1−1−22 洒水汽车洒水

工程内容 1)吸水;2)运水;3)洒水;4)空回。

单位:1000m³ 水

顺序号	项　　目	单位	代　　号	洒水汽车容量(L)							
				4000 以内		6000 以内		8000 以内		10000 以内	
				第一个 1km	每增 0.5km	第一个 1km	每增 0.5km	第一个 1km	每增运 0.5km	第一个 1km	每增运 0.5km
				1	2	3	4	5	6	7	8
1	4000L 以内洒水汽车	台班	8007040	14.93	0.95	−	−	−	−	−	−
2	6000L 以内洒水汽车	台班	8007041	−	−	12.37	0.63	−	−	−	−
3	8000L 以内洒水汽车	台班	8007042	−	−	−	−	9.4	0.4	−	−
4	10000L 以内洒水汽车	台班	8007043	−	−	−	−	−	−	7.5	0.26
5	基价	元	9999001	9360	596	8633	440	8501	362	8287	287

注:水需要计费时,水费另行计算。

第二节 特殊路基处理工程

说 明

1. 袋装砂井及塑料排水板处理软土地基,工程量为设计深度,定额材料消耗中已包括砂袋或塑料排水板的预留长度。

2. 振冲碎石桩定额中不包括污泥排放处理的费用,需要时另行计算。

3. 挤密碎石桩、灰土桩、砂桩和石灰砂桩处理软土地基定额的工程量为设计桩断面积乘以设计桩长。

4. 水泥搅拌桩和高压旋喷桩处理软土地基定额的工程量为设计桩长。

5. 高压旋喷桩定额中的浆液系按普通水泥浆编制的;当设计采用添加剂或水泥用量与定额不同时,可按设计要求进行抽换。

6. 土工布的铺设面积为锚固沟外边缘所包围的面积,包括锚固沟的底面积和侧面积。定额中不包括排水内容,需要时另行计算。

7. 强夯定额适用于处理松、软的碎石土、砂土、低饱和度的粉土与黏性土、湿陷性黄土、杂填土和素填土等地基。定额中已综合考虑夯坑的排水费用,使用定额时不得另行增加费用。每100m² 夯击点数和击数按设计确定。

1-2-1 袋装砂井处理软土地基

工程内容 门架式:1)轨道铺、拆;2)装砂袋;3)定位;4)打钢管;5)下砂袋;6)拔钢管;7)门架、桩机移位。
不带门架:1)装砂袋;2)定位;3)打钢管;4)下砂袋;5)拔钢管;6)起重机、桩机移位。

单位:1000m 砂井

顺序号	项 目	单位	代 号	袋装砂井机	
				门架式	不带门架
				1	2
1	人工	工日	1001001	6.6	3.9
2	钢轨	t	2003007	0.04	-
3	铁件	kg	2009028	4.5	-
4	枕木	m³	4003003	0.03	-
5	塑料编织袋	个	5001052	1087	1087
6	中(粗)砂	m³	5503005	4.56	4.56
7	其他材料费	元	7801001	11	11
8	15t 以内履带式起重机	台班	8009002	-	1.16
9	袋装砂井机(不带门架)	台班	8011058	-	1.12
10	袋装砂井机(门架式)	台班	8011059	1.45	-
11	基价	元	9999001	3892	3801

注:本章定额按砂井直径7cm编制。当砂井直径不同时,可按砂井截面积的比例关系调整中(粗)砂的用量,其他消耗量不作调整。

1-2-2 塑料排水板处理软土地基

工程内容 门架式:1)轨道铺拆;2)定位;3)穿塑料排水板;4)安桩靴;5)打拔钢管;6)门架、桩机移位。

不带门架:1)定位;2)穿塑料排水板;3)安桩靴;4)打拔钢管;5)剪断排水板;6)起重机桩机移位。

单位:1000m 板长

顺序号	项目	单位	代号	袋装砂井机	
				门架式	不带门架
				1	2
1	人工	工日	1001001	4.3	2.1
2	钢轨	t	2003007	0.04	–
3	铁件	kg	2009028	4.5	–
4	枕木	m³	4003003	0.03	–
5	塑料排水板	m	5001051	1071	1071
6	其他材料费	元	7801001	121.7	121.7
7	15t 以内履带式起重机	台班	8009002	–	0.76
8	袋装砂井机(不带门架)	台班	8011058	–	0.74
9	袋装砂井机(门架式)	台班	8011059	0.95	–
10	基价	元	9999001	6480	6299

1－2－3 石灰砂桩处理软土地基

工程内容 人工成孔:1)整平路基;2)放样;3)人工挖孔;4)配、拌料;5)填料并捣实;6)耙土封顶整平;7)压路机碾压。
机械成孔:1)整平路基;2)放样;3)钻机就位、钻孔、钻机移位;4)配、拌料;5)填料并捣实;6)耙土封顶整平;7)压路机碾压。

单位:10m³ 石灰砂桩

顺序号	项 目	单位	代 号	人工成孔		机械成孔
				石灰砂桩直径(cm)		
				10 以内	10 以上	
				1	2	3
1	人工	工日	1001001	39.7	34.6	4.8
2	黏土	m³	5501003	2.27	2.28	2.28
3	熟石灰	t	5503003	7.73	7.721	7.721
4	中(粗)砂	m³	5503005	5.04	5.04	5.04
5	其他材料费	元	7801001	21.8	21.8	21.8
6	12～15t 光轮压路机	台班	8001081	0.17	0.11	0.15
7	φ600mm 以内螺旋钻孔机	台班	8011065	－	－	0.62
8	基价	元	9999001	6947	6367	3672

1-2-4 振冲碎石桩处理软土地基

工程内容 1)安、拆振冲器;2)振冲、填碎石;3)疏导泥浆;4)场内临时道路维护。

单位:10m³

顺序号	项　　目	单位	代　号	振冲碎石桩处理软土地基
				1
1	人工	工日	1001001	3
2	碎石	m³	5505016	13.26
3	其他材料费	元	7801001	62.8
4	1.0m³ 以内轮胎式装载机	台班	8001045	0.21
5	15t 以内履带式起重机	台班	8009002	0.34
6	55kW 以内振冲器	台班	8011062	0.33
7	ϕ150mm 电动多级水泵(≤180m)	台班	8013013	0.29
8	基价	元	9999001	2101

1－2－5 沉管法挤密桩处理软土地基

工程内容 挤密砂桩:1)桩机就位;2)打拔钢管;3)管内填水加砂;4)起重机、桩机移位;5)清理工作面。
挤密灰土桩:1)桩机就位;2)打拔钢管;3)运送填料、填充、夯实;4)桩机移位;5)清理工作面。
挤密碎石桩:1)桩机就位;2)打拔钢管;3)运送填料、填充、夯实;4)桩机移位;5)清理工作面。

单位:10m³ 砂桩

顺序号	项 目	单位	代 号	挤密砂桩 桩长(m) 10以内	挤密砂桩 桩长(m) 10以上	挤密灰土桩 石灰含量30%	挤密碎石桩 桩长(m) 10以内	挤密碎石桩 桩长(m) 10以上
				1	2	3	4	5
1	人工	工日	1001001	3.4	2.9	3.5	4	3.2
2	水	m³	3005004	2.4	2.4	2.97	－	－
3	土	m³	5501002	－	－	12.15	－	－
4	熟石灰	t	5503003	－	－	4.476	－	－
5	中(粗)砂	m³	5503005	13.23	13.23	－	－	－
6	碎石	m³	5505016	－	－	－	13.26	13.26
7	其他材料费	元	7801001	23.3	23.2	26.4	25	23.8
8	设备摊销费	元	7901001	39.6	39.7	51.3	50.8	51.3
9	1.0m³ 以内轮胎式装载机	台班	8001045	0.88	0.67	－	0.74	0.54
10	1t 以内机动翻斗车	台班	8007046	－	－	0.62	－	－
11	10t 以内履带式起重机	台班	8009001	0.65	0.48	－	－	－

单位:10m³ 砂桩

顺序号	项 目	单位	代 号	挤密砂桩		挤密灰土桩	挤密碎石桩	
				桩长(m)		石灰含量30%	桩长(m)	
				10 以内	10 以上		10 以内	10 以上
				1	2	3	4	5
12	300kN 以内振动打拔桩机	台班	8011008	-	-	0.58	0.86	-
13	400kN 以内振动打拔桩机	台班	8011009	-	-	-	-	0.63
14	300kN 以内振动打拔桩锤	台班	8011012	0.62	0.46	-	-	-
15	小型机具使用费	元	8099001	-	-	6.5	-	-
16	基价	元	9999001	2863	2489	2529	2793	2500

1－2－6　水泥、石灰搅拌桩处理软土地基

工程内容　粉体搅拌桩:1)清理场地;2)放样定位;3)钻机安、拆;4)钻进搅拌,提钻并喷粉搅拌,复拌;5)移位;6)机具清洗及操作范围内料具搬运。

浆体搅拌桩:1)清理场地;2)放样定位;3)钻机安、拆;4)钻进搅拌,提钻并喷浆搅拌,复拌;5)移位;6)机具清洗及操作范围内料具搬运;7)清除桩头。

单位:10m

顺序号	项　　目	单位	代　号	粉体喷射				浆体喷射
				水泥搅拌桩		石灰搅拌桩		水泥搅拌桩
				桩长(m)				
				10 以内	20 以内	10 以内	20 以内	20 以内
				1	2	3	4	5
1	人工	工日	1001001	0.3	0.4	0.6	0.7	0.5
2	水	m³	3005004	－	－	－	－	0.8
3	熟石灰	t	5503003	－	－	1.005	1.005	－
4	32.5级水泥	t	5509001	0.557	0.557	－	－	0.473
5	其他材料费	元	7801001	29.1	29.1	29.1	29.1	9.5
6	200L以内灰浆搅拌机	台班	8005009	－	－	－	－	0.11
7	压浆机(含拌浆机)	台班	8005083	－	－	－	－	0.12
8	粉体发送设备	台班	8011073	0.09	0.108	0.099	0.108	－
9	15m以内深层喷射搅拌机	台班	8011075	0.09	－	0.1	－	0.12

— 43 —

单位:10m

顺序号	项 目	单位	代 号	粉体喷射				浆体喷射
				水泥搅拌桩		石灰搅拌桩		水泥搅拌桩
				桩长（m）				
				10 以内	20 以内	10 以内	20 以内	20 以内
				1	2	3	4	5
10	25m 以内深层喷射搅拌机	台班	8011077	–	0.11	–	0.11	–
11	3m³/min 以内机动空压机	台班	8017047	0.09	0.11	0.1	0.11	–
12	小型机具使用费	元	8099001	6.6	6.6	6.6	6.6	2.6
13	基价	元	9999001	330	379	478	517	314

注:1. 本章定额是按桩径 50cm 编制的,当设计桩径不同时,桩径每增加 5cm,定额人工和机械增加 5%。

2. 本章定额中粉体喷射的水泥掺量为 15%、石灰掺量为 25%,浆体喷射的水泥掺量为 12%;当掺入比不同或桩径不同时,可按下式调整固化材料的消耗:

$$Q = \frac{D^2 \times m}{D_0^2 \times m_0} \times Q_0$$

式中,Q 为设计固化材料消耗;Q_0 为定额固化材料消耗;D 为设计桩径;D_0 为定额桩径;m 为设计固化材料掺入比;m_0 为定额固化材料掺入比。

1-2-7 高压旋喷桩处理软土地基

工程内容 1)清理场地;2)放样定位;3)钻机就位、钻孔、移位;4)配置浆液;5)喷射装置就位、喷射注浆、移位;6)泥浆池清理;
7)机具清洗及操作范围内料具搬运。

单位:10m

顺序号	项 目	单位	代 号	施工方法		
				单管法	二重管法	三重管法
				1	2	3
1	人工	工日	1001001	3.1	5	8.8
2	水泥浆(32.5级)	m³	1501021	(3.07)	(6.90)	(17.25)
3	水	m³	3005004	2	5	20
4	32.5级水泥	t	5509001	2.346	5.279	13.196
5	其他材料费	元	7801001	13.1	26.1	39.9
6	设备摊销费	元	7901001	19.2	23.1	32.1
7	高压旋喷钻机	台班	8011072	0.36	0.44	0.5
8	高压注浆泵	台班	8011074	0.32	0.32	0.32
9	φ100mm 电动多级水泵(≤120m)	台班	8013011	-	-	0.34
10	6m³/min 以内机动空压机	台班	8017048	-	0.36	0.36
11	小型机具使用费	元	8099001	59.3	78.2	139.8
12	基价	元	9999001	1388	2764	5832

注:本章定额中水泥的消耗量应根据设计确定的有关参数计算,水泥浆按下列公式计算:

$$M_c = \frac{\rho_w \times d_c}{1 + \alpha \times d_c} \times \frac{H}{v} \times q \times (1 + \beta)$$

式中,M_c 为水泥用量,kg;ρ_w 为水的密度,kg/m³;d_c 为水泥的相对密度,可取 3.0;H 为喷射长度,m;v 为提升速度,m/min;q 为单位时间喷浆量;
α 为水灰比;β 为损失系数,一般取 0.1~0.2。

1-2-8 CFG桩处理软土地基

工程内容 钻孔成桩:1)清理场地、整平;2)测量放样、钻机就位;3)准备钻具、钻孔;4)混凝土配运料、拌和、灌注、拔管移位;
5)凿桩头及操作范围内料具搬运。

沉管成孔:1)清理场地、整平;2)测量放样、机具就位;3)振动沉管;4)混凝土配运料、拌和、灌注、拔管移位;5)凿桩头
及操作范围内料具搬运。

单位:10m³ 实体

顺序号	项 目	单位	代 号	钻孔成桩	沉管成桩
				1	2
1	人工	工日	1001001	8.1	12.1
2	水	m³	3005004	3	3
3	一级粉煤灰	t	5501009	1.35	1.35
4	中(粗)砂	m³	5503005	6.64	6.64
5	碎石(4cm)	m³	5505013	8.58	8.58
6	32.5级水泥	t	5509001	2.901	2.901
7	其他材料费	元	7801001	30.8	22
8	设备摊销费	元	7901001	22.8	91.3
9	1.0m³以内轮胎式装载机	台班	8001045	0.62	0.62
10	250L以内强制式混凝土搅拌机	台班	8005002	0.55	0.55
11	60m³/h以内混凝土输送泵	台班	8005051	0.22	—

单位:10m³ 实体

顺序号	项 目	单位	代 号	钻孔成桩	沉管成桩
				1	2
12	25t 以内履带式起重机	台班	8009004	-	0.44
13	60t 以内振动打拔桩锤	台班	8011014	-	0.43
14	ϕ600mm 以内螺旋式钻孔机	台班	8011065	0.46	-
15	小型机具使用费	元	8099001	26.6	17.3
16	基价	元	9999001	4431	5069

注:定额按 C20 水泥粉煤灰混凝土编制,若设计配合比与定额不同,可调整相应材料消耗,其余不得调整。

1-2-9 土工合成材料处理地基

工程内容 土工布处理:1)清理整平路基;2)挖填锚固沟;3)铺设土工布;4)缝合及锚固土工布;5)场内取运料。
土工格栅处理:1)清理整平路基(或路面基层);2)铺设土工格栅;3)固定土工格栅;4)场内取运料。
土工格室处理:1)清理整平路基(或路面基层);2)铺设土工格室;3)固定土工格室;4)场内取运料。

单位:1000m² 处理面积

顺序号	项 目	单位	代号	土工布处理		土工格栅处理	土工格室处理
				软土路基	淤泥	软土路基(或路面基层)	
				1	2	3	4
1	人工	工日	1001001	25.2	36.6	24.8	32.6
2	铁钉	kg	2009030	6.8	–	–	–
3	U形锚钉	kg	2009034	–	–	32.4	53.1
4	土工布	m²	5007001	1081.8	1098.4	–	–
5	土工格栅	m²	5007003	–	–	1094.6	–
6	土工格室	m²	5007004	–	–	–	1050
7	大卵石	m³	5505008	–	11.11	–	–
8	其他材料费	元	7801001	68.2	68.2	45.4	57.9
9	基价	元	9999001	7398	9360	11894	22597

1-2-10 强夯处理地基

工程内容 点夯:1)清理并平整施工场地;2)测设夯点、机械就位、夯击、移位;3)平整夯坑;4)操作范围内料具搬运。

满夯:1)搭接1/4连接夯击;2)移位。

强夯片石墩:1)清理并平整施工场地;2)开挖、填片石;3)夯击;4)平整及压实;5)操作范围内料具搬运。

单位:100m² 处理面积

顺序号	项 目	单位	代 号	强夯片石墩	满夯		点夯(每100m² 按7个夯点)					
							夯击能(kN·m)					
					1000 以内		1000 以内			2000 以内		
					一遍一击	每增减1击	每7点7击	每增减1点	每增减1击	每7点7击	每增减1点	每增减1击
				1	2	3	4	5	6	7	8	9
1	人工	工日	1001001	6.1	0.5	0.3	1.9	0.3	0.2	2.3	0.4	0.2
2	片石	m³	5505005	18	—	—	—	—	—	—	—	—
3	其他材料费	元	7801001	7.3	—	—	17.3	—	—	18.2	—	—
4	90kW 以内履带式推土机	台班	8001003	—	—	—	0.02	—	—	0.03	—	—
5	15t 以内振动压路机(单钢轮)	台班	8001089	0.23	—	—	—	—	—	—	—	—
6	1200kN·m 以内强夯机	台班	8001097	1.46	0.28	0.15	0.42	0.06	0.05	—	—	—
7	2000kN·m 以内强夯机	台班	8001098	—	—	—	—	—	—	0.52	0.066	0.06
8	基价	元	9999001	3347	304	166	616	86	66	915	121	93

— 49 —

单位:100m² 处理面积

顺序号	项 目	单位	代 号	点夯(每100m²按7个夯点)								
				夯击能(kN·m)								
				3000 以内			4000 以内			5000 以内		
				每7点7击	每增减1点	每增减1击	每7点7击	每增减1点	每增减1击	每7点7击	每增减1点	每增减1击
				10	11	12	13	14	15	16	17	18
1	人工	工日	1001001	2.9	0.4	0.3	5.7	0.8	0.7	11.3	1.6	1.2
2	其他材料费	元	7801001	19.2	–	–	23.1	–	–	27.4	–	–
3	90kW 以内履带式推土机	台班	8001003	0.04	–	–	0.07	–	–	0.17	–	–
4	3000kN·m 以内强夯机	台班	8001099	0.76	0.104	0.08	–	–	–	–	–	–
5	4000kN·m 以内强夯机	台班	8001100	–	–	–	1.3	0.19	0.15	–	–	–
6	5000kN·m 以内强夯机	台班	8001101	–	–	–	–	–	–	2.72	0.39	0.3
7	基价	元	9999001	1490	196	150	2853	399	323	6487	898	688

1-2-11 抛 石 挤 淤

工程内容 人工抛石:1)人工抛填片石;2)整平;3)碾压。

机械抛石:1)推土机推填片石;2)整平;3)碾压。

单位:1000m³ 设计抛石量

顺序号	项 目	单位	代 号	抛石挤淤	
				人工抛填片石	机械抛石
				1	2
1	人工	工日	1001001	155	15.1
2	石渣	m³	5503012	70.45	70.45
3	片石	m³	5505005	1100	1100
4	165kW 以内液压履带推土机	台班	8001007	-	3.4
5	15t 以内单钢轮轮胎组合振动压路机	台班	8001089	0.1	0.1
6	基价	元	9999001	88738	80312

1-2-12 地 基 垫 层

工程内容 砂、砂砾、石渣、碎石垫层:1)铺筑;2)整平;3)分层碾压。

单位:1000m³

顺序号	项 目	单位	代 号	垫层			
				砂	砂砾	石渣	碎石
				1	2	3	4
1	人工	工日	1001001	8.6	9.1	17.3	17.3
2	砂	m³	5503004	1271	–	–	–
3	砂砾	m³	5503007	–	1237	–	–
4	石渣	m³	5503012	–	–	1207	–
5	碎石	m³	5505016	–	–	–	1207
6	75kW以内履带式推土机	台班	8001002	0.67	0.71	1.8	1.8
7	12~15t光轮压路机	台班	8001081	0.75	0.79	1.97	1.97
8	基价	元	9999001	100665	59703	51455	95993

注:压实如需用水,费用另行计算。

1-2-13 真空预压

工程内容 1)测量放线;2)制、安、拆滤排水管;3)铺设砂垫层及薄膜;4)施工密封沟;5)安、拆真空设备;6)抽真空,观测。

单位:1000m² 处理面积

顺序号	项　目	单位	代　号	真空预压	
				预压期(月)	
				3	每增减0.5
				1	2
1	人工	工日	1001001	182.2	7.8
2	铁件	kg	2009028	20	-
3	塑料编织袋	个	5001052	160	-
4	其他材料费	元	7801001	18280.2	-
5	φ100mm 电动单级离心水泵	台班	8013002	197.14	39.46
6	204m³/h 以内真空泵	台班	8013029	197.14	39.46
7	小型机具使用费	元	8099001	59.5	11.9
8	基价	元	9999001	62202	5680

1 - 2 - 14 路基填土掺灰

工程内容 掺灰,翻拌,闷料。

单位:1000m³

顺序号	项 目	单位	代 号	掺石灰 石灰含量5% 稳定土拌和机	掺石灰 石灰含量5% 拖拉机带铧犁	掺石灰 石灰含量5% 挖掘机拌和	石灰含量每增减1%	掺水泥 水泥含量3% 稳定土拌和机	掺水泥 水泥含量3% 拖拉机带铧犁	水泥含量每增减1%
				1	2	3	4	5	6	7
1	人工	工日	1001001	50.8	55.1	46.8	—	18.9	14.7	—
2	熟石灰	t	5503003	90.619	90.619	90.619	17.263	—	—	—
3	32.5级水泥	t	5509001	—	—	—	—	52.525	52.525	17.000
4	1.0m³以内履带式液压单斗挖掘机	台班	8001027	—	—	1.2	—	—	—	—
5	75kW以内履带式拖拉机	台班	8001066	—	1.06	—	—	—	1.06	—
6	235kW以内稳定土拌和机	台班	8003005	1.31	—	—	—	1.31	—	—
7	基价	元	9999001	33112	31624	31482	4777	20809	18418	5231

1-2-15 采空区处治※

工程内容 钻孔:1)平整工作面;2)钻机就位、钻机钻孔;3)清孔、孔位转移。
　　　　　采空区灌浆:1)冲洗钻孔;2)运料;3)集中制浆;4)灌浆;5)孔位转移。
　　　　　浇注孔口管、封口套管:1)孔口(套管)管加工、安放;2)浇注水泥浆封孔。

单位:100m

顺序号	项　目	单位	代　号	钻孔孔深(m)						
				150 以内				250 以内		
				砂、土等	砾石、卵石等	软石	次坚石	砂、土等	砾石、卵石等	软石
				1	2	3	4	5	6	7
1	人工	工日	1001001	9.3	11	12.4	51.3	10.1	12.1	13.6
2	φ89mm 全破碎复合片钻头	个	2009037	–	–	0.33	2.1	–	–	0.33
3	φ127mm 全破碎复合片钻头	个	2009038	0.25	–	–	–	0.25	0.24	–
4	φ73mm 复合片取芯钻头	个	2009041	–	–	0.24	–	–	–	0.24
5	φ127mm 金刚石取芯钻头	个	2009042	–	0.2	0.2	–	–	0.2	0.2
6	水	m³	3005004	60	354	398	780	60	354	398
7	其他材料费	元	7801001	13.7	13.7	13.7	13.7	13.7	13.7	13.7
8	设备摊销费	元	7901001	235.9	843.4	946	1359	235.9	843.4	946
9	液压工程地质钻机	台班	8001121	2.41	3.08	3.46	15.38	2.65	3.08	3.68
10	基价	元	9999001	3221	4731	5780	19032	3430	5402	6021

续前页 单位:表列单位

顺序号	项目	单位	代号	钻孔孔深(m)					多次成孔	采空区灌浆
				250以内	250以外					
				次坚石	砂、土等	砾石、卵石等	软石	次坚石		
				100m						100m³
				8	9	10	11	12	13	14
1	人工	工日	1001001	56.3	10.9	13	14.6	61.3	5.6	3.2
2	φ89mm全破碎复合片钻头	个	2009037	2.1	–	–	0.33	2.1	0.3	–
3	φ127mm全破碎复合片钻头	个	2009038	–	0.25	0.24	–	–	–	–
4	φ73mm复合片取芯钻头	个	2009041	–	–	–	0.24	–	–	–
5	φ127mm金刚石取芯钻头	个	2009042	–	–	–	0.2	–	–	–
6	水	m³	3005004	780	60	354	398	780	9	64
7	一级粉煤灰	t	5501009	–	–	–	–	–	–	54.683
8	32.5级水泥	t	5509001	–	–	–	–	–	–	11.58
9	其他材料费	元	7801001	13.7	13.7	13.7	13.7	13.7	13.7	11.8
10	设备摊销费	元	7901001	1359	235.9	843.4	946	1359	235.9	–
11	1.0m³以内轮胎式装载机	台班	8001045	–	–	–	–	–	–	0.35
12	液压工程地质钻机	台班	8001121	16.91	2.9	3.57	4.01	18.45	1.32	–
13	φ50mm电动单级离心水泵	台班	8013001	–	–	–	–	–	–	0.3
14	φ50mm以内泥浆泵	台班	8013023	–	–	–	–	–	–	1.38
15	小型机具使用费	元	8099001	–	–	–	–	–	–	66.5
16	基价	元	9999901	20352	3644	5596	6298	21678	1858	12424

单位:表列单位

顺序号	项　目	单位	代号	浇注孔口管		封口套管	
				孔口管安放	孔口管浇注	套管安放	封口
				100m	10孔	100m	10孔
				15	16	17	18
1	人工	工日	1001001	4.6	0.4	3.5	0.6
2	钢管	t	2003008	0.477	–	1.139	–
3	电焊条	kg	2009011	–	1.5	3.2	–
4	水	m³	3005004	–	3	–	1.8
5	32.5级水泥	t	5509001	–	2	–	1.2
6	其他材料费	元	7801001	72.8	345.3	4	–
7	液压工程地质钻机	台班	8001121	1.05	–	1.13	–
8	21kV·A以内交流电弧焊机	台班	8015027	–	0.57	0.6	–
9	小型机具使用费	元	8099001	44.3	1.8	–	–
10	基价	元	9999901	3141	1118	5838	438

注:本章定额注浆采用水泥、粉煤灰浆液,水固比为1:1.2,水泥占固相的15%,粉煤灰占固相的85%;若涉及配合比与定额不相同,可调整材料消耗,其余不得调整。

1-2-16 刚性桩处理软土地基

工程内容 打压桩:1)准备移动打压桩机具;2)吊装定位、校正;3)打压桩。

接桩:1)准备接桩机具;2)对接上下桩节;3)桩顶垫平;4)放置接桩材料;5)焊接。

填心:1)填心料拌和、运输;2)填心。

单位:列表单位

顺序号	项 目	单位	代 号	桩径400mm				填心	
				预应力管桩		接桩		混凝土	砂
				打入	压入	打入	压入		
				100m		10 个		10m³	
				1	2	3	4	5	6
1	人工	工日	1001001	3.7	3.4	2.6	2.6	7.1	4.2
2	普 C20-32.5-2	m³	1503007	–	–	–	–	(10.10)	–
3	电焊条	kg	2009011	–	–	14.7	14.7	–	–
4	水	m³	3005004	–	–	–	–	16	3
5	锯材	m³	4003002	0.04	0.1	–	–	–	–
6	中(粗)砂	m³	5503005	–	–	–	–	4.95	10.3
7	碎石(2cm)	m³	5505012	–	–	–	–	8.28	–
8	32.5级水泥	t	5509001	–	–	–	–	3.182	–
9	预应力管桩	m	5511003	102	102	–	–	–	–
10	其他材料费	元	7801001	47.9	35.9	25.1	21.4	3	22.9

顺序号	项 目	单位	代 号	桩径400mm				填心	
				预应力管桩		接桩		混凝土	砂
				打入	压入	打入	压入		
				100m		10个		10m³	
				1	2	3	4	5	6
11	250L以内强制式混凝土搅拌机	台班	8005002	-	-	-	-	0.33	-
12	15t以内履带式起重机	台班	8009002	0.43	0.29	-	-	-	-
13	2.5t以内轨道式柴油打桩机	台班	8011005	0.8	-	0.27	-	-	-
14	2000kN以内液压式静力压桩机	台班	8011020	-	0.76	-	0.27	-	-
15	32kV·A以内交流电弧焊机	台班	8015028	-	-	0.81	0.81	-	-
16	小型机具使用费	元	8099001	-	-	-	-	19.1	-
17	基价	元	9999901	10274	10356	921	990	3022	1377

1-2-17 路基注浆处理

工程内容 钻孔:1)准备;2)确定孔位;3)钻孔;4)钻机移位;5)场地清理。

注浆:1)制备水泥浆;2)清孔、插拔注浆管、压浆;3)清洗压浆设备;4)清理现场。

单位:表列单位

顺序号	项 目	单位	代 号	钻孔 100m 1	注浆 10m³ 2
1	人工	工日	1001001	8.4	4.1
2	φ150mm 以内合金钻头	个	2009005	0.8	–
3	水	m³	3005004	5	6
4	32.5 级水泥	t	5509001	–	11.475
5	其他材料费	元	7801001	24.3	8
6	设备摊销费	元	7901001	209.4	–
7	液压工程地质钻机	台班	8001121	3.5	–
8	压浆机(含拌浆机)	台班	8005083	–	0.75
9	小型机具使用费	元	8099001	31.5	45.9
10	基价	元	9999901	3042	4146

1-2-18 冲 击 压 实

工程内容 1)推土机平整;2)放线、布点;3)冲压;4)平整;5)碾压。

单位:1000m²

顺序号	项　　目	单位	代　号	冲击压实	
				冲压20遍	每增减5遍
				1	2
1	人工	工日	1001001	1	-
2	其他材料费	元	7801001	7	-
3	165kW以内液压履带式推土机	台班	8001007	0.41	0.09
4	20t以内单钢轮轮胎组合振动压路机	台班	8001090	0.24	0.05
5	25t以内冲击式压路机	台班	8001093	0.35	0.08
6	小型机具使用费	元	8099001	1	-
7	基价	元	9999901	2369	501

1－2－19 泡沫轻质土浇筑※

工程内容 挡板制安:1)挡板预制:模板安装、拆除、修理、涂脱模剂、堆放,混凝土配运料、拌和、运输、浇筑、捣固、养护;2)挡板安装:整理构件,安装钢筋除锈、制作、绑扎、焊接,安装就位,拌、运砂浆,砌筑,勾缝;3)角钢:角钢除锈,打入角钢成桩,角钢接长焊接。

浇筑泡沫轻质土:1)浇筑:场地清理,变形缝板制作、安装、固定,泡沫轻质土拌和、输送,轻质土浇筑,泡沫轻质土专用设备清洗,轻质土养护;2)钢筋网制作安装:钢筋网制作、绑扎、入模定位。

单位:表列单位

顺序号	项 目	单位	代 号	混凝土挡板制安			泡沫轻质土	
				预制	安装	角钢立柱	浇筑	钢筋网
				10m³		1t	100m³	1t
				1	2	3	4	5
1	人工	工日	1001001	23.1	30.5	4.5	25.2	4.2
2	普 C25－32.5－2	m³	1503008	(10.10)	－	－	－	－
3	FC0.8 气泡混合轻质土	m³	1507038	－	－	－	(102.00)	－
4	HPB300 钢筋	t	2001001	－	0.448	0.052	－	1.025
5	20～22 号铁丝	kg	2001022	－	26.65	0.4	－	2.6
6	铁丝编织网	m²	2001026	250	－	－	－	－
7	型钢	t	2003004	－	－	1.04	0.027	－
8	钢模板	t	2003025	0.015	－	－	－	－

顺序号	项　　目	单位	代　号	混凝土挡板制安			泡沫轻质土	
				预制	安装	角钢立柱	浇筑	钢筋网
				10m³		1t	100m³	1t
				1	2	3	4	5
9	电焊条	kg	2009011	–	23.52	0.3	–	3.5
10	水	m³	3005004	17	–	–	21.4	–
11	锯材	m³	4003002	0.064	–	–	0.31	–
12	竹胶模板	m²	4005002	–	–	–	35.5	–
13	高压钢丝缠绕胶管	m	5001047	–	–	–	10	–
14	发泡剂	kg	5003008	–	–	–	112.2	–
15	中(粗)砂	m³	5503005	4.85	–	–	–	–
16	碎石(2cm)	m³	5505012	8.08	–	–	–	–
17	32.5级水泥	t	5509001	3.717	–	–	–	–
18	42.5级水泥	t	5509002	–	–	–	36.72	–
19	其他材料费	元	7801001	115.4	–	–	345.6	–
20	250L以内强制式混凝土搅拌机	台班	8005002	0.27	–	–	–	–
21	60m3/h以内混凝土搅拌站	台班	8005060	–	–	–	1.16	–
22	60m³/h泡沫轻质土生产设备	台班	8005086	–	–	–	0.76	–

顺序号	项　目	单位	代　号	混凝土挡板制安			泡沫轻质土	
				预制	安装	角钢立柱	浇筑	钢筋网
				10m³		1t	100m³	1t
				1	2	3	4	5
23	32kV·A 以内交流电弧焊机	台班	8015028	–	4.5	0.81	–	0.52
24	小型机具使用费	元	8099001	8	–	36.3	107.5	16
25	基价	元	9999001	10239	5826	4485	27197	4007

注:泡沫轻质土定额按泡沫轻质土(抗压强度0.8MPa)编制,当设计采用泡沫轻质土强度等级与定额不同时,可按附录配比调整。

第三节 排水工程

说　明

1. 边沟、排水沟、截水沟、盲沟的挖基费用按开挖沟槽定额计算,其他排水工程的挖基费用按第一节土、石方工程的相关定额计算。

2. 边沟、排水沟、截水沟、急流槽定额均未包括垫层的费用,需要时按有关定额另行计算。

3. 雨水箅子的规格与定额不同时,可按设计用量抽换定额中铸铁箅子的消耗。

4. 工程量计算规则:

(1)本章定额砌筑工程的工程量为砌体的实际体积,包括构成砌体的砂浆体积。

(2)本章定额预制混凝土构件的工程量为预制构件的实际体积,不包括预制构件中空心部分的体积。

(3)开挖沟槽的工程量为设计水沟断面积乘以水沟长度与水沟垃工体积之和。

(4)路基盲沟、中央分隔带盲沟(纵向、横向)的工程量按设计的工程内容计算。

(5)轻型井点降水定额按 50 根井管为一套,不足 50 根的按一套计算。井点使用天数按日历天数计算,使用时间按施工组织设计确定。

1-3-1 开挖沟槽

工程内容 土质:1)挂线;2)挖土;3)回填或将挖出的土筑成挡水埝;4)将沟槽断面修理到设计要求;5)清理现场及多余土方等。

石质:1)挂线;2)打眼、爆破、人工或机械清理;3)人工将沟槽断面修理到设计要求。

单位:1000m³ 天然密实方

顺序号	项 目	单位	代 号	人工开挖		机械开挖	
				土方	石方	土方	石方
				1	2	3	4
1	人工	工日	1001001	200.1	313.5	67.1	148.3
2	空心钢钎	kg	2009003	–	13.5	–	13.5
3	φ50mm 以内合金钻头	个	2009004	–	21	–	21
4	硝铵炸药	kg	5005002	–	154	–	154
5	非电毫秒雷管	个	5005008	–	176.7	–	176.7
6	导爆索	m	5005009		93.8		93.8
7	其他材料费	元	7801001	–	21.7	–	21.7
8	0.6m³ 以内履带式液压单斗挖掘机	台班	8001025	–	–	4.56	6.84
9	3m³/mim 以内机动空压机	台班	8017047	–	11.69	–	11.69
10	小型机具使用费	元	8099001	–	336.9	–	336.9
11	基价	元	9999001	21267	40511	10927	28648

1－3－2 路基、中央分隔带盲沟

工程内容 铺设土工布、埋设PVC管、回填碎石、干拌砂铺筑。

单位:列表单位

顺序号	项　目	单位	代　号	土工布铺设 1000m²	PVC管安装 100m	回填碎石 100m³	超高段混凝土过水槽干拌砂(水泥剂量5%) 10m³
				1	2	3	4
1	人工	工日	1001001	15	2.2	8.5	3.5
2	8~12号铁丝	kg	2001021	1.33	－	－	－
3	U形锚钉	kg	2009034	69.06	－	－	－
4	水	m³	3005004	－	－	－	0.3
5	塑料打孔波纹管($\phi100mm$)	m	5001031	－	106	－	－
6	土工布	m²	5007001	1062.5	－	－	－
7	中(粗)砂	m³	5503005	－	－	－	12.74
8	碎石	m³	5505016	－	－	110	－
9	32.5级水泥	t	5509001	－	－	－	0.96
10	其他材料费	元	7801001	95.5	286.2	－	－
11	2.0m³以内轮胎式装载机	台班	8001047	－	－	0.31	－
12	基价	元	9999001	6527	2150	9539	1781

注:1. 本章定额不包括开挖土石方费用,需要时另行计算。

2. 排水管的型号、规格及消耗量与定额不一致时,可进行抽换。

1-3-3 石砌边沟、排水沟、截水沟、急流槽

工程内容 1)拌、运砂浆;2)选修石料;3)砌筑、勾缝、养护。

单位:10m³ 实体

顺序号	项 目	单位	代 号	边沟、排水沟		急流槽		截水沟	
				浆砌片石	浆砌块石	浆砌片石	浆砌块石	浆砌片石	浆砌块石
				1	2	3	4	5	6
1	人工	工日	1001001	6.6	6.5	5.1	4.9	8.1	8
2	M7.5 水泥砂浆	m³	1501002	(3.50)	(2.70)	(3.50)	(2.70)	(3.50)	(2.70)
3	M10 水泥砂浆	m³	1501003	(0.33)	(0.20)	(0.33)	(0.14)	(0.33)	(0.20)
4	水	m³	3005004	18	18	18	18	18	18
5	中(粗)砂	m³	5503005	4.17	3.16	4.17	3.16	4.17	3.16
6	片石	m³	5505005	11.5	–	11.5	–	11.5	–
7	块石	m³	5505025	–	10.5	–	10.5	–	10.5
8	32.5 级水泥	t	5509001	1.037	0.782	1.037	0.782	1.037	0.78
9	其他材料费	元	7801001	2.3	2.3	2.3	2.3	2.3	2.3
10	1.0m³ 以内轮胎式装载机	台班	8001045	0.08	0.08	0.08	0.08	0.1	0.1
11	400L 以内灰浆搅拌机	台班	8005010	0.15	0.12	0.15	0.12	0.15	0.12
12	基价	元	9999001	2229	2301	2070	2131	2401	2471

1 – 3 – 4　混凝土边沟、排水沟、截水沟、急流槽

工程内容　现浇混凝土:1)模板安装、拆除、修理、涂脱模剂、堆放;2)混凝土配运料、拌和、运输、浇筑、养护。
　　　　　混凝土预制块预制:1)模板安装、拆除、修理、涂脱模剂、堆放;2)混凝土配运料、拌和、运输、浇筑、养护;3)预制块堆放。
　　　　　预制块铺砌:1)拌、运砂浆;2)预制块就位、铺砌、勾缝、填缝、养护。

单位:10m³ 实体

顺序号	项　目	单位	代　号	边沟、排水沟					截水沟		
				混凝土预制块				现浇混凝土	混凝土预制块		现浇混凝土
				预制		铺砌			预制	铺砌	
				矩形	六边形	矩形	六边形		矩形	矩形	
				1	2	3	4	5	6	7	8
1	人工	工日	1001001	15.4	16.7	8.8	9.9	12	14.6	10.4	14.3
2	M10 水泥砂浆	m³	1501003	–	–	(0.44)	(0.44)	–	–	(0.44)	–
3	普 C20 – 32.5 – 2	m³	1503007	(10.10)	(10.10)	–	–	(10.20)	(10.10)	–	(10.20)
4	预制构件	m³	1517001	(10.10)	–	(10.10)	(10.10)	–	–	–	–
5	钢模板	t	2003025	0.04	0.052	–	–	–	0.036	–	–
6	组合钢模板	t	2003026	–	–	–	–	0.026	–	–	0.026
7	铁件	kg	2009028	–	–	–	–	7.8	–	–	7.8
8	石油沥青	t	3001001	–	–	0.013	0.013	0.013	–	0.013	0.013
9	水	m³	3005004	16	16	13	13	12	16	13	12

顺序号	项　目	单位	代　号	边沟、水沟					截水沟		
				混凝土预制块				现浇混凝土	混凝土预制块		现浇混凝土
				预制		铺砌			预制	铺砌	
				矩形	六边形	矩形	六边形		矩形		
				1	2	3	4	5	6	7	8
10	中(粗)砂	m³	5503005	4.95	4.95	0.47	0.47	5	4.95	0.47	5
11	碎石(2cm)	m³	5505012	8.28	8.28	–	–	8.36	8.28	–	8.36
12	32.5 级水泥	t	5509001	3.182	3.182	0.137	0.137	3.213	3.182	0.137	3.213
13	其他材料费	元	7801001	28.6	28.6	0.9	0.9	15.7	28.6	0.9	16.2
14	250L 以内强制式混凝土搅拌机	台班	8005002	0.27	0.27	–	–	0.27	0.27	–	0.27
15	小型机具使用费	元	8099001	5	5	–	–	–	5	–	–
16	基价	元	9999001	4120	4323	1114	1231	3752	4014	1284	3997

顺序号	项目	单位	代号	水沟盖板				急流槽		
				预制			安装	混凝土预制块		现浇混凝土
				混凝土				预制	铺砌	
				矩形	矩形带孔	钢筋		矩形		
				10m³		1t		10m³		
				9	10	11	12	13	14	15
1	人工	工日	1001001	15.4	21	7.4	6.2	14.6	10.6	14.1
2	M10 水泥砂浆	m³	1501003	–	–	–	(0.38)	–	(0.57)	–
3	普 C20 – 32.5 – 2	m³	1503007	(10.10)	(10.10)	–	–	(10.10)	–	(10.20)
4	预制构件	m³	1517001	–	–	–	(10.10)	–	(10.10)	–
5	HPB300 钢筋	t	2001001	–	–	0.119	–	–	–	–
6	HRB400 钢筋	t	2001002	–	–	0.906	–	–	0.154	–
7	20~22 号铁丝	kg	2001022	3.4	5.7	3.6	–	–	–	–
8	钢模板	t	2003025	0.016	0.026	–	–	0.094	–	–
9	组合钢模板	t	2003026	–	–	–	–	–	–	0.02
10	铁件	kg	2009028	–	–	–	–	–	–	6.1
11	水	m³	3005004	16	16	–	10	16	13	12
12	中(粗)砂	m³	5503005	4.95	4.95	–	0.41	4.95	0.61	5
13	碎石(2cm)	m³	5505012	8.28	8.28	–	–	8.28	–	8.36

顺序号	项 目	单位	代 号	水沟盖板			安装	急流槽		现浇混凝土
				预制				混凝土预制块		
				混凝土				预制	铺砌	
				矩形	矩形带孔	钢筋		矩形		
				10m³		1t		10m³		
				9	10	11	12	13	14	15
14	32.5级水泥	t	5509001	3.182	3.182	–	0.118	3.182	0.177	3.213
15	其他材料费	元	7801001	28.6	28.6	–	–	55	–	14.9
16	250L以内强制式混凝土搅拌机	台班	8005002	0.27	0.27	–	–	0.27	–	0.27
17	小型机具使用费	元	8099001	5	5	6.3	–	5	–	–
18	基价	元	9999001	4007	4667	4149	758	4353	1770	3939

1-3-5 排水管铺设

工程内容 现浇排水管基础混凝土:1)基底清理、夯实;2)混凝土配运料、拌和、运输、浇筑、养护。
安装混凝土排水管:1)排管、下管、调直、找平;2)清理管口、调运砂浆、填缝、抹带、压实、养护。
安装双壁波纹管(PVC-U):检查及清扫管材、切管、搬运、下管、铺设、对口、套胶圈,材料场内运输。

单位:100m

顺序号	项 目	单位	代 号	现浇排水管基础混凝土								
				管径(mm)								
				200以内	300以内	400以内	500以内	600以内	700以内	800以内	900以内	1000以内
				1	2	3	4	5	6	7	8	9
1	人工	工日	1001001	2.2	4.9	7.6	10.4	13.1	15.8	18.6	21.3	24
2	普C15-32.5-4	m³	1503031	(5.64)	(8.05)	(10.55)	(13.33)	(18.16)	(22.64)	(29.58)	(37.54)	(46.31)
3	水	m³	3005004	7	10	13	16	21	25	30	36	43
4	中(粗)砂	m³	5503005	2.82	4.03	5.28	6.67	9.08	11.32	14.79	18.77	23.15
5	碎石(4cm)	m³	5505013	4.79	6.84	8.97	11.33	15.43	19.25	25.14	31.91	39.36
6	32.5级水泥	t	5509001	1.506	2.149	2.817	3.559	4.848	6.046	7.898	10.022	12.364
7	其他材料费	元	7801001	1.2	1.7	2.1	2.7	3.6	4.3	5	6	7.3
8	500L以内强制式混凝土搅拌机	台班	8005004	0.25	0.32	0.42	0.55	0.71	0.92	1.2	1.56	2.03
9	1t以内机动翻斗车	台班	8007046	0.65	0.84	1.09	1.42	1.85	2.4	3.12	4.06	5.27
10	小型机具使用费	元	8099001	124.20	161.40	209.80	272.80	354.60	461.00	599.30	779.10	1012.8
11	基价	元	9999001	1708	2590	3503	4532	6011	7484	9545	11912	14584

单位:100m

顺序号	项　目	单位	代　号	铺设混凝土排水管								
				管径(mm)								
				200以内	300以内	400以内	500以内	600以内	700以内	800以内	900以内	1000以内
				10	11	12	13	14	15	16	17	18
1	人工	工日	1001001	4.6	6.5	9.1	11.6	13.7	16.1	18.1	21.9	25.9
2	M10水泥砂浆	m³	1501003	(0.36)	(0.53)	(0.71)	(0.89)	(1.07)	(1.25)	(1.42)	(1.60)	(1.78)
3	水	m³	3005004	1.00	1.00	2.00	2.00	2.00	3.00	3.00	3.00	4
4	中(粗)砂	m³	5503005	0.39	0.57	0.76	0.95	1.15	1.34	1.52	1.71	1.91
5	32.5级水泥	t	5509001	0.112	0.165	0.221	0.277	0.333	0.389	0.442	0.498	0.554
6	φ200mm以内混凝土排水管	m	5511004	101	–	–	–	–	–	–	–	–
7	φ300mm以内混凝土排水管	m	5511005	–	101	–	–	–	–	–	–	–
8	φ400mm以内混凝土排水管	m	5511006	–	–	101	–	–	–	–	–	–
9	φ500mm以内混凝土排水管	m	5511007	–	–	–	101	–	–	–	–	–
10	φ600mm以内混凝土排水管	m	5511008	–	–	–	–	101	–	–	–	–
11	φ700mm以内混凝土排水管	m	5511009	–	–	–	–	–	101	–	–	–
12	φ800mm以内混凝土排水管	m	5511010	–	–	–	–	–	–	101	–	–
13	φ900mm以内混凝土排水管	m	5511011	–	–	–	–	–	–	–	101	–
14	φ1000mm以内混凝土排水管	m	5511012	–	–	–	–	–	–	–	–	101
15	其他材料费	元	7801001	55.5	81.6	107.9	134.5	161.4	188.6	216.4	244.7	273.7

续前页

单位:100m

顺序号	项　目	单位	代　号	铺设混凝土排水管								
				管径(mm)								
				200 以内	300 以内	400 以内	500 以内	600 以内	700 以内	800 以内	900 以内	1000 以内
				10	11	12	13	14	15	16	17	18
16	8t 以内汽车式起重机	台班	8009026	0.35	0.42	0.50	0.60	0.72	0.86	1.04	1.24	1.49
17	小型机具使用费	元	8099001	5.3	6.4	7.7	9.2	11.1	13.3	16.0	19.1	23.0
18	基价	元	9999001	4526	6665	8794	14314	20856	24977	35156	42159	50504

顺序号	项 目	单位	代 号	安装双壁波纹管(PVC-U)							
				管径(mm)							
				300以内	400以内	500以内	600以内	700以内	800以内	900以内	1000以内
				19	20	21	22	23	24	25	26
1	人工	工日	1001001	9.7	12.2	16.4	19.4	22.9	27.4	33.5	45.3
2	φ300mm以内双壁波纹管	m	5001023	101	–	–	–	–	–	–	–
3	φ400mm以内双壁波纹管	m	5001024	–	101	–	–	–	–	–	–
4	φ500mm以内双壁波纹管	m	5001025	–	–	101	–	–	–	–	–
5	φ600mm以内双壁波纹管	m	5001026	–	–	–	101	–	–	–	–
6	φ700mm以内双壁波纹管	m	5001027	–	–	–	–	101	–	–	–
7	φ800mm以内双壁波纹管	m	5001028	–	–	–	–	–	101	–	–
8	φ900mm以内双壁波纹管	m	5001029	–	–	–	–	–	–	101	–
9	φ1000mm以内双壁波纹管	m	5001030	–	–	–	–	–	–	–	101
10	其他材料费	元	7801001	7.9	97.7	117.1	136.5	155.9	175.3	194.8	214.2
11	5t以内载货汽车	台班	8007004	0.09	0.14	0.3	0.3	0.42	0.42	0.84	0.84
12	5t以内汽车式起重机	台班	8009025	–	–	0.2	0.29	0.44	0.44	0.64	0.84
13	φ500mm以内木工圆锯机	台班	8015013	0.1	0.1	0.12	0.14	0.16	0.18	0.2	0.22
14	基价	元	9999001	7673	9254	17640	22106	26282	39018	45094	54945

1-3-6 雨水井、检查井

工程内容 钢筋混凝土井身:1)模板制作、安装、拆除、修理、涂脱模剂、堆放;2)混凝土配运料、拌和、运输、浇筑、养护;3)钢筋制作、绑扎、安放、定位、校正,安装梯蹬。

钢筋混凝土井盖:1)模板制作、安装、拆除、修理、涂脱模剂、堆放;2)混凝土配运料、拌和、运输、浇筑、养护;3)钢筋制作、绑扎、安放、定位、校正,拉手制安;4)井盖安装。

雨水箅安放:清理井口,箅子安放。

砖砌井身:混凝土搅拌、浇筑、养护、砌砖、勾缝、安装铸铁爬梯。

单位:表列单位

顺序号	项 目	单位	代 号	现浇井身混凝土 10m³	钢筋混凝土井盖制作安装 10m³	铸铁箅子安放 10套	砖砌井身 10m³
				1	2	3	4
1	人工	工日	1001001	17	18.5	1.6	19.5
2	M7.5 水泥砂浆	m³	1501002	-	-	-	(3.41)
3	1:2 水泥砂浆	m³	1501013	-	-	-	(0.28)
4	普 C20-32.5-2	m³	1503007	(10.20)	(10.10)	-	(0.25)
5	HPB300 钢筋	t	2001001	0.046	0.45	-	-
6	8~12 号铁丝	kg	2001021	1.8	-	-	-
7	20~22 号铁丝	kg	2001022	1	-	-	-
8	铁钉	kg	2009030	15.4	0.1	-	-

顺序号	项 目	单位	代 号	现浇井身混凝土	钢筋混凝土井盖制作安装	铸铁箅子安放	砖砌井身
				10m³	10m³	10 套	10m³
				1	2	3	4
9	铸铁箅子	kg	2009032	–	–	60	–
10	水	m³	3005004	12	16	–	1.25
11	锯材	m³	4003002	1.25	0.19	–	–
12	中(粗)砂	m³	5503005	5	4.95	0.27	4.11
13	碎石(2cm)	m³	5505012	8.36	8.28	–	0.91
14	青(红)砖	千块	5507003	–	–	–	5.13
15	32.5 级水泥	t	5509001	3.213	3.182	0.154	1.141
16	其他材料费	元	7801001	182	103.2	38.6	171.6
17	250L 以内强制式混凝土搅拌机	台班	8005002	0.26	0.26	–	0.03
18	小型机具使用费	元	8099001	91	7.2	–	11.5
19	基价	元	9999001	6442	6096	654	5062

1-3-7 轻型井点降水

工程内容 安装拆除:1)挖排水沟及管槽;2)井管装配及地面试管;3)铺总管,装水泵、水箱;4)冲孔、沉管;5)灌砂封口;6)连接试抽;7)拔井管,拆管,清洗;8)整理、堆放。

使用:1)抽水;2)井管堵漏。

单位:表列单位

顺序号	项目	单位	代号	井点管及总管		大口径井降水			
						井点管及总管15m以内		井点管及总管25m以内	
				安装、拆除	使用	安装、拆除	使用	安装、拆除	使用
				10根	套天	10根	套天	10根	套天
				1	2	3	4	5	6
1	人工	工日	1001001	5.2	1.8	142.5	3.5	183.7	3.8
2	水	m³	3005004	37	–	660	–	990	–
3	中(粗)砂	m³	5503005	2.14		129.13		189.21	
4	轻型井点总管	m	6009001	0.42	–	–	–	–	–
5	轻型井点管	m	6009002	2.86	–	–	–	–	–
6	大口径井点管 φ159mm	m	6009003	–	–	1.95	1.5	2.93	2.25
7	大口径井点总管 φ400mm	m	6009004	–	–	0.05	0.12	0.05	0.12
8	其他材料费	元	7801001	23.2	0.6	43.1	4.7	69.5	4.7
9	10t以内履带式起重机	台班	8009001	0.29	–	4.7	–	6.33	–

单位:表列单位

顺序号	项　目	单位	代号	井点管及总管		大口径井降水			
						井点管及总管15m以内		井点管及总管25m以内	
				安装、拆除	使用	安装、拆除	使用	安装、拆除	使用
				10根	套天	10根	套天	10根	套天
				1	2	3	4	5	6
10	400kN以内振动打拔桩机	台班	8011009	–	–	3.25	–	4.69	
11	φ150mm电动多级水泵(≤180m)	台班	8013013	0.44	–	7.95	2.16	11.03	2.18
12	φ100mm以内污水泵	台班	8013021	–	–	12.65	–	17.38	–
13	射流井点泵	台班	8013028	–	3.15	–	–	–	–
14	小型机具使用费	元	8099001	35.5	–	1370.2	–	1834.1	
15	基价	元	9999001	1361	374	41887	1724	57779	1935

注:1. 遇有天然水源可利用时,不计水费。

2. 本章定额适用于地下水位较高的轻亚黏土、砂性土或淤泥质土层地带。

1-3-8　机械铺筑拦水带

工程内容　放样,挖槽,修整;混凝土配运料、拌和、运输、铺筑及养护。

单位:10m³

顺序号	项　目	单位	代　号	机械铺筑水泥混凝土拦水带 1	机械铺筑沥青混凝土拦水带 2
1	人工	工日	1001001	5.3	3.22
2	普 C25-32.5-2	m³	1503008	(10.20)	-
3	中粒式沥青混凝土	m³	1505006	-	(10.40)
4	石油沥青	t	3001001	-	1.763
5	水	m³	3005004	12	-
6	砂	m³	5503004	-	6.28
7	中(粗)砂	m³	5503005	4.9	-
8	矿粉	t	5503013	-	1.7
9	石屑	m³	5503014	-	8.79
10	碎石(2cm)	m³	5505012	8.16	-
11	32.5 级水泥	t	5509001	3.754	-
12	其他材料费	元	7801001	26	1.6
13	15t/h 以内电动黑色粒料拌和机	台班	8003041	-	0.31
14	250L 以内强制式混凝土搅拌机	台班	8005002	0.37	-

单位:10m³

顺序号	项 目	单位	代 号	机械铺筑水泥混凝土拦水带	机械铺筑沥青混凝土拦水带
				1	2
15	4t 以内载货汽车	台班	8007003	–	0.36
16	1t 以内机动翻斗车	台班	8007046	0.42	0.23
17	小型机具使用费	元	8099001	33.2	33.2
18	基价	元	9999001	3114	10710

第四节 防护工程

说 明

1.本章定额中未列出的其他结构形式的砌石防护工程,需要时按"桥涵工程"项目的有关定额计算。

2.本章定额中除注明者外,均不包括挖基、基础垫层的工程内容,需要时按"桥涵工程"项目的有关定额计算。

3.本章定额中除注明者外,均已包括按设计要求需要设置的伸缩缝、沉降缝的费用。

4.本章定额中除注明者外,均已包括水泥混凝土的拌和费用。

5.植草护坡定额中均已综合考虑黏结剂、保水剂、营养土、肥料、覆盖薄膜等的费用,使用定额时不得另行计算。

6.预应力锚索护坡定额中的脚手架是按钢管脚手架编制的,脚手架宽度按2.5m考虑。

7.工程量计算规则:

(1)铺草皮工程量按所铺边坡的坡面面积计算。

(2)护坡定额中以100m² 或1000m² 为计量单位的子目的工程量,按设计需要防护的边坡坡面面积计算。

(3)木笼、竹笼、铁丝笼填石护坡的工程量按填石体积计算。

(4)本章定额砌筑工程的工程量为砌体的实际体积,包括构成砌体的砂浆体积。

(5)本章定额预制混凝土构件的工程量为预制构件的实际体积,不包括预制构件中空心部分的体积。

(6)预应力锚索的工程量为锚索(钢绞线)长度与工作长度的质量之和。

(7)抗滑桩挖孔工程量按护壁外缘所包围的面积乘以设计孔深计算。

1-4-1 人工铺草皮

工程内容 铺筑、拍紧、木橛钉固草皮,铺花格草皮挖槽。

单位:1000m²

顺序号	项 目	单位	代 号	满铺			花格式		
				边坡高度(m)					
				10 以内	20 以内	20 以上	10 以内	20 以内	20 以上
				1	2	3	4	5	6
1	人工	工日	1001001	14.3	17.3	20.2	13.9	15.2	16.6
2	草皮	m²	4013002	1100	1100	1100	381.15	381.15	381.15
3	其他材料费	元	7801001	990	990	990	623.7	623.7	623.7
4	基价	元	9999001	5920	6239	6547	3283	3421	3570

注:采用叠铺草皮时,定额中人工工日和草皮数量加倍计算,其他材料费不变。

1-4-2 植草护坡

工程内容 挂网:1)清理整平边坡坡面;2)铺网、固定;3)钢筋框条制作、绑扎及焊接。

植草:1)边坡覆土;2)人工撒草籽、植草或机械喷播植草;3)初期养护。

机械液压喷播植草:1)边坡整理;2)喷播植草;3)加覆盖物、固定;4)初期养护。

喷混、客土喷播植草:1)边坡整理、覆土,植生混合料拌和;2)喷植生混合料;3)加覆盖物、固定;4)初期养护。

CS混合纤维喷灌护坡:1)坡面清理;2)锚固件制作安装;3)挂铁丝网固定;4)架设基盘平台;5)喷射基材混合料、加覆盖物、固定;6)初期养护。

码砌植生袋:1)边坡整理;2)基质配料、拌和,基质装袋,植生袋码砌、固定;3)覆盖无纺布;4)初期养护。

I.挂 网

单位:表列单位

顺序号	项 目	单位	代 号	土工格栅	三维植被网	铁丝网	钢筋
				1000m²			1t
				1	2	3	4
1	人工	工日	1001001	34.4	37.8	20.5	5.3
2	HPB300钢筋	t	2001001	-	-	-	1.025
3	8~12号铁丝	kg	2001021	-	-	3.8	-
4	铁丝编织网	m²	2001026	-	-	1140.1	-
5	电焊条	kg	2009011	-	-	-	0.9
6	U形锚钉	kg	2009034	138	315.2	-	-
7	三维植被网	m²	5001009	-	1249	-	-
8	土工格栅	m²	5007003	1142.6	-	-	-

顺序号	项　目	单位	代　号	土工格栅	三维植被网	铁丝网	钢筋
				1000m²			1t
				1	2	3	4
9	其他材料费	元	7801001	42.9	111.3	–	–
10	32kV·A 以内交流电弧焊机	台班	8015028	–	–	–	0.12
11	小型机具使用费	元	8099001	–	–	–	17.3
12	基价	元	9999001	13760	16678	25488	4025

II. 植　草

顺序号	项　目	单位	代　号	人工植草		机械液压喷播植草		喷混植草	客土喷播植草	
				撒草籽	植草根	填方边坡	挖方边坡	植草厚度(cm)		
								10	6	8
				5	6	7	8	9	10	11
1	人工	工日	1001001	13.7	10.8	15.5	17.8	38.4	31.4	36.2
2	水	m³	3005004	–	–	90	100	300	–	–
3	草籽	kg	4013001	10.3	–	20	20	17.5	30	30
4	黏土	m³	5501003	–	–	–	–	52	–	–
5	种植土	m³	5501007	71.4	71.4	71.4	71.4	–	30.6	40.8
6	植物营养土	m³	5501008	–	–	–	–	51	30.6	40.8
7	32.5 级水泥	t	5509001	–	–	–	–	1.02	–	–
8	其他材料费	元	7801001	267	3498.1	4142.7	4575.7	557.3	2591.3	3732
9	液压喷播机	台班	8001132	–	–	1	1	–	2.21	2.6
10	250L 以内强制式混凝土搅拌机	台班	8005002	–	–	–	–	1.89	1.13	1.51
11	混凝土喷射机	台班	8005011	–	–	–	–	3.29	–	–
12	4t 以内载货汽车	台班	8007003	–	–	0.79	0.84	3.45	2.06	2.4
13	6000L 以内洒水汽车	台班	8007041	–	–	0.75	0.8	3.68	2.09	2.27
14	9m³/min 以内机动空压机	台班	8017049	–	–	0.84	1.04	4.23	2.5	2.96
15	小型机具使用费	元	8099001	–	–	44.7	50.8	26.8	59.8	73.1
16	基价	元	9999001	3284	5478	10174	11087	31109	22576	28149

顺序号	项 目	单位	代 号	CS 混合纤维喷灌护坡(基材厚度8cm)	码砌植生袋
				100m²	1000m²
				12	13
1	人工	工日	1001001	18.3	98.1
2	M25 水泥砂浆	m³	1501007	(0.33)	–
3	HRB400 钢筋	t	2001002	0.185	–
4	8~12 号铁丝	kg	2001021	0.54	–
5	20~22 号铁丝	kg	2001022	1.69	–
6	铁丝编织网	m²	2001026	119.5	–
7	钢钎	kg	2009002	7.02	–
8	φ50mm 以内合金钻头	个	2009004	5	–
9	U 形锚钉	kg	2009034	–	89.3
10	水	m³	3005004	32	–
11	稻草纤维	kg	4001003	255	–
12	木粉	m³	4003006	3.06	–
13	木纤维	kg	4003008	20.4	–
14	草籽	kg	4013001	30	20.6
15	植生袋	个	5001058	–	16800
16	高次团粒剂	kg	5003002	30.6	–

单位:表列单位

顺序号	项　　　目	单位	代　号	CS 混合纤维喷灌护坡(基材厚度8cm)	码砌植生袋
				100m²	1000m²
				12	13
17	泥炭	m³	5501001	2.04	–
18	种植土	m³	5501007	3.57	214.2
19	椰粉	m³	5503001	1.02	–
20	中(粗)砂	m³	5503005	0.35	–
21	32.5 级水泥	t	5509001	0.209	–
22	其他材料费	元	7801001	286.9	1369.9
23	250L 以内强制式混凝土搅拌机	台班	8005002	0.24	–
24	混凝土喷射机	台班	8005011	0.37	–
25	4t 以内载货汽车	台班	8007003	0.36	–
26	6000L 以内洒水汽车	台班	8007041	–	0.75
27	5t 以内汽车式起重机	台班	8009025	–	0.41
28	9m³/min 以内机动空压机	台班	8017049	1.49	–
29	小型机具使用费	元	8099001	85.7	–
30	基价	元	9999001	12578	38420

注:1.本章定额挂铁丝网未包括锚固筋(或锚杆)的消耗,应按相应定额另行计算。

2.挂网定额中钢筋子目仅适用于挂铁丝网的钢筋框条。

3.本章定额中植草项目可根据设计用量调整定额中的草籽或种子的消耗。

1-4-3 编篱填石护坡

工程内容 1)整修边坡;2)制打小树桩;3)编篱,填石。

单位:1000m²

顺序号	项目	单位	代号	单层	双层
				厚度(cm)	
				30	50
				1	2
1	人工	工日	1001001	198.3	271.8
2	片石	m³	5505005	306	510
3	其他材料费	元	7801001	5298.3	7907.5
4	基价	元	9999001	38397	68981

注:本章定额不包括垫层,需要时根据设计按有关定额另行计算。

1-4-4 木笼、竹笼、铁丝笼填石护坡

工程内容 1)平整地基;2)木笼制作,桩木制作,打桩,钉横木;3)编竹笼;4)编铁丝笼;5)安设,填石。

单位:10m³

顺序号	项 目	单位	代 号	木笼		竹笼		铁丝笼
				桩式	框架式	直径1m、长度4m	直径0.6m、长度10m	
				1	2	3	4	5
1	人工	工日	1001001	18.7	14.5	5.1	5.1	3
2	HPB300 钢筋	t	2001001	–	–	–	–	0.067
3	8~12 号铁丝	kg	2001021	–	–	–	–	185.5
4	铁件	kg	2009028	22.1	39	–	–	–
5	铁钉	kg	2009030	7.3	5.6	–	–	–
6	原木	m³	4003001	3.64	2.39	–	–	–
7	锯材	m³	4003002	0.07	–	–	–	–
8	毛竹	根	4005001	–	–	42	63	–
9	片石	m³	5505005	10.2	10.2	10.2	10.2	10.2
10	其他材料费	元	7801001	1.2	–	–	–	–
11	小型机具使用费	元	8099001	3.1	3.1	–	–	–
12	基价	元	9999001	7546	5458	2007	2418	1995

1-4-5 现浇混凝土护坡

工程内容 满铺式:1)清理边坡;2)模板制作,安装,拆除,修理;3)混凝土配运料、拌和、运输、浇筑、抹平、养护。
框格(架)式:1)清理边坡;2)模板制作,安装,拆除,修理;3)混凝土配运料、拌和、运输、浇筑、抹平、养护。
钢筋:除锈、制作、绑扎成型。

单位:表列单位

顺序号	项 目	单位	代号	满铺式混凝土		框格(架)式混凝土		钢筋
				坡高10m以内	坡高10m以上	坡高10m以内	坡高10m以上	
				10m³				1t
				1	2	3	4	5
1	人工	工日	1001001	11.1	13.3	15.3	18.1	9.5
2	普 C20-32.5-4	m³	1503032	(10.20)	(10.20)	(10.20)	(10.20)	—
3	HPB300 钢筋	t	2001001	—	—	—	—	0.817
4	HRB400 钢筋	t	2001002	—	—	—	—	0.208
5	20~22 号铁丝	kg	2001022	—	—	—	—	3.6
6	型钢	t	2003004	—	—	0.022	0.022	—
7	组合钢模板	t	2003026	—	—	0.014	0.014	—
8	电焊条	kg	2009011	—	—	—	—	3.5
9	铁件	kg	2009028	—	—	1.9	1.9	—
10	石油沥青	t	3001001	0.021	0.021	0.004	0.004	—

续前页

顺序号	项 目	单位	代 号	满铺式混凝土		框格(架)式混凝土		钢筋
				坡高10m以内	坡高10m以上	坡高10m以内	坡高10m以上	
				10m³				1t
				1	2	3	4	5
11	水	m³	3005004	12	12	12	12	–
12	锯材	m³	4003002	0.01	0.01	0.01	0.01	–
13	中(粗)砂	m³	5503005	5	5	5	5	–
14	碎石(4cm)	m³	5505013	8.57	8.57	8.57	8.57	–
15	32.5级水泥	t	5509001	3.04	3.04	3.04	3.04	–
16	其他材料费	元	7801001	66.1	66.1	14.4	14.4	–
17	250L以内强制式混凝土搅拌机	台班	8005002	0.32	0.33	0.32	0.33	–
18	32kV·A以内交流电弧焊机	台班	8015028	–	–	–	–	1.53
19	小型机具使用费	元	8099001	–	–	2.4	2.4	6.8
20	基价	元	9999001	3558	3794	4030	4329	4735

1-4-6 预制混凝土护坡

工程内容 预制:1)模板制作,安装,拆除,修理;2)混凝土配运料、拌和、运输、浇筑、捣固、抹平、养护;3)块件堆放。

钢筋:除锈、制作、绑扎成型。

铺砌:1)整平边坡;2)制钉小木桩;3)拌、运砂浆,运混凝土块件;4)穿连席块或浆砌块件、填缝。

码砌:1)整平边坡;2)码砌块件。

单位:表列单位

顺序号	项 目	单位	代 号	预制混凝土			
				混凝土块、席块护坡	骨架格	菱形格	钢筋
				10m³			1t
				1	2	3	4
1	人工	工日	1001001	19.4	19.9	23	5.5
2	普 C20-32.5-4	m³	1503032	(10.10)	(10.10)	(10.10)	-
3	HPB300 钢筋	t	2001001	-	-	-	1.025
4	20~22 号铁丝	kg	2001022	-	-	-	4.2
5	型钢	t	2003004	0.012	-	-	-
6	组合钢模板	t	2003026	-	0.065	0.065	-
7	电焊条	kg	2009011	0.2	-	-	-
8	铁件	kg	2009028	1.1	8.6	8.6	-
9	水	m³	3005004	16	16	16	-
10	锯材	m³	4003002	-	0.03	0.03	-

单位:表列单位

顺序号	项 目	单位	代 号	预制混凝土			
				混凝土块、席块护坡	骨架格	菱形格	钢筋
				10m³			1t
				1	2	3	4
11	中(粗)砂	m³	5503005	4.95	4.95	4.95	-
12	碎石(4cm)	m³	5505013	8.48	8.48	8.48	-
13	32.5 级水泥	t	5509001	3.01	3.01	3.01	-
14	其他材料费	元	7801001	20.2	11.1	7.4	-
15	250L 以内强制式混凝土搅拌机	台班	8005002	0.32	0.32	0.37	-
16	32kV·A 以内交流电弧焊机	台班	8015028	0.02	-	-	-
17	小型机具使用费	元	8099001	0.1	-	-	6.6
18	基价	元	9999001	4326	4708	5042	4028

单位:10m³

顺序号	项 目	单位	代 号	铺砌混凝土席块		铺砌混凝土块、骨架格		码砌菱形格	
				坡高10m以内	坡高10m以上	坡高10m以内	坡高10m以上	坡高10m以内	坡高10m以上
				5	6	7	8	9	10
1	人工	工日	1001001	9.7	11	7.4	9.1	7.3	8.3
2	M10 水泥砂浆	m³	1501003	–	–	(0.39)	(0.39)	–	–
3	预制构件	m³	1517001	(10.10)	(10.10)	(10.10)	(10.10)	(10.10)	(10.10)
4	HPB300 钢筋	t	2001001	0.08	0.08	–	–	–	–
5	石油沥青	t	3001001	–	–	0.023	0.023	–	–
6	水	m³	3005004	–	–	11	11	–	–
7	中(粗)砂	m³	5503005	–	–	0.42	0.42	–	–
8	32.5 级水泥	t	5509001	–	–	0.121	0.121	–	–
9	其他材料费	元	7801001	98.4	98.4	71.7	71.7	–	–
10	基价	元	9999001	1396	1534	1066	1247	776	882

注:码砌菱形格护坡定额未包括框格间缝隙的填塞费用,需要时应另行计算。

1-4-7 灰浆抹面护坡

工程内容 1)清理坡面;2)洒水湿润坡面;3)搭、拆简单脚手架;4)人工配、拌、运混合灰浆;5)抹平,养护。

单位:100m² 抹面面积

顺序号	项 目	单位	代 号	石灰、煤渣	石灰、煤渣、黏土	石灰、煤渣、黏土、砂	水泥、石灰、砂	石灰、砂
				3	6	8	3	4
				1	2	3	4	5
1	人工	工日	1001001	5.2	7.1	7.6	4.7	5.7
2	8~12号铁丝	kg	2001021	2	2	2	2	2
3	铁钉	kg	2009030	0.1	0.1	0.1	0.1	0.1
4	水	m³	3005004	23	45	60	23	30
5	原木	m³	4003001	0.02	0.02	0.02	0.02	0.02
6	锯材	m³	4003002	0.02	0.02	0.02	0.02	0.02
7	黏土	m³	5501003	–	1.87	2.18	–	–
8	熟石灰	t	5503003	0.773	1.421	0.989	0.309	0.828
9	中(粗)砂	m³	5503005	–	–	3.33	3.12	4.37
10	煤渣	m³	5503010	3.06	6.73	9.79	–	–
11	32.5级水泥	t	5509001	–	–	–	0.357	–
12	其他材料费	元	7801001	75	–	–	–	–
13	基价	元	9999001	1150	1755	2206	1095	1363

抹面厚度(cm)表头位于"灰浆材料"之下。

1－4－8 喷射混凝土护坡

工程内容 挂钢筋网或铁丝网:1)钢筋网制作;2)挂网、绑扎、混凝土块支垫、点焊锚杆。

喷混凝土:1)坡面清理及湿润;2)脚手架的搭设、移动、拆除;3)排水孔的设置;4)混凝土配运料、拌和、运输、喷射、养护。

锚杆:1)放样布孔;2)钻孔、清孔、移动钻具;3)锚杆制作、安设;4)砂浆拌和、灌浆。

I. 挂　　网

单位:1t

顺序号	项　　目	单位	代　号	钢筋网			铁丝网		
				边坡高度(m)					
				10 以内	20 以内	20 以上	10 以内	20 以内	20 以上
				1	2	3	4	5	6
1	人工	工日	1001001	8.3	10.2	12.5	13.8	15.7	17.3
2	HPB300 钢筋	t	2001001	1.025	1.025	1.025	－	－	－
3	20~22 号铁丝	kg	2001022	0.8	0.9	0.9	0.5	0.5	0.5
4	铁丝编织网	m²	2001026	－	－	－	284.1	284.1	284.1
5	电焊条	kg	2009011	10.2	10.2	10.2	－	－	－
6	32kV·A 以内交流电弧焊机	台班	8015028	2.42	3.37	3.8	－	－	－
7	小型机具使用费	元	8099001	17.3	17.3	17.3	－	－	－
8	基价	元	9999001	4824	5202	5525	7273	7475	7645

II. 喷 混 凝 土

单位:10m³

顺序号	项 目	单位	代 号	边坡高度(m)		
				10 以内	20 以内	20 以上
				7	8	9
1	人工	工日	1001001	9.1	10.4	11.8
2	喷 C20 - 32.5 - 2	m³	1503121	(10.71)	(10.71)	(10.71)
3	钢管	t	2003008	0.006	0.007	0.007
4	铁件	kg	2009028	2.1	2.3	2.4
5	水	m³	3005004	21	21	21
6	中(粗)砂	m³	5503005	6.53	6.53	6.53
7	碎石(2cm)	m³	5505012	6.11	6.11	6.11
8	32.5 级水泥	t	5509001	4.766	4.766	4.766
9	其他材料费	元	7801001	529.9	527.8	525.7
10	250L 以内强制式混凝土搅拌机	台班	8005002	1.46	1.67	1.89
11	混凝土喷射机	台班	8005011	1.61	1.85	2.09
12	9m³/min 以内机动空压机	台班	8017049	1.45	1.66	1.77
13	小型机具使用费	元	8099001	2.4	2.4	2.5
14	基价	元	9999001	5983	6389	6730

单位:1t

顺序号	项 目	单位	代 号	边坡高度(m)		
				10 以内	20 以内	20 以上
				10	11	12
1	人工	工日	1001001	43.2	50.8	63.3
2	M20 水泥砂浆	m³	1501006	(0.72)	(0.72)	(0.72)
3	HPB300 钢筋	t	2001001	0.007	0.007	0.007
4	HRB400 钢筋	t	2001002	1.025	1.025	1.025
5	空心钢钎	kg	2009003	21.7	21.7	21.7
6	φ50mm 以内合金钻头	个	2009004	9	9	9
7	电焊条	kg	2009011	0.1	0.1	0.1
8	水	m³	3005004	66	66	66
9	中(粗)砂	m³	5503005	0.76	0.76	0.76
10	32.5 级水泥	t	5509001	0.323	0.323	0.323
11	其他材料费	元	7801001	28.3	28.3	28.3
12	气腿式风动凿岩机	台班	8001103	11.93	12.89	14.91
13	32kV·A 以内交流电弧焊机	台班	8015028	0.02	0.02	0.02
14	9m³/min 以内机动空压机	台班	8017049	5.66	6.12	7.08
15	小型机具使用费	元	8099001	261.1	268.5	280.9
16	基价	元	9999001	13313	14476	16546

注:本章定额中锚杆埋设仅适用于锚喷联合施工时的锚杆。

1-4-9 预应力锚索护坡

工程内容 脚手架:1)平整场地;2)底座、垫脚架设;3)搭、拆脚手及跳板;4)完工清理及保养。
地梁及锚座混凝土:1)坡面清理;2)模板安装、拆除、修理、涂脱模剂、堆放;3)混凝土配运料、拌和、运输、浇筑、养护。
地梁及锚座钢筋:钢筋除锈、制作、焊接、绑扎。
预应力锚索成孔:测量放样,操作平台搭设,钻孔机具安装、钻孔、清孔、移动、拆除、套管装拔。
预应力锚索:1)钢绞线除锈、穿架线环、涂油、穿防护管、绑扎成束;2)锚索入孔、就位、固定;3)安装锚具、张拉、封锚。
锚孔注浆:浆液制作、注浆。

I. 脚手架及地梁、锚座

单位:表列单位

顺序号	项 目	单位	代 号	脚手架	地梁		锚座	
					混凝土	钢筋	混凝土	钢筋
				100m²	10m³	1t	10m³	1t
				1	2	3	4	5
1	人工	工日	1001001	6.8	21.4	7.1	26.9	9.5
2	普 C25-32.5-4	m³	1503033	-	(10.20)	-	(10.20)	-
3	HPB300 钢筋	t	2001001	-	-	0.128	-	0.202
4	HRB400 钢筋	t	2001002	-	-	0.897	-	0.823
5	20~22 号铁丝	kg	2001022	1	-	4.6	-	4.4
6	型钢	t	2003004	-	0.015	-	0.013	-
7	钢管	t	2003008	0.025	-	-	-	-
8	组合钢模板	t	2003026	-	0.051	-	0.04	-

顺序号	项　目	单位	代　号	脚手架	地梁		锚座	
					混凝土	钢筋	混凝土	钢筋
				100m²	10m³	1t	10m³	1t
				1	2	3	4	5
9	电焊条	kg	2009011	–	–	4	–	4.4
10	铁件	kg	2009028	10.6	24.6	–	21.6	–
11	水	m³	3005004	–	12	–	12	–
12	锯材	m³	4003002	0.06	0.01	–	0.09	–
13	中(粗)砂	m³	5503005	–	4.9	–	4.9	–
14	碎石(4cm)	m³	5505013	–	8.47	–	8.47	–
15	32.5级水泥	t	5509001	–	3.417	–	3.417	–
16	其他材料费	元	7801001	6.6	40.8	–	33.5	–
17	250L以内强制式混凝土搅拌机	台班	8005002	–	0.33	–	0.33	–
18	4t以内载货汽车	台班	8007003	0.04	–	–	–	–
19	32kV·A以内交流电弧焊机	台班	8015028	–	–	1.62	–	1.75
20	小型机具使用费	元	8099001	2.6	32.9	7.7	32.9	3.9
21	基价	元	9999001	998	5070	4446	5695	4729

顺序号	项　目	单位	代　号	孔径 120mm 以内							
				孔深 20m 以内				孔深 30m 以内			
				土层	软石	次坚石	坚石	土层	软石	次坚石	坚石
				6	7	8	9	10	11	12	13
1	人工	工日	1001001	1.2	2.4	3.6	4.7	1.4	2.8	4.1	5.4
2	20~22 号铁丝	kg	2001022	0.3	0.3	0.3	0.3	0.3	0.3	0.3	0.3
3	钢管	t	2003008	0.003	0.005	0.007	0.008	0.003	0.005	0.007	0.008
4	φ150mm 以内合金钻头	个	2009005	0.1	0.2	0.2	0.2	0.1	0.2	0.2	0.2
5	钻杆	kg	2009007	2.7	4.3	5.2	6	3.3	4.8	5.7	6.5
6	铁钉	kg	2009030	1.9	1.9	1.9	1.9	1.9	1.9	1.9	1.9
7	冲击器	个	2009035	0.01	0.02	0.02	0.04	0.01	0.02	0.02	0.05
8	偏心冲击锤	个	2009036	0.008	0.011	0.014	0.018	0.008	0.011	0.014	0.018
9	锯材	m³	4003002	0.01	0.01	0.01	0.01	0.01	0.01	0.01	0.01
10	其他材料费	元	7801001	5.7	7.9	9.9	14	5.8	8.3	10.2	14.6
11	φ38~170mm 液压锚固钻机	台班	8001116	0.336	0.504	0.655	0.852	0.396	0.594	0.772	1.004
12	17m³/min 以内机动空压机	台班	8017051	0.26	0.4	0.52	0.67	0.3	0.45	0.59	0.76
13	小型机具使用费	元	8099001	16.9	38	63.7	100	19.7	40.1	69.1	109.2
14	基价	元	9999001	583	960	1292	1690	666	1082	1454	1919

单位:10m

顺序号	项 目	单位	代 号	孔径 120mm 以内							
				孔深 40m 以内				孔深 50m 以内			
				土层	软石	次坚石	坚石	土层	软石	次坚石	坚石
				14	15	16	17	18	19	20	21
1	人工	工日	1001001	1.6	3.1	4.7	6.1	1.7	3.4	5	6.6
2	20～22 号铁丝	kg	2001022	0.3	0.3	0.3	0.3	0.3	0.3	0.3	0.3
3	钢管	t	2003008	0.003	0.005	0.007	0.008	0.003	0.005	0.007	0.008
4	ϕ150mm 以内合金钻头	个	2009005	0.1	0.2	0.2	0.2	0.1	0.2	0.2	0.3
5	钻杆	kg	2009007	5.8	9.1	11	12.9	8.6	13.5	16.4	19.1
6	铁钉	kg	2009030	1.9	1.9	1.9	1.9	1.9	1.9	1.9	1.9
7	冲击器	个	2009035	0.01	0.02	0.03	0.05	0.01	0.02	0.03	0.05
8	偏心冲击锤	个	2009036	0.008	0.011	0.014	0.018	0.008	0.011	0.014	0.018
9	锯材	m^3	4003002	0.01	0.01	0.01	0.01	0.01	0.01	0.01	0.01
10	其他材料费	元	7801001	6.3	9	11.3	15.9	6.9	9.9	12.4	17.7
11	ϕ38～170mm 液压锚固钻机	台班	8001116	0.444	0.666	0.866	1.126	0.492	0.738	0.959	1.247
12	17m^3/min 以内机动空压机	台班	8017051	0.35	0.52	0.68	0.88	0.38	0.58	0.75	0.97
13	小型机具使用费	元	8099001	23.3	42.3	74.9	118.8	25.4	45.5	81.6	127.8
14	基价	元	9999001	771	1235	1689	2200	846	1379	1859	2436

顺序号	项　目	单位	代　号	孔径120mm以内				孔径150mm以内			
				孔深60m以内				孔深20m以内			
				土层	软石	次坚石	坚石	土层	软石	次坚石	坚石
				22	23	24	25	26	27	28	29
1	人工	工日	1001001	1.9	3.7	5.6	7.3	1.3	2.5	3.8	4.9
2	20~22号铁丝	kg	2001022	0.3	0.3	0.3	0.3	0.3	0.3	0.3	0.3
3	钢管	t	2003008	0.003	0.005	0.007	0.008	0.004	0.007	0.009	0.01
4	ϕ150mm以内合金钻头	个	2009005	0.1	0.2	0.2	0.3	0.1	0.2	0.2	0.3
5	钻杆	kg	2009007	10.4	15.2	18	20.7	2.9	4.6	5.7	6.9
6	铁钉	kg	2009030	1.9	1.9	1.9	1.9	1.9	1.9	1.9	1.9
7	冲击器	个	2009035	0.01	0.02	0.03	0.05	0.01	0.017	0.025	0.05
8	偏心冲击锤	个	2009036	0.008	0.011	0.014	0.018	0.008	0.012	0.015	0.02
9	锯材	m³	4003002	–	–	–	–	0.01	0.01	0.01	0.01
10	其他材料费	元	7801001	7.2	10.4	13	18.5	6	8.6	11.1	16
11	ϕ38~170mm液压锚固钻机	台班	8001116	0.528	0.792	1.03	1.338	0.36	0.54	0.702	0.913
12	17m³/min以内机动空压机	台班	8017051	0.42	0.63	0.82	1.07	0.28	0.41	0.54	0.7
13	小型机具使用费	元	8099001	6.6	9.5	11.9	16.9	5.5	7.9	10.1	14.6
14	基价	元	9999001	895	1436	1938	2520	614	968	1312	1711

单位:10m

顺序号	项 目	单位	代 号	孔径 150mm 以内							
				孔深 30m 以内				孔深 40m 以内			
				土层	软石	次坚石	坚石	土层	软石	次坚石	坚石
				30	31	32	33	34	35	36	37
1	人工	工日	1001001	1.4	2.2	2.8	3.7	1.6	3.1	4.1	5.3
2	20~22 号铁丝	kg	2001022	0.3	0.3	0.3	0.3	0.3	0.3	0.3	0.3
3	钢管	t	2003008	0.004	0.007	0.009	0.01	0.004	0.007	0.009	0.01
4	φ150mm 以内合金钻头	个	2009005	0.1	0.2	0.2	0.3	0.1	0.2	0.2	0.3
5	钻杆	kg	2009007	3.5	5.2	6.3	7.5	6.1	9.8	12.2	14.7
6	铁钉	kg	2009030	1.9	1.9	1.9	1.9	1.9	1.9	1.9	1.9
7	冲击器	个	2009035	0.01	0.018	0.026	0.053	0.011	0.019	0.028	0.056
8	偏心冲击锤	个	2009036	0.008	0.012	0.015	0.02	0.008	0.012	0.015	0.02
9	锯材	m³	4003002	0.01	0.01	0.01	0.01	0.01	0.01	0.01	0.01
10	其他材料费	元	7801001	6.1	8.9	11.3	16.5	6.7	9.8	12.5	18.3
11	φ38~170mm 液压锚固钻机	台班	8001116	0.408	0.612	0.796	1.034	0.456	0.684	0.89	1.156
12	17m³/min 以内机动空压机	台班	8017051	0.31	0.47	0.61	0.79	0.36	0.54	0.7	0.91
13	小型机具使用费	元	8099001	20.1	42.2	72	112.8	25.7	48.4	82.1	127.4
14	基价	元	9999001	686	1055	1368	1811	795	1279	1674	2202

顺序号	项 目	单位	代 号	孔径150mm以内							
				孔深50m以内				孔深60m以内			
				土层	软石	次坚石	坚石	土层	软石	次坚石	坚石
				38	39	40	41	42	43	44	45
1	人工	工日	1001001	1.7	3.5	5.2	6.8	2	4	5.9	7.7
2	20~22号铁丝	kg	2001022	0.3	0.3	0.3	0.3	0.3	0.3	0.3	0.3
3	钢管	t	2003008	0.004	0.007	0.009	0.01	0.004	0.007	0.009	0.01
4	ϕ150mm以内合金钻头	个	2009005	0.1	0.2	0.2	0.3	0.1	0.2	0.2	0.3
5	钻杆	kg	2009007	9.1	14.6	18.2	21.8	10.9	16.4	20	23.7
6	铁钉	kg	2009030	1.9	1.9	1.9	1.9	1.9	1.9	1.9	1.9
7	冲击器	个	2009035	0.011	0.019	0.029	0.059	0.012	0.02	0.031	0.063
8	偏心冲击锤	个	2009036	0.008	0.012	0.015	0.02	0.008	0.012	0.015	0.02
9	锯材	m³	4003002	0.01	0.01	0.01	0.01	−	−	−	−
10	其他材料费	元	7801001	7.3	10.8	14	20.3	7.6	11.3	14.6	21.2
11	ϕ38~170mm液压锚固钻机	台班	8001116	0.504	0.756	0.983	1.278	0.564	0.846	1.1	1.43
12	17m³/min以内机动空压机	台班	8017051	0.4	0.59	0.77	1	0.44	0.67	0.87	1.13
13	小型机具使用费	元	8099001	29.7	51.8	90.3	137.9	32.6	55.2	94.6	143
14	基价	元	9999001	883	1427	1937	2548	972	1586	2147	2822

III. 预应力锚索

单位:1t 钢绞线

顺序号	项目	单位	代号	束长(m) 20 以内 锚具型号					
				4 孔		5 孔		6 孔	
				每吨 13.34 束	每增减 1 束	每吨 10.68 束	每增减 1 束	每吨 8.89 束	每增减 1 束
				46	47	48	49	50	51
1	人工	工日	1001001	34.4	1.3	30.8	1.4	25.3	1.4
2	HPB300 钢筋	t	2001001	0.051	0.004	0.041	0.004	0.035	0.004
3	钢绞线	t	2001008	1.04	–	1.04	–	1.04	–
4	8~12 号铁丝	kg	2001021	3.4	0.3	2.7	0.3	2.3	0.3
5	20~22 号铁丝	kg	2001022	1.3	0.1	1.1	0.1	0.9	0.1
6	铁丝编织网	m²	2001026	5.9	0.44	4.61	0.44	3.84	0.44
7	钢管	t	2003008	0.034	0.002	0.027	0.002	0.023	0.002
8	塑料软管	kg	5001017	62.8	−5	62.8	−6.3	62.8	−7.5
9	塑料扩张环	个	5001055	34	3	28	3	23	3
10	钢绞线群锚(4 孔)	套	6005006	13.61	1.02	–	–	–	–
11	钢绞线群锚(5 孔)	套	6005007	–	–	10.89	1.02	–	–
12	钢绞线群锚(6 孔)	套	6005008	–	–	–	–	8.86	1.02
13	其他材料费	元	7801001	362.4	8.6	326.9	10.5	304.8	12.8

顺序号	项　目	单位	代　号	束长(m)					
				20 以内					
				锚具型号					
				4 孔		5 孔		6 孔	
				每吨 13.34 束	每增减 1 束	每吨 10.68 束	每增减 1 束	每吨 8.89 束	每增减 1 束
				46	47	48	49	50	51
14	钢绞线拉伸设备	台班	8005078	2.42	0.18	1.94	0.18	1.66	0.18
15	小型机具使用费	元	8099001	48.6	3.6	41.9	3.7	37.5	3.9
16	基价	元	9999001	11848	228	11256	243	10518	251

单位:1t 钢绞线

顺序号	项目	单位	代号	束长(m)							
				40 以内							
				锚具型号							
				4 孔		5 孔		6 孔		8 孔	
				每吨 7.09 束	每增减 1 束	每吨 5.67 束	每增减 1 束	每吨 4.73 束	每增减 1 束	每吨 3.54 束	每增减 1 束
				52	53	54	55	56	57	58	59
1	人工	工日	1001001	20.4	1.7	18.6	1.8	17.7	1.9	16.9	2
2	HPB300 钢筋	t	2001001	0.027	0.004	0.022	0.004	0.018	0.004	0.015	0.004
3	钢绞线	t	2001008	1.04	–	1.04	–	1.04	–	1.04	–
4	8~12 号铁丝	kg	2001021	3.9	0.6	3.1	0.6	2.6	0.6	2.1	0.6
5	20~22 号铁丝	kg	2001022	1.6	0.2	1.2	0.2	1	0.2	0.8	0.2
6	铁丝编织网	m²	2001026	3.13	0.44	2.47	0.44	2.06	0.44	1.54	0.44
7	钢管	t	2003008	0.019	0.002	0.015	0.002	0.012	0.002	0.009	0.002
8	塑料软管	kg	5001017	94.1	–5	94.1	–6.3	94.1	–7.5	94.1	–10
9	塑料扩张环	个	5001055	18	3	15	3	12	3	9	3
10	钢绞线群锚(4 孔)	套	6005006	7.23	1.02	–	–	–	–	–	–
11	钢绞线群锚(5 孔)	套	6005007	–	–	5.78	1.02	–	–	–	–
12	钢绞线群锚(6 孔)	套	6005008	–	–	–	–	4.82	1.02	–	–
13	钢绞线群锚(8 孔)	套	6005010	–	–	–	–	–	–	3.61	1.02

单位:1t 钢绞线

顺序号	项 目	单位	代 号	束长(m)							
				40 以内							
				锚具型号							
				4 孔		5 孔		6 孔		8 孔	
				每吨 7.09 束	每增减 1 束	每吨 5.67 束	每增减 1 束	每吨 4.73 束	每增减 1 束	每吨 3.54 束	每增减 1 束
				52	53	54	55	56	57	58	59
14	其他材料费	元	7801001	350.2	10.5	312.5	12.8	291.7	15.3	261.1	16.6
15	钢绞线拉伸设备	台班	8005078	2.08	0.29	1.66	0.29	1.38	0.29	1.04	0.29
16	小型机具使用费	元	8099001	38	5.5	32.4	5.9	28.6	6.1	23.7	6.6
17	基价	元	9999001	9971	290	9622	307	9423	325	9215	345

单位:1t 钢绞线

顺序号	项 目	单位	代 号	束长(m)							
				60 以内							
				锚具型号							
				4 孔		5 孔		6 孔		8 孔	
				每吨 4.36 束	每增减 1 束	每吨 3.49 束	每增减 1 束	每吨 2.91 束	每增减 1 束	每吨 2.18 束	每增减 1 束
				60	61	62	63	64	65	66	67
1	人工	工日	1001001	13.7	2.1	12.7	2.2	12.2	2.3	11.7	2.5
2	HPB300 钢筋	t	2001001	0.022	0.004	0.018	0.004	0.014	0.004	0.012	0.004
3	钢绞线	t	2001008	1.04	–	1.04	–	1.04	–	1.04	–
4	8~12 号铁丝	kg	2001021	4.3	1	3.5	1	2.9	1	2.1	1
5	20~22 号铁丝	kg	2001022	1.7	0.4	1.4	0.4	1.2	0.4	0.9	0.4
6	铁丝编织网	m²	2001026	1.93	0.44	1.52	0.44	1.27	0.44	0.94	0.44
7	钢管	t	2003008	0.011	0.002	0.009	0.002	0.007	0.002	0.005	0.002
8	塑料软管	kg	5001017	107.8	–5	107.8	–6.3	107.8	–7.5	107.8	–10
9	塑料扩张环	个	5001055	11	3	9	3	7	3	6	3
10	钢绞线群锚(4 孔)	套	6005006	4.45	1.02	–	–	–	–	–	–
11	钢绞线群锚(5 孔)	套	6005007	–	–	3.56	1.02	–	–	–	–
12	钢绞线群锚(6 孔)	套	6005008	–	–	–	–	2.97	1.02	–	–
13	钢绞线群锚(8 孔)	套	6005010	–	–	–	–	–	–	2.22	1.02

单位:1t 钢绞线

顺序号	项 目	单位	代 号	束长(m)							
				60 以内							
				锚具型号							
				4孔		5孔		6孔		8孔	
				每吨4.36束	每增减1束	每吨3.49束	每增减1束	每吨2.91束	每增减1束	每吨2.18束	每增减1束
				60	61	62	63	64	65	66	67
14	其他材料费	元	7801001	339.6	13.6	302.1	16.2	278.5	19.4	246.9	20.6
15	钢绞线拉伸设备	台班	8005078	1.45	0.33	1.16	0.33	0.97	0.33	0.73	0.33
16	小型机具使用费	元	8099001	26.5	5.9	22.5	6.3	21.3	6.6	17.6	6.9
17	基价	元	9999001	9027	344	8802	361	8666	380	8516	411

IV. 锚 孔 注 浆

单位:10m³ 浆液

顺序号	项 目	单位	代号	水泥浆 一次注浆 孔径(mm) 120以内	水泥浆 一次注浆 孔径(mm) 150以内	水泥浆 二次(劈裂)注浆 孔径(mm) 120以内	水泥浆 二次(劈裂)注浆 孔径(mm) 150以内	水泥砂浆 120以内	水泥砂浆 150以内
				68	69	70	71	72	73
1	人工	工日	1001001	5.2	5.2	5.8	5.8	4.4	4.4
2	M25 水泥砂浆	m³	1501007	—	—	—	—	(10.20)	(10.20)
3	水泥浆(32.5级)	m³	1501021	(10.50)	(10.50)	(10.50)	(10.50)	—	—
4	铸铁管	kg	2009033	—	—	1768.4	1131.8	—	—
5	水	m³	3005004	57	57	57	57	16	16
6	PVC 注浆管	m	5001043	972.6	622.5	—	—	972.6	622.5
7	中(粗)砂	m³	5503005	—	—	—	—	10.4	10.4
8	32.5级水泥	t	5509001	14.154	14.154	14.154	14.154	5.375	5.375
9	其他材料费	元	7801001	1.5	0.9	29	18.5	14.2	9
10	200L 以内灰浆搅拌机	台班	8005009	0.84	0.84	0.98	0.98	0.89	0.89
11	3m³/h 以内灰浆输送泵	台班	8005013	0.94	0.94	—	—	1.01	1.01
12	单液压电动注浆泵	台班	8005021	—	—	1.17	1.11	—	—
13	3t 以内载货汽车	台班	8007002	0.39	0.39	0.39	0.39	0.29	0.29
14	小型机具使用费	元	8099001	3.5	3.5	5.1	5.1	3.7	3.7
15	基价	元	9999001	7641	6863	11767	9565	5642	4860

注:注浆定额中未包括外掺剂的费用,需要时另行计算。

1-4-10 边坡柔性防护

工程内容 主动防护网:1)清理坡面危岩;2)安装纵横支撑绳、预张拉、紧固;3)铺挂格栅网;4)铺设钢丝绳网并缝合固定。
钢立柱:立柱及拉锚绳安装。
被动防护网:1)上下支撑绳安装;2)钢绳网安装;3)格栅网铺挂。
锚杆:1)测量定位及凿槽;2)钻孔、清孔、移动钻机;3)安放钢绳锚杆;4)浆液制作,压浆,养护。

单位:表列单位

顺序号	项 目	单位	代 号	主动防护		被动防护		
				锚杆	主动防护网	锚杆	钢立柱	被动防护网
				1t	100m²	1t		100m²
				1	2	3	4	5
1	人工	工日	1001001	22.6	8.2	15.2	4.6	22.5
2	M25 水泥砂浆	m³	1501007	(0.87)	–	(0.87)	–	–
3	HRB400 钢筋	t	2001002	–	0.059	–	0.229	–
4	钢丝绳	t	2001019	–	0.106	–	0.121	0.138
5	8~12 号铁丝	kg	2001021	–	1	–	–	1.5
6	格栅网	m²	2001028	–	110	–	–	110
7	钢绳网	m²	2001029	–	100	–	–	100
8	钢板	t	2003005	–	–	–	0.069	–
9	型钢立柱	t	2003016	–	–	–	1	–
10	空心钢钎	kg	2009003	21		24	–	–

顺序号	项目	单位	代号	主动防护		被动防护		
				锚杆	主动防护网	锚杆	钢立柱	被动防护网
				1t	100m²	1t		100m²
				1	2	3	4	5
11	φ50mm 以内合金钻头	个	2009004	7	–	10	–	–
12	钢绳锚杆	t	2009010	1	–	1	–	–
13	铁件	kg	2009028	–	–	–	11	–
14	滑动槽	kg	2009031	–	–	–	–	8
15	水	m³	3005004	73	–	73	–	–
16	中(粗)砂	m³	5503005	0.887	–	0.887	–	–
17	32.5 级水泥	t	5509001	0.458	–	0.458	–	–
18	其他材料费	元	7801001	37.2	339.4	40.2	26.6	187.7
19	手持式风动凿岩机	台班	8001102	15	–	18	–	–
20	2t 以内载货汽车	台班	8007001	–	–	–	0.4	–
21	5t 以内载货汽车	台班	8007004	–	–	–	0.37	–
22	30kN 以内单筒慢动卷扬机	台班	8009080	–	1.2	–	–	0.83
23	9m³/min 以内机动空压机	台班	8017049	9.52	–	9.52	–	–
24	小型机具使用费	元	8099001	165.2	6.8	184.9	7.7	4.6
25	基价	元	9999001	18185	8145	17589	7325	9604

1-4-11 石砌护坡

工程内容 1)拌、运砂浆;2)选修石料;3)搭移跳板;4)砌筑、勾缝、养护。

单位:10m³ 实体

顺序号	项 目	单位	代 号	干砌片石	浆砌护坡坡高(m)			
					10 以内		10 以上	
					浆砌片石	浆砌块石	浆砌片石	浆砌块石
				1	2	3	4	5
1	人工	工日	1001001	4.3	7.7	7.5	8.5	8.3
2	M7.5 水泥砂浆	m³	1501002	–	(3.50)	(2.70)	(3.50)	(2.70)
3	M10 水泥砂浆	m³	1501003	–	(0.23)	(0.14)	(0.23)	(0.14)
4	水	m³	3005004		16	16	16	16
5	中(粗)砂	m³	5503005	–	4.06	3.09	4.06	3.09
6	片石	m³	5505005	12.5	11.5	–	11.5	–
7	块石	m³	5505025	–	–	10.5	–	10.5
8	32.5 级水泥	t	5509001	–	1.003	0.762	1.003	0.762
9	其他材料费	元	7801001	–	3.5	3.5	3.5	3.5
10	1.0m³ 以内轮胎式装载机	台班	8001045	0.1	0.1	0.1	0.1	0.1
11	400L 以内灰浆搅拌机	台班	8005010	–	0.15	0.12	0.15	0.12
12	基价	元	9999001	1304	2334	2402	2419	2487

注:当采用骨架护坡时,人工工日乘以 1.3 的系数。

1-4-12 木桩填石护岸

工程内容 1)制桩;2)打桩;3)钉横木;4)填石。

单位:10m³ 木桩实体

顺序号	项　目	单位	代　号	木桩填石护岸
				1
1	人工	工日	1001001	19.5
2	铁件	kg	2009028	2.4
3	铁钉	kg	2009030	20.2
4	原木	m³	4003001	10.62
5	锯材	m³	4003002	0.07
6	片石	m³	5505005	24.11
7	其他材料费	元	7801001	1
8	基价	元	9999001	17434

1-4-13 抛 石 防 护

工程内容 陆上抛填:运输、抛填,测量检查。

水上抛填:装船,拖轮拖至抛填地点、移船定位,人工抛填,测量检查。

单位:100m³ 设计抛石量

顺序号	项 目	单位	代 号	陆上抛填		水上抛填	
				人工抛填	机械抛填	运距1km以内	每增运1km
				1	2	.3	4
1	人工	工日	1001001	23	0.5	11.8	-
2	片石	m³	5505005	102	102	102	-
3	75kW以内履带式推土机	台班	8001002	-	0.08	-	-
4	2.0m³以内轮胎式装载机	台班	8001047	-	0.24	0.19	-
5	15t以内履带式起重机	台班	8009002	-	-	0.19	-
6	147kW以内内燃拖轮	台班	8019003	-	-	0.19	0.04
7	200t以内工程驳船	台班	8019023	-	-	2.32	0.05
8	基价	元	9999001	8882	6798	8845	75

1-4-14 防 风 固 沙

工程内容 黏土、砂砾压盖:铺料、耙平、压实。

草方格沙障:选点放样、人工栽麦草、撒草籽。

黏土埂挡风墙:放样、堆土成埂、拍实。

杂柴挡风墙:叠铺杂柴、培土夯实。

柳条笆防沙栏:人工编篱笆,熬沥青,加固桩防腐,埋放加固桩,安装篱笆铁丝绑扎固定。

清运流沙:挖、运,将流沙清除到路基以外。

黏土封闭路基:铺砌、整平、夯实。

边坡和平整带卵石铺砌:挂线、整平、铺砌、灌沙。

芦苇、棉秆方格固沙:放样,挖沟,分捡、切割,摆放、踩(埋)栽芦苇、棉秆,整形,封沙,踩实。

土工袋固沙:放样、装袋、捆扎、摆放、整形。

编织方格网固沙:放样、打桩、挂网、固结。

土工格室固沙:放样、初平压实路面、打桩挂网、铺设土工格室、固定、回填、放线整平、压实。

单位:表列单位

顺序号	项 目	单位	代 号	压盖及沙障					
				黏土压盖	砂砾压盖		草方格沙障	黏土埂挡风墙	杂柴挡风墙
					厚10cm	每增减1cm			墙高1m
				1000m²				1000m	
				1	2	3	4	5	6
1	人工	工日	1001001	9.1	20.2	1.4	6.8	51.6	35
2	木柴	kg	4003007	–	–	–	–	–	11000

单位：表列单位

顺序号	项 目	单位	代 号	压盖及沙障					
				黏土压盖	砂砾压盖		草方格沙障	黏土埂挡风墙	杂柴挡风墙
					厚10cm	每增减1cm			墙高1m
				1000m²				1000m	
				1	2	3	4	5	6
3	草籽	kg	4013001	–	–	–	1.5	–	–
4	黏土	m³	5501003	43.68	–	–	–	130	–
5	砂砾	m³	5503007	–	102	10.2	–	142.8	–
6	其他材料费	元	7801001	–	38.8	–	47.3	9.7	9.7
7	8~10t三光轮压路机	台班	8001079	0.29	–	–	–	–	–
8	基价	元	9999001	1591	6939	624	876	13663	11540

顺序号	项 目	单位	代 号	压盖及沙障 杂柴挡风墙 墙高1.5m 1000m 7	压盖及沙障 杂柴挡风墙 墙高2.0m 1000m 8	压盖及沙障 柳条笆防沙网 1000m 9	清除流沙 人工 100m³ 10	清除流沙 机械 1000m³ 11	沙路基加固 黏土封闭 100m³ 12
1	人工	工日	1001001	43.7	52.4	549.5	31.2	6	34.1
2	8~12号铁丝	kg	2001021	–	–	81.6	–	–	–
3	原木	m³	4003001	–	–	4.7	–	–	–
4	木柴	kg	4003007	15000	20000	–	–	–	–
5	黏土	m³	5501003	–	–	–	–	–	115.6
6	砂砾	m³	5503007	–	–	–	–	–	15.8
7	其他材料费	元	7801001	9.7	11.7	1539.8	–	–	9.7
8	75kW以内液压履带推土机	台班	8001002	–	–	–	–	2.08	–
9	0.6m³以内履带式液压单斗挖掘机	台班	8001025	–	–	–	–	6.42	–
10	基价	元	9999001	15304	19781	66327	3316	7821	5717

顺序号	项 目	单位	代 号	沙路基加固 边坡和平整带卵石铺砌	草方格固沙(芦苇方格1m×1m)				
					中、轻沙区踩栽 (芦苇用量)		重沙区踩栽 (芦苇用量)		中轻沙区挖沟埋栽 (芦苇用量)
					1.0kg/m²	1.2kg/m²	1.0kg/m²	1.2kg/m²	1.0kg/m²
				13	14	15	16	17	18
1	人工	工日	1001001	25.7	3	3.3	3.9	4.4	5.2
2	芦苇	kg	4001004	–	1080	1296	1080	1296	1080
3	大卵石	m³	5505008	104	–	–	–	–	–
4	其他材料费	元	7801001	4.9	4.9	4.9	4.9	4.9	5.3
5	基价	元	9999001	9401	1901	2248	1996	2365	2135

单位:1000m²

顺序号	项 目	单位	代 号	草方格固沙					
				芦苇方格 1m×1m			棉秆方格 1m×1m		
				中轻沙区挖沟埋栽（芦苇用量）	重沙区挖沟埋栽（芦苇用量）		中、轻沙区（棉秆用量）		
				1.2kg/m²	1.0kg/m²	1.2kg/m²	1.2kg/m²	1.5kg/m²	2.0kg/m²
				19	20	21	22	23	24
1	人工	工日	1001001	5.5	7.8	8.8	10.1	11.9	15.4
2	芦苇	kg	4001004	1296	1080	1296	–	–	–
3	棉秆	kg	4001005	–	–	–	1296	1620	2160
4	其他材料费	元	7801001	5.3	5.3	5.3	6.8	7.8	8.7
5	基价	元	9999001	2482	2411	2833	2091	2536	3330

顺序号	项 目	单位	代 号	草方格固沙(棉秆方格1m×1m)			固沙		
				重沙区(棉秆用量)			棉秆把用量	稻草把用量	草帘子用量
				1.2kg/m²	1.5kg/m²	2.0kg/m²	1.2kg/m²	1.2kg/m²	1.1kg/m²
				25	26	27	28	29	30
1	人工	工日	1001001	22.5	27.3	32.1	21.5	16	15.8
2	20~22号铁丝	kg	2001022	-	-	-	66.1	42.3	-
3	棉秆	kg	4001005	1296	1620	2160	1260	53.1	-
4	稻草	kg	4001006	-	-	-	-	1260	-
5	草帘	kg	4001007	-	-	-	-	-	1155
6	其他材料费	元	7801001	6.8	7.8	8.7	4.9	4.9	5.3
7	基价	元	9999001	3409	4173	5105	3589	2504	3925

顺序号	项 目	单位	代 号	土工物固沙 1m×1m		
				土工袋(用量)	编织方格网(用量)	土工格室
				0.175kg/m²	0.185kg/m²	
				1000m²		100m²
				31	32	33
1	人工	工日	1001001	12.7	17.3	3.9
2	20~22号铁丝	kg	2001022	3.7	8.8	–
3	圆丝编织网	m	2001032	–	2010	–
4	U形锚钉	kg	2009034	–	–	40.3
5	原木	m³	4003001	–	0.81	0.16
6	土工格室	m²	5007004	–	–	110.3
7	长桶形土工袋	个	5007005	1050	–	–
8	其他材料费	元	7801001	–	–	194.2
9	75kW以内履带式推土机	台班	8001002	–	–	0.4
10	8~10t光轮压路机	台班	8001079	–	–	0.9
11	基价	元	9999001	2890	4468	3676

注:1. 草方格沙障定额中的其他材料费包括麦草600kg的费用。

2. 柳条笆防沙栏定额中的其他材料费包括柳条12500kg的费用。

3. 备水费用另计。

4. 清除流沙不包括挖掘机的场内支垫费用,如发生,按实际计算。

5. 挖掘机挖装流沙如需远运,按土方运输定额另行计算。

1－4－15　防雪、防沙设施

工程内容 高立式阻沙栅栏:放样、打木桩、拉线固定,挖沟、分拣、切割、排栽芦苇或安装编织网,设肋部芦苇束、绑扎,整形,回填,踩实。

土工阻沙墙(堤):放样、堆土成埂、机械初平、压实、黏土砂砾表面封固。

木栅板下导风板(聚风板):1)挖洞埋入钢管立柱,浇筑柱脚混凝土;2)安装横撑木、固定螺栓;3)安装栅板。

钢丝网下导风板:挖洞埋入钢管立柱,立柱防腐,熬沥青,安装铁丝网绑扎固定。

防雪防沙墙:预制安装混凝土:挖基、回填,立柱墙体预制、安装全部工序。

现浇混凝土墙:混凝土及钢筋的全部工序。

石砌墙式防雪防沙墙:1)挖基;2)洗石;3)挂线;4)拌运砂浆;5)铺浆、砌筑、勾缝。

单位:表列单位

顺序号	项　目	单位	代　号	高立式阻沙栅栏				土工堤	下导风板
				芦苇用量(kg/m)			编织网用量(kg/m)		钢管立柱埋设
				1.75	2	2.5	0.24		
				1000m				1000m³	1t
				1	2	3	4	5	6
1	人工	工日	1001001	34.4	36.8	41.5	24.5	9.4	9.2
2	C20 普通混凝土	m³	1503007	－	－	－	－	－	(1.02)
3	8～12 号铁丝	kg	2001021	84.5	84.5	84.5	246.5	－	－
4	铁丝编织网	m²	2001026	－	－	－	1050	－	－

单位:表列单位

顺序号	项 目	单位	代 号	高立式阻沙栅栏				土工堤	下导风板
				芦苇用量(kg/m)			编织网用量(kg/m)		钢管立柱埋设
				1.75	2	2.5	0.24	1000m³	1t
				1000m					
				1	2	3	4	5	6
5	钢管立柱	t	2003015	–	–	–	–	–	1
6	电焊条	kg	2009011	–	–	–	–	–	9.4
7	铁件	kg	2009028	–	–	–	–	–	21.4
8	水	m³	3005004	–	–	–	–	–	1.2
9	芦苇	kg	4001004	1925	2200	2750	–	–	–
10	原木	m³	4003001	1.7	1.7	1.7	1.76	–	–
11	土	m³	5501002	–	–	–	–	1450	–
12	黏土	m³	5501003	–	–	–	–	13	–
13	中(粗)砂	m³	5503005	–	–	–	–	–	0.5
14	砂砾	m³	5503007	–	–	–	–	14.2	–
15	碎石(2cm)	m³	5505012	–	–	–	–	–	0.84
16	32.5级水泥	t	5509001	–	–	–	–	–	0.321
17	其他材料费	元	7801001	6.8	6.8	7.8	–	9.7	26.2
18	105kW以内液压履带推土机	台班	8001004	–	–	–	–	6.98	–

顺序号	项　目	单位	代　号	高立式阻沙栅栏				土工堤	下导风板
				芦苇用量（kg/m）			编织网用量（kg/m）		钢管立柱埋设
				1.75	2	2.5	0.24		
				1000m				1000m³	1t
				1	2	3	4	5	6
19	250L 以内混凝土搅拌设备	台班	8005002	–	–	–	–	–	0.85
20	32kV·A 以内交流电弧焊机	台班	8015028	–	–	–	–	–	1.6
21	小型机具使用费	元	8099001	–	–	–	–	177.3	88.6
22	基价	元	9999001	9023	9680	10983	27389	10235	7037

顺序号	项　目	单位	代　号	下导风板		防雪、防沙墙			
				安装木栅板	安装铁丝网	预制立柱		安装混凝土立柱	预制混凝土板体
						混凝土	钢筋		
				10m	100m²	10m³	1t	10m³	
				7	8	9	10	11	12
1	人工	工日	1001001	0.7	8.6	25.2	8	10	17.3
2	M30 水泥砂浆	m³	1501008	－	－	－	－	(0.12)	－
3	普 C25 – 32.5 – 2	m³	1503008	－	－	－	－	－	(10.10)
4	普 C30 – 32.5 – 2	m³	1503009	－	－	(10.10)	－	－	－
5	预制构件	m³	1517001	－	－	－	－	(10.00)	－
6	HPB300 钢筋	t	2001001	－	－	－	0.088	－	－
7	HRB400 钢筋	t	2001002	－	－	－	0.937	－	－
8	8 ~ 12 号铁丝	kg	2001021	0.6	12.4	－	－	－	5.4
9	20 ~ 22 号铁丝	kg	2001022	－	－	－	5.1	－	－
10	钢板网	m²	2001025	－	102	－	－	－	－
11	铁皮	m²	2003044	－	－	－	1	－	1
12	电焊条	kg	2009011	－	－	－	1.6	－	0.01
13	铁件	kg	2009028	－	－	15.1	－	－	2.2
14	铁钉	kg	2009030	1.8	－	5.8	－	－	1.6

单位:表列单位

顺序号	项 目	单位	代 号	下导风板		防雪、防沙墙			
				安装木栅板	安装铁丝网	预制立柱		安装混凝土立柱	预制混凝土板体
						混凝土	钢筋		
				10m	100m²	10m³	1t	10m³	
				7	8	9	10	11	12
15	水	m³	3005004	–	–	16	–	4	16
16	原木	m³	4003001	–	–	–	–	0.28	–
17	锯材	m³	4003002	1.81	–	0.41	–	–	0.41
18	中(粗)砂	m³	5503005	–	–	4.65	–	0.12	4.85
19	碎石(2cm)	m³	5505012	–	–	7.89	–	–	8.08
20	32.5级水泥	t	5509001	–	–	4.101	–	0.073	3.717
21	其他材料费	元	7801001	48.5	77.7	51.2	–	14.6	14.6
22	250L以内混凝土搅拌设备	台班	8005002	–	–	0.66	–	–	–
23	80kV·A以内交流电弧焊机	台班	8015031	–	–	–	0.41	–	–
24	小型机具使用费	元	8099001	10.6	106.4	22.9	15.2	37.2	8.9
25	基价	元	9999001	2868	3262	5991	4380	1518	4868

顺序号	项 目	单位	代 号	防雪、防沙墙					
				预制混凝土板体	安装混凝土板体	现浇混凝土墙		石砌墙式	
				钢筋		混凝土	钢筋	浆砌片石	浆砌块石
				1t	10m³		1t	10m³	
				13	14	15	16	17	18
1	人工	工日	1001001	6.9	4	15.9	8.8	9.8	10.1
2	M7.5 水泥砂浆	m³	1501002	–	–	–	–	(3.50)	(2.70)
3	M10 水泥砂浆	m³	1501003	–	(0.09)	–	–	(0.45)	(0.27)
4	普 C25－32.5－4	m³	1503033	–	–	(10.20)	–	–	–
5	预制构件	m³	1517001	–	(10.10)	–	–	–	–
6	HPB300 钢筋	t	2001001	1.025	–	0.001	1.025	–	–
7	20~22 号铁丝	kg	2001022	5.1	–	–	5.1	–	–
8	钢模板	t	2003025	–	–	0.101	–	–	–
9	电焊条	kg	2009011	0.9	–	–	–	–	–
10	铁件	kg	2009028	0.9	–	13.3	–	–	–
11	水	m³	3005004	–	3	12	–	17	17
12	原木	m³	4003001	–	0.28	0.04	–	–	–
13	锯材	m³	4003002	–	–	0.06	–	–	–
14	中(粗)砂	m³	5503005	–	0.1	4.9	–	4.3	3.23

单位:表列单位

顺序号	项目	单位	代号	防雪、防沙墙					
				预制混凝土板体	安装混凝土板体	现浇混凝土墙		石砌墙式	
				钢筋		混凝土	钢筋	浆砌片石	浆砌块石
				1t	10m³		1t	10m³	
				13	14	15	16	17	18
15	片石	m³	5505005	–	–	–	–	11.5	–
16	碎石(4cm)	m³	5505013	–	–	8.47	–	–	–
17	块石	m³	5505025	–	–	–	–	–	10.5
18	32.5 级水泥	t	5509001	–	0.028	3.417	–	1.071	0.802
19	其他材料费	元	7801001	–	14.6	14.2	–	13.6	13.6
20	250L 以内强制式混凝土搅拌机	台班	8005002	0.66	–	0.4	–	–	–
21	1t 以内机动翻斗车	台班	8007046	–	–	0.36	–	–	–
22	5t 以内汽车式起重机	台班	8009025	–	0.72	–	–	–	–
23	75kV·A 以内交流对焊机	台班	8015047	0.18	1.11	–	–	–	–
24	小型机具使用费	元	8099001	17.9	–	4.8	10.7	–	–
25	基价	元	9999001	4368	1585	4850	4387	2532	2641

1-4-16 石砌挡土墙

工程内容 1)选修石料;2)拌、运砂浆;3)搭、拆脚手架;4)砌筑、勾缝、养护;5)沉降缝胶泥制作与填抹;6)排水孔下的胶泥铺设与孔口填石;7)安装排水管。

单位:10m³ 实体

顺序号	项目	单位	代号	干砌片、块石				浆砌片、块石			
				基础		墙身		基础		墙身	
				片石	块石	片石	块石	片石	块石	片石	块石
				1	2	3	4	5	6	7	8
1	人工	工日	1001001	4.4	4.2	5.2	4.6	5.6	5.3	6.8	6.4
2	M7.5 水泥砂浆	m³	1501002	–	–	–	–	(3.50)	(2.70)	(3.50)	(2.70)
3	M10 水泥砂浆	m³	1501003	–	–	–	–	–	–	(0.07)	(0.04)
4	8~12 号铁丝	kg	2001021	–	–	2	2	–	–	2.7	2.7
5	铁钉	kg	2009030	–	–	0.1	0.1	–	–	0.1	0.1
6	水	m³	3005004	–	–	–	–	7	7	7	7
7	原木	m³	4003001	–	–	0.02	0.02	–	–	0.03	0.03
8	锯材	m³	4003002	–	–	0.01	0.01	–	–	0.02	0.02
9	PVC 塑料管(ϕ50mm)	m	5001013	–	–	–	–	–	–	1.8	1.8
10	黏土	m³	5501003	–	–	–	–	0.03	0.03	0.18	0.18
11	中(粗)砂	m³	5503005	–	–	–	–	3.82	2.94	3.89	2.99
12	片石	m³	5505005	12.5	–	12.5	–	11.5	–	11.5	–

顺序号	项 目	单位	代 号	干砌片、块石				浆砌片、块石			
				基础		墙身		基础		墙身	
				片石	块石	片石	块石	片石	块石	片石	块石
				1	2	3	4	5	6	7	8
13	碎石(8cm)	m³	5505015	—	—	—	—	—	—	0.11	0.11
14	块石	m³	5505025	—	11.5	—	11.5	—	10.5	—	10.5
15	32.5 级水泥	t	5509001	—	—	—	—	0.931	0.718	0.953	0.73
16	其他材料费	元	7801001	—	—	—	—	2.2	2.2	3.5	3.5
17	1.0m³ 以内轮胎式装载机	台班	8001045	0.1	0.1	0.1	0.1	0.1	0.1	0.1	0.1
18	400L 以内灰浆搅拌机	台班	8005010	—	—	—	—	0.15	0.12	0.15	0.12
19	基价	元	9999001	1315	1577	1450	1669	2042	2116	2287	2346

1 – 4 – 17　石 砌 护 脚

工程内容　1)挖基础台阶;2)拌、运砂浆;3)砌筑、勾缝、养护;4)踏步安、拆。

单位:10m³ 实体

顺序号	项　目	单位	代　号	干砌	浆砌
				1	2
1	人工	工日	1001001	5.4	7
2	M7.5 水泥砂浆	m³	1501002	–	(3.50)
3	M10 水泥砂浆	m³	1501003	–	(0.07)
4	8~12 号铁丝	kg	2001021	0.2	0.2
5	水	m³	3005004	–	7
6	中(粗)砂	m³	5503005	–	3.89
7	片石	m³	5505005	12.5	11.5
8	32.5 级水泥	t	5509001	–	0.953
9	1.0m³ 以内轮胎式装载机	台班	8001045	0.1	0.1
10	400L 以内灰浆搅拌机	台班	8005010	–	0.15
11	基价	元	9999001	1422	2202

1-4-18 石砌护面墙

工程内容 1)选修石料;2)拌、运砂浆;3)搭、拆、移跳板;4)砌筑、勾缝、养护。

单位:10m³ 实体

顺序号	项　目	单位	代　号	实体式护面墙					
				浆砌片石			浆砌块石		
				墙高(m)					
				4以内	8以内	10以内	4以内	8以内	10以内
				1	2	3	4	5	6
1	人工	工日	1001001	7.1	8.4	13	6.7	7.9	14
2	M7.5 水泥砂浆	m³	1501002	(3.50)	(3.50)	(3.50)	(2.70)	(2.70)	(2.70)
3	M10 水泥砂浆	m³	1501003	(0.07)	(0.07)	(0.07)	(0.04)	(0.04)	(0.04)
4	8~12 号铁丝	kg	2001021	3.6	3.6	6.5	3.6	3.6	6.5
5	铁钉	kg	2009030	0.2	0.2	0.2	0.2	0.2	0.2
6	水	m³	3005004	7	7	7	7	7	7
7	原木	m³	4003001	0.03	0.03	0.03	0.03	0.03	0.03
8	锯材	m³	4003002	0.02	0.02	0.02	0.02	0.02	0.02
9	黏土	m³	5501003	0.18	0.18	0.18	0.18	0.18	0.18
10	中(粗)砂	m³	5503005	3.89	3.89	3.89	2.99	2.99	2.99
11	片石	m³	5505005	11.5	11.5	11.5	–	–	–

单位:10m³ 实体

顺序号	项　目	单位	代　号	实体式护面墙					
				浆砌片石			浆砌块石		
				墙高(m)					
				4 以内	8 以内	10 以内	4 以内	8 以内	10 以内
				1	2	3	4	5	6
12	碎石(8cm)	m³	5505015	0.11	0.11	0.11	0.11	0.11	0.11
13	块石	m³	5505025	–	–	–	10.5	10.5	10.5
14	32.5 级水泥	t	5509001	0.953	0.953	0.953	0.73	0.73	0.73
15	其他材料费	元	7801001	2.5	2.5	2.5	4.2	4.2	2.5
16	1.0 m³ 以内轮胎式装载机	台班	8001045	0.1	0.1	0.1	0.1	0.1	0.1
17	400L 以内灰浆搅拌机	台班	8005010	0.15	0.15	0.15	0.12	0.12	0.15
18	基价	元	9999001	2311	2449	2950	2371	2499	3162

单位:10m³ 实体

顺序号	项 目	单位	代 号	窗口式护面墙					
				浆砌片石			浆砌块石		
				墙高(m)					
				4 以内	8 以内	10 以内	4 以内	8 以内	10 以内
				7	8	9	10	11	12
1	人工	工日	1001001	9	10.3	15.7	8.5	9.7	16.7
2	M7.5 水泥砂浆	m³	1501002	(3.50)	(3.50)	(3.50)	(2.70)	(2.70)	(2.70)
3	M10 水泥砂浆	m³	1501003	(0.07)	(0.07)	(0.07)	(0.04)	(0.04)	(0.04)
4	8~12 号铁丝	kg	2001021	6.5	6.5	3.6	6.5	6.5	3.6
5	铁钉	kg	2009030	0.4	0.4	0.2	0.4	0.4	0.2
6	水	m³	3005004	7	7	7	7	7	7
7	原木	m³	4003001	0.06	0.06	0.03	0.06	0.06	0.03
8	锯材	m³	4003002	0.03	0.03	0.02	0.03	0.03	0.02
9	黏土	m³	5501003	0.18	0.18	0.18	0.18	0.18	0.18
10	中(粗)砂	m³	5503005	3.89	3.89	3.89	2.99	2.99	2.99
11	片石	m³	5505005	11.5	11.5	11.5	–	–	–
12	碎石(8cm)	m³	5505015	0.11	0.11	0.11	0.11	0.11	0.11
13	块石	m³	5505025	–	–	–	10.5	10.5	10.5
14	32.5 级水泥	t	5509001	0.953	0.953	0.953	0.73	0.73	0.73

顺序号	项 目	单位	代 号	窗口式护面墙					
				浆砌片石			浆砌块石		
				墙高(m)					
				4 以内	8 以内	10 以内	4 以内	8 以内	10 以内
				7	8	9	10	11	12
15	其他材料费	元	7801001	2.5	2.5	2.5	4.2	4.2	2.5
16	1.0m³ 以内轮胎式装载机	台班	8001045	0.1	0.1	0.1	0.1	0.1	0.1
17	400L 以内灰浆搅拌机	台班	8005010	0.15	0.15	0.15	0.12	0.12	0.15
18	基价	元	9999001	2580	2718	3225	2630	2757	3436

1-4-19 现浇混凝土挡土墙

工程内容 1)模板组拼拆、安装、拆除、修理、涂脱模剂、堆放;2)混凝土配运料、拌和、运输、浇筑(掺片石)、捣固、养护;3)安装泄水管;4)钢筋制作、绑扎、入模定位;5)搭、拆脚手架。

单位:表列单位

顺序号	项 目	单位	代 号	片石混凝土	混凝土	钢筋
				10m³		1t
				1	2	3
1	人工	工日	1001001	11.5	13.5	6.6
2	片 C20-32.5-8	m³	1503003	(10.20)	–	–
3	普 C20-32.5-8	m³	1503052	–	(10.20)	–
4	HPB300 钢筋	t	2001001	–	–	1.025
5	8~12号铁丝	kg	2001021	2.1	2.1	–
6	20~22号铁丝	kg	2001022	–	–	2.6
7	组合钢模板	t	2003026	0.016	0.016	–
8	电焊条	kg	2009011	–	–	3.5
9	铁件	kg	2009028	50.7	50.7	–
10	水	m³	3005004	10	10	–
11	原木	m³	4003001	0.04	0.04	–
12	PVC 塑料管(ϕ50mm)	m	5001013	1.8	1.8	–

顺序号	项 目	单位	代 号	片石混凝土	混凝土	钢筋
				10m³		1t
				1	2	3
13	中(粗)砂	m³	5503005	4.69	5.51	–
14	片石	m³	5505005	2.19	–	–
15	碎石(8cm)	m³	5505015	7.14	8.36	–
16	32.5级水泥	t	5509001	2.448	2.876	–
17	其他材料费	元	7801001	19.9	19.9	–
18	250L以内强制式混凝土搅拌机	台班	8005002	0.27	0.31	–
19	8t以内汽车式起重机	台班	8009026	0.19	0.23	–
20	32kV·A以内交流电弧焊机	台班	8015028	–	–	0.47
21	小型机具使用费	元	8099001	13.2	13.2	16
22	基价	元	9999001	3733	4147	4253

1-4-20 加筋土挡土墙

工程内容 预制:1)模板安装、拆除、修理、涂脱模剂、堆放;2)混凝土配运料、拌和、运输、浇筑、捣固、养护;3)钢筋除锈、制作、绑扎。

安装:1)修整构件,人力安装就位;2)拌、运砂浆,砌筑,勾缝;3)加筋带配料、防腐处理、铺设。

I.预　制

单位:表列单位

顺序号	项　目	单位	代　号	混凝土				钢筋
				基础垫板	十字面板	内凹面板	檐板	
				10m³				1t
				1	2	3	4	5
1	人工	工日	1001001	15.4	23.1	30	26.6	7.6
2	M10 水泥砂浆	m³	1501003	(0.36)	(0.85)	(1.01)	(0.49)	-
3	普 C15-32.5-4	m³	1503031	(10.10)	-	-	-	-
4	普 C20-32.5-4	m³	1503032	-	(10.10)	-	(10.10)	-
5	普 C25-32.5-4	m³	1503033	-	-	(10.10)	-	-
6	HPB300 钢筋	t	2001001	-	-	-	-	1.025
7	20~22 号铁丝	kg	2001022	-	-	-	-	3.6
8	钢模板	t	2003025	0.006	0.008	0.028	0.017	-
9	电焊条	kg	2009011	-	-	-	-	1.1
10	铁件	kg	2009028	-	-	12	9	-
11	水	m³	3005004	16	16	16	16	-

— 143 —

顺序号	项目	单位	代号	混凝土				钢筋
				基础垫板	十字面板	内凹面板	檐板	
				10m³				1t
				1	2	3	4	5
12	锯材	m³	4003002	0.04	0.05	0.07	0.04	–
13	中(粗)砂	m³	5503005	5.44	5.86	5.93	5.47	–
14	碎石(2cm)	m³	5505012	–	–	8.08	–	–
15	碎石(4cm)	m³	5505013	8.59	8.48	–	8.48	–
16	32.5级水泥	t	5509001	2.809	3.274	4.031	3.162	–
17	其他材料费	元	7801001	67	135	548.3	238.8	–
18	250L以内强制式混凝土搅拌机	台班	8005002	0.28	0.28	0.28	0.28	–
19	32kV·A以内交流电弧焊机	台班	8015028	–	–	–	–	0.16
20	小型机具使用费	元	8099001	–	–	–	14.2	–
21	基价	元	9999001	3971	5054	6613	5549	4277

II. 安 装

顺序号	项 目	单位	代 号	基础垫板	面板	檐板	塑料及聚丙烯编织拉筋带	钢及钢塑复合拉筋带
				10m³			1t	
				6	7	8	9	10
1	人工	工日	1001001	6.5	16.7	11.4	145.4	11.6
2	M7.5 水泥砂浆	m³	1501002	(0.27)	–	–	–	–
3	M10 水泥砂浆	m³	1501003	–	–	(0.35)	–	–
4	钢板	t	2003005	–	–	–	–	0.633
5	钢拉带	t	2003052	–	–	–	–	1.02
6	电焊条	kg	2009011	–	–	–	–	5.6
7	铁件	kg	2009028	–	–	–	–	17.8
8	水	m³	3005004	–	–	4	–	–
9	塑料拉筋带	t	5001054	–	–	–	1.162	–
10	中(粗)砂	m³	5503005	0.29	–	0.38	–	–
11	32.5 级水泥	t	5509001	0.072	–	0.109	–	–
12	32kV·A 以内交流电弧焊机	台班	8015028	–	–	–	–	0.5
13	小型机具使用费	元	8099001	–	–	–	–	11.7
14	基价	元	9999001	738	1775	1289	27272	9623

1－4－21 预制、安装钢筋混凝土锚定板式挡土墙

工程内容 预制:1)模板安装、拆除、修理、涂脱模剂、堆放;2)混凝土配运料、拌和、运输、浇筑、捣固、养护;3)钢筋除锈、制作、绑扎、电焊。

安装:1)修整构件,安装就位;2)拌、运砂浆,砌筑,勾缝;3)拉杆防锈处理及安装的全部操作。

I. 预 制

单位:表列单位

顺序号	项 目	单位	代 号	混凝土			钢筋
				挡土板	挡土板、锚定板	立柱	
				有内模	无内模		
				10m³			1t
				1	2	3	4
1	人工	工日	1001001	29.2	24	17.1	7.6
2	M10 水泥砂浆	m³	1501003	(1.01)	(0.68)	(0.28)	－
3	普 C25－32.5－2	m³	1503008	(10.10)	(10.10)	(10.10)	－
4	HPB300 钢筋	t	2001001	－	－	－	1.025
5	20～22 号铁丝	kg	2001022	－	－	－	3.6
6	型钢	t	2003004	－	－	0.008	－
7	钢模板	t	2003025	0.02	0.015	－	－
8	组合钢模板	t	2003026	－	－	0.01	－
9	电焊条	kg	2009011	－	－	－	1.1
10	铁件	kg	2009028	8.5	－	8.1	－

顺序号	项　目	单位	代　号	混凝土			钢筋
				挡土板	挡土板、锚定板	立柱	
				有内模	无内模		
				10m³			1t
				1	2	3	4
11	水	m³	3005004	17	17	17	–
12	原木	m³	4003001	–	–	0.02	–
13	锯材	m³	4003002	0.05	0.06	0.02	–
14	中(粗)砂	m³	5503005	5.93	5.58	5.15	–
15	碎石(2cm)	m³	5505012	8.08	8.08	8.08	–
16	32.5级水泥	t	5509001	4.031	3.929	3.804	–
17	其他材料费	元	7801001	424.8	115.3	117	–
18	250L以内强制式混凝土搅拌机	台班	8005002	0.28	0.28	0.28	–
19	32kV·A以内交流电弧焊机	台班	8015028	–	–	–	0.16
20	小型机具使用费	元	8099001	7.6	5.1	4.7	6.5
21	基价	元	9999001	6326	5349	4537	4284

II. 安 装

顺序号	项 目	单位	代 号	挡土板	锚定板	立柱	拉杆
				10m³			1t
				5	6	7	8
1	人工	工日	1001001	8.2	10.9	11.4	6.2
2	M7.5 水泥砂浆	m³	1501002	(0.39)	–	–	–
3	M10 水泥砂浆	m³	1501003	–	–	–	(0.66)
4	普 C15 – 32.5 – 2	m³	1503006	–	–	(0.28)	–
5	预制构件	m³	1517001	(10.10)	(10.10)	(10.10)	–
6	HRB400 钢筋	t	2001002	–	–	–	1
7	铁件	kg	2009028	–	–	–	414.4
8	石油沥青	t	3001001	–	–	–	0.164
9	煤	t	3005001	–	–	–	0.034
10	水	m³	3005004	–	–	–	1
11	中(粗)砂	m³	5503005	0.43	–	0.14	0.71
12	碎石(2cm)	m³	5505012	–	–	0.23	–
13	32.5 级水泥	t	5509001	0.104	–	0.08	0.205
14	其他材料费	元	7801001	–	–	–	559
15	设备摊销费	元	7901001	–	–	–	1.8
16	30kN 以内单筒慢动卷扬机	台班	8009080	–	–	2.05	–
17	基价	元	9999001	941	1158	1585	7235

1-4-22 现浇钢筋混凝土锚定板式挡土墙

工程内容 现浇、预制:1)模板安装、拆除、修理、涂脱模剂、堆放;2)混凝土配运料、拌和、运输、浇筑、捣固、养护;3)钢筋除锈、制作、绑扎、电焊。

拉杆制作及拉杆、锚定板安装:1)拉杆制作、防腐;2)焊接;3)挖槽埋设拉杆及锚定板。

单位:表列单位

顺序号	项 目	单位	代 号	现浇钢筋混凝土墙身		预制钢筋混凝土锚定板		拉杆制作及拉杆、锚定板安装
				混凝土	钢筋	混凝土	钢筋	
				10m³	1t	10m³	1t	100m 拉杆
				1	2	3	4	5
1	人工	工日	1001001	14	6.6	22.1	7.5	7.4
2	普 C25-32.5-4	m³	1503033	(10.20)	-	(10.10)	-	-
3	HPB300 钢筋	t	2001001	-	0.348	-	0.512	-
4	HRB400 钢筋	t	2001002	-	0.677	-	0.513	0.465
5	8~12 号铁丝	kg	2001021	0.2	-	-	-	-
6	20~22 号铁丝	kg	2001022	-	2.6	-	3.6	-
7	钢管	t	2003008	0.008	-	-	-	-
8	组合钢模板	t	2003026	0.024	-	-	-	-
9	电焊条	kg	2009011	-	3.5	-	1.1	7.5
10	铁件	kg	2009028	10	-	-	-	-

顺序号	项　　目	单位	代　号	现浇钢筋混凝土墙身		预制钢筋混凝土锚定板		拉杆制作及拉杆、锚定板安装
				混凝土	钢筋	混凝土	钢筋	
				10m³	1t	10m³	1t	100m 拉杆
				1	2	3	4	5
11	铁钉	kg	2009030	0.2	—	10	—	—
12	石油沥青	t	3001001	—	—	—	—	5.089
13	煤	t	3005001	—	—	—	—	1.733
14	水	m³	3005004	12	—	16	—	—
15	原木	m³	4003001	0.05	—	—	—	—
16	锯材	m³	4003002	0.04	—	0.33	—	—
17	中(粗)砂	m³	5503005	4.9	—	4.85	—	—
18	碎石(4cm)	m³	5505013	8.47	—	8.38	—	—
19	32.5 级水泥	t	5509001	3.417	—	3.384	—	—
20	其他材料费	元	7801001	38.5	—	37.6	—	8.9
21	250L 以内强制式混凝土搅拌机	台班	8005002	0.28	—	0.28	—	—
22	8t 以内汽车式起重机	台班	8009026	0.24	—	—	—	—
23	30kN 以内单筒慢动卷扬机	台班	8009080	—	0.26	—	—	—
24	32kV·A 以内交流电弧焊机	台班	8015028	—	0.64	—	0.16	0.94
25	小型机具使用费	元	8099001	27.1	15.1	4.3	6.6	37.5
26	基价	元	9999001	4336	4266	5217	4230	26586

注:本章定额锚定板预制按使用木模计算,如采用钢模,按"预制、安装钢筋混凝土锚定板式挡土墙"定额计算。

1-4-23 钢筋混凝土桩板式挡土墙

工程内容 现浇桩柱混凝土:1)模板安装、拆除、修理、涂脱模剂、堆放;2)混凝土配运料、拌和、运输、浇筑、捣固、养护;3)脚手架的搭、拆。

预制、安装混凝土挡土板:1)模板安装、拆除、修理、涂脱模剂、堆放;2)混凝土配运料、拌和、运输、浇筑、捣固、养护;3)挡土板吊装定位。

钢筋:除锈、制作、绑扎、安放。

单位:表列单位

顺序号	项 目	单位	代 号	现浇钢筋混凝土桩(柱)			预制、安装钢筋混凝土挡土板	
				混凝土		钢筋	混凝土	钢筋
				地下部分	地上部分			
				10m³		1t	10m³	1t
				1	2	3	4	5
1	人工	工日	1001001	8.8	17.6	4.4	28.5	9.4
2	普 C25-32.5-4	m³	1503033	(10.20)	(10.20)	–	(10.10)	–
3	HPB300 钢筋	t	2001001	–	–	0.259	–	0.355
4	HRB400 钢筋	t	2001002	–	–	0.766	–	0.67
5	20~22 号铁丝	kg	2001022	–	–	4	–	4.7
6	型钢	t	2003004	–	0.036	–	0.029	–
7	组合钢模板	t	2003026	–	0.023	–	0.026	–
8	电焊条	kg	2009011	–	–	5.4	1.2	1.6

单位:表列单位

顺序号	项 目	单位	代 号	现浇钢筋混凝土桩(柱)			预制、安装钢筋混凝土挡土板	
				混凝土		钢筋	混凝土	钢筋
				地下部分	地上部分			
				10m³		1t	10m³	1t
				1	2	3	4	5
9	铁件	kg	2009028	–	32.9	–	12.6	–
10	水	m³	3005004	8	12	–	16	
11	原木	m³	4003001	–	0.11	–	0.02	
12	锯材	m³	4003002	–	0.05	–	0.07	
13	中(粗)砂	m³	5503005	4.9	4.9	–	4.85	
14	碎石(4cm)	m³	5505013	8.47	8.47	–	8.38	
15	32.5 级水泥	t	5509001	3.417	3.417	–	3.384	
16	其他材料费	元	7801001	–	106.9	0.3	41.4	0.3
17	250L 以内强制式混凝土搅拌机	台班	8005002	0.28	0.28	–	0.28	
18	8t 以内汽车式起重机	台班	8009026	0.5	0.78	–	–	
19	12t 以内汽车式起重机	台班	8009027	–	–	–	1.1	
20	30kN 以内单筒慢动卷扬机	台班	8009080	–	–	0.1	–	
21	32kV·A 以内交流电弧焊机	台班	8015028	–	–	0.35	0.21	0.14
22	小型机具使用费	元	8099001	5.5	9.8	11.1	2.6	6.6
23	基价	元	9999001	3580	5437	3960	6746	4423

注:本章定额未包括地下部分桩(柱)的开挖,可参照抗滑桩开挖定额计算。

1-4-24 锚杆挡土墙

工程内容 现浇、预制混凝土:1)模板安装、拆除、修理、涂脱模剂、堆放;2)混凝土配运料、拌和、运输、浇筑、捣固、养护。

安装肋柱、墙面板:肋柱、墙面板吊装定位。

钢筋:除锈、制作、绑扎、安放。

钻孔及压浆:脚手架搭、拆,坡面清理、定位、钻孔,浆液制作,压浆。

锚杆:制作、安装、锚固,锚头处理。

单位:表列单位

顺序号	项 目	单位	代 号	现浇基础混凝土	预制、安装肋柱、墙面板		钻孔及压浆	锚杆制作、安装
					混凝土	钢筋		
				10m³	10m³	1t	100m	1t
				1	2	3	4	5
1	人工	工日	1001001	10.2	27.3	6.7	38.6	9.1
2	M30 水泥砂浆	m³	1501008	–	–	–	(1.30)	–
3	普 C25-32.5-4	m³	1503033	–	(10.10)	–	–	(0.18)
4	普 C15-32.5-8	m³	1503051	(10.20)	–	–	–	–
5	HPB300 钢筋	t	2001001	–	–	0.355	–	0.023
6	HRB400 钢筋	t	2001002	–	–	0.67	–	1.025
7	20~22 号铁丝	kg	2001022	–	–	4.6	–	–
8	型钢	t	2003004	0.015	0.027	–	–	–
9	钢板	t	2003005	–	–	–	–	0.038

顺序号	项 目	单位	代 号	现浇基础混凝土	预制、安装肋柱、墙面板		钻孔及压浆	锚杆制作、安装
					混凝土	钢筋		
				10m³		1t	100m	1t
				1	2	3	4	5
10	组合钢模板	t	2003026	0.026	0.025	–	–	–
11	电焊条	kg	2009011	–	–	1.6	–	2.9
12	铁件	kg	2009028	12.7	11.9	–	12.6	–
13	水	m³	3005004	12	16	–	4	–
14	原木	m³	4003001	–	0.02	–	0.1	–
15	锯材	m³	4003002	–	0.07	–	–	–
16	中(粗)砂	m³	5503005	5.61	4.85	–	1.29	0.09
17	碎石(4cm)	m³	5505013	–	8.38	–	–	0.15
18	碎石(8cm)	m³	5505015	8.47	–	–	–	–
19	32.5级水泥	t	5509001	2.581	3.384	–	0.796	0.06
20	其他材料费	元	7801001	31.1	39	0.3	149.4	39.5
21	φ38～170mm 液压锚固钻机	台班	8001116	–	–	–	6.94	–
22	250L 以内强制式混凝土搅拌机	台班	8005002	0.28	0.28	–	–	–
23	12t 以内汽车式起重机	台班	8009027	0.34	0.56	–	1.15	–
24	30kN 以内单筒慢动卷扬机	台班	8009080	–	–	0.1	–	0.1

续前页 单位:表列单位

顺序号	项 目	单位	代 号	现浇基础混凝土	预制、安装肋柱、墙面板		钻孔及压浆	锚杆制作、安装
					混凝土	钢筋		
				10m³		1t	100m	1t
				1	2	3	4	5
25	32kV·A 以内交流电弧焊机	台班	8015028	–	–	0.14	–	0.26
26	9m³/min 以内机动空压机	台班	8017049	–	–	–	1.87	–
27	小型机具使用费	元	8099001	9	2.4	6.6	208.5	6.6
28	基价	元	9999001	3711	6097	4151	9075	4673

1-4-25 钢筋混凝土扶壁式、悬臂式挡土墙

工程内容 现浇墙身混凝土:1)模板安装、拆除、修理、涂脱模剂、堆放;2)混凝土配运料、拌和、运输、浇筑、捣固、养护;3)脚手架的搭、拆。
钢筋:除锈、制作、绑扎、安放。

单位:表列单位

顺序号	项 目	单位	代 号	现浇墙身混凝土	钢筋
				10m³	1t
				1	2
1	人工	工日	1001001	13.9	5.5
2	普 C20-32.5-4	m³	1503032	(10.20)	–
3	HPB300 钢筋	t	2001001	–	1.025
4	20~22 号铁丝	kg	2001022	–	3.6
5	型钢	t	2003004	0.006	–
6	组合钢模板	t	2003026	0.018	–
7	电焊条	kg	2009011	–	2.7
8	铁件	kg	2009028	53.9	–
9	水	m³	3005004	8	–
10	原木	m³	4003001	0.04	–
11	中(粗)砂	m³	5503005	5	–
12	碎石(4cm)	m³	5505013	8.57	–

单位:表列单位

顺序号	项 目	单位	代 号	现浇墙身混凝土	钢筋
				10m³	1t
				1	2
13	32.5 级水泥	t	5509001	3.04	–
14	其他材料费	元	7801001	30.7	0.3
15	250L 以内强制式混凝土搅拌机	台班	8005002	0.28	–
16	8t 以内汽车式起重机	台班	8009026	0.25	–
17	32kV·A 以内交流电弧焊机	台班	8015028	–	0.47
18	小型机具使用费	元	8099001	4.30	6.6
19	基价	元	9999001	4276	4127

1-4-26 挡土墙防渗层、泄水层及填内心

工程内容 铺筑沥青防渗层:清扫基层,安锅设灶,熬油,人工拌和,摊铺,整形,碾压,初期养护。
铺筑砂砾泄水层:装卸砂砾石,捡平,夯实。
填内心:人工铺料,找平,洒水,碾压,夯实。

单位:表列单位

顺序号	项 目	单位	代 号	沥青防渗层	砂砾泄水层	填内心
				1000m²	100m³	
				1	2	3
1	人工	工日	1001001	13.4	34	9.2
2	石油沥青	t	3001001	1.339	–	–
3	煤	t	3005001	0.287	–	–
4	水	m³	3005004	–	12	–
5	砂砾	m³	5503007	–	127.5	–
6	石屑	m³	5503014	6.63	–	–
7	其他材料费	元	7801001	14.5	–	–
8	8~10t 光轮压路机	台班	8001079	0.22	–	–
9	12~15t 光轮压路机	台班	8001081	–	–	0.52
10	小型机具使用费	元	8099001	–	–	85
11	基价	元	9999001	8242	9588	1368

注:填内心所需填料的挖运,按路基土方定额计算。

1-4-27 抗滑桩

工程内容 挖孔:挖(石方包括打眼爆破,清理解小)、装、运、卸、空回,并包括临时支撑及警戒防护等。
护壁、桩身混凝土:准备工作,模板及支撑的制作、安装、拆除、涂脱模剂,混凝土配料、拌和、运输、浇筑、捣固、养护。
钢筋:除锈、绑扎、制作、焊接、吊装钢筋笼。

单位:表列单位

顺序号	项目	单位	代号	挖孔		护壁	桩身	钢筋	钢轨
				土	石	混凝土			
				10m³				1t	
				1	2	3	4	5	6
1	人工	工日	1001001	6.1	8.9	18.2	10.4	6.6	3.8
2	普 C15-32.5-4	m³	1503031	–	–	(10.20)	–	–	–
3	普 C25-32.5-4	m³	1503033	–	–	–	(10.20)	–	–
4	HPB300 钢筋	t	2001001	–	–	0.3	–	1.025	–
5	8~12 号铁丝	kg	2001021	–	–	–	–	–	9.5
6	20~22 号铁丝	kg	2001022	–	–	–	–	5.4	–
7	型钢	t	2003004	–	–	0.021	–	–	–
8	钢轨	t	2003007	–	–	–	–	–	1
9	组合钢模板	t	2003026	–	–	0.031	–	–	–
10	钢钎	kg	2009002	–	1	–	–	–	–
11	电焊条	kg	2009011	–	–	–	–	4	4.1

单位:表列单位

顺序号	项 目	单位	代 号	挖孔		护壁	桩身	钢筋	钢轨
				土	石	混凝土			
				10m³				1t	
				1	2	3	4	5	6
12	铁件	kg	2009028	1	1	7.8	–	–	0.5
13	水	m³	3005004	–	–	12	12	–	–
14	原木	m³	4003001	0.001	0.002	0.05	–	–	–
15	锯材	m³	4003002	0.004	0.004	–	–	–	–
16	硝铵炸药	kg	5005002	–	12.5	–	–	–	–
17	非电毫秒雷管	个	5005008	–	16.2	–	–	–	–
18	中(粗)砂	m³	5503005	–	–	5.1	4.9	–	0.09
19	碎石(4cm)	m³	5505013	–	–	8.67	8.47	–	0.15
20	32.5级水泥	t	5509001	–	–	2.723	3.417	–	–
21	其他材料费	元	7801001	13.6	13.9	54.8	1	0.5	111.1
22	250L以内强制式混凝土搅拌机	台班	8005002	–	–	0.79	0.79	–	–
23	50kN以内单筒慢动卷扬机	台班	8009081	1.75	3.2	0.68	0.82	0.1	0.13
24	32kV·A以内交流电弧焊机	台班	8015028	–	–	–	–	0.45	0.48
25	9m³/min以内机动空压机	台班	8017049	–	0.68	–	–	–	–
26	小型机具使用费	元	8099001	8.6	54.3	8.7	5.3	11.1	9.3
27	基价	元	9999001	984	2275	5640	3637	4279	4775

注:采用钢轨作骨架时,应尽可能利用废旧钢轨。

第二章 路 面 工 程

说 明

1.本章定额包括各种类型路面以及路槽、路肩、垫层、基层等,除沥青混合料路面、厂拌基层稳定土混合料运输、自卸车运输碾压水泥混凝土以 1000m³ 路面实体为计算单位外,其他均以 1000m² 为计算单位。

2.路面项目中的厚度均为压实厚度,培路肩厚度为净培路肩的夯实厚度。

3.本章定额中混合料是按最佳含水率编制,定额中已包括养护用水并适当扣除材料天然含水率,但山西、青海、甘肃、宁夏、内蒙古、新疆、西藏等省、自治区,由于湿度偏低,用水量可根据实际情况增加。

4.本章定额中凡列有洒水汽车的子目,均按 5km 范围内洒水汽车在水源处自吸水编制,不计水费。如工地附近无天然水源可利用,必须采用供水部门供水(如自来水)时,可根据定额子目中洒水汽车的台班数量,按每台班 35m³ 计算定额用水量,乘以供水部门规定的水价增列水费。洒水汽车取水的平均运距超过 5km 时,可按路基工程的洒水汽车洒水定额中的增运定额增加洒水汽车的台班消耗,但增加的洒水汽车台班消耗量不得再计水费。

5.本章定额中的水泥混凝土除摊铺机铺筑水泥混凝土路面及碾压混凝土路面外,均已包括其拌和的费用,使用定额时不得再另行计算。

6.压路机台班按行驶速度:两轮光轮压路机为 2.0km/h、三轮光轮压路机为 2.5km/h、轮胎式压路机为 5.0km/h、振动压路机为 3.0km/h 进行编制。如设计为单车道路面宽度时,两轮光轮压路机乘以系数 1.14、三轮光轮压路机乘以系数 1.33、轮胎式压路机和振动压路机乘以系数 1.29。

7. 自卸汽车运输稳定土混合料、沥青混合料和水泥混凝土定额项目,仅适用于平均运距在 15km 以内的混合料运输,当运距超过第一个定额运距单位时,其运距尾数不足一个增运定额单位的半数时不计,等于或超过半数时按一个增运定额运距单位计算。当平均运距超过 15km 时,应按市场运价计算其运输费用。

第一节 路面基层及垫层

说 明

1. 各类垫层、级配碎石、级配砾石基层的压实厚度在 15cm 以内,填隙碎石一层的压实厚度在 12cm 以内,各类稳定土基层、其他种类的基层和底基层压实厚度在 20cm 以内,拖拉机、平地机、摊铺机和压路机的台班消耗按定额数量计算。如超过上述压实厚度进行分层拌和、摊铺、碾压时,拖拉机、平地机、摊铺机和压路机的台班消耗按定额数量加倍计算,每 1000m² 增加 1.5 个工日。

2. 各类稳定土基层定额中的材料消耗是按一定配合比编制的,当设计配合比与定额标明的配合比不同时,有关材料可按下式进行换算:

$$C_i = \left[C_d + B_d \times (H - H_0) \right] \times \frac{L_i}{L_d}$$

式中: C_i——按设计配合比换算后的材料数量;

C_d——定额中基本压实厚度的材料数量;

B_d——定额中压实厚度每增减 1cm 的材料数量;

H_0——定额的基本压实厚度;

H——设计的压实厚度;

L_d——定额中标明的材料百分率;

L_i——设计配合比的材料百分率。

【例】 石灰粉煤灰稳定碎石基层,定额标明的配合比为:石灰∶粉煤灰∶碎石 = 5∶15∶80,基本压实厚度为

20cm;设计配合比为:石灰:粉煤灰:碎石 = 4:11:85,设计压实厚度为21cm。各种材料调整后的数量为:

熟石灰:
$$\left[22.77 + 1.139 \times (21 - 20)\right] \times \frac{4}{5} = 19.127(t)$$

粉煤灰:
$$\left[63.963 + 3.198 \times (21 - 20)\right] \times \frac{11}{15} = 49.25(t)$$

碎 石:
$$\left[222.11 + 11.1 \times (21 - 20)\right] \times \frac{85}{80} = 247.79(m^3)$$

3. 人工沿路翻拌和筛拌稳定土混合料定额中均已包括土的过筛工消耗,因此,土的预算价格中不应再计算过筛费用。

4. 本节定额中土的预算价格,按材料采集及加工和材料运输定额中的有关项目计算。

5. 各类稳定土基层定额中的碎石土、砂砾土是指天然碎石土和天然砂砾土。

6. 各类稳定土底基层采用稳定土基层定额时,每1000m² 路面减少18~21t 光轮压路机0.14 台班。

2-1-1 路面垫层

工程内容 铺筑,整平,洒水,碾压。

单位:1000m²

顺序号	项目	单位	代号	人工铺料									
				压实厚度15cm					每增减1cm				
				粗砂	砂砾	煤渣	矿渣	碎石	粗砂	砂砾	煤渣	矿渣	碎石
				1	2	3	4	5	6	7	8	9	10
1	人工	工日	1001001	16.6	18.2	21.2	19	17.6	1	1.1	1.3	1.1	1
2	水	m³	3005004	20	19	26	21	17	1	1	2	1	1
3	砂	m³	5503004	196.56	–	–	–	–	13.1	–	–	–	–
4	砂砾	m³	5503007	–	191.25	–	–	–	–	12.75	–	–	–
5	煤渣	m³	5503010	–	–	252.45	–	–	–	–	16.83	–	–
6	矿渣	m³	5503011	–	–	–	198.9	–	–	–	–	13.26	–
7	碎石	m³	5505016	–	–	–	–	186.66	–	–	–	–	12.44
8	12~15t 光轮压路机	台班	8001081	0.23	0.16	0.16	0.08	0.16	–	–	–	–	–
9	18~21t 光轮压路机	台班	8001083	–	0.3	0.41	0.44	0.41	–	–	–	–	–
10	基价	元	9999001	17220	11218	17677	15972	16455	1126	714	1140	1021	1051

单位:1000m²

顺序号	项　目	单位	代　号	机械铺料									
				压实厚度15cm					每增减1cm				
				粗砂	砂砾	煤渣	矿渣	碎石	粗砂	砂砾	煤渣	矿渣	碎石
				11	12	13	14	15	16	17	18	19	20
1	人工	工日	1001001	0.6	0.5	0.6	0.6	0.5	–	–	–	–	–
2	砂	m³	5503004	196.56	–	–	–	–	13.1	–	–	–	–
3	砂砾	m³	5503007	–	191.25	–	–	–	–	12.75	–	–	–
4	煤渣	m³	5503010	–	–	252.45	–	–	–	–	16.83	–	–
5	矿渣	m³	5503011	–	–	–	198.9	–	–	–	–	13.26	–
6	碎石	m³	5505016	–	–	–	–	186.66	–	–	–	–	12.44
7	120kW以内自行式平地机	台班	8001058	0.22	0.22	0.21	0.21	0.27	–	–	–	–	–
8	12~15t光轮压路机	台班	8001081	0.46	0.23	0.23	0.11	0.23	–	–	–	–	–
9	18~21t光轮压路机	台班	8001083	–	0.33	0.44	0.44	0.44	–	–	–	–	–
10	10000L以内洒水汽车	台班	8007043	0.19	0.19	0.25	0.2	0.17	0.01	0.01	0.02	0.01	0.01
11	基价	元	9999001	16072	9820	16006	14447	15164	1029	605	1019	912	953

注:若将120kW以内自行式平地机替换为7.5m以内稳定土摊铺机,台班消耗均取0.26。

2-1-2 路拌法水泥稳定土基层

工程内容 1)清扫整理下承层;2)铺料、铺水泥,洒水,拌和;3)整形,碾压,找补;4)初期养护。

I.拖拉机带铧犁拌和

单位:1000m²

顺序号	项 目	单位	代 号	水泥土		水泥砂		水泥砂砾		水泥碎石	
				水泥剂量10%		水泥:砂:土 10:83:7		水泥剂量5%			
				压实厚度 20cm	每增减 1cm	压实厚度 20cm	每增减 1cm	压实厚度 20cm	每增减 1cm	压实厚度 20cm	每增减 1cm
				1	2	3	4	5	6	7	8
1	人工	工日	1001001	13.5	0.6	15.1	0.7	10.4	0.4	10.5	0.4
2	土	m³	5501002	269.61	13.48	24.55	1.23	-	-	-	-
3	砂	m³	5503004	-	-	239.06	11.95	-	-	-	-
4	砂砾	m³	5503007	-	-	-	-	265.52	13.28	-	-
5	碎石	m³	5505016	-	-	-	-	-	-	293.79	14.69
6	32.5级水泥	t	5509001	32.788	1.639	38.389	1.919	21.906	1.095	22.343	1.117
7	其他材料费	元	7801001	301	-	301	-	301	-	301	-
8	设备摊销费	元	7901001	2.1	0.1	2.1	0.1	2.1	0.1	2.1	0.1
9	120kW以内自行式平地机	台班	8001058	0.3	-	0.3	-	0.3	-	0.3	-
10	75kW以内履带式拖拉机	台班	8001066	0.16	-	0.16	-	0.16	-	0.16	-

— 167 —

单位:1000m²

顺序号	项 目	单位	代 号	水泥土		水泥砂		水泥砂砾		水泥碎石	
				水泥剂量10%		水泥:砂:土 10:83:7		水泥剂量5%			
				压实厚度 20cm	每增减 1cm	压实厚度 20cm	每增减 1cm	压实厚度 20cm	每增减 1cm	压实厚度 20cm	每增减 1cm
				1	2	3	4	5	6	7	8
11	12~15t 光轮压路机	台班	8001081	0.25	–	0.25	–	0.25	–	0.25	–
12	18~21t 光轮压路机	台班	8001083	0.8	–	0.8	–	0.8	–	0.8	–
13	10000L 以内洒水汽车	台班	8007043	0.35	0.02	0.33	0.02	0.27	0.02	0.28	0.02
14	基价	元	9999001	16042	721	34101	1627	22031	1020	32062	1521

单位:1000m²

顺序号	项　　目	单位	代　号	水泥石屑		水泥石渣		水泥砂砾土		水泥碎石土	
				水泥剂量5%				水泥剂量4%			
				压实厚度 20cm	每增减 1cm	压实厚度 20cm	每增减 1cm	压实厚度 20cm	每增减 1cm	压实厚度 20cm	每增减 1cm
				9	10	11	12	13	14	15	16
1	人工	工日	1001001	10.3	0.4	10.1	0.4	8.9	0.3	9	0.4
2	碎石土	m³	5501005	–	–	–	–	–	–	266.03	13.3
3	砂砾土	m³	5501006	–	–	–	–	245.77	12.29	–	–
4	石渣	m³	5503012	–	–	274.59	13.73	–	–	–	–
5	石屑	m³	5503014	274.29	13.71	–	–	–	–	–	–
6	32.5 级水泥	t	5509001	20.983	1.049	20.594	1.03	16.712	0.836	17.026	0.851
7	其他材料费	元	7801001	301	–	301	–	301	–	301	–
8	设备摊销费	元	7901001	2.1	0.1	2.1	0.1	2.1	0.1	2.1	0.1
9	120kW 以内自行式平地机	台班	8001058	0.3	–	0.3	–	0.3	–	0.3	–
10	75kW 以内履带式拖拉机	台班	8001066	0.16	–	0.16	–	0.16	–	0.16	–
11	12～15t 光轮压路机	台班	8001081	0.25	–	0.25	–	0.25	–	0.25	–
12	18～21t 光轮压路机	台班	8001083	0.8	–	0.8	–	0.8	–	0.8	–
13	10000L 以内洒水汽车	台班	8007043	0.35	0.02	0.34	0.02	0.3	0.02	0.3	0.02
14	基价	元	9999001	29691	1399	19962	915	13183	574	16434	746

II. 稳定土拌和机拌和

单位:1000m²

顺序号	项 目	单位	代 号	水泥土		水泥砂		水泥砂砾		水泥碎石	
				水泥剂量10%		水泥:砂:土 10:83:7		水泥剂量5%			
				压实厚度 20cm	每增减 1cm	压实厚度 20cm	每增减 1cm	压实厚度 20cm	每增减 1cm	压实厚度 20cm	每增减 1cm
				17	18	19	20	21	22	23	24
1	人工	工日	1001001	12.5	0.5	14	0.6	9.3	0.3	9.5	0.4
2	土	m³	5501002	269.61	13.48	24.55	1.23	–	–	–	–
3	砂	m³	5503004	–	–	239.06	11.95	–	–	–	–
4	砂砾	m³	5503007	–	–	–	–	265.52	13.28	–	–
5	碎石	m³	5505016	–	–	–	–	–	–	293.79	14.69
6	32.5级水泥	t	5509001	32.788	1.639	38.389	1.919	21.906	1.095	22.343	1.117
7	其他材料费	元	7801001	301	–	301	–	301	–	301	–
8	120kW以内自行式平地机	台班	8001058	0.3	–	0.3	–	0.3	–	0.3	–
9	12~15t光轮压路机	台班	8001081	0.28	–	0.25	–	0.25	–	0.25	–
10	18~21t光轮压路机	台班	8001083	0.8	–	0.8	–	0.8	–	0.8	–
11	235kW自行式稳定土拌和机	台班	8003005	0.26	0.02	0.26	0.02	0.26	0.02	0.26	0.02
12	10000L以内洒水汽车	台班	8007043	0.35	0.02	0.33	0.02	0.27	0.02	0.28	0.02
13	基价	元	9999001	16370	751	34401	1657	22331	1050	32373	1561

— 170 —

顺序号	项　目	单位	代　号	水泥石屑		水泥石渣		水泥砂砾土		水泥碎石土	
				水泥剂量5%				水泥剂量4%			
				压实厚度 20cm	每增减 1cm	压实厚度 20cm	每增减 1cm	压实厚度 20cm	每增减 1cm	压实厚度 20cm	每增减 1cm
				25	26	27	28	29	30	31	32
1	人工	工日	1001001	9.2	0.3	9.1	0.3	8	0.3	8.1	0.3
2	碎石土	m³	5501005	–	–	–	–	–	–	266.03	13.3
3	砂砾土	m³	5501006	–	–	–	–	245.77	12.29	–	–
4	石渣	m³	5503012	–	–	274.59	13.73	–	–	–	–
5	石屑	m³	5503014	274.29	13.71	–	–	–	–	–	–
6	32.5级水泥	t	5509001	20.983	1.049	20.594	1.03	16.712	0.836	17.026	0.851
7	其他材料费	元	7801001	301	–	301	–	301	–	301	–
8	120kW以内自行式平地机	台班	8001058	0.3	–	0.3	–	0.3	–	0.3	–
9	12~15t光轮压路机	台班	8001081	0.25	–	0.25	–	0.25	–	0.25	–
10	18~21t光轮压路机	台班	8001083	0.8	–	0.8	–	0.8	–	0.8	–
11	235kW自行式稳定土拌和机	台班	8003005	0.26	0.02	0.26	0.02	0.26	0.02	0.26	0.02
12	10000L以内洒水汽车	台班	8007043	0.35	0.02	0.34	0.02	0.3	0.02	0.3	0.02
13	基价	元	9999001	29991	1429	20272	944	13504	614	16755	776

III. 拖拉机带铧犁原槽拌和

单位:1000m²

顺序号	项 目	单位	代 号	水泥土		水泥砂砾		水泥砂砾土	
				水泥剂量10%		水泥剂量5%		水泥剂量4%	
				压实厚度 20cm	每增减 1cm	压实厚度 20cm	每增减 1cm	压实厚度 20cm	每增减 1cm
				33	34	35	36	37	38
1	人工	工日	1001001	12.1	0.6	8.9	0.5	7.4	0.4
2	32.5级水泥	t	5509001	32.788	1.639	21.906	1.095	16.712	0.836
3	其他材料费	元	7801001	301	—	301	—	301	—
4	设备摊销费	元	7901001	2.1	0.1	2.1	0.1	2.1	0.1
5	120kW以内自行式平地机	台班	8001058	0.13	—	0.13	—	0.13	—
6	75kW以内履带式拖拉机	台班	8001066	0.24	—	0.24	—	0.24	—
7	12~15t光轮压路机	台班	8001081	0.25	—	0.25	—	0.25	—
8	18~21t光轮压路机	台班	8001083	0.8	—	0.8	—	0.8	—
9	10000L以内洒水汽车	台班	8007043	0.35	0.02	0.27	0.02	0.3	0.02
10	基价	元	9999001	13125	590	9348	412	7624	322

2-1-3 路拌法石灰稳定土基层

工程内容 1)清扫整理下承层;2)铺料,铺灰,洒水,拌和;3)整形,碾压,找补;4)初期养护。

I. 人工沿路拌和

单位:1000m²

顺序号	项 目	单位	代 号	石灰土			
				筛拌法		翻拌法	
				石灰剂量10%			
				压实厚度20cm	每增减1cm	压实厚度20cm	每增减1cm
				1	2	3	4
1	人工	工日	1001001	123.1	6	127.5	6.3
2	水	m³	3005004	31	2	16	1
3	土	m³	5501002	263.81	13.19	263.81	13.19
4	熟石灰	t	5503003	34.6	1.73	34.6	1.73
5	其他材料费	元	7801001	301	–	301	–
6	12~15t光轮压路机	台班	8001081	0.25	–	0.25	–
7	18~21t光轮压路机	台班	8001083	0.8	–	0.8	–
8	基价	元	9999001	26353	1250	26780	1279

II. 拖拉机带铧犁拌和

单位:1000m²

顺序号	项 目	单位	代 号	石灰土		石灰砂砾		石灰碎石	
				石灰剂量10%		石灰剂量5%			
				压实厚度20cm	每增减1cm	压实厚度20cm	每增减1cm	压实厚度20cm	每增减1cm
				5	6	7	8	9	10
1	人工	工日	1001001	23.9	1.1	16.6	0.7	16.9	0.7
2	土	m³	5501002	263.81	13.19	–	–	–	–
3	熟石灰	t	5503003	34.6	1.73	22.21	1.11	22.629	1.131
4	砂砾	m³	5503007	–	–	249.63	12.49	–	–
5	碎石	m³	5505016	–	–	–	–	275.91	13.8
6	其他材料费	元	7801001	301	–	301	–	301	–
7	设备摊销费	元	7901001	2.1	0.1	2.1	0.1	2.1	0.1
8	120kW以内自行式平地机	台班	8001058	0.3	–	0.3	–	0.3	–
9	75kW以内履带式拖拉机	台班	8001066	0.19	–	0.19	–	0.19	–
10	12~15t光轮压路机	台班	8001081	0.25	–	0.25	–	0.25	–
11	18~21t光轮压路机	台班	8001083	0.8	–	0.8	–	0.8	–
12	10000L以内洒水汽车	台班	8007043	0.46	0.03	0.37	0.02	0.38	0.02
13	基价	元	9999001	16717	757	21485	986	30905	1455

单位:1000m²

顺序号	项 目	单位	代 号	石灰砂砾土		石灰碎石土		石灰土砂砾		石灰土碎石	
				石灰剂量5%				石灰:土:砂砾 5:15:80		石灰:土:碎石 5:15:80	
				压实厚度 20cm	每增减 1cm	压实厚度 20cm	每增减 1cm	压实厚度 20cm	每增减 1cm	压实厚度 20cm	每增减 1cm
				11	12	13	14	15	16	17	18
1	人工	工日	1001001	15.6	0.7	15.8	0.7	15.6	0.7	15.8	0.7
2	土	m³	5501002	–	–	–	–	49.62	2.48	50.32	2.52
3	碎石土	m³	5501005	–	–	242.25	12.11	–	–	–	–
4	砂砾土	m³	5501006	224.8	11.24	–	–	–	–	–	–
5	熟石灰	t	5503003	20.607	1.03	20.9	1.045	20.607	1.03	20.9	1.045
6	砂砾	m³	5503007	–	–	–	–	195.04	9.75	–	–
7	碎石	m³	5505016	–	–	–	–	–	–	214.6	10.73
8	其他材料费	元	7801001	301	–	301	–	301	–	301	–
9	设备摊销费	元	7901001	2.1	0.1	2.1	0.1	2.1	0.1	2.1	0.1
10	120kW以内自行式平地机	台班	8001058	0.3	–	0.3	–	0.42	–	0.42	–
11	75kW以内履带式拖拉机	台班	8001066	0.19	–	0.19	–	0.19	–	0.19	–
12	12~15t光轮压路机	台班	8001081	0.25	–	0.25	–	0.25	–	0.25	–
13	18~21t光轮压路机	台班	8001083	0.8	–	0.8	–	0.8	–	0.8	–
14	10000L以内洒水汽车	台班	8007043	0.34	0.02	0.35	0.02	0.34	0.02	0.35	0.02
15	基价	元	9999001	14071	622	17025	768	18982	860	26265	1223

III. 稳定土拌和机拌和

顺序号	项 目	单位	代 号	石灰土		石灰砂砾		石灰碎石	
				石灰剂量10%		石灰剂量5%			
				压实厚度20cm	每增减1cm	压实厚度20cm	每增减1cm	压实厚度20cm	每增减1cm
				19	20	21	22	23	24
1	人工	工日	1001001	23	1	15.8	0.6	16	0.7
2	土	m³	5501002	263.81	13.19	—	—	—	—
3	熟石灰	t	5503003	34.6	1.73	22.21	1.11	22.629	1.131
4	砂砾	m³	5503007	—	—	249.63	12.48	—	—
5	碎石	m³	5505016	—	—	—	—	275.91	13.8
6	其他材料费	元	7801001	301	—	301	—	301	—
7	120kW以内自行式平地机	台班	8001058	0.3	—	0.3	—	0.3	—
8	12~15t光轮压路机	台班	8001081	0.25	—	0.25	—	0.25	—
9	18~21t光轮压路机	台班	8001083	0.8	—	0.86	—	0.8	—
10	235kW自行式稳定土拌和机	台班	8003005	0.24	0.02	0.24	0.02	0.24	0.02
11	10000L以内洒水汽车	台班	8007043	0.46	0.03	0.37	0.02	0.38	0.02
12	基价	元	9999001	16978	786	21802	1015	31167	1495

顺序号	项　目	单位	代　号	石灰砂砾土		石灰碎石土		石灰土砂砾		石灰土碎石	
				石灰剂量5%				石灰:土:砂砾 5:15:80		石灰:土:碎石 5:15:80	
				压实厚度20cm	每增减1cm	压实厚度20cm	每增减1cm	压实厚度20cm	每增减1cm	压实厚度20cm	每增减1cm
				25	26	27	28	29	30	31	32
1	人工	工日	1001001	14.8	0.6	15	0.6	14.8	0.6	15	0.6
2	土	m³	5501002	–	–	–	–	49.62	2.48	50.32	2.52
3	碎石土	m³	5501005	–	–	242.25	12.11	–	–	–	–
4	砂砾土	m³	5501006	224.8	11.24	–	–	–	–	–	–
5	熟石灰	t	5503003	20.607	1.03	20.9	1.045	20.607	1.03	20.9	1.045
6	砂砾	m³	5503007	–	–	–	–	195.04	9.75	–	–
7	碎石	m³	5505016	–	–	–	–	–	–	214.6	10.73
8	其他材料费	元	7801001	301	–	301	–	301	–	301	–
9	120kW以内自行式平地机	台班	8001058	0.3	–	0.3	–	0.42	–	0.42	–
10	12~15t光轮压路机	台班	8001081	0.25	–	0.25	–	0.25	–	0.25	–
11	18~21t光轮压路机	台班	8001083	0.8	–	0.8	–	0.8	–	0.8	–
12	235kW自行式稳定土拌和机	台班	8003005	0.24	0.02	0.24	0.02	0.24	0.02	0.24	0.02
13	10000L以内洒水汽车	台班	8007043	0.34	0.02	0.35	0.02	0.34	0.02	0.35	0.02
14	基价	元	9999001	14342	651	17297	797	19254	890	26537	1252

顺序号	项　目	单位	代　号	石灰土		石灰砂砾		石灰砂砾土	
				石灰剂量10%		石灰剂量5%		石灰剂量4%	
				压实厚度20cm	每增减1cm	压实厚度20cm	每增减1cm	压实厚度20cm	每增减1cm
				33	34	35	36	37	38
1	人工	工日	1001001	22.7	1.1	15.4	0.7	14.5	0.7
2	熟石灰	t	5503003	34.6	1.73	22.21	1.11	20.607	1.03
3	其他材料费	元	7801001	301	–	301	–	301	–
4	设备摊销费	元	7901001	2.1	0.1	2.1	0.1	2.1	0.1
5	120kW以内自行式平地机	台班	8001058	0.13	–	0.13	–	0.13	–
6	75kW以内履带式拖拉机	台班	8001066	0.29	–	0.29	–	0.29	–
7	12～15t光轮压路机	台班	8001081	0.25	–	0.25	–	0.25	–
8	18～21t光轮压路机	台班	8001083	0.8	–	0.8	–	0.8	–
9	10000L以内洒水汽车	台班	8007043	0.46	0.03	0.37	0.02	0.34	0.02
10	基价	元	9999001	13891	629	9588	404	9015	382

2-1-4 路拌法石灰、粉煤灰稳定土基层

工程内容 1)清扫整理下承层;2)铺料,铺灰,洒水,拌和;3)整形,碾压,找补;4)初期养护。

I. 人工沿路拌和

单位:1000m²

顺序号	项 目	单位	代 号	筛拌法					
				石灰粉煤灰 石灰:粉煤灰 20:80		石灰粉煤灰土 石灰:粉煤灰:土 12:35:53		石灰粉煤灰砂 石灰:粉煤灰:砂 10:20:70	
				压实厚度20cm	每增减1cm	压实厚度20cm	每增减1cm	压实厚度20cm	每增减1cm
				1	2	3	4	5	6
1	人工	工日	1001001	72.5	3.6	96.6	4.6	65.7	3.3
2	水	m³	3005004	30	2	27	2	21	2
3	土	m³	5501002	–	–	135.13	6.76	–	–
4	粉煤灰	t	5501009	194.464	9.723	109.592	5.48	70.04	3.502
5	熟石灰	t	5503003	51.92	2.596	40.128	2.006	37.4	1.87
6	砂	m³	5503004	–	–	–	–	163.92	8.2
7	其他材料费	元	7801001	301		301	–	301	–
8	12~15t 光轮压路机	台班	8001081	0.25		0.37	–	0.37	–
9	18~21t 光轮压路机	台班	8001083	0.8		0.8	–	0.8	–
10	基价	元	9999001	51523	2522	39836	1913	41440	2020

单位:1000m²

顺序号	项 目	单位	代 号	翻拌法					
				石灰粉煤灰		石灰粉煤灰土		石灰粉煤灰砂	
				石灰:粉煤灰 20:80		石灰:粉煤灰:土 12:35:53		石灰:粉煤灰:砂 10:20:70	
				压实厚度20cm	每增减1cm	压实厚度20cm	每增减1cm	压实厚度20cm	每增减1cm
				7	8	9	10	11	12
1	人工	工日	1001001	76.9	3.9	101	4.9	70.1	3.5
2	水	m³	3005004	31	2	28	2	23	2
3	土	m³	5501002	—	—	135.13	6.76	—	—
4	粉煤灰	t	5501009	194.464	9.723	109.592	5.48	70.04	3.502
5	熟石灰	t	5503003	51.92	2.596	40.128	2.006	37.4	1.87
6	砂	m³	5503004	—	—	—	—	163.92	8.2
7	其他材料费	元	7801001	301	—	301	—	301	—
8	12~15t光轮压路机	台班	8001081	0.25	—	0.37	—	0.37	—
9	18~21t光轮压路机	台班	8001083	0.8	—	0.8	—	0.8	—
10	基价	元	9999001	51993	2554	40306	1945	41914	2042

顺序号	项目	单位	代号	石灰粉煤灰 石灰:粉煤灰 20:80		石灰粉煤灰土 石灰:粉煤灰:土 12:35:53		石灰粉煤灰砂 石灰:粉煤灰:砂 10:20:70		石灰粉煤灰砂砾 石灰:粉煤灰:砂砾 5:15:80	
				压实厚度20cm	每增减1cm	压实厚度20cm	每增减1cm	压实厚度20cm	每增减1cm	压实厚度20cm	每增减1cm
				13	14	15	16	17	18	19	20
1	人工	工日	1001001	34.2	1.4	27.1	1.1	25.4	1	16.5	0.6
2	土	m³	5501002	–	–	135.13	6.76	–	–	–	–
3	粉煤灰	t	5501009	194.464	9.723	109.592	5.48	70.04	3.502	61.8	3.09
4	熟石灰	t	5503003	51.92	2.596	40.128	2.006	37.4	1.87	22	1.1
5	砂	m³	5503004	–	–	–	–	163.92	8.2	–	–
6	砂砾	m³	5503007	–	–	–	–	–	–	197.82	9.89
7	其他材料费	元	7801001	301	–	301	–	301	–	301	–
8	设备摊销费	元	7901001	2.1	0.1	2.1	0.1	2.1	0.1	2.1	0.1
9	120kW 以内自行式平地机	台班	8001058	0.3	–	0.42	–	0.42	–	0.42	–
10	75kW 以内履带式拖拉机	台班	8001066	0.19	–	0.19	–	0.19	–	0.19	–
11	12~15t 光轮压路机	台班	8001081	0.25	–	0.37	–	0.37	–	0.37	–
12	18~21t 光轮压路机	台班	8001083	0.8	–	0.8	–	0.8	–	0.8	–
13	10000L 以内洒水汽车	台班	8007043	0.52	0.03	0.44	0.03	0.38	0.03	0.35	0.03
14	基价	元	9999001	48429	2316	33488	1569	38146	1804	28192	1312

单位:1000m²

顺序号	项　目	单位	代　号	石灰粉煤灰碎石 石灰:粉煤灰:碎石 5:15:80		石灰粉煤灰矿渣 石灰:粉煤灰:矿渣 6:14:80		石灰粉煤灰煤矸石 石灰:粉煤灰:煤矸石 6:14:80	
				压实厚度20cm	每增减1cm	压实厚度20cm	每增减1cm	压实厚度20cm	每增减1cm
				21	22	23	24	25	26
1	人工	工日	1001001	16.8	0.6	16.5	0.6	14.6	0.5
2	粉煤灰	t	5501009	63.963	3.198	48.163	2.408	53.148	2.657
3	熟石灰	t	5503003	22.77	1.139	22.044	1.102	18.92	0.946
4	矿渣	m³	5503011	–	–	227.12	11.36	–	–
5	煤矸石	m³	5505009	–	–	–	–	200.5	10.03
6	碎石	m³	5505016	222.11	11.1	–	–	–	–
7	其他材料费	元	7801001	301	–	301	–	301	–
8	设备摊销费	元	7901001	2.1	0.1	2.1	0.1	2.1	0.1
9	120kW以内自行式平地机	台班	8001058	0.42	–	0.42	–	0.42	–
10	75kW以内履带式拖拉机	台班	8001066	0.19	–	0.19	–	0.19	–
11	12~15t光轮压路机	台班	8001081	0.37	–	0.37	–	0.37	–
12	18~21t光轮压路机	台班	8001083	0.8	–	0.8	–	0.8	–
13	10000L以内洒水汽车	台班	8007043	0.31	0.02	0.36	0.03	0.35	0.03
14	基价	元	9999001	36310	1708	32446	1525	27172	1261

顺序号	项　目	单位	代　号	石灰粉煤灰 石灰：粉煤灰 20：80		石灰粉煤灰土 石灰：粉煤灰：土 12：35：53		石灰粉煤灰砂 石灰：粉煤灰：砂 10：20：70		石灰粉煤灰砂砾 石灰：粉煤灰：砂砾 5：15：80	
				压实厚度20cm	每增减1cm	压实厚度20cm	每增减1cm	压实厚度20cm	每增减1cm	压实厚度20cm	每增减1cm
				27	28	29	30	31	32	33	34
1	人工	工日	1001001	33.3	1.3	26.2	1	24.6	1	15.6	0.6
2	土	m³	5501002	–	–	135.13	6.76	–	–	–	–
3	粉煤灰	t	5501009	194.464	9.723	109.592	5.48	70.04	3.502	61.8	3.09
4	熟石灰	t	5503003	51.92	2.596	40.128	2.006	37.4	1.87	22	1.1
5	砂	m³	5503004	–	–	–	–	163.92	8.2	–	–
6	砂砾	m³	5503007	–	–	–	–	–	–	197.82	9.89
7	其他材料费	元	7801001	301	–	301	–	301	–	301	–
8	120kW 以内自行式平地机	台班	8001058	0.3	–	0.42	–	0.42	–	0.42	–
9	12～15t 光轮压路机	台班	8001081	0.25	–	0.37	–	0.37	–	0.37	–
10	18～21t 光轮压路机	台班	8001083	0.8	–	0.8	–	0.8	–	0.8	–
11	235kW 以内稳定土拌和机	台班	8003005	0.26	0.02	0.26	0.02	0.26	0.02	0.26	0.02
12	10000L 以内洒水汽车	台班	8007043	0.52	0.03	0.44	0.03	0.38	0.03	0.35	0.03
13	基价	元	9999001	48730	2346	33790	1598	38458	1844	28494	1352

单位:1000m²

顺序号	项　　目	单位	代　号	石灰粉煤灰碎石 石灰:粉煤灰:碎石 5:15:80		石灰粉煤灰矿渣 石灰:粉煤灰:矿渣 6:14:80		石灰粉煤灰煤矸石 石灰:粉煤灰:煤矸石 6:14:80	
				压实厚度20cm	每增减1cm	压实厚度20cm	每增减1cm	压实厚度20cm	每增减1cm
				35	36	37	38	39	40
1	人工	工日	1001001	16	0.6	15.6	0.6	13.8	0.5
2	粉煤灰	t	5501009	63.963	3.198	48.163	2.408	53.148	2.657
3	熟石灰	t	5503003	22.77	1.139	22.044	1.102	18.92	0.946
4	矿渣	m³	5503011	–	–	227.12	11.36	–	–
5	煤矸石	m³	5505009	–	–	–	–	200.5	10.03
6	碎石	m³	5505016	222.11	11.1	–	–	–	–
7	其他材料费	元	7801001	301	–	301	–	301	–
8	120kW 以内自行式平地机	台班	8001058	0.42	–	0.42	–	0.42	–
9	12～15t 光轮压路机	台班	8001081	0.37	–	0.37	–	0.37	–
10	18～21t 光轮压路机	台班	8001083	0.8	–	0.8	–	0.8	–
11	235kW 以内稳定土拌和机	台班	8003005	0.26	0.02	0.26	0.02	0.26	0.02
12	10000L 以内洒水汽车	台班	8007043	0.31	0.02	0.36	0.03	0.35	0.03
13	基价	元	9999001	36622	1748	32748	1565	27484	1301

2－1－5 路拌法石灰、煤渣稳定土基层

工程内容 1)清扫整理下承层;2)铺料,铺灰,洒水,拌和;3)整形,碾压,找补;4)初期养护。

I. 人工沿路拌和

单位:1000m²

顺序号	项 目	单位	代 号	筛拌法				翻拌法			
				石灰煤渣		石灰煤渣土		石灰煤渣		石灰煤渣土	
				石灰:煤渣 18:82		石灰:煤渣:土 15:30:55		石灰:煤渣 18:82		石灰:煤渣:土 15:30:55	
				压实厚度20cm	每增减1cm	压实厚度20cm	每增减1cm	压实厚度20cm	每增减1cm	压实厚度20cm	每增减1cm
				1	2	3	4	5	6	7	8
1	人工	工日	1001001	72.4	3.7	103.7	5.1	76.8	4	108.1	5.4
2	水	m³	3005004	31	2	44	3	31	2	44	3
3	土	m³	5501002	–	–	137.93	6.9	–	–	137.93	6.9
4	熟石灰	t	5503003	51.084	2.554	49.335	2.467	51.084	2.554	49.335	2.467
5	煤渣	m³	5503010	269.74	13.49	114.37	5.72	269.74	13.49	114.37	5.72
6	其他材料费	元	7801001	301	–	301		301	–	301	–
7	12~15t光轮压路机	台班	8001081	0.25	–	0.25	–	0.25	–	0.25	–
8	18~21t光轮压路机	台班	8001082	0.8	–	0.8	–	0.8	–	0.8	–
9	基价	元	9999001	38882	1904	33899	1639	39350	1936	34366	1670

顺序号	项　　目	单位	代　号	石灰煤渣		石灰煤渣土		石灰煤渣砂砾	
				石灰:煤渣 18:82		石灰:煤渣:土 15:30:55		石灰:煤渣:砂砾 8:30:62	
				压实厚度20cm	每增减1cm	压实厚度20cm	每增减1cm	压实厚度20cm	每增减1cm
				9	10	11	12	13	14
1	人工	工日	1001001	33.7	1.6	32.8	1.5	22.4	1
2	土	m³	5501002	–	–	137.93	6.9	–	–
3	熟石灰	t	5503003	51.084	2.554	49.335	2.467	32.032	1.602
4	砂砾	m³	5503007	–	–	–	–	139.51	6.98
5	煤渣	m³	5503010	269.74	13.49	114.37	5.72	139.23	6.96
6	其他材料费	元	7801001	301	–	301	–	301	–
7	设备摊销费	元	7901001	2.1	0.1	2.1	0.1	2.1	0.1
8	120kW以内自行式平地机	台班	8001058	0.3	–	0.41	–	0.41	–
9	75kW以内履带式拖拉机	台班	8001066	0.18	–	0.18	–	0.18	–
10	12~15t光轮压路机	台班	8001081	0.25	–	0.25	–	0.25	–
11	18~21t光轮压路机	台班	8001083	0.8	–	0.8	–	0.8	–
12	10000L以内洒水汽车	台班	8007043	0.52	0.03	0.64	0.03	0.45	0.03
13	基价	元	9999001	35792	1709	27614	1281	28145	1320

单位:1000m²

顺序号	项 目	单位	代 号	石灰煤渣碎石 石灰:煤渣:碎石 8:30:62		石灰煤渣矿渣 石灰:煤渣:矿渣 8:30:62		石灰煤渣碎石土 石灰:煤渣:碎石土 8:30:62	
				压实厚度20cm	每增减1cm	压实厚度20cm	每增减1cm	压实厚度20cm	每增减1cm
				15	16	17	18	19	20
1	人工	工日	1001001	22.4	1	20.4	0.9	22.4	1
2	碎石土	m³	5501005	–	–	–	–	143.87	7.19
3	熟石灰	t	5503003	32.032	1.602	28.512	1.426	32.032	1.602
4	煤渣	m³	5503010	139.23	6.96	123.93	6.2	139.23	6.96
5	矿渣	m³	5503011	–	–	170.75	8.54	–	–
6	碎石	m³	5505016	151.34	7.57	–	–	–	–
7	其他材料费	元	7801001	301	–	301	–	301	–
8	设备摊销费	元	7901001	2.1	0.1	2.1	0.1	2.1	0.1
9	120kW以内自行式平地机	台班	8001058	0.41	–	0.41	–	0.41	–
10	75kW以内履带式拖拉机	台班	8001066	0.18	–	0.18	–	0.18	–
11	12~15t光轮压路机	台班	8001081	0.25	–	0.25	–	0.25	–
12	18~21t光轮压路机	台班	8001083	0.8	–	0.8	–	0.8	–
13	10000L以内洒水汽车	台班	8007043	0.45	0.03	0.47	0.03	0.45	0.03
14	基价	元	9999001	33105	1568	31177	1471	26183	1222

III. 稳定土拌和机拌和

单位:1000m²

顺序号	项 目	单位	代 号	石灰煤渣 石灰:煤渣 18:82		石灰煤渣土 石灰:煤渣:土 15:30:55		石灰煤渣砂砾 石灰:煤渣:砂砾 8:30:62	
				压实厚度20cm	每增减1cm	压实厚度20cm	每增减1cm	压实厚度20cm	每增减1cm
				21	22	23	24	25	26
1	人工	工日	1001001	32.8	1.5	31.9	1.5	21.6	1
2	土	m³	5501002	–	–	137.93	6.9	–	–
3	熟石灰	t	5503003	51.084	2.554	49.335	2.467	32.032	1.602
4	砂砾	m³	5503007	–	–	–	–	139.51	6.98
5	煤渣	m³	5503010	269.74	13.49	114.37	5.72	139.23	6.96
6	其他材料费	元	7801001	301	–	301	–	301	–
7	120kW以内自行式平地机	台班	8001058	0.3	–	0.41	–	0.41	–
8	12~15t光轮压路机	台班	8001081	0.25	–	0.25	–	0.25	–
9	18~21t光轮压路机	台班	8001083	0.8	–	0.8	–	0.8	–
10	235kW以内稳定土拌和机	台班	8003005	0.26	0.02	0.26	0.02	0.26	0.02
11	10000L以内洒水汽车	台班	8007043	0.52	0.03	0.64	0.03	0.45	0.03
12	基价	元	9999001	36100	1738	27922	1321	28464	1360

单位:1000m²

顺序号	项　　目	单位	代　号	石灰煤渣碎石 石灰:煤渣:碎石 8:30:62		石灰煤渣矿渣 石灰:煤渣:矿渣 8:30:62		石灰煤渣碎石土 石灰:煤渣:碎石土 8:30:62	
				压实厚度20cm	每增减1cm	压实厚度20cm	每增减1cm	压实厚度20cm	每增减1cm
				27	28	29	30	31	32
1	人工	工日	1001001	21.6	1	19.5	0.9	21.6	1
2	碎石土	m³	5501005	–	–	–	–	143.87	7.19
3	熟石灰	t	5503003	32.032	1.602	28.512	1.426	32.032	1.602
4	煤渣	m³	5503010	139.23	6.96	123.93	6.2	139.23	6.96
5	矿渣	m³	5503011	–	–	170.75	8.54	–	–
6	碎石	m³	5505016	151.34	7.57	–	–	–	–
7	其他材料费	元	7801001	301	–	301	–	301	–
8	120kW以内自行式平地机	台班	8001058	0.41	–	0.41	–	0.41	–
9	12~15t光轮压路机	台班	8001081	0.25	–	0.25	–	0.25	–
10	18~21t光轮压路机	台班	8001083	0.8	–	0.8	–	0.8	–
11	235kW以内稳定土拌和机	台班	8003005	0.26	0.02	0.26	0.02	0.26	0.02
12	10000L以内洒水汽车	台班	8007043	0.45	0.03	0.47	0.03	0.45	0.03
13	基价	元	9999001	33423	1608	31485	1511	26502	1262

2-1-6 路拌法水泥、石灰稳定土基层

工程内容 1)清扫整理下承层;2)铺料,铺灰,洒水,拌和;3)整形,碾压,找补;4)初期养护。

I. 人工沿路拌和

单位:1000m²

顺序号	项目	单位	代号	筛拌法				翻拌法			
				水泥石灰土 水泥:石灰:土 6:4:90		水泥石灰土砂 水泥:石灰:土:砂 6:4:26:64		水泥石灰土 水泥:石灰:土 6:4:90		水泥石灰土砂 水泥:石灰:土:砂 6:4:26:64	
				压实厚度20cm	每增减1cm	压实厚度20cm	每增减1cm	压实厚度20cm	每增减1cm	压实厚度20cm	每增减1cm
				1	2	3	4	5	6	7	8
1	人工	工日	1001001	116.2	6.3	77.7	4.4	120.6	6.6	82.1	4.7
2	水	m³	3005004	27	1	29	2	27	1	29	2
3	土	m³	5501002	268.07	13.4	84.46	4.22	268.07	13.4	84.46	4.22
4	熟石灰	t	5503003	14.943	0.747	16.297	0.815	14.943	0.747	16.297	0.815
5	砂	m³	5503004	–	–	170.73	8.54	–	–	170.73	8.54
6	32.5级水泥	t	5509001	20.392	1.02	22.24	1.112	20.392	1.02	22.24	1.112
7	其他材料费	元	7801001	301	–	301	–	301	–	301	–
8	12~15t光轮压路机	台班	8001081	0.25	–	0.25	–	0.25	–	0.25	–
9	18~21t光轮压路机	台班	8001083	0.8	–	0.8	–	0.8	–	0.8	–
10	基价	元	9999001	26485	1323	34820	1745	26953	1355	35288	1777

顺序号	项　　目	单位	代　号	水泥石灰土		水泥石灰土砂		水泥石灰砂砾	
				水泥:石灰:土 6:4:90		水泥:石灰:土:砂 6:4:26:64		水泥:石灰:砂砾 5:5:90	
				压实厚度20cm	每增减1cm	压实厚度20cm	每增减1cm	压实厚度20cm	每增减1cm
				9	10	11	12	13	14
1	人工	工日	1001001	12.3	0.5	13.1	0.6	16.9	0.7
2	土	m³	5501002	268.07	13.4	84.46	4.22	—	—
3	熟石灰	t	5503003	14.943	0.747	16.297	0.815	22.629	1.131
4	砂	m³	5503004	—	—	170.73	8.54	—	—
5	砂砾	m³	5503007	—	—	—	—	241.62	12.08
6	32.5级水泥	t	5509001	20.392	1.02	22.24	1.112	20.983	1.049
7	其他材料费	元	7801001	301	—	301	—	301	—
8	设备摊销费	元	7901001	2.1	0.1	2.1	0.1	2.1	0.1
9	120kW以内自行式平地机	台班	8001058	0.3	—	0.41	—	0.3	—
10	75kW以内履带式拖拉机	台班	8001066	0.18	—	0.18	—	0.18	—
11	12~15t光轮压路机	台班	8001081	0.25	—	0.25	—	0.25	—
12	18~21t光轮压路机	台班	8001083	0.8	—	0.8	—	0.8	—
13	10000L以内洒水汽车	台班	8007043	0.33	0.02	0.35	0.02	0.38	0.02
14	基价	元	9999001	16211	726	28870	1358	27720	1295

单位:1000m²

顺序号	项目	单位	代号	水泥石灰碎石 水泥:石灰:碎石 4:3:93		水泥石灰砂砾土 水泥:石灰:砂砾土 5:4:91		水泥石灰碎石土 水泥:石灰:碎石土 4:3:93	
				压实厚度20cm	每增减1cm	压实厚度20cm	每增减1cm	压实厚度20cm	每增减1cm
				15	16	17	18	19	20
1	人工	工日	1001001	11.8	0.5	13.6	0.6	11.3	0.5
2	碎石土	m³	5501005	–	–	–	–	242.52	12.13
3	砂砾土	m³	5501006	–	–	220.66	11.03	–	–
4	熟石灰	t	5503003	14.136	0.707	17.025	0.851	13.072	0.654
5	碎石	m³	5505016	275.88	13.79	–	–	–	–
6	32.5级水泥	t	5509001	17.309	0.865	19.545	0.977	16.006	0.8
7	其他材料费	元	7801001	301	–	301	–	301	–
8	设备摊销费	元	7901001	2.1	0.1	2.1	0.1	2.1	0.1
9	120kW以内自行式平地机	台班	8001058	0.3	–	0.3	–	0.3	–
10	75kW以内履带式拖拉机	台班	8001066	0.18	–	0.18	–	0.18	–
11	12~15t光轮压路机	台班	8001081	0.25	–	0.25	–	0.25	–
12	18~21t光轮压路机	台班	8001083	0.8	–	0.8	–	0.8	–
13	10000L以内洒水汽车	台班	9999001	0.34	0.02	0.37	0.02	0.35	0.02
14	基价	元	9999001	33286	1581	18819	858	19308	883

III. 稳定土拌和机拌和

顺序号	项目	单位	代号	水泥石灰土 水泥:石灰:土 6:4:90		水泥石灰土砂 水泥:石灰:土:砂 6:4:26:64		水泥石灰砂砾 水泥:石灰:砂砾 5:5:90	
				压实厚度20cm	每增减1cm	压实厚度20cm	每增减1cm	压实厚度20cm	每增减1cm
				21	22	23	24	25	26
1	人工	工日	1001001	11.4	0.5	12.3	0.5	16	0.7
2	土	m³	5501002	268.07	13.4	84.46	4.22	–	–
3	熟石灰	t	5503003	14.943	0.747	16.297	0.815	22.629	1.131
4	砂	m³	5503004	–	–	170.73	8.54	–	–
5	砂砾	m³	5503007	–	–	–	–	241.62	12.08
6	32.5级水泥	t	5509001	20.392	1.02	22.24	1.112	20.983	1.049
7	其他材料费	元	7801001	301	–	301	–	301	–
8	120kW以内自行式平地机	台班	8001058	0.3	–	0.41	–	0.3	–
9	12~15t光轮压路机	台班	8001081	0.25	–	0.25	–	0.25	–
10	18~21t光轮压路机	台班	8001083	0.8	–	0.8	–	0.8	–
11	235kW以内稳定土拌和机	台班	8003005	0.26	0.02	0.26	0.02	0.26	0.02
12	10000L以内洒水汽车	台班	8007043	0.33	0.02	0.35	0.02	0.38	0.02
13	基价	元	9999001	16519	766	29188	1387	28028	1335

单位:1000m²

顺序号	项 目	单位	代 号	水泥石灰碎石 水泥:石灰:碎石 4:3:93		水泥石灰砂砾土 水泥:石灰:砂砾土 5:4:91		水泥石灰碎石土 水泥:石灰:碎石土 4:3:93	
				压实厚度20cm	每增减1cm	压实厚度20cm	每增减1cm	压实厚度20cm	每增减1cm
				27	28	29	30	31	32
1	人工	工日	1001001	11	0.4	12.7	0.6	10.4	0.4
2	碎石土	m³	5501005	-	-	-	-	242.52	12.13
3	砂砾土	m³	5501006	-	-	220.66	11.03	-	-
4	熟石灰	t	5503003	14.136	0.707	17.025	0.851	13.072	0.654
5	碎石	m³	5505016	275.88	13.79	-	-	-	-
6	32.5级水泥	t	5509001	17.309	0.865	19.545	0.977	16.006	0.8
7	其他材料费	元	7801001	301	-	301	-	301	-
8	120kW以内自行式平地机	台班	8001058	0.3	-	0.3	-	0.3	-
9	12~15t光轮压路机	台班	8001081	0.25	-	0.25	-	0.25	-
10	18~21t光轮压路机	台班	8001083	0.8	-	0.8	-	0.8	-
11	235kW以内稳定土拌和机	台班	8003005	0.26	0.02	0.26	0.02	0.26	0.02
12	10000L以内洒水汽车	台班	8007043	0.34	0.02	0.37	0.02	0.35	0.02
13	基价	元	9999001	33605	1611	19127	898	19616	912

2－1－7 厂拌基层稳定土混合料

工程内容 装载机铲运料、上料,配运料,拌和,出料。

I. 水泥稳定类

单位:1000m²

顺序号	项 目	单位	代 号	水泥砂		水泥砂砾		水泥碎石	
				水泥:砂:土10:83:7		水泥剂量5%			
				压实厚度20cm	每增减1cm	压实厚度20cm	每增减1cm	压实厚度20cm	每增减1cm
				1	2	3	4	5	6
1	人工	工日	1001001	2.2	0.1	2.5	0.1	2.5	0.1
2	水泥砂	m³	1507002	(202.00)	(10.10)	–	–	–	–
3	水泥砂砾	m³	1507003	–	–	(202.00)	(10.10)	–	–
4	水泥碎石	m³	1507004	–	–	–	–	(202.00)	(10.10)
5	水	m³	3005004	33	2	27	1	28	1
6	土	m³	5501002	24.8	1.24	–	–	–	–
7	砂	m³	5503004	241.45	12.07	–	–	–	–
8	砂砾	m³	5503007	–	–	268.18	13.41	–	–
9	碎石	m³	5505016	–	–	–	–	296.73	14.84
10	32.5级水泥	t	5509001	38.773	1.94	22.125	1.106	22.566	1.128
11	3.0m³以内轮胎式装载机	台班	8001049	0.49	0.03	0.54	0.03	0.55	0.03
12	300t/h以内稳定土厂拌设备	台班	8003011	0.22	0.01	0.25	0.01	0.25	0.01
13	基价	元	9999001	32147	1613	20644	1029	30769	1535

单位:1000m²

顺序号	项 目	单位	代 号	水泥石屑		水泥石渣		水泥砂砾土		水泥碎石土	
				水泥剂量5%				水泥剂量4%			
				压实厚度20cm	每增减1cm	压实厚度20cm	每增减1cm	压实厚度20cm	每增减1cm	压实厚度20cm	每增减1cm
				7	8	9	10	11	12	13	14
1	人工	工日	1001001	2.4	0.1	2.3	0.1	2.3	0.1	2.4	0.1
2	水泥石屑	m³	1507005	(202.00)	(10.10)	–	–	–	–	–	–
3	水泥石渣	m³	1507006	–	–	(202.00)	(10.10)	–	–	–	–
4	水泥碎石土	m³	1507007	–	–	–	–	–	–	(202.00)	(10.10)
5	水泥砂砾土	m³	1507008	–	–	–	–	(202.00)	(10.10)	–	–
6	水	m³	3005004	35	2	34	2	30	2	31	2
7	碎石土	m³	5501005	–	–	–	–	–	–	268.69	13.43
8	砂砾土	m³	5501006	–	–	–	–	248.23	12.41	–	–
9	石渣	m³	5503012	–	–	277.34	13.87	–	–	–	–
10	石屑	m³	5503014	277.03	13.85	–	–	–	–	–	–
11	32.5级水泥	t	5509001	21.193	1.06	20.8	1.04	16.879	0.844	17.196	0.86
12	3.0m³以内轮胎式装载机	台班	8001049	0.52	0.03	0.51	0.03	0.51	0.03	0.52	0.03
13	300t/h以内稳定土厂拌设备	台班	8003011	0.24	0.01	0.23	0.01	0.23	0.01	0.24	0.01
14	基价	元	9999001	28275	1415	18443	925	11758	591	15070	755

II. 石灰稳定类

单位:1000m²

顺序号	项 目	单位	代 号	石灰砂砾		石灰碎石		石灰砂砾土	
				石灰剂量5%					
				压实厚度20cm	每增减1cm	压实厚度20cm	每增减1cm	压实厚度20cm	每增减1cm
				15	16	17	18	19	20
1	人工	工日	1001001	2.3	0.1	2.4	0.1	2.2	0.1
2	石灰砂砾	m³	1507010	(202.00)	(10.10)	—	—	—	—
3	石灰碎石	m³	1507011	—	—	(202.00)	(10.10)	—	—
4	石灰砂砾土	m³	1507012	—	—	—	—	(202.00)	(10.10)
5	水	m³	3005004	27	2	28	2	25	1
6	砂砾土	m³	5501006	—	—	—	—	227.05	11.35
7	熟石灰	t	5503003	22.432	1.122	22.855	1.143	20.813	1.041
8	砂砾	m³	5503007	252.12	12.61	—	—	—	—
9	碎石	m³	5505016	—	—	278.67	13.93	—	—
10	3.0m³ 以内轮胎式装载机	台班	8001049	0.51	0.03	0.52	0.03	0.47	0.02
11	300t/h 以内稳定土厂拌设备	台班	8003011	0.23	0.01	0.24	0.01	0.22	0.01
12	基价	元	9999001	19210	965	28721	1438	11784	582

单位:1000m²

顺序号	项　目	单位	代　号	石灰碎石土		石灰土砂砾		石灰土碎石	
				石灰剂量5%		石灰:土:砂砾 5:15:80		石灰:土:碎石 5:15:80	
				压实厚度20cm	每增减1cm	压实厚度20cm	每增减1cm	压实厚度20cm	每增减1cm
				21	22	23	24	25	26
1	人工	工日	1001001	2.2	0.1	2.2	0.1	2.2	0.1
2	石灰碎石土	m³	1507013	(202.00)	(10.10)	–	–	–	–
3	石灰土砂砾	m³	1507014	–	–	(202.00)	(10.10)	–	–
4	石灰土碎石	m³	1507015	–	–	–	–	(202.00)	(10.10)
5	水	m³	3005004	26	1	25	1	26	1
6	土	m³	5501002	–	–	50.11	2.51	50.83	2.54
7	碎石土	m³	5501005	244.67	12.23	–	–	–	–
8	熟石灰	t	5503003	21.109	1.055	20.813	1.041	21.109	1.055
9	砂砾	m³	5503007	–	–	196.99	9.85	–	–
10	碎石	m³	5505016	–	–	–	–	216.74	10.84
11	3.0m³以内轮胎式装载机	台班	8001049	0.47	0.02	0.47	0.02	0.47	0.02
12	300t/h以内稳定土厂拌设备	台班	8003011	0.22	0.01	0.22	0.01	0.22	0.01
13	基价	元	9999001	14738	729	16601	823	23926	1189

III. 石灰粉煤灰稳定类　　　　　　　　　　　　　　　　　　　　　单位:1000m²

顺序号	项目	单位	代号	石灰粉煤灰砂 石灰:粉煤灰:砂 10:20:70		石灰粉煤灰砂砾 石灰:粉煤灰:砂砾 5:15:80		石灰粉煤灰碎石 石灰:粉煤灰:碎石 5:15:80		石灰粉煤灰矿渣 石灰:粉煤灰:矿渣 6:14:80		石灰粉煤灰煤矸石 石灰:粉煤灰:煤矸石 6:14:80	
				压实厚度20cm	每增减1cm	压实厚度20cm	每增减1cm	压实厚度20cm	每增减1cm	压实厚度20cm	每增减1cm	压实厚度20cm	每增减1cm
				27	28	29	30	31	32	33	34	35	36
1	人工	工日	1001001	1.9	0.1	2.2	0.1	2.2	0.1	1.8	0.1	1.9	0.1
2	石灰粉煤灰砂	m³	1507018	(202.00)	(10.10)	–	–	–	–	–	–	–	–
3	石灰粉煤灰砂砾	m³	1507019	–	–	(202.00)	(10.10)	–	–	–	–	–	–
4	石灰粉煤灰碎石	m³	1507020	–	–	–	–	(202.00)	(10.10)	–	–	–	–
5	石灰粉煤灰矿渣	m³	1507021	–	–	–	–	–	–	(202.00)	(10.10)	–	–
6	石灰粉煤灰煤矸石	m³	1507022	–	–	–	–	–	–	–	–	(202.00)	(10.10)
7	水	m³	3005004	27	2	34	2	27	2	35	2	36	2
8	粉煤灰	t	5501009	70.74	3.537	62.418	3.121	64.603	3.23	48.645	2.432	53.679	2.684
9	熟石灰	t	5503003	37.774	1.889	22.22	1.111	22.998	1.15	22.264	1.113	19.109	0.955
10	砂	m³	5503004	165.56	8.28	–	–	–	–	–	–	–	–
11	砂砾	m³	5503007	–	–	199.8	9.99	–	–	–	–	–	–
12	矿渣	m³	5503011	–	–	–	–	–	–	229.39	11.47	–	–
13	煤矸石	m³	5505009	–	–	–	–	–	–	–	–	202.51	10.13
14	碎石	m³	5505016	–	–	–	–	224.33	11.22	–	–	–	–
15	3.0m³ 以内轮胎式装载机	台班	8001049	0.4	0.02	0.48	0.02	0.49	0.03	0.4	0.02	0.4	0.02
16	300t/h 以内稳定土厂拌设备	台班	8003011	0.19	0.01	0.22	0.01	0.22	0.01	0.18	0.01	0.19	0.01
17	基价	元	9999001	34635	1735	25761	1282	33966	1705	29855	1496	24769	1240

IV. 石灰煤渣稳定类

单位:1000m²

顺序号	项　目	单位	代　号	石灰煤渣 石灰:煤渣 18:82 压实厚度20cm	每增减1cm	石灰煤渣砂砾 石灰:煤渣:砂砾8:30:62 压实厚度20cm	每增减1cm	石灰煤渣碎石 石灰:煤渣:碎石8:30:62 压实厚度20cm	每增减1cm	石灰煤渣矿渣 石灰:煤渣:矿渣8:30:62 压实厚度20cm	每增减1cm	石灰煤渣碎石土 石灰:煤渣:碎石土8:30:62 压实厚度20cm	每增减1cm
				37	38	39	40	41	42	43	44	45	46
1	人工	工日	1001001	1.4	0.1	2	0.1	2	0.1	1.8	0.1	2	0.1
2	石灰煤渣	m³	1507023	(202.00)	(10.10)	–	–	–	–	–	–	–	–
3	石灰煤渣碎石	m³	1507025	–	–	–	–	(202.00)	(10.10)	–	–	–	–
4	石灰煤渣砂砾	m³	1507026	–	–	(202.00)	(10.10)	–	–	–	–	–	–
5	石灰煤渣矿渣	m³	1507027	–	–	–	–	–	–	(202.00)	(10.10)	–	–
6	石灰煤渣碎石土	m³	1507028	–	–	–	–	–	–	–	–	(202.00)	(10.10)
7	水	m³	3005004	30	2	32	2	32	2	35	2	32	2
8	碎石土	m³	5501005	–	–	–	–	–	–	–	–	145.31	7.27
9	熟石灰	t	5503003	51.595	2.58	32.352	1.618	32.352	1.618	28.797	1.44	32.352	1.618
10	砂砾	m³	5503007	–	–	140.91	7.05	–	–	–	–	–	–
11	煤渣	m³	5503010	272.44	13.62	140.62	7.03	140.62	7.03	125.17	6.26	140.62	7.03
12	矿渣	m³	5503011	–	–	–	–	–	–	172.46	8.62	–	–
13	碎石	m³	5505016	–	–	–	–	152.86	7.64	–	–	–	–
14	3.0m³ 以内轮胎式装载机	台班	8001049	0.31	0.02	0.43	0.02	0.43	0.02	0.39	0.02	0.43	0.02
15	300t/h 以内稳定土厂拌设备	台班	8003011	0.14	0.01	0.2	0.01	0.2	0.01	0.18	0.01	0.2	0.01
16	基价	元	9999001	31210	1575	24943	1247	29953	1497	28109	1409	22961	1147

V. 水泥石灰稳定类

单位:1000m²

顺序号	项 目	单位	代 号	水泥石灰砂砾 水泥:石灰:砂砾 5:5:90		水泥石灰碎石 水泥:石灰:碎石 4:3:93		水泥石灰砂砾土 水泥:石灰:砂砾土 5:4:91		水泥石灰碎石土 水泥:石灰:碎石土 4:3:93	
				压实厚度20cm	每增减1cm	压实厚度20cm	每增减1cm	压实厚度20cm	每增减1cm	压实厚度20cm	每增减1cm
				47	48	49	50	51	52	53	54
1	人工	工日	1001001	2.4	0.1	2.5	0.1	2.2	0.1	2.2	0.1
2	水泥石灰砂砾	m³	1507029	(202.00)	(10.10)	–	–	–	–	–	–
3	水泥石灰碎(砾)石	m³	1507030	–	–	(202.00)	(10.10)	–	–	–	–
4	水泥石灰砂砾土	m³	1507033	–	–	–	–	(202.00)	(10.10)	–	–
5	水泥石灰碎石土	m³	1507034	–	–	–	–	–	–	(202.00)	(10.10)
6	水	m³	3005004	28	2	28	2	30	2	30	2
7	碎石土	m³	5501005							244.95	12.25
8	砂砾土	m³	5501006	–	–	–	–	222.86	11.14	–	–
9	熟石灰	t	5503003	22.855	1.143	14.277	0.714	17.195	0.86	13.203	0.66
10	砂砾	m³	5503007	244.04	12.2						
11	碎石	m³	5505016			278.64	13.93	–	–	–	–
12	32.5级水泥	t	5509001	21.193	1.06	17.482	0.874	19.741	0.987	16.166	0.808
13	3.0m³以内轮胎式装载机	台班	8001049	0.52	0.03	0.53	0.03	0.48	0.03	0.49	0.03
14	300t/h以内稳定土厂拌设备	台班	8003011	0.24	0.01	0.24	0.01	0.22	0.01	0.22	0.01
15	基价	元	9999001	25510	1278	31747	1588	16794	846	17570	884

注:本章定额是按拌和能力为300t/h的拌和设备编制的。当采用其他型号的拌和设备施工时,可按下表中的数据调整定额中人工、装载机和拌和设备的消耗数量。

项　目			单位	代号	稳定土类型									
					水泥砂	水泥砂砾	水泥碎石	水泥石屑	水泥石渣	水泥砂砾土	水泥碎石土	石灰砂砾	石灰碎石	石灰砂砾土
50t/h以内厂拌设备	压实厚度20cm	人工	工日	1001001	7.3	8.0	8.2	7.5	7.4	7.4	7.5	7.4	7.5	7.0
		1m³以内轮胎式装载机	台班	8001045	1.58	1.68	1.71	1.63	1.61	1.62	1.63	1.61	1.63	1.48
		50t/h以内稳定土厂拌设备	台班	8003008	1.32	1.41	1.46	1.37	1.34	1.35	1.37	1.34	1.37	1.24
	每增减1cm	人工	工日	1001001	0.4	0.4	0.4	0.4	0.4	0.4	0.4	0.4	0.4	0.4
		1m³以内轮胎式装载机	台班	8001045	0.08	0.08	0.08	0.08	0.08	0.08	0.08	0.08	0.08	0.07
		50t/h以内稳定土厂拌设备	台班	8003008	0.07	0.07	0.08	0.07	0.07	0.07	0.07	0.07	0.07	0.06
100t/h以内厂拌设备	压实厚度20cm	人工	工日	1001001	4.6	4.9	5.0	4.7	4.7	4.7	4.7	4.7	4.7	4.4
		2m³以内轮胎式装载机	台班	8001047	0.79	0.9	0.91	0.82	0.81	0.81	0.82	0.81	0.82	0.76
		100t/h以内稳定土厂拌设备	台班	8003009	0.72	0.81	0.82	0.79	0.73	0.74	0.79	0.73	0.79	0.69
	每增减1cm	人工	工日	1001001	0.2	0.2	0.2	0.2	0.2	0.2	0.2	0.2	0.2	0.2
		2m³以内轮胎式装载机	台班	8001047	0.04	0.05	0.05	0.04	0.04	0.04	0.04	0.04	0.04	0.04
		100t/h以内稳定土厂拌设备	台班	8003009	0.03	0.04	0.04	0.04	0.03	0.03	0.04	0.03	0.04	0.03

项目			单位	代号	稳定土类型									
					水泥砂	水泥砂砾	水泥碎石	水泥石屑	水泥石渣	水泥砂砾土	水泥碎石土	石灰砂砾	石灰碎石	石灰砂砾土
200t/h以内厂拌设备	压实厚度20cm	人工	工日	1001001	2.3	2.5	2.5	2.4	2.3	2.3	2.4	2.3	2.4	2.2
		2m³以内轮胎式装载机	台班	8001047	0.79	0.9	0.91	0.82	0.81	0.81	0.82	0.81	0.82	0.76
		200t/h以内稳定土厂拌设备	台班	8003010	0.36	0.39	0.39	0.38	0.37	0.37	0.38	0.37	0.38	0.35
	每增减1cm	人工	工日	1001001	0.1	0.1	0.1	0.1	0.1	0.1	0.1	0.1	0.1	0.1
		2m³以内轮胎式装载机	台班	8001047	0.04	0.05	0.05	0.04	0.04	0.04	0.04	0.04	0.04	0.04
		200t/h以内稳定土厂拌设备	台班	8003010	0.02	0.02	0.02	0.02	0.02	0.02	0.02	0.02	0.02	0.02
400t/h以内厂拌设备	压实厚度20cm	人工	工日	1001001	1.6	2.0	2.0	1.6	1.6	1.6	1.6	1.6	1.6	1.5
		3m³以内轮胎式装载机	台班	8001049	0.4	0.42	0.42	0.41	0.41	0.41	0.41	0.41	0.41	0.38
		400t/h以内稳定土厂拌设备	台班	8003012	0.18	0.19	0.2	0.19	0.18	0.18	0.19	0.18	0.19	0.17
	每增减1cm	人工	工日	1001001	0.1	0.1	0.1	0.1	0.1	0.1	0.1	0.1	0.1	0.1
		3m³以内轮胎式装载机	台班	8001049	0.02	0.02	0.02	0.02	0.02	0.02	0.02	0.02	0.02	0.02
		400t/h以内稳定土厂拌设备	台班	8003012	0.01	0.01	0.01	0.01	0.01	0.01	0.01	0.01	0.01	0.01

单位:1000m²

项目			单位	代号	稳定土类型									
					水泥砂	水泥砂砾	水泥碎石	水泥石屑	水泥石渣	水泥砂砾土	水泥碎石土	石灰砂砾	石灰碎石	石灰砂砾土
500t/h以内厂拌设备	压实厚度20cm	人工	工日	1001001	1.2	1.3	1.3	1.2	1.2	1.2	1.3	1.2	1.2	1.1
		3m³以内轮胎式装载机	台班	8001049	0.32	0.34	0.35	0.33	0.32	0.33	0.33	0.32	0.33	0.30
		500t/h以内稳定土厂拌设备	台班	8003013	0.16	0.17	0.18	0.16	0.16	0.16	0.16	0.16	0.16	0.15
	每增减1cm	人工	工日	1001001	0.1	0.1	0.1	0.1	0.1	0.1	0.1	0.1	0.1	0.1
		3m³以内轮胎式装载机	台班	8001049	0.02	0.02	0.02	0.02	0.02	0.02	0.02	0.02	0.02	0.02
		500t/h以内稳定土厂拌设备	台班	8003013	0.01	0.01	0.01	0.01	0.01	0.01	0.01	0.01	0.01	0.01

单位：1000m²

项　目			单位	代号	稳定土类型									
					石灰碎石土	石灰土砂砾	石灰土碎石	石灰粉煤灰砂	石灰粉煤灰砂砾	石灰粉煤灰碎石	石灰粉煤灰矿渣	石灰粉煤灰煤矸石	石灰煤渣	石灰煤渣砂砾
50t/h以内厂拌设备	压实厚度20cm	人工	工日	1001001	7.0	7.0	7.0	5.9	7.1	7.3	5.9	6.0	4.6	6.3
		1m³以内轮胎式装载机	台班	8001045	1.49	1.48	1.49	1.28	1.5	1.58	1.26	1.29	0.96	1.34
		50t/h以内稳定土厂拌设备	台班	8003008	1.24	1.24	1.24	1.07	1.25	1.32	1.06	1.08	0.8	1.16
	每增减1cm	人工	工日	1001001	0.4	0.4	0.4	0.3	0.4	0.4	0.3	0.3	0.2	0.3
		1m³以内轮胎式装载机	台班	8001045	0.07	0.07	0.07	0.06	0.07	0.08	0.06	0.06	0.05	0.06
		50t/h以内稳定土厂拌设备	台班	8003008	0.06	0.06	0.06	0.05	0.06	0.07	0.05	0.05	0.04	0.06
100t/h以内厂拌设备	压实厚度20cm	人工	工日	1001001	4.5	4.4	4.5	3.7	4.5	4.6	3.7	3.7	2.7	3.9
		2m³以内轮胎式装载机	台班	8001047	0.77	0.76	0.77	0.69	0.77	0.79	0.63	0.69	0.52	0.72
		100t/h以内稳定土厂拌设备	台班	8003009	0.69	0.69	0.69	0.62	0.7	0.72	0.57	0.63	0.47	0.65
	每增减1cm	人工	工日	1001001	0.2	0.2	0.2	0.2	0.2	0.2	0.2	0.2	0.1	0.2
		2m³以内轮胎式装载机	台班	8001047	0.04	0.04	0.04	0.04	0.04	0.04	0.03	0.04	0.03	0.04
		100t/h以内稳定土厂拌设备	台班	8003009	0.03	0.03	0.03	0.03	0.03	0.03	0.03	0.03	0.03	0.03

项　目			单位	代号	稳定土类型									
					石灰碎石土	石灰土砂砾	石灰土碎石	石灰粉煤灰砂	石灰粉煤灰砂砾	石灰粉煤灰碎石	石灰粉煤灰矿渣	石灰粉煤灰煤矸石	石灰煤渣	石灰煤渣砂砾
200t/h以内厂拌设备	压实厚度20cm	人工	工日	1001001	2.2	2.2	2.2	2.0	2.2	2.3	2.0	2.0	1.4	2.1
		2m³以内轮胎式装载机	台班	8001047	0.77	0.76	0.77	0.69	0.77	0.79	0.63	0.69	0.52	0.72
		200t/h以内稳定土厂拌设备	台班	8003010	0.35	0.35	0.35	0.32	0.35	0.36	0.31	0.32	0.21	0.33
	每增减1cm	人工	工日	1001001	0.1	0.1	0.1	0.1	0.1	0.1	0.1	0.1	0.1	0.1
		2m³以内轮胎式装载机	台班	8001047	0.04	0.04	0.04	0.04	0.04	0.04	0.03	0.04	0.03	0.04
		200t/h以内稳定土厂拌设备	台班	8003010	0.02	0.02	0.02	0.02	0.02	0.02	0.02	0.02	0.01	0.02
400t/h以内厂拌设备	压实厚度20cm	人工	工日	1001001	1.5	1.5	1.5	1.3	1.5	1.6	1.3	1.3	1.1	1.4
		3m³以内轮胎式装载机	台班	8001049	0.39	0.38	0.39	0.34	0.39	0.4	0.34	0.34	0.24	0.36
		400t/h以内稳定土厂拌设备	台班	8003012	0.17	0.17	0.17	0.15	0.17	0.18	0.15	0.15	0.13	0.16
	每增减1cm	人工	工日	1001001	0.1	0.1	0.1	0.1	0.1	0.1	0.1	0.1	0.1	0.1
		3m³以内轮胎式装载机	台班	8001049	0.02	0.02	0.02	0.02	0.02	0.02	0.02	0.02	0.01	0.02
		400t/h以内稳定土厂拌设备	台班	8003012	0.01	0.01	0.01	0.01	0.01	0.01	0.01	0.01	0.01	0.01

单位:1000m²

项 目			单位	代 号	稳定土类型									
					石灰碎石土	石灰土砂砾	石灰土碎石	石灰粉煤灰砂	石灰粉煤灰砂砾	石灰粉煤灰碎石	石灰粉煤灰矿渣	石灰粉煤灰煤矸石	石灰煤渣	石灰煤渣砂砾
500t/h 以内厂拌设备	压实厚度 20cm	人工	工日	1001001	1.1	1.1	1.1	1.0	1.1	1.2	1.0	1.0	0.7	1.0
		3m³ 以内轮胎式装载机	台班	8001049	0.30	0.30	0.30	0.26	0.31	0.32	0.25	0.26	0.20	0.28
		500t/h 以内稳定土厂拌设备	台班	8003013	0.15	0.15	0.15	0.13	0.15	0.16	0.13	0.13	0.10	0.14
	每增减 1cm	人工	工日	1001001	0.1	0.1	0.1	0.1	0.1	0.1	0.1	0.1	0.1	0.1
		3m³ 以内轮胎式装载机	台班	8001049	0.02	0.02	0.02	0.01	0.02	0.02	0.01	0.01	0.01	0.01
		500t/h 以内稳定土厂拌设备	台班	8003013	0.01	0.01	0.01	0.01	0.01	0.01	0.01	0.01	0.01	0.01

单位:1000m²

项 目			单位	代号	稳定土类型						
					石灰煤渣碎石	石灰煤渣矿渣	石灰煤渣碎石土	水泥石灰砂砾	水泥石灰碎石	水泥石灰砂砾土	水泥石灰碎石土
50t/h 以内厂拌设备	压实厚度20cm	人工	工日	1001001	6.3	5.8	6.3	7.5	7.6	7.1	7.1
		1m³ 以内轮胎式装载机	台班	8001045	1.34	1.23	1.34	1.63	1.65	1.50	1.52
		50t/h 以内稳定土厂拌设备	台班	8003008	1.16	1.03	1.16	1.37	1.39	1.25	1.27
	每增减1cm	人工	工日	1001001	0.3	0.3	0.3	0.4	0.4	0.4	0.4
		1m³ 以内轮胎式装载机	台班	8001045	0.06	0.06	0.06	0.08	0.08	0.07	0.07
		50t/h 以内稳定土厂拌设备	台班	8003008	0.06	0.05	0.06	0.07	0.07	0.06	0.06
100t/h 以内厂拌设备	压实厚度20cm	人工	工日	1001001	3.9	3.5	3.9	4.7	4.8	4.5	4.6
		2m³ 以内轮胎式装载机	台班	8001047	0.72	0.61	0.72	0.82	0.88	0.77	0.78
		100t/h 以内稳定土厂拌设备	台班	8003009	0.65	0.56	0.65	0.79	0.80	0.70	0.71
	每增减1cm	人工	工日	1001001	0.2	0.2	0.2	0.2	0.2	0.2	0.2
		2m³ 以内轮胎式装载机	台班	8001047	0.04	0.03	0.04	0.04	0.05	0.04	0.04
		100t/h 以内稳定土厂拌设备	台班	8003009	0.03	0.03	0.03	0.04	0.04	0.03	0.03

单位:1000m²

项 目			单位	代 号	稳定土类型						
					石灰煤渣碎石	石灰煤渣矿渣	石灰煤渣碎石土	水泥石灰砂砾	水泥石灰碎石	水泥石灰砂砾土	水泥石灰碎石土
200t/h以内厂拌设备	压实厚度20cm	人工	工日	1001001	2.1	1.6	2.1	2.4	2.4	2.3	2.3
		2m³以内轮胎式装载机	台班	8001047	0.72	0.61	0.72	0.82	0.88	0.77	0.78
		200t/h以内稳定土厂拌设备	台班	8003010	0.33	0.30	0.33	0.38	0.38	0.35	0.36
	每增减1cm	人工	工日	1001001	0.1	0.1	0.1	0.1	0.1	0.1	0.1
		2m³以内轮胎式装载机	台班	8001047	0.04	0.03	0.04	0.04	0.05	0.04	0.04
		200t/h以内稳定土厂拌设备	台班	8003010	0.02	0.02	0.02	0.02	0.02	0.02	0.02
400t/h以内厂拌设备	压实厚度20cm	人工	工日	1001001	1.4	1.3	1.4	1.6	1.6	1.5	1.6
		3m³以内轮胎式装载机	台班	8001049	0.36	0.33	0.36	0.41	0.42	0.39	0.39
		400t/h以内稳定土厂拌设备	台班	8003012	0.16	0.15	0.16	0.19	0.19	0.18	0.18
	每增减1cm	人工	工日	1001001	0.1	0.1	0.1	0.1	0.1	0.1	0.1
		3m³以内轮胎式装载机	台班	8001049	0.02	0.02	0.02	0.02	0.02	0.02	0.02
		400t/h以内稳定土厂拌设备	台班	8003012	0.01	0.01	0.01	0.01	0.01	0.01	0.01

单位:1000m²

项　　目			单位	代　号	稳定土类型						
					石灰煤渣碎石	石灰煤渣矿渣	石灰煤渣碎石土	水泥石灰砂砾	水泥石灰碎石	水泥石灰砂砾土	水泥石灰碎石土
500t/h以内厂拌设备	压实厚度20cm	人工	工日	1001001	1.0	0.9	1.0	1.2	1.3	1.1	1.1
		3m³以内轮胎式装载机	台班	8001049	0.28	0.25	0.28	0.33	0.34	0.31	0.31
		500t/h以内稳定土厂拌设备	台班	8003013	0.14	0.12	0.14	0.17	0.17	0.15	0.15
	每增减1cm	人工	工日	1001001	0.1	0.1	0.1	0.1	0.1	0.1	0.1
		3m³以内轮胎式装载机	台班	8001049	0.01	0.01	0.01	0.02	0.02	0.02	0.02
		500t/h以内稳定土厂拌设备	台班	8003013	0.01	0.01	0.01	0.01	0.01	0.01	0.01

2-1-8 厂拌基层稳定土混合料运输

工程内容 等待装、运、卸、空回。

单位:1000m³

顺序号	项　　目	单位	代　号	自卸汽车装载质量(t)											
				8 以内		10 以内		12 以内		15 以内		20 以内		30 以内	
				第一个 1km	每增运 0.5km	第一个 1km	每增运 0.5km	第一个 1km	每增运 0.5km	第一个 1km	每增运 0.5km	第一个 1km	每增运 0.5km	第一个 1km	每增运 0.5km
				1	2	3	4	5	6	7	8	9	10	11	12
1	8t 以内自卸汽车	台班	8007014	8.1	0.92	－	－	－	－	－	－	－	－	－	－
2	10t 以内自卸汽车	台班	8007015	－	－	6.41	0.68	－	－	－	－	－	－	－	－
3	12t 以内自卸汽车	台班	8007016	－	－	－	－	5.4	0.59	－	－	－	－	－	－
4	15t 以内自卸汽车	台班	8007017	－	－	－	－	－	－	4.54	0.46	－	－	－	－
5	20t 以内自卸汽车	台班	8007019	－	－	－	－	－	－	－	－	3.39	0.33	－	－
6	30t 以内自卸汽车	台班	8007020	－	－	－	－	－	－	－	－	－	－	2.78	0.25
7	基价	元	9999001	5509	626	4866	516	4544	496	4208	426	3799	370	3770	339

2-1-9 机械铺筑厂拌基层稳定土混合料

工程内容 机械摊铺混合料,整形,碾压,初期养护。

单位:1000m²

顺序号	项目	单位	代号	平地机铺筑						摊铺机铺筑					
				平地机功率(kW)						摊铺机宽度(m)					
				90以内		120以内		150以内		7.5以内		9.5以内		12.5以内	
				基层	底基层	基层	底基层	基层	底基层	基层	底基层	基层	底基层	基层	底基层
				1	2	3	4	5	6	7	8	9	10	11	12
1	人工	工日	1001001	3	3	2.8	2.8	2.8	2.8	2.8	2.8	2.5	2.5	2.2	2.2
2	其他材料费	元	7801001	301	301	301	301	301	301	301	301	301	301	301	301
3	90kW 以内自行式平地机	台班	8001057	0.44	0.44	—	—	—	—	—	—	—	—	—	—
4	120kW 以内自行式平地机	台班	8001058	—	—	0.33	0.33	—	—	—	—	—	—	—	—
5	150kW 以内自行式平地机	台班	8001060	—	—	—	—	0.28	0.28	—	—	—	—	—	—
6	12~15t 光轮压路机	台班	8001081	0.08	0.08	0.08	0.08	0.08	0.08	0.08	0.08	0.08	0.08	0.08	0.08
7	20t 以内振动压路机	台班	8001090	0.41	0.35	0.41	0.35	0.41	0.35	0.41	0.35	0.41	0.35	0.41	0.35
8	7.5m 以内稳定土摊铺机	台班	8003015	—	—	—	—	—	—	0.31	0.31	—	—	—	—
9	9.5m 以内稳定土摊铺机	台班	8003016	—	—	—	—	—	—	—	—	0.22	0.22	—	—
10	12.5m 以内稳定土摊铺机	台班	8003017	—	—	—	—	—	—	—	—	—	—	0.16	0.16
11	16~20t 轮胎式压路机	台班	8003067	0.25	0.22	0.25	0.22	0.25	0.22	0.25	0.22	0.25	0.22	0.25	0.22
12	10000L 以内洒水汽车	台班	8007043	0.16	0.16	0.16	0.16	0.16	0.16	0.16	0.16	0.16	0.16	0.16	0.16
13	基价	元	9999001	2041	1930	2007	1896	2026	1915	2107	1996	2090	1979	2040	1929

2-1-10 基层稳定土厂拌设备安装、拆除

工程内容 1)修建拌和设备基座的全部工作;2)砌筑上料台;3)拌和设备的安装、调试;4)竣工后拆除、清理。

单位:1座

顺序号	项 目	单位	代 号	稳定土厂拌设备生产能力(t/h)					
				50 以内	100 以内	200 以内	300 以内	400 以内	500 以内
				1	2	3	4	5	6
1	人工	工日	1001001	290.8	333.3	505.2	624	768.1	860.9
2	型钢	t	2003004	0.013	0.016	0.029	0.04	0.056	0.063
3	钢板	t	2003005	–	–	–	–	–	1.299
4	组合钢模板	t	2003026	0.028	0.035	0.062	0.086	0.121	0.136
5	电焊条	kg	2009011	–	–	–	–	–	439
6	铁件	kg	2009028	40.2	48	70.8	85.3	105.5	118.7
7	水	m³	3005004	145	176	280	353	451	543
8	锯材	m³	4003002	–	–	0.01	0.01	0.01	0.02
9	中(粗)砂	m³	5503005	95.58	116.23	183.81	230.01	291.35	335.33
10	片石	m³	5505005	125.48	151.94	235.25	288.18	356.3	397.24
11	碎石(4cm)	m³	5505013	25.71	32.14	57.86	80.36	112.5	137.55
12	块石	m³	5505025	114.56	138.73	214.8	263.12	325.32	365.32
13	青(红)砖	千块	5507003	–	–	–	–	–	52
14	32.5 级水泥	t	5509001	27.18	33.167	54.241	69.503	90.318	103.84

— 213 —

顺序号	项 目	单位	代 号	稳定土厂拌设备生产能力(t/h)					
				50 以内	100 以内	200 以内	300 以内	400 以内	500 以内
				1	2	3	4	5	6
15	其他材料费	元	7801001	46	56.6	120	158.8	212.8	278.6
16	0.6m³ 以内履带式液压单斗挖掘机	台班	8001025	0.95	1.34	2.75	3.95	5.68	4.97
17	250L 以内强制式混凝土搅拌机	台班	8005002	0.91	1.13	2.04	2.84	3.98	3.86
18	15t 以内平板拖车组	台班	8007023	3.85	4.22	–	–	–	–
19	20t 以内平板拖车组	台班	8007024	–	–	5.36	6.66	7.62	7.03
20	12t 以内汽车式起重机	台班	8009027	8.77	0.71	1.39	1.98	2.77	2.58
21	20t 以内汽车式起重机	台班	8009029	8.11	8.69	–	–	–	–
22	40t 以内汽车式起重机	台班	8009032	–	8.51	9.46	10.97	12.1	11.33
23	75t 以内汽车式起重机	台班	8009034	–	–	8.75	10.14	11.19	10.48
24	小型机具使用费	元	8099001	142.1	172.3	269.9	334.2	418.5	499.5
25	基价	元	9999001	90589	116890	188621	231362	281426	330285

2-1-11 泥灰结碎石基层

工程内容 1)清扫整理下承层;2)铺料、整平;3)调浆、灌浆;4)撒铺嵌缝料、整形、洒水、碾压、找补。

单位:1000m²

顺序号	项 目	单位	代 号	人工摊铺		机械摊铺	
				压实厚度8cm	每增加1cm	压实厚度8cm	每增加1cm
				1	2	3	4
1	人工	工日	1001001	18	2	10.3	1.2
2	水	m³	3005004	19	2	-	-
3	黏土	m³	5501003	17.65	2.21	17.65	2.21
4	熟石灰	t	5503003	3.733	0.466	3.733	0.466
5	碎石	m³	5505016	96.72	12.09	96.72	12.09
6	120kW 以内自行式平地机	台班	8001058	-	-	0.3	
7	12~15t 光轮压路机	台班	8001081	0.25	-	0.25	-
8	18~21t 光轮压路机	台班	8001083	0.45	-	0.45	-
9	10000L 以内洒水汽车	台班	8007043	-	-	0.18	0.02
10	基价	元	9999001	11013	1288	10699	1220

2-1-12 填隙碎石基层

工程内容 1)清扫整理下承层;2)铺料、整平;3)撒铺填隙料;4)整形、洒水、碾压、找补。

I.人 工 铺 料

单位:1000m²

顺序号	项 目	单位	代 号	压实厚度(cm)									
				8		9		10		11		12	
				基层	底基层	基层	底基层	基层	底基层	基层	底基层	基层	底基层
				1	2	3	4	5	6	7	8	9	10
1	人工	工日	1001001	11	11	12	12	12.9	12.9	13.8	13.8	14.8	14.8
2	水	m³	3005004	4	4	4	4	4	4	4	4	4	4
3	碎石	m³	5505016	107.13	107.15	120.52	120.54	133.89	133.93	147.28	147.33	160.7	160.74
4	12~15t光轮压路机	台班	8001081	0.15	0.15	0.16	0.16	0.17	0.17	0.18	0.18	0.19	0.21
5	18~21t光轮压路机	台班	8001083	0.18	0.09	0.2	0.09	0.2	0.1	0.22	0.11	0.23	0.11
6	15t以内振动压路机(单钢轮)	台班	8001089	0.12	0.1	0.12	0.11	0.13	0.12	0.14	0.12	0.14	0.13
7	基价	元	9999001	9646	9558	10787	10695	11912	11829	13053	12953	14189	14103

顺序号	项 目	单位	代 号	压实厚度(cm)									
				8		9		10		11		12	
				基层	底基层	基层	底基层	基层	底基层	基层	底基层	基层	底基层
				11	12	13	14	15	16	17	18	19	20
1	人工	工日	1001001	1.8	1.8	1.9	1.9	2	1.9	2	2	2.1	2
2	碎石	m³	5505016	107.13	107.15	120.52	120.54	133.89	133.93	147.28	147.33	160.7	160.74
3	120kW 以内自行式平地机	台班	8001058	0.14	0.14	0.16	0.16	0.18	0.18	0.21	0.21	0.23	0.23
4	12～15t 光轮压路机	台班	8001081	0.15	0.15	0.16	0.16	0.17	0.17	0.18	0.18	0.19	0.19
5	18～21t 光轮压路机	台班	8001083	0.18	0.09	0.2	0.09	0.2	0.1	0.22	0.11	0.23	0.11
6	15t 以内振动压路机(单钢轮)	台班	8001089	0.11	0.1	0.12	0.11	0.13	0.12	0.14	0.12	0.14	0.13
7	石屑撒布机	台班	8003030	0.07	0.06	0.08	0.07	0.09	0.08	0.09	0.08	0.1	0.09
8	10000L 以内洒水汽车	台班	8007043	0.04	0.04	0.04	0.04	0.04	0.04	0.04	0.04	0.04	0.04
9	基价	元	9999001	8907	8823	9994	9895	11065	10964	12146	12038	13217	13101

2-1-13 沥青路面冷再生基层

工程内容 清扫旧路面,放样,冷再生机铣刨,喷洒水泥稀浆,拌和,整平,碾压,养护。

单位:1000m²

顺序号	项　目	单位	代　号	再生基层厚度(cm)	
				压实厚度18	每增减1
				1	2
1	人工	工日	1001001	4.2	0.1
2	水	m³	3005004	20	1
3	32.5级水泥	t	5509001	19.747	1.097
4	2.0m³以内轮胎式装载机	台班	8001047	0.54	0.01
5	120kW以内自行式平地机	台班	8001058	0.56	－
6	18~21t光轮压路机	台班	8001083	0.55	－
7	20t以内振动压路机	台班	8001090	0.55	－
8	450kW冷再生机	台班	8003100	0.38	0.02
9	10000L以内洒水汽车	台班	8007043	0.58	0.01
10	基价	元	9999001	14315	618

2 − 1 − 14 泡沫沥青就地冷再生基层

工程内容 旧路面铣刨;铣刨料中添加集料、水泥及泡沫沥青,拌和、整平、碾压和初期养护。

单位:1000m²

顺序号	项 目	单位	代 号	再生基层厚度(cm)	
				压实厚度15	每增减1
				1	2
1	人工	工日	1001001	11.8	0.6
2	石油沥青	t	3001001	7.587	0.506
3	水	m³	3005004	6	1
4	石屑	m³	5503014	49.35	3.29
5	32.5 级水泥	t	5509001	3.365	0.224
6	3.0m³ 以内轮胎式装载机	台班	8001049	0.31	0.02
7	200kW 以内自行式平地机	台班	8001062	0.44	−
8	22000L 以内液态沥青运输车	台班	8003034	0.33	0.02
9	15t 以内振动压路机(双钢轮)	台班	8003065	0.53	0.03
10	20~25t 轮胎式压路机	台班	8003068	0.47	0.03
11	泡沫沥青就地冷再生机	台班	8003097	0.62	0.04
12	6000L 以内洒水汽车	台班	8007041	0.74	0.06
13	基价	元	9999001	54167	3510

注:1. 本章定额未包含路面铣刨的多余废料外运,需要时按照相关定额计算。

  2. 定额中材料可以根据设计配合比进行调整。

2-1-15 泡沫沥青厂拌冷再生基层

工程内容 泡沫沥青混合料拌和、摊铺、碾压和初期养护。

单位：1000m²

顺序号	项 目	单位	代 号	再生基层厚度（cm）	
				压实厚度15	每增减1
				1	2
1	人工	工日	1001001	10.7	0.9
2	石油沥青	t	3001001	7.587	0.506
3	水	m³	3005004	6	1
4	路面用石屑	m³	5503015	49.35	3.29
5	32.5级水泥	t	5509001	3.365	0.224
6	2.0m³以内轮胎式装载机	台班	8001047	0.91	0.06
7	22000L以内液态沥青运输车	台班	8003034	0.33	0.02
8	12.5m以内沥青混合料摊铺机	台班	8003060	0.49	–
9	15t以内振动压路机（双钢轮）	台班	8003065	0.53	0.03
10	20~25t轮胎式压路机	台班	8003068	0.47	0.03
11	泡沫沥青厂拌冷再生设备	台班	8003098	0.39	0.02
12	10000L以内洒水汽车	台班	8007043	0.57	0.03
13	基价	元	9999001	51770	3255

注：1.本章定额未包含路面铣刨、旧料和冷再生成品料运输，需要时按照相关定额计算。

2.定额中材料可以根据设计配合比进行调整。

第二节　路　面　面　层

说　明

1. 泥结碎石、级配碎石、级配砾石、天然砂砾、粒料改善土壤路面面层的压实厚度在 15cm 以内,拖拉机、平地机和压路机的台班消耗按定额数量计算。当超过上述压实厚度且需进行分层拌和、碾压时,拖拉机、平地机和压路机的台班消耗按定额数量加倍计算,每 1000m² 增加 1.5 个工日。

2. 泥结碎石及级配碎石、级配砾石面层定额中,均未包括磨耗层和保护层,需要时应按磨耗层和保护层定额另行计算。

3. 沥青表面处治路面、沥青贯入式路面和沥青上拌下贯式路面的下贯层以及透层、黏层、封层定额中已计入热化、熬制沥青用的锅、灶等设备的费用,使用定额时,不得另行计算。

4. 沥青碎石混合料、沥青混凝土和沥青碎石玛蹄脂混合料路面定额中,均已包括混合料拌和、运输、摊铺作业时的损耗因素,路面实体按路面设计面积乘以压实厚度计算。

5. 沥青路面定额中均未包括透层、黏层和封层,需要时可按有关定额另行计算。

6. 沥青路面定额中的乳化沥青和改性沥青均按外购成品料进行编制。当在现场自行配制时,其配制费用计入材料预算价格中。

7. 当沥青玛蹄脂碎石混合料设计采用的纤维稳定剂的掺加比例与定额不同时,可按设计用量调整定额中纤维稳定剂的消耗。

8. 沥青路面定额中,均未考虑为保证石料与沥青的黏附性而采用的抗剥离措施的费用,需要时,应根据石料的性质,按设计提出的抗剥离措施,计算其费用。

9. 在冬五区、冬六区采用层铺法施工沥青路面时,其沥青用量可按定额用量乘以下列系数:

沥青表面处治:1.05;沥青贯入式基层:1.02、面层:1.028;沥青上拌下贯式下贯部分:1.043。

10. 本章定额是按一定的油石比编制的。当设计采用的油石比与定额不同时,可按设计油石比调整定额中的沥青用量。换算公式如下:

$$S_i = S_d \times \frac{L_i}{L_d}$$

式中:S_i——按设计油石比换算后的沥青数量;

S_d——定额中的沥青数量;

L_d——定额中标明的油石比;

L_i——设计采用的油石比。

2-2-1 泥结碎石路面

工程内容 1)清扫整理下承层;2)铺料、整平;3)调浆、灌浆;4)撒铺嵌缝料、整形、洒水、碾压、找补。

单位:1000m²

顺序号	项 目	单位	代 号	人工摊铺				机械摊铺			
				压实厚度8cm		每增加1cm		压实厚度8cm		每增加1cm	
				面层	基层	面层	基层	面层	基层	面层	基层
				1	2	3	4	5	6	7	8
1	人工	工日	1001001	18.1	17.2	1.9	1.8	9.5	9.1	1.3	1.2
2	水	m³	3005004	21	21	3	3	–	–	–	–
3	黏土	m³	5501003	22.86	22.86	2.86	2.86	22.86	22.86	2.86	2.86
4	碎石	m³	5505016	98.99	98.99	12.37	12.37	98.99	98.99	12.37	12.37
5	120kW 以内自行式平地机	台班	8001058	–	–	–	–	0.23	0.23	–	–
6	12～15t 光轮压路机	台班	8001081	0.25	0.25	–	–	0.25	0.25	–	–
7	18～21t 光轮压路机	台班	8001083	0.45	0.45	–	–	0.45	0.45	–	–
8	10000L 以内洒水汽车	台班	8007043	–	–	–	–	0.19	0.19	0.02	0.02
9	基价	元	9999001	10229	10134	1180	1170	9741	9699	1130	1120

2-2-2 级配碎石路面

工程内容 1)清扫整理下承层;2)铺料、洒水、拌和;3)整形,碾压,找补。

单位:1000m²

顺序号	项 目	单位	代 号	人工摊铺集料					
				拖拉机带铧犁拌和					
				压实厚度8cm			每增加1cm		
				面层	基层	底基层	面层	基层	底基层
				1	2	3	4	5	6
1	人工	工日	1001001	11.7	11.5	11.5	1.2	1.1	1
2	黏土	m³	5501003	14.66	–	–	1.83	–	–
3	碎石	m³	5505016	122.63	122.66	122.84	15.34	15.34	15.35
4	设备摊销费	元	7901001	2.1	2.1	2.1	0.1	0.1	0.1
5	75kW 以内履带式拖拉机	台班	8001066	0.23	0.22	0.22	–	–	–
6	12~15t 光轮压路机	台班	8001081	0.12	0.12	0.12	–	–	–
7	18~21t 光轮压路机	台班	8001083	0.91	0.8	0.68	–	–	–
8	10000L 以内洒水汽车	台班	8007043	0.08	0.08	0.08	0.01	0.01	0.01
9	基价	元	9999001	11696	11428	11341	1322	1290	1280

单位:1000m²

顺序号	项目	单位	代号	机械摊铺集料											
				拖拉机带铧犁拌和						平地机拌和					
				压实厚度8cm			每增加1cm			压实厚度8cm			每增加1cm		
				面层	基层	底基层	面层	基层	底基层	面层	基层	底基层	面层	基层	底基层
				7	8	9	10	11	12	13	14	15	16	17	18
1	人工	工日	1001001	1.9	1.8	1.7	0.2	0.1	0.1	1.9	1.8	1.7	0.2	0.1	0.1
2	黏土	m³	5501003	14.66	–	–	1.83	–	–	14.66	–	–	1.83	–	–
3	碎石	m³	5505016	122.63	122.66	122.84	15.34	15.34	15.35	122.63	122.66	122.84	15.34	15.34	15.35
4	设备摊销费	元	7901001	2.1	2.1	2.1	0.1	0.1	0.1	–	–	–	–	–	–
5	120kW以内自行式平地机	台班	8001058	0.3	0.23	0.23	–	–	–	0.57	0.5	0.5	–	–	–
6	75kW以内履带式拖拉机	台班	8001066	0.22	0.22	0.22	–	–	–	–	–	–	–	–	–
7	12~15t光轮压路机	台班	8001081	0.12	0.12	0.12	–	–	–	0.12	0.12	0.12	–	–	–
8	18~21t光轮压路机	台班	8001083	0.91	0.8	0.68	–	–	–	0.91	0.8	0.68	–	–	–
9	10000L以内洒水汽车	台班	8007043	0.08	0.08	0.08	0.01	0.01	0.01	0.08	0.08	0.08	0.01	0.01	0.01
10	基价	元	9999001	11005	10660	10572	1215	1183	1184	11181	10836	10749	1215	1183	1184

2-2-3 级配砾石路面

工程内容 1)清扫整理下承层;2)铺料、洒水、拌和;3)整形,碾压,找补。

单位:1000m²

顺序号	项目	单位	代号	人工摊铺集料					
				拖拉机带铧犁拌和					
				压实厚度8cm			每增加1cm		
				面层	基层	底基层	面层	基层	底基层
				1	2	3	4	5	6
1	人工	工日	1001001	11.5	11.5	11.5	1.1	1.1	1
2	土	m³	5501002	–	12.3	7.69	–	1.54	0.96
3	黏土	m³	5501003	14.66	–	–	1.83	–	–
4	砂	m³	5503004	34.08	29.03	23.98	4.26	3.63	3
5	砾石(2cm)	m³	5505001	51.93	53.08	49.39	6.49	6.64	6.17
6	砾石(4cm)	m³	5505002	20.77	26.54	27.46	2.6	3.32	3.43
7	砾石(6cm)	m³	5505003	–	–	10.96	–	–	1.37
8	设备摊销费	元	7901001	2.1	2.1	2.1	0.1	0.1	0.1
9	75kW以内履带式拖拉机	台班	8001066	0.22	0.22	0.22	–	–	–
10	12~15t光轮压路机	台班	8001081	0.12	0.12	0.12	–	–	–
11	18~21t光轮压路机	台班	8001083	0.91	0.8	0.68	–	–	–
12	10000L以内洒水汽车	台班	8007043	0.08	0.08	0.08	0.01	0.01	0.01
13	基价	元	9999001	9577	9476	9432	1049	1047	1041

单位：1000m²

顺序号	项 目	单位	代 号	机械摊铺集料											
				拖拉机带铧犁拌和						平地机拌和					
				压实厚度8cm			每增加1cm			压实厚度8cm			每增加1cm		
				面层	基层	底基层	面层	基层	底基层	面层	基层	底基层	面层	基层	底基层
				7	8	9	10	11	12	13	14	15	16	17	18
1	人工	工日	1001001	2.7	2.5	2.2	0.2	0.2	0.1	2.6	2.4	2.1	0.2	0.2	0.1
2	土	m³	5501002	–	12.3	7.69	–	1.54	0.96	–	12.3	7.69	–	1.54	0.96
3	黏土	m³	5501003	14.66	–	–	1.83	–	–	14.66	–	–	1.83	–	–
4	砂	m³	5503004	34.08	29.03	23.98	4.26	3.63	3	34.08	29.03	23.98	4.26	3.63	3
5	砾石（2cm）	m³	5505001	51.93	53.08	49.39	6.49	6.64	6.17	51.93	53.08	49.39	6.49	6.64	6.17
6	砾石（4cm）	m³	5505002	20.77	26.54	27.46	2.6	3.32	3.43	20.77	26.54	27.46	2.6	3.32	3.43
7	砾石（6cm）	m³	5505003	–	–	10.96	–	–	1.37	–	–	10.96	–	–	1.37
8	设备摊销费	元	7901001	2.1	2.1	2.1	0.1	0.1	0.1	–	–	–	–	–	–
9	120kW以内自行式平地机	台班	8001058	0.3	0.23	0.23	–	–	–	0.57	0.5	0.5	–	–	–
10	75kW以内履带式拖拉机	台班	8001066	0.22	0.22	0.22	–	–	–	–	–	–	–	–	–
11	12～15t光轮压路机	台班	8001081	0.12	0.12	0.12	–	–	–	0.12	0.12	0.12	–	–	–
12	18～21t光轮压路机	台班	8001083	0.91	0.8	0.68	–	–	–	0.91	0.8	0.68	–	–	–
13	10000L以内洒水汽车	台班	8007043	0.08	0.08	0.08	0.01	0.01	0.01	0.08	0.08	0.08	0.01	0.01	0.01
14	基价	元	9999001	8998	8793	8717	953	951	946	9164	8958	8882	953	951	946

2-2-4 天然砂砾路面

工程内容 1)清扫整理下承层;2)铺料、整平;3)洒水,碾压,找补。

单位:1000m²

顺序号	项目	单位	代号	人工摊铺		机械摊铺	
				压实厚度10cm	每增减1cm	压实厚度10cm	每增减1cm
				1	2	3	4
1	人工	工日	1001001	14	1.1	1.5	0.1
2	水	m³	3005004	11	1	–	–
3	砂砾	m³	5503007	133.62	13.36	133.62	13.36
4	120kW 以内自行式平地机	台班	8001058	–	–	0.23	–
5	12~15t 光轮压路机	台班	8001081	0.25	–	0.25	–
6	18~21t 光轮压路机	台班	8001083	0.34	–	0.34	–
7	10000L 以内洒水汽车	台班	8007043	–	–	0.1	0.01
8	基价	元	9999001	8147	742	7173	644

2－2－5 粒料改善土壤路面

工程内容 1)挖松路基;2)粉碎土块,掺料,洒水,拌和;3)整形,碾压。

单位:1000m²

顺序号	项 目	单位	代 号	黏土路基				砂路基
				掺配材料				
				砂		砾石		黏土
				压实厚度10cm	每增减1cm	压实厚度10cm	每增减1cm	压实厚度5cm
				1	2	3	4	5
1	人工	工日	1001001	9.5	0.8	10.2	0.8	4.6
2	水	m³	3005004	14	1	13	1	7
3	黏土	m³	5501003	－	－	－	－	26.6
4	砂	m³	5503004	85.06	8.51	－	－	－
5	砾石(6cm)	m³	5505003	－	－	85.94	8.59	－
6	设备摊销费	元	7901001	0.9	0.1	0.9	0.1	0.4
7	41kW以内轮胎式拖拉机	台班	8001074	0.43	－	0.43	－	0.35
8	12～15t光轮压路机	台班	8001081	0.21	－	0.21	－	0.21
9	18～21t光轮压路机	台班	8001083	0.37	－	0.37	－	0.37
10	基价	元	9999001	8241	749	6878	605	1369

2-2-6 磨耗层及保护层

工程内容 1)洒水,铺料,拌和;2)整平,碾压。

单位:1000m²

顺序号	项目	单位	代号	磨耗层										保护层	
				级配砂砾			砂土		风化石		煤渣			砂土稳定	砂松散
				压实厚度(cm)											
				2	3	4	2	3	2	3	2	3	4		
				1	2	3	4	5	6	7	8	9	10	11	12
1	人工	工日	1001001	7.7	11.2	14.7	6.9	10	2.9	4	6.7	9.8	12.9	4.1	1.4
2	水	m³	3005004	7	10	13	8	11	7	10	6	10	13	6	–
3	黏土	m³	5501003	5.33	8	10.67	6.14	9.21	–	–	5.17	7.76	10.34	6.24	–
4	砂	m³	5503004	–	–	–	21.15	31.72	–	–	–	–	–	4.16	5.2
5	砂砾	m³	5503007	23.35	35.03	46.7	–	–	–	–	–	–	–	–	–
6	煤渣	m³	5503010	–	–	–	–	–	–	–	32.97	49.45	65.93	–	–
7	风化石	m³	5505010	–	–	–	–	–	26.78	40.17	–	–	–	–	–
8	12~15t 光轮压路机	台班	8001081	0.16	0.16	0.16	0.16	0.16	0.16	0.16	0.16	0.16	0.15	0.15	–
9	基价	元	9999001	2082	3037	3992	2563	3758	889	1248	2835	4182	5519	936	553

2-2-7 沥青表面处置路面

工程内容 1)清扫整理下承层;2)安、拆熬油设备;3)熬油,运油;4)铺撒矿料;5)沥青洒布车洒油;6)整形,碾压,找补;7)初期养护。

单位:1000m²

顺序号	项目	单位	代号	人工铺料									
				石油沥青							乳化沥青		
				单层	双层		三层				单层	双层	三层
				处置厚度(cm)									
				1.0	1.5	1.5	2.0	2.5	2.5	3.0	0.5	1.0	3.0
				1	2	3	4	5	6	7	8	9	10
1	人工	工日	1001001	6.3	6.8	7.5	7.8	8.1	9.2	10.9	6.2	6.9	9.2
2	石油沥青	t	3001001	1.133	1.545	2.678	2.884	3.09	4.223	4.429	–	–	–
3	乳化沥青	t	3001005	–	–	–	–	–	–	–	1.03	3.09	5.253
4	煤	t	3005001	0.22	0.3	0.52	0.56	0.6	0.82	0.86	–	–	–
5	砂	m³	5503004	2.6	2.6	2.6	2.6	2.6	2.6	2.6	2.6	2.6	2.6
6	路面用石屑	m³	5503015	0.41	–	0.38	0.38	0.38	0.38	0.38	8.16	6.63	4.34
7	路面用碎石(1.5cm)	m³	5505017	7.75	13.26	20.53	9.87	10.17	22.77	20.94	–	8.67	15.61
8	路面用碎石(2.5cm)	m³	5505018	–	–	–	14.74	16.47	17.14	2.81	–	–	2.65
9	路面用碎石(3.5cm)	m³	5505019	–	–	–	–	–	–	18.21	–	–	18.21
10	其他材料费	元	7801001	21	24.6	34.4	36.1	37.9	47.7	49.5	–	–	–

单位:1000m²

顺序号	项目	单位	代号	人工铺料									
				石油沥青							乳化沥青		
				单层		双层			三层		单层	双层	三层
				处置厚度(cm)									
				1.0	1.5	1.5	2.0	2.5	2.5	3.0	0.5	1.0	3.0
				1	2	3	4	5	6	7	8	9	10
11	设备摊销费	元	7901001	12	16.4	28.4	30.6	32.7	44.8	46.9	–	–	–
12	12~15t 光轮压路机	台班	8001081	0.37	0.37	0.37	0.37	0.49	0.41	0.49	0.37	0.49	0.87
13	8000L 以内沥青洒布车	台班	8003040	0.06	0.08	0.14	0.14	0.15	0.27	0.22	0.05	0.15	0.26
14	20~25t 轮胎式压路机	台班	8003068	–	0.14	0.29	0.43	0.43	0.65	0.71	–	–	0.43
15	小型机具使用费	元	8099001	3.3	4.5	7.8	8.4	9	12.3	12.9	–	–	–
16	基价	元	9999001	7205	9804	16077	17559	18817	25727	27098	5425	13173	23667

顺序号	项目	单位	代号	机械铺料									
				石油沥青							乳化沥青		
				单层		双层			三层		单层	双层	三层
				处置厚度(cm)									
				1.0	1.5	1.5	2.0	2.5	2.5	3.0	0.5	1.0	3.0
				11	12	13	14	15	16	17	18	19	20
1	人工	工日	1001001	5.4	5.4	5.4	5.4	5.4	5.5	5.5	5.4	5.4	5.5
2	石油沥青	t	3001001	1.133	1.545	2.678	2.884	3.09	4.223	4.429	–	–	–
3	乳化沥青	t	3001005	–	–	–	–	–	–	–	1.03	3.09	5.253
4	煤	t	3005001	0.22	0.3	0.52	0.56	0.6	0.82	0.86	–	–	–
5	砂	m³	5503004	2.6	2.6	2.6	2.6	2.6	2.6	2.6	2.6	2.6	2.6
6	路面用石屑	m³	5503015	0.41	–	0.38	0.38	0.38	0.38	0.38	8.16	6.63	4.34
7	路面用碎石(1.5cm)	m³	5505017	7.75	13.26	20.53	9.87	10.17	22.77	20.94	–	8.67	15.61
8	路面用碎石(2.5cm)	m³	5505018	–	–	–	14.74	16.47	17.14	2.81	–	–	2.65
9	路面用碎石(3.5cm)	m³	5505019	–	–	–	–	–	–	18.21	–	–	18.21
10	其他材料费	元	7801001	21	24.6	34.4	36.1	37.9	47.7	49.5	–	–	–
11	设备摊销费	元	7901001	12	16.4	28.4	30.6	32.7	44.8	46.9	–	–	–
12	12～15t光轮压路机	台班	8001081	0.37	0.37	0.37	0.37	0.49	0.49	0.49	0.37	0.49	0.87
13	石屑撒布机	台班	8003030	0.02	0.03	0.05	0.06	0.06	0.09	0.13	0.02	0.04	0.09

单位:1000m²

顺序号	项 目	单位	代 号	机械铺料									
				石油沥青							乳化沥青		
				单层		双层			三层		单层	双层	三层
				处置厚度(cm)									
				1.0	1.5	1.5	2.0	2.5	2.5	3.0	0.5	1.0	3.0
				11	12	13	14	15	16	17	18	19	20
14	8000L 以内沥青洒布车	台班	8003040	0.06	0.08	0.14	0.14	0.15	0.21	0.22	0.05	0.15	0.26
15	20~25t 轮胎式压路机	台班	8003068	–	0.14	0.29	0.43	0.43	0.57	0.71	–	–	0.43
16	小型机具使用费	元	8099001	3.3	4.5	7.8	8.4	9	12.3	12.9	–	–	–
17	基价	元	9999001	7123	9676	15890	17346	18573	25318	26616	5354	13042	23338

2-2-8 沥青贯入式路面

工程内容 1)清扫整理下承层;2)安、拆熬油设备;3)熬油、运油;4)沥青洒布车洒油;5)铺撒主层集料及嵌缝料;6)整形、碾压、找补;7)初期养护。

I. 面 层

单位:1000m²

顺序号	项 目	单位	代 号	石油沥青					乳化沥青	
				压实厚度(cm)						
				4	5	6	7	8	4	5
				1	2	3	4	5	6	7
1	人工	工日	1001001	5.5	5.6	5.6	5.6	5.6	5.5	5.6
2	石油沥青	t	3001001	4.893	5.665	6.283	7.21	8.137	–	–
3	乳化沥青	t	3001005	–	–	–	–	–	6.592	8.446
4	煤	t	3005001	0.95	1.1	1.22	1.4	1.58		
5	砂	m³	5503004	2.6	2.6	2.6	2.6	2.6	5.2	5.2
6	路面用石屑	m³	5503015	5.74	5.2	6.22	5.71	5.71	11.48	12.19
7	路面用碎石(1.5cm)	m³	5505017	9.38	13.9	11.83	11.73	10.71	11.04	19.66
8	路面用碎石(2.5cm)	m³	5505018	11.27	16.47	14.74	6.17	6.27	11.27	11.12
9	路面用碎石(3.5cm)	m³	5505019	46.03	–	8.11	26.11	16.07	41.18	–
10	路面用碎石(5cm)	m³	5505020	–	55.72	–	–	14.92	–	50.87
11	路面用碎石(6cm)	m³	5505021	–	–	65.18	–	–	–	–
12	路面用碎石(7cm)	m³	5505022	–	–	–	73.7	–	–	–

单位:1000m²

顺序号	项 目	单位	代 号	石油沥青					乳化沥青	
				压实厚度(cm)						
				4	5	6	7	8	4	5
				1	2	3	4	5	6	7
13	路面用碎石(8cm)	m³	5505023	–	–	–	–	84.53	–	–
14	其他材料费	元	7801001	53.5	60.2	65.5	73.6	81.6	–	–
15	设备摊销费	元	7901001	42.1	48.7	54	62	70	–	–
16	12~15t 光轮压路机	台班	8001081	0.87	0.87	0.87	0.87	0.87	0.87	0.72
17	石屑撒布机	台班	8003030	0.15	0.19	0.22	0.26	0.29	0.16	0.2
18	8000L 以内沥青洒布车	台班	8003040	0.24	0.28	0.31	0.36	0.41	0.33	0.42
19	15t 以内振动压路机(双钢轮)	台班	8003065	0.5	0.5	0.63	0.63	0.75	0.5	0.5
20	20~25t 轮胎式压路机	台班	8003068	1.13	1.13	1.13	1.13	1.13	1.27	1.42
21	小型机具使用费	元	8099001	14.3	16.5	18.4	21	23.8	–	–
22	基价	元	9999001	33047	38394	42881	48685	54483	32956	41013

顺序号	项 目	单位	代 号	石油沥青					乳化沥青	
				压实厚度(cm)						
				4	5	6	7	8	4	5
				8	9	10	11	12	13	14
1	人工	工日	1001001	5.5	5.5	5.6	5.6	5.6	5.5	5.6
2	石油沥青	t	3001001	3.76	4.532	5.15	6.077	7.004	–	–
3	乳化沥青	t	3001005	–	–	–	–	–	5.665	7.519
4	煤	t	3005001	0.73	0.88	1	1.18	1.36	–	–
5	砂	m³	5503004	–	–	–	–	–	2.6	2.6
6	路面用石屑	m³	5503015	1.66	1.12	1.12	0.61	0.61	6.38	7.09
7	路面用碎石(1.5cm)	m³	5505017	9.38	13.9	11.83	11.73	10.71	11.04	19.66
8	路面用碎石(2.5cm)	m³	5505018	11.27	16.47	14.74	6.17	6.27	11.27	11.12
9	路面用碎石(3.5cm)	m³	5505019	46.03	–	8.11	26.11	16.07	41.18	–
10	路面用碎石(5cm)	m³	5505020	–	55.72	–	–	14.92	–	50.87
11	路面用碎石(6cm)	m³	5505021	–	–	65.18	–	–	–	–
12	路面用碎石(7cm)	m³	5505022	–	–	–	73.7	–	–	–
13	路面用碎石(8cm)	m³	5505023	–	–	–	–	84.53	–	–
14	其他材料费	元	7801001	43.7	50.4	55.7	63.8	71.7	–	–
15	设备摊销费	元	7901001	32.3	39	44.3	52.2	60.3	–	–

单位:1000m²

顺序号	项 目	单位	代 号	石油沥青					乳化沥青	
				压实厚度(cm)						
				4	5	6	7	8	4	5
				8	9	10	11	12	13	14
16	12～15t 光轮压路机	台班	8001081	0.5	0.5	0.5	0.5	0.59	0.5	0.5
17	石屑撒布机	台班	8003030	0.14	0.18	0.21	0.24	0.27	0.15	0.19
18	8000L 以内沥青洒布车	台班	8003040	0.19	0.23	0.26	0.3	0.35	0.28	0.37
19	15t 以内振动压路机(双钢轮)	台班	8003065	0.5	0.5	0.63	0.63	0.75	0.5	0.5
20	20～25t 轮胎式压路机	台班	8003068	1.13	1.13	1.13	1.13	1.13	1.27	1.42
21	小型机具使用费	元	8099001	11	13.2	15	17.7	20.4	–	–
22	基价	元	9999001	26864	32201	36590	42378	48229	28853	36999

2-2-9 沥青上拌下贯式路面

工程内容 1)清扫整理下承层;2)安、拆熬油设备;3)熬油、运油;4)沥青洒布车洒油;5)铺撒主层集料及嵌缝料;6)整形、碾压、找补。

单位:1000m²

顺序号	项 目	单位	代号	下贯部分					
				石油沥青				乳化沥青	
				压实厚度(cm)					
				4	5	6	7	5	6
				1	2	3	4	5	6
1	人工	工日	1001001	3.5	3.6	3.6	3.6	3.6	3.6
2	石油沥青	t	3001001	3.76	4.532	5.15	6.077	–	–
3	乳化沥青	t	3001005	–	–	–	–	5.665	7.519
4	煤	t	3005001	0.73	0.88	1	1.18	–	–
5	砂	m³	5503004	–	–	–	–	2.6	2.6
6	路面用石屑	m³	5503015	1.51	0.82	0.82	0.56	6.4	6.07
7	路面用碎石(1.5cm)	m³	5505017	8.52	11.14	9.08	10.91	15.38	13.18
8	路面用碎石(2.5cm)	m³	5505018	11.27	16.47	14.74	6.02	14.69	13.01
9	路面用碎石(3.5cm)	m³	5505019	46.03	–	8.11	26.11	–	23.08
10	路面用碎石(5cm)	m³	5505020	–	55.72	–	–	48.2	–

续前页

单位:1000m²

顺序号	项　目	单位	代　号	下贯部分					
				石油沥青				乳化沥青	
				压实厚度(cm)					
				4	5	6	7	5	6
				1	2	3	4	5	6
11	路面用碎石(6cm)	m³	5505021	–	–	65.18	–	–	48.2
12	路面用碎石(7cm)	m³	5505022	–	–	–	73.7	–	–
13	其他材料费	元	7801001	43.7	50.4	55.7	63.8	–	–
14	设备摊销费	元	7901001	32.3	39	44.3	52.2	–	–
15	12~15t 光轮压路机	台班	8001081	0.37	0.37	0.37	0.37	0.37	0.37
16	石屑撒布机	台班	8003030	0.14	0.17	0.2	0.24	0.18	0.22
17	8000L 以内沥青洒布车	台班	8003040	0.19	0.23	0.26	0.3	0.29	0.38
18	15t 以内振动压路机(双钢轮)	台班	8003065	0.57	0.57	0.71	0.71	0.57	0.57
19	20~25t 轮胎式压路机	台班	8003068	1.13	1.13	1.13	1.13	1.27	1.42
20	小型机具使用费	元	8099001	11	13.2	15	17.7	–	–
21	基价	元	9999001	26593	31738	36134	42124	30039	38175

注:1. 本章定额中的压实厚度是指上拌下贯式路面的贯入层的压实厚度。

　2. 本章定额中仅包括沥青上拌下贯式路面的下贯部分消耗量,其上拌部分实际用量可按压实厚度范围 2~4cm 计算工程量,按有关定额另行计算。

　3. 当拌和层与贯入部分不能连续施工,且要在短期内通行施工车辆时,每 1000m³ 路面增加人工 1.5 工日、路面石屑 2.5m³、15t 以内振动压路机(双钢轮)0.14 台班。

— 240 —

2-2-10 沥青碎石混合料拌和

工程内容 1)沥青加热、保温、输送;2)装载机铲运料、上料,配运料;3)矿料加热烘干;4)拌和,出料。

I.特粗式

单位:1000m³ 路面实体

顺序号	项目	单位	代号	沥青混合料拌和设备生产能力(t/h)					
				30 以内	60 以内	120 以内	160 以内	240 以内	320 以内
				1	2	3	4	5	6
1	人工	工日	1001001	119.4	50.1	36	28.1	23.9	20.1
2	特粗式沥青碎石	m³	1505001	(1020.00)	(1020.00)	(1020.00)	(1020.00)	(1020.00)	(1020.00)
3	石油沥青	t	3001001	78.676	78.676	78.676	78.676	78.676	78.676
4	路面用机制砂	m³	5503006	157.04	157.04	157.04	157.04	157.04	157.04
5	矿粉	t	5503013	45.227	45.227	45.227	45.227	45.227	45.227
6	路面用石屑	m³	5503015	114.2	114.2	114.2	114.2	114.2	114.2
7	路面用碎石(1.5cm)	m³	5505017	268.24	268.24	268.24	268.24	268.24	268.24
8	路面用碎石(2.5cm)	m³	5505018	253.21	253.21	253.21	253.21	253.21	253.21
9	路面用碎石(3.5cm)	m³	5505019	352.89	352.89	352.89	352.89	352.89	352.89
10	路面用碎石(5cm)	m³	5505020	362.1	362.1	362.1	362.1	362.1	362.1
11	其他材料费	元	7801001	159.5	159.5	159.5	159.5	159.5	159.5
12	设备摊销费	元	7901001	3748.2	2170.6	1873.1	1675.6	1635.2	1564.4
13	1.0m³ 以内轮胎式装载机	台班	8001045	15.65	–	–	–	–	–
14	2.0m³ 以内轮胎式装载机	台班	8001047	–	9.85	7.1	6.25	5.03	

单位:1000m³ 路面实体

顺序号	项目	单位	代号	沥青混合料拌和设备生产能力(t/h)					
				30 以内	60 以内	120 以内	160 以内	240 以内	320 以内
				1	2	3	4	5	6
15	3.0m³ 以内轮胎式装载机	台班	8001049	–	–	–	–	–	2.55
16	30t/h 以内沥青混合料拌和设备	台班	8003047	14.63	–	–	–	–	–
17	60t/h 以内沥青混合料拌和设备	台班	8003048	–	7.8	–	–	–	–
18	120t/h 以内沥青混合料拌和设备	台班	8003050	–	–	3.32	–	–	–
19	160t/h 以内沥青混合料拌和设备	台班	8003051	–	–	–	2.34	–	–
20	240t/h 以内沥青混合料拌和设备	台班	8003052	–	–	–	–	1.56	–
21	320t/h 以内沥青混合料拌和设备	台班	8003053	–	–	–	–	–	1.19
22	5t 以内自卸汽车	台班	8007012	7.55	6.32	3.79	2.53	1.61	1.41
23	基价	元	9999001	607296	598954	596544	591129	586020	584286

顺序号	项　目	单位	代　号	沥青混合料拌和设备生产能力(t/h)					
				30 以内	60 以内	120 以内	160 以内	240 以内	320 以内
				7	8	9	10	11	12
1	人工	工日	1001001	119.4	50.1	36	28.1	23.9	20.1
2	粗粒式沥青碎石	m³	1505002	(1020.00)	(1020.00)	(1020.00)	(1020.00)	(1020.00)	(1020.00)
3	石油沥青	t	3001001	84.361	84.361	84.361	84.361	84.361	84.361
4	路面用机制砂	m³	5503006	173.47	173.47	173.47	173.47	173.47	173.47
5	矿粉	t	5503013	52.637	52.637	52.637	52.637	52.637	52.637
6	路面用石屑	m³	5503015	132.53	132.53	132.53	132.53	132.53	132.53
7	路面用碎石(1.5cm)	m³	5505017	299.11	299.11	299.11	299.11	299.11	299.11
8	路面用碎石(2.5cm)	m³	5505018	285.8	285.8	285.8	285.8	285.8	285.8
9	路面用碎石(3.5cm)	m³	5505019	608.46	608.46	608.46	608.46	608.46	608.46
10	其他材料费	元	7801001	186.1	186.1	186.1	186.1	186.1	186.1
11	设备摊销费	元	7901001	4019.1	2327.4	2008.5	1796.8	1753.4	1677.4
12	1.0m³ 以内轮胎式装载机	台班	8001045	15.65	–	–	–	–	–
13	2.0m³ 以内轮胎式装载机	台班	8001047	–	9.85	7.1	6.25	5.03	–
14	3.0m³ 以内轮胎式装载机	台班	8001049	–	–	–	–	–	2.55
15	30t/h 以内沥青混合料拌和设备	台班	8003047	14.63	–	–	–	–	–
16	60t/h 以内沥青混合料拌和设备	台班	8003048	–	7.8	–	–	–	–

单位:1000m³ 路面实体

顺序号	项　　目	单位	代　号	沥青混合料拌和设备生产能力(t/h)					
				30 以内	60 以内	120 以内	160 以内	240 以内	320 以内
				7	8	9	10	11	12
17	120t/h 以内沥青混合料拌和设备	台班	8003050	–	–	3.32	–	–	–
18	160t/h 以内沥青混合料拌和设备	台班	8003051	–	–	–	2.34	–	–
19	240t/h 以内沥青混合料拌和设备	台班	8003052	–	–	–	–	1.56	–
20	320t/h 以内沥青混合料拌和设备	台班	8003053	–	–	–	–	–	1.19
21	5t 以内自卸汽车	台班	8007012	7.55	6.32	3.79	2.53	1.61	1.41
22	基价	元	9999001	634432	625977	623545	618116	613004	611264

顺序号	项 目	单位	代 号	沥青混合料拌和设备生产能力(t/h)					
				30 以内	60 以内	120 以内	160 以内	240 以内	320 以内
				13	14	15	16	17	18
1	人工	工日	1001001	118.6	49.8	35.8	27.8	23.8	19.9
2	中粒式沥青碎石	m³	1505003	(1020.00)	(1020.00)	(1020.00)	(1020.00)	(1020.00)	(1020.00)
3	石油沥青	t	3001001	89.474	89.474	89.474	89.474	89.474	89.474
4	路面用机制砂	m³	5503006	225.3	225.3	225.3	225.3	225.3	225.3
5	矿粉	t	5503013	56.387	56.387	56.387	56.387	56.387	56.387
6	路面用石屑	m³	5503015	186.41	186.41	186.41	186.41	186.41	186.41
7	路面用碎石(1.5cm)	m³	5505017	486.21	486.21	486.21	486.21	486.21	486.21
8	路面用碎石(2.5cm)	m³	5505018	587.25	587.25	587.25	587.25	587.25	587.25
9	其他材料费	元	7801001	223.3	223.3	223.3	223.3	223.3	223.3
10	设备摊销费	元	7901001	4262.2	2468.3	2130	1905.5	1859.5	1778.9
11	1.0m³ 以内轮胎式装载机	台班	8001045	15.55	–	–	–	–	–
12	2.0m³ 以内轮胎式装载机	台班	8001047	–	9.79	7.05	6.22	5	–
13	3.0m³ 以内轮胎式装载机	台班	8001049	–	–	–	–	–	2.54
14	30t/h 以内沥青混合料拌和设备	台班	8003047	14.54	–	–	–	–	–
15	60t/h 以内沥青混合料拌和设备	台班	8003048	–	7.78	–	–	–	–
16	120t/h 以内沥青混合料拌和设备	台班	8003050	–	–	3.3	–	–	–

单位:1000m³ 路面实体

顺序号	项 目	单位	代 号	沥青混合料拌和设备生产能力(t/h)					
				30 以内	60 以内	120 以内	160 以内	240 以内	320 以内
				13	14	15	16	17	18
17	160t/h 以内沥青混合料拌和设备	台班	8003051	–	–	–	2.33	–	–
18	240t/h 以内沥青混合料拌和设备	台班	8003052	–	–	–	–	1.55	–
19	320t/h 以内沥青混合料拌和设备	台班	8003053	–	–	–	–	–	1.19
20	5t 以内自卸汽车	台班	8007012	7.5	6.28	3.76	2.52	1.6	1.41
21	基价	元	9999001	658004	649769	647063	641792	636555	635290

顺序号	项 目	单位	代 号	沥青混合料拌和设备生产能力(t/h)					
				30 以内	60 以内	120 以内	160 以内	240 以内	320 以内
				19	20	21	22	23	24
1	人工	工日	1001001	117.8	49.4	35.5	27.7	23.6	19.8
2	细粒式沥青碎石	m³	1505004	(1020.00)	(1020.00)	(1020.00)	(1020.00)	(1020.00)	(1020.00)
3	石油沥青	t	3001001	95.698	95.698	95.698	95.698	95.698	95.698
4	路面用机制砂	m³	5503006	268.92	268.92	268.92	268.92	268.92	268.92
5	矿粉	t	5503013	66.412	66.412	66.412	66.412	66.412	66.412
6	路面用石屑	m³	5503015	313.58	313.58	313.58	313.58	313.58	313.58
7	路面用碎石(1.5cm)	m³	5505017	880.85	880.85	880.85	880.85	880.85	880.85
8	其他材料费	元	7801001	279.1	279.1	279.1	279.1	279.1	279.1
9	设备摊销费	元	7901001	4558.2	2639.7	2277.9	2037.8	1988.6	1902.4
10	1.0m³ 以内轮胎式装载机	台班	8001045	15.44	–	–	–	–	–
11	2.0m³ 以内轮胎式装载机	台班	8001047	–	9.72	7	6.17	4.96	–
12	3.0m³ 以内轮胎式装载机	台班	8001049	–	–	–	–	–	2.52

单位:1000m³ 路面实体

顺序号	项 目	单位	代 号	沥青混合料拌和设备生产能力(t/h)					
				30 以内	60 以内	120 以内	160 以内	240 以内	320 以内
				19	20	21	22	23	24
13	30t/h 以内沥青混合料拌和设备	台班	8003047	14.44	–	–	–	–	–
14	60t/h 以内沥青混合料拌和设备	台班	8003048	–	7.75	–	–	–	–
15	120t/h 以内沥青混合料拌和设备	台班	8003050	–	–	3.27	–	–	–
16	160t/h 以内沥青混合料拌和设备	台班	8003051	–	–	–	2.31	–	–
17	240t/h 以内沥青混合料拌和设备	台班	8003052	–	–	–	–	1.54	–
18	320t/h 以内沥青混合料拌和设备	台班	8003053	–	–	–	–	–	1.18
19	5t 以内自卸汽车	台班	8007012	7.44	6.23	3.73	2.5	1.59	1.39
20	基价	元	9999001	687810	679713	676603	671406	666352	664950

2-2-11 沥青混凝土混合料拌和

工程内容 1)沥青加热、保温、输送;2)装载机铲运料、上料,配运料;3)矿料加热烘干;4)拌和,出料。

I. 粗 粒 式

单位:1000m³ 路面实体

顺序号	项 目	单位	代 号	沥青混合料拌和设备生产能力(t/h)						
				30 以内	60 以内	120 以内	160 以内	240 以内	320 以内	380 以内
				1	2	3	4	5	6	7
1	人工	工日	1001001	123.7	51.8	37.3	29.0	24.8	20.8	17
2	粗粒式沥青混凝土	m³	1505005	(1020.00)	(1020.00)	(1020.00)	(1020.00)	(1020.00)	(1020.00)	(1020.00)
3	石油沥青	t	3001001	106.394	106.394	106.394	106.394	106.394	106.394	106.394
4	矿粉	t	5503013	105.7	105.7	105.7	105.7	105.7	105.7	105.7
5	路面用石屑	m³	5503015	390.69	390.69	390.69	390.69	390.69	390.69	390.69
6	路面用碎石(1.5cm)	m³	5505017	518.2	518.2	518.2	518.2	518.2	518.2	518.2
7	路面用碎石(2.5cm)	m³	5505018	553.01	553.01	553.01	553.01	553.01	553.01	553.01
8	路面用碎石(3.5cm)	m³	5505019	73.65	73.65	73.65	73.65	73.65	73.65	73.65
9	其他材料费	元	7801001	186.1	186.1	186.1	186.1	186.1	186.1	186.1
10	设备摊销费	元	7901001	5118.2	2964.0	2557.8	2288.1	2233.0	2136.2	2073.1
11	1.0m³ 以内轮胎式装载机	台班	8001045	16.21	–	–	–	–	–	–
12	2.0m³ 以内轮胎式装载机	台班	8001047	–	10.20	7.35	6.48	5.21	–	–
13	3.0m³ 以内轮胎式装载机	台班	8001049	–	–	–	–	–	2.64	1.74

— 249 —

顺序号	项　目	单位	代　号	沥青混合料拌和设备生产能力(t/h)						
				30 以内	60 以内	120 以内	160 以内	240 以内	320 以内	380 以内
				1	2	3	4	5	6	7
14	30t/h 以内沥青混合料拌和设备	台班	8003047	15.16	–	–	–	–	–	–
15	60t/h 以内沥青混合料拌和设备	台班	8003048	–	7.98	–	–	–	–	–
16	120t/h 以内沥青混合料拌和设备	台班	8003050	–	–	3.44	–	–	–	–
17	160t/h 以内沥青混合料拌和设备	台班	8003051	–	–	–	2.42	–	–	–
18	240t/h 以内沥青混合料拌和设备	台班	8003052	–	–	–	–	1.62	–	–
19	320t/h 以内沥青混合料拌和设备	台班	8003053	–	–	–	–	–	1.23	–
20	380t/h 以内沥青混合料拌和设备	台班	8003054	–	–	–	–	–	–	1.0
21	5t 以内自卸汽车	台班	8007012	7.82	6.54	3.92	2.62	1.67	1.47	1.29
22	基价	元	9999001	756098	745932	744330	738508	733531	731351	727411

顺序号	项 目	单位	代 号	沥青混合料拌和设备生产能力(t/h)						
				30 以内	60 以内	120 以内	160 以内	240 以内	320 以内	380 以内
				8	9	10	11	12	13	14
1	人工	工日	1001001	123.3	51.7	37.2	29.0	24.7	20.7	17.0
2	中粒式沥青混凝土	m³	1505006	(1020.00)	(1020.00)	(1020.00)	(1020.00)	(1020.00)	(1020.00)	(1020.00)
3	石油沥青	t	3001001	114.042	114.042	114.042	114.042	114.042	114.042	114.042
4	矿粉	t	5503013	106.33	106.33	106.33	106.33	106.33	106.33	106.33
5	路面用石屑	m³	5503015	376.03	376.03	376.03	376.03	376.03	376.03	376.03
6	路面用碎石(1.5cm)	m³	5505017	686.09	686.09	686.09	686.09	686.09	686.09	686.09
7	路面用碎石(2.5cm)	m³	5505018	426.96	426.96	426.96	426.96	426.96	426.96	426.96
8	其他材料费	元	7801001	223.30	223.30	223.30	223.30	223.30	223.30	223.30
9	设备摊销费	元	7901001	5486.10	3177.00	2741.60	2452.60	2393.40	2289.70	2289.70
10	1.0m³ 以内轮胎式装载机	台班	8001045	16.16	–	–	–	–	–	–
11	2.0m³ 以内轮胎式装载机	台班	8001047	–	10.18	7.33	6.46	5.19	–	–
12	3.0m³ 以内轮胎式装载机	台班	8001049	–	–	–	–	–	2.64	1.72

单位:1000m³ 路面实体

顺序号	项 目	单位	代 号	沥青混合料拌和设备生产能力(t/h)						
				30 以内	60 以内	120 以内	160 以内	240 以内	320 以内	380 以内
				8	9	10	11	12	13	14
13	30t/h 以内沥青混合料拌和设备	台班	8003047	15.11	–	–	–	–	–	–
14	60t/h 以内沥青混合料拌和设备	台班	8003048	–	6.34	–	–	–	–	–
15	120t/h 以内沥青混合料拌和设备	台班	8003050	–	–	3.43	–	–	–	–
16	160t/h 以内沥青混合料拌和设备	台班	8003051	–	–	–	2.42	–	–	–
17	240t/h 以内沥青混合料拌和设备	台班	8003052	–	–	–	–	1.61	–	–
18	320t/h 以内沥青混合料拌和设备	台班	8003053	–	–	–	–	–	1.23	–
19	380t/h 以内沥青混合料拌和设备	台班	8003054	–	–	–	–	–	–	0.99
20	5t 以内自卸汽车	台班	8007012	7.79	6.52	3.91	2.61	1.66	1.46	1.28
21	基价	元	9999001	786801	776588	774918	769324	763865	762166	757515

III. 细　粒　式

单位:1000m³ 路面实体

顺序号	项　　目	单位	代　号	沥青混合料拌和设备生产能力(t/h)						
				30 以内	60 以内	120 以内	160 以内	240 以内	320 以内	380 以内
				15	16	17	18	19	20	21
1	人工	工日	1001001	123.0	51.5	37.1	28.9	24.6	20.6	17.0
2	细粒式沥青混凝土	m³	1505007	(1020.00)	(1020.00)	(1020.00)	(1020.00)	(1020.00)	(1020.00)	(1020.00)
3	石油沥青	t	3001001	123.161	123.161	123.161	123.161	123.161	123.161	123.161
4	矿粉	t	5503013	85.21	85.21	85.21	85.21	85.21	85.21	85.21
5	路面用石屑	m³	5503015	402.60	402.60	402.60	402.60	402.60	402.60	402.60
6	路面用碎石(1.5cm)	m³	5505017	1103.61	1103.61	1103.61	1103.61	1103.61	1103.61	1103.61
7	其他材料费	元	7801001	279.10	279.10	279.10	279.10	279.10	279.10	279.10
8	设备摊销费	元	7901001	5924.70	4285.70	2960.80	2648.60	2584.80	2472.70	2472.70
9	1.0m³ 以内轮胎式装载机	台班	8001045	16.11	–	–	–	–	–	–
10	2.0m³ 以内轮胎式装载机	台班	8001047	–	10.15	7.31	6.44	5.18	–	–
11	3.0m³ 以内轮胎式装载机	台班	8001049	–	–	–	–	–	2.63	1.70

— 253 —

单位:1000m³ 路面实体

顺序号	项 目	单位	代 号	沥青混合料拌和设备生产能力(t/h)						
				30 以内	60 以内	120 以内	160 以内	240 以内	320 以内	380 以内
				15	16	17	18	19	20	21
12	30t/h 以内沥青混合料拌和设备	台班	8003047	15.07	–	–	–	–	–	–
13	60t/h 以内沥青混合料拌和设备	台班	8003048	–	7.95	–	–	–	–	–
14	120t/h 以内沥青混合料拌和设备	台班	8003050	–	–	3.32	–	–	–	–
15	160t/h 以内沥青混合料拌和设备	台班	8003051	–	–	–	2.41	–	–	–
16	240t/h 以内沥青混合料拌和设备	台班	8003052	–	–	–	–	1.61	–	–
17	320t/h 以内沥青混合料拌和设备	台班	8003053	–	–	–	–	–	1.23	–
18	380t/h 以内沥青混合料拌和设备	台班	8003054	–	–	–	–	–	–	0.99
19	5t 以内自卸汽车	台班	8007012	7.77	6.51	3.90	2.61	1.66	1.46	1.28
20	基价	元	9999001	827824	818404	813356	810026	804896	803186	798534

单位:1000m³ 路面实体

顺序号	项　　目	单位	代　号	沥青混合料拌和设备生产能力(t/h)						
				30 以内	60 以内	120 以内	160 以内	240 以内	320 以内	380 以内
				22	23	24	25	26	27	28
1	人工	工日	1001001	122.9	51.5	37.1	28.9	24.6	20.6	17.0
2	砂粒式沥青混凝土	m³	1505008	(1020.00)	(1020.00)	(1020.00)	(1020.00)	(1020.00)	(1020.00)	(1020.00)
3	石油沥青	t	3001001	140.684	140.684	140.684	140.684	140.684	140.684	140.684
4	路面用机制砂	m³	5503006	892.74	892.74	892.74	892.74	892.74	892.74	892.74
5	矿粉	t	5503013	161.629	161.629	161.629	161.629	161.629	161.629	161.629
6	路面用石屑	m³	5503015	551.25	551.25	551.25	551.25	551.25	551.25	551.25
7	其他材料费	元	7801001	744.40	744.40	744.40	744.40	744.40	744.40	744.40
8	设备摊销费	元	7901001	6767.50	4517.40	3382.00	3025.50	2952.50	2824.50	2824.50
9	1.0m³ 以内轮胎式装载机	台班	8001045	16.10	–	–	–	–	–	–
10	2.0m³ 以内轮胎式装载机	台班	8001047	–	12.58	7.30	6.44	5.18	–	–
11	3.0m³ 以内轮胎式装载机	台班	8001049	–	–	–	–	–	2.63	1.70

单位:1000m³ 路面实体

顺序号	项 目	单位	代 号	沥青混合料拌和设备生产能力(t/h)						
				30 以内	60 以内	120 以内	160 以内	240 以内	320 以内	380 以内
				22	23	24	25	26	27	28
12	30t/h 以内沥青混合料拌和设备	台班	8003047	15.06	–	–	–	–	–	–
13	60t/h 以内沥青混合料拌和设备	台班	8003048	–	7.94	–	–	–	–	–
14	120t/h 以内沥青混合料拌和设备	台班	8003050	–	–	3.41	–	–	–	–
15	160t/h 以内沥青混合料拌和设备	台班	8003051	–	–	–	2.41	–	–	–
16	240t/h 以内沥青混合料拌和设备	台班	8003052	–	–	–	–	1.61	–	–
17	320t/h 以内沥青混合料拌和设备	台班	8003053	–	–	–	–	–	1.23	–
18	380t/h 以内沥青混合料拌和设备	台班	8003054	–	–	–	–	–	–	0.99
19	5t 以内自卸汽车	台班	8007012	7.77	6.50	3.90	2.61	1.66	1.46	1.28
20	基价	元	9999001	910270	902599	897570	892073	886934	885208	880556

V. 改性沥青混凝土

顺序号	项 目	单位	代 号	中粒式改性沥青混凝土					细粒式改性沥青混凝土				
				沥青混合料拌和设备生产能力(t/h)									
				120以内	160以内	240以内	320以内	380以内	120以内	160以内	240以内	320以内	380以内
				29	30	31	32	33	34	35	36	37	38
1	人工	工日	1001001	37.3	29	24.8	20.7	17	37.1	28.9	24.7	20.7	17
2	中粒式改性沥青混凝土	m³	1505009	(1020.00)	(1020.00)	(1020.00)	(1020.00)	(1020.00)	–	–	–	–	–
3	细粒式改性沥青混凝土	m³	1505010	–	–	–	–	–	(1020.00)	(1020.00)	(1020.00)	(1020.00)	(1020.00)
4	改性沥青	t	3001002	116.277	116.277	116.277	116.277	116.277	123.317	123.317	123.317	123.317	123.317
5	路面用机制砂	m³	5503006	406.73	406.73	406.73	406.73	406.73	416.26	416.26	416.26	416.26	416.26
6	矿粉	t	5503013	124.45	124.45	124.45	124.45	124.45	132.26	132.26	132.26	132.26	132.26
7	路面用碎石(1.5cm)	m³	5505017	662.93	662.93	662.93	662.93	662.93	1072.53	1072.53	1072.53	1072.53	1072.53
8	路面用碎石(2.5cm)	m³	5505018	440.03	440.03	440.03	440.03	440.03	–	–	–	–	–
9	其他材料费	元	7801001	223.3	223.3	223.3	223.3	223.3	279.1	279.1	279.1	279.1	279.1
10	设备摊销费	元	7901001	2735.3	2447	2387.9	2284.4	2284.4	2861.8	2560.1	2498.4	2390.1	2390.1
11	2.0m³ 以内轮胎式装载机	台班	8001047	7.34	6.47	5.2	–	–	7.32	6.45	5.18	–	–
12	3.0m³ 以内轮胎式装载机	台班	8001049	–	–	–	2.64	1.72	–	–	–	2.63	2.63

顺序号	项目	单位	代号	中粒式改性沥青混凝土					细粒式改性沥青混凝土				
				沥青混合料拌和设备生产能力（t/h）									
				120以内	160以内	240以内	320以内	380以内	120以内	160以内	240以内	320以内	380以内
				29	30	31	32	33	34	35	36	37	38
13	120t/h 以内沥青混合料拌和设备	台班	8003050	3.43	–	–	–	–	3.42	–	–	–	–
14	160t/h 以内沥青混合料拌和设备	台班	8003051	–	2.42	–	–	–	–	2.41	–	–	–
15	240t/h 以内沥青混合料拌和设备	台班	8003052	–	–	1.62	–	–	–	–	1.61	–	–
16	320t/h 以内沥青混合料拌和设备	台班	8003053	–	–	–	1.23	–	–	–	–	1.23	–
17	380t/h 以内沥青混合料拌和设备	台班	8003054	–	–	–	–	0.99	–	–	–	–	0.99
18	5t 以内自卸汽车	台班	8007012	3.92	2.62	1.67	1.46	1.28	3.92	2.61	1.66	1.46	1.28
19	基价	元	9999001	891603	885999	881018	878825	874175	930040	924351	919224	917518	914017

Ⅵ. 橡胶沥青混凝土

单位:1000m³ 路面实体

顺序号	项　目	单位	代　号	粗粒式				
				沥青混合料拌和设备生产能力（t/h）				
				120 以内	160 以内	240 以内	320 以内	380 以内
				39	40	41	42	43
1	人工	工日	1001001	38.3	30.1	25.8	21:8	18.2
2	粗粒式橡胶沥青混凝土	m³	1505011	(1020.00)	(1020.00)	(1020.00)	(1020.00)	(1020.00)
3	橡胶沥青	t	3001004	109.366	109.366	109.366	109.366	109.366
4	路面用机制砂	m³	5503006	517.5	517.5	517.5	517.5	517.5
5	矿粉	t	5503013	118.767	118.767	118.767	118.767	118.767
6	路面用碎石(1.5cm)	m³	5505017	243.07	243.07	243.07	243.07	243.07
7	路面用碎石(2.5cm)	m³	5505018	281.96	281.96	281.96	281.96	281.96
8	路面用碎石(3.5cm)	m³	5505019	447.25	447.25	447.25	447.25	447.25
9	其他材料费	元	7801001	186.1	186.1	186.1	186.1	186.1
10	设备摊销费	元	7901001	2136.2	2136.2	2136.2	2136.2	2136.2
11	2.0m³ 以内轮胎式装载机	台班	8001047	7.35	6.48	5.21	–	–
12	3.0m³ 以内轮胎式装载机	台班	8001049	–	–	–	2.64	1.74

— 259 —

单位:1000m³ 路面实体

顺序号	项 目	单位	代 号	粗粒式				
				沥青混合料拌和设备生产能力(t/h)				
				120 以内	160 以内	240 以内	320 以内	380 以内
				39	40	41	42	43
13	120t/h 以内沥青混合料拌和设备	台班	8003050	3.61	–	–	–	–
14	160t/h 以内沥青混合料拌和设备	台班	8003051	–	2.54	–	–	–
15	240t/h 以内沥青混合料拌和设备	台班	8003052	–	–	1.7	–	–
16	320t/h 以内沥青混合料拌和设备	台班	8003053	–	–	–	1.29	–
17	380t/h 以内沥青混合料拌和设备	台班	8003054	–	–	–	–	1.05
18	5t 以内自卸汽车	台班	8007012	3.89	2.6	1.65	1.45	1.28
19	基价	元	9999001	759546	753871	748790	746676	742784

单位:1000m³ 路面实体

顺序号	项 目	单位	代 号	中粒式 沥青混合料拌和设备生产能力(t/h)				
				120 以内	160 以内	240 以内	320 以内	380 以内
				44	45	46	47	48
1	人工	工日	1001001	38.2	30	25.8	21.8	18
2	中粒式橡胶沥青混凝土	m³	1505012	(1020.00)	(1020.00)	(1020.00)	(1020.00)	(1020.00)
3	橡胶沥青	t	3001004	117.89	117.89	117.89	117.89	117.89
4	路面用机制砂	m³	5503006	545.18	545.18	545.18	545.18	545.18
5	矿粉	t	5503013	117.97	117.97	117.97	117.97	117.97
6	路面用碎石(1.5cm)	m³	5505017	364.5	364.5	364.5	364.5	364.5
7	路面用碎石(2.5cm)	m³	5505018	570.1	570.1	570.1	570.1	570.1
8	路面用碎石(3.5cm)	m³	5505019	–	–	–	–	–
9	其他材料费	元	7801001	223.3	223.3	223.3	223.3	223.3
10	设备摊销费	元	7901001	2289.7	2289.7	2289.7	2289.7	2289.7
11	2.0m³ 以内轮胎式装载机	台班	8001047	7.33	6.46	5.19	–	–
12	3.0m³ 以内轮胎式装载机	台班	8001049	–	–	–	2.64	1.72

单位:1000m³ 路面实体

顺序号	项　目	单位	代　号	中粒式				
				沥青混合料拌和设备生产能力(t/h)				
				120 以内	160 以内	240 以内	320 以内	380 以内
				44	45	46	47	48
13	120t/h 以内沥青混合料拌和设备	台班	8003050	3.6	–	–	–	–
14	160t/h 以内沥青混合料拌和设备	台班	8003051	–	2.54	–	–	–
15	240t/h 以内沥青混合料拌和设备	台班	8003052	–	–	1.69	–	–
16	320t/h 以内沥青混合料拌和设备	台班	8003053	–	–	–	1.29	–
17	380t/h 以内沥青混合料拌和设备	台班	8003054	–	–	–	–	1.04
18	5t 以内自卸汽车	台班	8007012	3.89	2.6	1.65	1.45	1.28
19	基价	元	9999001	798300	792862	787324	785698	781022

单位:1000m³ 路面实体

顺序号	项　　目	单位	代　号	细粒式				
				沥青混合料拌和设备生产能力(t/h)				
				120 以内	160 以内	240 以内	320 以内	380 以内
				49	50	51	52	53
1	人工	工日	1001001	38.2	29.9	25.8	21.7	17.9
2	细粒式橡胶沥青混凝土	m³	1505013	(1020.00)	(1020.00)	(1020.00)	(1020.00)	(1020.00)
3	橡胶沥青	t	3001004	139.86	139.86	139.86	139.86	139.86
4	路面用机制砂	m³	5503006	523.05	523.05	523.05	523.05	523.05
5	矿粉	t	5503013	139.8	139.8	139.8	139.8	139.8
6	路面用碎石(1.5cm)	m³	5505017	923.02	923.02	923.02	923.02	923.02
7	路面用碎石(2.5cm)	m³	5505018	－	－	－	－	－
8	路面用碎石(3.5cm)	m³	5505019	－	－	－	－	－
9	其他材料费	元	7801001	279.1	279.1	279.1	279.1	279.1
10	设备摊销费	元	7901001	2472.7	2472.7	2472.7	2472.7	2472.7
11	2.0m³ 以内轮胎式装载机	台班	8001047	7.31	6.46	5.18	－	－
12	3.0m³ 以内轮胎式装载机	台班	8001049	－	－	－	2.63	1.7

顺序号	项　　目	单位	代　号	细粒式				
				沥青混合料拌和设备生产能力(t/h)				
				120 以内	160 以内	240 以内	320 以内	380 以内
				49	50	51	52	53
13	120t/h 以内沥青混合料拌和设备	台班	8003050	3.59	–	–	–	–
14	160t/h 以内沥青混合料拌和设备	台班	8003051	–	2.53	–	–	–
15	240t/h 以内沥青混合料拌和设备	台班	8003052	–	–	1.69	–	–
16	320t/h 以内沥青混合料拌和设备	台班	8003053	–	–	–	1.29	–
17	380t/h 以内沥青混合料拌和设备	台班	8003054	–	–	–	–	1.04
18	5t 以内自卸汽车	台班	8007012	3.89	2.6	1.65	1.45	1.28
19	基价	元	9999001	901155	895619	890426	888786	884097

2-2-12 沥青玛蹄脂碎石混合料拌和

工程内容 1)沥青加热、保温、输送;2)装载机铲运料、上料,配运料;3)添加纤维稳定剂;4)矿料加热烘干;5)拌和,出料。

单位:1000m³ 路面实体

顺序号	项目	单位	代号	改性沥青玛蹄脂碎石混合料				
				沥青混合料拌和设备生产能力(t/h)				
				120以内	160以内	240以内	320以内	380以内
				1	2	3	4	5
1	人工	工日	1001001	41.8	32.3	27.9	23.3	19.5
2	沥青玛蹄脂	m³	1505014	(1020.00)	(1020.00)	(1020.00)	(1020.00)	(1020.00)
3	改性沥青	t	3001002	145.276	145.276	145.276	145.276	145.276
4	纤维稳定剂	t	5003001	7.344	7.344	7.344	7.344	7.344
5	路面用机制砂	m³	5503006	148.12	148.12	148.12	148.12	148.12
6	矿粉	t	5503013	207.64	207.64	207.64	207.64	207.64
7	路面用碎石(1.5cm)	m³	5505017	1236.02	1236.02	1236.02	1236.02	1236.02
8	其他材料费	元	7801001	279.1	279.1	279.1	279.1	279.1
9	设备摊销费	元	7901001	3487.1	3119.6	3044.3	2912.3	2912.3
10	2.0m³以内轮胎式装载机	台班	8001047	9.1	7.56	6.08	—	—
11	3.0m³以内轮胎式装载机	台班	8001049	—	—	—	3.08	2.56

顺序号	项　目	单位	代　号	改性沥青玛蹄脂碎石混合料				
				沥青混合料拌和设备生产能力(t/h)				
				120 以内	160 以内	240 以内	320 以内	380 以内
				1	2	3	4	5
12	120t/h 以内沥青混合料拌和设备	台班	8003050	4.26	–	–	–	–
13	160t/h 以内沥青混合料拌和设备	台班	8003051	–	2.83	–	–	–
14	240t/h 以内沥青混合料拌和设备	台班	8003052	–	–	1.89	–	–
15	320t/h 以内沥青混合料拌和设备	台班	8003053	–	–	–	1.44	–
16	380t/h 以内沥青混合料拌和设备	台班	8003054	–	–	–	–	1.18
17	5t 以内自卸汽车	台班	8007012	4.38	2.91	2.16	1.48	1.21
18	基价	元	9999001	1164766	1151821	1146048	1143544	1140366

单位:1000m³ 路面实体

顺序号	项　目	单位	代　号	橡胶沥青玛蹄脂碎石混合料				
				沥青混合料拌和设备生产能力(t/h)				
				120 以内	160 以内	240 以内	320 以内	380 以内
				6	7	8	9	10
1	人工	工日	1001001	41.8	32.3	27.9	23.3	19.5
2	橡胶沥青玛碲脂	m³	1505015	(1020.00)	(1020.00)	(1020.00)	(1020.00)	(1020.00)
3	橡胶沥青	t	3001004	157.328	157.328	157.328	157.328	157.328
4	路面用机制砂	m³	5503006	229.24	229.24	229.24	229.24	229.24
5	矿粉	t	5503013	231.484	231.484	231.484	231.484	231.484
6	路面用碎石(1.5cm)	m³	5505017	1146.18	1146.18	1146.18	1146.18	1146.18
7	其他材料费	元	7801001	279.1	279.1	279.1	279.1	279.1
8	设备摊销费	元	7901001	3487.1	3119.6	3044.3	2912.3	2912.3
9	2.0m³ 以内轮胎式装载机	台班	8001047	9.1	7.56	6.08	–	–
10	3.0m³ 以内轮胎式装载机	台班	8001049	–	–	–	3.08	2.56
11	120t/h 以内沥青混合料拌和设备	台班	8003050	4.26	–	–	–	–
12	160t/h 以内沥青混合料拌和设备	台班	8003051	–	2.83	–	–	–
13	240t/h 以内沥青混合料拌和设备	台班	8003052	–	–	1.89	–	–
14	320t/h 以内沥青混合料拌和设备	台班	8003053	–	–	–	1.44	–
15	380t/h 以内沥青混合料拌和设备	台班	8003054	–	–	–	–	1.18
16	5t 以内自卸汽车	台班	8007012	4.38	2.91	2.16	1.48	1.21
17	基价	元	9999001	1010677	997732	991959	989455	986277

2-2-13 沥青混合料运输

工程内容 等待装、运、卸、空回。

顺序号	项 目	单位	代 号	自卸汽车装载质量(t)											
				8 以内		10 以内		12 以内		15 以内		20 以内		30 以内	
				第一个 1km	每增运 0.5km	第一个 1km	每增运 0.5km	第一个 1km	每增运 0.5km	第一个 1km	每增运 0.5km	第一个 1km	每增运 0.5km	第一个 1km	每增运 0.5km
				1	2	3	4	5	6	7	8	9	10	11	12
1	8t 以内自卸汽车	台班	8007014	12.43	1.16	—	—	—	—	—	—	—	—	—	—
2	10t 以内自卸汽车	台班	8007015	—	—	9.79	0.85	—	—	—	—	—	—	—	—
3	12t 以内自卸汽车	台班	8007016	—	—	—	—	8.22	0.74	—	—	—	—	—	—
4	15t 以内自卸汽车	台班	8007017	—	—	—	—	—	—	6.91	0.58	—	—	—	—
5	20t 以内自卸汽车	台班	8007019	—	—	—	—	—	—	—	—	5.14	0.41	—	—
6	30t 以内自卸汽车	台班	8007020	—	—	—	—	—	—	—	—	—	—	3.88	0.32
7	基价	元	9999001	8455	789	7432	645	6917	623	6404	538	5759	459	5262	434

2 – 2 – 14　沥青混合料路面铺筑

工程内容　1)清扫整理下承层;2)人工或机械摊铺沥青混合料;3)找平,碾压;4)初期养护。

单位:1000m³ 路面实体

顺序号	项　目	单位	代　号	人工摊铺沥青混凝土及沥青碎石混合料					机械摊铺沥青碎石混合料			
									沥青混合料拌和设备生产能力(t/h)			
									30 以内			
				特粗式	粗粒式	中粒式	细粒式	砂粒式	特粗式	粗粒式	中粒式	细粒式
				1	2	3	4	5	6	7	8	9
1	人工	工日	1001001	217.7	221.5	226.7	214.8	260.5	35.3	41.4	42.1	43.5
2	6~8t 光轮压路机	台班	8001078	19.64	22.92	27.5	34.36	27.5	–	–	–	–
3	12~15t 光轮压路机	台班	8001081	13.76	16.06	19.26	24.08	19.26	–	–	–	–
4	4.5m 以内沥青混合料摊铺机(不带找平)	台班	8003056	–	–	–	–	–	10.33	10.33	10.47	10.6
5	10t 以内振动压路机(双钢轮)	台班	8003063	–	–	–	–	–	18.6	18.6	18.84	19.08
6	9~16t 轮胎式压路机	台班	8003066	3.96	4.62	5.54	6.92	3.7	9.3	9.3	9.42	9.54
7	10000L 以内洒水汽车	台班	8007043						0.4	0.4	0.4	0.4
8	基价	元	9999001	40884	44252	48935	53875	51330	39098	39747	40277	40874

单位:1000m³ 路面实体

顺序号	项 目	单位	代 号	机械摊铺沥青碎石混合料											
				沥青混合料拌和设备生产能力(t/h)											
				60 以内				120 以内				160 以内			
				特粗式	粗粒式	中粒式	细粒式	特粗式	粗粒式	中粒式	细粒式	特粗式	粗粒式	中粒式	细粒式
				10	11	12	13	14	15	16	17	18	19	20	21
1	人工	工日	1001001	38.6	38.9	39.5	41	27.4	27.6	28	29.3	22.1	22.3	22.7	23.9
2	4.5m 以内沥青混合料摊铺机(带找平)	台班	8003057	7.22	7.22	7.32	7.4	–	–	–	–	–	–	–	–
3	6.0m 以内沥青混合料摊铺机	台班	8003058	–	–	–	–	3.9	3.9	3.96	4	–	–	–	–
4	9.0m 以内沥青混合料摊铺机	台班	8003059	–	–	–	–	–	–	–	–	2.76	2.76	2.79	2.83
5	10t 以内振动压路机(双钢轮)	台班	8003063	13	13	13.18	13.32	11.52	11.52	11.52	11.52	10.84	10.84	10.84	10.84
6	9~16t 轮胎式压路机	台班	8003066	6.92	6.92	7.02	7.1	7.48	7.48	7.6	7.68	5.28	5.28	5.36	5.42
7	10000L 以内洒水汽车	台班	8007043	0.4	0.4	0.4	0.4	0.4	0.4	0.4	0.4	0.4	0.4	0.4	0.4
8	基价	元	9999001	32752	32784	33241	33711	28186	28207	28441	28706	25418	25439	25613	25886

单位：1000m³ 路面实体

顺序号	项　目	单位	代号	机械摊铺沥青碎石混合料								机械摊铺沥青混凝土混合料			
				沥青混合料拌和设备生产能力（t/h）											
				240 以内				320 以内				30 以内			
				特粗式	粗粒式	中粒式	细粒式	特粗式	粗粒式	中粒式	细粒式	粗粒式	中粒式	细粒式	砂粒式
				22	23	24	25	26	27	28	29	30	31	32	33
1	人工	工日	1001001	17.2	17.4	17.6	18.8	13.9	14.2	14.4	15.6	42.8	43.1	44.5	49.6
2	4.5m 以内沥青混合料摊铺机（不带找平）	台班	8003056	–	–	–	–	–	–	–	–	10.7	10.77	10.85	10.84
3	12.5m 以内沥青混合料摊铺机	台班	8003060	1.84	1.84	1.86	1.89	1.4	1.4	1.42	1.44	–	–	–	–
4	10t 以内振动压路机（双钢轮）	台班	8003063	–	–	–	–	–	–	–	–	19.26	19.38	19.54	19.52
5	15t 以内振动压路机（双钢轮）	台班	8003065	5.16	5.16	5.2	5.3	5.88	5.88	5.96	6.04	–	–	–	–
6	9～16t 轮胎式压路机	台班	8003066	3.52	3.52	3.58	3.62	5.38	5.38	5.46	5.52	9.64	9.7	9.76	9.76
7	16～20t 轮胎式压路机	台班	8003067	2.58	2.58	2.6	2.64	1.96	1.96	2.08	2.18	–	–	–	–
8	10000L 以内洒水汽车	台班	8007043	0.5	0.5	0.5	0.5	0.5	0.5	0.5	0.5	0.4	0.4	0.4	0.4
9	基价	元	9999001	22102	22123	22340	22802	21996	22028	22400	22850	41143	41403	41832	42344

单位:1000m³ 路面实体

顺序号	项 目	单位	代 号	机械摊铺沥青混凝土混合料											
				沥青混合料拌和设备生产能力(t/h)											
				60 以内				120 以内				160 以内			
				粗粒式	中粒式	细粒式	砂粒式	粗粒式	中粒式	细粒式	砂粒式	粗粒式	中粒式	细粒式	砂粒式
				34	35	36	37	38	39	40	41	42	43	44	45
1	人工	工日	1001001	40.1	40.5	41.8	47	28.4	28.7	30	35.1	23	23.2	24.4	29.6
2	4.5m 以内沥青混合料摊铺机(带找平)	台班	8003057	7.48	7.53	7.58	7.58	–	–	–	–	–	–	–	–
3	6.0m 以内沥青混合料摊铺机	台班	8003058	–	–	–	–	4.04	4.07	4.1	4.1	–	–	–	–
4	9.0m 以内沥青混合料摊铺机	台班	8003059	–	–	–	–	–	–	–	–	2.85	2.87	2.89	2.89
5	10t 以内振动压路机(双钢轮)	台班	8003063	13.46	13.56	13.64	13.64	11.52	11.52	11.52	11.52	10.84	10.84	10.84	10.84
6	9~16t 轮胎式压路机	台班	8003066	6.74	6.78	6.82	6.82	–	–	–	–	–	–	–	–
7	16~20t 轮胎式压路机	台班	8003067	5.74	5.78	5.82	5.82	5.44	5.48	5.5	5.5	2.2	2.2	2.22	2.22
8	20~25t 轮胎式压路机	台班	8003068	–	–	–	–	2.32	2.34	2.36	2.36	3.28	3.32	3.34	3.32
9	10000L 以内洒水汽车	台班	8007043	0.4	0.4	0.4	0.4	0.4	0.4	0.4	0.4	0.4	0.4	0.4	0.4
10	基价	元	9999001	38033	38307	38655	39208	30064	30202	30431	30973	27128	27240	27455	27988

单位:1000m³ 路面实体

顺序号	项 目	单位	代 号	机械摊铺沥青混凝土混合料											
				沥青混合料拌和设备生产能力(t/h)											
				240 以内				320 以内				380 以内			
				粗粒式	中粒式	细粒式	砂粒式	粗粒式	中粒式	细粒式	砂粒式	粗粒式	中粒式	细粒式	砂粒式
				46	47	48	49	50	51	52	53	54	55	56	57
1	人工	工日	1001001	17.9	18.1	19.2	22.1	14.6	14.8	15.8	21.1	14	14.2	15.2	20.3
2	12.5m 以内沥青混合料摊铺机	台班	8003060	1.91	1.92	1.93	1.93	1.45	1.46	1.47	1.47	1.38	1.39	1.4	1.4
3	15t 以内振动压路机(双钢轮)	台班	8003065	5.34	5.38	5.4	5.4	6.1	6.14	6.18	6.18	6.96	7	7.04	7.04
4	16~20t 轮胎式压路机	台班	8003067	2.68	2.68	2.7	2.7	2.04	2.04	2.06	2.06	1.64	1.64	1.66	1.66
5	20~25t 轮胎式压路机	台班	8003068	2.56	2.58	2.6	2.6	3.9	3.92	3.94	3.94	–	–	–	–
6	10000L 以内洒水汽车	台班	8007043	0.5	0.5	0.5	0.5	0.5	0.5	0.5	0.5	0.5	0.5	0.5	0.5
7	基价	元	9999001	22964	23108	23330	23638	22900	23044	23288	23851	19954	20079	20304	20846

单位:1000m³ 路面实体

顺序号	项 目	单位	代 号	摊铺橡胶沥青混凝土及沥青玛蹄脂碎石混合料				
				沥青混合料拌和设备生产能力(t/h)				
				120 以内	160 以内	240 以内	320 以内	380 以内
				58	59	60	61	62
1	人工	工日	1001001	35.4	29.3	21.3	18.1	16
2	6.0m 以内沥青混合料摊铺机	台班	8003058	5.01	–	–	–	–
3	9.0m 以内沥青混合料摊铺机	台班	8003059	–	3.33	–	–	–
4	12.5m 以内沥青混合料摊铺机	台班	8003060	–	–	2.23	1.78	1.6
5	15t 以内振动压路机(双钢轮)	台班	8003065	13	11.98	10.92	10.52	10
6	16~20t 轮胎式压路机	台班	8003067	9	6	4.46	3.56	3
7	10000L 以内洒水汽车	台班	8007043	0.55	0.55	0.55	0.55	0.55
8	基价	元	9999001	42012	36787	32669	29274	27085

2－2－15　沥青混合料拌和设备安装、拆除

工程内容　1)修建拌和设备、加热炉、储油罐(池)等基座及沉淀池的全部工作;2)砌筑上料台;3)拌和设备、加热炉、输油管线的安装、拆除;4)设备调试。

单位:1 座

顺序号	项　目	单位	代　号	拌和设备生产能力(t/h)						
				30 以内	60 以内	120 以内	160 以内	240 以内	320 以内	380 以内
				1	2	3	4	5	6	7
1	人工	工日	1001001	721.2	991.4	1282.4	1615.8	2006.6	2536.2	3350.1
2	型钢	t	2003004	0.014	0.023	0.035	0.049	0.069	0.101	0.122
3	组合钢模板	t	2003026	0.029	0.05	0.076	0.105	0.148	0.218	0.278
4	铁件	kg	2009028	29	48.9	63.8	81.3	103.9	135.9	151.38
5	水	m³	3005004	355	567	801	1057	1382	1849	2123.67
6	锯材	m³	4003002	0	0.01	0.01	0.01	0.02	0.03	0.03
7	中(粗)砂	m³	5503005	201.19	316.85	442.47	578.19	746.11	976.13	1103.16
8	片石	m³	5505005	220.1	342.01	471.82	609.55	774.13	986.7	1090.11
9	碎石(4cm)	m³	5505013	27.25	46.87	70.34	97.93	138.03	202.89	247.08
10	块石	m³	5505025	301.45	468.41	646.2	834.82	1060.23	1351.35	1492.92
11	32.5 级水泥	t	5509001	55.997	89.079	125.499	165.348	215.956	287.555	327.12
12	其他材料费	元	7801001	89.8	145.2	207.4	276.8	368.5	503.5	581.9
13	设备摊销费	元	7901001	11725.3	15731.7	19738	23744.4	27750.8	35469.7	37030

单位:1 座

顺序号	项 目	单位	代 号	拌和设备生产能力(t/h)						
				30 以内	60 以内	120 以内	160 以内	240 以内	320 以内	380 以内
				1	2	3	4	5	6	7
14	0.6m³ 以内履带式液压单斗挖掘机	台班	8001025	4.64	7.06	9.54	12.08	15.03	18.22	22.62
15	250L 以内强制式混凝土搅拌机	台班	8005002	0.99	1.71	2.56	3.56	5.02	7.38	11.75
16	15t 以内平板拖车组	台班	8007023	3.14	6.44	6.77	–	–	–	–
17	20t 以内平板拖车组	台班	8007024	–	–	–	7.45	8.6	9.47	9.48
18	12t 以内汽车式起重机	台班	8009027	15.22	15.99	1.57	2.2	3.09	4.55	–
19	20t 以内汽车式起重机	台班	8009029	–	15.56	15.56	17.14	–	–	–
20	40t 以内汽车式起重机	台班	8009032	–	–	15.23	–	18.45	20.31	18.79
21	75t 以内汽车式起重机	台班	8009034	–	–	–	15.51	17.06	18.78	18.79
22	小型机具使用费	元	8099001	314.8	494.1	687.6	896.2	1151.2	1496.5	1692.2
23	基价	元	9999001	188619	291811	400975	521043	663604	833508	967072

2－2－16 透层、黏层、封层

工程内容 1)清扫整理下承层;2)沥青洒布车、稀浆封层机、同步碎石封层车洒布铺料;3)人工铺撒矿料;4)稀浆封层机铺料;5)碾压,找补;6)初期养护。

单位:1000m²

顺序号	项 目	单位	代 号	透层				黏层					
				粒料基层		半刚性基层		沥青层			水泥混凝土		
				石油沥青	乳化沥青	石油沥青	乳化沥青	石油沥青	乳化沥青	改性乳化	石油沥青	乳化沥青	改性乳化
				1	2	3	4	5	6	7	8	9	10
1	人工	工日	1001001	–	–	0.2	0.2	–	–	0.5	–	–	0.3
2	石油沥青	t	3001001	1.082	–	0.824	–	0.412	–	–	0.309	–	–
3	乳化沥青	t	3001005	–	1.391	–	0.927	–	0.464	–	–	0.412	–
4	改性乳化沥青	t	3001006	–	–	–	–	–	–	0.446	–	–	0.4
5	煤	t	3005001	0.21	–	0.16	–	0.08	–	–	0.06	–	–
6	路面用石屑	m³	5503015	–	–	2.55	2.55	–	–	–	–	–	–
7	其他材料费	元	7801001	20.5	–	18.3	–	14.8	–	19.9	13.9	–	18.3
8	设备摊销费	元	7901001	11.5	–	8.7	–	4.4	–	6.8	3.2	–	5
9	8000L以内沥青洒布车	台班	8003040	0.06	0.07	0.04	0.05	0.02	0.02	0.03	0.02	0.02	0.03

单位:1000m²

顺序号	项 目	单位	代 号	透层				黏层					
				粒料基层		半刚性基层		沥青层			水泥混凝土		
				石油沥青	乳化沥青	石油沥青	乳化沥青	石油沥青	乳化沥青	改性乳化	石油沥青	乳化沥青	改性乳化
				1	2	3	4	5	6	7	8	9	10
10	9~16t 轮胎式压路机	台班	8003066	–	–	0.12	0.12	–	–	–	–	–	–
11	小型机具使用费	元	8099001	3.2	–	2.4	–	1.2	–	5.6	0.9	–	5.6
12	基价	元	9999001	5105	4695	4257	3503	1948	1563	1711	1468	1390	1522

顺序号	项 目	单位	代 号	层铺法封层				乳化沥青稀浆封层			同步碎石封层
				上封层		下封层					
				石油沥青	乳化沥青	石油沥青	乳化沥青	ES-1 型	ES-2 型	ES-3 型	橡胶沥青
				11	12	13	14	15	16	17	18
1	人工	工日	1001001	4.6	4.6	2.7	2.7	4.5	4.9	5	8.3
2	石油沥青	t	3001001	1.082	–	1.185	–	–	–	–	–
3	橡胶沥青	t	3001004	–	–	–	–	–	–	–	1.98
4	乳化沥青	t	3001005	–	0.953	–	1.004	1.096	1.476	1.56	–
5	煤	t	3005001	0.21	–	0.23	–	–	–	–	–
6	砂	m³	5503004	–	–	–	–	0.38	0.6	0.67	–
7	矿粉	t	5503013	–	–	–	–	0.265	0.278	0.318	–
8	路面用石屑	m³	5503015	7.14	7.14	8.16	8.16	1.75	2.95	3.81	14.28
9	其他材料费	元	7801001	20.5	–	21.5	–	–	–	–	25.5
10	设备摊销费	元	7901001	11.5	–	12.6	–	–	–	–	11.5
11	3.0m³ 以内轮胎式装载机	台班	8001049	–	–	–	–	–	–	–	0.46
12	石屑撒布机	台班	8003030	0.02	0.02	–	0.02	–	–	–	–
13	4000L 以内液态沥青运输车	台班	8003031	–	–	–	–	0.2	0.3	0.34	–
14	8000L 以内沥青洒布车	台班	8003040	0.06	0.05	0.06	0.05	–	–	–	–
15	320t/h 以内沥青混合料拌和设备	台班	8003053	–	–	–	–	–	–	–	0.02

单位:1000m²

顺序号	项　目	单位	代　号	层铺法封层				乳化沥青稀浆封层			同步碎石封层
				上封层		下封层		ES-1 型	ES-2 型	ES-3 型	橡胶沥青
				石油沥青	乳化沥青	石油沥青	乳化沥青				
				11	12	13	14	15	16	17	18
16	2.5～3.5m 稀浆封层机	台班	8003062	–	–	–	–	0.19	0.29	0.32	–
17	9～16t 轮胎式压路机	台班	8003066	0.3	0.3	0.3	0.3	–	–	–	–
18	16～20t 轮胎式压路机	台班	8003067	–	–	–	–	–	–	–	0.73
19	同步碎石封层车	台班	8003095	–	–	–	–	–	–	–	0.34
20	机动路面清扫机	台班	8003102	–	–	–	–	–	–	–	0.12
21	20t 以内自卸汽车	台班	8007019	–	–	–	–	–	–	–	0.48
22	10000L 以内洒水汽车	台班	8007043	–	–	–	–	0.14	0.22	0.24	0.51
23	12m³/min 以内机动空压机	台班	8017050	–	–	–	–	–	–	–	0.21
24	小型机具使用费	元	8099001	3.2	–	3.5	–	–	–	–	2.7
25	基价	元	9999001	6566	4679	6939	4756	5192	7075	7597	16250

注:粒料基层浇洒透层沥青后,不能及时铺筑面层并需开放施工车辆通行时,每1000m²增加粗砂0.83m³、12～15t 光轮压路机0.13 台班,沥青用量乘以系数1.1。

2-2-17 水泥混凝土路面

工程内容 1)模板制作、安装、拆除、修理、涂脱模剂;2)拉杆、传力杆及补强钢筋制作、安装;3)人工铺筑混凝土拌和、浇筑、捣固、真空吸水、抹平、压(刻)纹、养护;4)切缝,灌注填缝料。

I. 普通混凝土 单位:1000m² 路面

顺序号	项 目	单位	代 号	人工铺筑		摊铺机铺筑			
						轨道式		滑模式	
				路面厚度(cm)					
				20	每增减1	20	每增减1	20	每增减1
				1	2	3	4	5	6
1	人工	工日	1001001	174.2	7.3	66.1	1.8	40.1	1.2
2	普 C30-32.5-4	m³	1503034	(204.00)	(10.20)	(204.00)	(10.20)	(204.00)	(10.20)
3	HPB300 钢筋	t	2001001	0.004	–	0.003	–	–	–
4	型钢	t	2003004	0.054	0.003	0.001	–	0.001	–
5	石油沥青	t	3001001	0.099	0.004	0.099	0.004	0.138	0.006
6	煤	t	3005001	0.02	0.001	0.02	0.001	0.028	0.001
7	水	m³	3005004	29	1	30	2	31	2
8	锯材	m³	4003002	0.07	–	0.06	–	–	–
9	中(粗)砂	m³	5503005	93.84	4.69	93.84	4.69	93.84	4.69
10	碎石(4cm)	m³	5505013	169.32	8.47	169.32	8.47	169.32	8.47
11	32.5 级水泥	t	5509001	76.908	3.845	76.908	3.845	76.908	3.845
12	其他材料费	元	7801001	265	3.8	265.3	3.8	295.2	4.9

单位:1000m² 路面

顺序号	项　目	单位	代　号	人工铺筑		摊铺机铺筑			
						轨道式		滑模式	
				路面厚度(cm)					
				20	每增减1	20	每增减1	20	每增减1
				1	2	3	4	5	6
13	3.0~9.0m 滑模式水泥混凝土摊铺机	台班	8003076	–	–	–	–	0.33	0.02
14	2.5~4.5m 轨道式水泥混凝土摊铺机	台班	8003077	–	–	0.41	0.02	–	–
15	混凝土电动真空吸水机组	台班	8003079	2.47	–	–	–	–	–
16	混凝土电动刻纹机	台班	8003083	–	–	7.22	–	7.22	–
17	混凝土电动切缝机	台班	8003085	2.486	–	2.501	–	2.827	–
18	250L 以内强制式混凝土搅拌机	台班	8005002	5.28	0.26	–	–	–	–
19	10000L 以内洒水汽车	台班	8007043	1.12	–	1.48	–	1.48	–
20	小型机具使用费	元	8099001	251.1	12.5	–	–	–	–
21	基价	元	9999001	69421	3195	59053	2571	56790	2543

II. 钢纤维混凝土

顺序号	项 目	单位	代 号	人工铺筑		摊铺机铺筑			
						轨道式		滑模式	
				路面厚度(cm)					
				16	每增减1	16	每增减1	16	每增减1
				7	8	9	10	11	12
1	人工	工日	1001001	192.1	9.9	56.9	2	29	1.4
2	普 C30 – 32.5 – 4	m³	1503034	(163.20)	(10.20)	(163.20)	(10.20)	(163.20)	(10.20)
3	HPB300 钢筋	t	2001001	0.003	–	0.003	–	–	–
4	钢纤维	t	2001020	7.943	0.496	7.943	0.496	7.943	0.496
5	型钢	t	2003004	0.042	0.003	0.001	–	0.001	–
6	石油沥青	t	3001001	0.032	0.003	0.032	0.003	0.07	0.004
7	煤	t	3005001	0.006	0.001	0.006	0.001	0.014	0.001
8	水	m³	3005004	29	2	29	2	29	2
9	锯材	m³	4003002	0.06	–	0.05	–	–	–
10	中(粗)砂	m³	5503005	91.39	5.71	91.39	5.71	91.39	5.71
11	碎石(4cm)	m³	5505013	135.46	8.47	135.46	8.47	135.46	8.47
12	32.5 级水泥	t	5509001	68.087	4.255	68.087	4.255	68.087	4.255
13	其他材料费	元	7801001	211.5	2.6	211.7	2.6	241.6	3.8

单位:1000m² 路面

顺序号	项目	单位	代号	人工铺筑		摊铺机铺筑			
						轨道式		滑模式	
				路面厚度(cm)					
				16	每增减1	16	每增减1	16	每增减1
				7	8	9	10	11	12
14	3.0~9.0m 滑模式水泥混凝土摊铺机	台班	8003076	–	–	–	–	0.27	0.02
15	2.5~4.5m 轨道式水泥混凝土摊铺机	台班	8003077	–	–	0.33	0.02	–	–
16	混凝土电动真空吸水机组	台班	8003079	2.15	–	–	–	–	–
17	混凝土电动刻纹机	台班	8003083	–	–	7.22	–	7.22	–
18	混凝土电动切缝机	台班	8003085	1.399	–	1.413	–	1.739	–
19	250L 以内强制式混凝土搅拌机	台班	8005002	4.23	0.36	–	–	–	–
20	10000L 以内洒水汽车	台班	8007043	1.12	–	1.48	–	1.48	–
21	小型机具使用费	元	8099001	201.1	16.9	–	–	–	–
22	基价	元	9999001	105267	6249	92236	5345	89728	5313

III. 拉杆、传力杆及钢筋

单位:1t

顺序号	项 目	单位	代 号	拉杆及传力杆		钢筋
				人工及轨道式摊铺机铺筑	滑模式摊铺机铺筑	
				13	14	15
1	人工	工日	1001001	6.6	3.9	4.8
2	HPB300 钢筋	t	2001001	0.601	0.601	0.019
3	HRB400 钢筋	t	2001002	0.537	0.537	1.006
4	20～22 号铁丝	kg	2001022	0.7	0.7	5.1
5	电焊条	kg	2009011	0.6	0.6	-
6	石油沥青	t	3001001	0.007	0.007	-
7	其他材料费	元	7801001	14.9	14.9	-
8	32kV·A 以内交流电弧焊机	台班	8015028	0.09	0.09	-
9	小型机具使用费	元	8099001	11	11	9.8
10	基价	元	9999001	4530	4243	3875

注:1.本章定额未包括混凝土拌和站的安、拆费用,需要时按有关定额另行计算。

2.人工铺筑定额包含混凝土拌和,仅适用于一般数量不大的水泥混凝土路面,定额已含混凝土拌和;二级及二级以上公路的水泥混凝土路面应套用摊铺机铺筑定额。

3.摊铺机铺筑定额中不包括水泥混凝土的拌和、运输,需要时按有关定额另行计算。

2-2-18 碾压混凝土路面※

工程内容 1)混凝土摊铺、碾压、养护;2)切缝,灌注填缝料。

单位:1000m² 路面

顺序号	项　目	单位	代　号	路面厚度(cm)	
				20	每增减1
				1	2
1	人工	工日	1001001	18.1	0.8
2	石油沥青	t	3001001	0.03	0.002
3	煤	t	3005001	0.006	—
4	水	m³	3005004	27	1
5	一级粉煤灰	t	5501009	11.505	0.578
6	中(粗)砂	m³	5503005	101.84	5.09
7	碎石(2cm)	m³	5505012	181.86	9.09
8	32.5级水泥	t	5509001	56.598	2.83
9	其他材料费	元	7801001	1053.6	47.1
10	12~15t光轮压路机	台班	8001081	0.35	0.01
11	9.5m以内稳定土摊铺机	台班	8003016	0.35	0.02
12	16~20t轮胎式压路机	台班	8003067	0.08	—
13	混凝土电动切缝机	台班	8003085	0.755	—
14	10000L以内洒水汽车	台班	8007043	0.32	—
15	基价	元	9999001	48832	2399

注:本章定额未包括混凝土拌和、运输费用,需要时按有关定额另行计算。

2-2-19 自卸汽车运输水泥混凝土

工程内容 等待装、运、卸、空回。

单位:1000m³ 路面实体

顺序号	项 目	单位	代 号	自卸汽车装载质量(t)											
				6 以内		8 以内		10 以内		12 以内		15 以内		20 以内	
				第一个 1km	每增运 0.5km	第一个 1km	每增运 0.5km	第一个 1km	每增运 0.5km	第一个 1km	每增运 0.5km	第一个 1km	每增运 0.5km	第一个 1km	每增运 0.5km
				1	2	3	4	5	6	7	8	9	10	11	12
1	6t 以内自卸汽车	台班	8007013	13.4	1.99										
2	8t 以内自卸汽车	台班	8007014	–	–	9.79	1.39	–	–	–	–	–	–	–	–
3	10t 以内自卸汽车	台班	8007015	–	–	–	–	8.2	0.99	–	–	–	–	–	–
4	12t 以内自卸汽车	台班	8007016	–	–	–	–	–	–	6.43	0.86	–	–	–	–
5	15t 以内自卸汽车	台班	8007017	–	–	–	–	–	–	–	–	5.41	0.68	–	–
6	20t 以内自卸汽车	台班	8007019	–	–	–	–	–	–	–	–	–	–	3.81	0.38
7	基价	元	9999001	7716	1146	6659	945	6225	752	5411	724	5014	630	4269	426

注:本章定额适用于碾压混凝土路面的混凝土运输,其他混凝土应按要求套用混凝土搅拌车运输。

2-2-20 片石混凝土路面

工程内容 1)清扫整理下承层;2)砂浆、混凝土配运料、拌和;3)砂浆找平、铺砌片石及路缘石、填筑混凝土、抹平、养护。

单位:1000m² 路面

顺序号	项 目	单位	代 号	片石混凝土路面	
				20cm	每增减1cm
				1	2
1	人工	工日	1001001	100.3	4.6
2	M25 水泥砂浆	m³	1501007	(9.27)	-
3	片 C25-32.5-2	m³	1503004	(62.22)	(3.57)
4	水	m³	3005004	36	2
5	中(粗)砂	m³	5503005	39.32	1.71
6	片石	m³	5505005	189.8	9.49
7	碎石(2cm)	m³	5505012	49.78	2.86
8	32.5 级水泥	t	5509001	27.782	1.314
9	其他材料费	元	7801001	128.2	-
10	250L 以内强制式混凝土搅拌机	台班	8005002	1.80	0.09
11	小型机具使用费	元	8099001	37.70	-
12	基价	元	9999001	39604	1916

2－2－21 预制混凝土整齐块路面

工程内容 预制混凝土整齐块:1)底模安拆、清理;2)混凝土配运料、拌和、块体成型、养护。

砂垫层:1)清理下承层;2)洒水、拌和、铺筑、整平。

铺砌预制混凝土整齐块:1)安砌混凝土整齐块;2)撒铺嵌缝砂;3)碾压、找衬。

单位:表列单位

顺序号	项 目	单位	代 号	预制混凝土整齐块 10m³	砂垫层(厚3cm) 1000m²	人工铺砌预制混凝土整齐块 1000m²
				1	2	3
1	人工	工日	1001001	3.5	4.4	50.5
2	普 C25－32.5－2	m³	1503008	(10.10)	－	－
3	水	m³	3005004	16	6	6
4	竹胶模板	m²	4005002	2.7	－	－
5	砂	m³	5503004	－	39.31	14.51
6	中(粗)砂	m³	5503005	4.85	－	－
7	碎石(2cm)	m³	5505012	8.08	－	－
8	32.5级水泥	t	5509001	3.717	－	－
9	其他材料费	元	7801001	12.6	－	－
10	1.0m³ 以内轮胎式装载机	台班	8001045	0.16	－	－
11	8～10t 光轮压路机	台班	8001079	－	－	0.14

顺序号	项　目	单位	代　号	预制混凝土整齐块 10m³ 1	砂垫层(厚3cm) 1000m² 2	人工铺砌预制混凝土整齐块 1000m² 3
12	12～15t光轮压路机	台班	8001081	—	—	0.33
13	预制块生产设备	台班	8005085	0.18	—	—
14	基价	元	9999001	3151	3537	6760

2-2-22 煤渣、矿渣、石渣路面

工程内容 1)清扫整理下垫层;2)铺料、洒水、拌和;3)整形、碾压、找补。

单位:1000m²

顺序号	项 目	单位	代 号	煤渣路面		矿渣路面		石渣路面	
				路面厚度(cm)					
				10	每增减1	10	每增减1	10	每增减1
				1	2	3	4	5	6
1	人工	工日	1001001	17.7	1.5	15.4	1.3	15.8	1.2
2	水	m³	3005004	18	2	15	2	13	1
3	黏土	m³	5501003	44.8	4.48	50.4	5.04	56	5.6
4	煤渣	m³	5503010	132.6	13.26	-	-	-	-
5	矿渣	m³	5503011	-	-	99.45	9.95	-	-
6	石渣	m³	5503012	-	-	-	-	88.4	8.84
7	设备摊销费	元	7901001	0.9	0.1	0.9	0.1	0.9	0.1
8	41kW 以内轮胎式拖拉机	台班	8001074	0.4	-	0.4	-	0.4	-
9	8~10t 光轮压路机	台班	8001079	0.17	-	0.17	-	0.17	-
10	12~15t 光轮压路机	台班	8001081	0.69	-	0.69	-	0.69	-
11	基价	元	9999001	10949	1002	9667	879	6444	539

第三节　路面附属工程

说　明

1. 挖除旧路面除铣刨沥青混凝土路面按设计提出的需要挖除的旧路面面积计算外,其他均按设计提出的需要挖除的旧路面体积计算。整体挖除旧路面定额适用于自上而下整体挖除沥青混合料路面面层、稳定土(粒料类)基层、垫层或挖除沥青混合料路面面层、稳定土(粒料类)基层。挖除水泥混凝土路面的基层和垫层或仅挖除基层时按本定额乘以 0.85 的系数进行计算;挖除砂石路面时按本定额乘以 0.75 的系数进行计算。

2. 硬路肩工程项目,根据其不同设计层次结构,分别采用不同的路面定额项目进行计算。

3. 铺砌水泥混凝土预制块人行道、路缘石、沥青路面镶边和土硬路肩加固定额中,均已包括水泥混凝土预制块的预制,使用定额时不得另行计算。

2-3-1 全部挖除旧路面

工程内容 1)施工准备;2)人工挖撬或机械挖除,机械铣刨(装车);3)废料清除至路基外;4)场地清理、平整。

单位:10m³

顺序号	项 目	单位	代 号	人工挖清			机械挖清			
				整体路面	面层		挖掘机挖除整体路面	面层		
					沥青混凝土	水泥混凝土		风镐挖清沥青混凝土	风镐挖清水泥混凝土	破碎机挖清水泥混凝土
				1	2	3	4	5	6	7
1	人工	工日	1001001	4.9	8.9	16.6	0.1	3.8	6.9	2.6
2	2.0m³以内履带式液压单斗挖掘机	台班	8001030	–	–	–	0.08	–	–	–
3	机动破路机	台班	8003101	–	–	–	–	–	–	1.41
4	6m³/min以内机动空压机	台班	8017048	–	–	–	–	0.74	1.12	–
5	小型机具使用费	元	8099001	–	6.4	4.4	–	10	15.3	3.3
6	基价	元	9999001	521	952	1769	131	807	1344	579

单位:1000m²

顺序号	项 目	单位	代 号	沥青混凝土路面铣刨	
				厚5cm	每增减1cm
				8	9
1	人工	工日	1001001	5.8	1.4
2	2000mm以内路面铣刨机	台班	8003094	0.3	0.06
3	8t以内自卸汽车	台班	8007014	0.32	0.07
4	6000L以内洒水汽车	台班	8007041	0.08	0.02
5	小型机具使用费	元	8099001	26.6	5.3
6	基价	元	9999001	2241	481

注:1.挖除(铣刨)的废渣如需远运,另按路基土方运输定额计算;混凝土废渣按路基石方运输定额计算。

2.废渣清除后,底层如需碾压,每1000m²可增加15t以内振动压路机0.18台班。

2-3-2 挖路槽、培路肩、修筑泄水槽

工程内容 挖路槽:1)挂线、挖槽;2)整平碾压路槽。

培路肩:1)挂线;2)培肩压实;3)修整路槽。

修筑泄水槽:1)放样挖槽;2)填料、铺草皮;3)填土压实。

单位:表列单位

顺序号	项 目	单位	代 号	挖路槽(1000m²)				培路肩(100m³)	修筑泄水槽(10m)
				路槽深20cm		每增减1cm			
				土壤类别					
				土质	石质	土质	石质		
				1	2	3	4	5	6
1	人工	工日	1001001	46.5	63.4	2.3	3.1	20.5	1.6
2	钢钎	kg	2009002	–	5.8	–	0.3	–	–
3	煤	t	3005001	–	0.04	–	0.002	–	–
4	草皮	m²	4013002	–	–	–	–	–	4.73
5	硝铵炸药	kg	5005002	–	33.2	–	1.7	–	–
6	非电毫秒雷管	个	5005008	–	42.5	–	2.1	–	–
7	导爆索	m	5005009	–	19.2	–	1	–	–
8	碎石(8cm)	m³	5505015	–	–	–	–	–	0.8
9	其他材料费	元	7801001	–	3.2	–	0.2	–	–

顺序号	项 目	单位	代 号	挖路槽(1000m²)				培路肩(100m³)	修筑泄水槽(10m)
				路槽深20cm		每增减1cm			
				土壤类别					
				土质	石质	土质	石质		
				1	2	3	4	5	6
10	12~15t光轮压路机	台班	8001081	0.46	–	–	–	–	–
11	0.6t以内手扶式振动碾	台班	8001085	–	–	–	–	2.1	–
12	基价	元	9999001	5212	7372	244	362	2524	251

注:1.本章定额中挖路槽按全挖路槽编制,当设计为半填半挖路槽时,人工工日乘以系数0.8;挖除的土、石方如需远运,另按路基土、石方运输定额计算。

2.本章定额中培路肩的填方数量已计入路基填方内,使用定额时,不得再计填料的开挖、远运费用。

2 – 3 – 3 人行道及路缘石

工程内容 现浇及预制混凝土:1)模板制作、安装、拆除、修理、涂脱模剂;2)混凝土配运料、拌和、运输、浇筑、养护。
人行道铺砌:刨槽,灰土垫层的拌和、摊铺、夯实,安砌块件。
沥青表面处置:清扫放样、安、拆锅灶、熬油、撒料、洒油、整形、碾压。
路缘石安砌:刨槽,安砌块件。

单位:表列单位

顺序号	项 目	单位	代号	人行道			路缘石		
				混凝土预制块预制、铺砌	平铺砖	沥青表面处置(单层)	预制混凝土预制块	现浇混凝土	安砌路缘石
				1000m²			10m³		
				1	2	3	4	5	6
1	人工	工日	1001001	215.6	87.3	91.6	23.2	2.8	8.5
2	M7.5 水泥砂浆	m³	1501002	(10.00)	–	–	–	–	–
3	M10 水泥砂浆	m³	1501003	–	–	–	–	–	(0.68)
4	普 C25 – 32.5 – 2	m³	1503008	(50.50)	–	–	–	–	–
5	普 C25 – 32.5 – 4	m³	1503033	–	–	–	(10.10)	(10.20)	–
6	型钢	t	2003004	0.148	–	–	0.021	–	–
7	钢板	t	2003005	0.014	–	–	0.001	–	–
8	电焊条	kg	2009011	3.7	–	–	0.1	–	–

顺序号	项　目	单位	代　号	人行道			路缘石		
				混凝土预制块预制、铺砌	平铺砖	沥青表面处置(单层)	预制混凝土预制块	现浇混凝土	安砌路缘石
				1000m²			10m³		
				1	2	3	4	5	6
9	铁件	kg	2009028	28.7	–	–	1.9	–	–
10	石油沥青	t	3001001	–	–	1.545	–	–	–
11	煤	t	3005001	–	–	0.3	–	–	–
12	水	m³	3005004	106	22	22	15	16	1
13	土	m³	5501002	132.1	132.1	132.1	–	–	–
14	熟石灰	t	5503003	14.107	14.107	14.107	–	–	–
15	砂	m³	5503004	–	–	2.6	–	–	–
16	中(粗)砂	m³	5503005	35.14	–	–	4.85	4.9	0.73
17	石屑	m³	5503014	–	–	13.26	–	2.83	–
18	碎石(2cm)	m³	5505012	40.4	–	–	–	–	–
19	碎石(4cm)	m³	5505013	–	–	–	8.38	8.47	–
20	青(红)砖	千块	5507003	–	33.51	–	–	–	–
21	32.5级水泥	t	5509001	21.244	–	–	3.384	3.417	0.212
22	其他材料费	元	7801001	131.4	–	31.7	19.9	4.1	–

单位:表列单位

顺序号	项 目	单位	代 号	人行道			路缘石		
				混凝土预制块预制、铺砌	平铺砖	沥青表面处置(单层)	预制混凝土预制块	现浇混凝土	安砌路缘石
				1000m²			10m³		
				1	2	3	4	5	6
23	设备摊销费	元	7901001	–	–	16.4	–	–	–
24	1.0m³ 以内轮胎式装载机	台班	8001045	–	–	–	–	0.13	–
25	混凝土路缘石机动铺筑机	台班	8003090	–	–	–	–	0.39	–
26	250L 以内强制式混凝土搅拌机	台班	8005002	1.84	–	–	0.37	–	–
27	3m³ 以内混凝土搅拌运输车	台班	8005028	–	–	–	–	0.24	–
28	15m³/h 以内混凝土搅拌站	台班	8005056	–	–	–	–	0.13	–
29	32kV·A 以内交流电弧焊机	台班	8015028	0.54	–	–	0.02	–	–
30	小型机具使用费	元	8099001	18.80	–	51.90	1.30	26.30	–
31	基价	元	9999001	42861	27635	23429	4873	3259	1035

2-3-4 沥青路面镶边

工程内容 混凝土:1)模板制作、安装、拆除、修理、涂脱模剂;2)混凝土配运料、拌和、运输、浇筑、养护。
镶边:刨边、安砌、砌浆片石抹面。

单位:表列单位

顺序号	项 目	单位	代 号	混凝土预制块预制、铺砌	干砌片石	浆砌片石	青(红)砖	
							每米4块	每米8块
				10m³			1000m(单边)	
				1	2	3	4	5
1	人工	工日	1001001	28.8	11.4	12.7	10.7	16.8
2	M7.5水泥砂浆	m³	1501002	–	–	(3.85)	–	–
3	普C25-32.5-4	m³	1503033	(10.10)	–	–	–	–
4	型钢	t	2003004	0.029	–	–	–	–
5	钢板	t	2003005	0.003	–	–	–	–
6	电焊条	kg	2009011	0.5	–	–	–	–
7	铁件	kg	2009028	3.8	–	–	–	–
8	水	m³	3005004	16	–	1	–	–
9	中(粗)砂	m³	5503005	4.85	–	4.2	–	–
10	片石	m³	5505005	–	12.5	11.5	–	–

单位:表列单位

顺序号	项 目	单位	代 号	混凝土预制块预制、铺砌	干砌片石	浆砌片石	青(红)砖 每米4块	青(红)砖 每米8块
				10m³			1000m(单边)	
				1	2	3	4	5
11	碎石(4cm)	m³	5505013	8.38	–	–	–	–
12	青(红)砖	千块	5507003	–	–	–	4.04	8.08
13	32.5级水泥	t	5509001	3.384		1.024	–	–
14	其他材料费	元	7801001	27.7	–	1.2	–	–
15	250L以内强制式混凝土搅拌机	台班	8005002	0.37	–	–	–	–
16	32kV·A以内交流电弧焊机	台班	8015028	0.07	–	–	–	–
17	小型机具使用费	元	8099001	0.2	–	6.8	–	–
18	基价	元	9999001	5532	2000	2768	2718	4947

2-3-5 土路肩加固

工程内容 现浇及预制混凝土:1)模板制作、安装、拆除、修理、涂脱模剂;2)混凝土配运料、拌和、运输、浇筑、养护。
混凝土预制块铺砌:刨边、安砌。
浆砌片(卵)石:刨边、浆砌片(卵)石、抹面。

单位:10m³

顺序号	项　　　目	单位	代号	现浇混凝土	混凝土预制块预制、铺砌	浆砌片石
				1	2	3
1	人工	工日	1001001	7.8	27.7	12.8
2	M10 水泥砂浆	m³	1501003	–	(1.69)	(3.94)
3	普 C25 – 32.5 – 4	m³	1503033	–	(10.10)	–
4	普 C30 – 32.5 – 4	m³	1503034	(10.20)	–	–
5	型钢	t	2003004	0.007	0.027	–
6	钢板	t	2003005	–	0.003	–
7	电焊条	kg	2009011	–	0.4	–
8	铁件	kg	2009028	–	2.9	–
9	水	m³	3005004	12	17	1
10	锯材	m³	4003002	0.05		
11	中(粗)砂	m³	5503005	5	6.66	4.22
12	片石	m³	5505005	–	–	11.5
13	碎石(4cm)	m³	5505013	8.5	8.38	–

单位:10m³

顺序号	项　目	单位	代　号	现浇混凝土	混凝土预制块预制、铺砌	浆砌片石
				1	2	3
14	32.5 级水泥	t	5509001	3.845	3.91	1.225
15	其他材料费	元	7801001	4.3	26.1	1.2
16	1.0m³ 以内轮胎式装载机	台班	8001045	0.13	－	－
17	250L 以内强制式混凝土搅拌机	台班	8005002	－	0.37	－
18	3m³ 以内混凝土搅拌运输车	台班	8005028	0.24	－	－
19	15m³/h 以内混凝土搅拌站	台班	8005056	0.13	－	－
20	32kV·A 以内交流电弧焊机	台班	8015028	－	0.05	－
21	小型机具使用费	元	8099001	9.00	3.20	7.00
22	基价	元	9999001	3706	5724	2843

第三章 隧道工程

说 明

本章定额包括按钻爆法施工的开挖、支护、防排水、衬砌、装饰、洞门、辅助坑道以及瓦斯隧道等项目。隧道开挖定额按照一般凿岩机钻爆法施工的开挖方法进行编制。

1. 本章定额按现行隧道设计、施工技术规范将围岩分为六级,即Ⅰ级~Ⅵ级。

2. 本章定额混凝土工程均未考虑拌和的费用,应按桥涵工程相关定额另行计算。

3. 本章开挖定额中已综合考虑超挖及预留变形因素。

4. 洞内出渣运输定额已综合洞门外500m运距。当洞门外运距超过此运距时,可按照路基工程自卸汽车运输土石方的增运定额加计增运部分的费用。

5. 本章定额中均未包括混凝土及预制块的运输,需要时应按有关定额另行计算。

6. 本章定额未考虑地震、坍塌、溶洞及大量地下水处理,以及其他特殊情况所需的费用,需要时可根据实际另行计算。

7. 隧道工程项目采用其他章节定额的规定:

(1)洞门挖基、仰坡及天沟开挖、明洞明挖土石方等,应使用其他章节有关定额计算。

(2)洞内工程项目如需采用其他章节定额,所采用定额的人工工日、机械台班数量及小型机具使用费应乘以系数1.26。

第一节 洞 身 工 程

说 明

1. 本章定额人工开挖、机械开挖轻轨斗车运输项目是按上导洞、扩大、马口开挖编制的,也综合了下导洞扇形扩大开挖方法,并综合了木支撑和出渣、通风及临时管线的工料机消耗。

2. 本章定额正洞机械开挖自卸汽车运输定额是按开挖、出渣运输分别编制,不分工程部位(即拱部、边墙、仰拱、底板、沟槽、洞室)均使用本定额。施工通风及高压风水管和照明电线路单独编制定额项目。

3. 本章定额连拱隧道中导洞、侧导洞开挖和中隔墙衬砌是按连拱隧道施工方法编制的,除此以外其他部位的开挖、衬砌、支护可套用本节其他定额。

4. 格栅钢架和型钢钢架均按永久性支护编制,如作为临时支护使用,应按规定计取回收。

5. 喷射混凝土定额中已综合考虑混凝土的回弹量。钢纤维混凝土中钢纤维掺入量按喷射混凝土质量的 3% 掺入。当设计采用的钢纤维掺入量与本定额不同或采用其他材料时,可进行抽换。

6. 洞身衬砌项目按现浇混凝土衬砌,石料、混凝土预制块衬砌分别编制,定额已综合考虑超挖回填因素。当设计采用的混凝土强度等级与定额采用的不同或采用特殊混凝土时,可根据具体情况对混凝土配合比进行抽换。

7. 本章定额中凡是按不同隧道长度编制的项目,均只编制到隧道长度在 5000m 以内。当隧道长度超过 5000m 时,应按以下规定计算。

(1)洞身开挖:以隧道长度 5000m 以内定额为基础,与隧道长度 5000m 以上每增加 1000m 定额叠加使用。

(2)正洞出渣运输:通过隧道进出口开挖正洞,以换算隧道长度套用相应的出渣定额计算。换算隧道长度的计算公式为:

换算隧道长度 = 全隧长度 – 通过辅助坑道开挖正洞的长度

当换算隧道长度超过5000m时,以隧道长度5000m以内定额为基础,与隧道长度5000m以上每增加1000m定额叠加使用。

通过斜井开挖正洞,出渣运输按正洞和斜井两段分别计算,两者叠加使用。

(3)通风、管线路定额,按正洞隧道长度综合编制。当隧道长度超过5000m时,以隧道长度5000m以内定额为基础,与隧道长度5000m以上每增加1000m定额叠加使用。

8. 混凝土运输应按桥涵工程有关定额计算。

9. 洞内排水定额仅适用于反坡排水的情况,排水量按10m³/h以内编制。超过此排水量时,抽水机台班按下表中调整:

涌水量(m³/h)	10 以内	15 以内	20 以内	50 以内	100 以内	150 以内	200 以内
调整系数	1	1.2	1.35	1.7	2	2.18	2.3

正洞内排水是按全隧道长度综合编制。当隧道长度超过5000m时,以隧道长度5000m以内定额为基础,与隧道长度5000m以上每增加1000m定额叠加使用。

10. 工程量计算规则:

(1)本章定额所指隧道长度均指隧道进出口(不含与隧道相连的明洞)洞门端墙墙面之间的距离,即两端端墙墙面与路面的交线同路线中线交点间的距离。双线隧道按上、下行隧道长度的平均值计算。

(2)洞身开挖、出渣工程量按设计断面数量(成洞断面加衬砌断面)计算,包含洞身及所有附属洞室的数量,定额中已考虑超挖因素,不得将超挖数量计入工程量。

(3)现浇混凝土衬砌中浇筑、运输的工程数量均按设计断面衬砌数量计算,包含洞身及所有附属洞室的衬砌数量。定额中已综合因超挖及预留变形需回填的混凝土数量,不得将上述因素的工程量计入计价工程量中。

（4）防水板、明洞防水层的工程数量按设计敷设面积计算。

（5）止水带（条）、盲沟、透水管的工程数量，均按设计数量计算。

（6）拱顶压浆的工程数量按设计数量计算，无设计时可按每延长米 $0.25m^3$ 综合考虑。

（7）喷射混凝土的工程量按设计厚度乘以喷射面积计算，喷射面积按设计外轮廓线计算。

（8）砂浆锚杆工程量为锚杆、垫板及螺母等材料质量之和；中空注浆锚杆、自进式锚杆的工程量按锚杆设计长度计算。

（9）格栅钢架、型钢钢架、连接钢筋工程数量按钢架的设计质量计算。

（10）管棚、小导管的工程量按设计钢管长度计算。当管径与定额不同时，可调整定额中钢管的消耗量。

（11）横向塑料排水管按设计的铺设长度计算；纵向弹簧管按隧道纵向每侧铺设长度之和计算；环向盲沟按隧道横断面铺设长度计算。

（12）正洞高压风水管、照明、电线路的工程量按隧道设计长度计算。

3-1-1 人工开挖

工程内容 准备工作,打眼、装药、爆破、找顶、出渣、修整,通风、防尘,一般排水,木支撑以及临时管线的安装、拆除、维护,整修边沟。

单位:100m³ 自然密实土、石

顺序号	项　目	单位	代　号	手推车运输					
				第一个 50m				每增运 10m	
				围岩级别					
				I～II 级	III 级	IV 级	V～VI 级	I～IV 级	V～VI 级
				1	2	3	4	5	6
1	人工	工日	1001001	108.9	88.2	76	51.9	1.4	1
2	钢管	t	2003008	0.013	0.013	0.011	0.011	－	－
3	钢钎	kg	2009002	15	10	6.7	3	－	－
4	铁件	kg	2009028	0.7	2.2	7.3	7.3	－	－
5	铁钉	kg	2009030	0.1	0.1	0.4	0.4	－	－
6	煤	t	3005001	0.138	0.083	0.053	0.019	－	－
7	电	kW·h	3005002	173	142	108	87	－	－
8	水	m³	3005004	39	37	33	7	－	－
9	原木	m³	4003001	0.1	0.3	0.69	0.99	－	－
10	锯材	m³	4003002	0.02	0.05	0.12	0.18	－	－

续前页

单位:100m³ 自然密实土、石

顺序号	项　目	单位	代　号	手推车运输					
				第一个 50m				每增运 10m	
				围岩级别					
				I～II级	III级	IV级	V～VI级	I～IV级	V～VI级
				1	2	3	4	5	6
11	硝铵炸药	kg	5005002	100.9	85.8	60	23.8	–	–
12	非电毫秒雷管	个	5005008	153	113	84	53	–	–
13	导爆索	m	5005009	60	60	53	53	–	–
14	其他材料费	元	7801001	164.8	158.6	137.9	130.4	–	–
15	30kW 以内轴流式通风机	台班	8023002	2.84	2.59	2.16	1.94	–	–
16	小型机具使用费	元	8099001	33.6	16.8	11.3	5.1	–	–
17	基价	元	9999001	14672	12317	11056	8260	149	106

3-1-2 机械开挖轻轨斗车运输

工程内容 准备工作,打眼、装药、爆破、找顶、出渣、修整,通风、防尘,一般排水,木支撑以及临时管线的安装、拆除、维护。

单位:100m³ 自然密实岩石

顺序号	项 目	单位	代 号	第一个 100m			每增运 50m
				围岩级别			
				I~II 级	III 级	IV 级	
				1	2	3	4
1	人工	工日	1001001	81.9	67.7	64.5	3.5
2	钢管	t	2003008	0.013	0.013	0.011	—
3	空心钢钎	kg	2009003	16	10	7	—
4	φ50mm 以内合金钻头	个	2009004	7	5	3	—
5	铁件	kg	2009028	0.7	2.2	7.3	—
6	铁钉	kg	2009030	0.1	0.1	0.4	—
7	电	kW·h	3005002	161	132	101	
8	水	m³	3005004	83	72	57	
9	原木	m³	4003001	0.1	0.3	0.69	
10	锯材	m³	4003002	0.02	0.05	0.12	
11	硝铵炸药	kg	5005002	100.9	85.8	59.3	
12	非电毫秒雷管	个	5005008	153	113	84	

单位:100m³ 自然密实岩石

顺序号	项　目	单位	代　号	第一个 100m			每增运 50m
				围岩级别			
				I～II 级	III 级	IV 级	
				1	2	3	4
13	导爆索	m	5005009	60	60	53	-
14	其他材料费	元	7801001	208.7	196.9	167.7	-
15	线路折旧费	元	7903001	20.2	20.2	20.2	-
16	φ100mm 电动多级水泵(≤120m)	台班	8013011	1.75	1.4	0.93	-
17	20m³/min 以内电动空压机	台班	8017045	2.42	1.43	1.33	-
18	30kW 以内轴流式通风机	台班	8023002	2.46	2.25	1.87	-
19	小型机具使用费	元	8099001	205.4	167.1	114.6	3.8
20	基价	元	9999001	14321	11805	11196	376

3-1-3 正洞机械开挖自卸汽车运输

工程内容 开挖:量测、画线、打眼、装药、爆破、找顶、修整,脚手架、踏步安装、拆除,一般排水。
出渣:洞渣装、运、卸及道路养护。

I. 开 挖

单位:100m³ 自然密实土、石

顺序号	项 目	单位	代 号	隧道长度1000m 以内					
				围岩级别					
				I级	II级	III级	IV级	V级	VI级
				1	2	3	4	5	6
1	人工	工日	1001001	26.1	24.9	22.2	26.7	29.2	36.2
2	8~12号铁丝	kg	2001021	2.4	2.2	2.1	1.9	1.8	—
3	钢管	t	2003008	0.013	0.013	0.013	0.011	0.011	
4	空心钢钎	kg	2009003	17.1	14	10.8	6.4	4	6.1
5	φ50mm 以内合金钻头	个	2009004	9	7	5	3	2	
6	铁钉	kg	2009030	0.2	0.2	0.2	0.2	0.2	
7	水	m³	3005004	35	35	25	25	25	
8	原木	m³	4003001	0.03	0.03	0.02	0.02	0.02	0.01
9	锯材	m³	4003002	0.03	0.03	0.02	0.02	0.02	0.01
10	硝铵炸药	kg	5005002	109.1	103.8	98.5	76.7	30.5	
11	非电毫秒雷管	个	5005008	153	133	113	84	53	—

— 312 —

续前页

单位:100m³ 自然密实土、石

顺序号	项　目	单位	代　号	隧道长度1000m以内					
				围岩级别					
				I 级	II 级	III 级	IV 级	V 级	VI 级
				1	2	3	4	5	6
12	导爆索	m	5005009	60	60	60	53	53	–
13	其他材料费	元	7801001	31.6	31.6	25.9	18	8.4	8.4
14	1.0m³ 以内履带式液压单斗挖掘机	台班	8001027	0.03	0.02	0.02	0.02	0.02	0.77
15	气腿式风动凿岩机	台班	8001103	10.94	9.95	6.43	4.26	3.96	–
16	3t 以内载货汽车	台班	8007002	0.15	0.15	0.15	0.15	0.15	0.15
17	φ100mm 以内潜水泵	台班	8013019	0.21	0.14	0.13	0.16	0.14	–
18	20m³/min 以内电动空压机	台班	8017045	2.35	2.13	1.38	1.31	1.6	–
19	小型机具使用费	元	8099001	164.9	150.1	96.5	51.2	66	–
20	基价	元	9999001	7473	6957	5730	5597	5363	4906

— 313 —

单位:100m³ 自然密实土、石

顺序号	项　目	单位	代　号	隧道长度2000m以内					
				围岩级别					
				I级	II级	III级	IV级	V级	VI级
				7	8	9	10	11	12
1	人工	工日	1001001	28.6	27.3	24.5	27.4	29.9	38
2	8~12号铁丝	kg	2001021	2.4	2.2	2.1	1.9	1.8	—
3	钢管	t	2003008	0.013	0.013	0.013	0.011	0.011	—
4	空心钢钎	kg	2009003	17.1	14	10.8	6.4	4	6.1
5	φ50mm以内合金钻头	个	2009004	9	7	5	3	2	—
6	铁钉	kg	2009030	0.2	0.2	0.2	0.2	0.2	—
7	水	m³	3005004	35	35	25	25	25	—
8	原木	m³	4003001	0.03	0.03	0.02	0.02	0.02	0.01
9	锯材	m³	4003002	0.03	0.02	0.02	0.02	0.02	0.01
10	硝铵炸药	kg	5005002	109.1	103.8	98.5	76.7	30.5	—
11	非电毫秒雷管	个	5005008	153	133	113	84	53	—
12	导爆索	m	5005009	60	60	60	53	53	—
13	其他材料费	元	7801001	31.6	31.6	25.9	18	8.4	8.4
14	1.0m³以内履带式液压单斗挖掘机	台班	8001027	0.03	0.02	0.02	0.02	0.02	0.77
15	气腿式风动凿岩机	台班	8001103	10.94	9.95	6.43	4.26	3.96	—

单位:100m³ 自然密实土、石

顺序号	项　目	单位	代　号	隧道长度2000m以内					
				围岩级别					
				I 级	II 级	III 级	IV 级	V 级	VI 级
				7	8	9	10	11	12
16	3t 以内载货汽车	台班	8007002	0.18	0.18	0.18	0.18	0.18	0.18
17	φ100mm 以内潜水泵	台班	8013019	0.21	0.21	0.13	0.16	0.14	–
18	20m³/min 以内电动空压机	台班	8017045	2.47	2.23	1.45	1.37	1.62	–
19	小型机具使用费	元	8099001	164.9	150.1	96.5	51.2	66	–
20	基价	元	9999001	7834	7256	6036	5725	5464	5109

单位:100m³ 自然密实土、石

顺序号	项目	单位	代号	隧道长度3000m以内					
				围岩级别					
				I级	II级	III级	IV级	V级	VI级
				13	14	15	16	17	18
1	人工	工日	1001001	29.1	27.7	24.8	28	30.7	39.9
2	8~12号铁丝	kg	2001021	2.4	2.2	2.1	1.9	1.8	-
3	钢管	t	2003008	0.013	0.013	0.013	0.011	0.011	-
4	空心钢钎	kg	2009003	17.1	14	10.8	6.4	4	6.1
5	φ50mm以内合金钻头	个	2009004	9	7	5	3	2	-
6	铁钉	kg	2009030	0.2	0.2	0.2	0.2	0.2	-
7	水	m³	3005004	35	35	25	25	25	-
8	原木	m³	4003001	0.03	0.03	0.02	0.02	0.02	0.01
9	锯材	m³	4003002	0.03	0.02	0.02	0.02	0.02	0.01
10	硝铵炸药	kg	5005002	109.1	103.8	98.5	76.7	30.5	
11	非电毫秒雷管	个	5005008	153	133	113	84	53	
12	导爆索	m	5005009	60	60	60	53	53	
13	其他材料费	元	7801001	31.6	31.6	25.9	18	8.4	8.4
14	1.0m³以内履带式液压单斗挖掘机	台班	8001027	0.03	0.02	0.02	0.02	0.02	0.77
15	气腿式风动凿岩机	台班	8001103	10.94	9.95	6.43	4.26	3.96	-

单位:100m³ 自然密实土、石

顺序号	项 目	单位	代 号	隧道长度3000m 以内					
				围岩级别					
				I 级	II 级	III 级	IV 级	V 级	VI 级
				13	14	15	16	17	18
16	3t 以内载货汽车	台班	8007002	0.22	0.22	0.22	0.22	0.22	0.22
17	φ100mm 以内潜水泵	台班	8013019	0.21	0.14	0.13	0.16	0.14	–
18	20m³/min 以内电动空压机	台班	8017045	2.52	2.3	1.47	1.39	1.63	–
19	小型机具使用费	元	8099001	164.9	150.1	96.5	51.2	66	–
20	基价	元	9999001	7938	7361	6097	5819	5572	5327

单位:100m³ 自然密实土、石

顺序号	项目	单位	代号	隧道长度4000m以内					
				围岩级别					
				I 级	II 级	III 级	IV 级	V 级	VI 级
				19	20	21	22	23	24
1	人工	工日	1001001	30.3	28.8	25.8	29.4	32.2	41.9
2	8~12号铁丝	kg	2001021	2.4	2.2	2.1	1.9	1.8	—
3	钢管	t	2003008	0.013	0.013	0.013	0.011	0.011	
4	空心钢钎	kg	2009003	17.1	14	10.8	6.4	4	6.1
5	φ50mm以内合金钻头	个	2009004	9	7	5	3	2	—
6	铁钉	kg	2009030	0.2	0.2	0.2	0.2	0.2	—
7	水	m³	3005004	35	35	25	25	25	
8	原木	m³	4003001	0.03	0.03	0.02	0.02	0.02	0.01
9	锯材	m³	4003002	0.03	0.02	0.02	0.02	0.02	0.01
10	硝铵炸药	kg	5005002	109	104	99	77	31	—
11	非电毫秒雷管	个	5005008	153	133	113	84	53	—
12	导爆索	m	5005009	60	60	60	53	53	—
13	其他材料费	元	7801001	31.6	31.6	25.9	18	8.4	8.4
14	1.0m³以内履带式液压单斗挖掘机	台班	8001027	0.03	0.02	0.02	0.02	0.02	0.77
15	气腿式风动凿岩机	台班	8001103	10.94	9.95	6.43	4.26	3.96	—

单位:100m³ 自然密实土、石

顺序号	项　目	单位	代　号	隧道长度4000m以内					
				围岩级别					
				I 级	II 级	III 级	IV 级	V 级	VI 级
				19	20	21	22	23	24
16	3t 以内载货汽车	台班	8007002	0.24	0.24	0.23	0.23	0.23	0.23
17	φ100mm 以内潜水泵	台班	8013019	0.21	0.21	0.13	0.16	0.14	–
18	20m³/min 以内电动空压机	台班	8017045	2.54	2.32	1.49	1.41	1.65	–
19	小型机具使用费	元	8099001	164.9	150.1	96.5	51.2	66	–
20	基价	元	9999001	8086	7504	6228	5989	5755	5543

单位:100m³ 自然密实土、石

顺序号	项 目	单位	代 号	隧道长度5000m以内					
				围岩级别					
				I 级	II 级	III 级	IV 级	V 级	VI 级
				25	26	27	28	29	30
1	人工	工日	1001001	31.6	30	26.8	30.7	34.4	44.4
2	8~12号铁丝	kg	2001021	2.4	2.2	2.1	1.9	1.8	—
3	钢管	t	2003008	0.013	0.013	0.013	0.011	0.011	—
4	空心钢钎	kg	2009003	17.1	14	10.8	6.4	4	6.1
5	φ50mm以内合金钻头	个	2009004	9	7	5	3	2	—
6	铁钉	kg	2009030	0.2	0.2	0.2	0.2	0.2	—
7	水	m³	3005004	35	35	25	25	25	
8	原木	m³	4003001	0.03	0.03	0.02	0.02	0.02	0.01
9	锯材	m³	4003002	0.03	0.02	0.02	0.02	0.02	0.01
10	硝铵炸药	kg	5005002	109	104	99	77	31	
11	非电毫秒雷管	个	5005008	153	133	113	84	53	
12	导爆索	m	5005009	60	60	60	53	53	
13	其他材料费	元	7801001	31.6	31.6	25.9	18	8.4	8.4
14	1.0m³以内履带式液压单斗挖掘机	台班	8001027	0.03	0.02	0.02	0.02	0.02	0.77
15	气腿式风动凿岩机	台班	8001103	10.94	9.95	6.43	4.26	3.96	—

单位:100m³ 自然密实土、石

顺序号	项 目	单位	代 号	隧道长度5000m以内					
				围岩级别					
				I 级	II 级	III 级	IV 级	V 级	VI 级
				25	26	27	28	29	30
16	3t以内载货汽车	台班	8007002	0.26	0.26	0.24	0.24	0.24	0.24
17	φ100mm以内潜水泵	台班	8013019	0.21	0.14	0.13	0.16	0.14	–
18	20m³/min以内电动空压机	台班	8017045	2.56	2.34	1.51	1.43	1.67	–
19	小型机具使用费	元	8099001	164.9	150.1	96.5	51.2	66	–
20	基价	元	9999001	8246	7652	6352	6145	6007	5813

单位:100m³ 自然密实土、石

顺序号	项 目	单位	代 号	隧道长度5000m以上,每增加1000m					
				围岩级别					
				I 级	II 级	III 级	IV 级	V 级	VI 级
				31	32	33	34	35	36
1	人工	工日	1001001	1.3	1.2	1	1.3	1.5	2.2
2	1.0m³ 以内履带式液压单斗挖掘机	台班	8001027	–	–	–	–	–	0.01
3	3t 以内载货汽车	台班	8007002	0.02	0.02	0.01	0.01	0.01	0.01
4	20m³/min 以内电动空压机	台班	8017045	0.03	0.03	0.02	0.02	0.01	–
5	基价	元	9999001	167	156	124	156	170	250

单位:100m³ 自然密实土、石

顺序号	项目	单位	代号	连拱隧道导洞					
				围岩级别					
				I 级	II 级	III 级	IV 级	V 级	VI 级
				37	38	39	40	41	42
1	人工	工日	1001001	34.6	31.4	27.9	33	33.8	38.3
2	8~12 号铁丝	kg	2001021	2.4	2.2	2.1	1.9	1.8	–
3	钢管	t	2003008	0.013	0.013	0.013	0.011	0.011	–
4	空心钢钎	kg	2009003	17	14	11	6	4	6.1
5	φ50mm 以内合金钻头	个	2009004	9	7	5	3	2	–
6	铁钉	kg	2009030	0.2	0.2	0.2	0.2	0.2	–
7	水	m³	3005004	35	35	25	25	25	–
8	原木	m³	4003001	0.03	0.03	0.02	0.02	0.02	0.01
9	锯材	m³	4003002	0.03	0.02	0.02	0.02	0.02	0.01
10	硝铵炸药	kg	5005002	109.1	103.8	98.5	76.7	30.5	–
11	非电毫秒雷管	个	5005008	153	133	113	84	53	–
12	导爆索	m	5005009	60	60	60	53	53	–
13	其他材料费	元	7801001	31.6	31.6	25.9	18	8.4	8.4
14	1.0m³ 以内履带式液压单斗挖掘机	台班	8001027	–	–	–	–	–	0.77
15	气腿式风动凿岩机	台班	8001103	13.35	12.13	7.85	4.12	5.38	–

单位:100m³ 自然密实土、石

顺序号	项 目	单位	代 号	连拱隧道导洞					
				围岩级别					
				I 级	II 级	III 级	IV 级	V 级	VI 级
				37	38	39	40	41	42
16	φ100mm 以内潜水泵	台班	8013019	0.51	0.47	0.31	0.27	0.35	0.35
17	20m³/min 以内电动空压机	台班	8017045	2.19	2.08	1.29	1.12	1.46	—
18	小型机具使用费	元	8099001	214.4	195.4	125.4	66.8	85.7	—
19	基价	元	9999001	8272	7586	6252	6064	5724	5079

II. 出 渣

顺序号	项 目	单位	代 号	正洞出渣								
				隧道长度1000m以内			隧道长度2000m以内			隧道长度3000m以内		
				围岩级别								
				I～III级	IV～V级	VI级	I～III级	IV～V级	VI级	I～III级	IV～V级	VI级
				43	44	45	46	47	48	49	50	51
1	人工	工日	1001001	1.1	1.1	1.4	1.1	1.1	1.4	1.1	1.1	1.4
2	3.0m³以内轮胎式装载机(三向)	台班	8001053	0.26	0.19	0.13	0.26	0.19	0.13	0.27	0.19	0.13
3	20t以内自卸汽车	台班	8007019	0.71	0.55	0.44	0.85	0.66	0.53	0.97	0.75	0.6
4	基价	元	9999001	1261	988	816	1417	1111	917	1565	1212	995

单位:100m³ 自然密实土、石

顺序号	项 目	单位	代 号	正洞出渣								
				隧道长度4000m以内			隧道长度5000m以内			隧道长度5000m以上,每增加1000m		
				围岩级别								
				I~III级	IV~V级	VI级	I~III级	IV~V级	VI级	I~III级	IV~V级	VI级
				52	53	54	55	56	57	58	59	60
1	人工	工日	1001001	1.1	1.1	1.4	1.1	1.1	1.4	0.18	0.18	0.2
2	3.0m³以内轮胎式装载机(三向)	台班	8001053	0.26	0.19	0.13	0.26	0.19	0.13	–	–	–
3	20t以内自卸汽车	台班	8007019	1.23	0.95	0.78	1.49	1.16	0.95	0.13	0.09	0.08
4	基价	元	9999001	1843	1436	1197	2135	1671	1387	165	120	111

注:连拱隧道中(侧)导洞出渣套用正洞相应定额。

续前页

单位:100m³ 自然密实土、石

顺序号	项 目	单位	代 号	斜井出渣								
				纵坡7°以内			纵坡9°以内			纵坡12°以内		
				围岩级别								
				I~III 级	IV~V 级	VI 级	I~III 级	IV~V 级	VI 级	I~III 级	IV~V 级	VI 级
				61	62	63	64	65	66	67	68	69
1	人工	工日	1001001	2.2	4	5.2	2.3	4.2	5.5	2.4	4.4	5.8
2	3.0m³ 以内轮胎式装载机(三向)	台班	8001053	0.28	0.2	0.13	0.29	0.21	0.14	0.31	0.22	0.15
3	20t 以内自卸汽车	台班	8007019	0.79	0.61	0.48	0.87	0.67	0.53	0.95	0.74	0.58
4	基价	元	9999001	1494	1376	1265	1608	1478	1366	1735	1591	1467

3-1-4 铣挖机配合破碎锤开挖※

工程内容 1)测量、画线;2)破碎锤开挖;3)铣挖机细部开挖、修边、找顶、排险;4)人工修整、排险;5)一般排水。

单位:100m³ 自然密实体

顺序号	项 目	单位	代 号	铣挖机配合破碎锤开挖					
				隧道长度(m)					
				1000 以内	2000 以内	3000 以内	4000 以内	5000 以内	5000 以上每增加 1000
				1	2	3	4	5	6
1	人工	工日	1001001	2.4	3.3	4.1	4.9	5.6	0.7
2	8~12 号铁丝	kg	2001021	1.8	1.8	1.8	1.8	1.8	-
3	钢管	t	2003008	0.01	0.011	0.011	0.011	0.011	-
4	铁钉	kg	2009030	0.2	0.2	0.2	0.2	0.2	-
5	破碎锤钢钎	根	2009039	0.02	0.02	0.02	0.02	0.02	-
6	铣挖机刀头	个	2009040	2	2	2	2	2	-
7	原木	m³	4003001	0.02	0.02	0.02	0.02	0.02	-
8	锯材	m³	4003002	0.02	0.02	0.02	0.02	0.02	-
9	2.5m³ 以内履带式液压单斗挖掘机带破碎锤	台班	8001032	0.56	0.58	0.61	0.63	0.65	0.02
10	2.5m³ 以内履带式液压单斗挖掘机带ER650 铣挖机	台班	8001033	0.2	0.22	0.24	0.26	0.28	0.02
11	基价	元	9999001	3175	3405	3650	3864	4068	204

注:本章定额适用于 VI 级围堰,出渣按正洞出渣定额计算。

3-1-5 钢支撑

工程内容 1)下料,成型,钻孔,焊接,修正;2)安装就位,紧固螺栓;3)拆除,整理,堆放。

单位:1t 钢架

顺序号	项目	单位	代号	制作、安装			每增加一次安装	每增加一次拆除	
				型钢钢架	格栅钢架	连接钢筋		型钢钢架	格栅钢架
				1	2	3	5	6	7
1	人工	工日	1001001	9.5	10.7	8.6	5.8	0.6	1.7
2	HPB300 钢筋	t	2001001	–	0.05	–	–	–	–
3	HRB400 钢筋	t	2001002	–	0.97	1.02	–	–	–
4	型钢	t	2003004	0.96	0.061	–	–	–	–
5	钢板	t	2003005	0.1	0.054	–	–	–	–
6	电焊条	kg	2009011	4.1	14	5.26	–	–	–
7	铁件	kg	2009028	15	15	–	–	–	–
8	其他材料费	元	7801001	15.2	92.2	12.1	–	15	25.5
9	4t 以内载货汽车	台班	8007003	0.53	0.52	–	–	–	–
10	32kV·A 以内交流电弧焊机	台班	8015028	0.78	3.37	1.5	–	–	–
11	小型机具使用费	元	8099001	4.9	18.2	13.3	–	22.6	30.9
12	基价	元	9999001	5233	5983	4559	616	101	237

注:临时钢支撑应根据下表规定的周转次数编制预算;当由于工程规模或工期限制达不到规定的周转次数时,可按施工组织设计的工程量编制预算,并按下表规定的回收率计算回收金额。连拱隧道的中、侧导洞临时钢支撑可由设计单位按实际回收率计算回收金额。

回收项目	周转次数					计算基数
	50	40	30	20	10	
型钢、钢板、钢筋	–	30%	50%	65%	80%	材料原价

3-1-6 锚杆及金属网

工程内容 砂浆锚杆:搭、拆、移脚手架,锚杆及附件制作,运输,钻孔,安装,砂浆拌和、灌注,锚固。
药卷锚杆:搭、拆、移脚手架,锚杆及附件制作,运输,钻孔,安装、锚固。
中空及自钻式锚杆:搭、拆、移脚手架,锚杆运输,钻进,安装附件,砂浆拌和、灌注,锚固。
金属网:制作,挂网,绑扎,点焊,加固。

单位:表列单位

顺序号	项 目	单位	代 号	锚杆				金属网	
				砂浆锚杆	药卷锚杆	中空注浆锚杆	自钻式锚杆	钢筋网	铁丝网
				1t		100m		1t	
				1	2	3	4	5	6
1	人工	工日	1001001	29.3	24.7	11.1	11.1	12.8	15.5
2	1:1水泥砂浆	m³	1501012	(0.34)	–	(0.24)	(0.24)	–	–
3	HPB300钢筋	t	2001001	–	–	–	–	1.025	–
4	HRB400钢筋	t	2001002	1.025	1.025	–	–	–	–
5	8~12号铁丝	kg	2001021	1.8	1.8	0.9	0.9	–	1020
6	20~22号铁丝	kg	2001022	–	–	–	–	0.9	0.7
7	空心钢钎	kg	2009003	13.9	13.86	5.1	–	–	–
8	φ50mm以内合金钻头	个	2009004	9.38	9.38	3	–	–	–
9	中空注浆锚杆	m	2009008	–	–	101	–	–	–
10	自进式锚杆	m	2009009	–	–	–	101	–	–

顺序号	项 目	单位	代号	锚杆				金属网	
				砂浆锚杆	药卷锚杆	中空注浆锚杆	自钻式锚杆	钢筋网	铁丝网
				1t		100m		1t	
				1	2	3	4	5	6
11	电焊条	kg	2009011	–	–	–	–	6.3	–
12	铁钉	kg	2009030	0.1	0.1	0.1	0.1	–	–
13	水	m³	3005004	13	4.1	5	5	–	–
14	原木	m³	4003001	0.01	0.01	0.01	0.01	–	–
15	锯材	m³	4003002	0.02	0.02	0.01	0.01	–	–
16	锚固剂	t	5003006	–	0.409	–	–	–	–
17	中(粗)砂	m³	5503005	0.24	–	0.16	0.16	–	–
18	32.5级水泥	t	5509001	0.347	–	0.187	0.187	–	–
19	其他材料费	元	7801001	9	9	2.1	2.1	–	–
20	气腿式风动凿岩机	台班	8001103	8.26	8.02	2.84	2.84	–	–
21	1t以内机动翻斗车	台班	8007046	0.38	0.12	0.11	0.11	–	–
22	32kV·A以内交流电弧焊机	台班	8015028	–	–	–	–	1.5	–
23	20m³/min以内电动空压机	台班	8017045	2.34	2.25	0.8	0.8	–	–
24	小型机具使用费	元	8099001	95.7	89	36	36	22.7	–
25	基价	元	9999001	9019	8948	4430	5421	5117	6098

3-1-7 管棚、小导管

工程内容 套拱混凝土:模板安装、拆除,混凝土浇筑、捣固、养护。
套拱孔口管:制作、安装、固定。
管棚:场地清理,搭、拆脚手架,布眼、钻孔、清孔,钢管制作、运输、就位、顶进。
超前小导管:搭、拆脚手架,布眼、钻孔、清孔,钢管制作、就位、顶管。
注浆:浆液制作、注浆、检查、堵孔。

单位:表列单位

顺序号	项 目	单位	代 号	套拱		管棚		超前小导管	注浆	
				混凝土	孔口管	管径(mm)			水泥浆	水泥水玻璃浆
						80	108			
				10m³		10m		100m	10m³	
				1	2	3	4	5	6	7
1	人工	工日	1001001	14.1	0.5	2.6	3.1	12.2	11.8	12.3
2	水泥浆(32.5)	m³	1501021	–	–	–	–	–	(10.50)	–
3	水泥水玻璃浆	m³	1501023	–	–	–	–	–	–	(10.50)
4	普 C25-32.5-4	m³	1503033	(10.20)	–	–	–	–	–	–
5	HRB400 钢筋	t	2001002	–	0.071	–	–	–	–	–
6	型钢	t	2003004	0.048	–	–	–	–	–	–
7	钢管	t	2003008	–	0.126	0.08	0.161	0.355	–	–
8	组合钢模板	t	2003026	0.028	–	–	–	–	–	–
9	空心钢钎	kg	2009003	–	–	–	–	3.8	–	–

顺序号	项 目	单位	代 号	套拱		管棚		超前小导管	注浆	
				混凝土	孔口管	管径(mm)			水泥浆	水泥水玻璃浆
						80	108			
				10m³		10m		100m	10m³	
				1	2	3	4	5	6	7
10	φ50mm以内合金钻头	个	2009004	–	–	–	–	2	–	–
11	φ150mm以内合金钻头	个	2009005	–	–	0.18	0.2	–	–	–
12	电焊条	kg	2009011	–	1.2	–	–	–	–	–
13	铁件	kg	2009028	29.6	–	–	–	–	–	–
14	水	m³	3005004	12	–	2	2	9	8	6
15	原木	m³	4003001	0.02	–	–	–	–	–	–
16	锯材	m³	4003002	0.03	–	0.03	0.03	–	–	–
17	水玻璃	kg	5009011	–	–	–	–	–	–	3106.8
18	磷酸二氢钠	kg	5009017	–	–	–	–	–	–	73.3
19	中(粗)砂	m³	5503005	4.9	–	–	–	–	–	–
20	碎石(4cm)	m³	5505013	8.47	–	–	–	–	–	–
21	32.5级水泥	t	5509001	3.417	–	–	–	–	14.154	5.462
22	其他材料费	元	7801001	7.9	–	48.5	58.3	19.4	4.5	5
23	气腿式风动凿岩机	台班	8001103	–	–	–	–	3.12	–	–

单位:表列单位

顺序号	项 目	单位	代 号	套拱		管棚		超前小导管	注浆	
				混凝土	孔口管	管径(mm)			水泥浆	水泥水玻璃浆
						80	108			
				10m³		10m		100m	10m³	
				1	2	3	4	5	6	7
24	φ38~115mm 液压潜孔钻机	台班	8001112	–	–	0.51	0.73	–	–	–
25	4t 以内载货汽车	台班	8007003	0.03	–	0.02	0.02	–	0.34	0.26
26	1t 以内机动翻斗车	台班	8007046	–	0.03	–	–	0.2	–	–
27	12t 以内汽车式起重机	台班	8009027	0.37	–	–	–	–	–	–
28	32kV·A 以内交流电弧焊机	台班	8015028	–	0.11	–	–	–	–	–
29	20m³/min 以内电动空压机	台班	8017045	–	–	0.55	0.79	0.92	–	–
30	小型机具使用费	元	8099001	6.3	2.2	24	30.5	19.4	61.7	127.7
31	基价	元	9999001	4589	846	1430	2131	3674	5857	9647

注:定额中钢管型号按下表计算,若与设计不同可按实际型号调整钢管质量。

钢管	孔口管	80 管棚	108 管棚	超前小导管
型号	φ127mm×4mm	φ80mm×4mm	φ108mm×6mm	φ42mm×3.5mm

3-1-8 喷射混凝土

工程内容 冲洗岩面,安、拆、移机具设备,混凝土及钢纤维混凝土上料、喷射、养护,冲洗机具,移动喷浆架。

单位:10m³

顺序号	项 目	单位	代 号	混凝土	钢纤维混凝土
				1	2
1	人工	工日	1001001	18.5	22.9
2	喷 C25-32.5-2	m³	1503122	(12.00)	(12.00)
3	钢纤维	t	2001020	-	0.464
4	水	m³	3005004	24	24
5	锯材	m³	4003002	0.01	0.01
6	中(粗)砂	m³	5503005	7.2	7.2
7	碎石(2cm)	m³	5505012	6.84	6.84
8	32.5级水泥	t	5509001	5.628	5.628
9	其他材料费	元	7801001	378.4	378.4
10	混凝土喷射机	台班	8005011	1.29	1.39
11	20m³/min 以内电动空压机	台班	8017045	0.78	0.84
12	小型机具使用费	元	8099001	114.4	114.4
13	基价	元	9999001	6457	9378

3-1-9 现浇混凝土衬砌

工程内容 模板台车浇筑混凝土:1)清理岩面及基底;2)台车就位、调整,挡头板制作、安装、拆除、修理、涂脱模剂、堆放、台车维护;3)混凝土浇筑、捣固及养护。

模架浇筑混凝土:1)清理岩面及基底;2)模架制作、安装、拆除、移动;3)模板制作、安装、拆除、修理、涂脱模剂、堆放;4)混凝土浇筑、捣固及养护。

混凝土仰拱:1)清理岩面及基底;2)挡头板制作、安装、拆除、修理、涂脱模剂、堆放;3)混凝土浇筑、捣固及养护。

仰拱回填:1)清理基底、模板制作、安装;2)混凝土浇筑、捣固;3)脱模、保养、堆放,混凝土养护。

钢筋:除锈、制作、运输、绑扎、电焊。

连拱隧道中隔墙:1)模板、支撑制作、安装、拆除、修理;2)浇筑、捣固、养护、凿毛。

单位:表列单位

顺序号	项目	单位	代号	现浇混凝土					衬砌钢筋	
				模筑		仰拱	仰拱回填	连拱隧道中隔墙	现场加工	集中加工
				模板台车	模架					
				10m³					1t	
				1	2	3	4	5	6	7
1	人工	工日	1001001	4.5	12.6	2.3	2.9	7.3	10.2	8.1
2	泵 C15-32.5-4	m³	1503081	–	–	–	(10.40)	–	–	–
3	泵 C25-32.5-4	m³	1503083	(11.70)	(11.70)	(10.40)	–	(10.40)	–	–
4	HRB400 钢筋	t	2001002	–	–	–	–	–	1.025	1.02
5	8~12 号铁丝	kg	2001021	–	1.8	–	–	0.6	–	–
6	20~22 号铁丝	kg	2001022	–	–	–	–	–	3.1	3.1

顺序号	项　　　目	单位	代　号	现浇混凝土					衬砌钢筋	
				模筑		仰拱	仰拱回填	连拱隧道中隔墙	现场加工	集中加工
				模板台车	模架					
				10m³					1t	
				1	2	3	4	5	6	7
7	型钢	t	2003004	–	0.008	–	–	0.002	–	–
8	钢板	t	2003005	–	0.028	–	–	0.01	–	–
9	钢模板	t	2003025	0.052	–	–	–	–	–	–
10	组合钢模板	t	2003026	–	–	–	–	0.009	–	–
11	电焊条	kg	2009011	–	–	–	–	–	4.3	4.3
12	铁件	kg	2009028	–	8	–	–	2.1	–	–
13	铁钉	kg	2009030	–	0.1	–	–	0.1	–	–
14	水	m³	3005004	11	12	11	11	12	–	–
15	原木	m³	4003001	–	0.012	–	–	0.004	–	–
16	锯材	m³	4003002	0.012	0.024	0.01	–	0.008	–	–
17	枕木	m³	4003003	0.013	–	–	–	–	–	–
18	中(粗)砂	m³	5503005	6.79	6.79	6.03	6.14	6.03	–	–
19	碎石(4cm)	m³	5505013	8.54	8.54	7.59	8.01	7.59	–	–
20	32.5级水泥	t	5509001	4.352	4.352	3.869	3.141	3.869	–	–

顺序号	项　目	单位	代　号	现浇混凝土					衬砌钢筋	
				模筑		仰拱	仰拱回填	连拱隧道中隔墙	现场加工	集中加工
				模板台车	模架					
				10m³					1t	
				1	2	3	4	5	6	7
21	其他材料费	元	7801001	7.1	7.2	3.4	3.4	7.8	–	–
22	设备摊销费	元	7901001	313.7	–	–	–	–	–	–
23	60m³/h 以内混凝土输送泵	台班	8005051	0.1	0.11	0.09	0.09	0.09	–	–
24	4t 以内载货汽车	台班	8007003	–	0.04	–	–	0.01	–	–
25	数控立式钢筋弯曲中心	台班	8015007	–	–	–	–	–	–	0.16
26	32kV·A 以内交流电弧焊机	台班	8015028	–	–	–	–	–	0.46	0.46
27	小型机具使用费	元	8099001	7.5	8.7	7.5	7.5	7.5	30.1	30.1
28	基价	元	9999001	3950	4439	2787	2658	3430	4567	4468

3－1－10 石料、混凝土预制块衬砌

工程内容 1)踏步、脚手架、拱架的制作、安装、拆除、移动;2)模板的制作、安装、拆除、修理;3)混凝土浇筑、捣固及养护;
4)拌和、运输砂浆;5)选料、砌筑、勾缝、养护。

单位:10m³ 实体

顺序号	项 目	单位	代号	拱顶衬砌			边墙衬砌					混凝土预制块预制
				混凝土预制块	粗料石	块石	基础	墙身				
							块石	混凝土预制块	粗料石	块石	片石	
				1	2	3	4	5	6	7	8	9
1	人工	工日	1001001	11.8	12	12.2	7.2	9.8	10	10.2	10.4	15.4
2	M7.5 水泥砂浆	m³	1501002	(1.30)	(2.00)	(2.70)	(2.70)	(1.30)	(2.00)	(2.70)	(3.50)	－
3	M10 水泥砂浆	m³	1501003	(0.09)	(0.09)	(0.18)	－	(0.09)	(0.09)	(0.09)	(0.30)	－
4	普 C20－32.5－4	m³	1503032	－	－	－	－	－	－	－	－	(10.10)
5	8~12 号铁丝	kg	2001021	4.8	4.8	4.8		0.4	0.4	0.4	0.4	
6	型钢	t	2003004	0.001	0.001	0.001	－	－	－	－	－	0.012
7	钢板	t	2003005	0.001	0.001	0.001	－	－	－	－	－	
8	圆钢	t	2003006	0.006	0.006	0.006						
9	钢管	t	2003008	－	－	－		0.011	0.011	0.011	0.011	－
10	电焊条	kg	2009011									0.2
11	铁件	kg	2009028	5.1	5.1	5.1						1.1

单位:10m³ 实体

顺序号	项 目	单位	代 号	拱顶衬砌			边墙衬砌					混凝土预制块预制
							基础	墙身				
				混凝土预制块	粗料石	块石	块石	混凝土预制块	粗料石	块石	片石	
				1	2	3	4	5	6	7	8	9
12	铁钉	kg	2009030	0.2	0.2	0.2	–	0.3	0.3	0.3	0.3	–
13	水	m³	3005004	12	12	12	4	7	7	7	7	16
14	原木	m³	4003001	0.04	0.04	0.04	–	–	–	–	–	–
15	锯材	m³	4003002	0.13	0.13	0.13		0.04	0.04	0.04	0.04	–
16	中(粗)砂	m³	5503005	1.51	2.28	3.14	2.94	1.51	2.28	3.14	4.14	4.95
17	片石	m³	5505005	–	–	–	–	–	–	–	11.5	–
18	碎石(4cm)	m³	5505013	–	–	–	–	–	–	–	–	8.48
19	块石	m³	5505025	–	–	10.5	10.5	–	–	10.5	–	–
20	粗料石	m³	5505029	–	9	–	–	–	9	–	–	–
21	32.5 级水泥	t	5509001	0.374	0.56	0.774	0.718	0.374	0.56	0.774	1.024	3.01
22	其他材料费	元	7801001	24.1	24.1	24.1	1.5	6.1	6.1	6.1	6.1	65.8
23	1.0m³ 以内轮胎式装载机	台班	8001045	0.15	0.15	0.15	0.15	0.15	0.15	0.15	0.15	–
24	400L 以内灰浆搅拌机	台班	8005010	0.06	0.09	0.12	0.12	0.06	0.09	0.12	0.15	–
25	基价	元	9999001	1973	3838	3268	2338	1519	3384	2814	2751	3886

3-1-11 防水板与止水带(条)

工程内容 防水板、土工布:1)搭、拆、移工作平台;2)基面处理,钻孔,钉锚固钉;3)下料,运至施工现场,拼接就位,焊接,检查。
橡胶止水带:1)取运料,钢筋除锈、制作;2)钢筋卡就位,安装止水带,固定检查;3)移动工作平台。
橡胶止水条:1)清洗混凝土表面;2)安装橡胶止水条,固定,检查。

单位:表列单位

顺序号	项 目	单位	代 号	复合式防水板 100m²	橡胶止水带 10m	橡胶止水条 100m	土工布 100m²	EVA防水板 100m²
				1	2	3	4	5
1	人工	工日	1001001	3.9	2.1	19.1	2.8	3.4
2	塑料防水板	m²	5001010	–	–	–	–	113
3	橡胶止水带	m	5001049	–	10.25	–	–	–
4	橡胶止水条	m	5001050	–	–	102.5	–	–
5	复合式防水板	m²	5001056	113	–	–	–	–
6	土工布	m²	5007001	–	–	–	113	–
7	其他材料费	元	7801001	226.4	30.7	2.8	121.4	114.4
8	小型机具使用费	元	8099001	35.3	0.8	–	30	35.3
9	基价	元	9999001	3864	602	3522	931	2249

3-1-12 塑料排水管沟

工程内容 塑料排水管沟:1)取运料;2)侧式排水沟基座浇筑、填碎石;3)铺挂排水管沟,连接,固定;4)移动工作平台。

环向无纺布:1)取运料,铺设无纺布、塑料布、铁丝网;2)钻孔,膨胀螺栓固定;3)移动工作平台。

单位:100m

顺序号	项　目	单位	代　号	纵向排水管		横向排水管	环向排水管			侧式排水沟
				弹簧管	HPDE 管		弹簧管	无纺布	塑料盲沟	打孔波纹管
				1	2	3	4	5	6	7
1	人工	工日	1001001	3.3	3.3	5	17.7	13	13.7	12.6
2	膨胀螺栓	套	2009015	–	–	–	418	418	–	–
3	水	m³	3005004	–	–	–	–	–	–	9
4	塑料板盲沟	m	5001012	–	–	–	–	–	106	–
5	PVC 塑料管(φ100mm)	m	5001014	–	–	102	–	–	–	–
6	塑料弹簧软管(φ50mm)	m	5001018	–	–	–	102	–	–	–
7	塑料弹簧软管(φ110mm)	m	5001020	102	–	–	–	–	–	–
8	塑料打孔波纹管(φ100mm)	m	5001031	–	102	–	–	–	–	–
9	塑料打孔波纹管(φ400mm)	m	5001033	–	–	–	–	–	–	102
10	土工布	m²	5007001	–	35.7	3.5	–	51	–	86.7
11	中(粗)砂	m³	5503005	–	–	–	–	–	–	4.21
12	片石	m³	5505005	–	–	–	–	–	–	1.61
13	碎石(8cm)	m³	5505015	–	–	–	–	–	–	6.35

单位:100m

顺序号	项 目	单位	代 号	纵向排水管		横向排水管	环向排水管			侧式排水沟
				弹簧管	HPDE 管		弹簧管	无纺布	塑料盲沟	打孔波纹管
				1	2	3	4	5	6	7
14	32.5 级水泥	t	5509001	–	–	–	–	–	–	1.935
15	其他材料费	元	7801001	–	0.6	41.3	–	49.5	2.6	1.6
16	250L 以内强制式混凝土搅拌机	台班	8005002	–	–	–	–	–	–	0.22
17	1t 以内机动翻斗车	台班	8007046	–	–	–	–	–	–	1.41
18	小型机具使用费	元	8099001	4.9	4.9	–	9.9	9.9	4.9	–
19	基价	元	9999001	2344	2077	1686	4913	3661	2551	11946

3-1-13 混凝土沟槽

工程内容 现浇沟槽混凝土:1)模板制作、安装、拆除、修理、涂脱模剂、堆放;2)混凝土浇筑、捣固、养护;3)清理场地。
预制沟槽及盖板:1)模板制作,安装,拆除;2)混凝土浇筑、捣固、养护;3)预制块安放,砂浆砌筑;4)清理场地。
钢筋:除锈、制作、电焊、绑扎。

单位:表列单位

顺序号	项目	单位	代号	混凝土			钢筋
				现浇沟槽	预制沟槽		
					沟槽	盖板	
				10m³			1t
				1	2	3	4
1	人工	工日	1001001	15.6	32.5	33.8	9.6
2	M10 水泥砂浆	m³	1501003	–	(1.30)	(1.30)	–
3	普 C25-32.5-4	m³	1503033	(10.20)	(10.10)	(10.10)	–
4	HPB300 钢筋	t	2001001	–	–	–	1.025
5	20~22 号铁丝	kg	2001022	–	–	–	3.6
6	型钢	t	2003004	0.009	–	0.004	–
7	组合钢模板	t	2003026	0.057	0.052	0.035	–
8	铁件	kg	2009028	28.7	–	13	–
9	水	m³	3005004	12	20	20	–
10	原木	m³	4003001	0.08	–	0.02	–

单位:表列单位

顺序号	项　　目	单位	代　号	混凝土			钢筋
				现浇沟槽	预制沟槽		
					沟槽	盖板	
				10m³			1t
				1	2	3	4
11	锯材	m³	4003002	–	0.01	–	–
12	中(粗)砂	m³	5503005	4.9	6.24	6.24	–
13	碎石(4cm)	m³	5505013	8.47	8.38	8.38	–
14	32.5级水泥	t	5509001	3.417	3.788	3.788	–
15	其他材料费	元	7801001	38.3	31.4	28.4	–
16	小型机具使用费	元	8099001	10.5	6.9	5.8	8.1
17	基价	元	9999001	4483	6241	6379	4462

3-1-14 拱顶压浆

工程内容 搭、拆脚手架,钻孔,砂浆制作、压浆、检查、堵孔。

单位:10m³

顺序号	项　目	单位	代　号	I~III 级围岩		IV~VI 级围岩	
				预留孔压浆	钻孔压浆	预留孔压浆	钻孔压浆
				1	2	3	4
1	人工	工日	1001001	16.7	26.1	13.9	20.9
2	M30 水泥砂浆	m³	1501008	(10.25)	(10.25)	(10.25)	(10.25)
3	φ50mm 以内合金钻头	个	2009004	-	1	-	1
4	水	m³	3005004	6	7	8	9
5	锯材	m³	4003002	0.08	0.08	0.08	0.08
6	中(粗)砂	m³	5503005	10.15	10.15	10.15	10.15
7	32.5 级水泥	t	5509001	6.273	6.273	6.273	6.273
8	其他材料费	元	7801001	12.1	12.1	12.4	12.4
9	气腿式风动凿岩机	台班	8001103	-	1.45	-	0.92
10	10m³/min 以内电动空压机	台班	8017044	-	0.57	-	0.37
11	小型机具使用费	元	8099001	67.3	67.3	67.3	67.3
12	基价	元	9999001	4808	6103	4516	5464

3-1-15 正洞通风

工程内容 通风机、风管搬运、安装、调试、使用、维护及拆除。

单位:每100延米洞身长

顺序号	项 目	单位	代 号	隧道长度(m)					
				1000以内	2000以内	3000以内	4000以内	5000以内	5000以上每增加1000
				1	2	3	4	5	6
1	人工	工日	1001001	217.8	283.3	308.5	319.1	334.4	9.9
2	其他材料费	元	7801001	691.8	863.3	1711.7	2532.3	3880.9	779.4
3	10m以内高空作业车	台班	8009046	0.3	0.3	0.3	0.3	0.3	–
4	75kW以内轴流式通风机	台班	8023004	65.92	80.03	23.55	23.55	28.25	–
5	110kW以内轴流式通风机	台班	8023006	–	–	82.29	101.63	103.28	9.33
6	小型机具使用费	元	8099001	96.2	120.2	184.3	280.5	368.6	–
7	基价	元	9999001	51959	65082	96997	111309	117405	7750

注:小于500m的短隧道不计正洞施工通风费用。

3-1-16 正洞高压风水管、照明、电线路

工程内容 高压风、水管,照明、动力电线路、照明器材选配料,搬运、安装、铺设、调试,使用,维护及拆除。

单位:每100延米洞身长

顺序号	项 目	单位	代 号	隧道长度(m)					
				1000以内	2000以内	3000以内	4000以内	5000以内	5000以上每增加1000
				1	2	3	4	5	6
1	人工	工日	1001001	211.9	250.3	295.7	349.5	466.4	14.1
2	钢管	t	2003008	0.128	0.219	0.412	0.604	0.722	0.118
3	电	kW·h	3005002	6198	8037	10420	13241	18025	1471
4	电缆	m	7001001	4	4	11	20	26	6
5	电线	m	7001004	39	68	78	79	80	1
6	其他材料费	元	7801001	2589.7	2817.1	3064.5	3559.3	4371.2	131.3
7	小型机具使用费	元	8099001	4618.4	4857.9	5109.8	5613.5	7933.2	79.2
8	基价	元	9999001	35757	42306	50742	60994	81334	3677

3-1-17 洞内施工排水

工程内容 水泵安、拆,集水坑设置,排水,维护。

单位:100m³ 水

顺序号	项　目	单位	代　号	隧道长度(m)					
				1000 以内	2000 以内	3000 以内	4000 以内	5000 以内	5000 以上每增加 1000
				1	2	3	4	5	6
1	人工	工日	1001001	0.1	0.1	0.1	0.1	0.1	-
2	其他材料费	元	7801001	7.8	7.8	7.8	7.8	7.8	1
3	φ150mm 电动单级离心水泵	台班	8013003	0.23	0.24	0.27	0.31	0.35	0.1
4	φ150mm 以内污水泵	台班	8013022	0.23	0.24	0.27	0.31	0.35	0.1
5	基价	元	9999001	106	109	121	136	170	39

3-1-18 明洞修筑

工程内容 浆砌片(块)石:搭、拆、移脚手架及砌筑平台,选、洗料,砂浆制作,砌筑,勾缝,养护。
片石混凝土及混凝土:1)搭、拆、移脚手架;2)选、修、洗、埋设片石;3)模架制作、安装、拆除、移动;4)模板制作、安装、拆除、修理、涂脱模剂、堆放;5)混凝土浇筑、捣固、养护。
钢筋:除锈、制作、运输、绑扎、电焊。

单位:表列单位

顺序号	项　目	单位	代　号	浆砌片石	浆砌块石	片石混凝土	混凝土	钢筋
				10m³				1t
				1	2	3	4	5
1	人工	工日	1001001	9.4	8.9	14.1	14.6	7.7
2	M10 水泥砂浆	m³	1501003	(3.59)	(2.87)	–	–	–
3	片 C25-32.5-4	m³	1503004	–	–	(10.20)	–	–
4	普 C25-32.5-4	m³	1503033	–	–	–	(10.20)	–
5	HPB300 钢筋	t	2001001	–	–	–	–	0.142
6	HRB400 钢筋	t	2001002	–	–	–	–	0.883
7	8~12 号铁丝	kg	2001021	–	–	1.63	1.8	–
8	20~22 号铁丝	kg	2001022	–	–	–	–	3.1
9	型钢	t	2003004	–	–	0.007	0.008	–
10	钢板	t	2003005	–	–	0.029	0.028	–
11	电焊条	kg	2009011	–	–	–	–	4.3

顺序号	项 目	单位	代 号	浆砌片石	浆砌块石	片石混凝土	混凝土	钢筋
				10m³				1t
				1	2	3	4	5
12	铁件	kg	2009028	0.59	0.61	8.16	8.1	–
13	水	m³	3005004	7	7	12	12	–
14	原木	m³	4003001	0.04	0.04	0.01	0.01	–
15	锯材	m³	4003002	0.06	0.06	0.03	0.02	–
16	中(粗)砂	m³	5503005	3.84	3.07	4.18	4.9	–
17	片石	m³	5505005	11.5	–	2.19	–	–
18	碎石(4cm)	m³	5505013	–	–	7.24	8.47	–
19	块石	m³	5505025	–	10.5	–	–	–
20	32.5级水泥	t	5509001	1.116	0.893	2.907	3.417	–
21	其他材料费	元	7801001	10.2	10.2	8.5	7.2	–
22	1.0m³以内轮胎式装载机	台班	8001045	0.11	0.11	–	–	–
23	400L以内灰浆搅拌机	台班	8005010	0.15	0.12	–	–	–
24	12t以内汽车式起重机	台班	8009027	–	–	0.5	0.48	0.03
25	32kV·A以内交流电弧焊机	台班	8015028	–	–	–	–	0.63
26	小型机具使用费	元	8099001	–	–	6.6	7	23.8
27	基价	元	9999001	2662	2722	4223	4432	4364

3-1-19 明洞回填

工程内容 浆砌片石:选、修、洗片石,砂浆制作,砌筑,养护。

干砌片石:选、修片石,砌筑。

回填碎石、土石:分层夯实、整平。

单位:10m³

顺序号	项 目	单位	代 号	浆砌片石	干砌片石	回填碎石	回填土石
				1	2	3	4
1	人工	工日	1001001	5	4	1.3	1.2
2	M7.5水泥砂浆	m³	1501002	(3.50)	–	–	–
3	水	m³	3005004	7	–	–	–
4	中(粗)砂	m³	5503005	3.82	–	–	–
5	片石	m³	5505005	11.5	12.5	–	–
6	碎石	m³	5505016	–	–	12.44	–
7	32.5级水泥	t	5509001	0.931	–	–	–
8	其他材料费	元	7801001	6.1	6.1	–	–
9	1.0m³以内轮胎式装载机	台班	8001045	0.12	0.12	0.12	0.08
10	400L以内灰浆搅拌机	台班	8005010	0.15	–	–	–
11	基价	元	9999001	1993	1290	1150	174

3-1-20 明洞防水层

工程内容 隔水层:黏土隔水层拌和,铺平、夯实、修整。
防水层:砂浆制作、铺设,防水层制作、敷设,抹水泥砂浆保护层。

单位:表列单位

顺序号	项 目	单位	代 号	隔水层	防水层
				10m³	10m²
				1	2
1	人工	工日	1001001	4.2	1.3
2	乳化沥青	t	3001005	–	0.019
3	玻璃纤维布	m²	5007002	–	11.3
4	黏土	m³	5501003	11.08	–
5	中(粗)砂	m³	5503005	–	0.62
6	32.5级水泥	t	5509001	–	0.369
7	其他材料费	元	7801001	0.6	0.8
8	基价	元	9999001	576	397

3-1-21 洞 内 装 饰

工程内容 镶贴瓷砖:脚手架搭、拆、移,清理修补基层表面,砂浆制作、运输,打底、抹浆、镶贴、调缝、擦缝、清理、养护。

喷涂防火涂料、面漆:脚手架安装、拆除、移动,清洗壁面,刷胶水,磨砂纸,喷涂涂料。

单位:100m²

顺序号	项 目	单位	代 号	镶贴瓷砖	喷涂防火涂料	喷涂面漆
				1	2	3
1	人工	工日	1001001	31.9	2.5	0.4
2	M15 水泥砂浆	m³	1501005	(1.67)	–	–
3	M40 水泥砂浆	m³	1501010	(0.52)	–	–
4	8～12 号铁丝	kg	2001021	1	–	–
5	铁钉	kg	2009030	0.1	–	–
6	水	m³	3005004	2	0.37	0.3
7	原木	m³	4003001	0.01	0.01	0.01
8	锯材	m³	4003002	0.01	0.01	0.01
9	防火涂料	kg	5009018	–	940.8	–
10	面漆	kg	5009019	–	–	82.8
11	中(粗)砂	m³	5503005	2.28	–	–
12	瓷砖	m²	5507002	102	–	–
13	32.5 级水泥	t	5509001	1.05	–	–
14	其他材料费	元	7801001	42.8	20.6	20.6

单位:100m²

顺序号	项 目	单位	代 号	镶贴瓷砖	喷涂防火涂料	喷涂面漆
				1	2	3
15	1t 以内机动翻斗车	台班	8007046	0.41	—	—
16	小型机具使用费	元	8099001	2.3	10.5	3.9
17	基价	元	9999001	8668	2010	804

注:防火涂料可依据设计量进行调整,其余工料机不变。

第二节　洞　门　工　程

说　　明

1.隧道和明洞洞门,均采用本章定额。

2.洞门墙工程量为主墙和翼墙等圬工体积之和。仰坡、截水沟等应按有关定额另行计算。

3.本节定额的工程量均按设计工程数量计算。

3-2-1 洞门墙砌筑

工程内容 搭、拆脚手架,砂浆制作,选料,砌筑,勾缝,养护。

单位:10m³ 实体

顺序号	项 目	单位	代 号	浆砌				混凝土预制块预制
				混凝土预制块	粗料石	块石	片石	预制
				1	2	3	4	5
1	人工	工日	1001001	8.8	9	6.8	6.2	19.4
2	M7.5 水泥砂浆	m³	1501002	(1.30)	(2.00)	(2.70)	(3.50)	–
3	M10 水泥砂浆	m³	1501003	(0.09)	(0.09)	(0.18)	(0.30)	–
4	普 C20-32.5-4	m³	1503032	–	–	–	–	(10.10)
5	混凝土预制块	m³	1517002	(9.20)				
6	8~12 号铁丝	kg	2001021	6.04	5.85	5.81	5.92	–
7	型钢	t	2003004	–	–	–	–	0.012
8	电焊条	kg	2009011	–	–	–	–	0.19
9	铁件	kg	2009028	0.4	0.4	0.39	0.4	1.02
10	水	m³	3005004	7	7	7	7	16
11	原木	m³	4003001	0.08	0.07	0.07	0.07	–
12	锯材	m³	4003002	0.05	0.05	0.05	0.05	–
13	中(粗)砂	m³	5503005	1.51	2.28	3.14	4.14	4.95
14	片石	m³	5505005	–	–	–	11.5	–

单位:10m³ 实体

顺序号	项 目	单位	代 号	浆砌				混凝土预制块预制
				混凝土预制块	粗料石	块石	片石	
				1	2	3	4	5
15	碎石(4cm)	m³	5505013	–	–	–	–	8.48
16	块石	m³	5505025	–	–	10.5	–	–
17	粗料石	m³	5505029	–	9	–	–	–
18	32.5级水泥	t	5509001	0.374	0.56	0.774	1.024	3.01
19	其他材料费	元	7801001	6.1	6.1	6.1	6.1	65.8
20	1.0m³ 以内轮胎式装载机	台班	8001045	0.1	0.1	0.1	0.1	–
21	400L 以内灰浆搅拌机	台班	8005010	0.06	0.09	0.12	0.15	–
22	小型机具使用费	元	8099001	2.5	3.7	5.1	6.6	1
23	基价	元	9999001	1483	3335	2511	2365	4311

3-2-2 现浇混凝土洞门墙

工程内容 片石混凝土:1)搭、拆脚手架;2)选修、洗、埋片石;3)模板制作、安装、拆除、修理、涂脱模剂、堆放;4)混凝土浇筑、捣固、养护。

混凝土:1)搭、拆脚手架;2)模板制作、安装、拆除、修理、涂脱模剂、堆放;3)混凝土浇筑、捣固、养护。

钢筋:除锈、制作、电焊、绑扎。

单位:表列单位

顺序号	项 目	单位	代 号	片石混凝土	混凝土	钢筋
				10m³		1t
				1	2	3
1	人工	工日	1001001	10.3	10.5	7.1
2	片 C25-32.5-4	m³	1503004	(10.20)	–	–
3	普 C25-32.5-4	m³	1503033	–	(10.20)	–
4	HPB300 钢筋	t	2001001	–	–	0.929
5	HRB400 钢筋	t	2001002	–	–	0.096
6	8~12 号铁丝	kg	2001021	0.29	0.26	–
7	20~22 号铁丝	kg	2001022	–	–	2.47
8	型钢	t	2003004	0.011	0.011	–
9	钢管	t	2003008	0.007	0.007	–
10	组合钢模板	t	2003026	0.022	0.022	–
11	电焊条	kg	2009011	–	–	3.8

顺序号	项目	单位	代号	片石混凝土	混凝土	钢筋
				10m³		1t
				1	2	3
12	铁件	kg	2009028	16.22	16.9	–
13	铁钉	kg	2009030	0.2	0.23	–
14	水	m³	3005004	12	12	–
15	原木	m³	4003001	0.07	0.07	–
16	锯材	m³	4003002	0.08	0.08	–
17	中(粗)砂	m³	5503005	4.18	4.9	–
18	片石	m³	5505005	2.19	–	–
19	碎石(4cm)	m³	5505013	7.24	8.47	–
20	32.5级水泥	t	5509001	2.907	3.417	–
21	其他材料费	元	7801001	40.3	40.3	–
22	12t以内汽车式起重机	台班	8009027	0.33	0.4	–
23	32kV·A以内交流电弧焊机	台班	8015028	–	–	0.88
24	小型机具使用费	元	8099001	10.1	10.1	17.5
25	基价	元	9999001	3938	4210	4376

3－2－3 洞门墙装饰

工程内容 镶水刷石:脚手架搭、拆,清洗、修补墙面,砂浆制作、运输,打底、弹线、嵌条、抹面、起线、刷石、养护。
镶贴瓷砖:脚手架搭、拆、移,清理、修补基层表面,砂浆制作、运输,打底、抹浆、镶贴、调缝、擦缝、清理、养护。

单位:100m²

顺序号	项　目	单位	代　号	镶水刷石		镶贴瓷砖
				砌石墙面	混凝土墙面	
				1	2	3
1	人工	工日	1001001	37.7	33	25.3
2	M15 水泥砂浆	m³	1501005	(1.67)	(0.76)	(1.67)
3	M40 水泥砂浆	m³	1501010	(0.52)	(0.52)	(0.34)
4	8～12 号铁丝	kg	2001021	1	1	1.02
5	铁钉	kg	2009030	0.08	0.08	0.08
6	水	m³	3005004	5	5	2
7	原木	m³	4003001	0.01	0.01	0.01
8	锯材	m³	4003002	0.01	0.01	0.01
9	中(粗)砂	m³	5503005	2.28	1.31	2.11
10	白石子	m³	5505011	0.93	0.93	－
11	瓷砖	m²	5507002	－	－	102
12	32.5 级水泥	t	5509001	1.052	0.694	0.915
13	其他材料费	元	7801001	10.1	10.1	10.1

单位:100m²

顺序号	项 目	单位	代 号	镶水刷石		镶贴瓷砖
				砌石墙面	混凝土墙面	
				1	2	3
14	1t以内机动翻斗车	台班	8007046	–	–	0.41
15	小型机具使用费	元	8099001	7.2	7.2	1.9
16	基价	元	9999001	4864	4170	7877

第三节 辅 助 坑 道

说　　明

1. 斜井项目按开挖、出渣、衬砌、通风及管线路分别编制,竖井项目定额中已综合了出渣、通风及管线路。

2. 斜井相关定额项目是按斜井长度 1500m 以内综合编制的,已含斜井建成后,通过斜井进行正洞作业时,斜井内通风及管线路的摊销部分。

3. 斜井支护按正洞相关定额计算。

4. 工程量计算规则:

(1)开挖、出渣工程量按设计断面数量(成洞断面加衬砌断面)计算,定额中已考虑超挖因素,不得将超挖数量计入工程量。

(2)现浇混凝土衬砌工程数量均按设计断面衬砌数量计算。

(3)喷射混凝土工程量按设计厚度乘以喷射面积计算,喷射面积按设计外轮廓线计算。

(4)锚杆工程量为锚杆、垫板及螺母等材料质量之和。

(5)斜井洞内通风、风水管照明及管线路的工程量按斜井设计长度计算。

3-3-1 斜 井 开 挖

工程内容 量测、画线、钻孔、装药、爆破、找顶、修整,脚手架、踏步安装、拆除,一般排水。

单位:100m³ 自然密实土、石

顺序号	项 目	单位	代 号	斜井长度1500m以内,纵坡7°以内					
				围岩级别					
				I 级	II 级	III 级	IV 级	V 级	VI 级
				1	2	3	4	5	6
1	人工	工日	1001001	40.8	37.1	33.3	34.9	35.2	47.8
2	8~12号铁丝	kg	2001021	2.4	2.2	2.1	1.9	1.8	-
3	钢管	t	2003008	0.013	0.013	0.013	0.011	0.011	-
4	空心钢钎	kg	2009003	17.1	14	10.8	6.4	4	6.1
5	φ50mm以内合金钻头	个	2009004	9	7	5	3	2	-
6	铁钉	kg	2009030	0.2	0.2	0.2	0.2	0.2	-
7	水	m³	3005004	35	35	25	25	25	-
8	原木	m³	4003001	0.03	0.03	0.02	0.02	0.02	0.01
9	锯材	m³	4003002	0.03	0.02	0.02	0.02	0.02	0.01
10	硝铵炸药	kg	5005002	110.65	105.28	99.9	77.9	38	-
11	非电毫秒雷管	个	5005008	129.17	112.29	95.4	90	50	-
12	导爆索	m	5005009	81	81	81	71.55	30	-
13	其他材料费	元	7801001	31.6	31.6	25.9	18	8.4	8.4

单位:100m³ 自然密实土、石

顺序号	项　目	单位	代　号	斜井长度1500m以内,纵坡7°以内					
				围岩级别					
				I 级	II 级	III 级	IV 级	V 级	VI 级
				1	2	3	4	5	6
14	1.0m³ 以内履带式液压单斗挖掘机	台班	8001027	0.06	0.06	0.03	0.03	0.02	-
15	气腿式风动凿岩机	台班	8001103	15.76	14.33	9.96	9.12	9.6	-
16	3t 以内载货汽车	台班	8007002	0.15	0.14	0.1	0.1	0.1	-
17	20m³/min 以内电动空压机	台班	8017045	4.91	4.47	3.31	2.85	3.44	1.54
18	小型机具使用费	元	8099001	154.7	140.3	103.9	110.1	103.3	-
19	基价	元	9999001	10911	9948	8318	7747	7432	6229

单位:100m³ 自然密实土、石

顺序号	项 目	单位	代号	斜井长度1500m以内,纵坡9°以内					
				围岩级别					
				I级	II级	III级	IV级	V级	VI级
				7	8	9	10	11	12
1	人工	工日	1001001	42	37.9	34.1	35.9	36.3	53.1
2	8~12号铁丝	kg	2001021	2.4	2.2	2.1	1.9	1.8	—
3	钢管	t	2003008	0.013	0.013	0.013	0.011	0.011	—
4	空心钢钎	kg	2009003	17.1	14	10.8	6.4	4	6.1
5	φ50mm以内合金钻头	个	2009004	9	7	5	3	2	—
6	铁钉	kg	2009030	0.2	0.2	0.2	0.2	0.2	—
7	水	m³	3005004	35	35	25	25	25	—
8	原木	m³	4003001	0.03	0.03	0.02	0.02	0.02	0.01
9	锯材	m³	4003002	0.03	0.02	0.02	0.02	0.02	0.01
10	硝铵炸药	kg	5005002	110.65	105.28	99.9	77.9	38	—
11	非电毫秒雷管	个	5005008	129.17	112.29	95.4	90	50	—
12	导爆索	m	5005009	81	81	81	71.55	30	—
13	其他材料费	元	7801001	31.6	31.6	25.9	18	8.4	8.4
14	1.0m³以内履带式液压单斗挖掘机	台班	8001027	0.06	0.06	0.03	0.03	0.03	—
15	气腿式风动凿岩机	台班	8001103	15.76	14.33	9.96	9.12	9.6	

单位:100m³ 自然密实土、石

顺序号	项　目	单位	代　号	斜井长度1500m以内,纵坡9°以内					
				围岩级别					
				I 级	II 级	III 级	IV 级	V 级	VI 级
				7	8	9	10	11	12
16	3t 以内载货汽车	台班	8007002	0.15	0.14	0.1	0.1	0.1	–
17	20m³/min 以内电动空压机	台班	8017045	5.08	4.63	3.42	2.95	3.6	1.9
18	小型机具使用费	元	8099001	160.9	146.6	108	108	102.4	–
19	基价	元	9999001	11162	10150	8483	7921	7671	7042

单位:100m³ 自然密实土、石

顺序号	项　目	单位	代　号	斜井长度1500m以内,纵坡12°以内					
				围岩级别					
				I 级	II 级	III 级	IV 级	V 级	VI 级
				13	14	15	16	17	18
1	人工	工日	1001001	54.4	49.5	44.4	46.7	47.2	69
2	8~12号铁丝	kg	2001021	2.4	2.2	2.1	1.9	1.8	–
3	钢管	t	2003008	0.013	0.013	0.013	0.011	0.011	–
4	空心钢钎	kg	2009003	17.1	14	10.8	6.4	4	6.1
5	φ50mm以内合金钻头	个	2009004	9	7	5	3	2	–
6	铁钉	kg	2009030	0.2	0.2	0.2	0.2	0.2	–
7	水	m³	3005004	35	35	25	25	25	–
8	原木	m³	4003001	0.03	0.03	0.02	0.02	0.02	0.01
9	锯材	m³	4003002	0.03	0.02	0.02	0.02	0.02	0.01
10	硝铵炸药	kg	5005002	110.65	105.28	99.9	77.9	38	–
11	非电毫秒雷管	个	5005008	129.17	112.29	95.4	90	50	–
12	导爆索	m	5005009	81	81	81	71.55	30	–
13	其他材料费	元	7801001	31.6	31.6	25.9	18	8.4	8.4
14	1.0m³以内履带式液压单斗挖掘机	台班	8001027	0.07	0.07	0.06	0.04	0.04	–
15	气腿式风动凿岩机	台班	8001103	15.76	14.33	9.96	9.12	9.6	

单位:100m³ 自然密实土、石

顺序号	项 目	单位	代 号	斜井长度1500m以内,纵坡12°以内					
				围岩级别					
				Ⅰ级	Ⅱ级	Ⅲ级	Ⅳ级	Ⅴ级	Ⅵ级
				13	14	15	16	17	18
16	3t以内载货汽车	台班	8007002	0.19	0.18	0.13	0.13	0.13	−
17	20m³/min以内电动空压机	台班	8017045	6.61	6.01	4.45	3.84	4.63	2.47
18	小型机具使用费	元	8099001	208.5	190.7	140.4	140.4	133.1	−
19	基价	元	9999001	13619	12414	10374	9744	9600	9128

单位:100m³ 自然密实土、石

顺序号	项　　目	单位	代　号	斜井长度1500m以内,纵坡25°以内					
				围岩级别					
				I 级	II 级	III 级	IV 级	V 级	VI 级
				19	20	21	22	23	24
1	人工	工日	1001001	71.8	65.4	58.5	60.6	62.3	87.5
2	8~12号铁丝	kg	2001021	2.4	2.2	2.1	1.9	1.8	–
3	钢管	t	2003008	0.01	0.013	0.013	0.011	0.011	–
4	空心钢钎	kg	2009003	17.1	14	10.8	6.4	4	6.1
5	φ50mm以内合金钻头	个	2009004	9	7	5	3	2	–
6	铁钉	kg	2009030	0.2	0.2	0.2	0.2	0.2	–
7	水	m³	3005004	35	35	25	25	25	–
8	原木	m³	4003001	0.03	0.03	0.02	0.02	0.02	0.01
9	锯材	m³	4003002	0.03	0.02	0.02	0.02	0.02	0.01
10	硝铵炸药	kg	5005002	110.65	105.28	99.9	77.9	50	–
11	非电毫秒雷管	个	5005008	129.17	112.29	95.4	90	71.2	–
12	导爆索	m	5005009	81	81	81	71.55	71.55	–
13	其他材料费	元	7801001	31.6	31.6	25.9	18	8.4	8.4
14	1.0m³以内履带式液压单斗挖掘机	台班	8001027	0.1	0.09	0.06	0.06	0.09	

单位:100m³ 自然密实土、石

顺序号	项 目	单位	代 号	斜井长度1500m以内,纵坡25°以内					
				围岩级别					
				I 级	II 级	III 级	IV 级	V 级	VI 级
				19	20	21	22	23	24
15	气腿式风动凿岩机	台班	8001103	15.76	14.33	9.96	9.12	9.6	–
16	20m³/min 以内电动空压机	台班	8017045	5.77	5.24	3.88	3.76	3.79	2.04
17	小型机具使用费	元	8099001	215.7	194.1	119.9	119.9	137.5	–
18	基价	元	9999001	14839	13524	11404	11117	10929	10795

单位:100m³ 自然密实土、石

顺序号	项 目	单位	代 号	斜井长度 1500m 以上,每增加 100m,纵坡 7°以内					
				围岩级别					
				I 级	II 级	III 级	IV 级	V 级	VI 级
				25	26	27	28	29	30
1	人工	工日	1001001	4.6	4	3.7	3.9	3.8	5.3
2	1.0m³ 以内履带式液压单斗挖掘机	台班	8001027	0.01	0.01	0.01	0.01	0.01	—
3	气腿式风动凿岩机	台班	8001103	1.73	1.57	1.09	1.01	1.01	—
4	3t 以内载货汽车	台班	8007002	0.02	0.02	0.01	0.01	0.01	—
5	20m³/min 以内电动空压机	台班	8017045	0.54	0.49	0.44	0.31	0.31	0.17
6	基价	元	9999001	917	815	736	665	654	681

单位:100m³ 自然密实土、石

顺序号	项 目	单位	代 号	斜井长度1500m以上,每增加100m,纵坡9°以内					
				围岩级别					
				I 级	II 级	III 级	IV 级	V 级	VI 级
				31	32	33	34	35	36
1	人工	工日	1001001	4.7	4	3.8	4	4	5.5
2	1.0m³ 以内履带式液压单斗挖掘机	台班	8001027	0.01	0.01	0.01	0.01	0.01	-
3	气腿式风动凿岩机	台班	8001103	1.81	1.66	1.15	1.28	1.28	-
4	3t 以内载货汽车	台班	8007002	0.02	0.02	0.01	0.01	0.01	-
5	20m³/min 以内电动空压机	台班	8017045	0.56	0.51	0.46	0.33	0.32	0.18
6	基价	元	9999001	943	831	761	695	688	710

单位:100m³ 自然密实土、石

顺序号	项 目	单位	代 号	斜井长度1500m以上,每增加100m,纵坡12°以内					
				围岩级别					
				I 级	II 级	III 级	IV 级	V 级	VI 级
				37	38	39	40	41	42
1	人工	工日	1001001	6	5.4	5.1	5.4	5.4	7.3
2	1.0m³ 以内履带式液压单斗挖掘机	台班	8001027	0.01	0.01	0.01	0.01	0.01	–
3	气腿式风动凿岩机	台班	8001103	2.36	2.15	1.49	1.67	1.65	–
4	3t 以内载货汽车	台班	8007002	0.02	0.02	0.01	0.01	0.01	–
5	20m³/min 以内电动空压机	台班	8017045	0.73	0.66	0.6	0.42	0.41	0.23
6	基价	元	9999001	1209	1093	1003	913	906	936

单位:100m³ 自然密实土、石

顺序号	项 目	单位	代 号	斜井长度1500m以上,每增加100m,纵坡25°以内					
				围岩级别					
				I 级	II 级	III 级	IV 级	V 级	VI 级
				43	44	45	46	47	48
1	人工	工日	1001001	7.8	7.1	6.7	7.1	7	8.4
2	1.0m³ 以内履带式液压单斗挖掘机	台班	8001027	0.01	0.01	0.01	0.01	0.01	–
3	气腿式风动凿岩机	台班	8001103	3.32	3.02	2.16	1.63	1.67	–
4	20m³/min 以内电动空压机	台班	8017045	0.64	0.58	0.53	0.41	0.38	0.21
5	基价	元	9999001	1348	1226	1133	1082	1051	1039

3-3-2 斜 井 出 渣

工程内容 洞渣装、运、卸及道路养护。

单位:100m³ 自然密实土、石

顺序号	项 目	单位	代 号	汽车运输					
				纵坡7°以内			纵坡9°以内		
				围岩级别					
				I~III 级	IV~V 级	VI 级	IV 级	V 级	VI 级
				1	2	3	4	5	6
1	人工	工日	1001001	2	2.3	3.1	2.5	3.3	4.4
2	3.0m³ 以内轮胎式装载机(三向)	台班	8001053	0.36	0.3	0.2	0.4	0.38	0.25
3	20t 以内自卸汽车	台班	8007019	0.99	0.87	0.72	1.25	1.14	0.95
4	基价	元	9999001	1804	1621	1404	2202	2137	1867

单位:100m³ 自然密实土、石

顺序号	项　目	单位	代　号	汽车运输					
				纵坡12°以内			纵坡25°以内		
				围岩级别					
				I ~ III 级	IV ~ V 级	VI 级	IV 级	V 级	VI 级
				7	8	9	10	11	12
1	人工	工日	1001001	3.3	4.4	5.6	5.3	5.8	7.6
2	其他材料费	元	7801001	–	–	–	1652	1652	1652
3	1.0m³ 以内履带式液压单斗挖掘机	台班	8001027	–	–	–	0.41	0.39	0.26
4	3.0m³ 以内轮胎式装载机(三向)	台班	8001053	0.53	0.5	0.33	–	–	–
5	20t 以内自卸汽车	台班	8007019	1.66	1.52	1.27	–	–	–
6	8m³ 以内梭式矿车	台班	8007060	–	–	–	2.53	2.35	1.96
7	2.0m×1.5m 单筒绞车	台班	8009135	–	–	–	0.17	0.12	0.08
8	2.0m×1.5m 双筒绞车	台班	8009136	–	–	–	1.24	1.17	0.77
9	基价	元	9999001	2920	2840	2460	4640	4535	4112

3-3-3 斜 井 衬 砌

工程内容 混凝土:清理岩面及基底,脚手架及衬砌平台制作、安装、拆除,模板制作、安装、拆除、维护,混凝土浇筑、捣固及养护。
钢筋:除锈、制作、运输、绑扎、电焊。

单位:表列单位

顺序号	项 目	单位	代 号	模筑混凝土	仰拱混凝土	钢筋
				10m³		1t
				1	2	3
1	人工	工日	1001001	14.4	6.1	10.05
2	普 C25-32.5-4	m³	1503033	–	(10.40)	–
3	泵 C25-32.5-4	m³	1503083	(10.40)	–	–
4	HRB400 钢筋	t	2001002	–	–	1.025
5	20~22 号铁丝	kg	2001022	–	–	3.08
6	型钢	t	2003004	0.08	–	–
7	钢板	t	2003005	–	0.002	–
8	组合钢模板	t	2003026	0.024	0.023	–
9	电焊条	kg	2009011	–	–	5.01
10	铁件	kg	2009028	2.02	0.4	–
11	铁钉	kg	2009030	1.01	–	–
12	水	m³	3005004	6	6	
13	锯材	m³	4003002	0.11	–	
14	中(粗)砂	m³	5503005	6.03	6.03	

单位:表列单位

顺序号	项　目	单位	代　号	模筑混凝土	仰拱混凝土	钢筋
				10m³		1t
				1	2	3
15	碎石(4cm)	m³	5505013	7.59	7.59	–
16	32.5 级水泥	t	5509001	3.869	3.869	–
17	其他材料费	元	7801001	17.1	14.1	–
18	10m³/h 以内混凝土输送泵	台班	8005047	0.17	0.25	–
19	50kN 以内单筒慢动卷扬机	台班	8009081	0.61	–	–
20	32kV·A 以内交流电弧焊机	台班	8015028	–	–	0.48
21	小型机具使用费	元	8099001	11.4	8.2	33.7
22	基价	元	9999001	4702	3289	4611

3-3-4 斜井通风及管线路

工程内容 通风:通风,防尘,通风机、通风管安装、架设、调试使用、维护、搬运、拆除。

管线路:高压风、水管,照明、动力电线路、照明器材选配料、搬运、安装、铺设、调试,使用,维护及拆除。

单位:每100延米斜井长

顺序号	项 目	单位	代 号	通风			高压风水管、照明、电线路		
				斜井长度(m)					
				400以内	800以内	1500以内	400以内	800以内	1500以内
				1	2	3	4	5	6
1	人工	工日	1001001	51.5	78.2	91.7	134.9	161.9	188.8
2	钢管	t	2003008	–	–	–	0.377	0.465	0.574
3	电	kW·h	3005002	–	–	–	5911	7510	5540
4	电缆	m	7001001	–	–	–	8	6	5
5	电线	m	7001004	–	–	–	134	151	168
6	其他材料费	元	7801001	1933.9	1623.9	1090.7	3803	3714	2872.2
7	10m以内高空作业车	台班	8009046	0.9	1.2	1.3	–	–	–
8	100kW以内轴流式通风机	台班	8023005	73.54	95.65	105.95	–	–	–
9	小型机具使用费	元	8099001	152.3	224.4	176.3	3558.9	4610.6	5567.9
10	基价	元	9999001	44363	58043	64038	28860	34378	36130

3-3-5 竖 井 开 挖 ※

工程内容 量测、画线、钻孔、装药、爆破、装渣、提升、卸渣至井口渣仓、空回、清面、修整,通风、防尘,安全处理。

单位:100m³ 自然密实土、石

顺序号	项目	单位	代号	围岩级别			
				I~II级	III级	IV级	V~VI级
				1	2	3	4
1	人工	工日	1001001	70.4	64.6	61.7	58.6
2	钢丝绳	t	2001019	0.117	0.117	0.117	0.117
3	钢管	t	2003008	0.018	0.018	0.018	0.018
4	空心钢钎	kg	2009003	20.6	11.9	9.6	7.7
5	φ50mm 以内合金钻头	个	2009004	12	8	6	4.5
6	电	kW·h	3005002	232.17	213	157	126
7	水	m³	3005004	63	52	41	9
8	锯材	m³	4003002	0.01	0.01	0.01	0.01
9	硝铵炸药	kg	5005002	146.5	119.6	87.4	63.87
10	非电毫秒雷管	个	5005008	144	108	80	59.26
11	其他材料费	元	7801001	135.9	135.9	135.9	135.9
12	设备摊销费	元	7901001	247.9	247.9	247.9	247.9
13	0.2m³ 以内轮胎式液压单斗挖掘机	台班	8001038	1.69	1.55	1.44	1.13
14	气腿式风动凿岩机	台班	8001103	15.98	10.11	6.85	4.07
15	30kN 以内单筒慢动卷扬机	台班	8009080	1.52	1.4	1.27	1.05

单位:100m³ 自然密实土、石

顺序号	项　目	单位	代　号	围岩级别			
				I～II级	III级	IV级	V～VI级
				1	2	3	4
16	50kN以内单筒慢动卷扬机	台班	8009081	5.83	5.35	5.07	4.57
17	100kN以内单筒慢动卷扬机	台班	8009083	6.8	6.24	5.96	4.57
18	100kN以内双筒快动卷扬机	台班	8009104	1.7	1.56	1.46	1.14
19	ϕ100mm电动多级水泵(>120m)	台班	8013012	3.25	2.99	2.47	2.14
20	20m³/min以内电动空压机	台班	8017045	4.49	4.12	2.61	0.97
21	30kW以内轴流式通风机	台班	8023002	2.47	2.27	2.12	1.53
22	小型机具使用费	元	8099001	141.8	130.1	87.9	66.7
23	基价	元	9999001	21152	19010	16505	13497

3-3-6 竖井支护与衬砌

工程内容 喷射混凝土:冲洗岩面,安、拆、移机具设备,混凝土上料、喷射、养护,冲洗机具。
锚杆:搭、拆、移工作台,锚杆及附件制作,吊运,钻孔,安装,砂浆拌和、灌注,锚固。
模筑混凝土:清理岩面,搭、拆、移工作台,模板制作、安装、拆除、维护,混凝土吊运、浇筑、捣固及养护。
钢筋:除锈、制作、吊运、绑扎、电焊。

单位:表列单位

顺序号	项 目	单位	代 号	喷射混凝土	模筑混凝土	锚杆	钢筋
				10m³		1t	
				1	2	3	4
1	人工	工日	1001001	25.4	13.8	28.6	11.2
2	普 C25-32.5-4	m³	1503033	–	(11.70)	–	–
3	喷 C25-32.5-2	m³	1503122	(12.00)	–	–	–
4	HRB400 钢筋	t	2001002	–	–	1.025	1.025
5	8~12 号铁丝	kg	2001021	–	1.8	–	–
6	20~22 号铁丝	kg	2001022	–	–	–	3.1
7	型钢	t	2003004	–	0.008	–	–
8	钢板	t	2003005	–	0.028	–	–
9	空心钢钎	kg	2009003	–	–	5.92	–
10	φ50mm 以内合金钻头	个	2009004	–	–	9.38	–
11	电焊条	kg	2009011	–	–	–	4.3

— 383 —

顺序号	项 目	单位	代 号	喷射混凝土	模筑混凝土	锚杆	钢筋
				10m³		1t	
				1	2	3	4
12	铁件	kg	2009028	–	8	–	–
13	铁钉	kg	2009030	–	0.1	–	–
14	电	kW·h	3005002	42	31	64	–
15	水	m³	3005004	24	12	4.44	–
16	原木	m³	4003001	–	0.01	0.01	–
17	锯材	m³	4003002	0.01	0.02	0.02	–
18	锚固剂	t	5003006	–	–	0.41	–
19	中(粗)砂	m³	5503005	7.2	6.79	–	–
20	碎石(4cm)	m³	5505013	–	8.54	–	–
21	碎石(2cm)	m³	5505012	6.84	–	–	–
22	32.5级水泥	t	5509001	5.628	4.352	–	–
23	其他材料费	元	7801001	378.4	7.2	8.7	–
24	气腿式风动凿岩机	台班	8001103	–	–	8.26	–
25	混凝土喷射机	台班	8005011	0.88	–	–	–
26	60m³/h以内混凝土输送泵	台班	8005051	–	0.12	–	–
27	4t以内载货汽车	台班	8007003	–	0.05	–	–
28	1t以内机动翻斗车	台班	8007046	–	–	0.14	–
29	50kN以内单筒慢动卷扬机	台班	8009081	0.44	0.5	1.02	0.3

顺序号	项 目	单位	代 号	喷射混凝土	模筑混凝土	锚杆	钢筋
				10m³		1t	
				1	2	3	4
30	200kN 以内单筒慢动卷扬机	台班	8009084	0.13	0.14	0.29	0.1
31	80kN 以内双筒快动卷扬机	台班	8009103	0.31	0.36	–	–
32	φ100mm 电动多级水泵(>120m)	台班	8013012	0.34	0.38	–	–
33	32kV·A 以内交流电弧焊机	台班	8015028	–	–	–	0.7
34	20m³/min 以内电动空压机	台班	8017045	0.78	–	2.34	–
35	小型机具使用费	元	8099001	114.4	4.4	95.6	30.1
36	基价	元	9999001	7433	4978	9731	4811

3-3-7 斜井洞内施工排水

工程内容 水泵安、拆,集水坑设置,排水,维护。

单位:100m³ 水

顺序号	项目	单位	代号	斜井长度(m)							
				100 以内	200 以内	300 以内	400 以内	500 以内	600 以内	700 以内	800 以内
				1	2	3	4	5	6	7	8
1	人工	工日	1001001	0.2	0.2	0.3	0.4	0.4	0.5	0.6	0.7
2	其他材料费	元	7801001	22.3	22.8	23.3	23.8	24.3	24.8	25.3	25.8
3	ϕ100mm 电动单级离心水泵	台班	8013002	0.17	–	–	–	–	–	–	–
4	ϕ100mm 电动多级水泵(>120m)	台班	8013012	–	0.18	0.18	–	–	–	–	–
5	ϕ150mm 电动多级水泵(≤180m)	台班	8013013	–	–	–	0.13	0.13	–	–	–
6	ϕ150mm 电动多级水泵(>180m)	台班	8013014	–	–	–	–	–	0.15	0.16	0.17
7	基价	元	9999001	81	100	111	126	127	164	181	198

单位:100m³ 水

顺序号	项　目	单位	代　号	斜井长度(m)						
				900 以内	1000 以内	1100 以内	1200 以内	1300 以内	1400 以内	1500 以内
				9	10	11	12	13	14	15
1	人工	工日	1001001	0.9	1	1.2	1.5	1.8	2.2	2.6
2	其他材料费	元	7801001	26.3	26.8	27.3	27.8	28.3	28.8	29.3
3	φ150mm 电动多级水泵(＞180m)	台班	8013014	0.18	0.19	0.2	0.21	0.22	0.23	0.24
4	基价	元	9999001	225	242	270	308	346	395	444

3-3-8 人行、车行横洞开挖

工程内容 1)量测、画线;2)打眼、装药、爆破;3)找顶、修整;4)脚手架、踏步安装、拆除;5)清渣。

单位:100m³ 自然密实土、石

顺序号	项 目	单位	代 号	围岩级别					
				I 级	II 级	III 级	IV 级	V 级	VI
				1	2	3	4	5	6
1	人工	工日	1001001	30.5	27.8	24.6	26.6	27.2	38.2
2	8~12 号铁丝	kg	2001021	2.4	2.2	2.1	1.9	1.8	—
3	钢管	t	2003008	0.013	0.013	0.013	0.011	0.011	—
4	空心钢钎	kg	2009003	17.1	14	10.8	6.4	4	—
5	φ50mm 以内合金钻头	个	2009004	9	7	5	3	2	—
6	铁钉	kg	2009030	0.2	0.2	0.2	0.2	0.2	—
7	水	m³	3005004	35	35	25	25	25	—
8	原木	m³	4003001	0.03	0.03	0.02	0.02	0.02	0.01
9	锯材	m³	4003002	0.03	0.02	0.02	0.02	0.02	0.01
10	硝铵炸药	kg	5005002	109.1	103.8	98.5	76.7	30.5	—
11	非电毫秒雷管	个	5005008	153	133	113	84	53	—
12	导爆索	m	5005009	60	60	60	53	53	—
13	其他材料费	元	7801001	31.6	31.6	25.9	18	8.4	8.4
14	0.8m³ 以内履带式液压单斗挖掘机	台班	8001026	0.12	0.11	0.07	0.06	0.05	0.93
15	气腿式风动凿岩机	台班	8001103	9.83	8.94	5.78	5.12	6.68	—
16	3t 以内载货汽车	台班	8007002	0.14	0.14	0.14	0.14	0.14	0.14
17	20m³/min 以内电动空压机	台班	8017045	3.32	3.15	1.95	1.5	1.95	—
18	小型机具使用费	元	8099001	214.4	195.4	125.4	66.8	85.7	—
19	基价	元	9999001	8721	8042	6439	5779	5485	5114

第四节　瓦斯隧道※

说　　明

1. 本节瓦斯隧道包括瓦斯隧道超前探测钻孔、瓦斯排放钻孔、瓦斯隧道正洞机械开挖、瓦斯隧道现浇混凝土衬砌、瓦斯隧道正洞通风、瓦斯隧道施工监测监控系统等项目。

2. 格栅钢架和型钢钢架均按永久性支护编制,如作为临时支护使用,应按规定计取回收。

3. 喷射混凝土定额分为气密性混凝土和钢纤维混凝土,定额中已综合考虑混凝土的回弹量。气密性混凝土考虑了气密剂费用,气密剂掺量按水泥用量的7%掺入;钢纤维混凝土中钢纤维掺入量按喷射混凝土质量的3%掺入。当设计采用的气密剂、钢纤维掺入量与本章定额不同或采用其他材料时,可进行抽换。

4. 洞身衬砌项目按现浇混凝土衬砌编制,定额中已综合考虑超挖回填因素,当设计采用的混凝土强度等级与定额采用的不符或采用特殊混凝土时,可根据具体情况对混凝土配合比进行抽换。

5. 本章定额中凡是按不同隧道长度编制的项目,均只编制到隧道长度在5000m以内。当隧道长度超过5000m时,应按以下规定计算。

(1)洞身开挖:以隧道长度5000m以内定额为基础,与隧道长度5000m以上每增加1000m定额叠加使用。

(2)正洞出渣运输:通过隧道进出口开挖正洞,以换算隧道长度套用相应的出渣定额计算。换算隧道长度的计算公式为:

换算隧道长度 = 全隧长度 – 通过辅助坑道开挖正洞的长度

当换算隧道长度超过5000m时,以隧道长度5000m以内定额为基础,与隧道长度5000m以上每增加1000m定额叠加使用。

（3）通风、管线路定额，按正洞隧道长度综合编制；当隧道长度超过 5000m 时，以隧道长度 5000m 以内定额为基础，与隧道长度 5000m 以上每增加 1000m 定额叠加使用。

6. 瓦斯隧道采用对向平行施工时，套用本节定额，隧道长度按单向施工长度计；若仅有单向为瓦斯隧道，则瓦斯隧道一侧套用本节定额，另一侧套用本章第一节相应定额。

7. 本节未包括的其他内容，套用本章相应定额。

3-4-1 瓦斯隧道超前探测钻孔

工程内容 超前初探钻孔:测量放样,操作平台搭设,钻孔机具安装、钻孔、清孔、移动、拆除,套管装拔。

超前探测钻孔(取芯):测量放样,操作平台搭设,钻孔机具安装、钻孔、清孔、取芯、移动、拆除,套管装拔。

钻屑指标法预测孔:测量放样,操作平台搭设,钻孔机具安装、钻孔、清孔、移动、拆除,套管装拔。

I. 超前初探钻孔

单位:10m

顺序号	项 目	单位	代 号	孔径76mm以内								
				孔深(m)								
				20以内			40以内			60以内		
				IV级	V级	VI级	IV级	V级	VI级	IV级	V级	VI级
				1	2	3	4	5	6	7	8	9
1	人工	工日	1001001	5	3.7	1.5	5.8	4.2	1.9	6.5	4.6	2.3
2	20~22号铁丝	kg	2001022	0.3	0.3	0.3	0.3	0.3	0.3	0.3	0.3	0.3
3	钢管	t	2003008	0.005	0.004	0.003	0.005	0.004	0.003	0.005	0.004	0.003
4	φ150mm以内合金钻头	个	2009005	0.2	0.2	0.1	0.2	0.2	0.1	0.2	0.2	0.1
5	钻杆	kg	2009007	4.6	4.2	2.6	9.6	8.8	5.7	15.8	14.6	9.9
6	铁钉	kg	2009030	1.9	1.9	1.9	1.9	1.9	1.9	1.9	1.9	1.9
7	水	m³	3005004	2	2	2	2	2	2	2	2	2
8	锯材	m³	4003002	0.014	0.014	0.014	0.007	0.007	0.007	0.005	0.005	0.005
9	其他材料费	元	7801001	20.6	12.2	6.2	23.6	14.1	7.5	25.3	14.7	9.2
10	全液压履带钻机 ZYL-1250	台班	8001119	1.13	0.82	0.32	1.29	0.92	0.42	1.45	1.04	0.5

单位:10m

顺序号	项 目	单位	代 号	孔径76mm 以内								
				孔深(m)								
				20 以内			40 以内			60 以内		
				IV 级	V 级	VI 级	IV 级	V 级	VI 级	IV 级	V 级	VI 级
				1	2	3	4	5	6	7	8	9
11	20m³/min 以内电动空压机	台班	8017045	1.03	0.76	0.29	1.18	0.85	0.41	1.32	0.93	0.48
12	小型机具使用费	元	8099001	36.6	24.5	12.2	43.4	27.7	16.7	51.1	31.1	20
13	基价	元	9999001	1819	1353	570	2099	1531	749	2378	1713	900

II. 超前探测钻孔(取芯)

顺序号	项　目	单位	代　号	孔径76mm以内								
				孔深(m)								
				20以内			40以内			60以内		
				IV级	V级	VI级	IV级	V级	VI级	IV级	V级	VI级
				10	11	12	13	14	15	16	17	18
1	人工	工日	1001001	6.5	4.9	2.2	7.6	5.5	2.9	8.5	6	3.5
2	20~22号铁丝	kg	2001022	0.3	0.3	0.3	0.3	0.3	0.3	0.3	0.3	0.3
3	钢管	t	2003008	0.005	0.004	0.003	0.005	0.005	0.003	0.005	0.004	0.003
4	φ150mm以内合金取芯钻头	个	2009006	0.3	0.3	0.2	0.3	0.3	0.2	0.3	0.3	0.2
5	钻杆	kg	2009007	5.9	5.4	3.4	12.4	11.4	7.3	20.5	19	13.2
6	铁钉	kg	2009030	1.9	1.9	1.9	1.9	1.9	1.9	1.9	1.9	1.9
7	水	m³	3005004	2	2	2	2	2	2	2	2	2
8	锯材	m³	4003002	0.014	0.014	0.014	0.007	0.007	0.007	0.005	0.005	0.005
9	其他材料费	元	7801001	22.5	13.7	6.9	26.5	15.7	8.3	27.8	16.4	10.4
10	全液压履带钻机 ZYL-1250	台班	8001119	1.45	1.08	0.48	1.67	1.2	0.65	1.87	1.34	0.76
11	20m³/min以内电动空压机	台班	8017045	1.35	0.99	0.44	1.55	1.1	0.6	1.71	1.19	0.72
12	小型机具使用费	元	8099001	44.4	28.9	14.5	52.2	33.3	20	61.1	36.6	23.3
13	基价	元	9999001	2359	1774	835	2741	1998	1105	3082	2213	1334

III. 钻屑指标法预测孔

顺序号	项 目	单位	代 号	围岩级别		
				IV 级	V 级	VI 级
				19	20	21
1	人工	工日	1001001	5	3.7	1.8
2	20~22 号铁丝	kg	2001022	0.3	0.3	0.3
3	钢管	t	2003008	0.002	0.002	0.001
4	φ50mm 以内合金钻头	个	2009004	0.2	0.2	0.1
5	钻杆	kg	2009007	7.2	6.6	4.2
6	铁钉	kg	2009030	1.9	1.9	1.9
7	水	m^3	3005004	2	2	2
8	锯材	m^3	4003002	0.016	0.016	0.016
9	其他材料费	元	7801001	26	15.8	10.8
10	风煤钻	台班	8001118	1.03	0.85	0.35
11	$10m^3/min$ 以内电动空压机	台班	8017044	0.9	0.66	0.27
12	小型机具使用费	元	8099001	17.7	12.2	3.4
13	基价	元	9999001	1086	823	405

3-4-2 瓦斯排放钻孔

工程内容 测量放样,操作平台搭设,钻孔机具安装、钻孔、清孔、移动、拆除,套管装拔。

单位:10m

顺序号	项 目	单位	代 号	孔径76mm 以内		
				围岩级别		
				IV 级	V 级	VI 级
				1	2	3
1	人工	工日	1001001	3.2	2.3	1.3
2	20~22 号铁丝	kg	2001022	0.3	0.3	0.3
3	钢管	t	2003008	0.005	0.004	0.003
4	ϕ150mm 以内合金钻头	个	2009005	0.2	0.2	0.1
5	钻杆	kg	2009007	4.6	4.2	2.6
6	铁钉	kg	2009030	1.9	1.9	1.9
7	水	m^3	3005004	2	2	2
8	锯材	m^3	4003002	0.014	0.014	0.014
9	其他材料费	元	7801001	22.2	12.4	6.8
10	全液压履带钻机 ZYL-1250	台班	8001119	0.76	0.57	0.34
11	20m^3/min 以内电动空压机	台班	8017045	0.67	0.56	0.3
12	小型机具使用费	元	8099001	18.9	15.5	7.8
13	基价	元	9999001	1227	966	560

3-4-3 瓦斯隧道正洞机械开挖自卸汽车运输

工程内容 开挖:测量、画线、打眼、装药、爆破、找顶、修整,脚手架、踏步安装、拆除,一般排水。
出渣:洞渣装、运、卸及道路养护。

I. 开 挖 单位:100m³ 自然密实土、石

顺序号	项 目	单位	代 号	隧道长度(m)					
				1000 以内			2000 以内		
				围岩级别					
				IV 级	V 级	VI 级	IV 级	V 级	VI 级
				1	2	3	4	5	6
1	人工	工日	1001001	33.1	34.5	48.4	34.5	35.3	49.6
2	8~12 号铁丝	kg	2001021	1.9	1.8	–	1.8	1.8	–
3	钢管	t	2003008	0.011	0.011	–	0.011	0.011	–
4	空心钢钎	kg	2009003	6.5	4	6.2	6.5	4	6.1
5	φ50mm 以内合金钻头	个	2009004	3	2	–	3	2	–
6	铁钉	kg	2009030	0.2	0.2	–	0.2	0.2	–
7	水	m³	3005004	25	25	–	25	25	–
8	原木	m³	4003001	0.022	0.021	0.011	0.022	0.021	0.011
9	锯材	m³	4003002	0.02	0.019	0.011	0.02	0.019	0.011
10	乳化炸药	kg	5005001	99	41		99	41	
11	非电毫秒雷管	个	5005008	116	116	–	116	116	–
12	阻燃电线	m	7001012	9	9	–	9	9	–
13	其他材料费	元	7801001	35.3	14.9	10.8	35.3	14.9	10.8

顺序号	项　目	单位	代　号	隧道长度(m)					
				1000 以内			2000 以内		
				围岩级别					
				IV 级	V 级	VI 级	IV 级	V 级	VI 级
				1	2	3	4	5	6
14	气腿式风动凿岩机	台班	8001103	3.72	4.85	–	3.72	4.85	–
15	风煤钻	台班	8001118	–	–	2.39	–	–	2.39
16	20m³/min 以内电动空压机	台班	8017045	1.32	1.68	0.29	1.32	1.68	0.29
17	小型机具使用费	元	8099001	55.2	71.7	–	55.2	71.7	–
18	基价	元	9999001	6415	6135	5516	6563	6220	5643

单位:100m³ 自然密实土、石

顺序号	项目	单位	代号	隧道长度(m)					
				3000 以内			4000 以内		
				围岩级别					
				IV 级	V 级	VI 级	IV 级	V 级	VI 级
				7	8	9	10	11	12
1	人工	工日	1001001	35.3	35.9	50.5	35.9	37	51.7
2	8～12 号铁丝	kg	2001021	1.9	1.8	–	1.9	1.8	–
3	钢管	t	2003008	0.011	0.011	–	0.011	0.011	–
4	空心钢钎	kg	2009003	6.5	4	6.1	6.4	4	6.1
5	φ50mm 以内合金钻头	个	2009004	3	2	–	3	2	–
6	铁钉	kg	2009030	0.2	0.2	–	0.2	0.2	–
7	水	m³	3005004	25	25	–	25	25	–
8	原木	m³	4003001	0.022	0.021	0.011	0.022	0.021	0.011
9	锯材	m³	4003002	0.02	0.019	0.011	0.02	0.019	0.011
10	乳化炸药	kg	5005001	99	41	–	99	41	
11	非电毫秒雷管	个	5005008	116	116	–	116	116	
12	阻燃电线	m	7001012	9	9	–	9	9	–
13	其他材料费	元	7801001	35.3	14.9	10.8	35.3	14.9	10.8
14	气腿式风动凿岩机	台班	8001103	3.72	4.83	–	3.69	4.83	–
15	风煤钻	台班	8001118	–	–	2.39	–	–	2.39
16	20m³/min 以内电动空压机	台班	8017045	1.32	1.68	0.29	1.32	1.68	0.29
17	小型机具使用费	元	8099001	55.2	71.7	–	55.2	71.7	–
18	基价	元	9999001	6649	6283	5738	6711	6400	5866

续前页

单位:100m³ 自然密实土、石

顺序号	项　目	单位	代　号	隧道长度(m)					
				5000 以内			5000 以上,每增加 1000		
				围岩级别					
				IV 级	V 级	VI 级	IV 级	V 级	VI 级
				13	14	15	16	17	18
1	人工	工日	1001001	36.7	37.9	52.9	1.4	2.3	2.6
2	8~12 号铁丝	kg	2001021	1.9	1.8	–	–	–	–
3	钢管	t	2003008	0.011	0.011	–	–	–	–
4	空心钢钎	kg	2009003	6.4	4	6.1	–	–	–
5	φ50mm 以内合金钻头	个	2009004	3	2	–	–	–	–
6	铁钉	kg	2009030	0.2	0.2	–	–	–	–
7	水	m³	3005004	25	25	–	–	–	–
8	原木	m³	4003001	0.022	0.021	0.011	–	–	–
9	锯材	m³	4003002	0.02	0.019	0.011	–	–	–
10	乳化炸药	kg	5005001	99	41	–	–	–	–
11	非电毫秒雷管	个	5005008	116	116	–	–	–	–
12	阻燃电线	m	7001012	9	9	–	–	–	–
13	其他材料费	元	7801001	35.3	14.9	10.8	–	–	–
14	气腿式风动凿岩机	台班	8001103	3.69	4.83	–	0.07	0.08	

单位:100m³ 自然密实土、石

顺序号	项　目	单位	代　号	隧道长度(m)					
				5000 以内			5000 以上,每增加 1000		
				围岩级别					
				IV 级	V 级	VI 级	IV 级	V 级	VI 级
				13	14	15	16	17	18
15	风煤钻	台班	8001118	–	–	2.39	–	–	0.03
16	20m³/min 以内电动空压机	台班	8017045	1.32	1.68	0.29	0.02	0.03	0.01
17	小型机具使用费	元	8099001	55.2	71.7	–	–	–	–
18	基价	元	9999001	6796	6495	5993	164	267	284

II. 出　渣　　　　　　　　　　　　　　单位:100m³ 自然密实土、石

顺序号	项　目	单位	代　号	隧道长度(m) 1000 以内 IV~V 级	1000 以内 VI 级	2000 以内 IV~V 级	2000 以内 VI 级	3000 以内 IV~V 级	3000 以内 VI 级
				19	20	21	22	23	24
1	人工	工日	1001001	1.3	1.6	1.3	1.6	1.3	1.6
2	2.0m³ 以内轮胎式防爆型装载机	台班	8001051	0.28	0.17	0.29	0.17	0.3	0.19
3	15t 以内防爆型自卸汽车	台班	8007022	0.63	0.51	0.75	0.63	0.87	0.72
4	基价	元	9999001	1036	836	1161	950	1285	1057

单位:100m³ 自然密实土、石

顺序号	项 目	单位	代 号	隧道长度(m)					
				4000 以内		5000 以内		5000 以上,每增加 1000	
				围岩级别					
				IV ~ V 级	VI 级	IV ~ V 级	VI 级	IV ~ V 级	VI 级
				25	26	27	28	29	30
1	人工	工日	1001001	1.3	1.6	1.3	1.6	0.8	1
2	2.0m³ 以内轮胎式防爆型装载机	台班	8001051	0.3	0.2	0.31	0.22	–	–
3	15t 以内防爆型自卸汽车	台班	8007022	1.1	0.9	1.34	1.1	0.11	0.09
4	基价	元	9999001	1503	1238	1742	1449	189	192

3－4－4 瓦斯隧道钢支撑

工程内容 1)下料,成型,钻孔,冷连接,修正;2)安装就位,紧固螺栓;3)拆除,整理,堆放。

单位:1t 钢架

顺序号	项 目	单位	代 号	制作、安装(冷连接) 型钢钢架 1	每增加一次安装 2	每增加一次拆除 3
1	人工	工日	1001001	12.4	6	1.7
2	HRB400 钢筋	t	2001002	0.117	－	－
3	型钢	t	2003004	0.96	－	－
4	钢板	t	2003005	0.1	－	－
5	电焊条	kg	2009011	4.2	－	－
6	铁件	kg	2009028	19.1	－	－
7	其他材料费	元	7801001	117.4	－	－
8	4t 以内防爆型载货汽车	台班	8007021	0.51	－	－
9	32kV·A 以内交流电弧焊机	台班	8015028	0.99	－	－
10	小型机具使用费	元	8099001	4.9	－	－
11	基价	元	9999001	6088	638	181

注:临时钢支撑应根据下表规定的周转次数编制预算;如由于工程规模或工期限制达不到规定的周转次数,可按施工组织设计的工程量编制预算,
  并按下表规定的回收率计算回收金额。连拱隧道的中、侧导洞临时钢支撑可由设计单位按实际回收率计算回收金额。

回收项目	周转次数					计算基数
	50	40	30	20	10	
型钢、钢板、钢筋	－	30%	50%	65%	80%	材料原价

3-4-5 瓦斯隧道管棚、小导管

工程内容 管棚:场地清理,搭、拆脚手架,布眼、钻孔、清孔,钢管制作、运输、就位、顶进。

超前小导管:搭、拆脚手架,布眼、钻孔、清孔,钢管制作、运输、就位、顶管。

注浆:浆液制作、注浆、检查、堵孔。

单位:表列单位

顺序号	项 目	单位	代 号	管棚(管径:mm) 80 10m 1	管棚(管径:mm) 108 10m 2	超前小导管 100m 3	注浆 水泥浆 10m³ 4	注浆 水泥水玻璃浆 10m³ 5
1	人工	工日	1001001	2.8	3.3	16.3	12.7	13.3
2	水泥浆(32.5)	m³	1501021	–	–	–	(10.50)	–
3	水泥水玻璃浆	m³	1501023	–	–	–	–	(10.50)
4	钢管	t	2003008	0.08	0.161	0.355	–	–
5	空心钢钎	kg	2009003	–	–	3.8	–	–
6	φ50mm 以内合金钻头	个	2009004	–	–	2	–	–
7	φ150mm 以内合金钻头	个	2009005	0.18	0.2	–	–	–
8	水	m³	3005004	2	2	9	8	6
9	锯材	m³	4003002	0.03	0.03	–	–	–
10	水玻璃	kg	5009011	–	–	–	–	3106.8
11	磷酸二氢钠	kg	5009017	–	–	–	–	73.3

顺序号	项　　　目	单位	代　号	管棚(管径:mm)		超前小导管	注浆	
				80	108		水泥浆	水泥水玻璃浆
				10m		100m	10m³	
				1	2	3	4	5
12	32.5 级水泥	t	5509001	–	–	–	7.872	5.462
13	其他材料费	元	7801001	48.5	58.3	19.4	4.5	5
14	风煤钻	台班	8001118	–	–	3.75	–	–
15	全液压履带钻机 ZYL-3200	台班	8001120	0.51	0.73	–	–	–
16	4t 以内防爆型载货汽车	台班	8007021	0.02	0.02	–	0.34	0.26
17	1t 以内防爆型机动翻斗车	台班	8007049	–	–	0.2	–	–
18	20m³/min 以内电动空压机	台班	8017045	0.55	0.79	0.92	–	–
19	小型机具使用费	元	8099001	24	30.5	19.4	61.7	127.7
20	基价	元	9999001	1450	2151	4191	4030	9762

3－4－6 瓦斯隧道喷射混凝土

工程内容 冲洗岩面,安、拆、移机具设备,混凝土及钢钎混凝土上料、喷射、养护,冲洗机具,移动喷浆架。

单位:10m³

顺序号	项　目	单位	代　号	气密性混凝土	钢纤维混凝土
				1	2
1	人工	工日	1001001	19.2	23.9
2	喷 C25－32.5－2	m³	1503122	(12.00)	－
3	钢纤维	t	2001020	－	0.464
4	水	m³	3005004	22	22
5	锯材	m³	4003002	0.11	0.01
6	气密剂	kg	5003007	380	－
7	中(粗)砂	m³	5503005	6.78	7.2
8	碎石(2cm)	m³	5505012	6.7	6.84
9	32.5 级水泥	t	5509001	5.429	5.628
10	其他材料费	元	7801001	347.9	347.9
11	混凝土防爆型喷射机	台班	8005012	1.5	1.9
12	9m³/min 以内机动空压机	台班	8017049	1.42	1.64
13	小型机具使用费	元	8099001	87.2	87.2
14	基价	元	9999001	8165	10147

3-4-7 瓦斯隧道现浇混凝土衬砌

工程内容 模板台车浇筑混凝土:1)清理岩面及基底;2)台车就位、调整、挡头板制作、安装、拆除、修理、涂脱模剂、堆放、台车维护;3)混凝土浇筑、捣固及养护。

模架浇筑混凝土:1)清理岩面及基底;2)模架制作、安装、拆除、移动;3)模板制作、安装、拆除、修理、涂脱模剂、堆放;4)混凝土浇筑、捣固及养护。

混凝土仰拱:1)清理岩面及基底;2)挡头板制作、安装、拆除、修理、涂脱模剂、堆放;3)混凝土浇筑、捣固及养护。

仰拱回填:1)清理基底、模板制作、安装;2)混凝土浇筑、捣固;3)脱模、保养、堆放,混凝土养护。

瓦斯隔离板:1)搭、拆、移工作平台;2)基面处理,钻孔,钉锚固钉;3)下料,运至施工现场,拼接就位链接。

钢筋:除锈、制作、运输、绑扎、电焊。

单位:表列单位

顺序号	项 目	单位	代 号	现浇混凝土				瓦斯隔离板	衬砌钢筋
				模筑		仰拱	仰拱回填		
				模板台车	模架				
				10m³				100m²	1t
				1	2	3	4	5	6
1	人工	工日	1001001	6.3	15.3	4.5	4.3	4.1	12.4
2	泵 C15-32.5-4	m³	1503081	-	-	-	(10.40)	-	-
3	泵 C25-32.5-4	m³	1503083	(11.70)	(11.70)	(10.40)	-	-	-
4	HRB400 钢筋	t	2001002	-	-	-	-	-	1.025
5	8~12 号铁丝	kg	2001021	-	1.8	-	-	-	-
6	20~22 号铁丝	kg	2001022	-	-	-	-	-	3.9
7	型钢	t	2003004	-	0.008	-	-	-	-

— 407 —

单位:表列单位

顺序号	项目	单位	代号	现浇混凝土				瓦斯隔离板	衬砌钢筋
				模筑		仰拱	仰拱回填		
				模板台车	模架				
				10m³				100m²	1t
				1	2	3	4	5	6
8	钢板	t	2003005	–	0.028	–	–	–	–
9	钢模板	t	2003025	0.056	–	–	–	–	–
10	电焊条	kg	2009011	–	–	–	–	–	4.3
11	铁件	kg	2009028	–	8	–	–	–	–
12	铁钉	kg	2009030	–	0.1	–	–	–	–
13	水	m³	3005004	11	12	11	11	–	–
14	原木	m³	4003001	–	0.018	–	–	–	–
15	锯材	m³	4003002	0.017	0.02	0.022	–	–	–
16	枕木	m³	4003003	0.013	–	–	–	–	–
17	气密剂	kg	5003007	283.4	283.4	251.9	204.5	–	–
18	中(粗)砂	m³	5503005	6.79	6.79	6.03	6.14	–	–
19	碎石(4cm)	m³	5505013	8.54	8.54	7.59	8.01	–	–
20	32.5级水泥	t	5509001	4.048	4.048	3.598	2.921	–	–
21	橡胶瓦斯隔离板	m²	6009008	–	–	–	–	106	–
22	其他材料费	元	7801001	7.6	19.9	5	4.7	180.2	–
23	设备摊销费	元	7901001	206.8	–	–	–	–	–

单位:表列单位

顺序号	项 目	单位	代 号	现浇混凝土				瓦斯隔离板	衬砌钢筋
				模筑		仰拱	仰拱回填		
				模板台车	模架				
				10m³				100m²	1t
				1	2	3	4	5	6
24	60m³/h 以内混凝土输送泵	台班	8005051	0.12	0.18	0.13	0.13	–	–
25	4t 以内防爆型载货汽车	台班	8007021	–	0.07	–	–	–	–
26	32kV·A 以内交流电弧焊机	台班	8015028	–	–	–	–	–	0.9
27	小型机具使用费	元	8099001	7.4	5	5.7	6.4	31	30.1
28	基价	元	9999001	4843	5595	3759	3401	4634	4886

3-4-8 瓦斯隧道正洞通风

工程内容 通风机、风管搬运、安装、调试、使用、维护及拆除。

单位:每100延米洞身长

顺序号	项 目	单位	代 号	隧道长度(m)					
				1000以内	2000以内	3000以内	4000以内	5000以内	5000以上,每增加1000
				1	2	3	4	5	6
1	人工	工日	1001001	239.6	311.6	339.3	351	367.8	10.9
2	其他材料费	元	7801001	2069.9	2141.7	2258.3	2372.8	2499	523.3
3	10m以内高空作业车	台班	8009046	0.31	0.31	0.31	0.31	0.31	-
4	200kW以内轴流式通风机	台班	8023008	139.1	154.51	171.14	185.19	194.45	16.83
5	基价	元	9999001	195962	222328	245505	263859	276973	22041

3－4－9 瓦斯隧道正洞高压风水管、照明、电线路

工程内容 高压风、水管,照明、动力电线路、照明器材选配料,搬运、安装、铺设、调试,使用,维护及拆除。

单位:每100延米洞身长

顺序号	项　目	单位	代　号	隧道长度(m)					
				1000 以内	2000 以内	3000 以内	4000 以内	5000 以内	5000 以上,每增加 1000
				1	2	3	4	6	7
1	人工	工日	1001001	254.3	300.4	354.8	419.4	559.7	16.9
2	钢管	t	2003008	0.442	0.757	0.849	1.244	1.783	0.243
3	电	kW·h	3005002	6198	8037	10420	13241	18025	1471
4	阻燃电缆	m	7001011	8	8	24	40	76	12
5	阻燃电线	m	7001012	39	68	78	79	103	1
6	其他材料费	元	7801001	1284.5	1491.8	1856.6	1979.8	2291.3	59.4
7	小型机具使用费	元	8099001	5487.4	6028.4	7409.6	7704.8	8648.9	77.1
8	基价	元	9999001	41458	50084	60875	73030	97439	4816

3-4-10 瓦斯隧道施工监测监控系统

工程内容 设备安装、调试,设备自检,系统运营试验、记录数据、整理资料,设备维修与拆除。

单位:1套

顺序号	项 目	单位	代 号	瓦斯监测系统	人员管理系统	放炮连锁系统	视频监控及语音广播系统	煤与瓦斯突出实时诊断系统	瓦斯监测系统	人员管理系统	视频监控及语音广播系统
				1000m 以内					每增加 1000m		
				1	2	3	4	5	6	7	8
1	人工	工日	1001001	32.7	24.2	17.7	24.1	51	16.4	12.1	12.1
2	其他材料费	元	7801001	37468	18371.8	441.7	14480.1	2047.6	8009.7	16019.4	13252.4
3	设备摊销费	元	7901001	71965.8	123846.2	38888.9	48247.9	234017.1	—	—	—
4	小型机具使用费	元	8099001	128.5	85.7	10.9	78.7	177.8	—	—	—
5	基价	元	9999001	113038	144876	41223	65368	241663	9753	17305	14538

第四章　桥　涵　工　程

说　明

本章定额包括开挖基坑,围堰、筑岛及沉井,打桩,灌注桩,砌筑,现浇混凝土及钢筋混凝土,预制、安装混凝土及钢筋混凝土构件,构件运输,拱盔、支架,钢结构和杂项工程等项目。

一、混凝土工程

1. 定额中混凝土强度等级均按一般图纸选用,其施工方法除小型构件采用人拌人捣外,其他均按机拌机捣计算。

2. 定额中混凝土工程除大型预制构件底座、混凝土搅拌站安装、拆除和钢桁架桥式码头项目中已考虑混凝土的拌和费用外,其他混凝土项目中均未考虑混凝土的拌和费用,应按有关定额另行计算。

3. 定额中混凝土均按露天养护考虑,如采用蒸汽养护时,应从各有关定额中按每 $10m^3$ 扣减人工 1.0 个工日及其他材料费 4 元,并按蒸汽养护有关定额计算。

4. 定额中采用泵送混凝土的项目均已包括水平和向上垂直泵送所消耗的人工、机械,当水平泵送距离超过定额综合范围时,可按下表增列人工及机械消耗量。向上垂直泵送不得调整。

项　目		定额综合的水平泵送距离（m）	每100m³ 混凝土每增加水平距离50m 增列数量	
			人工（工日）	混凝土输送泵（台班）
基础	灌注桩	100	1.08	0.24
	其他	100	0.89	0.16
上、下部构造		50	1.97	0.32
桥面铺装		250	1.97	0.32

5. 混凝土中的钢板、型钢、钢管等预埋件,均作为附属材料列入混凝土定额内。连接用的钢板、型钢等则包括在安装定额内。

6. 大体积混凝土项目必须采用埋设冷却管来降低混凝土水化热时,可根据实际需要另行计算。

7. 除另有说明外,混凝土定额中均已综合脚手架、上下架、爬梯及安全围护等搭、拆及摊销费用,使用定额时不得另行计算。

二、钢筋工程

1. 定额中凡钢筋直径在 10mm 以上的接头,除注明为钢套筒连接外,均采用电弧搭接焊或电阻对接焊。

2. 定额中的钢筋按选用图纸分为 HPB300、HRB400;设计中采用 HRB500 时,可将定额中的 HRB400 抽换为 HRB500。当设计图纸的钢筋比例与定额有出入时,可调整钢筋品种的比例。

3. 定额中的钢筋是按一般定尺长度计算的;当设计提供的钢筋连接用钢套筒数量与定额有出入时,可按设计数量调整定额中的钢套筒消耗,其他消耗不调整。

三、模板工程

1. 模板不单列项目。混凝土工程中所需的模板包括钢模板、组合钢模板、木模板,均按其周转摊销量计入混凝土定额中。

2.定额中的模板均为常规模板;当设计或施工对混凝土结构的外观有特殊要求需要对模板进行特殊处理时,可根据定额中所列的混凝土模板接触面积增列相应的特殊模板材料的费用。

3.定额中所列的钢模板材料指工厂加工的适用于某种构件的定型钢模板,其质量包括立模所需的钢支撑及有关配件;组合钢模板材料指市场供应的各种型号的组合钢模板,其质量仅为组合钢模板的质量,不包括立模所需的支撑、拉杆等配件,定额中已计入所需配件材料的摊销量;木模板按工地制作编制,定额中将制作所需工、料、机械台班消耗按周转摊销量计算。

4.定额中均已包括各种模板的维修、保养所需的工、料及费用。

四、设备摊销费

定额中设备摊销费的设备指属于固定资产的金属设备,包括万能杆件、装配式钢桥桁架及有关配件拼装的金属架桥设备。挂篮、移动模架、导梁设备摊销费按设备质量每吨每月 180 元计算,其他设备摊销费按设备质量每吨每月 140 元(除设备本身折旧费用,还包括设备的维修、保养等费用)。各项目中凡注明允许调整的,可按计划使用时间调整。

五、工程量计算一般规则

1.现浇混凝土、预制混凝土、构件安装的工程量为构筑物或预制构件的实际体积,不包括其中空心部分的体积,钢筋混凝土项目的工程量不扣除钢筋(钢丝、钢绞线)、预埋件和预留孔道所占的体积。

2.构件安装定额中在括号内所列的构件体积数量,表示安装时需要备制的构件数量。

3.钢筋工程量为钢筋的设计质量,定额中已计入施工操作损耗,一般钢筋因接长所需增加的钢筋质量已包括在定额中,不得将这部分质量计入钢筋设计质量内。但对于某些特殊的工程,必须在施工现场分段施工采用搭接接长时,其搭接长度的钢筋质量未包括在定额中,应在钢筋的设计质量内计算。

第一节　开挖基坑

说　明

1.干处挖基指开挖无地面水及地下水位以上部分的土壤,湿处挖基指开挖在施工水位以下部分的土壤。挖基坑石方、淤泥、流沙不分干处、湿处均采用同一定额。

2.开挖基坑土、石方运输按弃土于坑外 10m 范围内考虑;当坑上水平运距超过 10m 时,另按路基土、石方增运定额计算。

3.基坑深度为坑的顶面中心高程至底面的数值。在同一基坑内,不论开挖哪一深度均执行该基坑的全深度定额。

4.开挖基坑定额中已综合了基底夯实、基坑回填及检平石质基底用工,湿处挖基还包括挖边沟、挖集水井及排水作业用工,使用定额时,不得另行计算。

5.开挖基坑定额中不包括挡土板,需要时应据实按有关定额另行计算。

6.机械挖基定额中已综合了基底高程以上 20cm 范围内采用人工开挖和基底修整用工。

7.本节基坑开挖定额均按原土回填考虑;当采用取土回填时,应按路基工程有关定额另计取土费用。

8.挖基定额中未包括水泵台班,挖基及基础、墩台修筑需要排水时按基坑排水定额计算。

9.工程量计算规则:

(1)基坑开挖工程量按基坑容积计算。其计算公式如下:

$$V = \frac{h}{6} \times \left[ab + (a + a_1)(b + b_1) + a_1 b_1 \right] \quad （基坑为平截方锥时）$$

$$V = \frac{\pi h}{3} \times (R^2 + Rr + r^2) \quad （基坑为截头圆锥时）$$

— 416 —

（2）基坑挡土板的支挡面积，按坑内需支挡的实际侧面积计算。

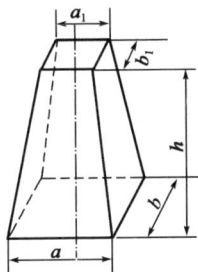

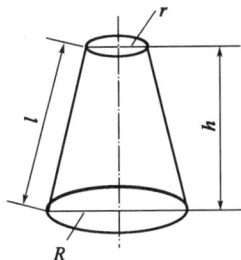

10．基坑水泵台班消耗，可根据覆盖层土壤类别和施工水位高度采用表列数值计算：

（1）墩（台）基坑水泵台班消耗＝湿处挖基工程量×挖基水泵台班＋墩（台）座数×修筑水泵台班。

（2）基坑水泵台班消耗表中水位高度栏中"地面水"适用于围堰内挖基，水位高度指施工水位至坑顶的高度，其水泵消耗台班已包括排除地下水所需台班数量，不得再按"地下水"加计水泵台班；"地下水"适用于岸滩湿处的挖基，水位高度指施工水位至坑底的高度，其工程量应为施工水位以下的湿处挖基工程数量，施工水位至坑顶部分的挖基，应按干处挖基对待，不计水泵台班。

（3）表列水泵台班均为 ϕ150mm 水泵。

基坑水泵台班消耗

覆盖层土壤类别		水位高度（m）		河中桥墩			靠岸墩台		
				挖基（10m³）	每座墩(台)修筑水泵台班		挖基（10m³）	每座墩(台)修筑水泵台班	
					基坑深3m以内	基坑深6m以内		基坑深3m以内	基坑深6m以内
I	1. 亚黏土 2. 粉砂土 3. 较密实的细砂土（0.10～0.25mm 颗粒含量占多数） 4. 松软的黄土 5. 有透水孔道的黏土	地面水	4 以内	0.17	6.82	9.75	0.11	4.39	6.34
			3 以内	0.14	5.36	7.80	0.09	3.41	4.88
			2 以内	0.11	4.88	6.82	0.07	3.17	4.39
			1 以内	0.1	4.39	6.34	0.06	2.93	3.90
		地下水	6 以内	0.07	–	4.88	0.05	–	3.41
			3 以内	0.06	3.41	3.41	0.04	2.44	2.44
II	1. 中类砂土(0.25～0.50mm 颗粒含量占多数) 2. 紧密的颗粒较细的砂砾石层 3. 有裂缝透水的岩层	地面水	4 以内	0.49	14.51	22.46	0.32	9.29	14.51
			3 以内	0.40	10.76	16.85	0.26	6.97	10.76
			2 以内	0.32	7.49	12.64	0.21	4.64	8.42
			1 以内	0.28	5.62	9.83	0.17	3.72	6.55
		地下水	6 以内	0.21		6.55	0.14	–	4.21
			3 以内	0.17	3.74	4.21	0.11	2.32	2.81

覆盖层土壤类别		水位高度（m）		河中桥墩			靠岸墩台		
				挖基（10m³）	每座墩(台)修筑水泵台班		挖基（10m³）	每座墩(台)修筑水泵台班	
					基坑深3m以内	基坑深6m以内		基坑深3m以内	基坑深6m以内
Ⅲ	1. 粗粒砂(0.50～1.00mm 颗粒含量占多数) 2. 砂砾石层(砾石含量大于50%) 3. 透水岩石并有泉眼	地面水	4 以内	0.94	27.68	42.43	0.61	17.87	27.68
			3 以内	0.76	20.10	32.16	0.50	12.95	20.99
			2 以内	0.62	14.73	24.11	0.41	9.38	15.63
			1 以内	0.53	10.72	19.21	0.35	7.15	12.50
		地下水	6 以内	0.40	–	9.83	0.26	–	6.26
			3 以内	0.32	4.46	4.91	0.21	3.12	3.12
Ⅳ	1. 砂卵石层(平均颗粒大于50mm) 2. 漂石层有较大的透水孔道 3. 有溶洞、溶槽的岩石并有泉眼、涌水现象	地面水	4 以内	1.37	40.73	61.52	0.89	26.43	40.01
			3 以内	1.11	29.47	46.46	0.71	19.07	30.11
			2 以内	0.91	21.23	35.28	0.59	13.87	22.80
			1 以内	0.78	15.60	27.53	0.5	9.96	18.06
		地下水	6 以内	0.58	–	14.19	0.37	–	9.04
			3 以内	0.47	6.50	6.89	0.31	4.33	4.30

注:如钢板桩围堰打进覆盖层,则表列台班数量乘以系数0.7。

4-1-1 人工挖基坑土、石方

工程内容 1)人工挖土或人工打眼、装药、爆破石方,清运土、石渣出坑外;2)安装、拆除简单脚手架及整修运土、石渣便道;
3)清理、整平、夯实土质基底,检平石质基底;4)挖排水沟及集水井;5)取土回填、铺平、洒水、夯实。

单位:1000m³

顺序号	项目	单位	代号	土方				淤泥	流沙	石方
				干处		湿处				
				基坑深（m）						
				3以内	6以内	3以内	6以内			
				1	2	3	4	5	6	7
1	人工	工日	1001001	269.5	325.8	359.3	411.4	534.8	710.1	383.1
2	空心钢钎	kg	2009003	–	–	–	–	–	–	13.8
3	φ50mm以内合金钻头	个	2009004	–	–	–	–	–	–	21.4
4	硝铵炸药	kg	5005002	–	–	–	–	–	–	157.1
5	非电毫秒雷管	个	5005008	–	–	–	–	–	–	201
6	导爆索	m	5005009	–	–	–	–	–	–	90.8
7	其他材料费	元	7801001	–	–	–	–	–	–	22
8	3m³/min以内机动空压机	台班	8017047	–	–	–	–	–	–	11.81
9	小型机具使用费	元	8099001	–	–	–	–	–	–	340.2
10	基价	元	9999001	28642	34626	38186	43724	56839	75469	48070

注:基坑挖深超过6m时,每加深1m,按挖基6m以内人工消耗量干处递增5%,湿处递增10%。

4-1-2 人工挖卷扬机吊运基坑土、石方

工程内容 1)人工挖土或人工打眼开炸石方;2)装土、石方卷扬机,吊运土、石出坑外;3)清理、整平、夯实土质基底,检平石质基底;4)挖排水沟及集水井;5)搭、拆脚手架,移动卷扬机及整修运土、石渣便道;6)取土回填、铺平、洒水、夯实。

单位:1000m³

顺序号	项目	单位	代号	土方		石方
				干处	湿处	
				1	2	3
1	人工	工日	1001001	218.2	309	251.3
2	空心钢钎	kg	2009003	-	-	13.8
3	φ50mm 以内合金钻头	个	2009004	-	-	21
4	硝铵炸药	kg	5005002	-	-	157.1
5	非电毫秒雷管	个	5005008			201
6	导爆索	m	5005009	-	-	90.8
7	其他材料费	元	7801001			22
8	30kN 以内单筒慢动卷扬机	台班	8009080	11.88	11.88	46.09
9	3m³/min 以内机动空压机	台班	8017047			11.81
10	小型机具使用费	元	8099001	-	-	340.2
11	基价	元	9999001	25020	34670	41149

— 421 —

4-1-3 机械挖基坑土、石方

工程内容 锚碇基坑非放坡开挖:1)打眼、装药、爆破;2)挖、装、吊土或石渣至坑外;3)搭、拆脚手架;4)清理、整平、夯实土质基底,检平石质基底。

锚碇基坑放坡开挖:1)打眼、装药、爆破;2)挖及推土或石渣至坑外;3)搭、拆脚手架及整修运土、石渣便道;4)清理、整平、夯实土质基底,检平石质基底;5)取土回填、铺平、洒水、夯实。

其他基坑开挖:1)安、移、拆卷扬机;2)打眼、装药、爆破;3)抓、挖至坑外及人工清运石渣出坑外;4)搭、拆脚手架及整修运土、石渣便道;5)清理、整平、夯实土质基底,检平石质基底;6)取土回填、铺平、洒水、夯实。

单位:1000m³

顺序号	项 目	单位	代 号	单个基坑体积 1500m³ 以内				石方
				土方				
				卷扬机(配抓斗)	挖掘机(斗容量:m³)			
					0.6 以内	1.0 以内	2.0 以内	
				1	2	3	4	5
1	人工	工日	1001001	146.5	111.8	110.2	109.2	237.3
2	空心钢钎	kg	2009003	-	-	-	-	13.8
3	φ50mm 以内合金钻头	个	2009004	-	-	-	-	21
4	硝铵炸药	kg	5005002	-	-	-	-	157.1
5	非电毫秒雷管	个	5005008	-	-	-	-	201
6	导爆索	m	5005009	-	-	-	-	90.8
7	其他材料费	元	7801001					22

单位:1000m³

顺序号	项　目	单位	代　号	单个基坑体积 1500m³ 以内				石方
				土方				
				卷扬机(配抓斗)	挖掘机(斗容量:m³)			
					0.6 以内	1.0 以内	2.0 以内	
				1	2	3	4	5
8	0.6m³ 以内履带式液压单斗挖掘机	台班	8001025	–	3.25	–	–	–
9	1.0m³ 以内履带式机械单斗挖掘机	台班	8001035	–	–	2.66	–	3.46
10	2.0m³ 以内履带式机械单斗挖掘机	台班	8001037	–	–	–	1.66	–
11	30kN 以内单筒慢动卷扬机	台班	8009080	20	–	–	–	–
12	9m³/min 以内机动空压机	台班	8017049	–	–	–	–	7
13	小型机具使用费	元	8099001	625.3	–	–	–	340.2
14	基价	元	9999001	19276	14588	14511	14331	37722

顺序号	项　　目	单位	代　号	单个基坑体积 1500m³ 以上				锚碇基坑开挖			
				土方			石方	土方		石方	
				挖掘机（斗容量:m³)				放坡开挖	非放坡开挖	放坡开挖	非放坡开挖
				0.6 以内	1.0 以内	2.0 以内					
				6	7	8	9	10	11	12	13
1	人工	工日	1001001	98.9	97.4	96.2	218.3	39.9	40.6	157.9	175
2	空心钢钎	kg	2009003	–	–	–	13.8	–	–	13.8	13.8
3	φ50mm 以内合金钻头	个	2009004	–	–	–	21	–	–	21	21
4	硝铵炸药	kg	5005002	–	–	–	157.1	–	–	157.1	157.1
5	非电毫秒雷管	个	5005008	–	–	–	201	–	–	201	201
6	导爆索	m	5005009	–	–	–	90.8	–	–	90.8	90.8
7	其他材料费	元	7801001	–	–	–	22	–	136.8	22	22
8	75kW 以内履带式推土机	台班	8001002	–	–	–	–	0.27	–	–	–
9	0.6m³ 以内履带式液压单斗挖掘机	台班	8001025	3.27	–	–	–	–	–	–	–
10	1.0m³ 以内履带式机械单斗挖掘机	台班	8001035	–	2.67	–	3.29	–	2.15	–	3.23
11	2.0m³ 以内履带式机械单斗挖掘机	台班	8001037	–	–	1.67	–	1.3	–	1.83	–
12	12t 以内 80m 高塔式起重机	台班	8009055	–	–	–	–	–	1.83	–	2.97
13	9m³/min 以内机动空压机	台班	8017049	–	–	–	7	–	–	7	7
14	小型机具使用费	元	8099001	–	–	–	340.2	197.7	31.2	340.2	340.2
15	基价	元	9999001	13233	13161	12965	35524	6811	9315	28647	35030

注:锚碇基坑开挖土、石方的坑外运输应按路基土、石方自卸汽车运输定额另行计算,除放坡方式开挖石方需另计装车费用外,其他均不得再计装车的费用。

4-1-4 基坑挡土板

工程内容　1)搭建、拆除简单脚手架;2)人工夯打挡土桩;3)挡土板制作、安装、拆除。

单位:100m²

顺序号	项　目	单位	代　号	基坑挡土板	
				湿处	干处
				1	2
1	人工	工日	1001001	11	10.3
2	铁件	kg	2009028	6.2	6.2
3	原木	m³	4003001	0.56	0.56
4	锯材	m³	4003002	1.49	1.29
5	其他材料费	元	7801001	6.6	6.6
6	基价	元	9999001	4164	3789

第二节　围堰、筑岛及沉井工程

说　明

1. 围堰定额适用于挖基围堰和筑岛围堰。

2. 草土、塑料编织袋、竹笼、木笼铁丝围堰定额中已包括 50m 以内人工挖运土方的工日数量,定额括号内所列"土"的数量不计价,仅限于取土运距超过 50m 时,按人工挖运土方的增运定额,增加运输用工。

3. 沉井制作分钢筋混凝土重力式沉井、钢丝网水泥薄壁浮运沉井、钢壳浮运沉井三种。沉井浮运、落床、下沉、填塞定额,均适用于以上三种沉井。

4. 沉井下沉用的工作台、三脚架、运土坡道、卷扬机工作台均已包括在定额中。井下爆破材料除硝铵炸药外,其他列入"其他材料费"中。

5. 沉井下水轨道的钢轨、枕木、铁件按周转摊销量计入定额中,定额还综合了轨道的基础及围堰等的工、料,使用定额时,不得另行计算。但轨道基础的开挖工作本章定额中未计入,需要时按有关定额另行计算。

6. 沉井浮运定额仅适用于只有一节的沉井或多节沉井的底节,分节施工的沉井除底节外的其余各节的浮运、接高均应执行沉井接高定额。

7. 导向船、定位船船体本身加固所需的工、料、机消耗及沉井定位落床所需的锚绳均已综合在定额中,使用定额时,不得另行计算。

8. 无导向船定位落床定额已将所需地笼、锚等的工、料、机消耗综合在定额中,使用定额时,不得另行计算。有导向船定位落床定额未综合锚碇系统,应根据施工组织设计的需要按有关定额另行计算。

9. 锚碇系统定额均已将锚链的消耗计入定额中,并已将抛锚、起锚所需的工、料、机消耗综合在定额中,使用定额时,不得随意进行抽换。

10. 钢壳沉井接高所需的吊装设备本章定额中未计入,需要时应按金属设备吊装定额另行计算。

11. 钢壳沉井作双壁钢围堰使用时,应按施工组织设计计算回收,但回收部分的拆除所需的工、料、机消耗本章定额未计入,需要时应根据实际情况按有关定额另行计算。

12. 沉井下沉定额中的软质岩石指饱和单轴极限抗压强度在 40MPa 以下的各类松软的岩石,硬质岩石指饱和单轴极限抗压强度在 40MPa 以上的各类较坚硬和坚硬的岩石。

13. 地下连续墙定额中未包括施工便道、挡水帷幕、注浆加固等,需要时应根据施工组织设计另行计算。挖出的土石方或凿铣的泥渣如需要外运,应按路基工程中相关定额进行计算。

14. 工程量计算规则:

(1) 草土、塑料编织袋、竹笼围堰长度按围堰中心长度计算,高度按施工水深加 0.5m 计算。木笼铁丝围堰实体为木笼所包围的体积。

(2) 套箱围堰的工程量为套箱金属结构的质量。套箱整体下沉时悬吊平台的钢结构及套箱内支撑的钢结构均已综合在定额中,不得作为套箱工程量进行计算。

(3) 沉井制作的工程量:重力式沉井为设计图纸井壁及隔墙混凝土数量;钢丝网水泥薄壁浮运沉井为刃脚及骨架钢材的质量,但不包括铁丝网的质量;钢壳沉井的工程量为钢材的总质量。

(4) 沉井下沉定额的工程量按沉井刃脚外缘所包围的面积乘以沉井刃脚下沉入土深度计算。沉井下沉按土、石所在的不同深度分别采用不同下沉深度的定额。定额中的下沉深度指沉井顶面到作业面的高度。定额中已综合了溢流(翻砂)的数量,不得另加工程量。

(5) 沉井浮运、接高、定位落床定额的工程量为沉井刃脚外缘所包围的面积,分节施工的沉井接高的工程量应按各节沉井接高工程量之和计算。

(6) 锚碇系统定额的工程量指锚碇的数量,按施工组织设计的需要量计算。

(7)地下连续墙导墙的工程量按设计需要设置导墙的混凝土体积计算;成槽和墙体混凝土的工程量按地下连续墙设计长度、厚度和深度的乘积计算;锁口管吊拔和清底置换的工程量按地下连续墙的设计槽段数(指槽壁单元槽段)计算;内衬的工程量按设计需要的内衬混凝土体积计算。

4-2-1 草 土 围 堰

工程内容 1)人工挖土;2)填筑铺草;3)夯实土坝;4)拆除清理。

单位:10m 围堰

顺序号	项 目	单位	代 号	围堰高度(m)		
				1.0	1.2	1.5
				1	2	3
1	人工	工日	1001001	8.4	14.2	27
2	土	m³	5501002	(26.78)	(43.43)	(78.00)
3	其他材料费	元	7801001	152.6	190.9	267.2
4	基价	元	9999001	1045	1700	3137

注:围堰高度与定额不同时,可内插计算。

4-2-2 编织袋围堰

工程内容 1)人工挖运土;2)装袋、缝口、运输、堆筑;3)中间填土夯实;4)拆除清理。

单位:10m 围堰

顺序号	项 目	单位	代 号	围堰高度(m)								
				1.0	1.2	1.5	1.8	2.0	2.2	2.5	2.7	3.0
				1	2	3	4	5	6	7	8	9
1	人工	工日	1001001	5.9	7.8	11.8	16.5	21.4	26	34.7	41.8	54
2	塑料编织袋	个	5001052	260	358	543	741	950	1139	1498	1781	2255
3	土	m³	5501002	(17.16)	(22.71)	(33.54)	(45.30)	(57.20)	(68.41)	(88.40)	(104.39)	(130.26)
4	基价	元	9999001	1004	1348	2041	2828	3652	4415	5860	7025	9009

注:围堰高度与定额不同时,可内插计算。

4-2-3 竹笼围堰

工程内容 1)选竹、劈竹、制篾、编笼;2)运石、装笼安放;3)挖运土填心夯实;4)拆除清理。

单位:10m 围堰

顺序号	项 目	单位	代 号	围堰高度(m)				
				1.5	2.5	3.5	4.0	5.0
				1	2	3	4	5
1	人工	工日	1001001	8.7	28.5	59.2	80.1	139.5
2	8~12 号铁丝	kg	2001021	15.8	16.3	25.2	81.2	108.9
3	铁钉	kg	2009030	–	–	–	0.4	0.5
4	原木	m³	4003001	0.12	0.18	0.22	0.32	0.44
5	锯材	m³	4003002	–	–	–	0.09	0.12
6	毛竹	根	4005001	53	87	123	280	350
7	土	m³	5501002	(6.69)	(35.66)	(76.97)	(85.59)	(132.25)
8	大卵石	m³	5505008	14.42	32.04	56.08	76.91	128.18
9	基价	元	9999001	3108	7086	12683	19820	31108

注:围堰高度与定额不同时,可内插计算。

4−2−4 木笼铁丝围堰

工程内容 1)木笼制作、安装;2)编铁丝网;3)填石安放就位;4)拆除清理。

单位:10m³ 围堰

顺序号	项　目	单位	代　号	围堰高度(m)			
				1.5	2.5	3.0	3.5
				1	2	3	4
1	人工	工日	1001001	9.1	10.6	11.8	12.6
2	8~12号铁丝	kg	2001021	68.7	47.7	44.9	43.9
3	铁件	kg	2009028	4.5	3.5	2.9	2.6
4	原木	m³	4003001	0.2	0.18	0.16	0.14
5	大卵石	m³	5505008	10.2	10.2	10.2	10.2
6	基价	元	9999001	2197	2235	2322	2376

注:围堰高度与定额不同时,可内插计算。

4-2-5 筑 岛 填 心

工程内容 1)挖运土、砂、砂砾;2)填筑、夯实及拆除清理。

单位:100m³ 筑岛实体

顺序号	项　目	单位	代　号	人工筑岛		机械筑岛	
				填土	填砂	填土	填砂
				1	2	3	4
1	人工	工日	1001001	22.9	19.3	4.3	2.1
2	土	m³	5501002	(105.00)	–	(105.00)	–
3	砂	m³	5503004	–	(144.31)	–	(144.31)
4	75kW 以内履带式推土机	台班	8001002	–	–	0.31	0.32
5	基价	元	9999001	2434	2051	731	506

4-2-6 套箱围堰

工程内容 1)底部金属结构制作、安装;2)侧面及内部万能杆件、支撑架拼装、拆除;3)悬吊系统制作、安装、拆除;4)套箱整体悬吊定位、下沉。

单位:10t 钢套箱

顺序号	项 目	单位	代 号	钢套箱	
				有底模	无底模
				1	2
1	人工	工日	1001001	167.7	157.2
2	预应力粗钢筋	t	2001006	0.06	–
3	钢丝绳	t	2001019	0.001	0.001
4	型钢	t	2003004	0.541	0.583
5	钢板	t	2003005	0.27	0.117
6	圆钢	t	2003006	0.076	–
7	钢管	t	2003008	0.036	–
8	钢套箱	t	2003023	5.152	2.727
9	电焊条	kg	2009011	11.3	6.6
10	铁件	kg	2009028	7.8	0.3
11	原木	m³	4003001	0.06	0.05
12	碎石	m³	5505016	–	7.42
13	其他材料费	元	7801001	371.6	235.4

单位:10t 钢套箱

顺序号	项 目	单位	代 号	钢套箱	
				有底模	无底模
				1	2
14	设备摊销费	元	7901001	6793.2	3799.6
15	50t 以内履带式起重机	台班	8009007	1.93	1.35
16	φ100mm 电动多级水泵(≤120m)	台班	8013011	–	0.85
17	32kV·A 以内交流电弧焊机	台班	8015028	0.56	0.16
18	294kW 以内内燃拖轮	台班	8019006	0.57	0.57
19	400t 以内工程驳船	台班	8019025	2.79	1.96
20	潜水设备	台班	8025001	1.19	2.93
21	小型机具使用费	元	8099001	84.5	64.5
22	基价	元	9999001	58948	42792

注:本章定额仅适用于水深在 10m 以内的单壁钢套箱围堰。

4-2-7 沉井制作及拼装

工程内容 1)脚手架、轻型上下架、底垫木的搭设、拆除;2)钢筋及刃脚、骨架的制作、绑扎、焊接;3)组合钢模组拼拆、安装、拆除、修理、涂脱模剂、堆放;4)混凝土浇筑、捣固及养护;5)钢丝网水泥薄壁浮运沉井钢丝网的铺贴固定及井壁、隔板水泥砂浆抹面;6)钢壳沉井拼装,刃脚压浆及灌水试验;7)拼装船杆件制作、安装、拆除,船舱加固,脚手架搭设、拆除。

单位:表列单位

顺序号	项 目	单位	代 号	重力式沉井制作		钢丝网水泥薄壁浮运沉井		钢壳沉井		拼装船拼装、拆除
				混凝土	钢筋	制作	刃脚及骨架钢材	船上拼装	船坞拼装	
				10m³	1t	10m² 底面积	1t 钢材	10t 钢沉井		1 次
				1	2	3	4	5	6	7
1	人工	工日	1001001	9.3	4.6	37.5	8.7	120	115.4	223
2	M40 水泥砂浆	m³	1501010	–	–	(2.12)	–	–	–	–
3	普 C20－32.5－4	m³	1503032	(10.20)	–	(0.12)	–	–	–	–
4	HPB300 钢筋	t	2001001	–	0.053	0.183	–	–	–	–
5	HRB400 钢筋	t	2001002	–	0.972	–	0.089	–	–	–
6	8～12 号铁丝	kg	2001021	0.1	–	0.2	–	–	–	–
7	20～22 号铁丝	kg	2001022	–	2.4	507.3	0.4	–	–	–
8	型钢	t	2003004	0.03	–	0.025	0.929	–	–	1.669
9	钢板	t	2003005	–	–	–	0.039	–	–	0.664
10	钢管	t	2003008	0.004	–	0.01	–	–	–	–

单位:表列单位

顺序号	项 目	单位	代 号	重力式沉井制作		钢丝网水泥薄壁浮运沉井		钢壳沉井		拼装船拼装、拆除
				混凝土	钢筋	制作	刃脚及骨架钢材	船上拼装	船坞拼装	
				10m³	1t	10m² 底面积	1t 钢材	10t 钢沉井		1 次
				1	2	3	4	5	6	7
11	钢壳沉井	t	2003024	–	–	–	–	10	10	–
12	组合钢模板	t	2003026	0.015	–	–	–	–	–	–
13	电焊条	kg	2009011	0.6	2.9	3.7	10.6	80	80	160
14	铁件	kg	2009028	6.6	–	0.4	–	20	20	336
15	铁钉	kg	2009030	0.1	–	0.2	–	–	–	–
16	水	m³	3005004	12	–	10	–	–	–	–
17	原木	m³	4003001	0.03	–	–	–	–	–	8.68
18	锯材	m³	4003002	0.02	–	0.15	–	0.8	0.8	4.4
19	中(粗)砂	m³	5503005	5	–	2.07	–	0.1	0.1	–
20	碎石(4cm)	m³	5505013	8.57	–	0.1	–	–	–	–
21	32.5 级水泥	t	5509001	3.04	–	1.647	–	0.08	0.08	–
22	其他材料费	元	7801001	16.5	–	6.2	5.8	175	175	610.3
23	25t 以内轮胎式起重机	台班	8009021	–	–	–	–	1.13	1.13	3.14
24	20t 以内汽车式起重机	台班	8009029	0.34	–	0.01	–	0.51	0.51	3.24
25	50kN 以内单筒慢动卷扬机	台班	8009081	–	0.21	–	–	–	–	–

单位:表列单位

顺序号	项　目	单位	代　号	重力式沉井制作		钢丝网水泥薄壁浮运沉井		钢壳沉井		拼装船拼装、拆除
				混凝土	钢筋	制作	刃脚及骨架钢材	船上拼装	船坞拼装	
				$10m^3$	1t	$10m^2$ 底面积	1t 钢材	10t 钢沉井		1 次
				1	2	3	4	5	6	7
26	32kV·A 以内交流电弧焊机	台班	8015028	0.05	0.43	0.82	1.21	8.08	8.08	15.18
27	$9m^3$/min 以内机动空压机	台班	8017049	–	–	–	–	1.35	1.35	–
28	294kW 以内内燃拖轮	台班	8019006	–	–	–	–	0.14	–	2.14
29	400t 以内工程驳船	台班	8019025	–	–	–	–	5.98	–	24.75
30	小型机具使用费	元	8099001	6.5	7.9	7.4	13.7	26.8	26.8	482.3
31	基价	元	9999001	3872	3974	8306	4913	66111	63145	78521

注:1. 钢丝网水泥薄壁浮运沉井的制作包括平、刃脚混凝土及砂浆抹面。
　　2. 船坞拼装钢壳沉井的船坞开挖及排水工程应按相应定额另行计算。

4-2-8 沉井浮运、定位落床

工程内容 导向船联结梁:设备进场、清理、编号,万能杆件桁架拼装,导向船及万能杆件联结梁支座的布置、拼装、底座焊接加拼装、维护与拆除。

下水轨道:铺设轨道,校下轨距,拆除轨道。

沉井下水:拆除制动设备,下滑,下水,浮起。

无导向船浮运:地笼制作、埋设,船坞注水,沉井浮起并运到墩位。

有导向船浮运:套进导向船,固定位置,浮运到墩位。

沉井接高:沉井装船,固定,浮运到墩位,起吊,对接,校正位置。

定位落床:定位船、导向船设备安、拆及定位船、导向船的定位,沉井定位落床。

锚碇系:制锚、抛锚、起锚的全部操作。

井壁混凝土:混凝土运输、浇注、捣固及养护。

I. 浮　运　　　　　　　　　　　　　　　　　　　　　　　单位:表列单位

顺序号	项　　目	单位	代　号	导向船联结梁	沉井下水		沉井浮运		沉井接高
					下水轨道	沉井下水	无导向船	有导向船	
				10t	10m² 沉井底面积				
				1	2	3	4	5	6
1	人工	工日	1001001	24.8	8.8	3.8	3	2.6	3.8
2	HRB400 钢筋	t	2001002	–	–	0.003	0.006	–	–
3	钢丝绳	t	2001019	0.007	0.001	0.009	0.022	0.009	0.008
4	型钢	t	2003004	0.325	–	0.002	–	0.073	0.011
5	钢板	t	2003005	0.009	–	–	–	–	0.001

顺序号	项目	单位	代号	导向船联结梁	沉井下水		沉井浮运		沉井接高
					下水轨道	沉井下水	无导向船	有导向船	
				10t	10m² 沉井底面积				
				1	2	3	4	5	6
6	钢轨	t	2003007	–	0.04	–	–	–	–
7	电焊条	kg	2009011	5.1	–	0.3	–	0.4	–
8	铁件	kg	2009028	59.5	0.5	1.2	0.1	1.8	–
9	原木	m³	4003001	–	–	0.01	0.01	–	–
10	锯材	m³	4003002	–	–	0.06	–	0.06	0.01
11	枕木	m³	4003003	–	0.27	–	–	–	–
12	中(粗)砂	m³	5503005	–	1.02	0.05	0.09	–	–
13	片石	m³	5505005	–	0.58	0.49	0.51	–	–
14	碎石(4cm)	m³	5505013	–	1.62	0.08	0.16	–	–
15	32.5级水泥	t	5509001	–	0.189	0.03	0.057	–	–
16	其他材料费	元	7801001	17.5	128.6	3.4	4.6	59.7	29.2
17	设备摊销费	元	7901001	7200	–	–	–	–	22.1
18	30t 以内平板拖车组	台班	8007025	0.15	–	–	–	–	–
19	50t 以内汽车式起重机	台班	8009033	0.48	–	–	–	–	–
20	50kN 以内单筒慢动卷扬机	台班	8009081	–	0.04	0.14	0.21	–	0.29
21	φ150mm 电动单级离心水泵	台班	8013003	–	0.46	–	–	–	–
22	32kV·A 以内交流电弧焊机	台班	8015028	1.99	–	0.06	–	0.1	–

顺序号	项　目	单位	代　号	导向船联结梁	沉井下水		沉井浮运		沉井接高
					下水轨道	沉井下水	无导向船	有导向船	
				10t	10m² 沉井底面积				
				1	2	3	4	5	6
23	294kW 以内内燃拖轮	台班	8019006	–	–	0.07	0.15	0.07	0.18
24	400t 以内工程驳船	台班	8019025	–	–	0.15	–	0.31	0.84
25	600t 以内工程驳船	台班	8019027	4.25	–	–	–	–	–
26	小型机具使用费	元	8099001	16.5	0.2	3.1	0.5	0.4	8.2
27	基价	元	9999001	15231	2021	934	1033	1076	1434

II. 定 位 落 床

单位:10m² 沉井底面积

顺序号	项 目	单位	代 号	无导向船	有导向船 水深(m) 10 以内	20 以内	40 以内
				7	8	9	10
1	人工	工日	1001001	24.4	38.5	45.7	62.2
2	普 C20 – 32.5 – 4	m³	1503032	(0.31)	–	–	–
3	HRB400 钢筋	t	2001002	0.01	–	–	–
4	钢丝绳	t	2001019	0.021	0.113	0.32	1.277
5	20～22 号铁丝	kg	2001022	0.1	–	–	–
6	型钢	t	2003004	–	0.028	0.13	0.498
7	钢板	t	2003005	–	0.196	0.251	0.674
8	电焊条	kg	2009011	–	4.9	5.9	14.7
9	铁件	kg	2009028	0.1	1.7	2.4	6.2
10	原木	m³	4003001	0.01	–	–	0.01
11	锯材	m³	4003002	0.01	0.04	0.04	0.11
12	中(粗)砂	m³	5503005	0.15	–	–	–
13	片石	m³	5505005	0.55	0.21	0.29	0.38
14	碎石(4cm)	m³	5505013	0.26	–	–	–
15	32.5 级水泥	t	5509001	0.092	–	–	–
16	其他材料费	元	7801001	4.3	148.3	188.4	278.1
17	15t 以内履带式起重机	台班	8009002	–	0.11	0.18	0.38

— 442 —

单位:10m² 沉井底面积

顺序号	项 目	单位	代 号	无导向船	有导向船		
					水深(m)		
					10 以内	20 以内	40 以内
				7	8	9	10
18	50kN 以内单筒慢动卷扬机	台班	8009081	0.43	0.12	0.21	0.24
19	50kN 以内双筒快动卷扬机	台班	8009102	–	0.23	0.47	0.7
20	ϕ150mm 电动单级离心水泵	台班	8013003	0.67	0.33	0.67	1
21	32kV·A 以内交流电弧焊机	台班	8015028	–	0.62	0.74	1.79
22	9m³/min 以内机动空压机	台班	8017049	–	0.05	0.09	0.14
23	294kW 以内内燃拖轮	台班	8019006	0.52	0.42	0.48	0.69
24	400t 以内工程驳船	台班	8019025	–	1.41	1.82	2.33
25	小型机具使用费	元	8099001	0.9	9.8	17.1	30.9
26	基价	元	9999001	4570	7905	11069	22911

顺序号	项　　目	单位	代　号	钢筋混凝土锚				铁锚
				锚体质量(t)				
				15	25	35	45	
				11	12	13	14	15
1	人工	工日	1001001	59.8	67	76.5	88.2	36.4
2	普 C20 – 32.5 – 8	m³	1503052	(6.50)	(10.50)	(15.30)	(19.40)	–
3	HRB400 钢筋	t	2001002	0.502	1.425	1.968	2.306	–
4	钢丝绳	t	2001019	0.2	0.2	0.629	0.629	0.629
5	20~22 号铁丝	kg	2001022	2.5	7.1	9.8	11.5	–
6	型钢	t	2003004	0.35	–	–	–	–
7	钢板	t	2003005	–	0.336	0.379	0.526	–
8	电焊条	kg	2009011	3.1	8.9	12.3	14.4	–
9	锚链	t	2009027	0.3	0.81	1.611	1.801	0.79
10	铁件	kg	2009028	9.2	15.1	21.4	26.7	0.5
11	水	m³	3005004	8	13	18	23	–
12	原木	m³	4003001	0.01	0.02	0.03	0.03	–
13	锯材	m³	4003002	0.14	0.24	0.33	0.41	0.01
14	中(粗)砂	m³	5503005	3.51	5.67	8.26	10.48	–
15	碎石(8cm)	m³	5505015	5.33	8.61	12.55	15.91	–
16	32.5 级水泥	t	5509001	1.833	2.961	4.315	5.471	–
17	其他材料费	元	7801001	22.7	35.8	60.6	60.6	3.8

顺序号	项　　　目	单位	代　号	钢筋混凝土锚				铁锚
				锚体质量(t)				
				15	25	35	45	
				11	12	13	14	15
18	设备摊销费	元	7901001	241.8	241.8	241.8	241.8	8400
19	25t 以内履带式起重机	台班	8009004	0.95	1.42	0.48	–	0.42
20	40t 以内履带式起重机	台班	8009006	–	–	0.91	1.61	–
21	50kN 以内单筒慢动卷扬机	台班	8009081	0.76	1.38	1.67	4.99	1.72
22	50kN 以内双筒快动卷扬机	台班	8009102	1.88	1.88	2.45	2.45	1.27
23	32kV·A 以内交流电弧焊机	台班	8015028	0.25	0.71	0.98	1.15	–
24	221kW 以内内燃拖轮	台班	8019005	1.39	1.74	2.06	2.27	1.25
25	400t 以内工程驳船	台班	8019025	1.86	3.38	4.48	5.82	2.28
26	小型机具使用费	元	8099001	60.1	70.1	80.2	87.4	54.8
27	基价	元	9999001	20059	30883	45588	52977	26962

IV. 井壁混凝土

单位:10m³

顺序号	项目	单位	代号	非泵送		泵送	
				普通混凝土	水下混凝土	普通混凝土	水下混凝土
				16	17	18	19
1	人工	工日	1001001	7.1	7.6	1.4	2.5
2	普 C20 – 32.5 – 4	m³	1503032	(10.20)	–	–	–
3	泵 C20 – 32.5 – 4	m³	1503082	–	–	(10.40)	–
4	水 C20 – 32.5 – 4	m³	1503100	–	(10.20)	–	(10.40)
5	水	m³	3005004	12	2	19	2
6	中(粗)砂	m³	5503005	5	5.3	6.14	5.41
7	碎石(4cm)	m³	5505013	8.57	7.24	7.8	7.38
8	32.5 级水泥	t	5509001	3.04	3.754	3.38	3.827
9	其他材料费	元	7801001	2	1.8	2	1.8
10	设备摊销费	元	7901001	–	37.9	–	37.9
11	60m³/h 以内混凝土输送泵	台班	8005051	–	–	0.08	0.08
12	50kN 以内单筒慢动卷扬机	台班	8009081	0.62	0.62	0.06	0.06
13	φ150mm 电动单级离心水泵	台班	8013003	0.35	–	0.35	–
14	小型机具使用费	元	8099001	6.4	1.2	5.2	–
15	基价	元	9999001	3066	3205	2620	2710

注:1. 导向船联结梁设备摊销费是按施工期 4 个月编制的;当实际施工期与定额不同时,可按实际工期进行调整。

2. 钢筋混凝土锚碇自重与定额不同时,按相近锚体质量定额执行,可按锚体体积比例抽换定额中的水泥、中(粗)砂、碎石的数量,但其他数量均不得调整。

3. 铁锚定额是按锚体质量为 5t 的锚碇并按每基础次使用 12 个月编制的;当锚碇的实际质量及使用期与定额不同时,可按实际数量调整定额中的设备摊销费。

— 446 —

4-2-9 沉 井 下 沉

工程内容 1)搭设、拆除工作平台、三脚架、运土木便道;2)安装、拆除卷扬机、抽水机及下井工作软梯;3)井内抽水,人工挖土、石,卷扬机提升,人工运弃土、石至井外;4)卷扬机带抓斗捞土或在船上履带式起重机带抓斗抓土并配潜水泵及高压水泵射水下沉,将土、砂运出井外;5)清理刃脚,保持井位正确;6)静水下沉中爆破岩石。

I.抽 水 下 沉

单位:10m³ 实体

顺序号	项 目	单位	代 号	人工开挖机械抽水卷扬机提升出土				
				下沉深度(m)				
				5 以内				
				砂土、黏土	砂砾	砾(卵)石	软质岩石	硬质岩石
				1	2	3	4	5
1	人工	工日	1001001	7	13	15.8	19.8	24.4
2	钢钎	kg	2009002	–	–	–	–	1.8
3	原木	m³	4003001	0.01	0.01	0.01	0.01	0.01
4	锯材	m³	4003002	0.02	0.02	0.02	0.02	0.02
5	硝铵炸药	kg	5005002	–	–	–	–	12.3
6	其他材料费	元	7801001	0.5	0.5	0.5	0.5	29.9
7	30kN 以内单筒慢动卷扬机	台班	8009080	0.57	1.06	1.3	1.69	2.17
8	φ150mm 电动单级离心水泵	台班	8013003	1.44	2.65	3.22	4.21	5.43
9	基价	元	9999001	1083	1971	2388	3016	3943

顺序号	项　目	单位	代　号	人工开挖机械抽水卷扬机提升出土				
				下沉深度(m)				
				10 以内				
				砂土、黏土	砂砾	砾(卵)石	软质岩石	硬质岩石
				6	7	8	9	10
1	人工	工日	1001001	10	16	19.5	22.2	27.3
2	钢钎	kg	2009002	–	–	–	–	1.8
3	原木	m³	4003001	0.01	0.01	0.01	0.01	0.01
4	锯材	m³	4003002	0.02	0.02	0.02	0.02	0.02
5	硝铵炸药	kg	5005002	–	–	–	–	12.3
6	其他材料费	元	7801001	0.5	0.5	0.5	0.5	29.9
7	30kN 以内单筒慢动卷扬机	台班	8009080	0.82	1.31	1.6	1.88	2.43
8	φ150mm 电动单级离心水泵	台班	8013003	2.05	3.28	3.99	4.72	6.08
9	基价	元	9999001	1529	2419	2939	3374	4385

单位:10m³ 实体

顺序号	项　　目	单位	代　号	人工开挖机械抽水卷扬机提升出土				
				下沉深度(m)				
				15 以内				
				砂土、黏土	砂砾	砾(卵)石	软质岩石	硬质岩石
				11	12	13	14	15
1	人工	工日	1001001	14	26	31.6	39.4	48.6
2	钢钎	kg	2009002	–	–	–	–	1.8
3	原木	m³	4003001	0.01	0.01	0.01	0.01	0.01
4	锯材	m³	4003002	0.02	0.02	0.02	0.02	0.02
5	硝铵炸药	kg	5005002	–	–	–	–	12.3
6	其他材料费	元	7801001	0.5	0.5	0.5	0.5	29.9
7	30kN 以内单筒慢动卷扬机	台班	8009080	1.13	2.12	2.58	3.36	4.32
8	φ150mm 电动单级离心水泵	台班	8013003	2.85	5.3	6.46	8.4	10.83
9	基价	元	9999001	2117	3899	4732	5962	7626

顺序号	项 目	单位	代 号	卷扬机带抓斗捞土				
				下沉深度(m)				
				10 以内				
				砂土、黏土	砂砾	砾(卵)石	软质岩石	硬质岩石
				16	17	18	19	20
1	人工	工日	1001001	3.4	4	6.7	10.3	15.1
2	钢钎	kg	2009002	—	—	—	—	1.0
3	φ50mm 以内合金钻头	个	2009004	—	—	—	—	1
4	原木	m³	4003001	0.01	0.01	0.01	0.02	0.03
5	锯材	m³	4003002	0.01	0.01	0.02	0.03	0.04
6	硝铵炸药	kg	5005002	—	—	—	—	25
7	其他材料费	元	7801001	0.2	0.3	0.8	2.9	20.2
8	25t 以内履带式起重机	台班	8009004	—	—	—	—	—
9	50kN 以内双筒快动卷扬机	台班	8009102	0.33	0.39	0.66	1.01	1.48
10	φ150mm 电动多级水泵(≤180m)	台班	8013013	0.34	0.4	0.67	1.04	1.52
11	9m³/min 以内机动空压机	台班	8017049	—	—	—	—	0.41
12	221kW 以内内燃拖轮	台班	8019005	—	—	—	—	—
13	200t 以内工程驳船	台班	8019023	—	—	—	—	—
14	潜水设备	台班	8025001	0.4	0.47	0.8	1.23	1.81
15	小型机具使用费	元	8099001	1.8	2	3.5	5.3	22.7
16	基价	元	9999001	841	985	1655	2554	4403

单位:10m³ 实体

顺序号	项　目	单位	代　号	卷扬机带抓斗捞土				
				下沉深度(m)				
				20 以内				
				砂土、黏土	砂砾	砾(卵)石	软质岩石	硬质岩石
				21	22	23	24	25
1	人工	工日	1001001	3.7	4.4	7.4	12.1	17.7
2	钢钎	kg	2009002	–	–	–	–	1.0
3	φ50mm 以内合金钻头	个	2009004	–	–	–	–	1
4	原木	m³	4003001	0.01	0.01	0.01	0.02	0.03
5	锯材	m³	4003002	0.01	0.01	0.02	0.03	0.04
6	硝铵炸药	kg	5005002	–	–	–	–	25
7	其他材料费	元	7801001	0.2	0.3	0.8	2.9	20.2
8	50kN 以内双筒快动卷扬机	台班	8009102	0.47	0.43	0.73	1.18	1.73
9	φ150mm 电动单级离心水泵	台班	8013003	0.44	0.53	0.89	1.44	2.11
10	φ150mm 电动多级水泵(≤180m)	台班	8013013	0.49	0.58	0.98	1.58	2.32
11	9m³/min 以内机动空压机	台班	8017049	0.23	0.29	0.48	0.77	1.14
12	221kW 以内内燃拖轮	台班	8019005	–	–	–	–	–
13	200t 以内工程驳船	台班	8019023	–	–	–	–	–
14	潜水设备	台班	8025001	0.44	0.53	0.89	1.44	1.69
15	小型机具使用费	元	8099001	20.7	24.6	41.6	67.6	114.1
16	基价	元	9999001	1247	1460	2449	3971	5970

单位:10m³ 实体

顺序号	项 目	单位	代 号	卷扬机带抓斗捞土				
				下沉深度(m)				
				30 以内				
				砂土、黏土	砂砾	砾(卵)石	软质岩石	硬质岩石
				26	27	28	29	30
1	人工	工日	1001001	4.2	5	8.6	14.4	21.1
2	钢钎	kg	2009002	–	–	–	–	1.0
3	φ50mm 以内合金钻头	个	2009004	–	–	–	–	1
4	原木	m³	4003001	0.01	0.01	0.01	0.02	0.03
5	锯材	m³	4003002	0.01	0.01	0.02	0.03	0.04
6	硝铵炸药	kg	5005002	–	–	–	–	25
7	其他材料费	元	7801001	0.2	0.3	0.8	2.9	20.2
8	25t 以内履带式起重机	台班	8009004	–	–	–	–	–
9	50kN 以内双筒快动卷扬机	台班	8009102	0.47	0.5	0.85	1.43	2.1
10	φ150mm 电动单级离心水泵	台班	8013003	1.01	1.21	2.05	3.44	5.04
11	φ150mm 电动多级水泵(≤180m)	台班	8013013	0.63	0.75	1.28	2.15	3.15
12	9m³/min 以内机动空压机	台班	8017049	0.59	0.72	1.21	2.04	2.99
13	潜水设备	台班	8025001	0.41	0.6	0.83	1.39	2.04
14	小型机具使用费	元	8099001	49	58.2	98.8	166	258.1
15	基价	元	9999001	1718	2097	3463	5816	8889

单位:10m³ 实体

顺序号	项 目	单位	代 号	卷扬机带抓斗捞土				
				下沉深度(m)				
				40 以内				
				砂土、黏土	砂砾	砾(卵)石	软质岩石	硬质岩石
				31	32	33	34	35
1	人工	工日	1001001	6.4	7.6	12.9	18	26.3
2	钢钎	kg	2009002	–	–	–	–	1.0
3	φ50mm 以内合金钻头	个	2009004	–	–	–	–	1
4	原木	m³	4003001	0.01	0.01	0.01	0.02	0.03
5	锯材	m³	4003002	0.01	0.01	0.02	0.03	0.04
6	硝铵炸药	kg	5005002	–	–	–	–	25
7	其他材料费	元	7801001	0.2	0.3	0.8	2.9	20.2
8	25t 以内履带式起重机	台班	8009004	–	–	–	–	–
9	50kN 以内双筒快动卷扬机	台班	8009102	0.63	0.75	1.27	1.77	2.61
10	φ150mm 电动单级离心水泵	台班	8013003	1.52	1.81	3.07	4.29	6.28
11	φ150mm 电动多级水泵(≤180m)	台班	8013013	0.95	1.13	1.92	2.68	3.92
12	9m³/min 以内机动空压机	台班	8017049	0.97	1.16	1.94	2.71	3.99
13	潜水设备	台班	8025001	0.61	0.73	1.23	1.73	2.52
14	小型机具使用费	元	8099001	78.8	93.6	160.3	223.7	340.2
15	基价	元	9999001	2622	3119	5265	7370	11158

顺序号	项目	单位	代号	履带式起重机带抓斗捞土
				砂土、黏土、砂砾
				36
1	人工	工日	1001001	0.5
2	锯材	m³	4003002	0.01
3	其他材料费	元	7801001	0.5
4	25t 以内履带式起重机	台班	8009004	0.49
5	φ150mm 电动单级离心水泵	台班	8013003	1.05
6	φ150mm 电动多级水泵(≤180m)	台班	8013013	0.49
7	9m³/min 以内机动空压机	台班	8017049	0.71
8	221kW 以内内燃拖轮	台班	8019005	0.05
9	200t 以内工程驳船	台班	8019023	1.23
10	潜水设备	台班	8025001	0.41
11	小型机具使用费	元	8099001	39
12	基价	元	9999001	2077

注:1. 沉井下沉应按土、石所在的不同深度分别采用不同的下沉深度定额,如沉井下沉在 5m 以内的土、石应采用下沉深度 0~5m 的定额;当沉井继续下沉到 10m 以内时,对于超过 5m 的土、石应执行下沉深度 5~10m 的定额。

2. 当下沉深度超过 40m 时,按每增加 10m 为一档,每增加一档按下沉深度 30~40m 定额的人工、机械分不同地质乘以下列系数进行计算:

地质分类	砂土、黏土	砂砾	砾(卵)石	软质岩石	硬质岩石
系数	1.5	1.5	1.5	1.3	1.2

4-2-10 沉井填塞

工程内容 1)混凝土运输、浇筑、捣固及养护;2)钢筋除锈、制作、焊接和绑扎;3)安装、拆除灌注混凝土的导管及漏斗;4)脚手架、踏步的搭设、拆除;5)填心、填料的夯实。

I.封底

单位:10m³ 实体

顺序号	项目	单位	代号	非泵送		泵送	
				水下混凝土	普通混凝土	水下混凝土	普通混凝土
				1	2	3	4
1	人工	工日	1001001	5.4	9.3	1.1	2.1
2	普 C20－32.5－4	m³	1503032	－	(10.20)	－	－
3	泵 C20－32.5－4	m³	1503082	－	－	－	(10.40)
4	水 C20－32.5－4	m³	1503100	(10.20)	－	(10.40)	－
5	水	m³	3005004	2	12	2	18
6	中(粗)砂	m³	5503005	5.30	5.00	5.41	6.14
7	碎石(4cm)	m³	5505013	7.24	8.57	7.38	7.8
8	32.5级水泥	t	5509001	3.754	3.04	3.827	3.38
9	其他材料费	元	7801001	－	2	－	2
10	设备摊销费	元	7901001	7.2	－	7.2	－
11	60m³/h 以内混凝土输送泵	台班	8005051	－	－	0.13	0.13
12	20t 以内汽车式起重机	台班	8009029	0.51	0.64	－	－
13	小型机具使用费	元	8099001	2.2	12.1	－	9.2
14	基价	元	9999001	3449	3922	2581	2698

II. 填　心

单位:10m³ 实体

顺序号	项　目	单位	代　号	混凝土 5	片石混凝土 6	片石掺砂 7	砂砾 8	砂 9
1	人工	工日	1001001	3.4	3.4	4.6	3.8	3.3
2	片 C10 – 32.5 – 8	m³	1503001	–	(10.20)	–	–	–
3	普 C15 – 32.5 – 8	m³	1503051	(10.20)	–	–	–	–
4	水	m³	3005004	12	12	–	–	–
5	中(粗)砂	m³	5503005	5.61	5.0	3.9	–	13
6	砂砾	m³	5503007	–	–	–	12.75	–
7	片石	m³	5505005	–	2.19	10.2	–	–
8	碎石(8cm)	m³	5505015	8.47	7.24	–	–	–
9	32.5 级水泥	t	5509001	2.581	1.84	–	–	–
10	其他材料费	元	7801001	2	2	–	–	–
11	20t 以内汽车式起重机	台班	8009029	0.21	0.19	–	–	–
12	小型机具使用费	元	8099001	10.2	8.8	–	–	–
13	基价	元	9999001	2643	2373	1473	998	1487

III. 封 顶

单位:表列单位

顺序号	项 目	单位	代 号	混凝土		钢筋
				有底板	无底板	
				10m³		1t
				10	11	12
1	人工	工日	1001001	7.7	5.8	5.1
2	普 C25－32.5－4	m³	1503033	(10.20)	(10.20)	－
3	HRB400 钢筋	t	2001002	－	－	1.025
4	20～22 号铁丝	kg	2001022	－	－	3
5	型钢	t	2003004	0.032	－	－
6	电焊条	kg	2009011	－	－	3.4
7	铁件	kg	2009028	5.7	－	－
8	铁钉	kg	2009030	0.1	－	－
9	水	m³	3005004	12	12	－
10	锯材	m³	4003002	0.24	－	－
11	中(粗)砂	m³	5503005	4.9	4.9	－
12	碎石(4cm)	m³	5505013	8.47	8.47	－
13	32.5 级水泥	t	5509001	3.417	3.417	－
14	其他材料费	元	7801001	2	2	－
15	20t 以内汽车式起重机	台班	8009029	0.22	0.22	－
16	32kV·A 以内交流电弧焊机	台班	8015028	－	－	0.43
17	小型机具使用费	元	8099001	10.3	10.3	8
18	基价	元	9999001	3840	3139	3992

4-2-11　地下连续墙

工程内容　导墙开挖:1)放样,挖土,整修;2)浇筑混凝土基座;3)沟槽排水。

导墙混凝土:1)模板制作、安装、拆除、修理、涂脱模剂、清理堆放;2)混凝土浇筑、捣固及养护。

挖土成槽:1)机具定位;2)安放跑板导轨;3)制浆、输送、循环分离泥浆;4)钻孔、挖土槽,护土成槽,护壁整修测量;5)场内运输、堆土。

铣削成槽:1)机具定位;2)制浆、输送、循环分离泥浆;3)铣削成槽,护壁整修测量。

凿铣成槽:1)机具定位;2)制浆、输送、循环分离泥浆;3)先凿后铣成槽,护壁整修测量。

锁口管吊拔:1)锁口管对接组装;2)入槽就位;3)浇筑混凝土过程中上下移动;4)拔除、拆卸、冲洗堆放。

清底置换:1)地下墙接缝清刷;2)空压机吹气搅拌泥浆;3)清底置换。

内衬混凝土:1)浇捣架就位;2)导管安设、拆除;3)混凝土浇筑、捣固及养护。

连续墙混凝土:1)浇捣架就位;2)导管安设、拆除;3)混凝土浇筑、捣固及养护;4)吸泥浆入池。

钢筋:1)制作、成型、试拼装;2)预埋件安装;3)钢筋吊运入槽、就位、对接、固定。

I. 导　墙

单位:表列单位

顺序号	项　　目	单位	代　号	开挖	混凝土	钢筋
				10m³		1t
				1	2	3
1	人工	工日	1001001	0.6	14.7	8.8
2	普 C20-32.5-4	m³	1503032	(0.38)	—	—
3	泵 C20-32.5-4	m³	1503082	—	(10.40)	—
4	HRB400 钢筋	t	2001002	—	—	1.025

顺序号	项 目	单位	代 号	开挖	混凝土	钢筋
				10m³		1t
				1	2	3
5	20～22号铁丝	kg	2001022	–	–	2.9
6	钢模板	t	2003025	–	0.015	–
7	电焊条	kg	2009011	–	–	5.1
8	铁件	kg	2009028	–	35.4	–
9	水	m³	3005004	–	12	–
10	锯材	m³	4003002	–	0.17	–
11	中(粗)砂	m³	5503005	0.19	6.14	–
12	碎石(4cm)	m³	5505013	0.32	7.8	–
13	32.5级水泥	t	5509001	0.113	3.38	–
14	其他材料费	元	7801001	0.1	11.3	–
15	1.0m³以内履带式机械单斗挖掘机	台班	8001035	0.07	–	–
16	60m³/h以内混凝土输送泵	台班	8005051	–	0.11	–
17	32kV·A以内交流电弧焊机	台班	8015028	–	–	1.79
18	小型机具使用费	元	8099001	–	–	19.1
19	基价	元	9999001	217	4492	4656

— 459 —

II. 成　槽

顺序号	项　目	单位	代　号	挖土成槽				锁口管吊拔			铣削成槽		凿铣成槽
				履带式液压抓斗			二钻一抓				I 期槽	II 期槽	
				槽深(m)									
				15 以内	25 以内	35 以内	25 以内	15 以内	25 以内	35 以内			
				10m³				1 段			100m³		
				4	5	6	7	8	9	10	11	12	13
1	人工	工日	1001001	6.9	7.8	8.8	8.7	9.9	12.8	15.8	13.1	35.7	217.1
2	电焊条	kg	2009011	–	–	–	–	–	–	–	5.2	6.8	8.1
3	水	m³	3005004	8	8	8	9	2	3	4	–	–	–
4	黏土	m³	5501003	–	–	–	–	–	–	–	3.09	4.03	4.43
5	膨润土	kg	5501004	603	603	603	725.6	–	–	–	6454.9	7586.8	8533.5
6	其他材料费	元	7801001	152.2	152.2	152.2	183.3	736.9	982.5	1473.8	414	420.1	414
7	设备摊销费	元	7901001	–	–	–	–	319.1	532	819.9	–	–	–
8	2.0m³ 以内轮胎式装载机	台班	8001047	–	–	–	–	–	–	–	0.18	0.29	0.7
9	10t 以内自卸汽车	台班	8007015	0.26	0.38	0.5	0.38	–	–	–	–	–	–
10	15t 以内履带式起重机	台班	8009002	–	–	–	–	0.65	–	–	–	–	–
11	40t 以内履带式起重机	台班	8009006	–	–	–	–	–	0.78	0.87	0.17	0.27	0.65
12	50t 以内履带式起重机	台班	8009007	–	–	–	–	–	–	–	0.16	0.27	0.65
13	φ1200mm 以内冲击反循环钻机	台班	8011032	–	–	–	0.09	–	–	–	–	–	–
14	泥浆制作循环设备	台班	8011055	0.26	0.37	0.49	0.37	–	–	–	1.26	1.86	13.45

顺序号	项目	单位	代号	挖土成槽				锁口管吊拔			铣削成槽		凿铣成槽
				履带式液压抓斗			二钻一抓				I 期槽	II 期槽	
				槽深（m）									
				15 以内	25 以内	35 以内	25 以内	15 以内	25 以内	35 以内			
				10m³				1 段			100m³		
				4	5	6	7	8	9	10	11	12	13
15	铣槽机	台班	8011067	–	–	–	–	–	–	–	1.95	3.02	3.88
16	履带式液压抓斗成槽机	台班	8011068	0.28	0.4	0.53	–	–	–	–	–	–	–
17	履带式绳索抓斗成槽机	台班	8011069	–	–	–	0.4	–	–	–	–	–	–
18	液压冲击重凿机	台班	8011070	–	–	–	–	–	–	–	–	–	9.86
19	锁口管顶升机	台班	8011071	–	–	–	–	0.69	0.88	1.09	–	–	–
20	32kV·A 以内交流电弧焊机	台班	8015028	–	–	–	–	–	–	–	0.99	1.62	2.58
21	小型机具使用费	元	8099001	22.3	22.3	22.3	22.3	–	–	–	5.5	18.4	7.4
22	基价	元	9999001	2483	3049	3658	3420	3178	4635	6023	29964	45979	128780

Ⅲ. 内衬及墙体

顺序号	项 目	单位	代 号	内衬		连续墙				
				混凝土	钢筋	清底置换	墙身混凝土	钢筋		
								槽深(m)		
								15 以内	30 以内	30 以上
				10m³	1t	1 段	10m³	1t		
				14	15	16	17	18	19	20
1	人工	工日	1001001	3.8	3.6	10.7	4.9	8.7	9.4	10.1
2	泵 C25－32.5－4	m³	1503083	(10.40)	－	－	－	－	－	－
3	水 C25－32.5－4	m³	1503101	－	－	－	(12.13)	－	－	－
4	HRB400 钢筋	t	2001002	－	1.025	－	－	1.025	1.025	1.025
5	20~22 号铁丝	kg	2001022	－	0.3	－	－	2.9	2.9	2.9
6	型钢	t	2003004	0.016	－	－	－	－	－	－
7	钢模板	t	2003025	0.007	－	－	－	－	－	－
8	电焊条	kg	2009011	－	2.9	－	－	7.9	8.1	8.2
9	铁件	kg	2009028	14.4	－	－	－	46.5	46.9	46.9
10	水	m³	3005004	18	－	3	6	－	－	－
11	锯材	m³	4003002	0.04	－	－	－	－	－	－
12	膨润土	kg	5501004	－	－	200	－	－	－	－
13	中(粗)砂	m³	5503005	6.03	－	－	6.19	－	－	－
14	碎石(4cm)	m³	5505013	7.59	－	－	8.37	－	－	－
15	32.5 级水泥	t	5509001	3.869	－	－	5.18	－	－	－

单位:表列单位

顺序号	项目	单位	代号	内衬		连续墙				
				混凝土	钢筋	清底置换	墙身混凝土	钢筋		
								槽深(m)		
								15 以内	30 以内	30 以上
				10m³	1t	1 段	10m³	1t		
				14	15	16	17	18	19	20
16	其他材料费	元	7801001	57.1	6.7	50.5	20.6	117.9	117.9	117.9
17	设备摊销费	元	7901001	–	–	–	16.8	–	–	–
18	60m³/h 以内混凝土输送泵	台班	8005051	0.1	–	–	0.08	–	–	–
19	15t 以内履带式起重机	台班	8009002	–	–	–	–	–	0.1	0.1
20	40t 以内履带式起重机	台班	8009006	0.03	0.02	0.87	0.1	0.11	0.05	–
21	50t 以内履带式起重机	台班	8009007	–	–	–	–	–	–	0.06
22	φ100mm 以内泥浆泵	台班	8013024	–	–	2	0.18	–	–	–
23	32kV·A 以内交流电弧焊机	台班	8015028	–	0.36	–	–	1.02	1.33	1.34
24	75kV·A 以内交流对焊机	台班	8015047	–	–	–	–	0.2	0.27	0.27
25	9m³/min 以内机动空压机	台班	8017049	–	–	1.8	–	–	–	–
26	小型机具使用费	元	8099001	12.8	30.7	–	–	7.4	7.4	7.4
27	基价	元	9999001	3282	3861	4364	3717	5041	5193	5309

第三节 打桩工程

说 明

1. 本章定额适用于陆地上、打桩工作平台上、船上打桥涵墩台基础桩,以及其他基础工程和临时工程中的打桩工作。

2. 土质划分:打桩工程土壤分为 I、II 两组。

I 组土——较易穿过的土壤,如轻亚黏土、亚黏土、砂类土、腐殖土、湿的及松散的黄土等。

II 组土——较难穿过的土壤,如黏土、干的固结黄土、砂砾、砾石、卵石等。

当穿过两组土层时,如打入 II 组土各层厚度之和大于或等于土层总厚度的 50% 或打入 II 组土连续厚度大于 1.5m,按 II 组土计;不足上述厚度时,则按 I 组土计。

3. 打桩定额中,均按在已搭好的工作平台上操作,但未包括打桩用的工作平台的搭设和拆除等的工、料消耗,需要时应按打桩工作平台定额另行计算。

4. 打桩定额中已包括打导桩、打送桩及打桩架的安、拆工作,并将打桩架、送桩、导桩及导桩夹木等的工、料按摊销方式计入定额中,编制预算时,不得另行计算。但定额中均未包括拔桩。破桩头工作,已计入承台定额中。

5. 打桩定额均为打直桩,如打斜桩时,机械乘以系数 1.20,人工乘以系数 1.08。

6. 利用打桩时所搭设的工作平台拔桩时,不得另计搭设工作平台的工、料消耗。如需搭设工作平台,可根据施工组织设计规定的面积,按打桩工作平台人工消耗的 50% 计算人工消耗,但各种材料一律不计。

7. 打每组钢板桩时,所用的夹板材料及钢板桩的截头、连接(接头)、整形等的材料已按摊销方式,将其工、料计入定额中,使用定额时,不得另行计算。

8. 钢板桩木支撑的制作、试拼、安装的工、料消耗,均已计入打桩定额中,拆除的工、料消耗已计入拔桩定额中。

9. 打钢筋桩、钢管桩定额中未包括钢板桩、钢管桩的防锈工作,如需进行防锈处理,另按相应定额计算。

10. 打钢管桩工程如设计钢管桩数量与本章定额不相同时,可按设计数量抽换定额中的钢管桩消耗,但定额中的其他消耗量不变。

11. 工程量计算规则:

(1)打预制钢筋混凝土方桩和管桩的工程量,应根据设计尺寸及长度以体积计算(管桩的空心部分应予以扣除)。设计中规定凿去的桩头部分的数量,应计入设计工程量内。

(2)钢筋混凝土方桩的预制工程量,应为打桩定额中括号内的备制数量。

(3)拔桩工程量按实际需要数量计算。

(4)打钢板桩的工程量按设计需要的钢板桩质量计算。

(5)打桩用的工作平台的工程量,按施工组织设计所需的面积计算。

(6)船上打桩工作平台的工程量,根据施工组织设计,按一座桥梁实际需要打桩机的台数和每台打桩机需要的船上工作平台面积的总和计算。

4-3-1 打钢筋混凝土方桩及接头

工程内容 1)安装、拆除、移动及固定桩架;2)移动和固定船只;3)方桩装、卸和运输;4)吊桩、定位、固定;5)设置桩垫;6)打桩和打送桩。

单位:10m³

顺序号	项 目	单位	代 号	柴油打桩机打桩							
				陆地工作平台				水中工作平台			
				基桩		排架桩		基桩		排架桩	
				Ⅰ组土	Ⅱ组土	Ⅰ组土	Ⅱ组土	Ⅰ组土	Ⅱ组土	Ⅰ组土	Ⅱ组土
				1	2	3	4	5	6	7	8
1	人工	工日	1001001	9.8	13.6	9.6	13.1	11.2	15.3	10.8	14.7
2	钢丝绳	t	2001019	0.001	0.001	0.001	0.001	0.001	0.001	0.001	0.001
3	锯材	m³	4003002	0.02	0.02	0.02	0.02	0.02	0.02	0.02	0.02
4	其他材料费	元	7801001	44.1	44.1	57.5	57.5	44.1	44.1	57.5	57.5
5	12t 以内汽车式起重机	台班	8009027	–	–	–	–	–	0.14	–	–
6	20t 以内汽车式起重机	台班	8009029	–	–	–	–	0.14	–	0.14	0.14
7	1.8t 以内导杆式柴油打桩机	台班	8011004	1.66	2.35	1.52	2.17	1.84	2.62	1.69	2.41
8	221kW 以内内燃拖轮	台班	8019005	–	–	–	–	0.42	0.6	0.39	0.55
9	300t 以内工程驳船	台班	8019024	–	–	–	–	0.86	1.22	0.78	1.12
10	基价	元	9999001	2387	3317	2273	3140	4020	5502	3787	5202

顺序号	项　目	单位	代　号	柴油打桩机打桩				接头	
				船上工作平台				法兰盘接头	硫黄胶泥接头
				基桩		排架桩			
				I 组土	II 组土	I 组土	II 组土		
				100m³				10 个	
				9	10	11	12	13	14
1	人工	工日	1001001	15.6	21.6	14.9	20.5	5.8	5.8
2	钢丝绳	t	2001019	0.001	0.001	0.001	0.001	–	–
3	电焊条	kg	2009011	–	–	–	–	11	–
4	铁件	kg	2009028	–	–	–	–	597.7	–
5	石油沥青	t	3001001	–	–	–	–	0.093	–
6	锯材	m³	4003002	0.02	0.02	0.02	0.02	–	–
7	其他材料费	元	7801001	44.1	44.1	57.5	57.5	32.1	862.6
8	20t 以内汽车式起重机	台班	8009029	0.14	0.14	0.14	0.14	–	–
9	1.8t 以内导杆式柴油打桩机	台班	8011004	2.66	3.79	2.46	3.5	0.74	0.74
10	32kV·A 以内交流电弧焊机	台班	8015028	–	–	–	–	0.37	–
11	221kW 以内内燃拖轮	台班	8019005	0.71	1.01	0.65	0.93	–	–
12	300t 以内工程驳船	台班	8019024	3.71	5.29	3.42	4.89	–	–
13	基价	元	9999001	6575	9193	6145	8576	4473	2043

注:1.本章定额为不射水打桩,如为射水打桩,按相应定额人工及机械台班消耗乘以系数0.98,并按打桩机台班数量增加多级水泵台班,其余不变。

　　2.接头定额指考虑在打桩时接桩,如在场地预先接桩,应扣除打桩机台班,人工乘以系数0.5,其余不变。

　　3.接头分两种方式编制,只能根据具体情况选用其中一种。

4-3-2 打钢筋混凝土管桩、接头及填心

工程内容 1)安装、拆除、移动及固定桩架;2)移动和固定船只;3)管桩装、卸和运输;4)吊桩、定位、固定;5)设置桩垫;6)打桩和打送桩;7)冲洗管桩内芯及混凝土填心。

单位:表列单位

顺序号	项　目	单位	代　号	柴油打桩机打桩						管桩接头	管桩填心
				陆地工作平台		水中工作平台		船上工作平台			
				I组土	II组土	I组土	II组土	I组土	II组土		
				10m³						10个	10m³
				1	2	3	4	5	6	7	8
1	人工	工日	1001001	16	21.5	17.3	23.4	23.3	32.1	8.9	15.9
2	普 C15-32.5-4	m³	1503031	-	-	-	-	-	-	-	(10.20)
3	电焊条	kg	2009011	-	-	-	-	-	-	9.8	-
4	铁件	kg	2009028	-	-	-	-	-	-	66.8	-
5	石油沥青	t	3001001	-	-	-	-	-	-	0.14	-
6	水	m³	3005004	-	-	-	-	-	-	-	2
7	锯材	m³	4003002	0.12	0.18	0.12	0.18	0.12	0.18	-	-
8	中(粗)砂	m³	5503005	-	-	-	-	-	-	-	5.1
9	碎石(4cm)	m³	5505013	-	-	-	-	-	-	-	8.67
10	32.5级水泥	t	5509001	-	-	-	-	-	-	-	2.754
11	其他材料费	元	7801001	32.8	32.8	32.8	32.8	32.8	32.8	65	9.4

续前页

单位:表列单位

顺序号	项目	单位	代号	柴油打桩机打桩						管桩接头	管桩填心
				陆地工作平台		水中工作平台		船上工作平台			
				I组土	II组土	I组土	II组土	I组土	II组土		
				10m³						10个	10m³
				1	2	3	4	5	6	7	8
12	25t以内轮胎式起重机	台班	8009021	0.1	0.1	0.49	0.65	0.1	0.1	–	0.52
13	2.5t以内轨道式柴油打桩机	台班	8011005	1.45	2.08	1.61	2.31	2.33	3.35	0.89	–
14	φ100mm电动多级水泵(≤120m)	台班	8013011	–	–	–	–	–	–	–	1.62
15	32kV·A以内交流电弧焊机	台班	8015028	–	–	–	–	–	–	0.55	–
16	221kW以内内燃拖轮	台班	8019005	–	–	0.43	0.62	0.72	1.04	–	–
17	300t以内工程驳船	台班	8019024	–	–	0.98	1.41	4.28	6.16	–	–
18	基价	元	9999001	4110	5686	6184	8663	8971	12705	3379	4740

注:1.本章定额为不射水打桩,如为射水打桩,按打桩机台班数量增加多级高压水泵台班,其余不变。

2.接头定额指考虑在打桩时接桩,如在场地预先接桩,应扣除打桩机台班,人工乘以系数0.5,其余不变。

3.接桩法兰盘包括在预制钢筋混凝土管桩中。

4－3－3 打钢管桩、接头

工程内容 1)安装、拆除、移动及固定桩架;2)移动和固定船只;3)管桩装、卸和运输;4)吊桩、定位、固定;5)设置桩垫;6)打桩和打送桩。

I. 在陆地工作平台上打桩

单位:表列单位

顺序号	项 目	单位	代 号	电动卷扬机打桩		振动打拔桩锤打桩				钢管桩接头
				桩径40cm以内		桩径60cm以内				
				桩长25m以内		桩长30m以内		桩长40m以内		
				I组土	II组土	I组土	II组土	I组土	II组土	
				10根						10个
				1	2	3	4	5	6	7
1	人工	工日	1001001	29.8	35.1	21.2	26.1	25.4	31.8	21.2
2	型钢	t	2003004	0.004	0.004	－	－	－	－	－
3	钢板	t	2003005	0.002	0.002	－	－	－	－	0.353
4	钢管桩	t	2003021	19.24	19.24	36.375	36.375	50.925	50.925	－
5	电焊条	kg	2009011	17.1	17.1	17.2	17.2	28.5	28.5	41.2
6	铁件	kg	2009028	0.2	0.2	141.1	141.1	141.1	141.1	－
7	铁钉	kg	2009030	88.9	88.9	0.4	0.4	0.4	0.4	－
8	原木	m³	4003001	0.26	0.26	4.77	4.77	4.77	4.77	－
9	锯材	m³	4003002	0.78	0.92	0.61	0.75	0.61	0.76	－
10	其他材料费	元	7801001	172.2	172.2	168.3	168.3	282.8	282.8	33.3
11	50t以内履带式起重机	台班	8009007	－	－	2.15	2.64	2.57	3.22	2.15

单位：表列单位

顺序号	项　目	单位	代　号	电动卷扬机打桩		振动打拔桩锤打桩				钢管桩接头
				桩径 40cm 以内		桩径 60cm 以内				
				桩长 25m 以内		桩长 30m 以内		桩长 40m 以内		
				I 组土	II 组土	I 组土	II 组土	I 组土	II 组土	
				10 根						10 个
				1	2	3	4	5	6	7
12	50kN 以内单筒慢动卷扬机	台班	8009081	2.06	2.42	–	–	–	–	–
13	600kN 以内振动打拔桩锤	台班	8011014	–	–	2.1	2.59	2.52	3.15	–
14	32kV·A 以内交流电弧焊机	台班	8015028	2.16	2.55	2.22	2.74	2.66	3.33	4.44
15	小型机具使用费	元	8099001	12.3	14.5	10.4	12.8	17.3	21.6	56.8
16	基价	元	9999001	96594	97504	187088	189175	257277	259962	8489

顺序号	项 目	单位	代 号	电动卷扬机打桩		振动打拔桩锤打桩				钢管桩接头
				桩径40cm以内		桩径60cm以内		桩径80cm以内		
				桩长30m以内		桩长40m以内				
				Ⅰ组土	Ⅱ组土	Ⅰ组土	Ⅱ组土	Ⅰ组土	Ⅱ组土	
				10 根						10 个
				8	9	10	11	12	13	14
1	人工	工日	1001001	46.1	53.3	35.3	44.1	39.8	50.9	31.8
2	型钢	t	2003004	0.005	0.005	–	–	–	–	–
3	钢板	t	2003005	0.002	0.002	–	–	–	–	0.353
4	钢管桩	t	2003021	24.05	24.05	50.925	50.925	68.18	68.18	–
5	电焊条	kg	2009011	14.4	14.4	58.2	58.2	59.7	59.7	61.2
6	铁件	kg	2009028	141.1	141.1	141.1	141.1	141.1	141.1	–
7	铁钉	kg	2009030	0.4	0.4	0.4	0.4	0.4	0.4	–
8	原木	m³	4003001	4.77	4.77	4.77	4.77	4.77	4.77	–
9	锯材	m³	4003002	0.61	0.73	0.61	0.76	0.61	0.78	–
10	其他材料费	元	7801001	143.5	143.5	296.7	296.7	330	330	33.3
11	50t以内履带式起重机	台班	8009007	–	–	2.83	3.54	3.22	4.12	2.57
12	50kN以内单筒慢动卷扬机	台班	8009081	1.71	2.05	–	–	–	–	–
13	600kN以内振动打拔桩锤	台班	8011014	–	–	2.77	3.47	3.15	4.03	

顺序号	项 目	单位	代 号	电动卷扬机打桩		振动打拔桩锤打桩				钢管桩接头
				桩径40cm 以内		桩径60cm 以内		桩径80cm 以内		
				桩长30m 以内		桩长40m 以内				
				I组土	II组土	I组土	II组土	I组土	II组土	
				10 根						10 个
				8	9	10	11	12	13	14
14	32kV·A 以内交流电弧焊机	台班	8015028	1.8	2.16	2.93	3.67	3.33	4.26	5.33
15	221kW 以内内燃拖轮	台班	8019005	0.25	0.3	0.45	0.6	0.7	0.99	–
16	200t 以内工程驳船	台班	8019023	0.57	0.69	1.02	1.36	1.77	2.26	–
17	小型机具使用费	元	8099001	10.2	12.2	18.5	23.1	30	38.4	70.6
18	基价	元	9999001	127200	128409	260442	263964	343870	348528	10657

顺序号	项　　目	单位	代　号	电动卷扬机打桩		振动打拔桩锤打桩				钢管桩接头
				桩径60cm以内		桩径80cm以内		桩径120cm以内		
				桩长30m以内		桩长40m以内		桩长50m以内		
				I组土	II组土	I组土	II组土	I组土	II组土	
				10 根						10 个
				15	16	17	18	19	20	21
1	人工	工日	1001001	53.8	66.1	42.4	54.3	53	70	42.4
2	型钢	t	2003004	0.247	0.247	0.247	0.247	0.247	0.247	–
3	钢板	t	2003005	–	–	–	–	–	–	0.412
4	钢管桩	t	2003021	36.375	36.375	58.44	58.44	117.4	117.4	–
5	电焊条	kg	2009011	41.5	41.5	66.6	66.6	25.6	25.6	79.6
6	铁件	kg	2009028	85.1	85.1	136.7	136.7	136.7	136.7	–
7	铁钉	kg	2009030	0.4	0.4	0.6	0.6	0.6	0.6	–
8	原木	m³	4003001	5.22	5.22	5.22	5.22	5.22	5.22	–
9	锯材	m³	4003002	1.72	2.11	1.72	2.2	1.72	2.27	–
10	其他材料费	元	7801001	32.1	32.1	51.7	51.7	61.6	61.6	91.4
11	50t以内履带式起重机	台班	8009007	–	–	3.43	4.39	–	–	2.57
12	80t以内履带式起重机	台班	8009010	–	–	–	–	4.4	5.81	–
13	50kN以内单筒慢动卷扬机	台班	8009081	1.11	1.37	–	–	–	–	–

顺序号	项目	单位	代号	电动卷扬机打桩		振动打拔桩锤打桩				钢管桩接头
				桩径60cm以内		桩径80cm以内		桩径120cm以内		
				桩长30m以内		桩长40m以内		桩长50m以内		
				I组土	II组土	I组土	II组土	I组土	II组土	
				10根						10个
				15	16	17	18	19	20	21
14	600kN以内振动打拔桩锤	台班	8011014	–	–	3.36	4.3	–	–	–
15	900kN以内振动打拔桩锤	台班	8011015	–	–	–	–	4.49	5.92	–
16	32kV·A以内交流电弧焊机	台班	8015028	1.17	1.26	3.11	3.98	3.89	5.13	4.66
17	294kW以内内燃拖轮	台班	8019006	0.32	0.39	1.95	2.5	1.95	2.58	–
18	400t以内工程驳船	台班	8019025	1.89	2.32	5.48	7.01	6.85	9.04	4.11
19	小型机具使用费	元	8099001	36.2	44.5	48.2	61.7	70.7	93.4	98.8
20	基价	元	9999001	189550	191866	307376	314116	593870	604639	13484

4-3-4 钢管桩填心

工程内容 1)安、拆导管;2)钢管桩内填心。

单位:10m³

顺序号	项　目	单位	代　号	混凝土	土	砂砾	碎石
				1	2	3	4
1	人工	工日	1001001	9.2	1.8	1.7	1.6
2	普 C20-32.5-4	m³	1503032	(10.20)	–	–	–
3	水	m³	3005004	3	–	–	–
4	中(粗)砂	m³	5503005	5	–	–	–
5	砂砾	m³	5503007	–	–	12.8	–
6	碎石(4cm)	m³	5505013	8.57	–	–	12.8
7	32.5级水泥	t	5509001	3.04	–	–	–
8	其他材料费	元	7801001	1.9	–	–	–
9	设备摊销费	元	7901001	23.3	–	–	–
10	25t以内汽车式起重机	台班	8009030	0.43	0.08	0.13	0.13
11	φ100mm 电动多级水泵(≤120m)	台班	8013011	1.62	–	–	–
12	小型机具使用费	元	8099001	2.7	1.8	1.8	1.3
13	基价	元	9999001	4071	302	955	1454

4-3-5 打 钢 板 桩

工程内容 安装、拆除、移动打桩机,制作导桩并打入土中,钢板桩木支撑制作、试拼、安装,钢板桩拼组,打、拔出导桩,50m 内材料运输等全部工序。

单位:表列单位

顺序号	项　　目	单位	代　号	电动卷扬机打桩		振动打拔桩机打桩						钢板桩接头
				陆地工作平台				水中工作平台		船上工作平台		
				I组土	II组土	I组土	II组土	I组土	II组土	I组土	II组土	
				10t								10 个
				1	2	3	4	5	6	7	8	9
1	人工	工日	1001001	32.6	38.9	21.9	25.6	28.1	34.3	31.1	37.3	3.4
2	型钢	t	2003004	0.002	0.002	–	–	–	–	0.072	0.072	–
3	钢板	t	2003005	0.001	0.001	–	–	–	–	–	–	0.363
4	钢板桩	t	2003020	1.25	1.25	1.25	1.25	1.25	1.25	1.25	1.25	
5	电焊条	kg	2009011	–	–	–	–	–	–	–	–	32.5
6	铁件	kg	2009028	46.2	52.2	38.8	44.2	38.8	44.2	73.4	109.2	–
7	铁钉	kg	2009030	0.1	0.1	0.1	0.1	0.1	0.1	0.1	–	–
8	原木	m³	4003001	1.33	1.33	1.31	1.31	1.31	1.31	1.42	1.42	–
9	锯材	m³	4003002	0.4	0.43	0.17	0.2	0.17	0.2	0.46	0.58	–
10	其他材料费	元	7801001	48.3	48.3	44.9	44.9	44.9	44.9	46	45.6	19.8
11	12t 以内汽车式起重机	台班	8009027	0.26	0.39	1.07	1.61	1.36	1.99	1.41	2	–

单位:表列单位

顺序号	项　　目	单位	代　号	电动卷扬机打桩		振动打拔桩机打桩						钢板桩接头
				陆地工作平台				水中工作平台		船上工作平台		
				I组土	II组土	I组土	II组土	I组土	II组土	I组土	II组土	
				10t								10 个
				1	2	3	4	5	6	7	8	9
12	50kN 以内单筒慢动卷扬机	台班	8009081	4.77	6.24	–	–	–	–	–	–	–
13	300kN 以内振动打拔桩机	台班	8011008	–	–	0.99	1.5	0.99	1.49	1.1	1.66	–
14	32kV·A 以内交流电弧焊机	台班	8015028	–	–	–	–	–	–	–	–	2.74
15	147kW 以内内燃拖轮	台班	8019003	–	–	–	–	0.25	0.38	0.31	0.46	–
16	200t 以内工程驳船	台班	8019023	–	–	–	–	0.63	0.96	1.88	2.83	–
17	小型机具使用费	元	8099001	–	–	79.7	79.7	79.7	79.7	79.7	79.7	3.3
18	基价	元	9999001	12784	13889	12157	13585	13603	15645	15431	17939	2363

4-3-6 拔钢板桩

工程内容 1)准备拔桩工具;2)安移拔桩机具,固定船只;3)钢板桩支撑拆除、堆放;4)系桩、拔桩;5)运桩、堆放。

单位:10t 钢板桩

顺序号	项　目	单位	代　号	卷扬机拔桩		振动打拔桩机拔桩
				陆地工作平台	水中工作平台	船上工作平台
				1	2	3
1	人工	工日	1001001	18.3	21.3	10.5
2	12t 以内汽车式起重机	台班	8009027	0.19	0.19	0.74
3	50kN 以内单筒慢动卷扬机	台班	8009081	1.49	1.49	–
4	300kN 以内振动打拔桩机	台班	8011008	–	–	0.7
5	147kW 以内内燃拖轮	台班	8019003	–	0.15	0.39
6	200t 以内工程驳船	台班	8019023	–	0.26	0.96
7	基价	元	9999001	2363	2981	3279

4－3－7　打桩工作平台

工程内容　1)制桩、打桩、拔桩及制、安、拆简易打桩架;2)移动、固定船只;3)制、安、拆平台。

单位:100m²

顺序号	项　目	单位	代　号	陆地上打桩用		水上打桩用		船上打桩用	
				卷扬机打桩	其他机械打桩	卷扬机打桩	其他机械打桩	卷扬机打桩	其他机械打桩
				1	2	3	4	5	6
1	人工	工日	1001001	6.8	10.7	24.7	30.7	14.9	17.4
2	型钢	t	2003004	0.206	0.263	0.752	0.971	0.496	0.567
3	电焊条	kg	2009011	－	0.1	13	16.4	1	1.1
4	铁件	kg	2009028	7.3	12.7	11.3	17.1	5.3	7.8
5	铁钉	kg	2009030	2.5	2.5	2.5	2.5	2.6	2.6
6	锯材	m³	4003002	1.1	1.47	1.1	1.47	1.1	1.38
7	其他材料费	元	7801001	0.4	0.7	50.4	81.3	2	2.1
8	设备摊销费	元	7901001	－	174.1	1.4	176.4	－	81.7
9	50kN 以内单筒慢动卷扬机	台班	8009081	－	－	1.43	1.84	－	－
10	32kV·A 以内交流电弧焊机	台班	8015028	－	0.01	1.29	1.62	0.05	0.05
11	小型机具使用费	元	8099001	0.9	1.6	146.7	189.2	4.6	4.9
12	基价	元	9999001	3146	4518	7735	10123	5034	6064

注:船上打桩工作平台所需驳船艘班,包括在打桩或拔桩的定额中。

第四节　灌注桩工程

说　明

1.灌注桩造孔根据造孔的难易程度,将土质分为八种:

(1)砂土:粒径不大于2mm的砂类土,包括淤泥、轻亚黏土。

(2)黏土:亚黏土、黏土、黄土,包括土状风化。

(3)砂砾:粒径2~20mm的角砾、圆砾含量(指质量比,下同)小于或等于50%,包括礓石及粒状风化。

(4)砾石:粒径2~20mm的角砾、圆砾含量大于50%,有时还包括粒径20~200mm的碎石、卵石,其含量在10%以内,包括块状风化。

(5)卵石:粒径20~200mm的碎石、卵石含量大于10%,有时还包括块石、漂石,其含量在10%以内,包括块状风化。

(6)软石:饱和单轴极限抗压强度在40MPa以下的各类松软的岩石,如盐岩,胶结不紧的砾岩、泥质页岩、砂岩,较坚实的泥灰岩、块石土及漂石土,软而节理较多的石灰岩等。

(7)次坚石:饱和单轴极限抗压强度在40~100MPa的各类较坚硬的岩石,如硅质页岩,硅质砂岩,白云岩,石灰岩,坚实的泥灰岩,软玄武岩,片麻岩、正长岩、花岗岩等。

(8)坚石:饱和单轴极限抗压强度在100MPa以上的各类坚硬的岩石,如硬玄武岩,坚实的石灰岩、白云岩、大理岩、石英岩、闪长岩、粗粒花岗岩、正长岩等。

2.灌注桩成孔定额分为人工挖孔、卷扬机带冲击锥冲孔、冲击钻机冲孔、回旋钻机钻孔、潜水钻机钻孔、旋挖钻机钻孔、全套管钻机钻孔七种。定额中已按摊销方式计入钻架的制作、拼装、移位、拆除及钻头维修所耗用的工、料、机械台班数量,钻头的费用已计入设备摊销费中,使用本节定额时,不得另行计算。

3. 灌注桩混凝土定额按机械拌和、工作平台上导管倾注水下混凝土编制,定额中已包括混凝土灌注设备(如导管等)摊销的工、料费用及扩孔增加的混凝土数量,使用定额时,不得另行计算。

4. 钢护筒定额中,干处埋设按护筒设计质量的周转摊销量计入定额中,使用定额时,不得另行计算。水中埋设按护筒全部设计质量计入定额中,可根据设计确定的回收量按规定计算回收金额。

5. 护筒定额中,已包括陆地上埋设护筒用的黏土或水中埋设护筒定位用的导向架及钢质或钢筋混凝土护筒接头用的铁件、硫黄胶泥等埋设时用的材料、设备消耗,使用定额时,不得另行计算。

6. 浮箱工作平台定额中,每只浮箱的工作面积为 $3m \times 6m = 18m^2$。

7. 使用成孔定额时,应根据施工组织设计的需要合理选用定额子目,当不采用泥浆船的方式进行水中灌注桩施工时,除按 90kW 以内内燃拖轮数量的一半保留拖轮和驳船的数量外,其余拖轮和驳船的消耗应扣除。

8. 在河滩、水中采用围堰筑岛方法施工或搭设的便桥与工作平台相连时,应采用陆地上成孔定额计算。

9. 本章定额是按一般黏土造浆进行编制的,当实际采用膨润土造浆时,其膨润土的用量可按定额中黏土用量乘以系数进行计算。即:

$$Q = 0.095 \times V$$

式中:Q——膨润土的用量(t);

V——黏土的用量(m^3)。

10. 当设计桩径与定额采用桩径不同时,可按下表系数调整:

计算基数		桩径 150cm 以内			桩径 200cm 以内				桩径 250cm 以内			
桩径(cm)		120	130	140	160	170	180	190	210	220	230	240
调整系数	冲击锥、冲击钻	0.85	0.9	0.95	0.8	0.85	0.9	0.95	0.88	0.91	0.94	0.97
	回旋钻	-	0.94	0.97	0.75	0.82	0.87	0.92	0.88	0.91	0.94	0.96

计算基数		桩径300cm以内				桩径350cm以内			
桩径(cm)		260	270	280	290	310	320	330	340
调整系数	回旋钻	0.72	0.78	0.85	0.92	0.7	0.78	0.85	0.93

11. 工程量计算规则：

（1）灌注桩成孔工程量按设计入土深度计算。定额中的孔深指护筒顶至桩底（设计高程）的深度。造孔定额中同一孔内的不同土质，不论其所在的深度如何，均采用总孔深定额。

（2）人工挖孔的工程量按护筒（护壁）外缘所包围的面积乘以设计孔深计算。

（3）浇筑水下混凝土的工程量按设计桩径断面积乘以设计桩长计算，不得将扩孔因素计入工程量。

（4）灌注桩工作平台的工程量按施工组织设计需要的面积计算。

（5）钢护筒的工程量按护筒的设计质量计算。设计质量为加工后的成品质量，包括加劲肋及连接用法兰盘等全部钢材的质量。当设计提供不出钢护筒的质量时，可参考下表的质量进行计算，桩径不同时可内插计算。

桩径(cm)	100	120	150	200	250	300	350
护筒单位质量(kg/m)	267.0	390.0	568.0	919.0	1504.0	1961.0	2576.0

4-4-1 人工挖孔

工程内容 挖孔:1)人工挖土或打眼开炸石方,装土、石,清理、小量排水;2)卷扬机吊运土、石出孔,修整孔壁,检平石质基底;

3)临时支撑及警戒防护等。

护壁:1)模板及支撑的制作、安装、拆除、涂脱模剂;2)混凝土的浇筑、捣固、养护。

单位:10m³

顺序号	项 目	单位	代 号	挖孔										现浇混凝土护壁
				孔深(m)										
				10 以内					10 以上					
				砂(黏)土、砂砾	砾(卵)石	软石	次坚石	坚石	砂(黏)土、砂砾	砾(卵)石	软石	次坚石	坚石	
				1	2	3	4	5	6	7	8	9	10	11
1	人工	工日	1001001	5.8	7.1	8.6	12.6	22.5	7.7	9.4	11.5	16.8	29.9	19.9
2	普 C25-32.5-4	m³	1503033	-	-	-	-	-	-	-	-	-	-	(10.20)
3	型钢	t	2003004	-	-	-	-	-	-	-	-	-	-	0.032
4	组合钢模板	t	2003026	-	-	-	-	-	-	-	-	-	-	0.049
5	钢钎	kg	2009002	-	-	0.22	0.35	0.52	-	-	0.22	0.35	0.52	-
6	铁件	kg	2009028	-	-	-	-	-	-	-	-	-	-	32.07
7	水	m³	3005004											13
8	原木	m³	4003001	-	-	-	-	-	-	-	-	-	-	0.06
9	硝铵炸药	kg	5005002	-	-	6	8.5	10	-	-	6	8.5	10	-

顺序号	项　目	单位	代　号	挖孔										现浇混凝土护壁
				孔深(m)										
				10 以内					10 以上					
				砂(黏)土、砂砾	砾(卵)石	软石	次坚石	坚石	砂(黏)土、砂砾	砾(卵)石	软石	次坚石	坚石	
				1	2	3	4	5	6	7	8	9	10	11
10	非电毫秒雷管	个	5005008	–	–	14.2	20.1	23.6	–	–	14.2	20.1	23.6	–
11	导爆索	m	5005009	–	–	25	35.4	41.7	–	–	25	35.4	41.7	–
12	中(粗)砂	m³	5503005	–	–	–	–	–	–	–	–	–	–	4.9
13	碎石(4cm)	m³	5505013	–	–	–	–	–	–	–	–	–	–	8.47
14	32.5 级水泥	t	5509001	–	–	–	–	–	–	–	–	–	–	3.417
15	其他材料费	元	7801001	–	–	53.4	50.5	55.3	–	–	46.6	50.5	55.3	54.8
16	50kN 以内单筒慢动卷扬机	台班	8009081	2.19	2.67	3.25	4.73	8.46	2.91	3.54	4.31	6.3	11.25	1.22
17	9m³/min 以内机动空压机	台班	8017049	–	–	0.68	0.99	1.76	–	–	0.9	1.31	2.35	–
18	小型机具使用费	元	8099001	23.4	29.3	34.6	50.6	90.5	46.7	57.9	69.1	100.8	180.1	15.2
19	基价	元	9999001	1017	1244	2220	3207	5543	1366	1667	2897	4204	7324	5207

4-4-2 卷扬机带冲击锥冲孔

工程内容 1)装、拆、移钻架,安卷扬机,串钢丝绳,安滑轮;2)准备钻具、冲孔、提钻、出渣、加水、加黏土、清孔、量孔深。

单位:10m

顺序号	项 目	单位	代 号	桩径150cm以内							
				孔深20m以内							
				砂土	黏土	砂砾	砾石	卵石	软石	次坚石	坚石
				1	2	3	4	5	6	7	8
1	人工	工日	1001001	12.9	14.1	23.8	32.3	40.5	43.6	56.7	72.1
2	电焊条	kg	2009011	0.3	0.6	0.8	1.2	2.5	2.7	3.2	3.7
3	铁件	kg	2009028	0.2	0.2	0.2	0.2	0.2	0.2	0.2	0.2
4	水	m³	3005004	31	26	41	41	41	36	36	36
5	锯材	m³	4003002	0.01	0.01	0.01	0.01	0.01	0.01	0.01	0.01
6	黏土	m³	5501003	10.5	7	14	14	14	12.27	12.27	12.27
7	其他材料费	元	7801001	1.7	1.7	1.7	1.7	1.7	1.7	1.7	1.7
8	设备摊销费	元	7901001	194.9	200	217.9	225.6	242.7	252.8	276.9	291.5
9	1.0m³以内履带式机械单斗挖掘机	台班	8001035	0.04	0.04	0.04	0.04	0.04	0.04	0.04	0.04
10	10t以内载货汽车	台班	8007007	0.17	0.17	0.17	0.17	0.17	0.17	0.17	0.17
11	16t以内汽车式起重机	台班	8009028	0.17	0.17	0.17	0.17	0.17	0.17	0.17	0.17
12	50kN以内双筒快动卷扬机	台班	8009102	1.66	2.47	5.93	9.72	13.37	14.88	20.71	27.57
13	泥浆分离器	台班	8011056	0.01	0.02	0.05	0.09	0.12	0.16	0.23	0.38
14	泥浆搅拌机	台班	8011057	1.52	1.52	1.52	1.52	1.52	1.52	1.52	1.52

续前页

顺序号	项　　目	单位	代　号	桩径150cm以内							
				孔深20m以内							
				砂土	黏土	砂砾	砾石	卵石	软石	次坚石	坚石
				1	2	3	4	5	6	7	8
15	φ100mm以内泥浆泵	台班	8013024	0.04	0.05	0.16	0.26	0.37	0.49	0.68	1.13
16	42kV·A以内交流电弧焊机	台班	8015029	0.03	0.06	0.08	0.13	0.25	0.28	0.33	0.38
17	小型机具使用费	元	8099001	0.4	0.4	0.4	0.4	0.4	0.4	0.4	0.4
18	基价	元	9999001	2755	3055	5155	7088	8982	9730	12725	16321

单位:10m

顺序号	项目	单位	代号	桩径 150cm 以内							
				孔深 30m 以内							
				砂土	黏土	砂砾	砾石	卵石	软石	次坚石	坚石
				9	10	11	12	13	14	15	16
1	人工	工日	1001001	12.6	14.3	26.1	37.8	47.6	48.5	64.6	92.7
2	电焊条	kg	2009011	0.3	0.6	0.8	1.2	2.5	2.7	3.2	3.7
3	铁件	kg	2009028	0.1	0.1	0.1	0.1	0.1	0.1	0.1	0.1
4	水	m³	3005004	31	26	41	41	41	36	36	36
5	锯材	m³	4003002	0.007	0.007	0.007	0.007	0.007	0.007	0.007	0.007
6	黏土	m³	5501003	10.5	7	14	14	14	12.27	12.27	12.27
7	其他材料费	元	7801001	1.2	0.9	0.9	0.9	0.9	0.9	0.9	0.9
8	设备摊销费	元	7901001	194.9	200	218.3	225.6	242.7	252.8	276.9	291.5
9	1.0m³ 以内履带式机械单斗挖掘机	台班	8001035	0.03	0.03	0.03	0.03	0.03	0.03	0.03	0.03
10	10t 以内载货汽车	台班	8007007	0.14	0.14	0.14	0.14	0.14	0.14	0.14	0.14
11	16t 以内汽车式起重机	台班	8009028	0.14	0.14	0.14	0.14	0.14	0.14	0.14	0.14
12	50kN 以内双筒快动卷扬机	台班	8009102	2.66	3.7	9.3	15.42	20.54	21.2	29.6	44.32
13	泥浆分离器	台班	8011056	0.02	0.03	0.07	0.12	0.16	0.2	0.3	0.52
14	泥浆搅拌机	台班	8011057	0.56	0.56	0.56	0.56	0.56	0.56	0.6	0.56
15	φ100mm 以内泥浆泵	台班	8013024	0.05	0.08	0.21	0.35	0.49	0.59	0.8	1.56
16	42kV·A 以内交流电弧焊机	台班	8015029	0.03	0.06	0.08	0.13	0.25	0.28	0.3	0.38
17	小型机具使用费	元	8099001	0.3	0.3	0.3	0.3	0.3	0.3	0.3	0.3
18	基价	元	9999001	2799	3215	6092	8973	11424	11716	15700	22760

顺序号	项　　目	单位	代　号	桩径150cm以内							
				孔深40m以内							
				砂土	黏土	砂砾	砾石	卵石	软石	次坚石	坚石
				17	18	19	20	21	22	23	24
1	人工	工日	1001001	12.5	15	30.3	46	58.9	60.4	81.9	119.4
2	电焊条	kg	2009011	0.3	0.6	0.8	1.2	2.5	2.7	3.2	3.7
3	铁件	kg	2009028	0.1	0.1	0.1	0.1	0.1	0.1	0.1	0.1
4	水	m³	3005004	31	26	41	41	41	36	36	36
5	锯材	m³	4003002	0.005	0.005	0.005	0.005	0.005	0.005	0.005	0.005
6	黏土	m³	5501003	10.5	7	14	14	14	12.27	12.27	12.27
7	其他材料费	元	7801001	0.9	0.9	0.9	0.9	0.9	0.9	0.9	0.9
8	设备摊销费	元	7901001	194.9	200	218.3	225.6	242.7	252.8	276.9	291.5
9	1.0m³以内履带式机械单斗挖掘机	台班	8001035	0.03	0.03	0.03	0.03	0.03	0.03	0.03	0.03
10	10t以内载货汽车	台班	8007007	0.1	0.1	0.1	0.1	0.1	0.1	0.1	0.1
11	16t以内汽车式起重机	台班	8009028	0.1	0.1	0.1	0.1	0.1	0.1	0.1	0.1
12	50kN以内双筒快动卷扬机	台班	8009102	3.37	4.75	12.2	20.42	27.19	28.1	39.35	58.98
13	泥浆分离器	台班	8011056	0.02	0.04	0.1	0.16	0.21	0.26	0.37	0.69
14	泥浆搅拌机	台班	8011057	0.56	0.56	0.56	0.56	0.56	0.56	0.56	0.56
15	φ100mm以内泥浆泵	台班	8013024	0.07	0.11	0.29	0.47	0.64	0.79	1.1	2.08
16	42kV·A以内交流电弧焊机	台班	8015029	0.03	0.06	0.08	0.13	0.25	0.28	0.33	0.38
17	小型机具使用费	元	8099001	0.2	0.2	0.2	0.2	0.2	0.2	0.2	0.2
18	基价	元	9999001	2903	3498	7240	11095	14308	14745	20061	29470

单位:10m

顺序号	项　目	单位	代　号	桩径200cm以内							
				孔深20m以内							
				砂土	黏土	砂砾	砾石	卵石	软石	次坚石	坚石
				25	26	27	28	29	30	31	32
1	人工	工日	1001001	17.7	20.2	37.7	54.7	65.3	72	96	124.2
2	电焊条	kg	2009011	0.3	0.7	0.9	1.4	2.8	3	3.6	4.1
3	铁件	kg	2009028	0.2	0.2	0.2	0.2	0.2	0.2	0.2	0.2
4	水	m³	3005004	54	46	72	72	72	63	63	63
5	锯材	m³	4003002	0.013	0.013	0.013	0.013	0.013	0.013	0.013	0.013
6	黏土	m³	5501003	18.7	12.4	24.9	24.9	24.9	21.81	21.8	21.81
7	其他材料费	元	7801001	1.7	1.7	1.7	1.7	1.7	1.7	1.7	1.7
8	设备摊销费	元	7901001	205.1	210.3	228.5	235.9	253	263.2	287.2	301.8
9	1.0m³以内履带式机械单斗挖掘机	台班	8001035	0.03	0.03	0.03	0.03	0.03	0.03	0.03	0.03
10	10t以内载货汽车	台班	8007007	0.12	0.12	0.12	0.12	0.12	0.12	0.12	0.12
11	16t以内汽车式起重机	台班	8009028	0.12	0.12	0.12	0.12	0.12	0.12	0.12	0.12
12	50kN以内双筒快动卷扬机	台班	8009102	3.39	5.1	12.56	20.7	26.7	29.72	41.44	55.22
13	泥浆分离器	台班	8011056	0.02	0.03	0.09	0.16	0.22	0.29	0.4	0.67
14	泥浆搅拌机	台班	8011057	1	1	1	1	1	1	1	1
15	φ100mm以内泥浆泵	台班	8013024	0.07	0.09	0.28	0.47	0.65	0.86	1.2	2.01
16	42kV·A以内交流电弧焊机	台班	8015029	0.03	0.07	0.09	0.14	0.28	0.31	0.4	0.42
17	小型机具使用费	元	8099001	0.5	0.5	0.5	0.5	0.5	0.5	0.5	0.5
18	基价	元	9999001	3731	4363	8438	12418	15202	16727	22446	29304

单位:10m

顺序号	项目	单位	代号	桩径 200cm 以内							
				孔深 30m 以内							
				砂土	黏土	砂砾	砾石	卵石	软石	次坚石	坚石
				33	34	35	36	37	38	39	40
1	人工	工日	1001001	17.9	21.2	43.7	66.1	80.1	83.3	112.7	164.1
2	电焊条	kg	2009011	0.3	0.7	0.9	1.4	2.8	3	3.6	4.1
3	铁件	kg	2009028	0.2	0.2	0.2	0.2	0.2	0.2	0.2	0.2
4	水	m³	3005004	54	46	72	72	72	63	63	63
5	锯材	m³	4003002	0.009	0.009	0.009	0.009	0.009	0.009	0.009	0.009
6	黏土	m³	5501003	18.7	12.4	24.9	24.9	24.9	21.81	21.81	21.81
7	其他材料费	元	7801001	1.2	1.2	1.2	1.2	1.2	1.2	1.2	1.2
8	设备摊销费	元	7901001	205.1	210.3	228.5	235.9	253	263.1	287.2	301.8
9	1.0m³ 以内履带式机械单斗挖掘机	台班	8001035	0.03	0.03	0.03	0.03	0.03	0.03	0.03	0.03
10	10t 以内载货汽车	台班	8007007	0.08	0.08	0.08	0.08	0.08	0.08	0.08	0.08
11	16t 以内汽车式起重机	台班	8009028	0.08	0.08	0.08	0.08	0.08	0.08	0.08	0.08
12	50kN 以内双筒快动卷扬机	台班	8009102	4.34	6.42	16.23	27.02	34.97	36.08	50.44	75.54
13	泥浆分离器	台班	8011056	0.03	0.05	0.12	0.21	0.29	0.35	0.49	0.93
14	泥浆搅拌机	台班	8011057	1	1	1	1	1	1	1	1
15	φ100mm 以内泥浆泵	台班	8013024	0.09	0.14	0.37	0.63	0.86	1.05	1.47	2.78
16	42kV·A 以内交流电弧焊机	台班	8015029	0.03	0.07	0.09	0.14	0.28	0.31	0.36	0.42
17	小型机具使用费	元	8099001	0.4	0.4	0.4	0.4	0.4	0.4	0.4	0.4
18	基价	元	9999001	3929	4753	9972	15228	18892	19548	26538	38959

单位:10m

顺序号	项 目	单位	代 号	桩径200cm以内							
				孔深40m以内							
				砂土	黏土	砂砾	砾石	卵石	软石	次坚石	坚石
				41	42	43	44	45	46	47	48
1	人工	工日	1001001	19.8	24.7	54.9	86.1	101.8	106.5	145.7	214.2
2	电焊条	kg	2009011	0.3	0.7	0.9	1.4	2.8	3	3.6	4.1
3	铁件	kg	2009028	0.1	0.1	0.1	0.1	0.1	0.1	0.1	0.1
4	水	m³	3005004	54	46	72	72	72	63	63	63
5	锯材	m³	4003002	0.007	0.007	0.007	0.007	0.007	0.007	0.007	0.007
6	黏土	m³	5501003	18.7	12.4	24.9	24.9	24.9	21.81	21.81	21.81
7	其他材料费	元	7801001	0.9	0.9	0.9	0.9	0.9	0.9	0.9	0.9
8	设备摊销费	元	7901001	205.1	210.3	228.5	235.9	253	263.1	287.2	301.8
9	1.0m³以内履带式机械单斗挖掘机	台班	8001035	0.02	0.02	0.02	0.02	0.02	0.02	0.02	0.02
10	10t以内载货汽车	台班	8007007	0.06	0.06	0.06	0.06	0.06	0.06	0.06	0.06
11	16t以内汽车式起重机	台班	8009028	0.06	0.06	0.06	0.06	0.06	0.06	0.06	0.06
12	50kN以内双筒快动卷扬机	台班	8009102	5.7	8.6	22.2	37.17	46.33	47.89	67.09	100.59
13	泥浆分离器	台班	8011056	0.04	0.06	0.17	0.28	0.38	0.47	0.65	1.23
14	泥浆搅拌机	台班	8011057	1	1	1	1	1	1	1	1
15	φ100mm以内泥浆泵	台班	8013024	0.12	0.19	0.51	0.84	1.14	1.4	1.96	3.69
16	42kV·A以内交流电弧焊机	台班	8015029	0.03	0.07	0.09	0.14	0.28	0.31	0.36	0.42
17	小型机具使用费	元	8099001	0.3	0.3	0.3	0.3	0.3	0.3	0.3	0.3
18	基价	元	9999001	4442	5649	12692	19974	24154	25116	34434	50981

4-4-3 冲击钻机冲孔

工程内容 1)装、拆、移钻架,安卷扬机,串钢丝绳,安滑轮;2)准备钻具、冲孔、提钻、出渣、加水、加黏土、清孔、量孔深。

单位:10m

顺序号	项 目	单位	代 号	桩径100cm以内							
				孔深20m以内							
				砂土	黏土	砂砾	砾石	卵石	软石	次坚石	坚石
				1	2	3	4	5	6	7	8
1	人工	工日	1001001	10.6	11.2	18.2	20	22.7	25.5	33.5	44.2
2	电焊条	kg	2009011	0.3	0.6	0.7	1.1	2.2	2.4	2.9	3.3
3	铁件	kg	2009028	0.2	0.2	0.2	0.2	0.2	0.2	0.2	0.2
4	水	m^3	3005004	14	11	18	18	18	16	16	16
5	锯材	m^3	4003002	0.014	0.014	0.014	0.014	0.014	0.014	0.014	0.014
6	黏土	m^3	5501003	4.67	3.11	6.23	6.23	6.23	5.45	5.45	5.45
7	其他材料费	元	7801001	2.4	2.4	2.4	2.4	2.4	2.4	2.4	2.4
8	设备摊销费	元	7901001	128.9	134.2	153.8	161.5	178.6	189.9	214.5	229.9
9	1.0m^3以内履带式机械单斗挖掘机	台班	8001035	0.04	0.04	0.04	0.04	0.04	0.04	0.04	0.04
10	10t以内载货汽车	台班	8007007	0.23	0.23	0.23	0.23	0.23	0.23	0.23	0.23
11	16t以内汽车式起重机	台班	8009028	0.23	0.23	0.23	0.23	0.23	0.23	0.23	0.23

单位:10m

顺序号	项　目	单位	代　号	桩径100cm以内							
				孔深20m以内							
				砂土	黏土	砂砾	砾石	卵石	软石	次坚石	坚石
				1	2	3	4	5	6	7	8
12	JK8型冲击钻机	台班	8011029	1.4	2.02	5.45	7.19	8.72	10.3	14.69	20.63
13	泥浆分离器	台班	8011056	0.004	0.01	0.02	0.04	0.04	0.06	0.09	0.15
14	泥浆搅拌机	台班	8011057	0.25	0.25	0.25	0.25	0.25	0.25	0.25	0.25
15	φ100mm以内泥浆泵	台班	8013024	0.01	0.02	0.06	0.11	0.13	0.19	0.27	0.46
16	42kV·A以内交流电弧焊机	台班	8015029	0.03	0.06	0.07	0.11	0.22	0.24	0.29	0.33
17	基价	元	9999001	2662	3079	5912	7157	8388	9632	13110	17807

单位:10m

顺序号	项目	单位	代号	桩径100cm以内							
				孔深30m以内							
				砂土	黏土	砂砾	砾石	卵石	软石	次坚石	坚石
				9	10	11	12	13	14	15	16
1	人工	工日	1001001	10.2	10.8	18.3	20.6	24	28.9	39.1	53
2	电焊条	kg	2009011	0.3	0.6	0.7	1.1	2.2	2.4	2.9	3.3
3	铁件	kg	2009028	0.1	0.1	0.1	0.1	0.1	0.1	0.1	0.1
4	水	m³	3005004	14	11	18	18	18	16	16	16
5	锯材	m³	4003002	0.01	0.01	0.01	0.01	0.01	0.01	0.01	0.01
6	黏土	m³	5501003	4.67	3.11	6.23	6.23	6.23	5.45	5.45	5.45
7	其他材料费	元	7801001	1.7	1.7	1.7	1.7	1.7	1.7	1.7	1.7
8	设备摊销费	元	7901001	128.9	134.2	153.8	161.5	178.6	189.9	214.5	229.9
9	1.0m³以内履带式机械单斗挖掘机	台班	8001035	0.03	0.03	0.03	0.03	0.03	0.03	0.03	0.03
10	10t以内载货汽车	台班	8007007	0.17	0.17	0.17	0.17	0.17	0.17	0.17	0.17
11	16t以内汽车式起重机	台班	8009028	0.17	0.17	0.17	0.17	0.17	0.17	0.17	0.17
12	JK8型冲击钻机	台班	8011029	1.95	2.62	6.49	8.3	10.14	12.96	18.59	26.04
13	泥浆分离器	台班	8011056	0.01	0.01	0.03	0.04	0.05	0.08	0.12	0.19
14	泥浆搅拌机	台班	8011057	0.25	0.25	0.25	0.25	0.25	0.25	0.25	0.25
15	φ100mm以内泥浆泵	台班	8013024	0.02	0.03	0.08	0.13	0.16	0.25	0.35	0.58
16	42kV·A以内交流电弧焊机	台班	8015029	0.03	0.06	0.07	0.11	0.22	0.24	0.29	0.33
17	基价	元	9999001	2826	3270	6418	7753	9245	11447	15889	21820

单位:10m

顺序号	项 目	单位	代 号	桩径 100cm 以内							
				孔深 40m 以内							
				砂土	黏土	砂砾	砾石	卵石	软石	次坚石	坚石
				17	18	19	20	21	22	23	24
1	人工	工日	1001001	10	10.3	14.8	21	24.5	30.2	41.9	54.2
2	电焊条	kg	2009011	0.3	0.6	0.7	1.1	2.2	2.4	2.9	3.3
3	铁件	kg	2009028	0.1	0.1	0.1	0.1	0.1	0.1	0.1	0.1
4	水	m³	3005004	14	11	18	18	18	16	16	16
5	锯材	m³	4003002	0.007	0.007	0.007	0.007	0.007	0.007	0.007	0.007
6	黏土	m³	5501003	4.67	3.11	6.23	6.23	6.23	5.45	5.45	5.45
7	其他材料费	元	7801001	1.2	1.2	1.2	1.2	1.2	1.2	1.2	1.2
8	设备摊销费	元	7901001	128.9	134.2	153.8	161.5	178.6	189.9	214.5	229.9
9	1.0m³ 以内履带式机械单斗挖掘机	台班	8001035	0.02	0.02	0.02	0.02	0.02	0.02	0.02	0.02
10	10t 以内载货汽车	台班	8007007	0.13	0.13	0.13	0.13	0.13	0.13	0.13	0.13
11	16t 以内汽车式起重机	台班	8009028	0.13	0.13	0.13	0.13	0.13	0.13	0.13	0.13
12	JK8 型冲击钻机	台班	8011029	2.18	3.07	6.07	9.3	11.4	14.63	21.05	27.84
13	泥浆分离器	台班	8011056	0.01	0.01	0.04	0.06	0.07	0.11	0.15	0.25
14	泥浆搅拌机	台班	8011057	0.25	0.25	0.25	0.25	0.25	0.25	0.25	0.25
15	φ100mm 以内泥浆泵	台班	8013024	0.02	0.04	0.11	0.17	0.2	0.32	0.46	0.75
16	42kV·A 以内交流电弧焊机	台班	8015029	0.03	0.06	0.07	0.11	0.22	0.24	0.29	0.33
17	基价	元	9999001	2855	3398	5731	8313	9968	12505	17578	22983

单位:10m

顺序号	项　目	单位	代　号	桩径150cm以内							
				孔深20m以内							
				砂土	黏土	砂砾	砾石	卵石	软石	次坚石	坚石
				25	26	27	28	29	30	31	32
1	人工	工日	1001001	11.6	12.3	18.9	24.1	27.7	33.7	44.2	55.6
2	电焊条	kg	2009011	0.3	0.6	0.8	1.2	2.5	2.7	3.2	3.7
3	铁件	kg	2009028	0.3	0.3	0.3	0.3	0.3	0.3	0.3	0.3
4	水	m³	3005004	31	26	41	41	41	36	36	36
5	锯材	m³	4003002	0.018	0.018	0.018	0.018	0.018	0.018	0.018	0.018
6	黏土	m³	5501003	10	7	14	14	14	12.27	12.27	12.27
7	其他材料费	元	7801001	2.8	2.8	2.8	2.8	2.8	2.8	2.8	2.8
8	设备摊销费	元	7901001	165.8	172.6	197.8	207.7	229.9	244.2	276.1	295.8
9	1.0m³以内履带式机械单斗挖掘机	台班	8001035	0.04	0.04	0.04	0.04	0.04	0.04	0.04	0.04
10	10t以内载货汽车	台班	8007007	0.25	0.25	0.25	0.25	0.25	0.25	0.25	0.25
11	16t以内汽车式起重机	台班	8009028	0.25	0.25	0.25	0.25	0.25	0.25	0.25	0.25
12	JK8型冲击钻机	台班	8011029	1.85	2.59	7	10.56	13.09	15.95	22.8	30.19
13	泥浆分离器	台班	8011056	0.01	0.02	0.05	0.08	0.1	0.14	0.21	0.35
14	泥浆搅拌机	台班	8011057	0.56	0.56	0.56	0.56	0.56	0.56	0.56	0.56
15	φ100mm以内泥浆泵	台班	8013024	0.03	0.05	0.14	0.25	0.29	0.43	0.62	1.04
16	42kV·A以内交流电弧焊机	台班	8015029	0.03	0.06	0.08	0.13	0.25	0.28	0.33	0.38
17	基价	元	9999001	3263	3744	7202	9892	11823	14168	19397	25115

单位:10m

顺序号	项　目	单位	代　号	桩径150cm以内							
				孔深30m以内							
				砂土	黏土	砂砾	砾石	卵石	软石	次坚石	坚石
				33	34	35	36	37	38	39	40
1	人工	工日	1001001	12	13.4	20.2	27	31.2	37.8	51.2	64.7
2	电焊条	kg	2009011	0.3	0.6	0.8	1.2	2.5	2.7	3.2	3.7
3	铁件	kg	2009028	0.2	0.2	0.2	0.2	0.2	0.2	0.2	0.2
4	水	m³	3005004	31	26	41	41	41	36	36	36
5	锯材	m³	4003002	0.013	0.013	0.013	0.013	0.013	0.013	0.013	0.013
6	黏土	m³	5501003	10	7	14	14	14	12.27	12.27	12.27
7	其他材料费	元	7801001	2	2	2	2	2	2	2	2
8	设备摊销费	元	7901001	165.8	172.6	197.8	207.7	229.9	244.2	276.1	295.8
9	1.0m³以内履带式机械单斗挖掘机	台班	8001035	0.03	0.03	0.03	0.03	0.03	0.03	0.03	0.03
10	10t以内载货汽车	台班	8007007	0.17	0.17	0.17	0.17	0.17	0.17	0.17	0.17
11	16t以内汽车式起重机	台班	8009028	0.17	0.17	0.17	0.17	0.17	0.17	0.17	0.17
12	JK8型冲击钻机	台班	8011029	2.18	3.25	7.08	10.81	13.12	16.92	24.28	31.73
13	泥浆分离器	台班	8011056	0.01	0.02	0.06	0.1	0.12	0.18	0.26	0.43
14	泥浆搅拌机	台班	8011057	0.56	0.56	0.56	0.56	0.56	0.56	0.56	0.56
15	φ100mm以内泥浆泵	台班	8013024	0.04	0.07	0.18	0.29	0.35	0.55	0.79	1.3
16	42kV·A以内交流电弧焊机	台班	8015029	0.03	0.06	0.08	0.13	0.25	0.28	0.33	0.38
17	基价	元	9999001	3345	4096	7247	10210	12082	15063	20915	26928

单位:10m

顺序号	项 目	单位	代 号	桩径150cm以内							
				孔深40m以内							
				砂土	黏土	砂砾	砾石	卵石	软石	次坚石	坚石
				41	42	43	44	45	46	47	48
1	人工	工日	1001001	11.4	12.4	21.2	29.5	34.6	42.8	59.2	75.7
2	电焊条	kg	2009011	0.3	0.6	0.8	1.2	2.5	2.7	3.2	3.7
3	铁件	kg	2009028	0.1	0.1	0.1	0.1	0.1	0.1	0.1	0.1
4	水	m³	3005004	31	26	41	41	41	36	36	36
5	锯材	m³	4003002	0.009	0.009	0.009	0.009	0.009	0.009	0.009	0.009
6	黏土	m³	5501003	10	7	14	14	14	12.27	12.27	12.27
7	其他材料费	元	7801001	1.4	1.4	1.4	1.4	1.4	1.4	1.4	1.4
8	设备摊销费	元	7901001	165.8	172.6	197.8	207.7	229.9	244.2	276.1	295.8
9	1.0m³以内履带式机械单斗挖掘机	台班	8001035	0.03	0.03	0.03	0.03	0.03	0.03	0.03	0.03
10	10t以内载货汽车	台班	8007007	0.13	0.13	0.13	0.13	0.13	0.13	0.13	0.13
11	16t以内汽车式起重机	台班	8009028	0.13	0.13	0.13	0.13	0.13	0.13	0.13	0.13
12	JK8型冲击钻机	台班	8011029	2.61	3.64	8.46	13.07	15.86	20.54	29.55	38.7
13	泥浆分离器	台班	8011056	0.02	0.03	0.08	0.13	0.15	0.24	0.35	0.56
14	泥浆搅拌机	台班	8011057	0.56	0.56	0.56	0.56	0.56	0.56	0.56	0.56
15	φ100mm以内泥浆泵	台班	8013024	0.05	0.09	0.25	0.38	0.46	0.71	1.04	1.69
16	42kV·A以内交流电弧焊机	台班	8015029	0.03	0.06	0.08	0.13	0.25	0.28	0.33	0.38
17	基价	元	9999001	3464	4151	8109	11753	14006	17695	24862	32238

单位:10m

顺序号	项 目	单位	代 号	桩径150cm以内							
				孔深50m以内							
				砂土	黏土	砂砾	砾石	卵石	软石	次坚石	坚石
				49	50	51	52	53	54	55	56
1	人工	工日	1001001	11.8	13.9	21.9	31.3	37.2	46.6	65.1	83.8
2	电焊条	kg	2009011	0.3	0.6	0.8	1.2	2.5	2.7	3.2	3.7
3	铁件	kg	2009028	0.1	0.1	0.1	0.1	0.1	0.1	0.1	0.1
4	水	m³	3005004	31	26	41	41	41	36	36	36
5	锯材	m³	4003002	0.007	0.007	0.007	0.007	0.007	0.007	0.007	0.007
6	黏土	m³	5501003	10	7	14	14	14	12.27	12.27	12.27
7	其他材料费	元	7801001	1.1	1.1	1.1	1.1	1.1	1.1	1.1	1.1
8	设备摊销费	元	7901001	165.8	172.6	197.8	207.7	229.9	244.2	276.1	295.8
9	1.0m³以内履带式机械单斗挖掘机	台班	8001035	0.03	0.03	0.03	0.03	0.03	0.03	0.03	0.03
10	10t以内载货汽车	台班	8007007	0.1	0.1	0.1	0.1	0.1	0.1	0.1	0.1
11	16t以内汽车式起重机	台班	8009028	0.1	0.1	0.1	0.1	0.1	0.1	0.1	0.1
12	JK8型冲击钻机	台班	8011029	3.27	4.84	9.53	14.76	17.98	23.27	33.52	43.84
13	泥浆分离器	台班	8011056	0.02	0.04	0.1	0.14	0.18	0.28	0.4	0.66
14	泥浆搅拌机	台班	8011057	0.56	0.56	0.56	0.56	0.56	0.56	0.56	0.56
15	φ100mm以内泥浆泵	台班	8013024	0.07	0.11	0.29	0.43	0.54	0.83	1.2	1.97
16	42kV·A以内交流电弧焊机	台班	8015029	0.03	0.06	0.08	0.13	0.25	0.28	0.33	0.38
17	基价	元	9999001	3842	4965	8771	12892	15496	19682	27810	36154

顺序号	项　目	单位	代号	桩径200cm以内							
				孔深20m以内							
				砂土	黏土	砂砾	砾石	卵石	软石	次坚石	坚石
				57	58	59	60	61	62	63	64
1	人工	工日	1001001	16.3	16.9	26.4	33.6	38	44.9	59	73.6
2	电焊条	kg	2009011	0.3	0.7	0.9	1.4	2.8	3	3.6	4.1
3	铁件	kg	2009028	0.4	0.4	0.4	0.4	0.4	0.4	0.4	0.4
4	水	m³	3005004	54	46	72	72	72	63	63	63
5	锯材	m³	4003002	0.023	0.023	0.023	0.023	0.023	0.023	0.023	0.023
6	黏土	m³	5501003	18.66	12.4	24.9	24.9	24.9	21.81	21.81	21.81
7	其他材料费	元	7801001	3	3	3	3	3	3	3	3
8	设备摊销费	元	7901001	227.4	236.8	271.1	284.6	315.4	334.7	378.6	405.7
9	1.0m³以内履带式机械单斗挖掘机	台班	8001035	0.03	0.03	0.03	0.03	0.03	0.03	0.03	0.03
10	10t以内载货汽车	台班	8007007	0.2	0.2	0.2	0.2	0.2	0.2	0.2	0.2
11	16t以内汽车式起重机	台班	8009028	0.2	0.2	0.2	0.2	0.2	0.2	0.2	0.2
12	JK10型冲击钻机	台班	8011030	2.14	3.03	7.64	11.58	14.01	18.09	25.89	33.97
13	泥浆分离器	台班	8011056	0.02	0.03	0.09	0.15	0.17	0.26	0.37	0.61
14	泥浆搅拌机	台班	8011057	1	1	1	1	1	1	1	1
15	φ100mm以内泥浆泵	台班	8013024	0.05	0.09	0.26	0.44	0.51	0.77	1.1	1.84
16	42kV·A以内交流电弧焊机	台班	8015029	0.03	0.07	0.09	0.14	0.28	0.31	0.36	0.42
17	基价	元	9999001	4359	4975	9481	13055	15290	18903	25955	33404

单位:10m

顺序号	项 目	单位	代 号	桩径200cm以内							
				孔深30m以内							
				砂土	黏土	砂砾	砾石	卵石	软石	次坚石	坚石
				65	66	67	68	69	70	71	72
1	人工	工日	1001001	14.7	15.9	28	37.3	43	52.1	70.4	89.5
2	电焊条	kg	2009011	0.3	0.7	0.9	1.4	2.8	3	3.6	4.1
3	铁件	kg	2009028	0.3	0.3	0.3	0.3	0.3	0.3	0.3	0.3
4	水	m³	3005004	54	46	72	72	72	63	63	63
5	锯材	m³	4003002	0.016	0.016	0.016	0.016	0.016	0.016	0.016	0.016
6	黏土	m³	5501003	18.66	12.4	24.9	24.9	24.9	21.81	21.81	21.81
7	其他材料费	元	7801001	2.1	2.1	2.1	2.1	2.1	2.1	2.1	2.1
8	设备摊销费	元	7901001	227.4	236.8	271.1	284.6	315.4	334.7	378.6	405.7
9	1.0m³以内履带式机械单斗挖掘机	台班	8001035	0.03	0.03	0.03	0.03	0.03	0.03	0.03	0.03
10	10t以内载货汽车	台班	8007007	0.14	0.14	0.14	0.14	0.14	0.14	0.14	0.14
11	16t以内汽车式起重机	台班	8009028	0.14	0.14	0.14	0.14	0.14	0.14	0.14	0.14
12	JK10型冲击钻机	台班	8011030	2.73	3.82	9.65	14.78	17.94	23.2	33.34	43.85
13	泥浆分离器	台班	8011056	0.02	0.04	0.11	0.17	0.21	0.33	0.47	0.77
14	泥浆搅拌机	台班	8011057	1	1	1	1	1	1	1	1
15	φ100mm以内泥浆泵	台班	8013024	0.07	0.12	0.33	0.51	0.63	0.98	1.4	2.31
16	42kV·A以内交流电弧焊机	台班	8015029	0.03	0.07	0.09	0.14	0.28	0.31	0.36	0.42
17	基价	元	9999001	4486	5311	10946	15561	18458	23152	32296	41965

顺序号	项目	单位	代号	桩径 200cm 以内							
				孔深 40m 以内							
				砂土	黏土	砂砾	砾石	卵石	软石	次坚石	坚石
				73	74	75	76	77	78	79	80
1	人工	工日	1001001	17.3	16.2	31.6	43.7	51.1	63	87	111.7
2	电焊条	kg	2009011	0.3	0.7	0.9	1.4	2.8	3	3.6	4.1
3	铁件	kg	2009028	0.2	0.2	0.2	0.2	0.2	0.2	0.2	0.2
4	水	m³	3005004	54	46	72	72	72	63	63	63
5	锯材	m³	4003002	0.012	0.012	0.012	0.012	0.012	0.012	0.012	0.012
6	黏土	m³	5501003	18.66	12.4	24.9	24.9	24.9	21.81	21.81	21.81
7	其他材料费	元	7801001	1.5	1.5	1.5	1.5	1.5	1.5	1.5	1.5
8	设备摊销费	元	7901001	227.4	236.8	271.1	284.6	315.4	334.7	378.6	405.7
9	1.0m³ 以内履带式机械单斗挖掘机	台班	8001035	0.02	0.02	0.02	0.02	0.02	0.02	0.02	0.02
10	10t 以内载货汽车	台班	8007007	0.1	0.1	0.1	0.1	0.1	0.1	0.1	0.1
11	16t 以内汽车式起重机	台班	8009028	0.1	0.1	0.1	0.1	0.1	0.1	0.1	0.1
12	JK10 型冲击钻机	台班	8011030	3.16	4.75	12.34	17.01	20.69	26.8	38.6	50.82
13	泥浆分离器	台班	8011056	0.03	0.05	0.15	0.23	0.27	0.42	0.61	1
14	泥浆搅拌机	台班	8011057	1	1	1	1	1	1	1	1
15	φ100mm 以内泥浆泵	台班	8013024	0.09	0.16	0.44	0.68	0.82	1.26	1.84	3.01
16	42kV·A 以内交流电弧焊机	台班	8015029	0.03	0.07	0.09	0.14	0.28	0.31	0.36	0.42
17	基价	元	9999001	4982	5912	13138	17760	21200	26812	37768	49315

顺序号	项目	单位	代号	桩径200cm以内							
				孔深50m以内							
				砂土	黏土	砂砾	砾石	卵石	软石	次坚石	坚石
				81	82	83	84	85	86	87	88
1	人工	工日	1001001	16.7	17.9	35.4	50.3	59.5	74.3	103.7	134.2
2	电焊条	kg	2009011	0.3	0.7	0.9	1.4	2.8	3	3.6	4.1
3	铁件	kg	2009028	0.1	0.1	0.1	0.1	0.1	0.1	0.1	0.1
4	水	m³	3005004	54	46	72	72	72	63	63	63
5	锯材	m³	4003002	0.009	0.009	0.009	0.009	0.009	0.009	0.009	0.009
6	黏土	m³	5501003	18.66	12.4	24.9	24.9	24.9	21.81	21.81	21.81
7	其他材料费	元	7801001	1.2	1.2	1.2	1.2	1.2	1.2	1.2	1.2
8	设备摊销费	元	7901001	227.4	236.8	271.1	284.6	315.4	334.7	378.6	405.7
9	1.0m³以内履带式机械单斗挖掘机	台班	8001035	0.02	0.02	0.02	0.02	0.02	0.02	0.02	0.02
10	10t以内载货汽车	台班	8007007	0.08	0.08	0.08	0.08	0.08	0.08	0.08	0.08
11	16t以内汽车式起重机	台班	8009028	0.08	0.08	0.08	0.08	0.08	0.08	0.08	0.08
12	JK10型冲击钻机	台班	8011030	4.37	6.04	15.91	24.59	29.93	38.81	55.95	73.7
13	泥浆分离器	台班	8011056	0.04	0.06	0.17	0.26	0.32	0.49	0.71	1.17
14	泥浆搅拌机	台班	8011057	1	1	1	1	1	1	1	1
15	φ100mm以内泥浆泵	台班	8013024	0.12	0.19	0.51	0.77	0.96	1.47	2.13	3.5
16	42kV·A以内交流电弧焊机	台班	8015029	0.03	0.07	0.09	0.14	0.28	0.31	0.36	0.42
17	基价	元	9999001	5723	6952	15983	23668	28462	36314	51546	67594

续前页

单位:10m

顺序号	项目	单位	代号	桩径200cm以内							
				孔深60m以内							
				砂土	黏土	砂砾	砾石	卵石	软石	次坚石	坚石
				89	90	91	92	93	94	95	96
1	人工	工日	1001001	16.7	20.5	38.2	55.4	66.1	78.1	109.9	142.9
2	电焊条	kg	2009011	0.3	0.7	0.9	1.4	2.8	3	3.6	4.1
3	铁件	kg	2009028	0.1	0.1	0.1	0.1	0.1	0.1	0.1	0.1
4	水	m³	3005004	54	46	72	72	72	63	63	63
5	锯材	m³	4003002	0.008	0.008	0.008	0.008	0.008	0.008	0.008	0.008
6	黏土	m³	5501003	18.66	12.4	24.9	24.9	24.9	21.81	21.81	21.81
7	其他材料费	元	7801001	1	1	1	1	1	1	1	1
8	设备摊销费	元	7901001	227.4	236.8	271.1	284.6	315.4	334.7	378.6	405.7
9	1.0m³以内履带式机械单斗挖掘机	台班	8001035	0.02	0.02	0.02	0.02	0.02	0.02	0.02	0.02
10	10t以内载货汽车	台班	8007007	0.07	0.07	0.07	0.07	0.07	0.07	0.07	0.07
11	16t以内汽车式起重机	台班	8009028	0.07	0.07	0.07	0.07	0.07	0.07	0.07	0.07
12	JK10型冲击钻机	台班	8011030	5.06	7.75	17.33	26.83	32.69	39.76	57.34	75.56
13	泥浆分离器	台班	8011056	0.05	0.07	0.2	0.31	0.38	0.58	0.85	1.39
14	泥浆搅拌机	台班	8011057	1	1	1	1	1	1	1	1
15	φ100mm以内泥浆泵	台班	8013024	0.14	0.21	0.61	0.93	1.14	1.75	2.55	4.18
16	42kV·A以内交流电弧焊机	台班	8015029	0.03	0.07	0.09	0.14	0.28	0.31	0.36	0.42
17	基价	元	9999001	6189	8394	17278	25795	31116	37466	53315	70055

单位:10m

顺序号	项 目	单位	代 号	桩径 250cm 以内							
				孔深 20m 以内							
				砂土	黏土	砂砾	砾石	卵石	软石	次坚石	坚石
				97	98	99	100	101	102	103	104
1	人工	工日	1001001	19.7	18.7	27.4	35.3	40.1	47.6	63.2	79.3
2	电焊条	kg	2009011	0.4	0.8	1	1.5	3	3.3	3.9	4.5
3	铁件	kg	2009028	0.5	0.5	0.5	0.5	0.5	0.5	0.5	0.5
4	水	m³	3005004	68	57	90	90	90	79	79	79
5	锯材	m³	4003002	0.024	0.024	0.024	0.024	0.024	0.024	0.024	0.024
6	黏土	m³	5501003	23.33	15.6	31.12	31.12	31.12	27.26	27.26	27.26
7	其他材料费	元	7801001	2.5	2.5	2.5	2.5	2.5	2.5	2.5	2.5
8	设备摊销费	元	7901001	268.4	279.5	319.9	335.9	372.4	395.1	447	479
9	1.0m³ 以内履带式机械单斗挖掘机	台班	8001035	0.03	0.03	0.03	0.03	0.03	0.03	0.03	0.03
10	10t 以内载货汽车	台班	8007007	0.11	0.11	0.11	0.11	0.11	0.11	0.11	0.11
11	16t 以内汽车式起重机	台班	8009028	0.11	0.11	0.11	0.11	0.11	0.11	0.11	0.11
12	JK10 型冲击钻机	台班	8011030	2.99	3.94	9.73	14.16	16.87	21.73	31.19	40.96
13	泥浆分离器	台班	8011056	0.02	0.04	0.11	0.18	0.21	0.32	0.46	0.77
14	泥浆搅拌机	台班	8011057	1.25	1.25	1.25	1.25	1.25	1.25	1.25	1.25
15	φ100mm 以内泥浆泵	台班	8013024	0.06	0.12	0.32	0.55	0.64	0.96	1.37	2.31
16	42kV·A 以内交流电弧焊机	台班	8015029	0.04	0.08	0.1	0.15	0.31	0.34	0.4	0.46
17	基价	元	9999001	5324	5797	11101	15107	17598	21824	30221	39080

单位:10m

顺序号	项　目	单位	代　号	桩径250cm以内							
				孔深30m以内							
				砂土	黏土	砂砾	砾石	卵石	软石	次坚石	坚石
				105	106	107	108	109	110	111	112
1	人工	工日	1001001	20.9	18.1	31.4	42.3	49	59.4	80.8	103
2	电焊条	kg	2009011	0.4	0.8	1	1.5	3	3.3	3.9	4.5
3	铁件	kg	2009028	0.3	0.3	0.3	0.3	0.3	0.3	0.3	0.3
4	水	m³	3005004	68	57	90	90	90	79	79	79
5	锯材	m³	4003002	0.017	0.017	0.017	0.017	0.017	0.017	0.017	0.017
6	黏土	m³	5501003	23.33	15.6	31.12	31.12	31.12	27.26	27.26	27.26
7	其他材料费	元	7801001	1.7	1.7	1.7	1.7	1.7	1.7	1.7	1.7
8	设备摊销费	元	7901001	268.4	279.5	319.9	335.9	372.4	395.1	447	479
9	1.0m³以内履带式机械单斗挖掘机	台班	8001035	0.03	0.03	0.03	0.03	0.03	0.03	0.03	0.03
10	10t以内载货汽车	台班	8007007	0.08	0.08	0.08	0.08	0.08	0.08	0.08	0.08
11	16t以内汽车式起重机	台班	8009028	0.08	0.08	0.08	0.08	0.08	0.08	0.08	0.08
12	JK10型冲击钻机	台班	8011030	3.55	4.81	11.71	18	21.88	28.27	40.68	53.54
13	泥浆分离器	台班	8011056	0.03	0.05	0.14	0.21	0.26	0.41	0.58	0.96
14	泥浆搅拌机	台班	8011057	1.25	1.25	1.25	1.25	1.25	1.25	1.25	1.25
15	φ100mm以内泥浆泵	台班	8013024	0.09	0.15	0.41	0.64	0.79	1.23	1.75	2.89
16	42kV·A以内交流电弧焊机	台班	8015029	0.04	0.08	0.1	0.15	0.31	0.34	0.4	0.46
17	基价	元	9999001	5785	6281	12861	18463	21985	27620	38703	50418

单位:10m

顺序号	项 目	单位	代 号	桩径250cm以内							
				孔深40m以内							
				砂土	黏土	砂砾	砾石	卵石	软石	次坚石	坚石
				113	114	115	116	117	118	119	120
1	人工	工日	1001001	20.9	19	36	50.1	58.8	72.5	100.4	129.2
2	电焊条	kg	2009011	0.4	0.8	1	1.5	3	3.3	3.9	4.5
3	铁件	kg	2009028	0.2	0.2	0.2	0.2	0.2	0.2	0.2	0.2
4	水	m³	3005004	68	57	90	90	90	79	79	79
5	锯材	m³	4003002	0.012	0.012	0.012	0.012	0.012	0.012	0.012	0.012
6	黏土	m³	5501003	23.33	15.6	31.12	31.12	31.12	27.26	27.26	27.26
7	其他材料费	元	7801001	1.2	1.2	1.2	1.2	1.2	1.2	1.2	1.2
8	设备摊销费	元	7901001	268.4	279.5	319.9	335.9	372.4	395.1	447	479
9	1.0m³以内履带式机械单斗挖掘机	台班	8001035	0.03	0.03	0.03	0.03	0.03	0.03	0.03	0.03
10	10t以内载货汽车	台班	8007007	0.05	0.05	0.05	0.05	0.05	0.05	0.05	0.05
11	16t以内汽车式起重机	台班	8009028	0.05	0.05	0.05	0.05	0.05	0.05	0.05	0.05
12	JK10型冲击钻机	台班	8011030	3.99	6.05	15.05	23.22	28.27	36.56	52.7	69.42
13	泥浆分离器	台班	8011056	0.04	0.07	0.18	0.28	0.34	0.53	0.77	1.26
14	泥浆搅拌机	台班	8011057	1.25	1.25	1.25	1.25	1.25	1.25	1.25	1.25
15	φ100mm以内泥浆泵	台班	8013024	0.12	0.2	0.55	0.85	1.02	1.58	2.31	3.77
16	42kV·A以内交流电弧焊机	台班	8015029	0.04	0.08	0.1	0.15	0.31	0.34	0.4	0.46
17	基价	元	9999001	6041	7191	15640	22907	27454	34795	49219	64420

单位:10m

顺序号	项 目	单位	代 号	桩径250cm以内							
				孔深50m以内							
				砂土	黏土	砂砾	砾石	卵石	软石	次坚石	坚石
				121	122	123	124	125	126	127	128
1	人工	工日	1001001	22.4	21.2	38.2	54.5	64.5	80.6	112.7	146.1
2	电焊条	kg	2009011	0.4	0.8	1	1.5	3	3.3	3.9	4.5
3	铁件	kg	2009028	0.2	0.2	0.2	0.2	0.2	0.2	0.2	0.2
4	水	m³	3005004	68	57	90	90	90	79	79	79
5	锯材	m³	4003002	0.01	0.01	0.01	0.01	0.01	0.01	0.01	0.01
6	黏土	m³	5501003	23.33	15.6	31.12	31.12	31.12	27.26	27.26	27.26
7	其他材料费	元	7801001	1	1	1	1	1	1	1	1
8	设备摊销费	元	7901001	268.4	279.5	319.9	335.9	372.4	395.1	447	479
9	1.0m³以内履带式机械单斗挖掘机	台班	8001035	0.02	0.02	0.02	0.02	0.02	0.02	0.02	0.02
10	10t以内载货汽车	台班	8007007	0.04	0.04	0.04	0.04	0.04	0.04	0.04	0.04
11	16t以内汽车式起重机	台班	8009028	0.04	0.04	0.04	0.04	0.04	0.04	0.04	0.04
12	JK10型冲击钻机	台班	8011030	5.07	7.74	17.27	26.73	32.57	42.15	60.8	80.1
13	泥浆分离器	台班	8011056	0.05	0.08	0.21	0.32	0.4	0.61	0.88	1.46
14	泥浆搅拌机	台班	8011057	1.25	1.25	1.25	1.25	1.25	1.25	1.25	1.25
15	φ100mm以内泥浆泵	台班	8013024	0.15	0.23	0.64	0.96	1.2	1.84	2.66	4.38
16	42kV·A以内交流电弧焊机	台班	8015029	0.04	0.08	0.1	0.15	0.31	0.34	0.4	0.46
17	基价	元	9999001	6924	8568	17406	25802	31058	39570	56202	73774

顺序号	项 目	单位	代 号	桩径250cm以内							
				孔深60m以内							
				砂土	黏土	砂砾	砾石	卵石	软石	次坚石	坚石
				129	130	131	132	133	134	135	136
1	人工	工日	1001001	24.9	22.1	40.8	59.3	70.8	89.2	125.8	163.7
2	电焊条	kg	2009011	0.4	0.8	1	1.5	3	3.3	3.9	4.5
3	铁件	kg	2009028	0.2	0.2	0.2	0.2	0.2	0.2	0.2	0.2
4	水	m³	3005004	68	57	90	90	90	79	79	79
5	锯材	m³	4003002	0.008	0.008	0.008	0.008	0.008	0.008	0.008	0.008
6	黏土	m³	5501003	23.33	15.6	31.12	31.12	31.12	27.26	27.26	27.26
7	其他材料费	元	7801001	0.8	0.8	0.8	0.8	0.8	0.8	0.8	0.8
8	设备摊销费	元	7901001	268.4	279.5	319.9	335.9	372.4	395.1	447	479
9	1.0m³以内履带式机械单斗挖掘机	台班	8001035	0.02	0.02	0.02	0.02	0.02	0.02	0.02	0.02
10	10t以内载货汽车	台班	8007007	0.04	0.04	0.04	0.04	0.04	0.04	0.04	0.04
11	16t以内汽车式起重机	台班	8009028	0.04	0.04	0.04	0.04	0.04	0.04	0.04	0.04
12	JK10型冲击钻机	台班	8011030	5.84	8.97	19.59	30.35	36.98	47.88	69.09	91.06
13	泥浆分离器	台班	8011056	0.06	0.09	0.25	0.39	0.48	0.73	1.06	1.74
14	泥浆搅拌机	台班	8011057	1.25	1.25	1.25	1.25	1.25	1.25	1.25	1.25
15	φ100mm以内泥浆泵	台班	8013024	0.18	0.26	0.76	1.17	1.43	2.19	3.18	5.23
16	42kV·A以内交流电弧焊机	台班	8015029	0.04	0.08	0.1	0.15	0.31	0.34	0.4	0.46
17	基价	元	9999001	7728	9518	19323	28883	34851	44564	63505	83521

4−4−4 回旋钻机钻孔

工程内容 1)安、拆岸上泥浆循环系统并造浆;2)准备钻具,装、拆、移钻架及钻机,安、拆钻杆及钻头;3)钻进、压泥浆、浮渣、清理泥浆池沉渣;4)清孔。

I. 陆地上钻孔

单位:10m

顺序号	项 目	单位	代 号	桩径100cm 以内							
				孔深30m 以内							
				砂土	黏土	砂砾	砾石	卵石	软石	次坚石	坚石
				1	2	3	4	5	6	7	8
1	人工	工日	1001001	7.1	7.1	9.4	12.1	13.6	15.4	19.8	24.9
2	电焊条	kg	2009011	0.1	0.2	0.3	0.5	0.9	1	1.2	1.4
3	铁件	kg	2009028	0.1	0.1	0.1	0.1	0.1	0.1	0.1	0.1
4	水	m^3	3005004	13	11	17	17	17	15	15	15
5	锯材	m^3	4003002	0.006	0.006	0.006	0.006	0.006	0.006	0.006	0.006
6	黏土	m^3	5501003	4.47	2.98	5.96	5.96	5.96	5.22	5.22	5.22
7	其他材料费	元	7801001	1.2	1.2	1.2	1.2	1.2	1.2	1.2	1.2
8	设备摊销费	元	7901001	9.7	10.7	11.4	13.2	22.8	24.9	30.4	34.2
9	1.0m³ 以内履带式机械单斗挖掘机	台班	8001035	0.03	0.03	0.03	0.03	0.03	0.03	0.03	0.03
10	15t 以内载货汽车	台班	8007009	0.1	0.1	0.1	0.1	0.1	0.1	0.1	0.1
11	16t 以内汽车式起重机	台班	8009028	0.1	0.1	0.1	0.1	0.1	0.1	0.1	0.1
12	φ1500mm 以内回旋钻机	台班	8011035	1.12	1.25	2	2.96	3.76	4.64	6.48	8.64

单位:10m

顺序号	项 目	单位	代 号	桩径 100cm 以内							
				孔深 30m 以内							
				砂土	黏土	砂砾	砾石	卵石	软石	次坚石	坚石
				1	2	3	4	5	6	7	8
13	泥浆分离器	台班	8011056	0.09	0.09	0.12	0.14	0.15	0.17	0.18	0.2
14	泥浆搅拌机	台班	8011057	0.24	0.24	0.24	0.24	0.24	0.24	0.24	0.24
15	42kV·A 以内交流电弧焊机	台班	8015029	0.01	0.03	0.03	0.05	0.1	0.11	0.13	0.15
16	基价	元	9999001	2668	2826	4146	5742	7006	8382	11343	14812

单位:10m

顺序号	项　目	单位	代　号	桩径 100cm 以内							
				孔深40m 以内							
				砂土	黏土	砂砾	砾石	卵石	软石	次坚石	坚石
				9	10	11	12	13	14	15	16
1	人工	工日	1001001	6.4	6.4	9	12.1	13.6	15.2	20	25.5
2	电焊条	kg	2009011	0.1	0.2	0.3	0.5	0.9	1	1.2	1.4
3	铁件	kg	2009028	0.1	0.1	0.1	0.1	0.1	0.1	0.1	0.1
4	水	m³	3005004	13	11	17	17	17	15	15	15
5	锯材	m³	4003002	0.005	0.005	0.005	0.005	0.005	0.005	0.005	0.005
6	黏土	m³	5501003	4.47	2.98	5.96	5.96	5.96	5.22	5.22	5.22
7	其他材料费	元	7801001	0.9	0.9	0.9	0.9	0.9	0.9	0.9	0.9
8	设备摊销费	元	7901001	9.7	10.7	11.4	13.2	22.8	24.9	30.4	34.2
9	1.0m³ 以内履带式机械单斗挖掘机	台班	8001035	0.02	0.02	0.02	0.02	0.02	0.02	0.02	0.02
10	15t 以内载货汽车	台班	8007009	0.07	0.07	0.07	0.07	0.07	0.07	0.07	0.07
11	16t 以内汽车式起重机	台班	8009028	0.08	0.08	0.08	0.08	0.08	0.08	0.08	0.08
12	φ1500mm 以内回旋钻机	台班	8011035	1.28	1.41	2.16	3.52	4.16	4.88	6.96	9.28
13	泥浆分离器	台班	8011056	0.08	0.08	0.09	0.11	0.12	0.13	0.14	0.16
14	泥浆搅拌机	台班	8011057	0.24	0.24	0.24	0.24	0.24	0.24	0.24	0.24
15	42kV·A 以内交流电弧焊机	台班	8015029	0.01	0.02	0.03	0.05	0.09	0.1	0.12	0.14
16	基价	元	9999001	2744	2900	4246	6423	7469	8604	11931	15658

顺序号	项　目	单位	代　号	桩径120cm以内							
				孔深40m以内							
				砂土	黏土	砂砾	砾石	卵石	软石	次坚石	坚石
				17	18	19	20	21	22	23	24
1	人工	工日	1001001	6.9	6.9	9.5	12.5	14.2	16.1	20.7	26.1
2	电焊条	kg	2009011	0.1	0.2	0.3	0.5	1	1.1	1.3	1.5
3	铁件	kg	2009028	0.1	0.1	0.1	0.1	0.1	0.1	0.1	0.1
4	水	m^3	3005004	19	16	25	25	25	22	22	22
5	锯材	m^3	4003002	0.006	0.006	0.006	0.006	0.006	0.006	0.006	0.006
6	黏土	m^3	5501003	6.44	4.3	8.59	8.59	8.59	7.53	7.53	7.53
7	其他材料费	元	7801001	1.1	1.1	1.1	1.1	1.1	1.1	1.1	1.1
8	设备摊销费	元	7901001	11.7	12.8	13.7	15.8	27.4	29.8	36.5	41
9	1.0m^3以内履带式机械单斗挖掘机	台班	8001035	0.03	0.03	0.03	0.03	0.03	0.03	0.03	0.03
10	15t以内载货汽车	台班	8007009	0.07	0.07	0.07	0.07	0.07	0.07	0.07	0.07
11	16t以内汽车式起重机	台班	8009028	0.08	0.08	0.08	0.08	0.08	0.08	0.08	0.08
12	ϕ1500mm以内回旋钻机	台班	8011035	1.31	1.44	2.43	3.78	4.59	5.58	7.83	10.44
13	泥浆分离器	台班	8011056	0.08	0.08	0.09	0.11	0.12	0.13	0.14	0.16
14	泥浆搅拌机	台班	8011057	0.35	0.35	0.35	0.35	0.35	0.35	0.35	0.35
15	42kV·A以内交流电弧焊机	台班	8015029	0.01	0.02	0.03	0.05	0.1	0.11	0.13	0.15
16	基价	元	9999001	2905	3051	4743	6896	8198	9722	13258	17365

顺序号	项　目	单位	代　号	桩径120cm以内							
				孔深50m以内							
				砂土	黏土	砂砾	砾石	卵石	软石	次坚石	坚石
				25	26	27	28	29	30	31	32
1	人工	工日	1001001	6.7	6.7	9.6	13.1	15.5	17.7	23.6	29.9
2	电焊条	kg	2009011	0.1	0.3	0.3	0.5	1	1.1	1.3	1.6
3	铁件	kg	2009028	0.1	0.1	0.1	0.1	0.1	0.1	0.1	0.1
4	水	m³	3005004	19	16	25	25	25	22	22	22
5	锯材	m³	4003002	0.005	0.005	0.005	0.005	0.005	0.005	0.005	0.005
6	黏土	m³	5501003	6.44	4.3	8.59	8.59	8.59	7.53	7.53	7.53
7	其他材料费	元	7801001	0.9	0.9	0.9	0.9	0.9	0.9	0.9	0.9
8	设备摊销费	元	7901001	11.7	12.8	13.7	15.8	27.4	29.8	36.5	41
9	1.0m³以内履带式机械单斗挖掘机	台班	8001035	0.03	0.03	0.03	0.03	0.03	0.03	0.03	0.03
10	15t以内载货汽车	台班	8007009	0.06	0.06	0.06	0.06	0.06	0.06	0.06	0.06
11	16t以内汽车式起重机	台班	8009028	0.06	0.06	0.06	0.06	0.06	0.06	0.06	0.06
12	φ1500mm以内回旋钻机	台班	8011035	1.4	1.53	2.61	4.32	5.49	6.57	9.45	12.42
13	泥浆分离器	台班	8011056	0.07	0.07	0.08	0.09	0.1	0.11	0.12	0.14
14	泥浆搅拌机	台班	8011057	0.35	0.35	0.35	0.35	0.35	0.35	0.35	0.35
15	42kV·A以内交流电弧焊机	台班	8015029	0.01	0.03	0.03	0.05	0.1	0.11	0.14	0.16
16	基价	元	9999001	2969	3118	4960	7647	9508	11185	15710	20399

单位:10m

顺序号	项 目	单位	代 号	桩径120cm以内							
				孔深60m以内							
				砂土	黏土	砂砾	砾石	卵石	软石	次坚石	坚石
				33	34	35	36	37	38	39	40
1	人工	工日	1001001	6.6	6.6	9.7	13.5	16.1	18.6	25.2	32
2	电焊条	kg	2009011	0.1	0.3	0.4	0.5	1.1	1.2	1.4	1.6
3	铁件	kg	2009028	0.1	0.1	0.1	0.1	0.1	0.1	0.1	0.1
4	水	m³	3005004	19	16	25	25	25	22	22	22
5	锯材	m³	4003002	0.004	0.004	0.004	0.004	0.004	0.004	0.004	0.004
6	黏土	m³	5501003	6.44	4.3	8.59	8.59	8.59	7.53	7.53	7.53
7	其他材料费	元	7801001	0.7	0.7	0.7	0.7	0.7	0.7	0.7	0.7
8	设备摊销费	元	7901001	11.7	12.8	13.7	15.8	27.4	29.8	36.5	41
9	1.0m³以内履带式机械单斗挖掘机	台班	8001035	0.02	0.02	0.02	0.02	0.02	0.02	0.02	0.02
10	15t以内载货汽车	台班	8007009	0.05	0.05	0.05	0.05	0.05	0.05	0.05	0.05
11	16t以内汽车式起重机	台班	8009028	0.05	0.05	0.05	0.05	0.05	0.05	0.05	0.05
12	φ1500mm以内回旋钻机	台班	8011035	1.49	1.71	2.79	4.68	5.94	7.2	10.35	13.59
13	泥浆分离器	台班	8011056	0.06	0.06	0.07	0.08	0.09	0.1	0.11	0.12
14	泥浆搅拌机	台班	8011057	0.35	0.35	0.35	0.35	0.35	0.35	0.35	0.35
15	42kV·A以内交流电弧焊机	台班	8015029	0.01	0.03	0.04	0.05	0.11	0.12	0.14	0.16
16	基价	元	9999001	3044	3314	5180	8139	10145	12096	17057	22157

单位:10m

顺序号	项　　目	单位	代　号	桩径150cm以内							
				孔深40m以内							
				砂土	黏土	砂砾	砾石	卵石	软石	次坚石	坚石
				41	42	43	44	45	46	47	48
1	人工	工日	1001001	8	7.8	11.2	14.6	16.7	17.6	23	29.1
2	电焊条	kg	2009011	0.1	0.3	0.4	0.6	1.1	1.2	1.4	1.7
3	铁件	kg	2009028	0.2	0.2	0.2	0.2	0.2	0.2	0.2	0.2
4	水	m^3	3005004	29	25	39	39	39	34	34	34
5	锯材	m^3	4003002	0.012	0.012	0.012	0.012	0.012	0.012	0.012	0.012
6	黏土	m^3	5501003	10.06	6.71	13.42	13.42	13.42	11.76	11.76	11.76
7	其他材料费	元	7801001	1.6	1.6	1.6	1.6	1.6	1.6	1.6	1.6
8	设备摊销费	元	7901001	15.6	17.1	18.2	21	34.2	37.3	45.6	51.3
9	1.0m^3以内履带式机械单斗挖掘机	台班	8001035	0.03	0.03	0.03	0.03	0.03	0.03	0.03	0.03
10	15t以内载货汽车	台班	8007009	0.06	0.06	0.06	0.06	0.06	0.06	0.06	0.06
11	16t以内汽车式起重机	台班	8009028	0.07	0.07	0.07	0.07	0.07	0.07	0.07	0.07
12	ϕ1500mm以内回旋钻机	台班	8011035	1.48	1.7	2.84	4.63	5.67	6.24	8.98	12
13	泥浆分离器	台班	8011056	0.08	0.08	0.09	0.11	0.12	0.13	0.14	0.16
14	泥浆搅拌机	台班	8011057	0.54	0.54	0.54	0.54	0.54	0.54	0.54	0.54
15	42kV·A以内交流电弧焊机	台班	8015029	0.01	0.03	0.04	0.06	0.11	0.12	0.14	0.17
16	基价	元	9999001	3338	3571	5592	8381	10036	10877	15159	19897

顺序号	项目	单位	代号	桩径 150cm 以内							
				孔深 60m 以内							
				砂土	黏土	砂砾	砾石	卵石	软石	次坚石	坚石
				49	50	51	52	53	54	55	56
1	人工	工日	1001001	7.7	7.5	11.3	15.5	18.1	20.7	27.8	35.3
2	电焊条	kg	2009011	0.2	0.3	0.4	0.6	1.2	1.3	1.6	1.8
3	铁件	kg	2009028	0.1	0.1	0.1	0.1	0.1	0.1	0.1	0.1
4	水	m³	3005004	29	25	39	39	39	34	34	34
5	锯材	m³	4003002	0.008	0.008	0.008	0.008	0.008	0.008	0.008	0.008
6	黏土	m³	5501003	10.06	6.71	13.42	13.42	13.42	11.76	11.76	11.76
7	其他材料费	元	7801001	1.1	1.1	1.1	1.1	1.1	1.1	1.1	1.1
8	设备摊销费	元	7901001	15.6	17.1	18.2	21	34.2	37.3	45.6	51.3
9	1.0m³ 以内履带式机械单斗挖掘机	台班	8001035	0.02	0.02	0.02	0.02	0.02	0.02	0.02	0.02
10	15t 以内载货汽车	台班	8007009	0.04	0.04	0.04	0.04	0.04	0.04	0.04	0.04
11	16t 以内汽车式起重机	台班	8009028	0.04	0.04	0.04	0.04	0.04	0.04	0.04	0.04
12	φ1500mm 以内回旋钻机	台班	8011035	1.66	1.8	3.15	5.13	6.39	7.74	11.16	14.76
13	泥浆分离器	台班	8011056	0.06	0.06	0.07	0.08	0.09	0.1	0.11	0.12
14	泥浆搅拌机	台班	8011057	0.54	0.54	0.54	0.54	0.54	0.54	0.54	0.54
15	42kV·A 以内交流电弧焊机	台班	8015029	0.02	0.03	0.04	0.06	0.12	0.13	0.16	0.18
16	基价	元	9999001	3477	3598	5945	9070	11078	13150	18531	24192

单位:10m

顺序号	项 目	单位	代 号	桩径150cm 以内							
				孔深80m 以内							
				砂土	黏土	砂砾	砾石	卵石	软石	次坚石	坚石
				57	58	59	60	61	62	63	64
1	人工	工日	1001001	7.9	7.8	12.2	17.1	20.3	23.6	32.1	40.4
2	电焊条	kg	2009011	0.2	0.3	0.4	0.7	1.3	1.5	1.7	2
3	铁件	kg	2009028	0.1	0.1	0.1	0.1	0.1	0.1	0.1	0.1
4	水	m^3	3005004	29	25	39	39	39	34	34	34
5	锯材	m^3	4003002	0.006	0.006	0.006	0.006	0.006	0.006	0.006	0.006
6	黏土	m^3	5501003	10.06	6.71	13.42	13.42	13.42	11.76	11.76	11.76
7	其他材料费	元	7801001	0.8	0.8	0.8	0.8	0.8	0.8	0.8	0.8
8	设备摊销费	元	7901001	15.6	17.1	18.2	21	34.2	37.3	45.6	51.3
9	1.0m³ 以内履带式机械单斗挖掘机	台班	8001035	0.02	0.02	0.02	0.02	0.02	0.02	0.02	0.02
10	15t 以内载货汽车	台班	8007009	0.03	0.03	0.03	0.03	0.03	0.03	0.03	0.03
11	16t 以内汽车式起重机	台班	8009028	0.03	0.03	0.03	0.03	0.03	0.03	0.03	0.03
12	φ1500mm 以内回旋钻机	台班	8011035	1.89	2.16	3.69	6.03	7.56	9.27	13.41	17.37
13	泥浆分离器	台班	8011056	0.06	0.06	0.07	0.08	0.08	0.09	0.1	0.11
14	泥浆搅拌机	台班	8011057	0.54	0.54	0.54	0.54	0.54	0.54	0.54	0.54
15	42kV·A 以内交流电弧焊机	台班	8015029	0.02	0.03	0.04	0.07	0.13	0.15	0.17	0.2
16	基价	元	9999001	3785	4092	6745	10433	12863	15497	21994	28228

顺序号	项 目	单位	代 号	桩径200cm以内							
				孔深40m以内							
				砂土	黏土	砂砾	砾石	卵石	软石	次坚石	坚石
				65	66	67	68	69	70	71	72
1	人工	工日	1001001	10.2	9.6	14	17.8	19.9	21.1	26.7	33
2	电焊条	kg	2009011	0.2	0.3	0.4	0.7	1.3	1.4	1.7	2
3	铁件	kg	2009028	0.3	0.3	0.3	0.3	0.3	0.3	0.3	0.3
4	水	m³	3005004	51	43	68	68	68	59	59	59
5	锯材	m³	4003002	0.015	0.015	0.015	0.015	0.015	0.015	0.015	0.015
6	黏土	m³	5501003	17.5	11.67	23.35	23.35	23.35	20.45	20.45	20.45
7	其他材料费	元	7801001	1.7	1.7	1.7	1.7	1.7	1.7	1.7	1.7
8	设备摊销费	元	7901001	19.6	21.4	22.8	26.3	45.6	49.7	60.8	68.4
9	1.0m³以内履带式机械单斗挖掘机	台班	8001035	0.02	0.02	0.02	0.02	0.02	0.02	0.02	0.02
10	15t以内载货汽车	台班	8007009	0.06	0.06	0.06	0.06	0.06	0.06	0.06	0.06
11	16t以内汽车式起重机	台班	8009028	0.07	0.07	0.07	0.07	0.07	0.07	0.07	0.07
12	φ2500mm以内回旋钻机	台班	8011036	1.61	1.81	3.04	4.94	5.99	6.84	9.69	12.92
13	泥浆分离器	台班	8011056	0.08	0.08	0.09	0.11	0.12	0.13	0.14	0.16
14	泥浆搅拌机	台班	8011057	0.94	0.94	0.94	0.94	0.94	0.94	0.94	0.94
15	42kV·A以内交流电弧焊机	台班	8015029	0.02	0.03	0.04	0.07	0.13	0.15	0.17	0.2
16	基价	元	9999001	5131	5399	8642	13025	15476	17330	23884	31308

单位:10m

顺序号	项　目	单位	代　号	桩径 200cm 以内							
				孔深 60m 以内							
				砂土	黏土	砂砾	砾石	卵石	软石	次坚石	坚石
				73	74	75	76	77	78	79	80
1	人工	工日	1001001	9.9	9.4	14.2	18.7	21.2	22.8	29.5	37.1
2	电焊条	kg	2009011	0.2	0.4	0.5	0.7	1.4	1.6	1.9	2.2
3	铁件	kg	2009028	0.2	0.2	0.2	0.2	0.2	0.2	0.2	0.2
4	水	m³	3005004	51	43	68	68	68	59	59	59
5	锯材	m³	4003002	0.007	0.01	0.01	0.01	0.01	0.01	0.01	0.01
6	黏土	m³	5501003	17.5	11.67	23.35	23.35	23.35	20.45	20.45	20.45
7	其他材料费	元	7801001	1.2	1.2	1.2	1.2	1.2	1.2	1.2	1.2
8	设备摊销费	元	7901001	19.6	21.4	22.8	26.3	45.6	49.7	60.8	68.4
9	1.0m³ 以内履带式机械单斗挖掘机	台班	8001035	0.02	0.02	0.02	0.02	0.02	0.02	0.02	0.02
10	15t 以内载货汽车	台班	8007009	0.04	0.04	0.04	0.04	0.04	0.04	0.04	0.04
11	16t 以内汽车式起重机	台班	8009028	0.04	0.04	0.04	0.04	0.04	0.04	0.04	0.04
12	φ2500mm 以内回旋钻机	台班	8011036	1.81	2	3.52	5.8	7.03	8.08	11.5	15.3
13	泥浆分离器	台班	8011056	0.06	0.06	0.07	0.08	0.09	0.1	0.11	0.12
14	泥浆搅拌机	台班	8011057	0.94	0.94	0.94	0.94	0.94	0.94	0.94	0.94
15	42kV·A 以内交流电弧焊机	台班	8015029	0.02	0.04	0.05	0.07	0.15	0.16	0.19	0.22
16	基价	元	9999001	5445	5710	9600	14841	17716	20027	27888	36633

单位:10m

顺序号	项 目	单位	代 号	桩径200cm以内							
				孔深80m以内							
				砂土	黏土	砂砾	砾石	卵石	软石	次坚石	坚石
				81	82	83	84	85	86	87	88
1	人工	工日	1001001	10.1	9.7	15	20.3	23.3	25.1	32.9	42
2	电焊条	kg	2009011	0.2	0.4	0.5	0.8	1.6	1.7	2	2.4
3	铁件	kg	2009028	0.2	0.2	0.2	0.2	0.2	0.2	0.2	0.2
4	水	m³	3005004	51	43	68	68	68	59	59	59
5	锯材	m³	4003002	0.01	0.01	0.01	0.01	0.01	0.01	0.01	0.01
6	黏土	m³	5501003	17.5	11.67	23.35	23.35	23.35	20.45	20.45	20.45
7	其他材料费	元	7801001	0.9	0.9	0.9	0.9	0.9	0.9	0.9	0.9
8	设备摊销费	元	7901001	19.6	21.4	22.8	26.3	45.6	49.7	60.8	68.4
9	1.0m³以内履带式机械单斗挖掘机	台班	8001035	0.02	0.02	0.02	0.02	0.02	0.02	0.02	0.02
10	15t以内载货汽车	台班	8007009	0.03	0.03	0.03	0.03	0.03	0.03	0.03	0.03
11	16t以内汽车式起重机	台班	8009028	0.03	0.03	0.03	0.03	0.03	0.03	0.03	0.03
12	φ2500mm以内回旋钻机	台班	8011036	2.11	2.38	4.09	6.75	8.27	9.41	13.4	17.96
13	泥浆分离器	台班	8011056	0.06	0.06	0.07	0.08	0.08	0.09	0.1	0.11
14	泥浆搅拌机	台班	8011057	0.94	0.94	0.94	0.94	0.94	0.94	0.94	0.94
15	42kV·A以内交流电弧焊机	台班	8015029	0.02	0.04	0.05	0.08	0.16	0.17	0.21	0.24
16	基价	元	9999001	6076	6514	10852	16974	20502	23021	32189	42677

单位:10m

顺序号	项　目	单位	代　号	桩径 200cm 以内							
				孔深 100m 以内							
				砂土	黏土	砂砾	砾石	卵石	软石	次坚石	坚石
				89	90	91	92	93	94	95	96
1	人工	工日	1001001	10.7	10.4	16.3	22.8	26.4	28.7	38.1	49
2	电焊条	kg	2009011	0.2	0.4	0.6	0.8	1.7	1.9	2.2	2.6
3	铁件	kg	2009028	0.1	0.1	0.1	0.1	0.1	0.1	0.1	0.1
4	水	m³	3005004	51	43	68	68	68	59	59	59
5	锯材	m³	4003002	0.006	0.006	0.006	0.006	0.006	0.006	0.006	0.006
6	黏土	m³	5501003	17.5	11.67	23.35	23.35	23.35	20.45	20.45	20.45
7	其他材料费	元	7801001	0.7	0.7	0.7	0.7	0.7	0.7	0.7	0.7
8	设备摊销费	元	7901001	19.6	21.4	22.8	26.3	45.6	49.7	60.8	68.4
9	1.0m³ 以内履带式机械单斗挖掘机	台班	8001035	0.02	0.02	0.02	0.02	0.02	0.02	0.02	0.02
10	15t 以内载货汽车	台班	8007009	0.03	0.03	0.03	0.03	0.03	0.03	0.03	0.03
11	16t 以内汽车式起重机	台班	8009028	0.03	0.03	0.03	0.03	0.03	0.03	0.03	0.03
12	φ2500mm 以内回旋钻机	台班	8011036	2.47	2.85	4.85	8.17	9.98	11.4	16.15	21.66
13	泥浆分离器	台班	8011056	0.06	0.06	0.07	0.07	0.08	0.09	0.1	0.11
14	泥浆搅拌机	台班	8011057	0.94	0.94	0.94	0.94	0.94	0.94	0.94	0.94
15	42kV·A 以内交流电弧焊机	台班	8015029	0.02	0.04	0.06	0.09	0.17	0.19	0.22	0.26
16	基价	元	9999001	6883	7561	12570	20189	24390	27548	38467	51128

单位:10m

顺序号	项　目	单位	代　号	桩径250cm以内							
				孔深40m以内							
				砂土	黏土	砂砾	砾石	卵石	软石	次坚石	坚石
				97	98	99	100	101	102	103	104
1	人工	工日	1001001	11.8	11	16.4	20.8	23.4	24.8	31.5	39.2
2	电焊条	kg	2009011	0.2	0.4	0.5	0.7	1.5	1.6	1.9	2.2
3	铁件	kg	2009028	0.3	0.3	0.3	0.3	0.3	0.3	0.3	0.3
4	水	m³	3005004	64	54	85	85	85	74	74	74
5	锯材	m³	4003002	0.016	0.016	0.016	0.016	0.016	0.016	0.016	0.016
6	黏土	m³	5501003	21.87	14.59	29.17	29.17	29.17	25.56	25.56	25.56
7	其他材料费	元	7801001	1.6	1.6	1.6	1.6	1.6	1.6	1.6	1.6
8	设备摊销费	元	7901001	25.4	27.8	29.7	34.2	57	62.1	76	85.5
9	1.0m³以内履带式机械单斗挖掘机	台班	8001035	0.03	0.03	0.03	0.03	0.03	0.03	0.03	0.03
10	15t以内载货汽车	台班	8007009	0.06	0.06	0.06	0.06	0.06	0.06	0.06	0.06
11	16t以内汽车式起重机	台班	8009028	0.06	0.06	0.06	0.06	0.06	0.06	0.06	0.06
12	φ2500mm以内回旋钻机	台班	8011036	2.04	2.31	3.99	6.41	7.88	9.03	12.71	17.01
13	泥浆分离器	台班	8011056	0.08	0.08	0.09	0.11	0.12	0.13	0.14	0.16
14	泥浆搅拌机	台班	8011057	1.17	1.17	1.17	1.17	1.17	1.17	1.17	1.17
15	42kV·A以内交流电弧焊机	台班	8015029	0.02	0.04	0.05	0.07	0.15	0.16	0.19	0.22
16	基价	元	9999001	6319	6693	11030	16558	19947	22432	30838	40641

单位:10m

顺序号	项　目	单位	代　号	桩径250cm以内							
				孔深60m以内							
				砂土	黏土	砂砾	砾石	卵石	软石	次坚石	坚石
				105	106	107	108	109	110	111	112
1	人工	工日	1001001	11.6	10.9	16.8	22.2	25.3	27.1	35.2	44.3
2	电焊条	kg	2009011	0.2	0.4	0.5	0.8	1.6	1.7	2.1	2.4
3	铁件	kg	2009028	0.2	0.2	0.2	0.2	0.2	0.2	0.2	0.2
4	水	m³	3005004	64	54	85	85	85	74	74	74
5	锯材	m³	4003002	0.011	0.011	0.011	0.011	0.011	0.011	0.011	0.011
6	黏土	m³	5501003	21.87	14.59	29.17	29.17	29.17	25.56	25.56	25.56
7	其他材料费	元	7801001	1.1	1.1	1.1	1.1	1.1	1.1	1.1	1.1
8	设备摊销费	元	7901001	25.4	27.8	29.7	34.2	57	62.1	76	85.5
9	1.0m³以内履带式机械单斗挖掘机	台班	8001035	0.02	0.02	0.02	0.02	0.02	0.02	0.02	0.02
10	15t以内载货汽车	台班	8007009	0.04	0.04	0.04	0.04	0.04	0.04	0.04	0.04
11	16t以内汽车式起重机	台班	8009028	0.04	0.04	0.04	0.04	0.04	0.04	0.04	0.04
12	φ2500mm以内回旋钻机	台班	8011036	2.31	2.63	4.62	7.56	9.35	10.61	15.23	20.27
13	泥浆分离器	台班	8011056	0.06	0.06	0.07	0.08	0.09	0.1	0.11	0.12
14	泥浆搅拌机	台班	8011057	1.17	1.17	1.17	1.17	1.17	1.17	1.17	1.17
15	42kV·A以内交流电弧焊机	台班	8015029	0.02	0.04	0.05	0.08	0.16	0.18	0.21	0.24
16	基价	元	9999001	6794	7282	12319	19035	23144	25903	36416	47906

单位:10m

顺序号	项 目	单位	代 号	桩径 250cm 以内							
				孔深 80m 以内							
				砂土	黏土	砂砾	砾石	卵石	软石	次坚石	坚石
				113	114	115	116	117	118	119	120
1	人工	工日	1001001	12	11.4	17.8	24.2	27.8	29.9	39.4	50.2
2	电焊条	kg	2009011	0.2	0.4	0.6	0.9	1.7	1.9	2.3	2.6
3	铁件	kg	2009028	0.2	0.2	0.2	0.2	0.2	0.2	0.2	0.2
4	水	m^3	3005004	64	54	85	85	85	74	74	74
5	锯材	m^3	4003002	0.008	0.008	0.008	0.008	0.008	0.008	0.008	0.008
6	黏土	m^3	5501003	21.87	14.59	29.17	29.17	29.17	25.56	25.56	25.56
7	其他材料费	元	7801001	0.8	0.8	0.8	0.8	0.8	0.8	0.8	0.8
8	设备摊销费	元	7901001	25.4	27.8	29.7	34.2	57	62.1	76	85.5
9	1.0m^3 以内履带式机械单斗挖掘机	台班	8001035	0.02	0.02	0.02	0.02	0.02	0.02	0.02	0.02
10	15t 以内载货汽车	台班	8007009	0.03	0.03	0.03	0.03	0.03	0.03	0.03	0.03
11	16t 以内汽车式起重机	台班	8009028	0.03	0.03	0.03	0.03	0.03	0.03	0.03	0.03
12	φ2500mm 以内回旋钻机	台班	8011036	2.74	3.15	5.36	8.93	10.92	12.39	17.75	23.73
13	泥浆分离器	台班	8011056	0.06	0.06	0.07	0.08	0.08	0.09	0.1	0.11
14	泥浆搅拌机	台班	8011057	1.17	1.17	1.17	1.17	1.17	1.17	1.17	1.17
15	42kV·A 以内交流电弧焊机	台班	8015029	0.02	0.04	0.06	0.09	0.18	0.19	0.23	0.26
16	基价	元	9999001	7708	8395	13945	22080	26657	29883	42089	55718

顺序号	项　目	单位	代　号	桩径250cm以内							
				孔深100m以内							
				砂土	黏土	砂砾	砾石	卵石	软石	次坚石	坚石
				121	122	123	124	125	126	127	128
1	人工	工日	1001001	12.4	12	19.9	27.2	31.5	34.4	45.7	58.7
2	电焊条	kg	2009011	0.2	0.5	0.6	0.9	1.9	2.1	2.4	2.8
3	铁件	kg	2009028	0.1	0.1	0.1	0.1	0.1	0.1	0.1	0.1
4	水	m³	3005004	64	54	85	85	85	74	74	74
5	锯材	m³	4003002	0.006	0.006	0.006	0.006	0.006	0.006	0.006	0.006
6	黏土	m³	5501003	21.87	14.59	29.17	29.17	29.17	25.56	25.56	25.56
7	其他材料费	元	7801001	0.6	0.6	0.6	0.6	0.6	0.6	0.6	0.6
8	设备摊销费	元	7901001	25.4	27.8	29.7	34.2	57	62.1	76	85.5
9	1.0m³以内履带式机械单斗挖掘机	台班	8001035	0.02	0.02	0.02	0.02	0.02	0.02	0.02	0.02
10	15t以内载货汽车	台班	8007009	0.02	0.02	0.02	0.02	0.02	0.02	0.02	0.02
11	16t以内汽车式起重机	台班	8009028	0.02	0.02	0.02	0.02	0.02	0.02	0.02	0.02
12	φ2500mm以内回旋钻机	台班	8011036	3.15	3.57	6.62	10.71	13.13	15.02	21.42	28.67
13	泥浆分离器	台班	8011056	0.06	0.06	0.07	0.07	0.08	0.09	0.1	0.11
14	泥浆搅拌机	台班	8011057	1.17	1.17	1.17	1.17	1.17	1.17	1.17	1.17
15	42kV·A以内交流电弧焊机	台班	8015029	0.02	0.05	0.06	0.09	0.19	0.21	0.25	0.28
16	基价	元	9999001	8582	9313	16770	26080	31635	35824	50387	66896

顺序号	项 目	单位	代 号	桩径 300cm 以内							
				孔深 40m 以内							
				砂土	黏土	砂砾	砾石	卵石	软石	次坚石	坚石
				129	130	131	132	133	134	135	136
1	人工	工日	1001001	12.7	11.7	17.2	21.1	23.9	25.4	31.2	38.6
2	电焊条	kg	2009011	0.2	0.4	0.5	0.8	1.6	1.8	2.1	2.4
3	铁件	kg	2009028	0.3	0.3	0.3	0.3	0.3	0.3	0.3	0.3
4	水	m³	3005004	75	63	99	99	99	87	87	87
5	锯材	m³	4003002	0.017	0.017	0.017	0.017	0.017	0.017	0.017	0.017
6	黏土	m³	5501003	25.66	17.12	34.23	34.23	34.23	29.99	29.99	29.99
7	其他材料费	元	7801001	1.7	1.7	1.7	1.7	1.7	1.7	1.7	1.7
8	设备摊销费	元	7901001	35.1	38.5	41	47.4	68.4	74.6	91.2	102.6
9	1.0m³ 以内履带式机械单斗挖掘机	台班	8001035	0.03	0.03	0.03	0.03	0.03	0.03	0.03	0.03
10	15t 以内载货汽车	台班	8007009	0.07	0.07	0.07	0.07	0.07	0.07	0.07	0.07
11	16t 以内汽车式起重机	台班	8009028	0.07	0.07	0.07	0.07	0.07	0.07	0.07	0.07
12	φ3000mm 以内回旋钻机	台班	8011037	1.74	2	3.33	5.32	6.65	7.79	10.74	14.44
13	泥浆分离器	台班	8011056	0.08	0.08	0.09	0.11	0.12	0.13	0.14	0.16
14	泥浆搅拌机	台班	8011057	1.38	1.38	1.38	1.38	1.38	1.38	1.38	1.38
15	42kV·A 以内交流电弧焊机	台班	8015029	0.02	0.04	0.05	0.08	0.16	0.18	0.21	0.25
16	基价	元	9999001	9687	10562	17102	25993	31988	36924	50100	66634

顺序号	项 目	单位	代 号	桩径300cm以内							
				孔深60m以内							
				砂土	黏土	砂砾	砾石	卵石	软石	次坚石	坚石
				137	138	139	140	141	142	143	144
1	人工	工日	1001001	12.4	11.5	17.4	21.9	25.1	27.3	33.8	42.4
2	电焊条	kg	2009011	0.2	0.4	0.6	0.9	1.8	2	2.3	2.7
3	铁件	kg	2009028	0.2	0.2	0.2	0.2	0.2	0.2	0.2	0.2
4	水	m³	3005004	75	63	99	99	99	87	87	87
5	锯材	m³	4003002	0.012	0.012	0.012	0.012	0.012	0.012	0.012	0.012
6	黏土	m³	5501003	25.66	17.12	34.23	34.23	34.23	29.99	29.99	29.99
7	其他材料费	元	7801001	1.1	1.1	1.1	1.1	1.1	1.1	1.1	1.1
8	设备摊销费	元	7901001	35.1	38.5	41	47.4	68.4	74.6	91.2	102.6
9	1.0m³以内履带式机械单斗挖掘机	台班	8001035	0.03	0.03	0.03	0.03	0.03	0.03	0.03	0.03
10	15t以内载货汽车	台班	8007009	0.05	0.05	0.05	0.05	0.05	0.05	0.05	0.05
11	16t以内汽车式起重机	台班	8009028	0.05	0.05	0.05	0.05	0.05	0.05	0.05	0.05
12	φ3000mm以内回旋钻机	台班	8011037	1.9	2.19	3.71	5.99	7.6	9.12	12.35	16.72
13	泥浆分离器	台班	8011056	0.06	0.06	0.07	0.08	0.09	0.1	0.11	0.12
14	泥浆搅拌机	台班	8011057	1.38	1.38	1.38	1.38	1.38	1.38	1.38	1.38
15	42kV·A以内交流电弧焊机	台班	8015029	0.02	0.04	0.06	0.09	0.18	0.2	0.23	0.27
16	基价	元	9999001	10278	11291	18685	28867	36096	42721	57161	76664

顺序号	项 目	单位	代 号	桩径300cm以内							
				孔深80m以内							
				砂土	黏土	砂砾	砾石	卵石	软石	次坚石	坚石
				145	146	147	148	149	150	151	152
1	人工	工日	1001001	12.5	11.7	18.1	23.5	26.5	28.5	36.3	45.8
2	电焊条	kg	2009011	0.2	0.5	0.6	1	1.9	2.1	2.5	2.9
3	铁件	kg	2009028	0.2	0.2	0.2	0.2	0.2	0.2	0.2	0.2
4	水	m³	3005004	75	63	99	99	99	87	87	87
5	锯材	m³	4003002	0.009	0.009	0.009	0.009	0.009	0.009	0.009	0.009
6	黏土	m³	5501003	25.66	17.12	34.23	34.23	34.23	29.99	29.99	29.99
7	其他材料费	元	7801001	0.9	0.9	0.9	0.9	0.9	0.9	0.9	0.9
8	设备摊销费	元	7901001	35.1	38.5	41	47.4	68.4	74.6	91.2	102.6
9	1.0m³以内履带式机械单斗挖掘机	台班	8001035	0.03	0.03	0.03	0.03	0.03	0.03	0.03	0.03
10	15t以内载货汽车	台班	8007009	0.03	0.03	0.03	0.03	0.03	0.03	0.03	0.03
11	16t以内汽车式起重机	台班	8009028	0.04	0.04	0.04	0.04	0.04	0.04	0.04	0.04
12	φ3000mm以内回旋钻机	台班	8011037	2.17	2.47	4.28	7.03	8.55	9.88	13.87	18.62
13	泥浆分离器	台班	8011056	0.06	0.06	0.07	0.08	0.08	0.09	0.1	0.11
14	泥浆搅拌机	台班	8011057	1.38	1.38	1.38	1.38	1.38	1.38	1.38	1.38
15	42kV·A以内交流电弧焊机	台班	8015029	0.02	0.05	0.07	0.1	0.2	0.22	0.26	0.29
16	基价	元	9999001	11403	12472	21149	33424	40248	46044	63853	85064

单位:10m

顺序号	项　目	单位	代　号	桩径300cm以内							
				孔深100m以内							
				砂土	黏土	砂砾	砾石	卵石	软石	次坚石	坚石
				153	154	155	156	157	158	159	160
1	人工	工日	1001001	13	12.2	19.2	25.3	29.8	32.1	41.8	53.5
2	电焊条	kg	2009011	0.3	0.5	0.7	1.1	2.1	2.3	2.7	3.2
3	铁件	kg	2009028	0.1	0.1	0.1	0.1	0.1	0.1	0.1	0.1
4	水	m³	3005004	75	63	99	99	99	87	87	87
5	锯材	m³	4003002	0.007	0.007	0.007	0.007	0.007	0.007	0.007	0.007
6	黏土	m³	5501003	25.66	17.12	34.23	34.23	34.23	29.99	29.99	29.99
7	其他材料费	元	7801001	0.7	0.7	0.7	0.7	0.7	0.7	0.7	0.7
8	设备摊销费	元	7901001	35.1	38.5	41	47.4	68.4	74.6	91.2	102.6
9	1.0m³以内履带式机械单斗挖掘机	台班	8001035	0.03	0.03	0.03	0.03	0.03	0.03	0.03	0.03
10	15t以内载货汽车	台班	8007009	0.03	0.03	0.03	0.03	0.03	0.03	0.03	0.03
11	16t以内汽车式起重机	台班	8009028	0.03	0.03	0.03	0.03	0.03	0.03	0.03	0.03
12	φ3000mm以内回旋钻机	台班	8011037	2.47	2.85	4.94	8.08	10.26	11.78	16.72	22.61
13	泥浆分离器	台班	8011056	0.06	0.06	0.07	0.07	0.08	0.09	0.1	0.11
14	泥浆搅拌机	台班	8011057	1.38	1.38	1.38	1.38	1.38	1.38	1.38	1.38
15	42kV·A以内交流电弧焊机	台班	8015029	0.03	0.05	0.07	0.11	0.21	0.23	0.28	0.32
16	基价	元	9999001	12719	14125	24056	38060	47852	54487	76535	102825

单位:10m

顺序号	项 目	单位	代 号	桩径300cm以内							
				孔深130m以内							
				砂土	黏土	砂砾	砾石	卵石	软石	次坚石	坚石
				161	162	163	164	165	166	167	168
1	人工	工日	1001001	13.4	12.7	20.2	27	32.1	36.5	48.6	62.9
2	电焊条	kg	2009011	0.3	0.6	0.8	1.1	2.3	2.5	2.9	3.4
3	铁件	kg	2009028	0.1	0.1	0.1	0.1	0.1	0.1	0.1	0.1
4	水	m³	3005004	75	63	99	99	99	87	87	87
5	锯材	m³	4003002	0.005	0.005	0.005	0.005	0.005	0.005	0.005	0.005
6	黏土	m³	5501003	25.66	17.12	34.23	34.23	34.23	29.99	29.99	29.99
7	其他材料费	元	7801001	0.5	0.5	0.5	0.5	0.5	0.5	0.5	0.5
8	设备摊销费	元	7901001	35.1	38.5	41	47.4	68.4	74.6	91.2	102.6
9	1.0m³以内履带式机械单斗挖掘机	台班	8001035	0.03	0.03	0.03	0.03	0.03	0.03	0.03	0.03
10	15t以内载货汽车	台班	8007009	0.02	0.02	0.02	0.02	0.02	0.02	0.02	0.02
11	16t以内汽车式起重机	台班	8009028	0.02	0.02	0.02	0.02	0.02	0.02	0.02	0.02
12	φ3000mm以内回旋钻机	台班	8011037	2.78	3.23	5.51	9.03	11.59	14.16	20.24	27.46
13	泥浆分离器	台班	8011056	0.06	0.06	0.07	0.07	0.08	0.08	0.09	0.1
14	泥浆搅拌机	台班	8011057	1.38	1.38	1.38	1.38	1.38	1.38	1.38	1.38
15	42kV·A以内交流电弧焊机	台班	8015029	0.03	0.06	0.08	0.11	0.23	0.25	0.3	0.34
16	基价	元	9999001	14056	15772	26564	42253	53728	65042	92188	124403

单位:10m

顺序号	项　目	单位	代　号	桩径350cm以内							
				孔深40m以内							
				砂土	黏土	砂砾	砾石	卵石	软石	次坚石	坚石
				169	170	171	172	173	174	175	176
1	人工	工日	1001001	14.9	13.4	19.9	23.3	26	27.6	34.3	40.7
2	电焊条	kg	2009011	0.2	0.4	0.6	0.9	1.7	1.9	2.2	2.6
3	铁件	kg	2009028	0.4	0.4	0.4	0.4	0.4	0.4	0.4	0.4
4	水	m³	3005004	102	86	135	135	135	118	118	118
5	锯材	m³	4003002	0.02	0.02	0.02	0.02	0.02	0.02	0.02	0.02
6	黏土	m³	5501003	34.93	23.3	46.6	46.6	46.6	40.82	40.82	40.82
7	其他材料费	元	7801001	1.7	1.7	1.7	1.7	1.7	1.7	1.7	1.7
8	设备摊销费	元	7901001	41	44.9	47.9	55.2	79.7	87	106.3	119.7
9	1.0m³以内履带式机械单斗挖掘机	台班	8001035	0.04	0.04	0.04	0.04	0.04	0.04	0.04	0.04
10	15t以内载货汽车	台班	8007009	0.06	0.06	0.06	0.06	0.06	0.06	0.06	0.06
11	16t以内汽车式起重机	台班	8009028	0.06	0.06	0.06	0.06	0.06	0.06	0.06	0.06
12	φ3500mm以内回旋钻机	台班	8011038	1.8	2	3.4	5.2	6.7	8	11.6	15
13	泥浆分离器	台班	8011056	0.08	0.08	0.09	0.11	0.12	0.13	0.14	0.16
14	泥浆搅拌机	台班	8011057	1.88	1.88	1.88	1.88	1.88	1.88	1.88	1.88
15	42kV·A以内交流电弧焊机	台班	8015029	0.02	0.04	0.06	0.09	0.17	0.19	0.23	0.26
16	基价	元	9999001	15045	16079	26731	39386	49949	58885	84170	108057

单位:10m

顺序号	项　目	单位	代　号	桩径350cm以内							
				孔深60m以内							
				砂土	黏土	砂砾	砾石	卵石	软石	次坚石	坚石
				177	178	179	180	181	182	183	184
1	人工	工日	1001001	14.6	13.1	20	24	27.1	29.4	37	44.4
2	电焊条	kg	2009011	0.2	0.5	0.6	0.9	1.9	2.1	2.5	2.8
3	铁件	kg	2009028	0.3	0.3	0.3	0.3	0.3	0.3	0.3	0.3
4	水	m³	3005004	102	86	135	135	135	118	118	118
5	锯材	m³	4003002	0.013	0.013	0.013	0.013	0.013	0.013	0.013	0.013
6	黏土	m³	5501003	34.93	23.3	46.6	46.6	46.6	40.82	40.82	40.82
7	其他材料费	元	7801001	1.2	1.2	1.2	1.2	1.2	1.2	1.2	1.2
8	设备摊销费	元	7901001	41	44.9	47.9	55.2	79.7	87	106.3	119.7
9	1.0m³以内履带式机械单斗挖掘机	台班	8001035	0.03	0.03	0.03	0.03	0.03	0.03	0.03	0.03
10	15t以内载货汽车	台班	8007009	0.04	0.04	0.04	0.04	0.04	0.04	0.04	0.04
11	16t以内汽车式起重机	台班	8009028	0.04	0.04	0.04	0.04	0.04	0.04	0.04	0.04
12	φ3500mm以内回旋钻机	台班	8011038	1.97	2.2	3.8	5.9	7.6	9.3	13.4	17.3
13	泥浆分离器	台班	8011056	0.06	0.06	0.07	0.08	0.09	0.1	0.11	0.12
14	泥浆搅拌机	台班	8011057	1.88	1.88	1.88	1.88	1.88	1.88	1.88	1.88
15	42kV·A以内交流电弧焊机	台班	8015029	0.02	0.05	0.06	0.1	0.19	0.21	0.25	0.29
16	基价	元	9999001	16102	17344	29399	44161	56133	67869	96659	124058

单位:10m

顺序号	项目	单位	代号	桩径350cm以内							
				孔深80m以内							
				砂土	黏土	砂砾	砾石	卵石	软石	次坚石	坚石
				185	186	187	188	189	190	191	192
1	人工	工日	1001001	14.8	13.4	20.8	25.6	28.5	30.6	39.6	47.7
2	电焊条	kg	2009011	0.3	0.5	0.7	1	2.1	2.3	2.7	3.1
3	铁件	kg	2009028	0.2	0.2	0.2	0.2	0.2	0.2	0.2	0.2
4	水	m³	3005004	102	86	135	135	135	118	118	118
5	锯材	m³	4003002	0.01	0.01	0.01	0.01	0.01	0.01	0.01	0.01
6	黏土	m³	5501003	34.93	23.3	46.6	46.6	46.6	40.82	40.82	40.82
7	其他材料费	元	7801001	0.9	0.9	0.9	0.9	0.9	0.9	0.9	0.9
8	设备摊销费	元	7901001	41	44.9	47.9	55.2	79.7	87	106.3	119.7
9	1.0m³以内履带式机械单斗挖掘机	台班	8001035	0.03	0.03	0.03	0.03	0.03	0.03	0.03	0.03
10	15t以内载货汽车	台班	8007009	0.03	0.03	0.03	0.03	0.03	0.03	0.03	0.03
11	16t以内汽车式起重机	台班	8009028	0.03	0.03	0.03	0.03	0.03	0.03	0.03	0.03
12	φ3500mm以内回旋钻机	台班	8011038	2.2	2.5	4.4	7	8.5	10.1	14.9	19.3
13	泥浆分离器	台班	8011056	0.06	0.06	0.07	0.08	0.08	0.09	0.1	0.11
14	泥浆搅拌机	台班	8011057	1.88	1.88	1.88	1.88	1.88	1.88	1.88	1.88
15	42kV·A以内交流电弧焊机	台班	8015029	0.03	0.05	0.07	0.1	0.21	0.23	0.27	0.31
16	基价	元	9999001	17670	19396	33552	51805	62393	73427	107137	138019

顺序号	项　目	单位	代　号	桩径350cm以内							
				孔深100m以内							
				砂土	黏土	砂砾	砾石	卵石	软石	次坚石	坚石
				193	194	195	196	197	198	199	200
1	人工	工日	1001001	15.2	13.9	21.8	27.1	31.4	34.2	45.2	55.4
2	电焊条	kg	2009011	0.3	0.6	0.7	1.1	2.2	2.5	2.9	3.4
3	铁件	kg	2009028	0.2	0.2	0.2	0.2	0.2	0.2	0.2	0.2
4	水	m³	3005004	102	86	135	135	135	118	118	118
5	锯材	m³	4003002	0.008	0.008	0.008	0.008	0.008	0.008	0.008	0.008
6	黏土	m³	5501003	34.93	23.3	46.6	46.6	46.6	40.82	40.82	40.82
7	其他材料费	元	7801001	0.7	0.7	0.7	0.7	0.7	0.7	0.7	0.7
8	设备摊销费	元	7901001	41	44.9	47.9	55.2	79.7	87	106.3	119.7
9	1.0m³以内履带式机械单斗挖掘机	台班	8001035	0.03	0.03	0.03	0.03	0.03	0.03	0.03	0.03
10	15t以内载货汽车	台班	8007009	0.02	0.02	0.02	0.02	0.02	0.02	0.02	0.02
11	16t以内汽车式起重机	台班	8009028	0.02	0.02	0.02	0.02	0.02	0.02	0.02	0.02
12	φ3500mm以内回旋钻机	台班	8011038	2.55	2.9	5	7.9	10.1	12.1	18	23.4
13	泥浆分离器	台班	8011056	0.06	0.06	0.07	0.07	0.08	0.09	0.1	0.11
14	泥浆搅拌机	台班	8011057	1.88	1.88	1.88	1.88	1.88	1.88	1.88	1.88
15	42kV·A以内交流电弧焊机	台班	8015029	0.03	0.06	0.08	0.11	0.23	0.25	0.29	0.34
16	基价	元	9999001	20075	22156	37727	58075	73590	87425	128846	166771

顺序号	项 目	单位	代 号	桩径350cm以内							
				孔深130m以内							
				砂土	黏土	砂砾	砾石	卵石	软石	次坚石	坚石
				201	202	203	204	205	206	207	208
1	人工	工日	1001001	15.6	14.4	22.9	28.9	33.8	38.5	52.2	64.5
2	电焊条	kg	2009011	0.3	0.6	0.8	1.2	2.4	2.7	3.1	3.6
3	铁件	kg	2009028	0.1	0.1	0.1	0.1	0.1	0.1	0.1	0.1
4	水	m³	3005004	102	86	135	135	135	118	118	118
5	锯材	m³	4003002	0.006	0.006	0.006	0.006	0.006	0.006	0.006	0.006
6	黏土	m³	5501003	34.93	23.3	46.6	46.6	46.6	40.82	40.82	40.82
7	其他材料费	元	7801001	0.6	0.6	0.6	0.6	0.6	0.6	0.6	0.6
8	设备摊销费	元	7901001	41	44.9	47.9	55.2	79.7	87	106.3	119.7
9	1.0m³以内履带式机械单斗挖掘机	台班	8001035	0.03	0.03	0.03	0.03	0.03	0.03	0.03	0.03
10	15t以内载货汽车	台班	8007009	0.02	0.02	0.02	0.02	0.02	0.02	0.02	0.02
11	16t以内汽车式起重机	台班	8009028	0.02	0.02	0.02	0.02	0.02	0.02	0.02	0.02
12	φ3500mm以内回旋钻机	台班	8011038	2.9	3.3	5.7	8.9	11.5	14.5	21.9	28.4
13	泥浆分离器	台班	8011056	0.06	0.06	0.07	0.07	0.08	0.08	0.09	0.1
14	泥浆搅拌机	台班	8011057	1.88	1.88	1.88	1.88	1.88	1.88	1.88	1.88
15	42kV·A以内交流电弧焊机	台班	8015029	0.03	0.06	0.08	0.12	0.24	0.27	0.32	0.36
16	基价	元	9999001	22500	24932	42613	65082	83388	104239	156174	201818

顺序号	项 目	单位	代 号	桩径 100cm 以内							
				孔深 30m 以内							
				砂土	黏土	砂砾	砾石	卵石	软石	次坚石	坚石
				209	210	211	212	213	214	215	216
1	人工	工日	1001001	8.1	8.1	10.4	13	14.6	16.3	20.8	25.8
2	电焊条	kg	2009011	0.1	0.2	0.3	0.5	0.9	1	1.2	1.4
3	铁件	kg	2009028	0.1	0.1	0.1	0.1	0.1	0.1	0.1	0.1
4	水	m³	3005004	13	11	17	17	17	15	15	15
5	锯材	m³	4003002	0.006	0.006	0.006	0.006	0.006	0.006	0.006	0.006
6	黏土	m³	5501003	4.47	2.98	5.96	5.96	5.96	5.22	5.22	5.22
7	其他材料费	元	7801001	1.2	1.2	1.2	1.2	1.2	1.2	1.2	1.2
8	设备摊销费	元	7901001	9.7	10.7	11.4	13.2	22.8	24.9	30.4	34.2
9	1.0m³ 以内履带式机械单斗挖掘机	台班	8001035	0.03	0.03	0.03	0.03	0.03	0.03	0.03	0.03
10	16t 以内汽车式起重机	台班	8009028	0.33	0.33	0.33	0.33	0.33	0.33	0.33	0.33
11	ϕ1500mm 以内回旋钻机	台班	8011035	1.16	1.25	2.12	3.25	3.99	4.8	6.67	8.87
12	泥浆分离器	台班	8011056	0.09	0.09	0.12	0.14	0.15	0.17	0.18	0.2
13	泥浆搅拌机	台班	8011057	0.24	0.24	0.24	0.24	0.24	0.24	0.24	0.24

单位:10m

顺序号	项目	单位	代 号	桩径100cm以内							
				孔深30m以内							
				砂土	黏土	砂砾	砾石	卵石	软石	次坚石	坚石
				209	210	211	212	213	214	215	216
14	42kV·A以内交流电弧焊机	台班	8015029	0.01	0.02	0.03	0.05	0.09	0.1	0.12	0.14
15	88kW以内内燃拖轮	台班	8019002	1.16	1.16	1.16	1.16	1.16	1.16	1.16	1.16
16	100t以内工程驳船	台班	8019021	1.13	1.24	1.95	3	3.74	5.92	8.36	13.39
17	基价	元	9999001	4359	4476	6054	8008	9298	10859	14196	18379

顺序号	项 目	单位	代 号	桩径100cm以内							
				孔深40m以内							
				砂土	黏土	砂砾	砾石	卵石	软石	次坚石	坚石
				217	218	219	220	221	222	223	224
1	人工	工日	1001001	7.1	7.2	9.8	13.1	14.7	15.9	20.8	26.3
2	电焊条	kg	2009011	0.1	0.2	0.3	0.5	0.9	1	1.2	1.4
3	铁件	kg	2009028	0.1	0.1	0.1	0.1	0.1	0.1	0.1	0.1
4	水	m³	3005004	13	11	17	17	17	15	15	15
5	锯材	m³	4003002	0.005	0.005	0.005	0.005	0.005	0.005	0.005	0.005
6	黏土	m³	5501003	4.47	2.98	5.96	5.96	5.96	5.22	5.22	5.22
7	其他材料费	元	7801001	0.9	0.9	0.9	0.9	0.9	0.9	0.9	0.9
8	设备摊销费	元	7901001	9.7	10.7	11.4	13.2	22.8	24.9	30.4	34.2
9	1.0m³以内履带式机械单斗挖掘机	台班	8001035	0.03	0.03	0.03	0.03	0.03	0.03	0.03	0.03
10	16t以内汽车式起重机	台班	8009028	0.24	0.24	0.24	0.24	0.24	0.24	0.24	0.24
11	φ1500mm以内回旋钻机	台班	8011035	1.33	1.46	2.36	3.74	4.48	5.05	7.15	9.59
12	泥浆分离器	台班	8011056	0.08	0.08	0.09	0.11	0.12	0.13	0.14	0.16
13	泥浆搅拌机	台班	8011057	0.24	0.24	0.24	0.24	0.24	0.24	0.24	0.24
14	42kV·A以内交流电弧焊机	台班	8015029	0.01	0.02	0.03	0.05	0.09	0.1	0.12	0.14
15	88kW以内内燃拖轮	台班	8019002	1.12	1.12	1.12	1.12	1.12	1.12	1.12	1.12
16	100t以内工程驳船	台班	8019021	1.5	1.66	2.7	4.28	5.25	8.44	12.07	19.44
17	基价	元	9999001	4390	4578	6263	8699	10020	11335	15183	20053

单位:10m

顺序号	项　目	单位	代　号	桩径120cm以内							
				孔深40m以内							
				砂土	黏土	砂砾	砾石	卵石	软石	次坚石	坚石
				225	226	227	228	229	230	231	232
1	人工	工日	1001001	7.7	7.6	10.4	13.5	15.2	16.8	21.5	26.9
2	电焊条	kg	2009011	0.1	0.2	0.3	0.5	1	1.1	1.3	1.5
3	铁件	kg	2009028	0.1	0.1	0.1	0.1	0.1	0.1	0.1	0.1
4	水	m^3	3005004	19	16	25	25	25	22	22	22
5	锯材	m^3	4003002	0.006	0.006	0.006	0.006	0.006	0.006	0.006	0.006
6	黏土	m^3	5501003	6.44	4.3	8.59	8.59	8.59	7.53	7.53	7.53
7	其他材料费	元	7801001	1.1	1.1	1.1	1.1	1.1	1.1	1.1	1.1
8	设备摊销费	元	7901001	11.7	12.8	13.7	15.8	27.4	29.8	36.5	41
9	1.0m^3以内履带式机械单斗挖掘机	台班	8001035	0.03	0.03	0.03	0.03	0.03	0.03	0.03	0.03
10	16t以内汽车式起重机	台班	8009028	0.24	0.24	0.24	0.24	0.24	0.24	0.24	0.24
11	φ1500mm以内回旋钻机	台班	8011035	1.35	1.52	2.41	3.88	4.66	5.52	7.59	10.09
12	泥浆分离器	台班	8011056	0.08	0.08	0.09	0.11	0.12	0.13	0.14	0.16
13	泥浆搅拌机	台班	8011057	0.35	0.35	0.35	0.35	0.35	0.35	0.35	0.35
14	42kV·A以内交流电弧焊机	台班	8015029	0.01	0.02	0.03	0.05	0.1	0.11	0.13	0.15
15	88kW以内燃拖轮	台班	8019002	1.09	1.09	1.09	1.09	1.09	1.09	1.09	1.09
16	100t以内工程驳船	台班	8019021	1.62	1.8	2.93	4.65	5.82	9.5	13.78	22.98
17	基价	元	9999001	4521	4734	6463	9018	10435	12242	16116	21301

单位：10m

顺序号	项 目	单位	代 号	桩径120cm以内							
				孔深50m以内							
				砂土	黏土	砂砾	砾石	卵石	软石	次坚石	坚石
				233	234	235	236	237	238	239	240
1	人工	工日	1001001	7.3	7.3	10.3	13.9	16.4	18.4	24.3	30.6
2	电焊条	kg	2009011	0.1	0.3	0.3	0.5	1	1.1	1.3	1.6
3	铁件	kg	2009028	0.1	0.1	0.1	0.1	0.1	0.1	0.1	0.1
4	水	m^3	3005004	19	16	25	25	25	22	22	22
5	锯材	m^3	4003002	0.005	0.005	0.005	0.005	0.005	0.005	0.005	0.005
6	黏土	m^3	5501003	6.44	4.3	8.59	8.59	8.59	7.53	7.53	7.53
7	其他材料费	元	7801001	0.9	0.9	0.9	0.9	0.9	0.9	0.9	0.9
8	设备摊销费	元	7901001	11.7	12.8	13.7	15.8	27.4	29.8	36.5	41
9	1.0m^3以内履带式机械单斗挖掘机	台班	8001035	0.03	0.03	0.03	0.03	0.03	0.03	0.03	0.03
10	16t以内汽车式起重机	台班	8009028	0.19	0.19	0.19	0.19	0.19	0.19	0.19	0.19
11	ϕ1500mm以内回旋钻机	台班	8011035	1.47	1.64	2.68	4.31	5.43	6.47	9.14	12.07
12	泥浆分离器	台班	8011056	0.07	0.07	0.08	0.09	0.1	0.11	0.12	0.14
13	泥浆搅拌机	台班	8011057	0.35	0.35	0.35	0.35	0.35	0.35	0.35	0.35
14	42kV·A以内交流电弧焊机	台班	8015029	0.01	0.03	0.03	0.05	0.1	0.11	0.14	0.16
15	88kW以内内燃拖轮	台班	8019002	1	1	1	1	1	1	1	1
16	100t以内工程驳船	台班	8019021	2.08	2.32	3.87	6.3	8	13.16	18.81	30.93
17	基价	元	9999001	4548	4783	6788	9702	11732	14022	19016	25264

顺序号	项目	单位	代号	桩径 120cm 以内							
				孔深 60m 以内							
				砂土	黏土	砂砾	砾石	卵石	软石	次坚石	坚石
				241	242	243	244	245	246	247	248
1	人工	工日	1001001	7.1	7.1	10.3	14.2	17	19.2	25.7	32.6
2	电焊条	kg	2009011	0.1	0.3	0.4	0.5	1.1	1.2	1.4	1.6
3	铁件	kg	2009028	0.1	0.1	0.1	0.1	0.1	0.1	0.1	0.1
4	水	m³	3005004	19	16	25	25	25	22	22	22
5	锯材	m³	4003002	0.004	0.004	0.004	0.004	0.004	0.004	0.004	0.004
6	黏土	m³	5501003	6.44	4.3	8.59	8.59	8.59	7.53	7.53	7.53
7	其他材料费	元	7801001	0.7	0.7	0.7	0.7	0.7	0.7	0.7	0.7
8	设备摊销费	元	7901001	11.7	12.8	13.7	15.8	27.4	29.8	36.5	41
9	1.0m³ 以内履带式机械单斗挖掘机	台班	8001035	0.02	0.02	0.02	0.02	0.02	0.02	0.02	0.02
10	16t 以内汽车式起重机	台班	8009028	0.16	0.16	0.16	0.16	0.16	0.16	0.16	0.16
11	φ1500mm 以内回旋钻机	台班	8011035	1.64	1.82	2.82	4.62	5.81	6.93	9.92	13
12	泥浆分离器	台班	8011056	0.06	0.06	0.07	0.08	0.09	0.1	0.11	0.12
13	泥浆搅拌机	台班	8011057	0.35	0.35	0.35	0.35	0.35	0.35	0.35	0.35
14	42kV·A 以内交流电弧焊机	台班	8015029	0.01	0.03	0.04	0.05	0.11	0.12	0.14	0.16
15	88kW 以内内燃拖轮	台班	8019002	0.89	0.89	0.89	0.89	0.89	0.89	0.89	0.89
16	100t 以内工程驳船	台班	8019021	2.44	2.74	4.61	7.55	9.62	15.93	22.94	37.68
17	基价	元	9999001	4639	4895	6914	10153	12362	14933	20601	27459

顺序号	项 目	单位	代 号	桩径 150cm 以内							
				孔深 40m 以内							
				砂土	黏土	砂砾	砾石	卵石	软石	次坚石	坚石
				249	250	251	252	253	254	255	256
1	人工	工日	1001001	8.5	8.3	11.7	15.2	17.4	18.1	23.5	29.7
2	电焊条	kg	2009011	0.1	0.3	0.4	0.6	1.1	1.2	1.4	1.7
3	铁件	kg	2009028	0.2	0.2	0.2	0.2	0.2	0.2	0.2	0.2
4	水	m³	3005004	29	25	39	39	39	34	34	34
5	锯材	m³	4003002	0.012	0.012	0.012	0.012	0.012	0.012	0.012	0.012
6	黏土	m³	5501003	10.06	6.71	13.42	13.42	13.42	11.76	11.76	11.76
7	其他材料费	元	7801001	1.6	1.6	1.6	1.6	1.6	1.6	1.6	1.6
8	设备摊销费	元	7901001	15.6	17.1	18.2	21	34.2	37.3	45.6	51.3
9	1.0m³ 以内履带式机械单斗挖掘机	台班	8001035	0.03	0.03	0.03	0.03	0.03	0.03	0.03	0.03
10	16t 以内汽车式起重机	台班	8009028	0.24	0.24	0.24	0.24	0.24	0.24	0.24	0.24
11	φ1500mm 以内回旋钻机	台班	8011035	1.53	1.71	2.79	4.5	5.58	6.03	8.64	11.52
12	泥浆分离器	台班	8011056	0.08	0.08	0.09	0.11	0.12	0.13	0.14	0.16
13	泥浆搅拌机	台班	8011057	0.54	0.54	0.54	0.54	0.54	0.54	0.54	0.54
14	42kV·A 以内交流电弧焊机	台班	8015029	0.01	0.03	0.04	0.06	0.11	0.12	0.14	0.17
15	88kW 以内内燃拖轮	台班	8019002	0.94	0.94	0.94	0.94	0.94	0.94	0.94	0.94
16	100t 以内工程驳船	台班	8019021	2.4	2.67	4.37	7.01	8.81	14.37	20.71	34.61
17	基价	元	9999001	4899	5114	7280	10324	12284	13682	18633	25044

单位:10m

顺序号	项 目	单位	代 号	桩径150cm以内							
				孔深60m以内							
				砂土	黏土	砂砾	砾石	卵石	软石	次坚石	坚石
				257	258	259	260	261	262	263	264
1	人工	工日	1001001	8	7.9	11.7	15.9	18.6	21	28.2	35.7
2	电焊条	kg	2009011	0.2	0.3	0.4	0.6	1.2	1.3	1.6	1.8
3	铁件	kg	2009028	0.1	0.1	0.1	0.1	0.1	0.1	0.1	0.1
4	水	m³	3005004	29	25	39	39	39	34	34	34
5	锯材	m³	4003002	0.008	0.008	0.008	0.008	0.008	0.008	0.008	0.008
6	黏土	m³	5501003	10.06	6.71	13.42	13.42	13.42	11.76	11.76	11.76
7	其他材料费	元	7801001	1.1	1.1	1.1	1.1	1.1	1.1	1.1	1.1
8	设备摊销费	元	7901001	15.6	17.1	18.2	21	34.2	37.3	45.6	51.3
9	1.0m³以内履带式机械单斗挖掘机	台班	8001035	0.02	0.02	0.02	0.02	0.02	0.02	0.02	0.02
10	16t以内汽车式起重机	台班	8009028	0.16	0.16	0.16	0.16	0.16	0.16	0.16	0.16
11	φ1500mm以内回旋钻机	台班	8011035	1.71	1.89	3.24	5.22	6.48	7.74	11.25	14.85
12	泥浆分离器	台班	8011056	0.06	0.06	0.07	0.08	0.09	0.1	0.11	0.12
13	泥浆搅拌机	台班	8011057	0.54	0.54	0.54	0.54	0.54	0.54	0.54	0.54
14	42kV·A以内交流电弧焊机	台班	8015029	0.02	0.03	0.04	0.06	0.12	0.13	0.16	0.18
15	88kW以内内燃拖轮	台班	8019002	0.78	0.78	0.78	0.78	0.78	0.78	0.78	0.78
16	100t以内工程驳船	台班	8019021	3.97	4.49	7.61	12.42	15.52	25.66	37.19	62.54
17	基价	元	9999001	5022	5277	8039	11805	14237	17516	24565	33601

续前页

单位:10m

顺序号	项 目	单位	代 号	桩径150cm以内							
				孔深80m以内							
				砂土	黏土	砂砾	砾石	卵石	软石	次坚石	坚石
				265	266	267	268	269	270	271	272
1	人工	工日	1001001	8.1	8.1	12.5	17.4	20.6	23.8	32.4	40.7
2	电焊条	kg	2009011	0.2	0.3	0.4	0.7	1.3	1.5	1.7	2
3	铁件	kg	2009028	0.1	0.1	0.1	0.1	0.1	0.1	0.1	0.1
4	水	m³	3005004	29	25	39	39	39	34	34	34
5	锯材	m³	4003002	0.006	0.006	0.006	0.006	0.006	0.006	0.006	0.006
6	黏土	m³	5501003	10.06	6.71	13.42	13.42	13.42	11.76	11.76	11.76
7	其他材料费	元	7801001	0.8	0.8	0.8	0.8	0.8	0.8	0.8	0.8
8	设备摊销费	元	7901001	15.6	17.1	18.2	21	34.2	37.3	45.6	51.3
9	1.0m³以内履带式机械单斗挖掘机	台班	8001035	0.02	0.02	0.02	0.02	0.02	0.02	0.02	0.02
10	16t以内汽车式起重机	台班	8009028	0.12	0.12	0.12	0.12	0.12	0.12	0.12	0.12
11	φ1500mm以内回旋钻机	台班	8011035	1.93	2.21	3.86	6.26	7.82	9.48	13.71	17.85
12	泥浆分离器	台班	8011056	0.06	0.06	0.07	0.08	0.08	0.09	0.1	0.11
13	泥浆搅拌机	台班	8011057	0.54	0.54	0.54	0.54	0.54	0.54	0.54	0.54
14	42kV·A以内交流电弧焊机	台班	8015029	0.02	0.03	0.04	0.07	0.13	0.15	0.17	0.2
15	88kW以内内燃拖轮	台班	8019002	0.65	0.65	0.65	0.65	0.65	0.65	0.65	0.65
16	100t以内工程驳船	台班	8019021	5.34	6.06	10.5	17.15	21.48	36.03	52.15	87.86
17	基价	元	9999001	5329	5756	9161	13815	16863	21356	30132	41363

— 546 —

单位:10m

顺序号	项目	单位	代号	桩径200cm以内							
				孔深40m以内							
				砂土	黏土	砂砾	砾石	卵石	软石	次坚石	坚石
				273	274	275	276	277	278	279	280
1	人工	工日	1001001	10.6	10	14.5	18.4	20.5	21.5	27.1	33.5
2	电焊条	kg	2009011	0.2	0.3	0.4	0.7	1.3	1.4	1.7	2
3	铁件	kg	2009028	0.3	0.3	0.3	0.3	0.3	0.3	0.3	0.3
4	水	m³	3005004	51	43	68	68	68	59	59	59
5	锯材	m³	4003002	0.015	0.015	0.015	0.015	0.015	0.015	0.015	0.015
6	黏土	m³	5501003	17.5	11.67	23.35	23.35	23.35	20.45	20.45	20.45
7	其他材料费	元	7801001	1.7	1.7	1.7	1.7	1.7	1.7	1.7	1.7
8	设备摊销费	元	7901001	19.6	21.4	22.8	26.3	45.6	49.7	60.8	68.4
9	1.0m³以内履带式机械单斗挖掘机	台班	8001035	0.02	0.02	0.02	0.02	0.02	0.02	0.02	0.02
10	16t以内汽车式起重机	台班	8009028	0.24	0.24	0.24	0.24	0.24	0.24	0.24	0.24
11	φ2500mm以内回旋钻机	台班	8011036	1.73	1.92	2.67	4.62	5.64	6.25	8.81	11.72
12	泥浆分离器	台班	8011056	0.08	0.08	0.09	0.11	0.12	0.13	0.14	0.16
13	泥浆搅拌机	台班	8011057	0.94	0.94	0.94	0.94	0.94	0.94	0.94	0.94
14	42kV·A以内交流电弧焊机	台班	8015029	0.02	0.03	0.04	0.07	0.13	0.15	0.17	0.2
15	88kW以内内燃拖轮	台班	8019002	0.63	0.63	0.63	0.63	0.63	0.63	0.63	0.63
16	100t以内工程驳船	台班	8019021	0.11	0.11	0.11	0.11	0.11	0.11	0.11	0.11
17	200t以内工程驳船	台班	8019023	2.62	2.96	5.12	8.39	10.95	18.15	26.21	43.91
18	基价	元	9999001	6802	7123	9849	15061	18010	20916	28629	39266

单位:10m

顺序号	项 目	单位	代 号	桩径200cm以内							
				孔深60m以内							
				砂土	黏土	砂砾	砾石	卵石	软石	次坚石	坚石
				281	282	283	284	285	286	287	288
1	人工	工日	1001001	10.1	9.6	14.5	19.1	21.7	23.1	29.8	37.4
2	电焊条	kg	2009011	0.2	0.4	0.5	0.7	1.4	1.6	1.9	2.2
3	铁件	kg	2009028	0.2	0.2	0.2	0.2	0.2	0.2	0.2	0.2
4	水	m³	3005004	51	43	68	68	68	59	59	59
5	锯材	m³	4003002	0.01	0.01	0.01	0.01	0.01	0.01	0.01	0.01
6	黏土	m³	5501003	17.5	11.67	23.35	23.35	23.35	20.45	20.45	20.45
7	其他材料费	元	7801001	1.2	1.2	1.2	1.2	1.2	1.2	1.2	1.2
8	设备摊销费	元	7901001	19.6	21.4	22.8	26.3	45.6	49.7	60.8	68.4
9	1.0m³以内履带式机械单斗挖掘机	台班	8001035	0.02	0.02	0.02	0.02	0.02	0.02	0.02	0.02
10	16t以内汽车式起重机	台班	8009028	0.16	0.16	0.16	0.16	0.16	0.16	0.16	0.16
11	φ2500mm以内回旋钻机	台班	8011036	2.02	2.22	3.84	5.58	6.84	7.74	10.98	14.58
12	泥浆分离器	台班	8011056	0.06	0.06	0.07	0.08	0.09	0.1	0.11	0.12
13	泥浆搅拌机	台班	8011057	0.94	0.94	0.94	0.94	0.94	0.94	0.94	0.94
14	42kV·A以内交流电弧焊机	台班	8015029	0.02	0.04	0.05	0.07	0.15	0.16	0.19	0.22
15	88kW以内内燃拖轮	台班	8019002	0.47	0.47	0.47	0.47	0.47	0.47	0.47	0.47
16	100t以内工程驳船	台班	8019021	0.07	0.07	0.07	0.07	0.07	0.07	0.07	0.07
17	200t以内工程驳船	台班	8019023	3.74	4.24	7.45	12.38	16.22	27.07	39.33	65.85
18	基价	元	9999001	7323	7713	12523	17729	21516	25865	36032	50158

单位:10m

顺序号	项 目	单位	代 号	桩径200cm以内							
				孔深80m以内							
				砂土	黏土	砂砾	砾石	卵石	软石	次坚石	坚石
				289	290	291	292	293	294	295	296
1	人工	工日	1001001	10.3	9.9	15.3	20.6	23.7	25.3	33.2	42.2
2	电焊条	kg	2009011	0.2	0.4	0.5	0.8	1.6	1.7	2	2.4
3	铁件	kg	2009028	0.2	0.2	0.2	0.2	0.2	0.2	0.2	0.2
4	水	m³	3005004	51	43	68	68	68	59	59	59
5	锯材	m³	4003002	0.007	0.007	0.007	0.007	0.007	0.007	0.007	0.007
6	黏土	m³	5501003	17.5	11.67	23.35	23.35	23.35	20.45	20.45	20.45
7	其他材料费	元	7801001	0.9	0.9	0.9	0.9	0.9	0.9	0.9	0.9
8	设备摊销费	元	7901001	19.6	21.4	22.8	26.3	45.6	49.7	60.8	68.4
9	1.0m³以内履带式机械单斗挖掘机	台班	8001035	0.02	0.02	0.02	0.02	0.02	0.02	0.02	0.02
10	16t以内汽车式起重机	台班	8009028	0.12	0.12	0.12	0.12	0.12	0.12	0.12	0.12
11	φ2500mm以内回旋钻机	台班	8011036	2.23	2.53	3.8	6.22	7.69	8.64	12.27	16.42
12	泥浆分离器	台班	8011056	0.06	0.06	0.07	0.08	0.08	0.09	0.1	0.11
13	泥浆搅拌机	台班	8011057	0.94	0.94	0.94	0.94	0.94	0.94	0.94	0.94
14	42kV·A以内交流电弧焊机	台班	8015029	0.02	0.04	0.05	0.08	0.16	0.17	0.21	0.24
15	88kW以内内燃拖轮	台班	8019002	0.39	0.39	0.39	0.39	0.39	0.39	0.39	0.39
16	100t以内工程驳船	台班	8019021	0.06	0.06	0.06	0.06	0.06	0.06	0.06	0.06
17	200t以内工程驳船	台班	8019023	5.29	6.02	10.65	17.74	23.39	38.91	56.68	95.36
18	基价	元	9999001	7988	8648	13092	20264	24933	30429	42742	60822

单位:10m

顺序号	项 目	单位	代 号	桩径200cm 以内							
				孔深100m 以内							
				砂土	黏土	砂砾	砾石	卵石	软石	次坚石	坚石
				297	298	299	300	301	302	303	304
1	人工	工日	1001001	10.8	10.5	16.5	23	26.7	28.8	38.3	49.2
2	电焊条	kg	2009011	0.2	0.4	0.6	0.8	1.7	1.9	2.2	2.6
3	铁件	kg	2009028	0.1	0.1	0.1	0.1	0.1	0.1	0.1	0.1
4	水	m³	3005004	51	43	68	68	68	59	59	59
5	锯材	m³	4003002	0.006	0.006	0.006	0.006	0.006	0.006	0.006	0.006
6	黏土	m³	5501003	17.5	11.67	23.35	23.35	23.35	20.45	20.45	20.45
7	其他材料费	元	7801001	0.7	0.7	0.7	0.7	0.7	0.7	0.7	0.7
8	设备摊销费	元	7901001	19.6	21.4	22.8	26.3	45.6	49.7	60.8	68.4
9	1.0m³ 以内履带式机械单斗挖掘机	台班	8001035	0.02	0.02	0.02	0.02	0.02	0.02	0.02	0.02
10	16t 以内汽车式起重机	台班	8009028	0.1	0.1	0.1	0.1	0.1	0.1	0.1	0.1
11	φ2500mm 以内回旋钻机	台班	8011036	2.62	2.91	4.49	7.52	9.16	10.37	14.69	19.78
12	泥浆分离器	台班	8011056	0.06	0.06	0.07	0.07	0.08	0.09	0.1	0.11
13	泥浆搅拌机	台班	8011057	0.94	0.94	0.94	0.94	0.94	0.94	0.94	0.94
14	42kV·A 以内交流电弧焊机	台班	8015029	0.02	0.04	0.06	0.09	0.17	0.19	0.22	0.26
15	88kW 以内内燃拖轮	台班	8019002	0.34	0.34	0.34	0.34	0.34	0.34	0.34	0.34
16	100t 以内工程驳船	台班	8019021	0.04	0.04	0.04	0.04	0.04	0.04	0.04	0.04
17	200t 以内工程驳船	台班	8019023	7.33	8.37	14.59	24.42	32.07	53.5	77.9	130.61
18	基价	元	9999001	9221	9938	15443	24607	30137	37522	52890	76200

顺序号	项　目	单位	代　号	桩径250cm以内							
				孔深40m以内							
				砂土	黏土	砂砾	砾石	卵石	软石	次坚石	坚石
				305	306	307	308	309	310	311	312
1	人工	工日	1001001	12.1	11.3	16.6	21.3	23.9	25.1	31.8	39.6
2	电焊条	kg	2009011	0.2	0.4	0.5	0.7	1.5	1.6	1.9	2.2
3	铁件	kg	2009028	0.3	0.3	0.3	0.3	0.3	0.3	0.3	0.3
4	水	m³	3005004	64	54	85	85	85	74	74	74
5	锯材	m³	4003002	0.016	0.016	0.016	0.016	0.016	0.016	0.016	0.016
6	黏土	m³	5501003	21.87	14.59	29.17	29.17	29.17	25.56	25.56	25.56
7	其他材料费	元	7801001	1.6	1.6	1.6	1.6	1.6	1.6	1.6	1.6
8	设备摊销费	元	7901001	25.4	27.8	29.7	34.2	57	62.1	76	85.5
9	1.0m³以内履带式机械单斗挖掘机	台班	8001035	0.03	0.03	0.03	0.03	0.03	0.03	0.03	0.03
10	16t以内汽车式起重机	台班	8009028	0.23	0.23	0.23	0.23	0.23	0.23	0.23	0.23
11	φ2500mm以内回旋钻机	台班	8011036	2.21	2.42	3.69	5.96	7.28	8.13	11.53	15.41
12	泥浆分离器	台班	8011056	0.08	0.08	0.09	0.11	0.12	0.13	0.14	0.16
13	泥浆搅拌机	台班	8011057	1.17	1.17	1.17	1.17	1.17	1.17	1.17	1.17
14	42kV·A以内交流电弧焊机	台班	8015029	0.02	0.04	0.05	0.07	0.15	0.16	0.19	0.22
15	88kW以内内燃拖轮	台班	8019002	0.44	0.44	0.44	0.44	0.44	0.44	0.44	0.44
16	100t以内工程驳船	台班	8019021	0.08	0.08	0.08	0.08	0.08	0.08	0.08	0.08
17	200t以内工程驳船	台班	8019023	3.51	3.97	6.88	11.27	14.74	24.38	35.31	59.4
18	基价	元	9999001	8071	8421	12529	18737	22571	26518	36730	50936

单位:10m

顺序号	项 目	单位	代 号	桩径250cm以内							
				孔深60m以内							
				砂土	黏土	砂砾	砾石	卵石	软石	次坚石	坚石
				313	314	315	316	317	318	319	320
1	人工	工日	1001001	11.8	11.1	17.1	22.6	25.7	27.3	35.5	44.6
2	电焊条	kg	2009011	0.2	0.4	0.5	0.8	1.6	1.7	2.1	2.4
3	铁件	kg	2009028	0.2	0.2	0.2	0.2	0.2	0.2	0.2	0.2
4	水	m³	3005004	64	54	85	85	85	74	74	74
5	锯材	m³	4003002	0.011	0.011	0.011	0.011	0.011	0.011	0.011	0.011
6	黏土	m³	5501003	21.87	14.59	29.17	29.17	29.17	25.56	25.56	25.56
7	其他材料费	元	7801001	1.1	1.1	1.1	1.1	1.1	1.1	1.1	1.1
8	设备摊销费	元	7901001	25.4	27.8	29.7	34.2	57	62.1	76	85.5
9	1.0m³以内履带式机械单斗挖掘机	台班	8001035	0.02	0.02	0.02	0.02	0.02	0.02	0.02	0.02
10	16t以内汽车式起重机	台班	8009028	0.16	0.16	0.16	0.16	0.16	0.16	0.16	0.16
11	φ2500mm以内回旋钻机	台班	8011036	2.42	2.73	4.16	6.99	8.51	9.64	13.8	18.33
12	泥浆分离器	台班	8011056	0.06	0.06	0.07	0.08	0.09	0.1	0.11	0.12
13	泥浆搅拌机	台班	8011057	1.17	1.17	1.17	1.17	1.17	1.17	1.17	1.17
14	42kV·A以内交流电弧焊机	台班	8015029	0.02	0.04	0.05	0.08	0.16	0.18	0.21	0.24
15	88kW以内内燃拖轮	台班	8019002	0.36	0.36	0.36	0.36	0.36	0.36	0.36	0.36
16	100t以内工程驳船	台班	8019021	0.06	0.06	0.06	0.06	0.06	0.06	0.06	0.06
17	200t以内工程驳船	台班	8019023	5.62	6.39	11.23	18.67	24.55	40.75	59.6	99.7
18	基价	元	9999001	8751	9387	14325	22450	27281	33290	46977	66171

顺序号	项目	单位	代号	桩径 250cm 以内							
				孔深 80m 以内							
				砂土	黏土	砂砾	砾石	卵石	软石	次坚石	坚石
				321	322	323	324	325	326	327	328
1	人工	工日	1001001	12.1	11.6	18.1	24.5	28.2	30.1	39.5	50.4
2	电焊条	kg	2009011	0.2	0.4	0.6	0.9	1.7	1.9	2.3	2.6
3	铁件	kg	2009028	0.2	0.2	0.2	0.2	0.2	0.2	0.2	0.2
4	水	m³	3005004	64	54	85	85	85	74	74	74
5	锯材	m³	4003002	0.008	0.008	0.008	0.008	0.008	0.008	0.008	0.008
6	黏土	m³	5501003	21.87	14.59	29.17	29.17	29.17	25.56	25.56	25.56
7	其他材料费	元	7801001	0.8	0.8	0.8	0.8	0.8	0.8	0.8	0.8
8	设备摊销费	元	7901001	25.4	27.8	29.7	34.2	57	62.1	76	85.5
9	1.0m³ 以内履带式机械单斗挖掘机	台班	8001035	0.02	0.02	0.02	0.02	0.02	0.02	0.02	0.02
10	16t 以内汽车式起重机	台班	8009028	0.12	0.12	0.12	0.12	0.12	0.12	0.12	0.12
11	φ2500mm 以内回旋钻机	台班	8011036	2.84	3.15	4.91	8.13	10.02	11.25	15.98	21.46
12	泥浆分离器	台班	8011056	0.06	0.06	0.07	0.08	0.08	0.09	0.1	0.11
13	泥浆搅拌机	台班	8011057	1.17	1.17	1.17	1.17	1.17	1.17	1.17	1.17
14	42kV·A 以内交流电弧焊机	台班	8015029	0.02	0.04	0.06	0.09	0.18	0.19	0.23	0.26
15	88kW 以内内燃拖轮	台班	8019002	0.29	0.29	0.29	0.29	0.29	0.29	0.29	0.29
16	100t 以内工程驳船	台班	8019021	0.04	0.04	0.04	0.04	0.04	0.04	0.04	0.04
17	200t 以内工程驳船	台班	8019023	7.58	8.64	15.27	25.49	33.63	55.96	81.57	137.34
18	基价	元	9999001	9964	10684	16757	26398	32556	40143	56625	81416

单位:10m

顺序号	项　目	单位	代　号	桩径250cm以内							
				孔深100m以内							
				砂土	黏土	砂砾	砾石	卵石	软石	次坚石	坚石
				329	330	331	332	333	334	335	336
1	人工	工日	1001001	12.5	12.1	20.1	27.4	31.8	34.5	45.9	58.9
2	电焊条	kg	2009011	0.2	0.5	0.6	0.9	1.9	2.1	2.4	2.8
3	铁件	kg	2009028	0.1	0.1	0.1	0.1	0.1	0.1	0.1	0.1
4	水	m³	3005004	64	54	85	85	85	74	74	74
5	锯材	m³	4003002	0.006	0.006	0.006	0.006	0.006	0.006	0.006	0.006
6	黏土	m³	5501003	21.87	14.59	29.17	29.17	29.17	25.56	25.56	25.56
7	其他材料费	元	7801001	0.6	0.6	0.6	0.6	0.6	0.6	0.6	0.6
8	设备摊销费	元	7901001	25.4	27.8	29.7	34.2	57	62.1	76	85.5
9	1.0m³以内履带式机械单斗挖掘机	台班	8001035	0.02	0.02	0.02	0.02	0.02	0.02	0.02	0.02
10	16t以内汽车式起重机	台班	8009028	0.09	0.09	0.09	0.09	0.09	0.09	0.09	0.09
11	φ2500mm以内回旋钻机	台班	8011036	3.3	3.74	6.34	10.2	12.47	14.26	20.2	27.13
12	泥浆分离器	台班	8011056	0.06	0.06	0.07	0.07	0.08	0.09	0.1	0.11
13	泥浆搅拌机	台班	8011057	1.17	1.17	1.17	1.17	1.17	1.17	1.17	1.17
14	42kV·A以内交流电弧焊机	台班	8015029	0.02	0.05	0.06	0.09	0.19	0.21	0.25	0.28
15	88kW以内内燃拖轮	台班	8019002	0.27	0.27	0.27	0.27	0.27	0.27	0.27	0.27
16	100t以内工程驳船	台班	8019021	0.03	0.03	0.03	0.03	0.03	0.03	0.03	0.03
17	200t以内工程驳船	台班	8019023	10.74	12.26	21.76	36.41	48.52	80.7	117.87	197.19
18	基价	元	9999001	11598	12704	21311	33344	41245	52239	73982	107166

单位:10m

顺序号	项目	单位	代号	桩径300cm以内							
				孔深40m以内							
				砂土	黏土	砂砾	砾石	卵石	软石	次坚石	坚石
				337	338	339	340	341	342	343	344
1	人工	工日	1001001	13	12	17.6	21.6	24.5	25.7	31.5	39
2	电焊条	kg	2009011	0.2	0.4	0.5	0.8	1.6	1.8	2.1	2.4
3	铁件	kg	2009028	0.3	0.3	0.3	0.3	0.3	0.3	0.3	0.3
4	水	m³	3005004	75	63	99	99	99	87	87	87
5	锯材	m³	4003002	0.017	0.017	0.017	0.017	0.017	0.017	0.017	0.017
6	黏土	m³	5501003	25.66	17.12	34.23	34.23	34.23	29.99	29.99	29.99
7	其他材料费	元	7801001	1.7	1.7	1.7	1.7	1.7	1.7	1.7	1.7
8	设备摊销费	元	7901001	35.1	38.5	41	47.4	68.4	74.6	91.2	102.6
9	1.0m³以内履带式机械单斗挖掘机	台班	8001035	0.03	0.03	0.03	0.03	0.03	0.03	0.03	0.03
10	16t以内汽车式起重机	台班	8009028	0.26	0.26	0.26	0.26	0.26	0.26	0.26	0.26
11	φ3000mm以内回旋钻机	台班	8011037	1.9	2.1	3.24	5.13	6.57	7.47	10.26	13.77
12	泥浆分离器	台班	8011056	0.08	0.08	0.09	0.11	0.12	0.13	0.14	0.16
13	泥浆搅拌机	台班	8011057	1.38	1.38	1.38	1.38	1.38	1.38	1.38	1.38
14	42kV·A以内交流电弧焊机	台班	8015029	0.02	0.04	0.05	0.08	0.16	0.18	0.21	0.25
15	88kW以内内燃拖轮	台班	8019002	0.54	0.54	0.54	0.54	0.54	0.54	0.54	0.54
16	100t以内工程驳船	台班	8019021	0.08	0.08	0.08	0.08	0.08	0.08	0.08	0.08
17	200t以内工程驳船	台班	8019023	5.61	6.33	10.83	17.46	22.24	36.24	52.9	87.47
18	基价	元	9999001	12341	13119	19847	29773	37291	44237	60376	83671

单位:10m

顺序号	项　　目	单位	代　号	桩径300cm以内							
				孔深60m以内							
				砂土	黏土	砂砾	砾石	卵石	软石	次坚石	坚石
				345	346	347	348	349	350	351	352
1	人工	工日	1001001	12.6	11.7	17.6	22.3	25.5	27.4	34	42.6
2	电焊条	kg	2009011	0.2	0.4	0.6	0.9	1.8	2	2.3	2.7
3	铁件	kg	2009028	0.2	0.2	0.2	0.2	0.2	0.2	0.2	0.2
4	水	m^3	3005004	75	63	99	99	99	87	87	87
5	锯材	m^3	4003002	0.012	0.012	0.012	0.012	0.012	0.012	0.012	0.012
6	黏土	m^3	5501003	25.66	17.12	34.23	34.23	34.23	29.99	29.99	29.99
7	其他材料费	元	7801001	1.1	1.1	1.1	1.1	1.1	1.1	1.1	1.1
8	设备摊销费	元	7901001	35.1	38.5	41	47.4	68.4	74.6	91.2	102.6
9	1.0m^3以内履带式机械单斗挖掘机	台班	8001035	0.03	0.03	0.03	0.03	0.03	0.03	0.03	0.03
10	16t以内汽车式起重机	台班	8009028	0.17	0.17	0.17	0.17	0.17	0.17	0.17	0.17
11	φ3000mm以内回旋钻机	台班	8011037	2.1	2.3	3.6	5.85	7.38	8.64	11.79	15.93
12	泥浆分离器	台班	8011056	0.06	0.06	0.07	0.08	0.09	0.1	0.11	0.12
13	泥浆搅拌机	台班	8011057	1.38	1.38	1.38	1.38	1.38	1.38	1.38	1.38
14	42kV·A以内交流电弧焊机	台班	8015029	0.02	0.04	0.06	0.09	0.18	0.2	0.23	0.27
15	88kW以内内燃拖轮	台班	8019002	0.39	0.39	0.39	0.39	0.39	0.39	0.39	0.39
16	100t以内工程驳船	台班	8019021	0.05	0.05	0.05	0.05	0.05	0.05	0.05	0.05
17	200t以内工程驳船	台班	8019023	7.15	8.13	14.08	22.92	29.06	48.85	69.87	115.86
18	基价	元	9999001	13212	14057	21816	33825	42057	51872	70578	99159

单位:10m

顺序号	项　目	单位	代　号	桩径300cm 以内							
				孔深80m 以内							
				砂土	黏土	砂砾	砾石	卵石	软石	次坚石	坚石
				353	354	355	356	357	358	359	360
1	人工	工日	1001001	12.7	11.8	18.3	23.8	26.8	28.6	36.5	46
2	电焊条	kg	2009011	0.2	0.5	0.6	1	1.9	2.1	2.5	2.9
3	铁件	kg	2009028	0.2	0.2	0.2	0.2	0.2	0.2	0.2	0.2
4	水	m³	3005004	75	63	99	99	99	87	87	87
5	锯材	m³	4003002	0.009	0.009	0.009	0.009	0.009	0.009	0.009	0.009
6	黏土	m³	5501003	25.66	17.12	34.23	34.23	34.23	29.99	29.99	29.99
7	其他材料费	元	7801001	0.9	0.9	0.9	0.9	0.9	0.9	0.9	0.9
8	设备摊销费	元	7901001	35.1	38.5	41	47.4	68.4	74.6	91.2	102.6
9	1.0m³ 以内履带式机械单斗挖掘机	台班	8001035	0.03	0.03	0.03	0.03	0.03	0.03	0.03	0.03
10	16t 以内汽车式起重机	台班	8009028	0.13	0.13	0.13	0.13	0.13	0.13	0.13	0.13
11	φ3000mm 以内回旋钻机	台班	8011037	2.3	2.6	4.05	6.75	8.19	9.36	13.14	17.73
12	泥浆分离器	台班	8011056	0.06	0.06	0.07	0.08	0.08	0.09	0.1	0.11
13	泥浆搅拌机	台班	8011057	1.38	1.38	1.38	1.38	1.38	1.38	1.38	1.38
14	42kV·A 以内交流电弧焊机	台班	8015029	0.02	0.05	0.07	0.1	0.2	0.22	0.26	0.29
15	88kW 以内内燃拖轮	台班	8019002	0.32	0.32	0.32	0.32	0.32	0.32	0.32	0.32
16	100t 以内工程驳船	台班	8019021	0.04	0.04	0.04	0.04	0.04	0.04	0.04	0.04
17	200t 以内工程驳船	台班	8019023	9.25	10.54	18.34	30.35	38.52	64.53	92.79	155.46
18	基价	元	9999001	14409	15750	24614	39313	47583	58365	81471	115704

单位:10m

顺序号	项 目	单位	代 号	桩径300cm以内							
				孔深100m以内							
				砂土	黏土	砂砾	砾石	卵石	软石	次坚石	坚石
				361	362	363	364	365	366	367	368
1	人工	工日	1001001	13.1	12.4	19.4	25.6	30	32.3	41.9	53.7
2	电焊条	kg	2009011	0.3	0.5	0.7	1.1	2.1	2.3	2.7	3.2
3	铁件	kg	2009028	0.1	0.1	0.1	0.1	0.1	0.1	0.1	0.1
4	水	m³	3005004	75	63	99	99	99	87	87	87
5	锯材	m³	4003002	0.007	0.007	0.007	0.007	0.007	0.007	0.007	0.007
6	黏土	m³	5501003	25.66	17.12	34.23	34.23	34.23	29.99	29.99	29.99
7	其他材料费	元	7801001	0.7	0.7	0.7	0.7	0.7	0.7	0.7	0.7
8	设备摊销费	元	7901001	35.1	38.5	41	47.4	68.4	74.6	91.2	102.6
9	1.0m³以内履带式机械单斗挖掘机	台班	8001035	0.03	0.03	0.03	0.03	0.03	0.03	0.03	0.03
10	16t以内汽车式起重机	台班	8009028	0.1	0.1	0.1	0.1	0.1	0.1	0.1	0.1
11	φ3000mm以内回旋钻机	台班	8011037	2.7	3	4.68	7.65	9.81	11.25	15.84	21.51
12	泥浆分离器	台班	8011056	0.06	0.06	0.07	0.07	0.08	0.09	0.1	0.11
13	泥浆搅拌机	台班	8011057	1.38	1.38	1.38	1.38	1.38	1.38	1.38	1.38
14	42kV·A以内交流电弧焊机	台班	8015029	0.03	0.05	0.07	0.11	0.21	0.23	0.28	0.32
15	88kW以内内燃拖轮	台班	8019002	0.27	0.27	0.27	0.27	0.27	0.27	0.27	0.27
16	100t以内工程驳船	台班	8019021	0.03	0.03	0.03	0.03	0.03	0.03	0.03	0.03
17	200t以内工程驳船	台班	8019023	11.73	13.4	23.39	38.31	49.05	82.29	120.19	199.74
18	基价	元	9999001	16607	18049	28423	44977	57021	70584	99421	142179

顺序号	项 目	单位	代 号	桩径300cm以内							
				孔深130m以内							
				砂土	黏土	砂砾	砾石	卵石	软石	次坚石	坚石
				369	370	371	372	373	374	375	376
1	人工	工日	1001001	13.5	12.8	20.4	27.2	32.4	36.6	48.7	63
2	电焊条	kg	2009011	0.3	0.6	0.8	1.1	2.3	2.5	2.9	3.4
3	铁件	kg	2009028	0.1	0.1	0.1	0.1	0.1	0.1	0.1	0.1
4	水	m³	3005004	75	63	99	99	99	87	87	87
5	锯材	m³	4003002	0.005	0.005	0.005	0.005	0.005	0.005	0.005	0.005
6	黏土	m³	5501003	25.66	17.12	34.23	34.23	34.23	29.99	29.99	29.99
7	其他材料费	元	7801001	0.5	0.5	0.5	0.5	0.5	0.5	0.5	0.5
8	设备摊销费	元	7901001	35.1	38.5	41	47.4	68.4	74.6	91.2	102.6
9	1.0m³以内履带式机械单斗挖掘机	台班	8001035	0.03	0.03	0.03	0.03	0.03	0.03	0.03	0.03
10	16t以内汽车式起重机	台班	8009028	0.08	0.08	0.08	0.08	0.08	0.08	0.08	0.08
11	φ3000mm以内回旋钻机	台班	8011037	3	3.4	5.31	8.55	11.07	13.41	19.17	26.1
12	泥浆分离器	台班	8011056	0.06	0.06	0.07	0.07	0.08	0.08	0.09	0.1
13	泥浆搅拌机	台班	8011057	1.38	1.38	1.38	1.38	1.38	1.38	1.38	1.38
14	42kV·A以内交流电弧焊机	台班	8015029	0.03	0.06	0.08	0.11	0.23	0.25	0.3	0.34
15	88kW以内内燃拖轮	台班	8019002	0.23	0.23	0.23	0.23	0.23	0.23	0.23	0.23
16	100t以内工程驳船	台班	8019021	0.02	0.02	0.02	0.02	0.02	0.02	0.02	0.02
17	200t以内工程驳船	台班	8019023	14.62	16.71	29.31	47.67	61.52	102.55	151.21	251.46
18	基价	元	9999001	18488	20449	32435	50948	65293	84579	121004	173905

单位:10m

顺序号	项 目	单位	代 号	桩径350cm以内							
				孔深40m以内							
				砂土	黏土	砂砾	砾石	卵石	软石	次坚石	坚石
				377	378	379	380	381	382	383	384
1	人工	工日	1001001	15.2	13.6	20.2	23.6	26.4	27.8	34.6	41
2	电焊条	kg	2009011	0.2	0.4	0.6	0.9	1.7	1.9	2.2	2.6
3	铁件	kg	2009028	0.4	0.4	0.4	0.4	0.4	0.4	0.4	0.4
4	水	m³	3005004	102	86	135	135	135	118	118	118
5	锯材	m³	4003002	0.02	0.02	0.02	0.02	0.02	0.02	0.02	0.02
6	黏土	m³	5501003	34.93	23.3	46.6	46.6	46.6	40.82	40.82	40.82
7	其他材料费	元	7801001	1.7	1.7	1.7	1.7	1.7	1.7	1.7	1.7
8	设备摊销费	元	7901001	41	44.9	47.9	55.2	79.7	87	106.3	119.7
9	1.0m³以内履带式机械单斗挖掘机	台班	8001035	0.04	0.04	0.04	0.04	0.04	0.04	0.04	0.04
10	16t以内汽车式起重机	台班	8009028	0.23	0.23	0.23	0.23	0.23	0.23	0.23	0.23
11	φ3500mm以内回旋钻机	台班	8011038	1.9	2.1	3.5	5.3	6.8	8.1	11.7	15.1
12	泥浆分离器	台班	8011056	0.08	0.08	0.09	0.11	0.12	0.13	0.14	0.16
13	泥浆搅拌机	台班	8011057	1.88	1.88	1.88	1.88	1.88	1.88	1.88	1.88
14	42kV·A以内交流电弧焊机	台班	8015029	0.02	0.04	0.06	0.09	0.17	0.19	0.23	0.26
15	88kW以内内燃拖轮	台班	8019002	0.47	0.47	0.47	0.47	0.47	0.47	0.47	0.47
16	100t以内工程驳船	台班	8019021	0.07	0.07	0.07	0.07	0.07	0.07	0.07	0.07
17	200t以内工程驳船	台班	8019023	7.02	7.94	13.66	21.18	27.18	44.68	65.57	106.11
18	基价	元	9999001	17922	19147	31060	45360	57245	69985	99849	132599

顺序号	项 目	单位	代 号	桩径350cm以内							
				孔深60m以内							
				砂土	黏土	砂砾	砾石	卵石	软石	次坚石	坚石
				385	386	387	388	389	390	391	392
1	人工	工日	1001001	14.8	13.3	20.3	24.3	27.4	29.6	37.2	44.6
2	电焊条	kg	2009011	0.2	0.5	0.6	0.9	1.9	2.1	2.5	2.8
3	铁件	kg	2009028	0.3	0.3	0.3	0.3	0.3	0.3	0.3	0.3
4	水	m³	3005004	102	86	135	135	135	118	118	118
5	锯材	m³	4003002	0.013	0.013	0.013	0.013	0.013	0.013	0.013	0.013
6	黏土	m³	5501003	34.93	23.3	46.6	46.6	46.6	40.82	40.82	40.82
7	其他材料费	元	7801001	1.2	1.2	1.2	1.2	1.2	1.2	1.2	1.2
8	设备摊销费	元	7901001	41	44.9	47.9	55.2	79.7	87	106.3	119.7
9	1.0m³以内履带式机械单斗挖掘机	台班	8001035	0.03	0.03	0.03	0.03	0.03	0.03	0.03	0.03
10	16t以内汽车式起重机	台班	8009028	0.16	0.16	0.16	0.16	0.16	0.16	0.16	0.16
11	φ3500mm以内回旋钻机	台班	8011038	2	2.3	3.9	6.1	7.7	9.4	13.4	17.4
12	泥浆分离器	台班	8011056	0.06	0.06	0.07	0.08	0.09	0.1	0.11	0.12
13	泥浆搅拌机	台班	8011057	1.88	1.88	1.88	1.88	1.88	1.88	1.88	1.88
14	42kV·A以内交流电弧焊机	台班	8015029	0.02	0.05	0.06	0.1	0.19	0.21	0.25	0.29
15	88kW以内内燃拖轮	台班	8019002	0.37	0.37	0.37	0.37	0.37	0.37	0.37	0.37
16	100t以内工程驳船	台班	8019021	0.05	0.05	0.05	0.05	0.05	0.05	0.05	0.05
17	200t以内工程驳船	台班	8019023	9.82	11.19	19.51	30.44	38.88	65.89	94.8	153.77
18	基价	元	9999001	18962	20981	34865	52698	65834	83465	117894	158867

单位:10m

顺序号	项　目	单位	代　号	桩径350cm以内							
				孔深80m以内							
				砂土	黏土	砂砾	砾石	卵石	软石	次坚石	坚石
				393	394	395	396	397	398	399	400
1	人工	工日	1001001	14.9	13.6	21	25.8	28.8	30.7	39.8	47.9
2	电焊条	kg	2009011	0.3	0.5	0.7	1	2.1	2.3	2.7	3.1
3	铁件	kg	2009028	0.2	0.2	0.2	0.2	0.2	0.2	0.2	0.2
4	水	m³	3005004	102	86	135	135	135	118	118	118
5	锯材	m³	4003002	0.01	0.01	0.01	0.01	0.01	0.01	0.01	0.01
6	黏土	m³	5501003	34.93	23.3	46.6	46.6	46.6	40.82	40.82	40.82
7	其他材料费	元	7801001	0.9	0.9	0.9	0.9	0.9	0.9	0.9	0.9
8	设备摊销费	元	7901001	41	44.9	47.9	55.2	79.7	87	106.3	119.7
9	1.0m³以内履带式机械单斗挖掘机	台班	8001035	0.03	0.03	0.03	0.03	0.03	0.03	0.03	0.03
10	16t以内汽车式起重机	台班	8009028	0.12	0.12	0.12	0.12	0.12	0.12	0.12	0.12
11	φ3500mm以内回旋钻机	台班	8011038	2.3	2.6	4.5	7.1	8.6	10.2	15	19.3
12	泥浆分离器	台班	8011056	0.06	0.06	0.07	0.08	0.08	0.09	0.1	0.11
13	泥浆搅拌机	台班	8011057	1.88	1.88	1.88	1.88	1.88	1.88	1.88	1.88
14	42kV·A以内交流电弧焊机	台班	8015029	0.03	0.05	0.07	0.1	0.21	0.23	0.27	0.31
15	88kW以内内燃拖轮	台班	8019002	0.29	0.29	0.29	0.29	0.29	0.29	0.29	0.29
16	100t以内工程驳船	台班	8019021	0.03	0.03	0.03	0.03	0.03	0.03	0.03	0.03
17	200t以内工程驳船	台班	8019023	12.43	14.19	24.85	39.44	50.43	85.19	123.11	201.72
18	基价	元	9999001	21457	23579	40065	61508	74510	93122	135133	182520

续前页

单位:10m

顺序号	项　　目	单位	代　号	桩径350cm以内							
				孔深100m以内							
				砂土	黏土	砂砾	砾石	卵石	软石	次坚石	坚石
				401	402	403	404	405	406	407	408
1	人工	工日	1001001	15.3	14	22	27.3	31.6	34.3	45.3	55.5
2	电焊条	kg	2009011	0.3	0.6	0.7	1.1	2.2	2.5	2.9	3.4
3	铁件	kg	2009028	0.2	0.2	0.2	0.2	0.2	0.2	0.2	0.2
4	水	m³	3005004	102	86	135	135	135	118	118	118
5	锯材	m³	4003002	0.008	0.008	0.008	0.008	0.008	0.008	0.008	0.008
6	黏土	m³	5501003	34.93	23.3	46.6	46.6	46.6	40.82	40.82	40.82
7	其他材料费	元	7801001	0.7	0.7	0.7	0.7	0.7	0.7	0.7	0.7
8	设备摊销费	元	7901001	41	44.9	47.9	55.2	79.7	87	106.3	119.7
9	1.0m³以内履带式机械单斗挖掘机	台班	8001035	0.03	0.03	0.03	0.03	0.03	0.03	0.03	0.03
10	16t以内汽车式起重机	台班	8009028	0.09	0.09	0.09	0.09	0.09	0.09	0.09	0.09
11	φ3500mm以内回旋钻机	台班	8011038	2.6	2.9	5.1	8	10.2	12.2	18.1	23.5
12	泥浆分离器	台班	8011056	0.06	0.06	0.07	0.07	0.08	0.09	0.1	0.11
13	泥浆搅拌机	台班	8011057	1.88	1.88	1.88	1.88	1.88	1.88	1.88	1.88
14	42kV·A以内交流电弧焊机	台班	8015029	0.03	0.06	0.08	0.11	0.23	0.25	0.29	0.34
15	88kW以内内燃拖轮	台班	8019002	0.25	0.25	0.25	0.25	0.25	0.25	0.25	0.25
16	100t以内工程驳船	台班	8019021	0.03	0.03	0.03	0.03	0.03	0.03	0.03	0.03
17	200t以内工程驳船	台班	8019023	15.54	17.73	31.13	48.9	63.06	106.64	156.59	254.51
18	基价	元	9999001	24148	26367	45560	69793	88404	111756	164097	223430

单位:10m

顺序号	项 目	单位	代 号	桩径350cm以内							
				孔深130m以内							
				砂土	黏土	砂砾	砾石	卵石	软石	次坚石	坚石
				409	410	411	412	413	414	415	416
1	人工	工日	1001001	15.7	14.5	23	29.1	34	38.6	52.3	64.7
2	电焊条	kg	2009011	0.3	0.6	0.8	1.2	2.4	2.7	3.1	3.6
3	铁件	kg	2009028	0.1	0.1	0.1	0.1	0.1	0.1	0.1	0.1
4	水	m³	3005004	102	86	135	135	135	118	118	118
5	锯材	m³	4003002	0.006	0.006	0.006	0.006	0.006	0.006	0.006	0.006
6	黏土	m³	5501003	34.93	23.3	46.6	46.6	46.6	40.82	40.82	40.82
7	其他材料费	元	7801001	0.6	0.6	0.6	0.6	0.6	0.6	0.6	0.6
8	设备摊销费	元	7901001	41	44.9	47.9	55.2	79.7	87	106.3	119.7
9	1.0m³以内履带式机械单斗挖掘机	台班	8001035	0.03	0.03	0.03	0.03	0.03	0.03	0.03	0.03
10	16t以内汽车式起重机	台班	8009028	0.07	0.07	0.07	0.07	0.07	0.07	0.07	0.07
11	φ3500mm以内回旋钻机	台班	8011038	2.9	3.3	5.7	9	11.6	14.6	21.9	28.5
12	泥浆分离器	台班	8011056	0.06	0.06	0.07	0.07	0.07	0.08	0.09	0.1
13	泥浆搅拌机	台班	8011057	1.88	1.88	1.88	1.88	1.88	1.88	1.88	1.88
14	42kV·A以内交流电弧焊机	台班	8015029	0.03	0.06	0.08	0.12	0.24	0.27	0.32	0.36
15	88kW以内内燃拖轮	台班	8019002	0.2	0.2	0.2	0.2	0.2	0.2	0.2	0.2
16	100t以内工程驳船	台班	8019021	0.02	0.02	0.02	0.02	0.02	0.02	0.02	0.02
17	200t以内工程驳船	台班	8019023	19.06	21.78	38.4	60.29	78.15	130.89	194.03	315.56
18	基价	元	9999001	26926	29953	51268	79215	101426	133797	198854	271760

4-4-5 潜水钻机钻孔

工程内容 1)安、拆岸上泥浆循环系统并造浆;2)准备钻具,装、拆、移钻架及钻机,安、拆钻杆及钻头;3)钻进、压泥浆、浮渣、清理泥浆池沉渣;4)清孔。

I.陆地上钻孔

单位:10m

顺序号	项　目	单位	代　号	桩径200cm以内						
				孔深30m以内						
				砂土	黏土	砂砾	砾石	卵石	软石	次坚石
				1	2	3	4	5	6	7
1	人工	工日	1001001	5.3	5.5	5.9	8.3	10.3	11	14.5
2	电焊条	kg	2009011	0.2	0.3	0.4	0.7	1.3	1.4	1.7
3	水	m³	3005004	54	54	54	54	53	54	54
4	黏土	m³	5501003	5.83	5.83	5.83	5.83	8.72	5.83	5.83
5	其他材料费	元	7801001	0.4	0.4	0.4	0.4	0.4	0.4	0.4
6	设备摊销费	元	7901001	19.6	21.4	22.8	26.3	45.6	49.7	60.8
7	1.0m³以内履带式机械单斗挖掘机	台班	8001035	0.03	0.03	0.03	0.03	0.03	0.03	0.03
8	15t以内载货汽车	台班	8007009	0.03	0.03	0.03	0.03	0.03	0.03	0.03
9	40t以内履带式起重机	台班	8009006	0.83	0.89	1.06	2.05	2.69	3.75	5.49
10	φ2500mm以内潜水钻机	台班	8011043	0.98	1.06	1.27	2.48	3.28	3.88	5.68
11	泥浆分离器	台班	8011056	0.06	0.06	0.074	0.087	0.095	0.103	0.113

顺序号	项 目	单位	代 号	桩径200cm以内						
				孔深30m以内						
				砂土	黏土	砂砾	砾石	卵石	软石	次坚石
				1	2	3	4	5	6	7
12	泥浆搅拌机	台班	8011057	0.94	0.94	0.94	0.94	0.94	0.94	0.94
13	42kV·A以内交流电弧焊机	台班	8015029	0.02	0.03	0.04	0.07	0.13	0.15	0.17
14	基价	元	9999001	3854	4102	4754	8496	11053	13603	19521

单位:10m

顺序号	项　目	单位	代　号	桩径200cm以内						
				孔深40m以内						
				砂土	黏土	砂砾	砾石	卵石	软石	次坚石
				8	9	10	11	12	13	14
1	人工	工日	1001001	5.3	5.5	5.9	8.6	10.8	11.7	15.7
2	电焊条	kg	2009011	0.2	0.3	0.4	0.7	1.3	1.4	1.7
3	水	m³	3005004	54	54	54	54	53	54	54
4	黏土	m³	5501003	5.83	5.83	5.83	5.83	8.72	5.83	5.83
5	其他材料费	元	7801001	0.3	0.3	0.3	0.3	0.3	0.3	0.3
6	设备摊销费	元	7901001	19.6	21.4	22.8	26.3	45.6	49.7	60.8
7	1.0m³以内履带式机械单斗挖掘机	台班	8001035	0.02	0.02	0.02	0.02	0.02	0.02	0.02
8	15t以内载货汽车	台班	8007009	0.02	0.02	0.02	0.02	0.02	0.02	0.02
9	40t以内履带式起重机	台班	8009006	0.87	0.95	1.13	2.25	2.98	4.19	6.17
10	φ2500mm以内潜水钻机	台班	8011043	1.05	1.13	1.36	2.74	3.64	4.34	6.4
11	泥浆分离器	台班	8011056	0.048	0.048	0.058	0.069	0.075	0.081	0.089
12	泥浆搅拌机	台班	8011057	0.94	0.94	0.94	0.94	0.94	0.94	0.94
13	42kV·A以内交流电弧焊机	台班	8015029	0.02	0.03	0.04	0.07	0.13	0.15	0.17
14	基价	元	9999001	4006	4281	4981	9229	12104	15054	21807

顺序号	项 目	单位	代 号	桩径200cm以内						
				孔深50m以内						
				砂土	黏土	砂砾	砾石	卵石	软石	次坚石
				15	16	17	18	19	20	21
1	人工	工日	1001001	5.5	5.7	6.1	9.2	11.7	12.8	17.4
2	电焊条	kg	2009011	0.2	0.3	0.5	0.7	1.4	1.5	1.8
3	水	m³	3005004	54	54	54	54	53	54	54
4	黏土	m³	5501003	5.83	5.83	5.83	5.83	8.72	5.83	5.83
5	其他材料费	元	7801001	0.2	0.2	0.2	0.2	0.2	0.2	0.2
6	设备摊销费	元	7901001	19.6	21.4	22.8	26.3	45.6	49.7	60.8
7	1.0m³以内履带式机械单斗挖掘机	台班	8001035	0.02	0.02	0.02	0.02	0.02	0.02	0.02
8	15t以内载货汽车	台班	8007009	0.02	0.02	0.02	0.02	0.02	0.02	0.02
9	40t以内履带式起重机	台班	8009006	0.96	1.04	1.24	2.53	3.37	4.75	7.05
10	φ2500mm以内潜水钻机	台班	8011043	1.16	1.26	1.5	3.09	4.13	4.92	7.32
11	泥浆分离器	台班	8011056	0.042	0.042	0.052	0.061	0.067	0.072	0.079
12	泥浆搅拌机	台班	8011057	0.94	0.94	0.94	0.94	0.94	0.94	0.94
13	42kV·A以内交流电弧焊机	台班	8015029	0.02	0.03	0.05	0.07	0.14	0.15	0.18
14	基价	元	9999001	4340	4650	5397	10284	13589	16947	24796

单位:10m

顺序号	项目	单位	代号	桩径200cm以内						
				孔深60m以内						
				砂土	黏土	砂砾	砾石	卵石	软石	次坚石
				22	23	24	25	26	27	28
1	人工	工日	1001001	5.7	5.9	6.4	10	12.8	14.1	19.4
2	电焊条	kg	2009011	0.2	0.4	0.5	0.7	1.4	1.6	1.9
3	水	m³	3005004	54	54	54	54	53	54	54
4	黏土	m³	5501003	5.83	5.83	5.83	5.83	8.72	5.83	5.83
5	其他材料费	元	7801001	0.2	0.2	0.2	0.2	0.2	0.2	0.2
6	设备摊销费	元	7901001	19.6	21.4	22.8	26.3	45.6	49.7	60.8
7	1.0m³以内履带式机械单斗挖掘机	台班	8001035	0.02	0.02	0.02	0.02	0.02	0.02	0.02
8	15t以内载货汽车	台班	8007009	0.01	0.01	0.01	0.01	0.01	0.01	0.01
9	40t以内履带式起重机	台班	8009006	1.07	1.16	1.39	2.86	3.83	5.41	8.04
10	φ2500mm以内潜水钻机	台班	8011043	1.29	1.41	1.69	3.5	4.7	5.61	8.33
11	泥浆分离器	台班	8011056	0.039	0.039	0.048	0.057	0.062	0.067	0.074
12	泥浆搅拌机	台班	8011057	0.94	0.94	0.94	0.94	0.94	0.94	0.94
13	42kV·A以内交流电弧焊机	台班	8015029	0.02	0.04	0.05	0.07	0.15	0.16	0.19
14	基价	元	9999001	4729	5090	5956	11526	15323	19184	28119

顺序号	项 目	单位	代 号	桩径250cm以内						
				孔深30m以内						
				砂土	黏土	砂砾	砾石	卵石	软石	次坚石
				29	30	31	32	33	34	35
1	人工	工日	1001001	6	6.2	6.6	9.2	11.4	12.2	16
2	电焊条	kg	2009011	0.2	0.4	0.5	0.7	1.5	1.6	1.9
3	水	m³	3005004	67	67	67	67	67	67	67
4	黏土	m³	5501003	7.28	7.28	7.28	7.28	10.9	7.28	7.28
5	其他材料费	元	7801001	0.3	0.3	0.3	0.3	0.3	0.3	0.3
6	设备摊销费	元	7901001	25.4	27.8	29.7	34.2	57	62.1	76
7	1.0m³以内履带式机械单斗挖掘机	台班	8001035	0.03	0.03	0.03	0.03	0.03	0.03	0.03
8	15t以内载货汽车	台班	8007009	0.02	0.02	0.02	0.02	0.02	0.02	0.02
9	40t以内履带式起重机	台班	8009006	0.88	0.95	1.14	2.21	2.9	4.63	6.8
10	φ2500mm以内潜水钻机	台班	8011043	1.04	1.13	1.35	2.66	3.51	4.19	6.15
11	泥浆分离器	台班	8011056	0.06	0.06	0.074	0.087	0.095	0.103	0.113
12	泥浆搅拌机	台班	8011057	1.174	1.174	1.174	1.174	1.174	1.174	1.174
13	42kV·A以内交流电弧焊机	台班	8015029	0.02	0.04	0.05	0.07	0.15	0.16	0.19
14	基价	元	9999001	4179	4462	5160	9205	11960	15559	22379

续前页

顺序号	项 目	单位	代 号	桩径 250cm 以内						
				孔深 40m 以内						
				砂土	黏土	砂砾	砾石	卵石	软石	次坚石
				36	37	38	39	40	41	42
1	人工	工日	1001001	6.1	6.3	6.7	9.7	12.2	13.1	17.4
2	电焊条	kg	2009011	0.2	0.4	0.5	0.7	1.5	1.6	1.9
3	水	m³	3005004	67	67	67	67	67	67	67
4	黏土	m³	5501003	7.28	7.28	7.28	7.28	10.9	7.28	7.28
5	其他材料费	元	7801001	0.2	0.2	0.2	0.2	0.2	0.2	0.2
6	设备摊销费	元	7901001	25.4	27.8	29.7	34.2	57	62.1	76
7	1.0m³ 以内履带式机械单斗挖掘机	台班	8001035	0.03	0.03	0.03	0.03	0.03	0.03	0.03
8	15t 以内载货汽车	台班	8007009	0.01	0.01	0.01	0.01	0.01	0.01	0.01
9	40t 以内履带式起重机	台班	8009006	0.94	1.02	1.21	2.43	3.23	4.54	6.7
10	φ2500mm 以内潜水钻机	台班	8011043	1.12	1.22	1.46	2.97	3.94	4.7	6.95
11	泥浆分离器	台班	8011056	0.048	0.048	0.058	0.069	0.075	0.081	0.089
12	泥浆搅拌机	台班	8011057	1.174	1.174	1.174	1.174	1.174	1.174	1.174
13	42kV·A 以内交流电弧焊机	台班	8015029	0.02	0.04	0.05	0.07	0.15	0.16	0.19
14	基价	元	9999001	4398	4711	5442	10084	13230	16409	23776

单位:10m

顺序号	项　目	单位	代　号	桩径 250cm 以内						
				孔深 50m 以内						
				砂土	黏土	砂砾	砾石	卵石	软石	次坚石
				43	44	45	46	47	48	49
1	人工	工日	1001001	6.3	6.5	7	10.4	13.2	14.2	19.2
2	电焊条	kg	2009011	0.2	0.4	0.5	0.8	1.5	1.7	2
3	水	m³	3005004	67	67	67	67	67	67	67
4	黏土	m³	5501003	7.28	7.28	7.28	7.28	10.9	7.28	7.28
5	其他材料费	元	7801001	0.2	0.2	0.2	0.2	0.2	0.2	0.2
6	设备摊销费	元	7901001	25.4	27.8	29.7	34.2	57	62.1	76
7	1.0m³ 以内履带式机械单斗挖掘机	台班	8001035	0.02	0.02	0.02	0.02	0.02	0.02	0.02
8	15t 以内载货汽车	台班	8007009	0.01	0.01	0.01	0.01	0.01	0.01	0.01
9	40t 以内履带式起重机	台班	8009006	1.03	1.12	1.34	2.74	3.65	5.16	7.61
10	φ2500mm 以内潜水钻机	台班	8011043	1.24	1.36	1.62	3.35	4.48	5.34	7.89
11	泥浆分离器	台班	8011056	0.042	0.042	0.052	0.061	0.067	0.072	0.079
12	泥浆搅拌机	台班	8011057	1.174	1.174	1.174	1.174	1.174	1.174	1.174
13	42kV·A 以内交流电弧焊机	台班	8015029	0.02	0.04	0.05	0.08	0.15	0.17	0.2
14	基价	元	9999001	4739	5101	5919	11236	14841	18480	26842

单位:10m

顺序号	项　目	单位	代　号	桩径250cm以内						
				孔深60m以内						
				砂土	黏土	砂砾	砾石	卵石	软石	次坚石
				50	51	52	53	54	55	56
1	人工	工日	1001001	6.5	6.8	7.4	11.2	14.3	15.7	21.4
2	电焊条	kg	2009011	0.2	0.4	0.5	0.8	1.6	1.7	2.1
3	水	m³	3005004	67	67	67	67	67	67	67
4	黏土	m³	5501003	7.28	7.28	7.28	7.28	10.9	7.28	7.28
5	其他材料费	元	7801001	0.2	0.2	0.2	0.2	0.2	0.2	0.2
6	设备摊销费	元	7901001	25.4	27.8	29.7	34.2	57	62.1	76
7	1.0m³以内履带式机械单斗挖掘机	台班	8001035	0.02	0.02	0.02	0.02	0.02	0.02	0.02
8	15t以内载货汽车	台班	8007009	0.01	0.01	0.01	0.01	0.01	0.01	0.01
9	40t以内履带式起重机	台班	8009006	1.15	1.26	1.5	3.1	4.15	5.87	8.73
10	φ2500mm以内潜水钻机	台班	8011043	1.4	1.53	1.83	3.8	5.1	6.09	9.06
11	泥浆分离器	台班	8011056	0.039	0.039	0.048	0.057	0.062	0.067	0.074
12	泥浆搅拌机	台班	8011057	1.174	1.174	1.174	1.174	1.174	1.174	1.174
13	42kV·A以内交流电弧焊机	台班	8015029	0.02	0.04	0.05	0.08	0.16	0.18	0.21
14	基价	元	9999001	5203	5620	6545	12598	16727	20921	30653

单位:10m

顺序号	项 目	单位	代 号	桩径250cm以内						
				孔深80m以内						
				砂土	黏土	砂砾	砾石	卵石	软石	次坚石
				57	58	59	60	61	62	63
1	人工	工日	1001001	7.3	7.6	8.3	13.4	17.3	19.3	26.8
2	电焊条	kg	2009011	0.2	0.4	0.6	0.9	1.8	1.9	2.3
3	水	m³	3005004	67	67	67	67	67	67	67
4	黏土	m³	5501003	7.28	7.28	7.28	7.28	10.9	7.28	7.28
5	其他材料费	元	7801001	0.1	0.1	0.1	0.1	0.1	0.1	0.1
6	设备摊销费	元	7901001	25.4	27.8	29.7	34.2	57	62.1	76
7	1.0m³以内履带式机械单斗挖掘机	台班	8001035	0.02	0.02	0.02	0.02	0.02	0.02	0.02
8	15t以内载货汽车	台班	8007009	0.01	0.01	0.01	0.01	0.01	0.01	0.01
9	40t以内履带式起重机	台班	8009006	1.47	1.61	1.92	4.03	5.4	7.68	11.42
10	φ2500mm以内潜水钻机	台班	8011043	1.8	1.97	2.32	4.97	6.66	7.97	11.85
11	泥浆分离器	台班	8011056	0.036	0.036	0.044	0.052	0.057	0.062	0.068
12	泥浆搅拌机	台班	8011057	1.174	1.174	1.174	1.174	1.174	1.174	1.174
13	42kV·A以内交流电弧焊机	台班	8015029	0.02	0.04	0.06	0.09	0.18	0.19	0.23
14	基价	元	9999001	6423	6952	8073	16150	21486	27064	39783

II. 水中平台上钻孔

单位:10m

顺序号	项　目	单位	代　号	桩径200cm 以内						
				孔深30m 以内						
				砂土	黏土	砂砾	砾石	卵石	软石	次坚石
				64	65	66	67	68	69	70
1	人工	工日	1001001	5.5	5.6	6	8.4	10.4	11.1	14.6
2	电焊条	kg	2009011	0.2	0.3	0.4	0.7	1.3	1.4	1.7
3	水	m³	3005004	54	54	54	54	53	54	54
4	黏土	m³	5501003	5.83	5.83	5.83	5.83	8.72	5.83	5.83
5	其他材料费	元	7801001	0.4	0.4	0.4	0.4	0.4	0.4	0.4
6	设备摊销费	元	7901001	19.6	21.4	22.8	26.3	45.6	49.7	60.8
7	1.0m³ 以内履带式机械单斗挖掘机	台班	8001035	0.03	0.03	0.03	0.03	0.03	0.03	0.03
8	40t 以内履带式起重机	台班	8009006	0.85	0.91	1.08	2.06	2.71	3.77	5.5
9	φ2500mm 以内潜水钻机	台班	8011043	1	1.08	1.29	2.5	3.3	3.9	5.7
10	泥浆分离器	台班	8011056	0.06	0.06	0.074	0.087	0.095	0.103	0.113
11	泥浆搅拌机	台班	8011057	0.94	0.94	0.94	0.94	0.94	0.94	0.94
12	42kV·A 以内交流电弧焊机	台班	8015029	0.02	0.03	0.04	0.07	0.13	0.15	0.17
13	88kW 以内内燃拖轮	台班	8019002	0.27	0.27	0.27	0.27	0.27	0.27	0.27
14	100t 以内工程驳船	台班	8019021	0.05	0.05	0.05	0.05	0.05	0.05	0.05
15	200t 以内工程驳船	台班	8019023	1.45	1.56	1.87	3.7	4.9	7.88	11.63
16	基价	元	9999001	4521	4783	5503	9631	12465	15666	22390

— 575 —

单位:10m

顺序号	项　目	单位	代　号	桩径200cm以内						
				孔深40m以内						
				砂土	黏土	砂砾	砾石	卵石	软石	次坚石
				71	72	73	74	75	76	77
1	人工	工日	1001001	5.4	5.6	6	8.7	10.9	11.8	15.8
2	电焊条	kg	2009011	0.2	0.3	0.4	0.7	1.3	1.4	1.7
3	水	m³	3005004	54	54	54	54	53	54	54
4	黏土	m³	5501003	5.83	5.83	5.83	5.83	8.72	5.83	5.83
5	其他材料费	元	7801001	0.3	0.3	0.3	0.3	0.3	0.3	0.3
6	设备摊销费	元	7901001	19.6	21.4	22.8	26.3	45.6	49.7	60.8
7	1.0m³以内履带式机械单斗挖掘机	台班	8001035	0.02	0.02	0.02	0.02	0.02	0.02	0.02
8	40t以内履带式起重机	台班	8009006	0.89	0.96	1.14	2.26	2.99	4.2	6.19
9	φ2500mm以内潜水钻机	台班	8011043	1.06	1.15	1.37	2.75	3.65	4.35	6.41
10	泥浆分离器	台班	8011056	0.048	0.048	0.058	0.069	0.075	0.081	0.089
11	泥浆搅拌机	台班	8011057	0.94	0.94	0.94	0.94	0.94	0.94	0.94
12	42kV·A以内交流电弧焊机	台班	8015029	0.02	0.03	0.04	0.07	0.13	0.15	0.17
13	88kW以内内燃拖轮	台班	8019002	0.19	0.19	0.19	0.19	0.19	0.19	0.19
14	100t以内工程驳船	台班	8019021	0.03	0.03	0.03	0.03	0.03	0.03	0.03
15	200t以内工程驳船	台班	8019023	1.56	1.69	2.03	4.12	5.48	8.89	13.18
16	基价	元	9999001	4591	4898	5654	10359	13532	17228	24932

顺序号	项 目	单位	代 号	桩径 200cm 以内						
				孔深 50m 以内						
				砂土	黏土	砂砾	砾石	卵石	软石	次坚石
				78	79	80	81	82	83	84
1	人工	工日	1001001	5.5	5.7	6.2	9.3	11.8	12.9	17.5
2	电焊条	kg	2009011	0.2	0.3	0.5	0.7	1.4	1.5	1.8
3	水	m³	3005004	54	54	54	54	53	54	54
4	黏土	m³	5501003	5.83	5.83	5.83	5.83	8.72	5.83	5.83
5	其他材料费	元	7801001	0.2	0.2	0.2	0.2	0.2	0.2	0.2
6	设备摊销费	元	7901001	19.6	21.4	22.8	26.3	45.6	49.7	60.8
7	1.0m³ 以内履带式机械单斗挖掘机	台班	8001035	0.02	0.02	0.02	0.02	0.02	0.02	0.02
8	40t 以内履带式起重机	台班	8009006	0.97	1.05	1.25	2.54	3.38	4.76	7.06
9	φ2500mm 以内潜水钻机	台班	8011043	1.17	1.26	1.51	3.1	4.14	4.93	7.33
10	泥浆分离器	台班	8011056	0.042	0.042	0.052	0.061	0.067	0.072	0.079
11	泥浆搅拌机	台班	8011057	0.94	0.94	0.94	0.94	0.94	0.94	0.94
12	42kV·A 以内交流电弧焊机	台班	8015029	0.02	0.03	0.05	0.07	0.14	0.15	0.18
13	88kW 以内内燃拖轮	台班	8019002	0.15	0.15	0.15	0.15	0.15	0.15	0.15
14	100t 以内工程驳船	台班	8019021	0.03	0.03	0.03	0.03	0.03	0.03	0.03
15	200t 以内工程驳船	台班	8019023	1.73	1.88	2.25	4.66	6.23	10.13	15.11
16	基价	元	9999001	4895	5220	6076	11490	15139	19349	28287

单位:10m

顺序号	项目	单位	代号	桩径200cm以内						
				孔深60m以内						
				砂土	黏土	砂砾	砾石	卵石	软石	次坚石
				85	86	87	88	89	90	91
1	人工	工日	1001001	5.7	6	6.5	10	12.8	14.1	19.4
2	电焊条	kg	2009011	0.2	0.4	0.5	0.7	1.4	1.6	1.9
3	水	m³	3005004	54	54	54	54	53	54	54
4	黏土	m³	5501003	5.83	5.83	5.83	5.83	8.72	5.83	5.83
5	其他材料费	元	7801001	0.2	0.2	0.2	0.2	0.2	0.2	0.2
6	设备摊销费	元	7901001	19.6	21.4	22.8	26.3	45.6	49.7	60.8
7	1.0m³以内履带式机械单斗挖掘机	台班	8001035	0.02	0.02	0.02	0.02	0.02	0.02	0.02
8	40t以内履带式起重机	台班	8009006	1.07	1.17	1.4	2.87	3.84	5.41	8.05
9	φ2500mm以内潜水钻机	台班	8011043	1.3	1.42	1.7	3.51	4.71	5.62	8.34
10	泥浆分离器	台班	8011056	0.039	0.039	0.048	0.057	0.062	0.067	0.074
11	泥浆搅拌机	台班	8011057	0.94	0.94	0.94	0.94	0.94	0.94	0.94
12	42kV·A以内交流电弧焊机	台班	8015029	0.02	0.04	0.05	0.07	0.15	0.16	0.19
13	88kW以内内燃拖轮	台班	8019002	0.13	0.13	0.13	0.13	0.13	0.13	0.13
14	100t以内工程驳船	台班	8019021	0.02	0.02	0.02	0.02	0.02	0.02	0.02
15	200t以内工程驳船	台班	8019023	1.94	2.12	2.54	5.29	7.1	11.58	17.27
16	基价	元	9999001	5302	5728	6685	12846	17038	21866	32058

续前页

单位:10m

顺序号	项　目	单位	代　号	桩径250cm以内						
				孔深30m以内						
				砂土	黏土	砂砾	砾石	卵石	软石	次坚石
				92	93	94	95	96	97	98
1	人工	工日	1001001	6.1	6.3	6.7	9.3	11.5	12.3	16.1
2	电焊条	kg	2009011	0.2	0.4	0.5	0.7	1.5	1.6	1.9
3	水	m³	3005004	67	67	67	67	67	67	67
4	黏土	m³	5501003	7.28	7.28	7.28	7.28	10.9	7.28	7.28
5	其他材料费	元	7801001	0.3	0.3	0.3	0.3	0.3	0.3	0.3
6	设备摊销费	元	7901001	25.4	27.8	29.7	34.2	57	62.1	76
7	1.0m³以内履带式机械单斗挖掘机	台班	8001035	0.03	0.03	0.03	0.03	0.03	0.03	0.03
8	40t以内履带式起重机	台班	8009006	0.9	0.97	1.15	2.22	2.91	4.64	6.82
9	φ2500mm以内潜水钻机	台班	8011043	1.05	1.14	1.36	2.67	3.52	4.21	6.16
10	泥浆分离器	台班	8011056	0.06	0.06	0.074	0.087	0.095	0.103	0.113
11	泥浆搅拌机	台班	8011057	1.174	1.174	1.174	1.174	1.174	1.174	1.174
12	42kV·A以内交流电弧焊机	台班	8015029	0.02	0.04	0.05	0.07	0.15	0.16	0.19
13	88kW以内内燃拖轮	台班	8019002	0.17	0.17	0.17	0.17	0.17	0.17	0.17
14	100t以内工程驳船	台班	8019021	0.04	0.04	0.04	0.04	0.04	0.04	0.04
15	200t以内工程驳船	台班	8019023	1.56	1.68	2.01	4.01	5.3	8.54	12.62
16	基价	元	9999001	4744	5053	5809	10292	13329	17654	25362

— 579 —

单位:10m

顺序号	项　目	单位	代　号	桩径250cm以内						
				孔深40m以内						
				砂土	黏土	砂砾	砾石	卵石	软石	次坚石
				99	100	101	102	103	104	105
1	人工	工日	1001001	6.2	6.4	6.8	9.8	12.3	13.1	17.5
2	电焊条	kg	2009011	0.2	0.4	0.5	0.7	1.5	1.6	1.9
3	水	m³	3005004	67	67	67	67	67	67	67
4	黏土	m³	5501003	7.28	7.28	7.28	7.28	10.9	7.28	7.28
5	其他材料费	元	7801001	0.2	0.2	0.2	0.2	0.2	0.2	0.2
6	设备摊销费	元	7901001	25.4	27.8	29.7	34.2	57	62.1	76
7	1.0m³以内履带式机械单斗挖掘机	台班	8001035	0.03	0.03	0.03	0.03	0.03	0.03	0.03
8	40t以内履带式起重机	台班	8009006	0.95	1.03	1.22	2.44	3.24	4.55	6.71
9	φ2500mm以内潜水钻机	台班	8011043	1.13	1.23	1.47	2.98	3.95	4.71	6.96
10	泥浆分离器	台班	8011056	0.048	0.048	0.058	0.069	0.075	0.081	0.089
11	泥浆搅拌机	台班	8011057	1.174	1.174	1.174	1.174	1.174	1.174	1.174
12	42kV·A以内交流电弧焊机	台班	8015029	0.02	0.04	0.05	0.07	0.15	0.16	0.19
13	88kW以内内燃拖轮	台班	8019002	0.12	0.12	0.12	0.12	0.12	0.12	0.12
14	100t以内工程驳船	台班	8019021	0.03	0.03	0.03	0.03	0.03	0.03	0.03
15	200t以内工程驳船	台班	8019023	1.68	1.84	2.18	4.47	5.95	9.66	14.34
16	基价	元	9999001	4929	5278	6083	11226	14696	18675	27076

顺序号	项　目	单位	代　号	桩径250cm以内						
				孔深50m以内						
				砂土	黏土	砂砾	砾石	卵石	软石	次坚石
				106	107	108	109	110	111	112
1	人工	工日	1001001	6.3	6.5	7.1	10.4	13.2	14.3	19.3
2	电焊条	kg	2009011	0.2	0.4	0.5	0.8	1.5	1.7	2
3	水	m³	3005004	67	67	67	67	67	67	67
4	黏土	m³	5501003	7.28	7.28	7.28	7.28	10.9	7.28	7.28
5	其他材料费	元	7801001	0.2	0.2	0.2	0.2	0.2	0.2	0.2
6	设备摊销费	元	7901001	25.4	27.8	29.7	34.2	57	62.1	76
7	1.0m³以内履带式机械单斗挖掘机	台班	8001035	0.02	0.02	0.02	0.02	0.02	0.02	0.02
8	40t以内履带式起重机	台班	8009006	1.04	1.13	1.35	2.75	3.66	5.16	7.62
9	φ2500mm以内潜水钻机	台班	8011043	1.25	1.37	1.62	3.36	4.49	5.35	7.9
10	泥浆分离器	台班	8011056	0.042	0.042	0.052	0.061	0.067	0.072	0.079
11	泥浆搅拌机	台班	8011057	1.174	1.174	1.174	1.174	1.174	1.174	1.174
12	42kV·A以内交流电弧焊机	台班	8015029	0.02	0.04	0.05	0.08	0.15	0.17	0.2
13	88kW以内内燃拖轮	台班	8019002	0.12	0.12	0.12	0.12	0.12	0.12	0.12
14	100t以内工程驳船	台班	8019021	0.02	0.02	0.02	0.02	0.02	0.02	0.02
15	200t以内工程驳船	台班	8019023	2.8	3.05	3.65	7.59	10.15	16.52	24.52
16	基价	元	9999001	5503	5920	6862	13048	17213	22241	32366

单位:10m

顺序号	项　　目	单位	代　号	桩径250cm以内						
				孔深60m以内						
				砂土	黏土	砂砾	砾石	卵石	软石	次坚石
				113	114	115	116	117	118	119
1	人工	工日	1001001	6.6	6.9	7.4	11.3	14.4	15.7	21.5
2	电焊条	kg	2009011	0.2	0.4	0.5	0.8	1.6	1.7	2.1
3	水	m³	3005004	67	67	67	67	67	67	67
4	黏土	m³	5501003	7.28	7.28	7.28	7.28	10.9	7.28	7.28
5	其他材料费	元	7801001	0.2	0.2	0.2	0.2	0.2	0.2	0.2
6	设备摊销费	元	7901001	25.4	27.8	29.7	34.2	57	62.1	76
7	1.0m³以内履带式机械单斗挖掘机	台班	8001035	0.02	0.02	0.02	0.02	0.02	0.02	0.02
8	40t以内履带式起重机	台班	8009006	1.16	1.27	1.51	3.11	4.16	5.88	8.74
9	φ2500mm以内潜水钻机	台班	8011043	1.41	1.54	1.84	3.81	5.11	6.1	9.06
10	泥浆分离器	台班	8011056	0.039	0.039	0.048	0.057	0.062	0.067	0.074
11	泥浆搅拌机	台班	8011057	1.174	1.174	1.174	1.174	1.174	1.174	1.174
12	42kV·A以内交流电弧焊机	台班	8015029	0.02	0.04	0.05	0.08	0.16	0.18	0.21
13	88kW以内内燃拖轮	台班	8019002	0.12	0.12	0.12	0.12	0.12	0.12	0.12
14	100t以内工程驳船	台班	8019021	0.02	0.02	0.02	0.02	0.02	0.02	0.02
15	200t以内工程驳船	台班	8019023	4.22	4.61	5.5	11.49	15.43	25.16	37.56
16	基价	元	9999001	6288	6791	7900	15274	20263	26574	39010

单位:10m

顺序号	项　目	单位	代　号	桩径250cm以内						
				孔深80m以内						
				砂土	黏土	砂砾	砾石	卵石	软石	次坚石
				120	121	122	123	124	125	126
1	人工	工日	1001001	7.3	7.6	8.4	13.5	17.4	19.3	26.9
2	电焊条	kg	2009011	0.2	0.4	0.6	0.9	1.8	1.9	2.3
3	水	m³	3005004	67	67	67	67	67	67	67
4	黏土	m³	5501003	7.28	7.28	7.28	7.28	10.9	7.28	7.28
5	其他材料费	元	7801001	0.1	0.1	0.1	0.1	0.1	0.1	0.1
6	设备摊销费	元	7901001	25.4	27.8	29.7	34.2	57	62.1	76
7	1.0m³以内履带式机械单斗挖掘机	台班	8001035	0.02	0.02	0.02	0.02	0.02	0.02	0.02
8	40t以内履带式起重机	台班	8009006	1.48	1.62	1.92	4.04	5.41	7.69	11.43
9	φ2500mm以内潜水钻机	台班	8011043	1.81	1.97	2.32	4.97	6.66	7.97	11.86
10	泥浆分离器	台班	8011056	0.036	0.036	0.044	0.052	0.057	0.062	0.068
11	泥浆搅拌机	台班	8011057	1.174	1.174	1.174	1.174	1.174	1.174	1.174
12	42kV·A以内交流电弧焊机	台班	8015029	0.02	0.04	0.06	0.09	0.18	0.19	0.23
13	88kW以内内燃拖轮	台班	8019002	0.09	0.09	0.09	0.09	0.09	0.09	0.09
14	100t以内工程驳船	台班	8019021	0.01	0.01	0.01	0.01	0.01	0.01	0.01
15	200t以内工程驳船	台班	8019023	5.43	5.95	7.07	15.01	20.15	33.08	49.27
16	基价	元	9999001	7730	8354	9717	19544	26003	34398	50684

4－4－6 旋挖钻机钻孔

工程内容 干法钻孔:1)准备钻具,装、拆、移钻架及钻机,安、拆钻杆及钻头;2)钻进;3)清孔。

静浆护壁法钻孔:1)安、拆泥浆循环系统并制浆;2)准备钻具,装、拆、移钻架及钻机,安、拆钻杆及钻头;3)钻进;4)清理泥浆池沉渣;5)清孔。

I. 干法钻孔

单位:10m

顺序号	项　目	单位	代　号	桩径100cm以内					
				孔深20m以内					
				砂土	黏土	砂砾	砾石	卵石	软石
				1	2	3	4	5	6
1	人工	工日	1001001	0.2	0.3	0.3	0.4	1	1.2
2	其他材料费	元	7801001	1.9	1.9	1.9	1.9	1.9	1.9
3	设备摊销费	元	7901001	11.1	11.1	11.1	11.1	11.1	11.1
4	1.0m³以内履带式液压单斗挖掘机	台班	8001027	0.04	0.04	0.04	0.04	0.04	0.04
5	25t以内汽车式起重机	台班	8009030	0.05	0.05	0.05	0.05	0.05	0.05
6	SR280R旋挖钻机	台班	8011054	0.13	0.15	0.18	0.23	0.53	0.64
7	基价	元	9999001	1142	1305	1534	1926	4279	5140

顺序号	项　目	单位	代　号	桩径100cm以内					
				孔深30m以内					
				砂土	黏土	砂砾	砾石	卵石	软石
				7	8	9	10	11	12
1	人工	工日	1001001	0.3	0.3	0.4	0.5	1.1	1.3
2	其他材料费	元	7801001	1.9	1.9	1.9	1.9	1.9	1.9
3	设备摊销费	元	7901001	11.1	11.1	11.1	11.1	11.1	11.1
4	1.0m³以内履带式液压单斗挖掘机	台班	8001027	0.04	0.04	0.04	0.04	0.04	0.04
5	25t以内汽车式起重机	台班	8009030	0.05	0.05	0.05	0.05	0.05	0.05
6	SR280R旋挖钻机	台班	8011054	0.14	0.17	0.2	0.25	0.58	0.7
7	基价	元	9999001	1229	1458	1697	2090	4672	5609

单位:10m

顺序号	项 目	单位	代 号	桩径100cm以内					
				孔深40m以内					
				砂土	黏土	砂砾	砾石	卵石	软石
				13	14	15	16	17	18
1	人工	工日	1001001	0.3	0.4	0.4	0.5	1.2	1.5
2	其他材料费	元	7801001	1.9	1.9	1.9	1.9	1.9	1.9
3	设备摊销费	元	7901001	11.1	11.1	11.1	11.1	11.1	11.1
4	1.0m³以内履带式液压单斗挖掘机	台班	8001027	0.04	0.04	0.04	0.04	0.04	0.04
5	25t以内汽车式起重机	台班	8009030	0.04	0.04	0.04	0.04	0.04	0.04
6	SR280R旋挖钻机	台班	8011054	0.15	0.18	0.21	0.27	0.64	0.76
7	基价	元	9999001	1292	1531	1760	2229	5127	6074

单位:10m

顺序号	项　目	单位	代　号	桩径120cm以内					
				孔深20m以内					
				砂土	黏土	砂砾	砾石	卵石	软石
				19	20	21	22	23	24
1	人工	工日	1001001	0.3	0.4	0.4	0.6	1.3	1.6
2	其他材料费	元	7801001	1.9	1.9	1.9	1.9	1.9	1.9
3	设备摊销费	元	7901001	11.1	11.1	11.1	11.1	11.1	11.1
4	1.0m³ 以内履带式液压单斗挖掘机	台班	8001027	0.05	0.05	0.05	0.05	0.05	0.05
5	25t 以内汽车式起重机	台班	8009030	0.05	0.05	0.05	0.05	0.05	0.05
6	SR280R 旋挖钻机	台班	8011054	0.17	0.2	0.23	0.3	0.69	0.82
7	基价	元	9999001	1470	1709	1938	2494	5544	6568

单位:10m

顺序号	项 目	单位	代 号	桩径120cm以内					
				孔深30m以内					
				砂土	黏土	砂砾	砾石	卵石	软石
				25	26	27	28	29	30
1	人工	工日	1001001	0.4	0.4	0.5	0.6	1.5	1.7
2	其他材料费	元	7801001	1.9	1.9	1.9	1.9	1.9	1.9
3	设备摊销费	元	7901001	11.1	11.1	11.1	11.1	11.1	11.1
4	1.0m³以内履带式液压单斗挖掘机	台班	8001027	0.05	0.05	0.05	0.05	0.05	0.05
5	25t以内汽车式起重机	台班	8009030	0.05	0.05	0.05	0.05	0.05	0.05
6	SR280R旋挖钻机	台班	8011054	0.18	0.22	0.25	0.33	0.76	0.91
7	基价	元	9999001	1557	1862	2101	2723	6100	7266

单位:10m

顺序号	项　目	单位	代　号	桩径 120cm 以内					
				孔深 40m 以内					
				砂土	黏土	砂砾	砾石	卵石	软石
				31	32	33	34	35	36
1	人工	工日	1001001	0.4	0.5	0.5	0.7	1.6	1.9
2	其他材料费	元	7801001	1.9	1.9	1.9	1.9	1.9	1.9
3	设备摊销费	元	7901001	11.1	11.1	11.1	11.1	11.1	11.1
4	1.0m³ 以内履带式液压单斗挖掘机	台班	8001027	0.05	0.05	0.05	0.05	0.05	0.05
5	25t 以内汽车式起重机	台班	8009030	0.05	0.05	0.05	0.05	0.05	0.05
6	SR280R 旋挖钻机	台班	8011054	0.2	0.24	0.28	0.36	0.82	0.99
7	基价	元	9999001	1709	2025	2330	2962	6568	7897

单位:10m

顺序号	项　目	单位	代　号	桩径150cm以内					
				孔深20m以内					
				砂土	黏土	砂砾	砾石	卵石	软石
				37	38	39	40	41	42
1	人工	工日	1001001	0.5	0.6	0.7	0.9	2.1	2.5
2	其他材料费	元	7801001	1.9	1.9	1.9	1.9	1.9	1.9
3	设备摊销费	元	7901001	11.1	11.1	11.1	11.1	11.1	11.1
4	1.0m³以内履带式液压单斗挖掘机	台班	8001027	0.06	0.06	0.06	0.06	0.06	0.06
5	25t以内汽车式起重机	台班	8009030	0.06	0.06	0.06	0.06	0.06	0.06
6	SR280R旋挖钻机	台班	8011054	0.26	0.31	0.36	0.46	1.07	1.29
7	基价	元	9999001	2203	2595	2988	3772	8555	10276

续前页

单位:10m

顺序号	项　目	单位	代　号	桩径150cm以内					
				孔深30m以内					
				砂土	黏土	砂砾	砾石	卵石	软石
				43	44	45	46	47	48
1	人工	工日	1001001	0.5	0.7	0.8	1	2.3	2.7
2	其他材料费	元	7801001	1.9	1.9	1.9	1.9	1.9	1.9
3	设备摊销费	元	7901001	11.1	11.1	11.1	11.1	11.1	11.1
4	1.0m³以内履带式液压单斗挖掘机	台班	8001027	0.06	0.06	0.06	0.06	0.06	0.06
5	25t以内汽车式起重机	台班	8009030	0.06	0.06	0.06	0.06	0.06	0.06
6	SR280R旋挖钻机	台班	8011054	0.28	0.34	0.4	0.51	1.18	1.42
7	基价	元	9999001	2356	2835	3304	4164	9415	11289

续前页

单位:10m

顺序号	项 目	单位	代 号	桩径150cm以内					
				孔深40m以内					
				砂土	黏土	砂砾	砾石	卵石	软石
				49	50	51	52	53	54
1	人工	工日	1001001	0.6	0.7	0.8	1.1	2.5	3
2	其他材料费	元	7801001	1.9	1.9	1.9	1.9	1.9	1.9
3	设备摊销费	元	7901001	11.1	11.1	11.1	11.1	11.1	11.1
4	1.0m³以内履带式液压单斗挖掘机	台班	8001027	0.06	0.06	0.06	0.06	0.06	0.06
5	25t以内汽车式起重机	台班	8009030	0.05	0.05	0.05	0.05	0.05	0.05
6	SR280R旋挖钻机	台班	8011054	0.31	0.37	0.43	0.56	1.29	1.54
7	基价	元	9999001	2582	3050	3519	4543	10262	12223

单位:10m

顺序号	项 目	单位	代 号	桩径180cm 以内					
				孔深20m 以内					
				砂土	黏土	砂砾	砾石	卵石	软石
				55	56	57	58	59	60
1	人工	工日	1001001	0.7	0.9	1	1.3	3	3.6
2	其他材料费	元	7801001	1.9	1.9	1.9	1.9	1.9	1.9
3	设备摊销费	元	7901001	11.1	11.1	11.1	11.1	11.1	11.1
4	1.0m³ 以内履带式液压单斗挖掘机	台班	8001027	0.08	0.08	0.08	0.08	0.08	0.08
5	25t 以内汽车式起重机	台班	8009030	0.07	0.07	0.07	0.07	0.07	0.07
6	SR280R 旋挖钻机	台班	8011054	0.37	0.45	0.52	0.67	1.55	1.85
7	基价	元	9999001	3101	3733	4278	5455	12351	14704

单位:10m

顺序号	项 目	单位	代 号	桩径180cm以内					
				孔深30m以内					
				砂土	黏土	砂砾	砾石	卵石	软石
				61	62	63	64	65	66
1	人工	工日	1001001	0.8	0.9	1.1	1.4	3.3	3.9
2	其他材料费	元	7801001	1.9	1.9	1.9	1.9	1.9	1.9
3	设备摊销费	元	7901001	11.1	11.1	11.1	11.1	11.1	11.1
4	1.0m³以内履带式液压单斗挖掘机	台班	8001027	0.08	0.08	0.08	0.08	0.08	0.08
5	25t以内汽车式起重机	台班	8009030	0.06	0.06	0.06	0.06	0.06	0.06
6	SR280R旋挖钻机	台班	8011054	0.41	0.49	0.57	0.73	1.7	2.04
7	基价	元	9999001	3404	4025	4657	5910	13514	16172

单位:10m

顺序号	项　目	单位	代　号	桩径180cm以内					
				孔深40m以内					
				砂土	黏土	砂砾	砾石	卵石	软石
				67	68	69	70	71	72
1	人工	工日	1001001	0.9	1	1.2	1.5	3.6	4.3
2	其他材料费	元	7801001	1.9	1.9	1.9	1.9	1.9	1.9
3	设备摊销费	元	7901001	11.1	11.1	11.1	11.1	11.1	11.1
4	1.0m³以内履带式液压单斗挖掘机	台班	8001027	0.08	0.08	0.08	0.08	0.08	0.08
5	25t以内汽车式起重机	台班	8009030	0.06	0.06	0.06	0.06	0.06	0.06
6	SR280R旋挖钻机	台班	8011054	0.45	0.53	0.62	0.8	1.85	2.22
7	基价	元	9999001	3720	4341	5049	6454	14690	17588

单位:10m

顺序号	项　目	单位	代　号	桩径200cm以内					
				孔深20m以内					
				砂土	黏土	砂砾	砾石	卵石	软石
				73	74	75	76	77	78
1	人工	工日	1001001	0.9	1.1	1.2	1.6	3.7	4.4
2	其他材料费	元	7801001	1.9	1.9	1.9	1.9	1.9	1.9
3	设备摊销费	元	7901001	11.1	11.1	11.1	11.1	11.1	11.1
4	1.0m³以内履带式液压单斗挖掘机	台班	8001027	0.09	0.09	0.09	0.09	0.09	0.09
5	25t以内汽车式起重机	台班	8009030	0.08	0.08	0.08	0.08	0.08	0.08
6	SR280R旋挖钻机	台班	8011054	0.46	0.55	0.64	0.82	1.91	2.29
7	基价	元	9999001	3835	4543	5241	6657	15198	18172

单位:10m

顺序号	项　目	单位	代　号	桩径 200cm 以内					
				孔深 30m 以内					
				砂土	黏土	砂砾	砾石	卵石	软石
				79	80	81	82	83	84
1	人工	工日	1001001	1	1.2	1.4	1.7	4	4.8
2	其他材料费	元	7801001	1.9	1.9	1.9	1.9	1.9	1.9
3	设备摊销费	元	7901001	11.1	11.1	11.1	11.1	11.1	11.1
4	1.0m³ 以内履带式液压单斗挖掘机	台班	8001027	0.09	0.09	0.09	0.09	0.09	0.09
5	25t 以内汽车式起重机	台班	8009030	0.07	0.07	0.07	0.07	0.07	0.07
6	SR280R 旋挖钻机	台班	8011054	0.5	0.6	0.7	0.91	2.1	2.52
7	基价	元	9999001	4137	4922	5706	7341	16666	19956

单位:10m

顺序号	项　　目	单位	代　号	桩径200cm以内					
				孔深40m以内					
				砂土	黏土	砂砾	砾石	卵石	软石
				85	86	87	88	89	90
1	人工	工日	1001001	1.1	1.3	1.5	1.9	4.4	5.3
2	其他材料费	元	7801001	1.9	1.9	1.9	1.9	1.9	1.9
3	设备摊销费	元	7901001	11.1	11.1	11.1	11.1	11.1	11.1
4	1.0m³ 以内履带式液压单斗挖掘机	台班	8001027	0.09	0.09	0.09	0.09	0.09	0.09
5	25t 以内汽车式起重机	台班	8009030	0.07	0.07	0.07	0.07	0.07	0.07
6	SR280R 旋挖钻机	台班	8011054	0.55	0.66	0.77	0.99	2.29	2.74
7	基价	元	9999001	4530	5390	6251	7972	18158	21688

单位:10m

顺序号	项　　目	单位	代　号	桩径250cm以内					
				孔深20m以内					
				砂土	黏土	砂砾	砾石	卵石	软石
				91	92	93	94	95	96
1	人工	工日	1001001	1.4	1.6	1.9	2.5	5.7	6.9
2	其他材料费	元	7801001	1.9	1.9	1.9	1.9	1.9	1.9
3	设备摊销费	元	7901001	11.1	11.1	11.1	11.1	11.1	11.1
4	1.0m³以内履带式液压单斗挖掘机	台班	8001027	0.12	0.12	0.12	0.12	0.12	0.12
5	25t以内汽车式起重机	台班	8009030	0.09	0.09	0.09	0.09	0.09	0.09
6	SR280R旋挖钻机	台班	8011054	0.72	0.86	1	1.29	2.98	3.57
7	基价	元	9999001	5922	7011	8112	10388	23625	28255

顺序号	项 目	单位	代 号	桩径250cm以内					
				孔深30m以内					
				砂土	黏土	砂砾	砾石	卵石	软石
				97	98	99	100	101	102
1	人工	工日	1001001	1.5	1.8	2.1	2.7	6.3	7.5
2	其他材料费	元	7801001	1.9	1.9	1.9	1.9	1.9	1.9
3	设备摊销费	元	7901001	11.1	11.1	11.1	11.1	11.1	11.1
4	1.0m³以内履带式液压单斗挖掘机	台班	8001027	0.12	0.12	0.12	0.12	0.12	0.12
5	25t以内汽车式起重机	台班	8009030	0.08	0.08	0.08	0.08	0.08	0.08
6	SR280R旋挖钻机	台班	8011054	0.79	0.94	1.10	1.42	3.28	3.93
7	基价	元	9999001	6453	7629	8882	11388	25965	31052

单位:10m

顺序号	项　目	单位	代　号	桩径250cm以内					
				孔深40m以内					
				砂土	黏土	砂砾	砾石	卵石	软石
				103	104	105	106	107	108
1	人工	工日	1001001	1.6	2	2.3	3	6.9	8.2
2	其他材料费	元	7801001	1.9	1.9	1.9	1.9	1.9	1.9
3	设备摊销费	元	7901001	11.1	11.1	11.1	11.1	11.1	11.1
4	1.0m³以内履带式液压单斗挖掘机	台班	8001027	0.12	0.12	0.12	0.12	0.12	0.12
5	25t以内汽车式起重机	台班	8009030	0.08	0.08	0.08	0.08	0.08	0.08
6	SR280R旋挖钻机	台班	8011054	0.86	1.03	1.2	1.54	3.58	4.29
7	基价	元	9999001	6998	8338	9667	12336	28318	33874

II. 静浆护壁法钻孔

单位:10m

顺序号	项目	单位	代号	桩径100cm以内									
				孔深30m以内					孔深40m以内				
				砂土	黏土	砂砾	砾石	卵石	砂土	黏土	砂砾	砾石	卵石
				109	110	111	112	113	114	115	116	117	118
1	人工	工日	1001001	1.8	1.9	2.3	2.9	3.3	1.8	1.9	2.3	3	3.3
2	水	m³	3005004	11	9	15	15	15	11	9	15	15	15
3	黏土	m³	5501003	3.89	2.59	5.18	5.18	5.18	3.89	2.59	5.18	5.18	5.18
4	其他材料费	元	7801001	1.9	1.9	1.9	1.9	1.9	1.9	1.9	1.9	1.9	1.9
5	设备摊销费	元	7901001	10.3	11.5	12.8	15.4	24.4	10.3	11.5	12.8	15.4	24.4
6	1.0m³以内履带式液压单斗挖掘机	台班	8001027	0.03	0.03	0.03	0.03	0.03	0.02	0.02	0.02	0.02	0.02
7	25t以内汽车式起重机	台班	8009030	0.03	0.03	0.03	0.03	0.03	0.03	0.03	0.03	0.03	0.03
8	SR280R旋挖钻机	台班	8011054	0.15	0.18	0.31	0.53	0.65	0.15	0.19	0.33	0.57	0.69
9	泥浆制作循环设备	台班	8011055	0.15	0.15	0.15	0.15	0.15	0.14	0.14	0.14	0.14	0.14
10	泥浆分离器	台班	8011056	0.2	–	–	–	–	0.2	–	–	–	–
11	泥浆搅拌机	台班	8011057	0.25	0.25	0.25	0.25	0.25	0.24	0.24	0.24	0.24	0.24
12	基价	元	9999001	1672	1806	2888	4633	5600	1655	1865	3024	4932	5889

顺序号	项　目	单位	代　号	桩径120cm以内									
				孔深40m以内					孔深50m以内				
				砂土	黏土	砂砾	砾石	卵石	砂土	黏土	砂砾	砾石	卵石
				119	120	121	122	123	124	125	126	127	128
1	人工	工日	1001001	1.7	1.9	2.4	3	3.4	2	2	2.4	3.2	3.8
2	水	m³	3005004	16	14	22	22	22	16	14	22	22	22
3	黏土	m³	5501003	5.59	3.73	7.46	7.46	7.46	5.59	3.73	7.46	7.46	7.46
4	其他材料费	元	7801001	1.9	1.9	1.9	1.9	1.9	1.9	1.9	1.9	1.9	1.9
5	设备摊销费	元	7901001	12.8	14.5	14.5	14.5	14.5	12.8	14.5	14.5	14.5	14.5
6	1.0m³以内履带式液压单斗挖掘机	台班	8001027	0.03	0.03	0.03	0.03	0.03	0.02	0.02	0.02	0.02	0.02
7	25t以内汽车式起重机	台班	8009030	0.03	0.03	0.03	0.03	0.03	0.03	0.03	0.03	0.03	0.03
8	SR280R旋挖钻机	台班	8011054	0.14	0.16	0.31	0.56	0.7	0.15	0.17	0.34	0.61	0.81
9	泥浆制作循环设备	台班	8011055	0.15	0.15	0.15	0.15	0.15	0.14	0.14	0.14	0.14	0.14
10	泥浆分离器	台班	8011056	0.2	–	–	–	–	0.2	–	–	–	–
11	泥浆搅拌机	台班	8011057	0.27	0.27	0.27	0.27	0.27	0.27	0.27	0.27	0.27	0.27
12	基价	元	9999001	1623	1685	2948	4920	6031	1716	1757	3162	5307	6897

单位：10m

顺序号	项 目	单位	代 号	桩径120cm以内									
				孔深60m以内					孔深70m以内				
				砂土	黏土	砂砾	砾石	卵石	砂土	黏土	砂砾	砾石	卵石
				129	130	131	132	133	134	135	136	137	138
1	人工	工日	1001001	1.9	1.9	2.4	3.3	3.8	1.9	2	2.5	3.4	4
2	水	m³	3005004	16	14	22	22	22	16	14	22	22	22
3	黏土	m³	5501003	5.59	3.73	7.46	7.46	7.46	5.59	3.73	7.46	7.46	7.46
4	其他材料费	元	7801001	1.9	1.9	1.9	1.9	1.9	1.9	1.9	1.9	1.9	1.9
5	设备摊销费	元	7901001	12.8	14.5	15.8	18.8	27.4	12.8	14.5	15.8	18.8	27.4
6	1.0m³以内履带式液压单斗挖掘机	台班	8001027	0.02	0.02	0.02	0.02	0.02	0.02	0.02	0.02	0.02	0.02
7	25t以内汽车式起重机	台班	8009030	0.03	0.03	0.03	0.03	0.03	0.03	0.03	0.03	0.03	0.03
8	SR280R旋挖钻机	台班	8011054	0.17	0.2	0.37	0.66	0.86	0.19	0.22	0.41	0.72	0.94
9	泥浆制作循环设备	台班	8011055	0.14	0.14	0.14	0.14	0.14	0.14	0.14	0.14	0.14	0.14
10	泥浆分离器	台班	8011056	0.3	–	–	–	–	0.3	–	–	–	–
11	泥浆搅拌机	台班	8011057	0.27	0.27	0.27	0.27	0.27	0.27	0.27	0.27	0.27	0.27
12	基价	元	9999001	1901	1975	3392	5704	7292	2054	2138	3708	6172	7923

单位:10m

顺序号	项　目	单位	代　号	桩径150cm以内									
				孔深40m以内					孔深60m以内				
				砂土	黏土	砂砾	砾石	卵石	砂土	黏土	砂砾	砾石	卵石
				139	140	141	142	143	144	145	146	147	148
1	人工	工日	1001001	2	2.1	2.5	3.3	3.8	2	2.2	2.7	3.7	4.4
2	水	m³	3005004	25	21	34	34	34	25	21	34	34	34
3	黏土	m³	5501003	8.74	5.83	11.66	11.66	11.66	8.74	5.83	11.66	11.66	11.66
4	其他材料费	元	7801001	2.9	2.9	2.9	2.9	2.9	2.9	2.9	2.9	2.9	2.9
5	设备摊销费	元	7901001	15.4	17.5	19.2	23.1	33.3	15.4	17.5	19.2	23.1	33.3
6	1.0m³以内履带式液压单斗挖掘机	台班	8001027	0.02	0.02	0.02	0.02	0.02	0.02	0.02	0.02	0.02	0.02
7	25t以内汽车式起重机	台班	8009030	0.03	0.03	0.03	0.03	0.03	0.03	0.03	0.03	0.03	0.03
8	SR280R旋挖钻机	台班	8011054	0.15	0.2	0.34	0.64	0.82	0.17	0.22	0.42	0.78	1.01
9	泥浆制作循环设备	台班	8011055	0.15	0.15	0.15	0.15	0.15	0.15	0.15	0.15	0.15	0.15
10	泥浆分离器	台班	8011056	0.2	–	–	–	–	0.3	–	–	–	–
11	泥浆搅拌机	台班	8011057	0.31	0.31	0.31	0.31	0.31	0.31	0.31	0.31	0.31	0.31
12	基价	元	9999001	1789	2052	3268	5647	7084	1985	2216	3900	6757	8597

单位:10m

顺序号	项目	单位	代号	桩径150cm以内									
				孔深70m以内					孔深80m以内				
				砂土	黏土	砂砾	砾石	卵石	砂土	黏土	砂砾	砾石	卵石
				149	150	151	152	153	154	155	156	157	158
1	人工	工日	1001001	2.1	2.2	2.8	3.9	4.6	2.1	2.3	3	4.2	4.9
2	水	m³	3005004	25	21	34	34	34	25	21	34	34	34
3	黏土	m³	5501003	8.74	5.83	11.66	11.66	11.66	8.74	5.83	11.66	11.66	11.66
4	其他材料费	元	7801001	2.9	2.9	2.9	2.9	2.9	2.9	2.9	2.9	2.9	2.9
5	设备摊销费	元	7901001	15.4	17.5	19.2	23.1	33.3	15.4	17.5	19.2	23.1	33.3
6	1.0m³以内履带式液压单斗挖掘机	台班	8001027	0.02	0.02	0.02	0.02	0.02	0.02	0.02	0.02	0.02	0.02
7	25t以内汽车式起重机	台班	8009030	0.03	0.03	0.03	0.03	0.03	0.03	0.03	0.03	0.03	0.03
8	SR280R旋挖钻机	台班	8011054	0.19	0.25	0.46	0.85	1.1	0.22	0.28	0.53	0.96	1.23
9	泥浆制作循环设备	台班	8011055	0.15	0.15	0.15	0.15	0.15	0.14	0.14	0.14	0.14	0.14
10	泥浆分离器	台班	8011056	0.3	–	–	–	–	0.3	–	–	–	–
11	泥浆搅拌机	台班	8011057	0.31	0.31	0.31	0.31	0.31	0.31	0.31	0.31	0.31	0.31
12	基价	元	9999001	2148	2445	4216	7313	9305	2374	2681	4768	8181	10326

单位:10m

顺序号	项　目	单位	代　号	桩径180cm以内									
				孔深40m以内					孔深60m以内				
				砂土	黏土	砂砾	砾石	卵石	砂土	黏土	砂砾	砾石	卵石
				159	160	161	162	163	164	165	166	167	168
1	人工	工日	1001001	2.3	2.8	3.2	4.1	4.8	2.3	2.5	3.2	4.4	5.1
2	水	m³	3005004	37	30	49	49	49	37	30	49	49	49
3	黏土	m³	5501003	12.59	8.4	16.79	16.79	16.79	12.59	8.4	16.79	16.79	16.79
4	其他材料费	元	7801001	4.9	4.9	4.9	4.9	4.9	4.9	4.9	4.9	4.9	4.9
5	设备摊销费	元	7901001	17.9	20.5	22.2	26.5	43.6	17.9	20.5	22.2	26.5	43.6
6	1.0m³以内履带式液压单斗挖掘机	台班	8001027	0.02	0.02	0.02	0.02	0.02	0.02	0.02	0.02	0.02	0.02
7	25t以内汽车式起重机	台班	8009030	0.04	0.04	0.04	0.04	0.04	0.04	0.04	0.04	0.04	0.04
8	SR280R旋挖钻机	台班	8011054	0.14	0.21	0.42	0.76	1.01	0.21	0.26	0.52	0.94	1.2
9	泥浆制作循环设备	台班	8011055	0.17	0.17	0.17	0.17	0.17	0.17	0.17	0.17	0.17	0.17
10	泥浆分离器	台班	8011056	0.2	–	–	–	–	0.3	–	–	–	–
11	泥浆搅拌机	台班	8011057	0.37	0.37	0.37	0.37	0.37	0.36	0.36	0.36	0.36	0.36
12	基价	元	9999001	1842	2277	4073	6768	8767	2418	2626	4835	8172	10248

续前页

单位:10m

顺序号	项　　目	单位	代　号	桩径 180cm 以内									
				孔深 70m 以内					孔深 80m 以内				
				砂土	黏土	砂砾	砾石	卵石	砂土	黏土	砂砾	砾石	卵石
				169	170	171	172	173	174	175	176	177	178
1	人工	工日	1001001	2.4	2.6	3.4	4.7	5.6	2.7	2.9	3.9	5.1	6
2	水	m³	3005004	37	30	49	49	49	37	30	49	49	49
3	黏土	m³	5501003	12.59	8.4	16.79	16.79	16.79	12.59	8.4	16.79	16.79	16.79
4	其他材料费	元	7801001	4.9	4.9	4.9	4.9	4.9	4.9	4.9	4.9	4.9	4.9
5	设备摊销费	元	7901001	17.9	20.5	22.2	26.5	43.6	17.9	20.5	22.2	26.5	43.6
6	1.0m³ 以内履带式液压单斗挖掘机	台班	8001027	0.02	0.02	0.02	0.02	0.02	0.02	0.02	0.02	0.02	0.02
7	25t 以内汽车式起重机	台班	8009030	0.04	0.04	0.04	0.04	0.04	0.03	0.03	0.03	0.03	0.03
8	SR280R 旋挖钻机	台班	8011054	0.25	0.31	0.61	1.08	1.38	0.29	0.33	0.69	1.13	1.44
9	泥浆制作循环设备	台班	8011055	0.16	0.16	0.16	0.16	0.16	0.16	0.16	0.16	0.16	0.16
10	泥浆分离器	台班	8011056	0.4	–	–		–	0.4	–	–		–
11	泥浆搅拌机	台班	8011057	0.36	0.36	0.36	0.36	0.36	0.35	0.35	0.35	0.35	0.35
12	基价	元	9999001	2773	3014	5540	9269	11671	3109	3198	6202	9692	12170

顺序号	项 目	单位	代 号	桩径 200cm 以内									
				孔深 40m 以内					孔深 60m 以内				
				砂土	黏土	砂砾	砾石	卵石	砂土	黏土	砂砾	砾石	卵石
				179	180	181	182	183	184	185	186	187	188
1	人工	工日	1001001	2.5	2.7	3.6	5.2	6	2.5	2.7	3.6	4.9	5.7
2	水	m³	3005004	45	38	60	60	60	45	38	60	60	60
3	黏土	m³	5501003	15.55	10.37	20.74	20.74	20.74	15.55	10.37	20.74	20.74	20.74
4	其他材料费	元	7801001	6.8	6.8	6.8	6.8	6.8	6.8	6.8	6.8	6.8	6.8
5	设备摊销费	元	7901001	20.5	23.1	25.2	30.3	46.2	20.5	23.1	25.2	30.3	46.2
6	1.0m³ 以内履带式液压单斗挖掘机	台班	8001027	0.02	0.02	0.02	0.02	0.02	0.02	0.02	0.02	0.02	0.02
7	25t 以内汽车式起重机	台班	8009030	0.04	0.04	0.04	0.04	0.04	0.04	0.04	0.04	0.04	0.04
8	SR280R 旋挖钻机	台班	8011054	0.21	0.3	0.62	1.16	1.45	0.28	0.35	0.71	1.19	1.5
9	泥浆制作循环设备	台班	8011055	0.17	0.17	0.17	0.17	0.17	0.17	0.17	0.17	0.17	0.17
10	泥浆分离器	台班	8011056	0.3	–	–	–	–	0.4	–	–	–	–
11	泥浆搅拌机	台班	8011057	0.44	0.44	0.44	0.44	0.44	0.44	0.44	0.44	0.44	0.44
12	基价	元	9999001	2523	3025	5745	10041	12355	3100	3407	6432	10238	12705

单位:10m

顺序号	项 目	单位	代 号	桩径200cm以内									
				孔深80m以内					孔深100m以内				
				砂土	黏土	砂砾	砾石	卵石	砂土	黏土	砂砾	砾石	卵石
				189	190	191	192	193	194	195	196	197	198
1	人工	工日	1001001	2.9	3.2	4.3	5.9	7	3.2	3.5	4.8	6.5	7.7
2	水	m³	3005004	45	38	60	60	60	45	38	60	60	60
3	黏土	m³	5501003	15.55	10.37	20.74	20.74	20.74	15.55	10.37	20.74	20.74	20.74
4	其他材料费	元	7801001	6.8	6.8	6.8	6.8	6.8	6.8	6.8	6.8	6.8	6.8
5	设备摊销费	元	7901001	20.5	23.1	25.2	30.3	46.2	20.5	23.1	25.2	30.3	46.2
6	1.0m³以内履带式液压单斗挖掘机	台班	8001027	0.02	0.02	0.02	0.02	0.02	0.02	0.02	0.02	0.02	0.02
7	25t以内汽车式起重机	台班	8009030	0.04	0.04	0.04	0.04	0.04	0.04	0.04	0.04	0.04	0.04
8	SR280R旋挖钻机	台班	8011054	0.36	0.45	0.85	1.43	1.81	0.47	0.58	1.04	1.66	2.08
9	泥浆制作循环设备	台班	8011055	0.16	0.16	0.16	0.16	0.16	0.15	0.15	0.15	0.15	0.15
10	泥浆分离器	台班	8011056	0.5	–	–	–	–	0.7	–	–	–	–
11	泥浆搅拌机	台班	8011057	0.44	0.44	0.44	0.44	0.44	0.43	0.43	0.43	0.43	0.43
12	基价	元	9999001	3793	4219	7571	12172	15205	4746	5238	9069	13987	17335

单位:10m

顺序号	项　　目	单位	代　号	桩径 250cm 以内									
				孔深 40m 以内					孔深 60m 以内				
				砂土	黏土	砂砾	砾石	卵石	砂土	黏土	砂砾	砾石	卵石
				199	200	201	202	203	204	205	206	207	208
1	人工	工日	1001001	2.9	3.2	4	5.8	6.7	3	3.4	4.4	6.5	7.7
2	水	m³	3005004	57	47	75	75	75	57	47	75	75	75
3	黏土	m³	5501003	19.44	12.96	25.93	25.93	25.93	19.44	12.96	25.93	25.93	25.93
4	其他材料费	元	7801001	6.8	6.8	6.8	6.8	6.8	6.8	6.8	6.8	6.8	6.8
5	设备摊销费	元	7901001	25.6	29.5	32.1	38.5	53.8	25.6	29.5	32.1	38.5	53.8
6	1.0m³ 以内履带式液压单斗挖掘机	台班	8001027	0.04	0.04	0.04	0.04	0.04	0.03	0.03	0.03	0.03	0.03
7	25t 以内汽车式起重机	台班	8009030	0.06	0.06	0.06	0.06	0.06	0.05	0.05	0.05	0.05	0.05
8	SR280R 旋挖钻机	台班	8011054	0.19	0.31	0.6	1.21	1.56	0.25	0.39	0.76	1.5	1.92
9	泥浆制作循环设备	台班	8011055	0.19	0.19	0.19	0.19	0.19	0.19	0.19	0.19	0.19	0.19
10	泥浆分离器	台班	8011056	0.3	–	–	–	–	0.4	–	–	–	–
11	泥浆搅拌机	台班	8011057	0.52	0.52	0.52	0.52	0.52	0.51	0.51	0.51	0.51	0.51
12	基价	元	9999001	2564	3284	5812	10664	13446	3049	3889	7048	12925	16273

续前页

单位:10m

顺序号	项　目	单位	代　号	桩径250cm以内									
				孔深80m以内					孔深100m以内				
				砂土	黏土	砂砾	砾石	卵石	砂土	黏土	砂砾	砾石	卵石
				209	210	211	212	213	214	215	216	217	218
1	人工	工日	1001001	3.2	3.6	4.8	7.3	8.7	3.4	3.9	5.5	8.5	10.2
2	水	m³	3005004	57	47	75	75	75	57	47	75	75	75
3	黏土	m³	5501003	19.44	12.96	25.93	25.93	25.93	19.44	12.96	25.93	25.93	25.93
4	其他材料费	元	7801001	6.8	6.8	6.8	6.8	6.8	6.8	6.8	6.8	6.8	6.8
5	设备摊销费	元	7901001	25.6	29.5	32.1	38.5	53.8	25.6	29.5	32.1	38.5	53.8
6	1.0m³以内履带式液压单斗挖掘机	台班	8001027	0.02	0.02	0.02	0.02	0.02	0.02	0.02	0.02	0.02	0.02
7	25t以内汽车式起重机	台班	8009030	0.05	0.05	0.05	0.05	0.05	0.05	0.05	0.05	0.05	0.05
8	SR280R旋挖钻机	台班	8011054	0.36	0.51	0.94	1.81	2.31	0.44	0.61	1.2	2.26	2.87
9	泥浆制作循环设备	台班	8011055	0.18	0.18	0.18	0.18	0.18	0.18	0.18	0.18	0.18	0.18
10	泥浆分离器	台班	8011056	0.5	–	–	–	–	0.7	–	–	–	–
11	泥浆搅拌机	台班	8011057	0.51	0.51	0.51	0.51	0.51	0.51	0.51	0.51	0.51	0.51
12	基价	元	9999001	3937	4810	8449	15360	19340	4656	5605	10507	18922	23773

4-4-7 全套管钻机钻孔

工程内容 清理桩位,放样,安装钻机,埋设连接套管,磨桩成孔,抓土,清孔,测量深度。

单位:10m

顺序号	项 目	单位	代 号	桩径 100cm 以内				桩径 150cm 以内				桩径 200cm 以内			
				孔深 20m 以内		孔深 30m 以内		孔深 20m 以内		孔深 30m 以内		孔深 20m 以内		孔深 30m 以内	
				卵砾石	砂石	卵砾石	砂石	卵砾石	砂石	卵砾石	砂石	卵砾石	砂石	卵砾石	砂石
				1	2	3	4	5	6	7	8	9	10	11	12
1	人工	工日	1001001	4	7.2	5.1	8.3	4.8	7.7	5.3	8.8	5.1	8.2	5.6	9.3
2	电焊条	kg	2009011	0.3	0.4	0.3	0.4	0.3	0.4	0.3	0.4	0.3	0.4	0.3	0.4
3	其他材料费	元	7801001	45.3	84.7	58.6	97.4	55	90.8	59.1	104.5	58.9	97.1	63.3	111.7
4	φ1500mm 以内全套管钻机	台班	8011044	0.73	1.36	0.94	1.57	0.89	1.46	0.95	1.68	–	–	–	–
5	φ2000mm 以内全套管钻机	台班	8011045	–	–	–	–	–	–	–	–	0.84	1.37	0.89	1.58
6	32kV·A 以内交流电弧焊机	台班	8015028	0.12	0.16	0.12	0.16	0.12	0.16	0.12	0.16	0.12	0.16	0.12	0.16
7	小型机具使用费	元	8099001	0.6	10.4	7.2	11.9	6.7	11.1	7.2	12.8	7.4	12.2	7.9	14
8	基价	元	9999001	4840	8978	6221	10358	5887	9633	6302	11073	7332	11939	7788	13747

4-4-8 灌注桩混凝土

工程内容 混凝土:1)安、拆导管及漏斗;2)浇筑混凝土或水下混凝土;3)凿除混凝土桩头。

钢筋:除锈、下料、制作、点焊,焊接骨架,场内运输,钢筋骨架起吊入孔、接长(焊接或套筒连接)、定位等全部工程内容。

检测管:1)检测管截断、封头;2)套管制作、焊接;3)对接、定位、焊接、固定,临时支撑保护。

I. 混 凝 土

单位:10m³ 实体

顺序号	项 目	单位	代 号	人工挖孔			冲击成孔		
				卷扬机配吊斗	起重机配吊斗	输送泵	卷扬机配吊斗	起重机配吊斗	输送泵
				1	2	3	4	5	6
1	人工	工日	1001001	13	6.9	5	17.1	10.2	7.6
2	普 C25-32.5-4	m³	1503033	(10.65)	(10.65)	(10.85)	–	–	–
3	水 C25-32.5-4	m³	1503101	–	–	–	(12.70)	(12.70)	(12.95)
4	水	m³	3005004	13	13	14	27	27	27
5	中(粗)砂	m³	5503005	5.11	5.11	6.08	6.48	6.48	6.61
6	碎石(4cm)	m³	5505013	8.84	8.84	7.92	8.76	8.76	8.94
7	32.5级水泥	t	5509001	3.568	3.568	4.557	5.423	5.423	5.53
8	其他材料费	元	7801001	2.7	2.7	2.7	2.2	2.2	2.2
9	设备摊销费	元	7901001	47.2	47.2	47.2	55.5	55.5	55.5
10	60m³/h 以内混凝土输送泵	台班	8005051	–	–	0.09	–	–	0.1
11	12t 以内汽车式起重机	台班	8009027	–	0.34	–	–	0.79	–
12	50kN 以内单筒慢动卷扬机	台班	8009081	0.8	–	–	0.95	–	–
13	小型机具使用费	元	8099001	6.6	4.1	0.2	6.3	4.2	–
14	基价	元	9999001	3920	3419	3351	5110	4567	4117

单位:10m³ 实体

顺序号	项 目	单位	代 号	回旋、潜水钻成孔					
				桩径(cm)					
				100 以内			150 以内		
				卷扬机配吊斗	起重机配吊斗	输送泵	卷扬机配吊斗	起重机配吊斗	输送泵
				7	8	9	10	11	12
1	人工	工日	1001001	16.5	9.9	7.4	15.5	8.9	6.7
2	水 C25 - 32.5 - 4	m³	1503101	(12.19)	(12.19)	(12.43)	(12.01)	(12.01)	(12.24)
3	水	m³	3005004	26	26	26	25	25	26
4	中(粗)砂	m³	5503005	6.22	6.22	6.34	6.13	6.13	6.24
5	碎石(4cm)	m³	5505013	8.41	8.41	8.58	8.29	8.29	8.45
6	32.5 级水泥	t	5509001	5.205	5.205	5.308	5.128	5.128	5.226
7	其他材料费	元	7801001	3.3	3.3	3.3	1.7	1.7	1.7
8	设备摊销费	元	7901001	70.3	70.3	70.3	68.9	68.9	68.9
9	60m³/h 以内混凝土输送泵	台班	8005051	–	–	0.37	–	–	0.1
10	12t 以内汽车式起重机	台班	8009027	–	0.76	–	–	0.4	–
11	50kN 以内单筒慢动卷扬机	台班	8009081	0.91	–	–	0.9	–	–
12	小型机具使用费	元	8099001	6	4	–	5.9	4	–
13	基价	元	9999001	4932	4361	3985	4777	4258	3863

单位:10m³ 实体

顺序号	项 目	单位	代 号	回旋、潜水钻成孔					
				桩径(cm)					
				250 以内			350 以内		
				卷扬机配吊斗	起重机配吊斗	输送泵	卷扬机配吊斗	起重机配吊斗	输送泵
				13	14	15	16	17	18
1	人工	工日	1001001	15.1	8.6	6.5	14.4	8	6
2	水 C25 – 32.5 – 4	m³	1503101	(11.74)	(11.74)	(11.97)	(11.40)	(11.40)	(11.63)
3	水	m³	3005004	25.00	25.00	25.00	23.00	23.00	24.00
4	中(粗)砂	m³	5503005	5.99	5.99	6.1	5.81	5.81	5.93
5	碎石(4cm)	m³	5505013	8.1	8.1	8.26	7.87	7.87	8.02
6	32.5 级水泥	t	5509001	5.013	5.013	5.111	4.868	4.868	4.966
7	其他材料费	元	7801001	1.1	1.1	1.1	0.8	0.8	0.8
8	设备摊销费	元	7901001	41.6	41.6	41.6	35.6	35.6	35.6
9	60m³/h 以内混凝土输送泵	台班	8005051	–	–	0.1	–	–	0.1
10	12t 以内汽车式起重机	台班	8009027	–	0.39	–	–	0.38	–
11	50kN 以内单筒慢动卷扬机	台班	8009081	0.88	–	–	0.85	–	–
12	小型机具使用费	元	8099001	5.8	3.8	–	5.7	3.7	–
13	基价	元	9999001	4639	4125	3747	4467	3961	3605

顺序号	项 目	单位	代 号	旋 挖 成 孔			全套管钻机成孔输送泵	
				卷扬机配吊斗	起重机配吊斗	输送泵	桩径150cm以内	桩径200cm以内
				19	20	21	22	23
1	人工	工日	1001001	16.1	9.8	7.4	7.2	7
2	普 C25 - 32.5 - 4	m³	1503033	–	–	–	(10.70)	(10.70)
3	水 C25 - 32.5 - 4	m³	1503101	(11.73)	(11.73)	(11.96)	–	–
4	水	m³	3005004	25	25	25	13	13
5	中(粗)砂	m³	5503005	5.98	5.98	6.1	5.14	5.14
6	碎石(4cm)	m³	5505013	8.09	8.09	8.25	8.56	8.56
7	32.5级水泥	t	5509001	5.009	5.009	5.107	3.938	3.938
8	其他材料费	元	7801001	2.8	2.8	2.8	1.4	1.4
9	设备摊销费	元	7901001	58.6	58.6	58.6	29.3	29.3
10	60m³/h 以内混凝土输送泵	台班	8005051	–	–	0.1	0.1	0.1
11	12t 以内汽车式起重机	台班	8009027	–	0.73	–	–	–
12	50kN 以内单筒慢动卷扬机	台班	8009081	0.88	–	–	–	–
13	φ1500mm 以内全套管钻机	台班	8011044	–	–	–	0.23	–
14	φ2000mm 以内全套管钻机	台班	8011045	–	–	–	–	0.22
15	小型机具使用费	元	8099001	5.8	3.8	–	–	–
16	基价	元	9999001	4761	4268	3859	4912	4978

单位:1t

顺序号	项　目	单位	代　号	钢筋		集中加工钢筋		检测管
				主筋连接方式		集中加工主筋连接方式		
				焊接连接	套筒连接	焊接连接	套筒连接	
				24	25	26	27	28
1	人工	工日	1001001	4.2	4.1	2.7	2.1	4.4
2	HPB300 钢筋	t	2001001	0.112	0.11	0.111	0.11	–
3	HRB400 钢筋	t	2001002	0.913	0.90	0.909	0.90	–
4	20~22 号铁丝	kg	2001022	1.8	1.8	–	–	1.3
5	钢板	t	2003005	–	–	–	–	0.001
6	钢管	t	2003008	–	–	–	–	1.068
7	电焊条	kg	2009011	4.1	1.4	7.31	2.19	3.4
8	钢筋连接套筒	个	2009012	–	11.9	–	11.76	–
9	其他材料费	元	7801001	–	–	–	–	38.2
10	25t 以内汽车式起重机	台班	8009030	0.07	0.04	0.15	0.15	–
11	全自动钢筋笼滚焊机	台班	8015008	–	–	0.07	0.07	–
12	$d \leqslant 45mm$ 钢筋挤压连接机	台班	8015009	–	–	–	0.19	–
13	32kV·A 以内交流电弧焊机	台班	8015028	0.79	0.36	0.5	0.5	1.02
14	小型机具使用费	元	8099001	10.6	10.6	–	–	7.8
15	基价	元	9999001	4068	3944	4007	3959	5194

4-4-9 护筒制作、埋设、拆除

工程内容 钢筋混凝土护筒预制:1)组合钢模组拼拆、安装、拆除、修理、涂脱模剂、堆放;2)混凝土运输、浇筑、捣固及养护。
护筒埋设:制、安、拆导向架,吊埋就位,冲抓或振动沉埋,拆除。

I. 钢筋混凝土护筒

单位:表列单位

顺序号	项目	单位	代号	预制		埋设			
							水中(水深:m)		
				混凝土	钢筋	干处	5 以内	10 以内	
								在支架上	在船上
				10m³	1t	10m			
				1	2	3	4	5	6
1	人工	工日	1001001	33.5	4.2	25.7	17.9	26.9	22.5
2	普 C20-32.5-4	m³	1503032	(10.10)	–	–	–	–	–
3	HPB300 钢筋	t	2001001	–	0.207	–	0.025	0.002	0.002
4	HRB400 钢筋	t	2001002	–	0.818	–	–	–	–
5	20～22 号铁丝	kg	2001022	–	3.1	–	–	–	–
6	型钢	t	2003004	0.05	–	–	0.039	0.039	0.039
7	钢板	t	2003005	–	–	–	0.006	0.156	0.156
8	组合钢模板	t	2003026	0.116	–	–	–	–	–
9	电焊条	kg	2009011	–	–	–	0.9	16.7	16.7
10	铁件	kg	2009028	36	–	–	–	0.1	0.1
11	水	m³	3005004	16	–	–	–	–	–

顺序号	项　目	单位	代　号	预制		埋设			
				混凝土	钢筋	干处	水中(水深:m)		
							5 以内	10 以内	
								在支架上	在船上
				10m³	1t	10m			
				1	2	3	4	5	6
12	锯材	m³	4003002	0.1	–	–	–	–	–
13	黏土	m³	5501003	–	–	25.23	–	–	–
14	中(粗)砂	m³	5503005	4.95	–	–	–	–	–
15	碎石(4cm)	m³	5505013	8.48	–	–	–	–	–
16	32.5 级水泥	t	5509001	3.01	–	–	–	–	–
17	其他材料费	元	7801001	19	–	–	94.8	1.1	1.1
18	20t 以内汽车式起重机	台班	8009029	0.06	–	–	–	0.95	0.7
19	50kN 以内单筒慢动卷扬机	台班	8009081	–	–	2.36	2.92	0.25	0.25
20	300kN 以内振动打拔桩锤	台班	8011012	–	–	–	–	1.19	0.97
21	φ100mm 电动多级水泵(≤120m)	台班	8013011	–	–	–	–	1.05	0.75
22	32kV·A 以内交流电弧焊机	台班	8015028	–	–	–	0.68	2.62	2.29
23	200t 以内工程驳船	台班	8019023	–	–	–	–	–	1.58
24	小型机具使用费	元	8099001	13.9	9.1	–	1.4	1.4	1.4
25	基价	元	9999001	6835	3817	3432	2873	6227	5552

II. 钢 护 筒

单位:1t

顺序号	项　目	单位	代　号	干处埋设	水中埋设（水深:m）				旋挖钻机钢护筒埋设
					5 以内	10 以内	20 以内	双壁钢围堰内	
				7	8	9	10	11	12
1	人工	工日	1001001	4.4	3.7	5.3	6.2	4.5	1.7
2	型钢	t	2003004	–	0.008	0.009	0.009	0.01	–
3	钢板	t	2003005	–	0.001	0.001	0.001	0.001	–
4	钢护筒	t	2003022	0.1	1	1	1	1	0.1
5	电焊条	kg	2009011	–	0.2	0.2	0.2	0.2	–
6	锯材	m³	4003002	–	0.002	0.002	0.002	0.002	–
7	黏土	m³	5501003	5.49	–	–	–	–	–
8	其他材料费	元	7801001	–	1.8	1.9	1.9	2.3	–
9	1.0m³ 以内履带式液压单斗挖掘机	台班	8001027	–	–	–	–	–	0.03
10	20t 以内汽车式起重机	台班	8009029	0.14	0.03	0.03	0.03	0.03	–
11	25t 以内汽车式起重机	台班	8009030	–	–	–	–	–	0.03
12	50kN 以内单筒慢动卷扬机	台班	8009081	–	0.31	0.7	0.74	0.89	–
13	300kN 以内振动打拔桩锤	台班	8011012	–	0.23	0.39	0.42	0.02	–
14	SR280R 旋挖钻机	台班	8011054	–	–	–	–	–	0.05
15	φ100mm 电动多级水泵（≤120m）	台班	8013011	–	–	0.4	–	–	–
16	φ150mm 电动多级水泵（≤180m）	台班	8013013	–	–	–	0.43	0.02	–
17	32kV·A 以内交流电弧焊机	台班	8015028	–	0.02	0.08	0.1	0.42	–

单位:1t

顺序号	项　目	单位	代　号	干处埋设	水中埋设（水深:m）				旋挖钻机钢护筒埋设
					5 以内	10 以内	20 以内	双壁钢围堰内	
				7	8	9	10	11	12
18	147kW 以内内燃拖轮	台班	8019003	–	0.08	0.08	0.08	0.09	–
19	200t 以内工程驳船	台班	8019023	–	0.36	0.36	0.36	0.38	–
20	小型机具使用费	元	8099001	–	0.6	1.1	1.2	1.2	–
21	基价	元	9999001	1128	5135	5566	5798	5314	1066

4-4-10 灌注桩工作平台

工程内容 桩基工作平台上下部(水深5m以内):1)打、拔桩的全部工作;2)钢结构及面板的制、安、拆及清理堆放。

桩基工作平台下部:1)安装、拆除及固定桩架;2)移动和固定船只;3)钢管桩装、卸、运输;4)吊桩、定位、固定;5)设置桩垫;6)打桩、接桩、送桩。

桩基工作平台上部:钢结构及面板的制、安、拆及清理堆放。

双壁钢围堰上工作平台:钢结构及面板的制、安、拆及清理堆放。

浮箱工作平台:浮箱工地装、卸,岸上组拼、拆除,平台水上移动就位、抛锚固定。

单位:表列单位

顺序号	项 目	单位	代号	桩基工作平台				双壁钢围堰上工作平台	浮箱工作平台
				上、下部综合	下部		上部		
				水深(m)					
				3~5	10以内	20以内	5~20		
				100m²	10t			100m²	10只
				1	2	3	4	5	6
1	人工	工日	1001001	57.5	27.1	33.5	66.2	72.8	94.6
2	钢丝绳	t	2001019	–	–	–	–	–	0.009
3	型钢	t	2003004	0.243	–	0.864	1.04	0.402	0.972
4	钢板	t	2003005	0.005	0.18	0.14	1.486	0.006	0.042
5	钢管	t	2003008	–	–	–	0.853	–	–

顺序号	项 目	单位	代 号	桩基工作平台				双壁钢围堰上工作平台	浮箱工作平台
				上、下部综合	下部		上部		
				水深(m)					
				3~5	10以内	20以内	5~20		
				100m²	10t			100m²	10只
				1	2	3	4	5	6
6	钢管桩	t	2003021	0.803	1.04	1.3	–	–	–
7	电焊条	kg	2009011	14.9	30.6	24.5	66.5	17	–
8	锚链	t	2009027	–	–	–	–	–	0.035
9	铁件	kg	2009028	7.8	53	88.1	4.7	52.2	40.8
10	铁钉	kg	2009030	2	0.1	0.1	–	2	–
11	原木	m³	4003001	0.163	1.57	1.7	–	0.23	–
12	锯材	m³	4003002	1.282	0.24	0.7	–	1.44	3.56
13	其他材料费	元	7801001	419.9	70.5	68.5	607.4	178	160.1
14	设备摊销费	元	7901001	3477.8	–	–	3477.8	2397.9	7449.4
15	8t以内载货汽车	台班	8007006	1.29	–	–	–	–	9.09
16	10t以内载货汽车	台班	8007007	–	–	–	–	0.72	–
17	12t以内汽车式起重机	台班	8009027	3.32	3.4	3.42	–	–	9.9
18	25t以内汽车式起重机	台班	8009030	–	–	–	2.78	2.25	–

单位:表列单位

顺序号	项　目	单位	代　号	桩基工作平台				双壁钢围堰上工作平台	浮箱工作平台
				上、下部综合	下部		上部		
				水深(m)					
				3~5	10以内	20以内	5~20		
				100m²	10t		100m²		10只
				1	2	3	4	5	6
19	500kN以内振动打拔桩锤	台班	8011013	0.98	–	–	–	–	–
20	600kN以内振动打拔桩锤	台班	8011014	0.16	–	–	–	–	–
21	32kV·A以内交流电弧焊机	台班	8015028	1.42	2.6	2.13	12.73	9.49	–
22	147kW以内内燃拖轮	台班	8019003	–	–	–	–	–	1.22
23	221kW以内内燃拖轮	台班	8019005	1.06	0.46	0.55	–	–	–
24	294kW以内内燃拖轮	台班	8019006	–	–	–	0.6	0.4	–
25	100t以内工程驳船	台班	8019021	–	–	–	–	–	12.33
26	200t以内工程驳船	台班	8019023	4.73	1.15	2.53	–	–	–
27	400t以内工程驳船	台班	8019025	–	–	–	3.14	2.07	–
28	334kN·m以内船用柴油打桩锤	台班	8019041	–	1.79	1.99	–	–	–
29	小型机具使用费	元	8099001	110	123.8	123.8	159	128.8	87.7
30	基价	元	9999001	25041	20876	27618	33114	21839	44687

注:1.浮箱工作平台中的浮箱质量为5.321t/只,其设备摊销费是按使用一个月编制的,当浮箱质量和实际施工期与定额不同时,可予以调整。

2.桩基工作平台及双壁钢围堰上工作平台中的设备摊销费是按使用4个月编制的,如实际施工工期与定额不同时,可予以调整。

第五节 砌 筑 工 程

说 明

1. 定额中的 M7.5 水泥砂浆为砌筑用砂浆,M10 水泥砂浆为勾缝用砂浆。

2. 定额中已按砌体的总高度配置了脚手架、踏步、井字架,并计入搭、拆用工,其材料用量均以摊销方式计入定额中。

3. 浆砌混凝土预制块定额中,未包括预制块的预制,应按定额中括号内所列预制块数量,另按预制混凝土构件的有关定额计算。

4. 浆砌料石或混凝土预制块作镶面时,其内部应按填腹石定额计算。

5. 桥涵拱圈定额中,未包括拱盔和支架,需要时应按本章第九节拱盔、支架工程中有关定额另行计算。

6. 定额中均未包括垫层及拱背、台背填料和砂浆抹面,需要时应按本章第十一节杂项工程中有关定额另行计算。

7. 砌筑工程的工程量为砌体的实际体积,包括构成砌体的砂浆体积。

4-5-1 干砌片石、块石

工程内容 1)选、修石料;2)搭、拆脚手架及踏步;3)砌筑。

单位:10m³

顺序号	项 目	单位	代 号	干砌片石				干砌块石		
				基础、护底、截水墙	锥坡、沟、槽、池	护拱	台、墙	基础	台、墙	拱圈
				1	2	3	4	5	6	7
1	人工	工日	1001001	4.8	6.2	4.5	5.4	4.6	6.2	7.2
2	8~12号铁丝	kg	2001021	-	-	-	0.4	-	0.4	1.1
3	钢管	t	2003008	-	-	-	0.003	-	0.003	-
4	铁钉	kg	2009030	-	-	-	0.1	-	0.1	0.1
5	原木	m³	4003001	-	-	-	0	-	0	0.01
6	锯材	m³	4003002	-	-	-	0.02	-	0.02	0.02
7	片石	m³	5505005	12.5	12.5	12.5	12.5	-	-	-
8	块石	m³	5505025	-	-	-	-	11.5	11.5	11.5
9	其他材料费	元	7801001	-	-	-	0.8	-	0.8	-
10	1.0m³ 以内轮胎式装载机	台班	8001045	0.08	0.08	0.1	0.1	0.08	0.1	0.1
11	基价	元	9999001	1346	1495	1326	1467	1608	1835	1944

4-5-2 浆砌片石

工程内容 1)选、修、洗石料;2)搭、拆脚手架、踏步或井字架;3)配、拌、运砂浆;4)砌筑;5)勾缝;6)养护。

单位:10m³

顺序号	项 目	单位	代号	基础、护底、截水墙	护拱	实体式墩	实体式台、墙
				1	2	3	4
1	人工	工日	1001001	6.6	6.1	8.7	7.8
2	M7.5 水泥砂浆	m³	1501002	(3.50)	(3.50)	(3.50)	(3.50)
3	M10 水泥砂浆	m³	1501003	–	–	(0.12)	(0.05)
4	8~12 号铁丝	kg	2001021	–	–	1.8	0.6
5	钢管	t	2003008	–	–	0.011	0.004
6	铁钉	kg	2009030	–	–	0.3	0.1
7	水	m³	3005004	4	4	9	8
8	原木	m³	4003001	–	–	0.01	–
9	锯材	m³	4003002	–	–	0.05	0.02
10	中(粗)砂	m³	5503005	3.82	3.82	3.94	3.87
11	片石	m³	5505005	11.5	11.5	11.5	11.5
12	32.5 级水泥	t	5509001	0.931	0.931	0.968	0.947
13	其他材料费	元	7801001	1.2	1.2	5.4	2.7
14	1.0m³ 以内轮胎式装载机	台班	8001045	0.08	0.1	0.1	0.1
15	400L 以内灰浆搅拌机	台班	8005010	0.15	0.15	0.15	0.15
16	基价	元	9999001	2127	2086	2545	2338

单位:10m³

顺序号	项 目	单位	代 号	轻型墩台、拱上横墙、墩上横墙	拱圈	锥坡、沟槽、池	填腹石	
							实体式墩	实体式台、墙
				5	6	7	8	9
1	人工	工日	1001001	10	10.5	8.7	7.8	6.8
2	M7.5 水泥砂浆	m³	1501002	(3.50)	(3.50)	(3.50)	(3.50)	(3.50)
3	M10 水泥砂浆	m³	1501003	(0.17)	(0.18)	(0.29)	-	-
4	8~12 号铁丝	kg	2001021	2.2	1.5	-	1.8	0.6
5	钢管	t	2003008	0.006	-	-	0.011	0.004
6	铁钉	kg	2009030	0.2	0.1	-	0.3	0.1
7	水	m³	3005004	10	15	18	7	7
8	原木	m³	4003001	0.02	0.01	-	0.01	-
9	锯材	m³	4003002	0.04	0.02	-	0.05	0.02
10	中(粗)砂	m³	5503005	4	4.01	4.13	3.82	3.82
11	片石	m³	5505005	11.5	11.5	11.5	11.5	11.5
12	32.5 级水泥	t	5509001	0.984	0.987	1.021	0.931	0.931
13	其他材料费	元	7801001	4.1	4.4	1.2	5.4	2.7
14	1.0m³ 以内轮胎式装载机	台班	8001045	0.1	0.1	0.08	0.1	0.1
15	400L 以内灰浆搅拌机	台班	8005010	0.15	0.15	0.15	0.15	0.15
16	基价	元	9999001	2673	2670	2443	2422	2220

4-5-3 浆 砌 块 石

工程内容 1)选、修、洗石料;2)搭、拆脚手架、踏步或井字架;3)配、拌、运砂浆;4)砌筑;5)勾缝;6)养护。

单位:10m³

顺序号	项 目	单位	代号	基础、护底、截水墙 1	护拱 2	实体式墩 3	实体式台、墙 4
1	人工	工日	1001001	6.3	5.9	8.4	7.5
2	M7.5 水泥砂浆	m³	1501002	(2.70)	(2.70)	(2.70)	(2.70)
3	M10 水泥砂浆	m³	1501003	–	–	(0.07)	(0.03)
4	8~12 号铁丝	kg	2001021	–	–	1.8	0.6
5	钢管	t	2003008	–	–	0.011	0.004
6	铁钉	kg	2009030	–	–	0.3	0.1
7	水	m³	3005004	4	4	9	8
8	原木	m³	4003001	–	–	0.01	–
9	锯材	m³	4003002	–	–	0.05	0.02
10	中(粗)砂	m³	5503005	2.94	2.94	3.02	2.98
11	块石	m³	5505025	10.5	10.5	10.5	10.5
12	32.5 级水泥	t	5509001	0.718	0.718	0.74	0.727
13	其他材料费	元	7801001	1.2	1.2	5.4	2.7
14	1.0m³ 以内轮胎式装载机	台班	8001045	0.08	0.1	0.1	0.1
15	400L 以内灰浆搅拌机	台班	8005010	0.19	0.12	0.12	0.12
16	基价	元	9999001	2211	2171	2611	2409

单位:10m³

顺序号	项 目	单位	代 号	轻型墩台、拱上横墙、墩上横墙	拱圈 跨径(m)		锥坡、沟、槽、池	填腹石	
					20 以内	50 以内		实体式墩	实体式台、墙
				5	6	7	8	9	10
1	人工	工日	1001001	9.6	10	12.8	8.4	7.5	6.6
2	M7.5 水泥砂浆	m³	1501002	(2.70)	(2.70)	(2.70)	(2.70)	(2.70)	(2.70)
3	M10 水泥砂浆	m³	1501003	(0.10)	(0.11)	(0.07)	(0.17)	–	–
4	8～12 号铁丝	kg	2001021	2.2	1.5	2.4	–	1.8	0.6
5	钢管	t	2003008	0.006	–	–	–	0.011	–
6	铁钉	kg	2009030	0.2	0.1	0.1	–	0.3	0.1
7	水	m³	3005004	10	15	14	18	7	7
8	原木	m³	4003001	0.02	0.01	0.03	–	0.01	–
9	锯材	m³	4003002	0.04	0.02	0.02	–	0.05	0.02
10	中(粗)砂	m³	5503005	3.05	3.06	3.02	3.12	2.94	2.94
11	块石	m³	5505025	10.5	10.5	10.5	10.5	10.5	10.5
12	32.5 级水泥	t	5509001	0.749	0.752	0.74	0.771	0.718	0.718
13	其他材料费	元	7801001	4.1	4.4	4.4	1.2	5.4	2.7
14	1.0m³ 以内轮胎式装载机	台班	8001045	0.1	0.1	0.1	0.08	0.1	0.1
15	400L 以内灰浆搅拌机	台班	8005010	0.12	0.12	0.12	0.12	0.12	0.12
16	基价	元	9999001	2724	2710	3028	2495	2496	2305

4-5-4 浆砌料石

工程内容 1)选、修、洗石料;2)搭、拆脚手架、踏步或井字架;3)配、拌、运砂浆;4)砌筑;5)勾缝;6)养护。

单位:10m³

顺序号	项目	单位	代号	墩、台、墙粗料石镶面	轻型墩台、拱上横墙、墩上横墙	粗料石拱圈		粗料石帽石、缘石	粗料石栏杆	细料石栏杆	细料石索塔立柱
						跨径(m)					
						20以内	50以内				
				1	2	3	4	5	6	7	8
1	人工	工日	1001001	9	9.7	10.9	12.3	11.6	12.8	15.7	16.2
2	M7.5 水泥砂浆	m³	1501002	(2.00)	(2.00)	(2.00)	(2.00)	(2.00)	(2.00)	(1.30)	–
3	M10 水泥砂浆	m³	1501003	(0.09)	(0.07)	(0.07)	(0.05)	(0.13)	(0.12)	(0.12)	–
4	M12.5 水泥砂浆	m³	1501004	–	–	–	–	–	–	–	(1.30)
5	M15 水泥砂浆	m³	1501005	–	–	–	–	–	–	–	(0.13)
6	8~12 号铁丝	kg	2001021	1.8	2.2	1.5	2.4	–	–	–	24.9
7	钢管	t	2003008	0.011	0.006	–	–	–	–	–	–
8	铁钉	kg	2009030	0.3	0.2	0.1	0.1	–	–	–	0.5
9	水	m³	3005004	11	10	15	15	15	15	15	11
10	原木	m³	4003001	0.01	0.04	0.01	0.03	–	–	–	0.3
11	锯材	m³	4003002	0.05	0.04	0.02	0.02	–	–	–	0.09
12	中(粗)砂	m³	5503005	2.28	2.25	2.26	2.23	2.32	2.31	1.55	1.53

顺序号	项 目	单位	代 号	墩、台、墙粗料石镶面	轻型墩台、拱上横墙、墩上横墙	粗料石拱圈 跨径(m) 20以内	粗料石拱圈 跨径(m) 50以内	粗料石帽石、缘石	粗料石栏杆	细料石栏杆	细料石索塔立柱
				1	2	3	4	5	6	7	8
13	粗料石	m³	5505029	9	9	9	9	9	9	–	–
14	细料石	m³	5505030	–	–	–	–	–	–	9.2	9.2
15	32.5级水泥	t	5509001	0.56	0.554	0.554	0.548	0.572	0.569	0.383	0.5
16	其他材料费	元	7801001	5.4	4.1	4.4	4.4	10.9	10.9	10.9	1.9
17	1.0m³以内轮胎式装载机	台班	8001045	0.1	0.1	0.1	0.1	0.1	0.1	0.1	0.1
18	400L以内灰浆搅拌机	台班	8005010	0.09	0.09	0.09	0.09	0.09	0.09	0.06	0.06
19	基价	元	9999001	3293	3337	3408	3582	3449	3575	4005	4704

4-5-5 浆砌混凝土预制块

工程内容 1)搭、拆脚手架、踏步或井字架;2)配、拌、运砂浆;3)砌筑;4)勾缝;5)养护。

单位:10m³

顺序号	项 目	单位	代 号	墩、台、墙镶面	轻型墩台、拱上横墙、墩上横墙	拱圈 跨径(m)		帽石、缘石	栏杆
						20以内	50以内		
				1	2	3	4	5	6
1	人工	工日	1001001	8.9	9.5	8.8	10.1	11.2	15.2
2	M7.5水泥砂浆	m³	1501002	(1.30)	(1.30)	(1.30)	(1.30)	(1.30)	(1.30)
3	M10水泥砂浆	m³	1501003	(0.09)	(0.07)	(0.07)	(0.05)	(0.14)	(0.32)
4	混凝土预制块	m³	1517002	(9.20)	(9.20)	(9.20)	(9.20)	(9.20)	(9.20)
5	8~12号铁丝	kg	2001021	1.8	2.2	1.5	2.4	–	–
6	钢管	t	2003008	0.011	0.006	–	–	–	–
7	铁钉	kg	2009030	0.3	0.2	0.1	0.1	–	–
8	水	m³	3005004	11	10	15	15	16	23
9	原木	m³	4003001	0.01	0.02	0.01	0.03	–	–
10	锯材	m³	4003002	0.05	0.04	0.02	0.02	–	–
11	中(粗)砂	m³	5503005	1.51	1.49	1.49	1.47	1.57	1.76
12	32.5级水泥	t	5509001	0.374	0.368	0.368	0.361	0.389	0.446

单位:10m³

顺序号	项　目	单位	代　号	墩、台、墙镶面	轻型墩台、拱上横墙、墩上横墙	拱圈		帽石、缘石	栏杆
						跨径(m)			
						20 以内	50 以内		
				1	2	3	4	5	6
13	其他材料费	元	7801001	5.4	4.1	4.4	4.4	10.9	10.9
14	1.0m³ 以内轮胎式装载机	台班	8001045	0.1	0.1	0.1	0.1	0.1	0.1
15	400L 以内灰浆搅拌机	台班	8005010	0.06	0.06	0.06	0.06	0.06	0.06
16	基价	元	9999001	1438	1473	1341	1504	1568	2047

4-5-6 干、浆砌盖板石

工程内容 1)选、修、洗石料;2)配、拌、运砂浆;3)砌筑;4)勾缝;5)养护。

单位:10m³

顺序号	项 目	单位	代 号	干砌	浆砌
				1	2
1	人工	工日	1001001	9.5	9.8
2	M7.5 水泥砂浆	m³	1501002	–	(0.50)
3	M10 水泥砂浆	m³	1501003	–	(0.13)
4	水	m³	3005004	–	18
5	中(粗)砂	m³	5503005	–	0.68
6	盖板石	m³	5505027	10	10
7	32.5 级水泥	t	5509001	–	0.173
8	其他材料费	元	7801001	–	1.2
9	1.0m³ 以内轮胎式装载机	台班	8001045	0.1	0.1
10	400L 以内灰浆搅拌机	台班	8005010	–	0.03
11	基价	元	9999001	2816	3015

4-5-7 浆砌青(红)砖

工程内容 1)搭、拆脚手架及踏步;2)砖浸水;3)配、拌、运砂浆;4)砌筑;5)勾缝;6)养护。

单位:10m³

顺序号	项目	单位	代号	基础、护拱	墩、台、墙	拱圈	帽石、缘石	栏杆
				1	2	3	4	5
1	人工	工日	1001001	5.7	8.7	11.7	8.6	15.8
2	M7.5 水泥砂浆	m³	1501002	(2.40)	(2.40)	(2.40)	(2.40)	(2.40)
3	M10 水泥砂浆	m³	1501003	–	(0.02)	(0.06)	(0.09)	(0.20)
4	8~12 号铁丝	kg	2001021	–	0.5	2.3	–	–
5	钢管	t	2003008	–	0.006	–	–	–
6	铁钉	kg	2009030	–	0.2	0.1	–	–
7	水	m³	3005004	4	8	16	16	23
8	原木	m³	4003001	–	0	0.02	–	–
9	锯材	m³	4003002	–	0.03	0.03	–	–
10	中(粗)砂	m³	5503005	2.62	2.64	2.68	2.71	2.83
11	青(红)砖	千块	5507003	5.31	5.31	5.31	5.31	5.31
12	32.5 级水泥	t	5509001	0.638	0.644	0.657	0.666	0.7
13	其他材料费	元	7801001	1.2	4.2	4.4	10.9	10.9
14	1.0m³ 以内轮胎式装载机	台班	8001045	0.08	0.1	0.1	0.1	0.1
15	400L 以内灰浆搅拌机	台班	8005010	0.1	0.1	0.1	0.1	0.1
16	基价	元	9999001	3181	3603	3959	3560	4365

第六节　现浇混凝土及钢筋混凝土

说　　明

1. 定额中未包括现浇混凝土及钢筋混凝土上部构造所需的拱盔、支架,需要时按有关定额另行计算。

2. 定额中片石混凝土中片石含量均按 15% 计算。

3. 有底模承台适用于高桩承台施工。

4. 使用套箱围堰浇筑承台混凝土时,应采用无底模承台的定额。

5. 定额中均未包括提升模架、拐角门架、悬浇挂篮、移动模架等金属设备,需要时,应按有关定额另行计算。

6. 墩台高度为基础顶、承台顶或系梁底到盖梁顶、墩台帽顶或 0 号块件底的高度。

7. 索塔高度为基础顶、承台顶或系梁底到索塔顶的高度。当塔墩固结时,工程量为基础顶面或承台顶面以上至塔顶的全部数量;当塔墩分离时,工程量应为桥面顶部以上至塔顶的数量,桥面顶部以下部分的数量应按墩台定额计算。

8. 斜拉索锚固套筒定额中已综合加劲钢板和钢筋的数量,其工程量以混凝土箱梁中锚固套筒钢管的质量计算。

9. 斜拉索钢锚箱的工程量为钢锚箱钢板、剪力钉、定位件的质量之和,不包括钢管和型钢的质量。

10. 各种结构的模板接触面积如下:

项　目		基础				支撑梁	承台		轻型墩台身		
		轻型墩台		实体式墩台					钢筋混凝土墩台	混凝土墩台	
		跨径（m）		上部构造形式			有底模	无底模		跨径（m）	
		4 以内	8 以内	梁板式	拱式					4 以内	8 以内
模板接触面积（m²/10m³混凝土）	内模	–	–	–	–	–	–	–	–	–	–
	外模	25.23	19.63	8.65	6.18	57.10	11.69	7.34	45.28	35.06	25.93
	合计	25.23	19.63	8.65	6.18	57.10	11.69	7.34	45.28	35.06	25.93

项　目		实体式墩台身				圆柱式墩台身		方柱式墩台身			框架式桥台
		梁板桥		拱桥		高度（m）					
		高度（m）		墩	台	10 以内	20 以内	10 以内	20 以内	40 以内	
		10 以内	20 以内								
模板接触面积（m²/10m³混凝土）	内模	–	–	–	–	–	–	–	–	–	–
	外模	20.57	12.9	9.72	13.99	29.68	25.55	30.95	25.95	22.54	29.69
	合计	20.57	12.9	9.72	13.99	29.68	25.55	30.95	25.95	22.54	29.69

项　目		肋形埋置式桥台		空心墩					异型墩		薄壁墩
		高度（m）									
		8 以内	14 以内	40 以内	70 以内	100 以内	150 以内	150 以上	10 以内	20 以内	10 以内
模板接触面积（m²/10m³混凝土）	内模	–	–	13.54	12.96	11.75	8.81	6.49	–	–	–
	外模	27.6	24.73	18.33	17.18	16.22	11.84	9.42	25.26	21.50	31.42
	合计	27.6	24.73	31.87	30.14	27.97	20.65	15.91	25.26	21.50	31.42

续前页

项 目		薄壁墩		支座垫石		墩台帽	拱座	盖梁	系梁		耳背墙
		高度（m）		盆式支座	板式支座				地面以下	地面以上	
		20以内	40以内								
模板接触面积（m²/10m³混凝土）	内模	－	－	－	－	－	－	－	－	－	－
	外模	30.75	23.2	53.17	84.34	24.32	14.15	22.02	17.58	21.05	43.24
	合计	30.75	23.2	53.17	84.34	24.32	14.15	22.02	17.58	21.05	43.24

项 目		墩梁固结现浇段	索塔立柱					索塔横梁		现浇T形梁	现浇箱梁
			高度（m）					下横梁	中、上横梁		
			50以内	100以内	150以内	200以内	250以内				
模板接触面积（m²/10m³混凝土）	内模	10.25	7.11	6.74	6.48	5.71	5.70	11.88	15.21	－	18.33
	外模	44.58	16.58	15.72	15.13	13.33	13.29	10.18	16.68	106.98	22.41
	合计	54.83	23.69	22.46	21.61	19.04	18.99	22.06	31.89	106.98	40.74

项 目		现浇箱涵			现浇板上部构造			悬浇箱梁			
		跨径（m）			矩形板	实体连续板	空心连续板	T型刚构等		连续刚构	
		3以内	5以内	8以内				0号块	悬浇段	0号块	悬浇段
模板接触面积（m²/10m³混凝土）	内模	20.07	15.02	12.26	－	－	9.24	10.15	18.70	10.80	13.47
	外模	24.52	18.35	14.99	43.18	29.04	34.42	8.30	22.85	8.84	16.46
	合计	44.59	33.37	27.25	43.18	29.04	43.66	18.45	41.55	19.64	29.93

续前页

项 目		钢管混凝土叠合柱					薄壁台		现浇拱桥(涵)台		
		高度(m)					壁式	箱式	跨径(m)		
		70 以内	100 以内	150 以内	200 以内	200 以上			3 以内	5 以内	8 以内
模板接触面积（m²/10m³混凝土）	内模	–	–	–	–	–	–	–	–	–	–
	外模	38.41	36.49	34.57	32.65	28.81	26.40	37.89	20.98	14.15	11.38
	合计	38.41	36.49	34.57	32.65	28.81	26.40	37.89	20.98	14.15	11.38

项 目		现浇拱桥(涵)拱圈		
		跨径(m)		
		3 以内	5 以内	8 以内
模板接触面积（m²/10m³ 混凝土）	内模	–	–	–
	外模	67.17	44.32	30.44
	合计	67.17	44.32	30.44

4 - 6 - 1 基础、承台及支撑梁

工程内容 1)模板制作、安装、拆除、修理、涂脱模剂、堆放;2)钢筋除锈、制作、电焊、绑扎及骨架吊装入模;3)安、拆灌注水下混凝土导管、漏斗等设备;4)混凝土浇筑、捣固、养护;5)凿桩头。

单位:10m³ 实体

顺序号	项 目	单位	代 号	混凝土				支撑梁
				基础				
				轻型墩台		实体式墩台		
				跨径(m)		上部构造形式		
				4 以内	8 以内	梁板式	拱式	
				1	2	3	4	5
1	人工	工日	1001001	8.1	7.2	5.5	5	13.8
2	片 C15 - 32.5 - 8	m³	1503002	–	–	(10.20)	(10.20)	–
3	普 C20 - 32.5 - 4	m³	1503032	–	–	–	–	(10.20)
4	普 C15 - 32.5 - 8	m³	1503051	(10.20)	(10.20)	–	–	–
5	钢模板	t	2003025	0.04	0.031	0.017	0.012	0.069
6	螺栓	kg	2009013	1.3	1	0.4	0.3	4.7
7	铁件	kg	2009028	10.2	7.9	3.5	2.5	2.8
8	水	m³	3005004	12	12	12	12	12
9	中(粗)砂	m³	5503005	5.61	5.61	4.79	4.79	5

单位:10m³ 实体

顺序号	项 目	单位	代 号	混凝土				
				基础				支撑梁
				轻型墩台		实体式墩台		
				跨径(m)		上部构造形式		
				4 以内	8 以内	梁板式	拱式	
				1	2	3	4	5
10	片石	m³	5505005	–	–	2.19	2.19	–
11	碎石(4cm)	m³	5505013	–	–	–	–	8.57
12	碎石(8cm)	m³	5505015	8.47	8.47	7.24	7.24	–
13	32.5 级水泥	t	5509001	2.581	2.581	2.193	2.193	3.04
14	其他材料费	元	7801001	37.4	27.6	15.7	11.2	42.4
15	25t 以内汽车式起重机	台班	8009030	0.34	0.21	0.17	0.16	–
16	小型机具使用费	元	8099001	10.2	9.7	9	8.7	14.3
17	基价	元	9999001	3657	3313	2812	2708	4088

顺序号	项　　目	单位	代　　号	混凝土						钢筋	
				承台						基础及支撑梁	承台
				起重机配吊斗			混凝土输送泵				
				有底模	无底模	封底	有底模	无底模	封底		
				10m³ 实体						1t	
				6	7	8	9	10	11	12	13
1	人工	工日	1001001	10	8.1	2.8	8.3	6.6	1.9	5	4.9
2	普 C25－32.5－4	m³	1503033	(10.20)	(10.20)	－	－	－	－	－	－
3	泵 C25－32.5－4	m³	1503083	－	－	－	(10.40)	(10.40)	－	－	－
4	水 C20－32.5－4	m³	1503100	－	－	(10.20)	－	－	－	－	－
5	水 C25－32.5－4	m³	1503101	－	－	－	－	－	(10.40)	－	－
6	HPB300 钢筋	t	2001001	－	－	－	－	－	－	0.058	－
7	HRB400 钢筋	t	2001002	－	－	－	－	－	－	0.967	1.025
8	20～22 号铁丝	kg	2001022	－	－	－	－	－	－	2.03	2.58
9	钢模板	t	2003025	0.028	0.015	－	0.028	0.015	－	－	－
10	电焊条	kg	2009011	－	－	－	－	－	－	1.15	3.65
11	螺栓	kg	2009013	0.61	0.38	－	0.61	0.38	－	－	－
12	铁件	kg	2009028	4.72	2.97	－	4.72	2.97	－	－	－
13	水	m³	3005004	12	12	2	18	18	2	－	－
14	中(粗)砂	m³	5503005	4.9	4.9	5.3	6.03	6.03	5.41	－	－
15	碎石(4cm)	m³	5505013	8.47	8.47	7.24	7.59	7.59	7.38	－	－

顺序号	项 目	单位	代 号	混凝土						钢筋	
				承台						基础及支撑梁	承台
				起重机配吊斗			混凝土输送泵				
				有底模	无底模	封底	有底模	无底模	封底		
				10m³ 实体						1t	
				6	7	8	9	10	11	12	13
16	32.5 级水泥	t	5509001	3.417	3.417	3.754	3.869	3.869	3.827	–	–
17	其他材料费	元	7801001	5.00	5.00	–	5.00	5.00	19.00	–	–
18	60m³/h 以内混凝土输送泵	台班	8005051	–	–	–	0.11	0.11	0.12	–	–
19	25t 以内汽车式起重机	台班	8009030	0.20	0.16	0.14	0.06	0.02	–	–	–
20	32kV·A 以内交流电弧焊机	台班	8015028	–	–	–	–	–	–	0.27	0.48
21	小型机具使用费	元	8099001	9.00	8.50	1.30	9.00	8.50	11.70	18.70	15.80
22	基价	元	9999001	3769	3432	2738	3715	3400	2677	3950	3987

单位:1t 钢筋

顺序号	项 目	单位	代 号	标准化集中加工钢筋	
				轻型墩台及支撑梁钢筋	承台钢筋
				14	15
1	人工	工日	1001001	4.076	3.77
2	HPB300 钢筋	t	2001001	0.058	-
3	HRB400 钢筋	t	2001002	0.962	1.02
4	20~22 号铁丝	kg	2001022	2.033	2.575
5	电焊条	kg	2009011	1.151	3.654
6	数控立式钢筋弯曲中心	台班	8015007	0.101	0.134
7	32kV·A 以内交流电弧焊机	台班	8015028	0.274	0.483
8	基价	元	9999001	3906	3953

4-6-2 墩、台身

工程内容 1)搭、拆脚手架及轻型上下架、安全爬梯;2)定型钢模板安装、拆除、修理、涂脱模剂、堆放;3)液压爬模拼拆及安装、提升、拆除、修理、涂脱模剂、堆放;4)钢筋除锈、制作、电焊、绑扎及骨架吊装入模;5)混凝土浇筑、捣固、养护。

I. 实体式墩台

单位:表列单位

顺序号	项 目	单位	代 号	混凝土									钢筋	
				轻型墩台			实体式墩台						现场加工	集中加工
				钢筋混凝土墩台	混凝土墩台 跨径(m)		梁板桥 高度(m)		拱桥		薄壁台			
					4以内	8以内	10以内	20以内	墩	台	壁式	箱式		
				10m³ 实体									1t	
				1	2	3	4	5	6	7	8	9	10	11
1	人工	工日	1001001	13.3	15.4	12.5	11.5	12.5	7.7	8.9	17.3	18	5.3	4.3
2	片 C15-32.5-8	m³	1503002	–	–	–	(10.20)	(10.20)	(10.20)	–	–	–	–	–
3	普 C15-32.5-4	m³	1503031	–	–	–	–	–	–	(10.20)	–	–	–	–
4	普 C20-32.5-4	m³	1503032	–	(10.20)	(10.20)	–	–	–	–	–	–	–	–
5	普 C25-32.5-4	m³	1503033	(10.20)	–	–	–	–	–	–	–	–	–	–
6	普 C30-32.5-4	m³	1503034	–	–	–	–	–	–	–	(10.20)	(10.20)	–	–
7	HPB300 钢筋	t	2001001	–	–	–	–	–	–	–	–	–	0.159	0.158
8	HRB400 钢筋	t	2001002	–	–	–	–	–	–	–	–	–	0.866	0.862

顺序号	项目	单位	代号	混凝土									钢筋	
				轻型墩台			实体式墩台							
				钢筋混凝土墩台	混凝土墩台 跨径(m)		梁板桥 高度(m)		拱桥		薄壁台		现场加工	集中加工
					4以内	8以内	10以内	20以内	墩	台	壁式	箱式		
				10m³ 实体									1t	
				1	2	3	4	5	6	7	8	9	10	11
9	钢丝绳	t	2001019	0.005	0.004	0.003	0.002	0.001	0.001	0.001	0.003	0.004	–	–
10	8~12号铁丝	kg	2001021	0.3	0.55	0.32	0.16	–	0.08	0.11	0.47	0.28	–	–
11	20~22号铁丝	kg	2001022	–	–	–	–	–	–	–	–	–	2.06	2.06
12	钢管	t	2003008	0.009	0.015	0.009	0.009	0.005	0.003	0.006	0.025	0.015	–	–
13	钢模板	t	2003025	0.072	0.056	0.042	0.049	0.031	0.023	0.034	0.042	0.061	–	–
14	电焊条	kg	2009011	–	–	–	–	–	–	–	–	–	2.82	2.82
15	螺栓	kg	2009013	10.99	8.51	6.3	4.99	3.13	2.36	3.4	6.41	9.2	–	–
16	铁件	kg	2009028	6.48	5.02	3.71	2.95	1.85	1.39	2	3.78	5.43	–	–
17	铁钉	kg	2009030	0.25	0.46	0.27	0.14	–	0.06	0.09	0.4	0.24	–	–
18	水	m³	3005004	12	12	12	12	12	12	12	12	12	–	–
19	锯材	m³	4003002	0.03	0.06	0.03	0.02	0.01	0.01	0.01	0.05	0.03	–	–
20	中(粗)砂	m³	5503005	4.9	5	5	4.79	4.79	4.79	5.1	4.69	4.69	–	–
21	片石	m³	5505005	–	–	–	2.19	2.19	2.19	–	–	–	–	–
22	碎石(4cm)	m³	5505013	8.47	8.57	8.57	–	–	–	8.67	8.47	8.47	–	–

续前页　　　　　　　　　　　　　　　　　　　　　　　　　　　　　　　　　　　　　单位：表列单位

顺序号	项　目	单位	代　号	混凝土									钢筋	
				轻型墩台			实体式墩台							
				钢筋混凝土墩台	混凝土墩台 跨径(m)		梁板桥 高度(m)		拱桥		薄壁台		现场加工	集中加工
					4以内	8以内	10以内	20以内	墩	台	壁式	箱式		
				10m³ 实体									1t	
				1	2	3	4	5	6	7	8	9	10	11
23	碎石(8cm)	m³	5505015	–	–	–	7.24	7.24	7.24	–	–	–	–	–
24	32.5级水泥	t	5509001	3.417	3.04	3.04	2.193	2.193	2.193	2.723	3.845	3.845	–	–
25	其他材料费	元	7801001	128	98.9	77.4	82.7	54.4	44.1	52.9	59.5	56.8	–	–
26	25t以内汽车式起重机	台班	8009030	0.46	0.45	0.39	0.36	0.54	0.22	0.25	0.59	0.68	–	0.07
27	50kN以内单筒慢动卷扬机	台班	8009081	–	–	–	–	–	–	–	–	–	0.41	–
28	数控立式钢筋弯曲中心	台班	8015007	–	–	–	–	–	–	–	–	–	–	0.11
29	32kV·A以内交流电弧焊机	台班	8015028	–	–	–	–	–	–	–	–	–	0.55	0.55
30	小型机具使用费	元	8099001	12.7	11.8	11.2	10.1	9.9	9.3	9.6	9.3	9.6	14.1	–
31	基价	元	9999001	5035	5071	4484	4060	4227	3213	3677	5557	5814	4118	4102

顺序号	项　目	单位	代　号	混凝土											
				圆柱式墩台						方柱式墩台					
				非泵送			泵送			非泵送			泵送		
				高度(m)											
				10以内	20以内	40以内	10以内	20以内	40以内	10以内	20以内	40以内	10以内	20以内	40以内
				12	13	14	15	16	17	18	19	20	21	22	23
1	人工	工日	1001001	11.1	15.6	17.8	8.9	12.5	16.7	8.6	11.3	14.8	7.4	10.7	14.2
2	普 C25－32.5－4	m³	1503033	(10.20)	(10.20)	(10.20)	－	－	－	－	－	－	－	－	－
3	普 C30－32.5－4	m³	1503033	－	－	－	－	－	－	(10.20)	(10.20)	(10.20)	－	－	－
4	泵 C25－32.5－4	m³	1503083	－	－	－	(10.40)	(10.40)	(10.40)	－	－	－	－	－	－
5	泵 C30－32.5－4	m³	1503083	－	－	－	－	－	－	－	－	－	(10.40)	(10.40)	(10.40)
6	HPB300 钢筋	t	2001001								0.001	0.001	－	0.001	0.001
7	钢丝绳	t	2001019	0.012	0.01	0.009	0.012	0.01	0.009	0.013	0.011	0.009	0.013	0.011	0.009
8	型钢	t	2003004	－	0.001	0.001	－	0.001	0.001	－	0.001	0.003	－	0.001	0.003
9	钢板	t	2003005	0.001	0.001	－		0.001	－	0.001	0.001	－	0.001	0.001	－
10	钢管	t	2003008	－	0.001	0.001	－	0.001	0.001	－	0.002	0.004	－	0.002	0.004
11	钢模板	t	2003025	0.071	0.061	0.054	0.071	0.061	0.054	0.087	0.073	0.063	0.087	0.073	0.063
12	安全爬梯	t	2003028	0.037	0.028	0.025	0.025	0.028	0.025	0.036	0.029	0.016	0.036	0.029	0.016
13	螺栓	kg	2009013	0.92	0.79	0.7	0.92	0.79	0.7	0.1	0.08	0.07	0.1	0.08	0.07

单位:10m³ 实体

顺序号	项 目	单位	代 号	混凝土											
				圆柱式墩台						方柱式墩台					
				非泵送			泵送			非泵送			泵送		
				高度(m)											
				10以内	20以内	40以内	10以内	20以内	40以内	10以内	20以内	40以内	10以内	20以内	40以内
				12	13	14	15	16	17	18	19	20	21	22	23
14	铁件	kg	2009028	5.72	16.87	18.08	4.86	16.87	18.08	2.94	32.19	63.52	2.94	32.19	63.52
15	水	m³	3005004	12	12	12	18	18	18	12	12	12	18	18	18
16	锯材	m³	4003002	–	0.01	0.01	–	0.01	0.01	–	0.03	0.06	–	0.03	0.06
17	中(粗)砂	m³	5503005	4.9	4.9	4.9	6.03	6.03	6.03	4.69	4.69	4.69	5.82	5.82	5.82
18	碎石(4cm)	m³	5505013	8.47	8.47	8.47	7.59	7.59	7.59	8.47	8.47	8.47	7.59	7.59	7.59
19	32.5级水泥	t	5509001	3.417	3.417	3.417	3.869	3.869	3.869	3.845	3.845	3.845	4.368	4.368	4.368
20	其他材料费	元	7801001	29.7	25.4	25	29.7	25.4	25	163.4	152	132.2	163.4	152	132.2
21	60m³/h以内混凝土输送泵	台班	8005051	–	–	–	0.13	0.15	0.17	–	–	–	0.13	0.15	0.17
22	25t以内汽车式起重机	台班	8009030	0.45	0.59	0.39	0.2	0.2	0.13	0.45	0.59	0.4	0.2	0.2	0.13
23	40t以内汽车式起重机	台班	8009032	–	–	0.3	–	–	0.08	–	–	0.31	–	–	0.09
24	小型机具使用费	元	8099001	8.9	9.4	9.4	7.2	7.2	7.2	11.2	11.3	97.3	9.3	9.2	90.7
25	基价	元	9999001	4862	5460	6023	4525	4966	5454	4911	5425	6323	4806	5219	5812

单位:1t

顺序号	项 目	单位	代 号	钢筋									
				现场加工					集中加工				
				高度（m）									
				主筋焊接连接			主筋钢套筒连接		主筋焊接连接			主筋钢套筒连接	
				10以内	20以内	40以内	20以内	40以内	10以内	20以内	40以内	20以内	40以内
				24	25	26	27	28	29	30	31	32	33
1	人工	工日	1001001	5.9	5.8	6.3	5.8	6.4	3.8	4.3	4.5	4.2	3.8
2	HPB300 钢筋	t	2001001	0.145	0.043	0.043	0.043	0.043	0.145	0.043	0.043	0.043	0.043
3	HRB400 钢筋	t	2001002	0.88	0.982	0.982	0.982	0.982	0.875	0.977	0.977	0.977	0.977
4	20～22 号铁丝	kg	2001022	2.49	2.2	1.95	2.2	1.95	2.35	2.2	1.95	2.2	1.95
5	电焊条	kg	2009011	3.13	3.19	3.14	1.02	1.05	3.24	3.19	3.14	2.11	1.05
6	钢筋连接套筒	个	2009012	–	–	–	9.44	10.26	–	–	–	9.44	10.26
7	25t 以内汽车式起重机	台班	8009030	–	–	–	–	–	0.13	0.13	0.14	0.13	0.14
8	50kN 以内单筒慢动卷扬机	台班	8009081	0.44	0.45	0.47	0.26	0.26	–	–	–	–	–
9	全自动钢筋笼滚焊机	台班	8015008	–	–	–	–	–	0.083	0.091	0.094	0.091	0.094
10	32kV·A 以内交流电弧焊机	台班	8015028	0.47	0.53	0.55	0.22	0.24	0.1	0.21	0.21	–	–
11	小型机具使用费	元	8099001	15.5	16.9	17.6	18.8	19.6	–	–	–	2.7	2.8
12	基价	元	9999001	4176	4170	4230	4126	4198	4025	4096	4132	4099	4071

顺序号	项　目	单位	代　号	混凝土			钢筋			
				框架式桥台	肋形埋置式桥台		现场加工		集中加工	
					高度（m）		框架式桥台	肋形埋置式桥台	框架式桥台	肋形埋置式桥台
					8 以内	14 以内				
				10m³ 实体			1t			
				34	35	36	37	38	39	40
1	人工	工日	1001001	24.1	18.1	19.7	6.3	6.2	5.5	5.3
2	普 C25 - 32.5 - 4	m³	1503033	(10.20)	(10.20)	(10.20)	-	-	-	-
3	HPB300 钢筋	t	2001001	-	-	-	0.163	0.076	0.162	0.076
4	HRB400 钢筋	t	2001002	-	-	-	0.862	0.949	0.858	0.944
5	钢丝绳	t	2001019	0.003	0.003	0.003	-	-	-	-
6	8~12 号铁丝	kg	2001021	0.31	0.41	0.16	-	-	-	-
7	20~22 号铁丝	kg	2001022	-	-	-	2.45	1.44	2.45	1.44
8	钢管	t	2003008	0.012	0.017	0.013	-	-	-	-
9	钢模板	t	2003025	0.048	0.044	0.04	-	-	-	-
10	电焊条	kg	2009011	-	-	-	2.69	2.95	2.69	2.96
11	螺栓	kg	2009013	5.6	5.21	4.67	-	-	-	-
12	铁件	kg	2009028	3.31	3.07	2.75	-	-	-	-
13	铁钉	kg	2009030	0.26	0.34	0.14	-	-	-	-
14	水	m³	3005004	12	12	12	-	-	-	-
15	锯材	m³	4003002	0.03	0.04	0.02	-	-	-	-

单位:表列单位

顺序号	项　　目	单位	代　号	混凝土			钢筋			
				框架式桥台	肋形埋置式桥台		现场加工		集中加工	
					高度(m)		框架式桥台	肋形埋置式桥台	框架式桥台	肋形埋置式桥台
					8 以内	14 以内				
				10m³ 实体			1t			
				34	35	36	37	38	39	40
16	中(粗)砂	m³	5503005	4.9	4.9	4.9	–	–	–	–
17	碎石(4cm)	m³	5505013	8.47	8.47	8.47	–	–	–	–
18	32.5 级水泥	t	5509001	3.417	3.417	3.417	–	–	–	–
19	其他材料费	元	7801001	142.9	84.4	77.3	–	–	–	–
20	25t 以内汽车式起重机	台班	8009030	0.5	0.48	0.59	–	–	0.07	–
21	数控立式钢筋弯曲中心	台班	8015007	–	–	–	–	–	0.12	0.1
22	32kV·A 以内交流电弧焊机	台班	8015028	–	–	–	0.51	0.65	0.5	0.65
23	小型机具使用费	元	8099001	11.4	11.3	11.7	17.3	15.4	–	–
24	基价	元	9999001	6068	5356	5593	4151	4153	4230	4114

IV. 空 心 墩

顺序号	项 目	单位	代 号	混凝土空心墩(泵送)				
				高度(m)				
				40 以内	70 以内	100 以内	150 以内	150 以上
				41	42	43	44	45
1	人工	工日	1001001	13.3	17.2	18.4	20.5	23.7
2	泵 C40－42.5－4	m³	1503088	(10.40)	(10.40)	(10.60)	(10.60)	(10.60)
3	HPB300 钢筋	t	2001001	0.001	0.001	－	－	－
4	型钢	t	2003004	0.001	0.001	0.001	0.001	0.001
5	钢管	t	2003008	0.001	0.001	0.001	0.001	0.001
6	钢模板	t	2003025	0.169	0.16	0.148	0.124	0.096
7	安全爬梯	t	2003028	0.006	－	－	－	－
8	螺栓	kg	2009013	7.9	7.48	6.94	5.12	3.95
9	铁件	kg	2009028	26.34	24.56	23.18	21.05	19.3
10	水	m³	3005004	18	18	18	18	18
11	锯材	m³	4003002	0.02	0.02	0.02	0.02	0.02
12	中(粗)砂	m³	5503005	5.72	5.72	5.83	5.83	5.83
13	碎石(4cm)	m³	5505013	7.38	7.38	7.53	7.53	7.53
14	42.5 级水泥	t	5509002	4.576	4.576	4.664	4.664	4.664
15	其他材料费	元	7801001	62.5	56.2	54.2	72.2	90.3

单位:10m³ 实体

顺序号	项　目	单位	代　号	混凝土空心墩(泵送)				
				高度(m)				
				40 以内	70 以内	100 以内	150 以内	150 以上
				41	42	43	44	45
16	60m³/h 以内混凝土输送泵	台班	8005051	0.17	—	—	—	—
17	80m³/h 以内混凝土输送泵	台班	8005052	—	0.15	0.18	0.25	0.31
18	液压滑升机械	台班	8005070	—	0.58	0.65	0.72	0.79
19	25t 以内汽车式起重机	台班	8009030	0.2	0.08	0.05	0.03	0.02
20	40t 以内汽车式起重机	台班	8009032	0.14	—	—	—	—
21	50kN 以内单筒慢动卷扬机	台班	8009081	—	0.61	0.7	0.82	0.94
22	φ150mm 电动多级水泵(≤180m)	台班	8013013	0.67	0.7	—	—	—
23	φ150mm 电动多级水泵(>180m)	台班	8013014	—	—	0.74	0.76	0.78
24	小型机具使用费	元	8099001	89.5	100.8	105.1	140.2	175.4
25	基价	元	9999001	6717	6880	7136	7407	7775

单位:1t

顺序号	项　目	单位	代　号	现场加工空心墩墩台钢筋									
				主筋焊接连接					主筋钢套筒连接				
				高度(m)									
				40以内	70以内	100以内	150以内	150以上	40以内	70以内	100以内	150以内	150以上
				46	47	48	49	50	51	52	53	54	55
1	人工	工日	1001001	8	8.2	8.9	9.8	11	7.5	7.8	8.3	8.9	9.7
2	HRB400 钢筋	t	2001002	1.025	1.025	1.025	1.025	1.025	1.025	1.025	1.025	1.025	1.025
3	20~22 号铁丝	kg	2001022	2.77	2.12	1.88	1.81	1.77	2.77	2.12	1.88	1.81	1.77
4	电焊条	kg	2009011	3.64	3.74	3.78	3.93	4.13	1.54	1.28	1.19	1.12	1.07
5	钢筋连接套筒	个	2009012	–	–	–	–	–	9.08	9.6	9.73	9.93	10.23
6	50kN 以内单筒慢动卷扬机	台班	8009081	0.51	0.62	0.69	0.74	0.78	0.33	0.37	0.41	0.44	0.46
7	32kV·A 以内交流电弧焊机	台班	8015028	0.71	0.76	0.82	0.89	0.98	0.52	0.38	0.39	0.38	0.37
8	小型机具使用费	元	8099001	22.9	24.7	25.4	26	26.5	24.7	26.7	27.4	27.9	28.5
9	基价	元	9999001	4455	4504	4601	4719	4872	4380	4406	4455	4523	4612

单位:1t

顺序号	项 目	单位	代 号	集中加工空心墩墩台钢筋									
				主筋焊接连接					主筋钢套筒连接				
				高度(m)									
				40以内	70以内	100以内	150以内	150以上	40以内	70以内	100以内	150以内	150以上
				56	57	58	59	60	61	62	63	64	65
1	人工	工日	1001001	6.6	7	7.4	7.9	8.5	6.3	6.7	7.2	7.5	8
2	HRB400 钢筋	t	2001002	1.02	1.02	1.02	1.02	1.02	1.01	1.01	1.01	1.01	1.01
3	20~22 号铁丝	kg	2001022	2.77	2.12	1.88	1.75	1.68	2.77	2.12	1.88	1.75	1.68
4	电焊条	kg	2009011	3.68	3.76	3.87	3.95	4.07	1.54	1.49	1.43	1.38	1.34
5	钢筋连接套筒	个	2009012	–	–	–	–	–	9.08	9.6	9.73	9.93	10.23
6	25t 以内汽车式起重机	台班	8009030	0.07	0.07	0.07	0.08	0.08	0.07	0.07	0.07	0.08	0.08
7	数控立式钢筋弯曲中心	台班	8015007	0.15	0.15	0.15	0.16	0.16	0.15	0.15	0.15	0.16	0.16
8	32kV·A 以内交流电弧焊机	台班	8015028	0.712	0.73	0.76	0.78	0.81	0.41	0.39	0.38	0.37	0.36
9	小型机具使用费	元	8099001	–	–	–	–	–	2.5	2.7	2.8	3.1	3.4
10	基价	元	9999001	4406	4449	4497	4576	4645	4331	4369	4420	4473	4526

V. Y 形墩及薄壁墩

单位:10m³ 实体

顺序号	项目	单位	代号	混凝土									
				Y 形墩				薄壁墩					
				非泵送		泵送		非泵送			泵送		
				高度(m)									
				10以内	20以内	10以内	20以内	10以内	20以内	40以内	10以内	20以内	40以内
				66	67	68	69	70	71	72	73	74	75
1	人工	工日	1001001	17.3	20.1	13.4	16.4	12.3	15.9	15.2	9.9	15.2	18.2
2	普 C30 - 32.5 - 4	m³	1503034	(10.20)	(10.20)	–	–	(10.20)	(10.20)	(10.20)	–	–	–
3	泵 C30 - 32.5 - 4	m³	1503084	–	–	(10.40)	(10.40)	–	–	–	(10.40)	(10.40)	(10.40)
4	HPB300 钢筋	t	2001001	–	–	–	–	–	0.001	0.002	–	0.001	0.002
5	HRB400 钢筋	t	2001002	–	–	–	–	–	–	–	–	–	–
6	钢丝绳	t	2001019	0.001	0.001	0.001	0.001	–	–	–	–	–	–
7	8~12 号铁丝	kg	2001021	0.15	0.05	0.15	0.05	–	–	–	–	–	–
8	20~22 号铁丝	kg	2001022	–	–	–	–	–	–	–	–	–	–
9	型钢	t	2003004	–	–	–	–	–	0.002	0.004	–	0.002	0.004
10	钢管	t	2003008	0.008	0.005	0.008	0.005	–	0.003	0.006	–	0.003	0.006
11	钢模板	t	2003025	0.116	0.099	0.116	0.099	0.088	0.086	0.065	0.088	0.081	0.065
12	安全爬梯	t	2003028	–	–	–	–	0.019	0.011	0.007	0.019	0.011	0.007
13	电焊条	kg	2009011	–	–	–	–	–	–	–	–	–	–
14	钢筋连接套筒	个	2009012	–	–	–	–	–	–	–	–	–	–

单位:10m³ 实体

顺序号	项目	单位	代号	混凝土									
				Y 形墩				薄壁墩					
				非泵送		泵送		非泵送			泵送		
				高度(m)									
				10以内	20以内	10以内	20以内	10以内	20以内	40以内	10以内	20以内	40以内
				66	67	68	69	70	71	72	73	74	75
15	螺栓	kg	2009013	7.36	6.26	7.36	6.26	7.63	7.47	5.63	7.63	6.98	5.63
16	铁件	kg	2009028	4.34	3.69	4.34	3.69	5.87	57.94	105.11	5.87	57.66	105.11
17	铁钉	kg	2009030	0.13	–	0.13	–	–	–	–	–	–	–
18	水	m³	3005004	12	12	18	18	12	12	12	18	18	18
19	锯材	m³	4003002	0.02	0.01	0.02	0.01	–	0.05	0.09	–	0.05	0.09
20	中(粗)砂	m³	5503005	4.69	4.69	5.82	5.82	4.69	4.69	4.69	5.82	5.82	5.82
21	碎石(4cm)	m³	5505013	8.47	8.47	7.59	7.59	8.47	8.47	8.47	7.59	7.59	7.59
22	32.5 级水泥	t	5509001	3.845	3.845	4.368	4.368	3.845	3.845	3.845	4.368	4.368	4.368
23	其他材料费	元	7801001	33.1	36	33.1	36	18.9	15	11.7	18.9	15	11.7
24	60m³/h 以内混凝土输送泵	台班	8005051	–	–	0.14	0.21	–	–	–	0.13	0.15	0.17
25	25t 以内汽车式起重机	台班	8009030	0.64	0.82	0.33	0.35	0.63	0.69	0.41	0.26	0.27	0.13
26	40t 以内汽车式起重机	台班	8009032	–	–	–	–	–	–	0.32	–	–	0.09
27	小型机具使用费	元	8099001	9.9	10.3	8.3	8.2	10.5	10.5	50.3	9	8.5	43.9
28	基价	元	9999001	5876	6290	5416	5722	5258	5976	6408	4864	5687	6243

单位:1t

顺序号	项目	单位	代号	现场加工钢筋				
				Y形墩钢筋	薄壁墩			
					主筋连接方式			
					焊接连接		套筒连接	
					高度(m)			
					20 以内	40 以内	20 以内	40 以内
				76	77	78	79	80
1	人工	工日	1001001	6.2	6.3	7.1	6.3	7.1
2	HPB300 钢筋	t	2001001	0.024	0.017	0.016	0.017	0.016
3	HRB400 钢筋	t	2001002	1.001	1.008	1.009	1.008	1.009
4	20~22 号铁丝	kg	2001022	2.29	2.33	2.04	2.33	2.04
5	电焊条	kg	2009011	3.66	2.78	2.84	0.87	0.81
6	钢筋连接套筒	个	2009012	−	−	−	5.49	8.53
7	50kN 以内单筒慢动卷扬机	台班	8009081	0.57	0.49	0.54	0.3	0.33
8	32kV·A 以内交流电弧焊机	台班	8015028	0.46	0.44	0.45	0.19	0.18
9	小型机具使用费	元	8099001	20.1	20.1	20.8	21.2	22.5
10	基价	元	9999001	4225	4213	4308	4157	4263

续前页

单位:1t

顺序号	项 目	单位	代 号	集中加工钢筋				
				Y形墩钢筋	薄壁墩			
					主筋连接方式			
					焊接连接		套筒连接	
					高度(m)			
					20 以内	40 以内	20 以内	40 以内
				81	82	83	84	85
1	人工	工日	1001001	5.6	5.2	6	5	5.4
2	HPB300 钢筋	t	2001001	0.02	0.017	0.016	0.016	0.016
3	HRB400 钢筋	t	2001002	1	1.003	1.004	0.994	1.004
4	20~22 号铁丝	kg	2001022	2.29	2.33	2.04	2.33	2.04
5	电焊条	kg	2009011	3.51	2.78	2.84	0.87	0.82
6	钢筋连接套筒	个	2009012	–	–	–	5.49	8.53
7	25t 以内汽车式起重机	台班	8009030	0.07	0.07	0.07	0.07	0.07
8	数控立式钢筋弯曲中心	台班	8015007	0.13	0.13	0.14	0.13	0.14
9	32kV·A 以内交流电弧焊机	台班	8015028	0.46	0.44	0.45	0.19	0.09
10	小型机具使用费	元	8099001	–	–	–	1.5	1.4
11	基价	元	9999001	4234	4184	4278	4107	4190

— 662 —

顺序号	项　目	单位	代　号	混凝土		钢筋	
				盆式支座	板式支座	现场加工	集中加工
				10m³ 实体		1t	
				86	87	88	89
1	人工	工日	1001001	16.7	22.8	5.5	4.3
2	普 C30 – 32.5 – 4	m³	1503034	(10.20)	(10.20)	–	–
3	HRB400 钢筋	t	2001002	–	–	1.025	1.02
4	20 ~ 22 号铁丝	kg	2001022	–	–	6.9	6.9
5	钢模板	t	2003025	0.069	0.11	–	–
6	螺栓	kg	2009013	1.7	2.7	–	–
7	铁件	kg	2009028	5.69	9.02	–	–
8	水	m³	3005004	12	12	–	–
9	中(粗)砂	m³	5503005	4.69	4.69	–	–
10	碎石(4cm)	m³	5505013	8.47	8.47	–	–
11	32.5 级水泥	t	5509001	3.845	3.845	–	–
12	其他材料费	元	7801001	7.6	8.8	–	–
13	25t 以内汽车式起重机	台班	8009030	1.05	1.48	–	0.05
14	数控立式钢筋弯曲中心	台班	8015007	–	–	–	0.08
15	小型机具使用费	元	8099001	5.6	6.2	17.3	–
16	基价	元	9999001	5979	7456	3964	3941

单位:10m³ 实体

顺序号	项 目	单位	代 号	钢管混凝土叠合柱高墩混凝土				
				高度(m)				
				70 以内	100 以内	150 以内	200 以内	200 以上
				90	91	92	93	94
1	人工	工日	1001001	12.5	15.2	19.2	25.3	35.7
2	自密实 C80 – 52.5 – 2	m³	1503124	(10.40)	(10.60)	(10.60)	(10.60)	(10.60)
3	铁件	kg	2009028	6.37	6.05	5.73	5.41	5.1
4	水	m³	3005004	18	18	18	18	18
5	锯材	m³	4003002	0.01	0.01	0.01	0.01	0.01
6	膨胀剂	kg	5003004	520	530	530	530	530
7	高效减水剂	kg	5003005	97.8	99.6	99.6	99.6	99.6
8	一级粉煤灰	t	5501009	0.416	0.424	0.424	0.424	0.424
9	硅灰	t	5501011	0.52	0.53	0.53	0.53	0.53
10	中(粗)砂	m³	5503005	4.91	5	5	5	5
11	玄武岩碎石	m³	5505024	6.354	6.477	6.477	6.477	6.477
12	52.5 级水泥	t	5509003	4.888	4.982	4.982	4.982	4.982
13	其他材料费	元	7801001	131.8	201.6	268.6	335.6	402.7
14	25t 以内汽车式起重机	台班	8009030	0.12	0.08	0.05	0.04	0.04
15	φ150mm 电动多级水泵(≤180m)	台班	8013013	0.67	0.69	–	–	–
16	φ150mm 电动多级水泵(>180m)	台班	8013014	–	–	0.71	0.74	0.76
17	小型机具使用费	元	8099001	34.8	39.6	50.4	59.8	66.8
18	基价	元	9999001	6202	6597	7148	7875	9064

单位:表列单位

顺序号	项 目	单位	代 号	腹板、横隔板及钢管外包混凝土					钢管立柱
				高度(m)					
				70 以内	100 以内	150 以内	200 以内	200 以上	
				10m³ 实体					10t
				95	96	97	98	99	100
1	人工	工日	1001001	11	13.8	16.8	22.3	32.6	79.6
2	泵 C30 – 32.5 – 4	m³	1503084	(10.40)	(10.60)	(10.60)	(10.60)	(10.60)	–
3	HPB300 钢筋	t	2001001	0.001	0.001	0.001	–	–	–
4	型钢	t	2003004	0.001	0.001	0.001	0.001	0.001	2.957
5	钢管	t	2003008	0.002	0.001	0.001	0.001	0.001	–
6	钢模板	t	2003025	0.117	0.111	0.105	0.099	0.088	–
7	钢管立柱(叠合柱)	t	2003056	–	–	–	–	–	10
8	电焊条	kg	2009011	–	–	–	–	–	52.2
9	螺栓	kg	2009013	9.5	9.03	8.55	8.08	7.13	42.8
10	铁件	kg	2009028	35.31	31.32	27.32	23.33	19.06	1357.7
11	水	m³	3005004	18	18	18	18	18	–
12	锯材	m³	4003002	0.03	0.02	0.02	0.02	0.01	–
13	中(粗)砂	m³	5503005	5.82	5.94	5.94	5.94	5.94	–
14	碎石(4cm)	m³	5505013	7.59	7.74	7.74	7.74	7.74	–
15	32.5 级水泥	t	5509001	4.368	4.452	4.452	4.452	4.452	–
16	其他材料费	元	7801001	60.8	90.4	118.1	144.5	167.2	850.8

顺序号	项　　目	单位	代　号	腹板、横隔板及钢管外包混凝土					钢管立柱
				高度(m)					
				70 以内	100 以内	150 以内	200 以内	200 以上	
				10m³ 实体					10t
				95	96	97	98	99	100
17	80m³/h 以内混凝土输送泵	台班	8005052	0.15	0.18	0.25	0.31	0.34	–
18	液压滑升机械	台班	8005070	0.58	0.65	0.72	0.79	0.82	–
19	25t 以内汽车式起重机	台班	8009030	0.11	0.06	0.04	0.03	0.02	0.64
20	50kN 以内单筒慢动卷扬机	台班	8009081	0.61	0.7	0.82	0.94	0.99	1.29
21	100kN 以内单筒慢动卷扬机	台班	8009083	–	–	–	–	–	3.9
22	φ150mm 电动多级水泵(≤180m)	台班	8013013	0.67	0.69	–	–	–	–
23	φ150mm 电动多级水泵(＞180m)	台班	8013014	–	–	0.71	0.74	0.76	–
24	42kV·A 以内交流电弧焊机	台班	8015029	–	–	–	–	–	6.01
25	小型机具使用费	元	8099001	65.9	87.5	121.6	161.4	190.6	210
26	基价	元	9999001	5758	6112	6663	7405	8518	89964

4－6－3 墩、台帽及拱座

工程内容 1)定型钢模板安装、拆除、修理、涂脱模剂、堆放;2)钢筋除锈、制作、电焊、绑扎;3)混凝土浇筑、捣固、养护。

I. 混 凝 土
单位:10m³ 实体

顺序号	项 目	单位	代 号	墩、台帽		拱座	
				非泵送	泵送	非泵送	泵送
				1	2	3	4
1	人工	工日	1001001	12.4	10.4	11.2	9.2
2	普 C30－32.5－4	m³	1503034	(10.20)	－	(10.20)	－
3	泵 C30－32.5－4	m³	1503084	－	(10.40)	－	(10.40)
4	8~12 号铁丝	kg	2001021	－	－	0.31	0.31
5	钢管	t	2003008	－	－	0.009	0.009
6	钢模板	t	2003025	0.049	0.049	0.028	0.028
7	螺栓	kg	2009013	5.91	5.91	3.44	3.44
8	铁件	kg	2009028	3.48	3.48	2.03	2.03
9	铁钉	kg	2009030	－	－	0.26	0.26
10	水	m³	3005004	12	18	12	18
11	锯材	m³	4003002	－	－	0.03	0.03
12	中(粗)砂	m³	5503005	4.69	5.82	4.69	5.82
13	碎石(4cm)	m³	5505013	8.47	7.59	8.47	7.59
14	32.5 级水泥	t	5509001	3.845	4.368	3.845	4.37

单位:10m³ 实体

顺序号	项 目	单位	代 号	墩、台帽		拱座	
				非泵送	泵送	非泵送	泵送
				1	2	3	4
15	其他材料费	元	7801001	86.2	86.4	56.3	56.3
16	60m³/h 以内混凝土输送泵	台班	8005051	–	0.15	–	0.12
17	25t 以内汽车式起重机	台班	8009030	0.66	0.33	0.52	0.19
18	小型机具使用费	元	8099001	11.4	9.4	12.2	8.7
19	基价	元	9999001	4991	4718	4592	4280

单位:1t

顺序号	项 目	单位	代 号	桥(涵)台帽	桥(涵)墩帽及拱座	箱形拱桥拱座
				5	6	7
1	人工	工日	1001001	6.9	6.4	7.9
2	HPB300 钢筋	t	2001001	0.17	0.17	0.257
3	HRB400 钢筋	t	2001002	0.855	0.855	0.768
4	20~22 号铁丝	kg	2001022	2.86	2.86	2.35
5	钢板	t	2003005	–	–	0.126
6	电焊条	kg	2009011	2.23	2.23	3.75
7	其他材料费	元	7801001	–	–	15.1
8	32kV·A 以内交流电弧焊机	台班	8015028	0.32	0.32	0.89
9	小型机具使用费	元	8099001	18.8	18.8	22.2
10	基价	元	9999001	4181	4212	4956

单位:1t

顺序号	项　目	单位	代　号	集中标准化加工钢筋		
				桥(涵)台帽	桥(涵)墩帽及拱座	箱形拱桥拱座
				8	9	10
1	人工	工日	1001001	5.4	5.4	6.7
2	HPB300 钢筋	t	2001001	0.169	0.169	0.256
3	HRB400 钢筋	t	2001002	0.851	0.851	0.764
4	20~22 号铁丝	kg	2001022	2.86	2.86	2.35
5	钢板	t	2003005	–	–	0.126
6	电焊条	kg	2009011	2.23	2.23	3.75
7	其他材料费	元	7801001	–	–	15.1
8	25t 以内汽车式起重机	台班	8009030	–	0.03	0.07
9	数控立式钢筋弯曲中心	台班	8015007	0.13	0.13	0.15
10	32kV·A 以内交流电弧焊机	台班	8015028	0.32	0.32	0.89
11	小型机具使用费	元	8099001	–	–	1.8
12	基价	元	9999001	4100	4141	4933

4-6-4 盖梁、系梁、耳背墙及墩顶固结

工程内容 1)定型钢模板安装、拆除、修理、涂脱模剂、堆放;2)钢筋除锈、制作、电焊、绑扎及骨架吊装入模;3)混凝土浇筑、捣固、养护。

I. 混 凝 土

单位:10m³ 实体

顺序号	项 目	单位	代 号	盖梁		系梁				耳背墙	墩梁固结现浇段
				非泵送	泵送	非泵送		泵送			
						地面以下	地面以上	地面以下	地面以上		
				1	2	3	4	5	6	7	8
1	人工	工日	1001001	12.3	11.0	6.1	12.1	4.3	10.4	17.7	16.4
2	普 C25-32.5-4	m³	1503033	-	-	-	-	-	-	(10.20)	-
3	普 C30-32.5-4	m³	1503034	(10.20)	-	(10.20)	(10.20)	-	-	-	(10.20)
4	泵 C30-32.5-4	m³	1503084	-	(10.40)	-	-	(10.40)	(10.40)	-	-
5	HPB300 钢筋	t	2001001	0.0	0.0	-	-	-	-	-	-
6	型钢	t	2003004	0.1	0.1	-	0.084	-	0.084	-	-
7	钢管	t	2003008	0.0	0.0	-	-	-	-	-	-
8	钢模板	t	2003025	0.2	0.2	0.07	0.196	0.07	0.196	0.086	0.154
9	螺栓	kg	2009013	0.1	0.1	0.56	0.12	0.56	0.12	9.52	15.97
10	铁件	kg	2009028	30.9	30.9	1.88	0.34	1.88	0.34	5.62	9.42
11	水	m³	3005004	12	18	12	12	18	18	12	12

单位:10m³ 实体

顺序号	项 目	单位	代 号	盖梁		系梁				耳背墙	墩梁固结现浇段
				非泵送	泵送	非泵送		泵送			
						地面以下	地面以上	地面以下	地面以上		
				1	2	3	4	5	6	7	8
12	中(粗)砂	m³	5503005	4.69	5.82	4.69	4.69	5.82	5.82	4.9	4.69
13	碎石(4cm)	m³	5505013	8.47	7.59	8.47	8.47	7.59	7.59	8.47	8.47
14	32.5 级水泥	t	5509001	3.8	4.4	3.845	3.845	4.368	4.368	3.417	3.845
15	其他材料费	元	7801001	109.8	109.8	11.5	12.5	11.5	12.5	84.8	207.4
16	60m³/h 以内混凝土输送泵	台班	8005051	–	0.1	–	–	0.12	0.14	–	–
17	25t 以内汽车式起重机	台班	8009030	0.7	0.3	0.31	0.64	0.08	0.31	1.1	1.26
18	小型机具使用费	元	8099001	11.4	9.4	10.8	11	9	9.2	15.7	14.2
19	基价	元	9999001	6033	5822	3838	5887	3684	5633	6276	7020

II. 钢 筋

单位:1t

顺序号	项 目	单位	代 号	现场加工钢筋				集中加工钢筋			
				盖梁	系梁	耳背墙	墩梁固结	盖梁	系梁	耳背墙	墩梁固结
				9	10	11	12	13	14	15	16
1	人工	工日	1001001	6.6	5.9	6.3	5.3	5.8	5	4.8	4.8
2	HPB300 钢筋	t	2001001	0.108	0.165	0.294	–	0.107	0.164	0.293	–
3	HRB400 钢筋	t	2001002	0.917	0.86	0.731	1.025	0.913	0.856	0.727	1.02
4	20～22 号铁丝	kg	2001022	3.0	2.3	2.3	0.64	2.99	2.33	2.28	0.64
5	钢板	t	2003005	–	–	–	0.134	–	–	–	0.134
6	电焊条	kg	2009011	3.2	2.9	1.05	4.38	3.22	2.93	1.05	4.38
7	其他材料费	元	7801001	–	–	–	15.4	–	–	–	15.4
8	25t 以内汽车式起重机	台班	8009030	–	–	–	–	0.03	0.03	0.03	0.03
9	50kN 以内单筒慢动卷扬机	台班	8009081	0.5	0.3	–	0.45	–	–	–	–
10	数控立式钢筋弯曲中心	台班	8015007	–	–	–	–	0.13	0.13	0.12	0.1
11	32kV·A 以内交流电弧焊机	台班	8015028	0.5	0.4	0.21	1.47	0.46	0.38	0.21	1.47
12	小型机具使用费	元	8099001	18.1	16.5	16.7	19.3	–	–	–	1.7
13	基价	元	9999001	4253	4140	4096	4779	4210	4111	4049	4743

4-6-5 索　塔

工程内容　1)搭、拆井字架、踏步及轻型上下架(门式钢支架);2)钢模板安装、拆除、修理、涂脱模剂、堆放;3)钢筋除锈、制作、电焊、绑扎及骨架吊装入模;4)混凝土浇筑、捣固及养护;5)劲性骨架制作、安装;6)安装锚固箱、索鞍、铁梯、避雷针。

I. 现浇索塔立柱及横梁混凝土

单位:10m³ 实体

顺序号	项　目	单位	代　号	立柱					横梁	
				高度(m)					下横梁	中、上横梁
				50以内	100以内	150以内	200以内	250以内		
				1	2	3	4	5	6	7
1	人工	工日	1001001	26.1	27.2	28.4	31.1	33.8	14.7	21.1
2	泵 C50-42.5-4	m³	1503090	(10.40)	(10.60)	(10.60)	(10.60)	(10.60)	(10.40)	(10.60)
3	型钢	t	2003004	0.017	0.03	0.04	0.033	0.033	-	-
4	钢管	t	2003008	-	0.013	0.013	0.013	0.013	-	-
5	钢模板	t	2003025	0.223	-	-	-	-	0.031	0.045
6	门式钢支架	t	2003027	0.001	0.001	0.001	0.001	0.001	-	-
7	电焊条	kg	2009011	-	1.9	1.9	1.9	1.9	-	-
8	铁件	kg	2009028	9.7	21.4	20.6	18.2	18.1	8.2	11.8
9	铁钉	kg	2009030	-	0.1	0.1	0.1	0.1	-	-
10	水	m³	3005004	18	18	18	18	18	18	18
11	原木	m³	4003001	0.02	0.06	0.06	0.05	0.05	0.03	0.04
12	锯材	m³	4003002	0.08	0.08	0.08	0.08	0.08	0.27	0.38
13	竹胶模板	m²	4005002	-	2.7	2.7	2.7	2.7	-	-

单位:10m³ 实体

顺序号	项目	单位	代号	立柱					横梁	
				高度(m)					下横梁	中、上横梁
				50以内	100以内	150以内	200以内	250以内		
				1	2	3	4	5	6	7
14	维萨面板	m²	4003009	–	0.6	0.6	0.6	0.6	–	–
15	中(粗)砂	m³	5503005	5.72	5.83	5.83	5.83	5.83	5.72	5.83
16	碎石(4cm)	m³	5505013	6.97	7.1	7.1	7.1	7.1	6.97	7.1
17	42.5级水泥	t	5509002	5.252	5.353	5.353	5.353	5.353	5.252	5.353
18	其他材料费	元	7801001	44.5	58.8	58.1	52.2	51	42.5	60.6
19	60m³/h以内混凝土输送泵	台班	8005051	–	–	–	–	–	0.14	0.33
20	80m³/h以内混凝土输送泵	台班	8005052	0.15	0.21	0.21	0.26	0.34	–	–
21	25t以内汽车式起重机	台班	8009030	0.02	0.02	0.02	0.03	0.02	0.02	0.03
22	30kN以内单筒慢动卷扬机	台班	8009080	–	–	–	–	–	0.19	0.15
23	50kN以内单筒慢动卷扬机	台班	8009081	1.28	1.45	1.52	1.89	2.24	–	–
24	φ100mm电动多级水泵(>120m)	台班	8013012	0.9	–	–	–	–	–	–
25	φ150mm电动多级水泵(≤180m)	台班	8013013	–	1	1.05	–	–	–	–
26	φ150mm电动多级水泵(>180m)	台班	8013014	–	–	–	1.07	1.1	0.27	0.61
27	42kV·A以内交流电弧焊机	台班	8015029	0.09	0.09	0.09	0.09	0.09	–	–
28	小型机具使用费	元	8099001	120.6	67.6	76.6	94.9	104.2	5.9	6.3
29	基价	元	9999001	6850	6822	7021	7583	7968	5729	7198

II. 劲性骨架及钢筋

单位:1t

顺序号	项 目	单位	代 号	劲性骨架	钢筋						横梁
					立柱						
					主筋连接方式						
					焊接连接			套筒连接			
					高度(m)						
					50以内	150以内	250以内	50以内	150以内	250以内	
				8	9	10	11	12	13	14	15
1	人工	工日	1001001	12.2	5.5	7.2	8.1	4.7	6.2	7	7.6
2	HPB300 钢筋	t	2001001	–	0.091	–	–	0.091	–	–	
3	HRB400 钢筋	t	2001002	–	0.934	1.025	1.025	0.934	1.025	1.025	1.025
4	20~22 号铁丝	kg	2001022		1.72	1.38	1.2	1.72	1.38	1.2	2.26
5	型钢	t	2003004	0.524	–	–	–	–	–	–	–
6	钢板	t	2003005	0.501	–	–	–	–	–	–	–
7	电焊条	kg	2009011	13.4	2.73	3.45	3.47	0.69	0.54	0.52	2.38
8	钢筋连接套筒	个	2009012	–	–	–	–	7.59	9.83	10.04	–
9	铁件	kg	2009028	13.2	–	–	–	–	–	–	–
10	其他材料费	元	7801001	46.6	–	–	–	–	–	–	–
11	25t 以内汽车式起重机	台班	8009030	0.12	–	–	–	–	–	–	–
12	50kN 以内单筒慢动卷扬机	台班	8009081	–	0.39	0.43	0.47	0.24	0.26	0.28	0.43
13	32kV·A 以内交流电弧焊机	台班	8015028	1.05	0.38	0.45	0.47	0.16	0.14	0.14	0.39
14	小型机具使用费	元	8099001	10.1	14.7	17	17.8	16.2	19.1	20.2	19
15	基价	元	9999001	5459	4097	4295	4401	3981	4146	4236	4326

顺序号	项　目	单位	代　号	集中加工索塔						索塔横梁钢筋
				焊接钢筋			套筒连接钢筋			
				高度(m)						
				50 以内	150 以内	250 以内	50 以内	150 以内	250 以内	
				16	17	18	19	20	21	22
1	人工	工日	1001001	4.3	5.9	6.6	3.8	5.1	5.7	6.2
2	HPB300 钢筋	t	2001001	0.091	–	–	0.09	–	–	–
3	HRB400 钢筋	t	2001002	0.929	1.02	1.02	0.92	1.01	1.01	1.02
4	20～22 号铁丝	kg	2001022	1.72	1.38	1.2	1.72	1.38	1.2	2.26
5	电焊条	kg	2009011	2.73	3.45	3.47	0.69	0.54	0.52	2.38
6	钢筋连接套筒	个	2009012	–	–	–	7.59	9.83	10.04	–
7	数控立式钢筋弯曲中心	台班	8015007	0.11	0.13	0.13	0.11	0.13	0.13	0.14
8	32kV·A 以内交流电弧焊机	台班	8015028	0.38	0.45	0.47	0.16	0.14	0.14	0.39
9	小型机具使用费	元	8099001	–	–	–	3.3	4.7	5.2	–
10	基价	元	9999001	3968	4163	4240	3879	4035	4100	4191

注:本章定额中的索鞍安装仅适用于山区钢索吊桥。

顺序号	项　目	单位	代　号	安装索塔					塔(墩)内踏步式钢爬梯	塔(墩)内爬式钢爬梯
				锚固套筒	钢锚箱	索鞍	铁梯	避雷针		
				1t 构件				1 处	1t	
				23	24	25	26	27	28	29
1	人工	工日	1001001	70.9	23.3	32.1	6.9	15	10.2	7.2
2	HRB400 钢筋	t	2001002	0.198	–	–	0.504	0.048	–	–
3	型钢	t	2003004	–	0.011	–	0.539	0.006	0.019	0.197
4	钢板	t	2003005	2.402	–	–	–	0.002	0.556	0.567
5	圆钢	t	2003006	–	–	–	–	0.019	0.275	0.296
6	钢管	t	2003008	1	0.1	–	–	0.012	0.21	–
7	索鞍构件	t	2003030	–	–	1.0	–	–	–	–
8	钢锚箱	t	2003037	–	1.0	–	–	–	–	–
9	电焊条	kg	2009011	27.1	1.1	1.3	12.5	–	26.5	15.5
10	螺栓	kg	2009013	–	–	–	–	–	1.7	–
11	铁件	kg	2009028	–	–	16.6	–	3	–	–
12	其他材料费	元	7801001	23.4	1.2	113.8	86	5.8	121.4	92.7
13	30kN 以内单筒慢动卷扬机	台班	8009080	–	–	0.96	–	–	–	–

顺序号	项 目	单位	代 号	安装索塔					塔(墩)内踏步式钢爬梯	塔(墩)内爬式钢爬梯
				锚固套筒	钢锚箱	索鞍	铁梯	避雷针		
				1t 构件				1 处	1t	
				23	24	25	26	27	28	29
14	80kN 以内单筒慢动卷扬机	台班	8009082	7.04	1.76	–	–	–	–	–
15	32kV·A 以内交流电弧焊机	台班	8015028	5.7	1.34	0.15	0.5	–	–	–
16	42kV·A 以内交流电弧焊机	台班	8015029	–	–	–	–	–	2.34	2.03
17	小型机具使用费	元	8099001	50.4	35.5	–	–	–	83.2	40.3
18	基价	元	9999001	23669	18985	25151	4509	1911	5819	5138

4-6-6 现浇锚块

工程内容 1)搭、拆脚手架及跳板;2)定型钢模板安装、拆除、修理、涂脱模剂、堆放;3)钢筋除锈、制作、电焊、绑扎及骨架吊装入模;4)混凝土浇筑、捣固及养护。

单位:表列单位

顺序号	项 目	单位	代号	现浇锚块混凝土	锚块钢筋	
					现场加工	集中加工
				10m³ 实体	1t	
				1	2	3
1	人工	工日	1001001	2.9	5.7	4.4
2	泵 C30 - 32.5 - 4	m³	1503084	(10.40)	–	–
3	HPB300 钢筋	t	2001001	–	0.04	0.04
4	HRB400 钢筋	t	2001002	–	0.984	0.979
5	20~22 号铁丝	kg	2001022	–	2.72	2.72
6	型钢	t	2003004	0.003	–	–
7	钢管	t	2003008	0.001	–	–
8	钢模板	t	2003025	0.006	–	–
9	电焊条	kg	2009011	–	3.12	3.12
10	钢筋连接套筒	个	2009012	–	10.4	10.4
11	铁件	kg	2009028	0.1	–	–
12	水	m³	3005004	21	–	–
13	锯材	m³	4003002	0.01	–	–

顺序号	项 目	单位	代 号	现浇锚块混凝土	锚块钢筋	
					现场加工	集中加工
				$10m^3$ 实体	1t	
				1	2	3
14	一级粉煤灰	t	5501009	0.758	–	–
15	中(粗)砂	m^3	5503005	5.82	–	–
16	碎石(4cm)	m^3	5505013	7.59	–	–
17	32.5 级水泥	t	5509001	4.368	–	–
18	其他材料费	元	7801001	2	–	3
19	$60m^3/h$ 以内混凝土输送泵	台班	8005051	0.11	–	–
20	半径 20m 以内混凝土布料机	台班	8005066	0.11	–	–
21	25t 以内汽车式起重机	台班	8009030	–	–	0.03
22	$\phi100mm$ 电动多级水泵(≤120m)	台班	8013011	0.19	–	–
23	数控立式钢筋弯曲中心	台班	8015007	–	–	0.1
24	$32kV \cdot A$ 以内交流电弧焊机	台班	8015028	0.02	0.35	0.35
25	$100kV \cdot A$ 以内交流对焊机	台班	8015048	–	0.1	0.1
26	小型机具使用费	元	8099001	5	31.3	2.7
27	基价	元	9999001	3290	4161	4109

4-6-7 现浇箱涵、拱涵

工程内容 1)搭、拆脚手架及跳板;2)模板安装、拆除、修理、涂脱模剂、堆放;3)钢筋除锈、制作、电焊、绑扎及骨架吊装入模;
4)混凝土浇筑、捣固及养护。

单位:10m³ 实体

顺序号	项 目	单位	代 号	混凝土箱涵		
				箱涵跨径(m)		
				3 以内	5 以内	8 以内
				1	2	3
1	人工	工日	1001001	18.3	16.6	15.6
2	普 C30-32.5-4	m³	1503034	(10.20)	(10.20)	(10.20)
3	HPB300 钢筋	t	2001001	0.001	0.001	0.001
4	8~12 号铁丝	kg	2001021	-	0.1	0.1
5	型钢	t	2003004	0.004	0.003	0.002
6	钢管	t	2003008	0.009	0.01	0.007
7	钢模板	t	2003025	0.078	0.058	0.048
8	门式钢支架	t	2003027	0.005	0.004	0.003
9	铁件	kg	2009028	1.9	1.4	1.1
10	铁钉	kg	2009030	-	0.1	0.1
11	水	m³	3005004	12	12	12
12	原木	m³	4003001	0.02	0.01	0.01

顺序号	项 目	单位	代 号	混凝土箱涵		
				箱涵跨径(m)		
				3 以内	5 以内	8 以内
				1	2	3
13	锯材	m³	4003002	0.01	0.02	0.01
14	中(粗)砂	m³	5503005	4.69	4.69	4.69
15	碎石(4cm)	m³	5505013	8.47	8.47	8.47
16	32.5 级水泥	t	5509001	3.845	3.845	3.845
17	其他材料费	元	7801001	28.5	21.8	18.3
18	12t 以内汽车式起重机	台班	8009027	0.71	0.71	0.71
19	20t 以内汽车式起重机	台班	8009029	0.32	0.25	0.2
20	小型机具使用费	元	8099001	12.7	11.9	11.4
21	基价	元	9999001	5880	5497	5235

单位:10m³ 实体

顺序号	项 目	单位	代 号	混凝土拱桥(涵)					
				桥(涵)台混凝土			拱圈混凝土		
				拱桥(涵)跨径(m)					
				3 以内	5 以内	8 以内	3 以内	5 以内	8 以内
				4	5	6	7	8	9
1	人工	工日	1001001	9.6	8.8	8.5	22	18	15
2	普 C30 – 32.5 – 4	m³	1503034	(10.20)	(10.20)	(10.20)	–	–	–
3	泵 C30 – 32.5 – 4	m³	1503084	–	–	–	(10.40)	(10.40)	(10.40)
4	HPB300 钢筋	t	2001001	0.002	0.002	0.001	–	–	–
5	HRB400 钢筋	t	2001002	–	–	–	0.007	0.004	0.003
6	8 ~ 12 号铁丝	kg	2001021	–	0.2	0.1	–	–	–
7	钢管	t	2003008	0.003	0.007	0.005	–	–	–
8	钢模板	t	2003025	0.04	0.027	0.022	0.111	0.069	0.049
9	铁件	kg	2009028	0.7	0.4	0.3	30.2	12.2	5.5
10	铁钉	kg	2009030	–	0.2	0.1	–	–	–
11	水	m³	3005004	12	12	12	21	21	21
12	原木	m³	4003001	0.01	–	0.01	–	–	–
13	锯材	m³	4003002	–	0.02	0.02	0.01	0.01	0.01
14	中(粗)砂	m³	5503005	4.69	4.69	4.69	5.82	5.82	5.82
15	碎石(4cm)	m³	5505013	8.47	8.47	8.47	7.59	7.59	7.59
16	32.5 级水泥	m³	5509001	3.845	3.845	3.845	4.368	4.368	4.368

顺序号	项　目	单位	代　号	混凝土拱桥(涵)					
				桥(涵)台混凝土			拱圈混凝土		
				拱桥(涵)跨径(m)					
				3 以内	5 以内	8 以内	3 以内	5 以内	8 以内
				4	5	6	7	8	9
17	其他材料费	元	7801001	50.3	46.7	43.1	34.1	32.1	30.9
18	60m³/h 以内混凝土输送泵车	台班	8005039	–	–	–	0.3	0.3	0.3
19	12t 以内汽车式起重机	台班	8009027	0.35	0.35	0.35	–	–	–
20	20t 以内汽车式起重机	台班	8009029	0.12	0.09	0.08	0.85	0.45	0.35
21	小型机具使用费	元	8099001	10.6	10.1	9.9	11.3	9.7	8.7
22	基价	元	9999001	4131	3970	3895	7171	5942	5358

单位:1t

顺序号	项　目	单位	代　号	混凝土箱涵					
				钢筋					
				现场加工			集中加工		
				箱涵跨径(m)					
				3 以内	5 以内	8 以内	3 以内	5 以内	8 以内
				10	11	12	13	14	15
1	人工	工日	1001001	11.04	10.25	8.775	9.084	8.286	7.045
2	HRB400 钢筋	t	2001002	1.02	1.02	1.02	1.02	1.02	1.02
3	20～22 号铁丝	kg	2001022	2.13	2.056	1.77	2.13	2.056	1.77
4	电焊条	kg	2009011	8.38	6.877	3.701	8.38	6.88	3.7
5	5t 以内汽车式起重机	台班	8009025	0.061	0.061	0.061	－	－	－
6	12t 以内汽车式起重机	台班	8009027	－	－	－	0.065	0.065	0.065
7	数控立式钢筋弯曲中心	台班	8015007	－	－	－	0.163	0.15	0.143
8	32kV·A 以内交流电弧焊机	台班	8015028	1.945	1.104	0.605	1.945	1.104	0.605
9	小型机具使用费	元	8099001	21.4	21.4	220.4	－	－	－
10	基价	元	9999001	4963	4715	4446	4893	4632	4383

单位:1t

顺序号	项 目	单位	代 号	混凝土拱桥(涵)					
				钢筋					
				现场加工			集中加工		
				拱桥(涵)跨径(m)					
				3 以内	5 以内	8 以内	3 以内	5 以内	8 以内
				16	17	18	19	20	21
1	人工	工日	1001001	10.1	9.1	8.2	8.2	7.4	6.7
2	HPB300 钢筋	t	2001001	0.18	0.18	0.18	0.18	0.18	0.18
3	HRB400 钢筋	t	2001002	0.845	0.845	0.845	0.845	0.845	0.845
4	20~22 号铁丝	kg	2001022	5.7	5.1	4.8	5.7	5.1	4.8
5	电焊条	kg	2009011	3.8	3.5	2.9	3.8	3.5	2.9
6	5t 以内汽车式起重机	台班	8009025	0.06	0.06	0.06	–	–	–
7	12t 以内汽车式起重机	台班	8009027	–	–	–	0.062	0.062	0.062
8	数控立式钢筋弯曲中心	台班	8015007	–	–	–	0.17	0.16	0.14
9	32kV·A 以内交流电弧焊机	台班	8015028	0.67	0.61	0.54	0.67	0.61	0.54
10	小型机具使用费	元	8099001	23.8	23.5	22.2	–	–	–
11	基价	元	9999001	4652	4530	4415	4590	4480	4371

4 - 6 - 8 现浇板上部构造

工程内容 1)搭、拆轻型上下架;2)钢模板安装、拆除、修理、涂脱模剂、堆放;3)钢筋除锈、制作、电焊、绑扎及骨架吊装入模;
4)混凝土浇筑、捣固及养护。

单位:表列单位

顺序号	项 目	单位	代 号	混凝土			钢筋		集中标准化加工钢筋	
				矩形板	实心连续板	空心连续板	矩形板	连续板	矩形板	连续板
				10m³ 实体			1t			
				1	2	3	4	5	6	7
1	人工	工日	1001001	11	8.2	12.2	4.1	5	3.2	4.1
2	普 C30 - 32.5 - 4	m³	1503034	(10.20)	(10.20)	(10.20)	–	–	–	–
3	HPB300 钢筋	t	2001001	0.001	–	–	0.171	0.176	0.171	0.175
4	HRB400 钢筋	t	2001002	–	–	–	0.854	0.849	0.849	0.845
5	20 ~ 22 号铁丝	kg	2001022	–	–	–	2.32	2.6	2.32	2.6
6	型钢	t	2003004	0.004	0.006	0.005	–	–	–	–
7	钢管	t	2003008	0.003	0.001	0.001	–	–	–	–
8	钢模板	t	2003025	0.088	0.048	0.072	–	–	–	–
9	电焊条	kg	2009011	–	–	–	0.74	2.55	0.74	2.55
10	铁件	kg	2009028	0.4	–	–	–	–	–	–
11	水	m³	3005004	15	15	15	–	–	–	–

続前页

顺序号	项　目	单位	代　号	混凝土			钢筋		集中标准化加工钢筋	
				矩形板	实心连续板	空心连续板	矩形板	连续板	矩形板	连续板
				10m³ 实体			1t			
				1	2	3	4	5	6	7
12	原木	m³	4003001	–	–	0.06	–	–	–	–
13	锯材	m³	4003002	0	–	0.05	–	–	–	–
14	油毛毡	m²	5009012	7	–	–	–	–	–	–
15	中(粗)砂	m³	5503005	4.69	4.69	4.69	–	–	–	–
16	碎石(4cm)	m³	5505013	8.47	8.47	8.47	–	–	–	–
17	32.5 级水泥	t	5509001	3.845	3.845	3.845	–	–	–	–
18	其他材料费	元	7801001	67.9	32.3	41.8	–	–	–	–
19	12t 以内汽车式起重机	台班	8009027	0.23	0.23	0.23	–	–	–	–
20	25t 以内汽车式起重机	台班	8009030	0.26	0.16	0.22	–	–	–	–
21	数控钢筋弯箍机	台班	8015006	–	–	–	–	–	0.02	0.02
22	数控立式钢筋弯曲中心	台班	8015007	–	–	–	–	–	0.1	0.1
23	32kV·A 以内交流电弧焊机	台班	8015028	–	–	–	0.13	0.37	0.13	0.37
24	小型机具使用费	元	8099001	11.4	10.1	10.9	12.9	13.4	–	–
25	基价	元	9999001	4691	3975	4770	3832	3984	3809	3961

4-6-9 现浇 T 形梁

工程内容 1)搭、拆轻型上下架;2)钢模板安装、拆除、修理、涂脱模剂、堆放;3)钢筋除锈、制作、电焊、绑扎及骨架吊装入模;
4)混凝土浇筑、捣固及养护。

单位:表列单位

顺序号	项 目	单位	代 号	混凝土				钢筋	
				木模		钢模		现场加工	集中加工
				非泵送	泵送	非泵送	泵送		
				10m³ 实体				1t	
				1	2	3	4	5	6
1	人工	工日	1001001	21.5	16.7	16.5	12.7	5.9	4.1
2	普 C40-42.5-2	m³	1503014	(10.20)	—	(10.20)	—	—	—
3	泵 C40-42.5-2	m³	1503067	—	(10.40)	—	(10.40)	—	—
4	HPB300 钢筋	t	2001001	—	—	0.002	0.002	0.225	0.224
5	HRB400 钢筋	t	2001002	—	—	—	—	0.8	0.796
6	20~22 号铁丝	kg	2001022	—	—	—	—	2.76	2.76
7	型钢	t	2003004	—	—	0.07	0.07	—	—
8	钢管	t	2003008	0.001	0.001	—	—	—	—
9	钢模板	t	2003025	—	—	0.212	0.212	—	—
10	门式钢支架	t	2003027	0.001	0.001	—	—	—	—
11	铁皮	m²	2003044	10	10	—	—	—	—

顺序号	项 目	单位	代 号	混凝土				钢筋	
				木模		钢模		现场加工	集中加工
				非泵送	泵送	非泵送	泵送		
				10m³ 实体				1t	
				1	2	3	4	5	6
12	电焊条	kg	2009011	–	–	–	–	1.07	1.07
13	铁件	kg	2009028	48.3	48.3	2.4	2.4	–	–
14	铁钉	kg	2009030	8.8	8.8	–	–	–	–
15	水	m³	3005004	15	21	15	21	–	–
16	原木	m³	4003001	–	–	0.03	0.03	–	–
17	锯材	m³	4003002	0.96	0.96	0.01	0.01	–	–
18	中(粗)砂	m³	5503005	4.59	5.62	4.59	5.62	–	–
19	碎石(2cm)	m³	5505012	8.06	7.18	8.06	7.18	–	–
20	42.5 级水泥	t	5509002	4.519	4.898	4.519	4.898	–	–
21	其他材料费	元	7801001	23.8	23.8	18.3	18.3	–	–
22	60m³/h 以内混凝土输送泵	台班	8005051	–	0.1	–	0.1	–	–
23	20t 以内汽车式起重机	台班	8009029	0.6	–	0.61	–	–	–
24	25t 以内汽车式起重机	台班	8009030	–	–	0.79	0.79	–	–

顺序号	项 目	单位	代 号	混凝土				钢筋	
				木模		钢模		现场加工	集中加工
				非泵送	泵送	非泵送	泵送		
				10m³ 实体				1t	
				1	2	3	4	5	6
25	数控立式钢筋弯曲中心	台班	8015007	–	–	–	–	–	0.03
26	32kV·A 以内交流电弧焊机	台班	8015028	–	–	–	–	0.25	0.25
27	150kV·A 以内交流对焊机	台班	8015049	–	–	–	–	0.09	0.09
28	小型机具使用费	元	8099001	31.6	29	9.8	7.2	18.7	–
29	基价	元	9999001	7823	6879	7863	7013	4104	3904

4－6－10 现浇混凝土预应力箱梁

工程内容 1)搭、拆轻型上下架;2)钢模板安装、拆除、修理、涂脱模剂、堆放;3)钢筋除锈、制作、电焊、绑扎及骨架吊装入模;
4)混凝土浇筑、捣固、养护。

单位:表列单位

顺序号	项 目	单位	代号	支架现浇箱梁混凝土		移动模架泵送现浇箱梁混凝土			现浇箱梁钢筋	
				非泵送	泵送	跨径(m)			现场加工	集中加工
						50 以内	60 以内	70 以内		
				10m³ 实体					1t	
				1	2	3	4	5	6	7
1	人工	工日	1001001	20.9	11.6	9.3	8.4	8.2	6.5	5.4
2	普 C50－42.5－2	m³	1503018	(10.20)	－	－	－	－	－	－
3	泵 C50－42.5－2	m³	1503069	－	(10.40)	(10.40)	(10.40)	(10.40)	－	－
4	HPB300 钢筋	t	2001001	0.001	0.001	－	－	－	0.041	0.04
5	HRB400 钢筋	t	2001002	0.007	0.007	－	－	－	0.984	0.98
6	20～22 号铁丝	kg	2001022	－	－	－	－	－	2.93	2.93
7	型钢	t	2003004	0.009	0.009	0.002	0.002	0.002	－	－
8	钢板	t	2003005	－	－	0.003	0.003	0.003	－	－
9	钢管	t	2003008	0.002	0.002	－	－	－	－	－
10	钢模板	t	2003025	0.093	0.093	0.197	0.169	0.16	－	－

顺序号	项　目	单位	代　号	支架现浇箱梁混凝土		移动模架泵送现浇箱梁混凝土			现浇箱梁钢筋	
				非泵送	泵送	跨径(m)			现场加工	集中加工
						50以内	60以内	70以内		
				10m³ 实体					1t	
				1	2	3	4	5	6	7
11	电焊条	kg	2009011	－	－	0.1	0.1	0.1	1.93	1.93
12	铁件	kg	2009028	0.4	0.4	16.3	14	13.2	－	－
13	水	m³	3005004	15	21	21	21	21	－	－
14	原木	m³	4003001	0.04	0.04	－	－	－	－	－
15	锯材	m³	4003002	0.03	0.03	0.08	0.07	0.07	－	－
16	中(粗)砂	m³	5503005	4.49	5.51	5.51	5.51	5.51	－	－
17	碎石(2cm)	m³	5505012	7.65	6.86	6.86	6.86	6.86	－	－
18	42.5级水泥	t	5509002	5.345	5.762	5.762	5.762	5.762	－	－
19	其他材料费	元	7801001	22.1	55.7	53.7	51.6	50.8	－	－
20	设备摊销费	元	7901001	－	－	764.4	764.4	764.4	－	－
21	60m³/h以内混凝土输送泵车	台班	8005039	－	0.09	0.06	0.06	0.06	－	－
22	10t以内载货汽车	台班	8007007	－	－	0.03	0.03	0.03	－	－
23	50t以内履带式起重机	台班	8009007	－	－	0.03	0.03	0.03	－	－
24	20t以内汽车式起重机	台班	8009029	0.72	0.73	－	－	－	－	－

顺序号	项　目	单位	代　号	支架现浇箱梁混凝土		移动模架泵送现浇箱梁混凝土			现浇箱梁钢筋	
				非泵送	泵送	跨径(m)			现场加工	集中加工
						50 以内	60 以内	70 以内		
				10m³ 实体					1t	
				1	2	3	4	5	6	7
25	30t 以内汽车式起重机	台班	8009031	0.34	0.36	–	–	–	–	–
26	50kN 以内单筒慢动卷扬机	台班	8009081	–	–	0.07	0.07	0.07	–	–
27	φ100mm 电动多级水泵（≤120m）	台班	8013011	0.29	0.29	0.29	0.29	0.29	–	–
28	数控钢筋弯箍机	台班	8015006	–	–	–	–	–	–	0.03
29	数控立式钢筋弯曲中心	台班	8015007	–	–	–	–	–	–	0.11
30	32kV·A 以内交流电弧焊机	台班	8015028	–	–	0.01	0.01	0.01	0.4	0.4
31	150kV·A 以内交流对焊机	台班	8015049	–	–	–	–	–	0.01	0.01
32	小型机具使用费	元	8099001	15.8	12.8	59.8	59.5	59.3	20.6	–
33	基价	元	9999001	7427	6826	6638	6364	6290	4148	4112

4-6-11 悬浇预应力箱梁

工程内容 1)钢模板安装、拆除、修理、涂脱模剂、堆放;2)内模及翼板支架及脚手架安、拆;3)挂篮设备的推移、就位、过墩;
4)钢筋除锈、下料、弯曲、制作、场内运输、电焊,安装、绑扎等;5)混凝土浇筑、捣固及养护;6)锚固套筒制作、定位、
安装。

单位:表列单位

顺序号	项 目	单位	代 号	混凝土				钢筋			
				T形刚构、连续梁、斜拉桥		连续刚构		现场加工		集中加工	
				0号块	悬浇段	0号块	悬浇段	0号块	悬浇段	0号块	悬浇段
				$10m^3$ 实体				1t			
				1	2	3	4	5	6	7	8
1	人工	工日	1001001	11.7	16.3	11.6	12.2	6.5	6.6	5.3	5.3
2	泵 C50-42.5-2	m^3	1503069	–	–	(10.40)	(10.40)	–	–	–	–
3	泵 C55-52.5-2	m^3	1503070	(10.40)	(10.40)	–	–	–	–	–	–
4	HPB300 钢筋	t	2001001	0.001	0.003	0.001	0.001	0.039	0.064	0.039	0.064
5	HRB400 钢筋	t	2001002	–	–	–	–	0.986	0.961	0.981	0.956
6	钢丝绳	t	2001019	–	–	–	0.001	–	–	–	–

顺序号	项 目	单位	代 号	混凝土				钢筋			
				T形刚构、连续梁、斜拉桥		连续刚构		现场加工		集中加工	
				0号块	悬浇段	0号块	悬浇段	0号块	悬浇段	0号块	悬浇段
				10m³ 实体				1t			
				1	2	3	4	5	6	7	8
7	20～22号铁丝	kg	2001022	–	–	–	–	3.53	3.64	3.53	3.64
8	型钢	t	2003004	0.019	0.024	0.023	0.028	–	–	–	–
9	钢板	t	2003005	0.007	0.007	0.007	0.007	–	–	–	–
10	钢管	t	2003008	–	–	0.001	0.003	–	–	–	–
11	钢模板	t	2003025	0.034	0.095	0.045	0.074	–	–	–	–
12	门式钢支架	t	2003027	–	–	0.001	–	–	–	–	–
13	电焊条	kg	2009011	0.4	1.4	0.4	1.4	1.29	1.72	1.29	1.72
14	铁件	kg	2009028	0.2	1.5	0.5	0.6	–	–	–	–
15	水	m³	3005004	21	21	21	21	–	–	–	–
16	原木	m³	4003001	0.01	–	0.01	–	–	–	–	–

顺序号	项 目	单位	代 号	混凝土				钢筋			
				T形刚构、连续梁、斜拉桥		连续刚构		现场加工		集中加工	
				0号块	悬浇段	0号块	悬浇段	0号块	悬浇段	0号块	悬浇段
				10m³ 实体				1t			
				1	2	3	4	5	6	7	8
17	锯材	m³	4003002	0.01	–	0.01	–	–	–	–	–
18	中(粗)砂	m³	5503005	5.3	5.3	5.51	5.51	–	–	–	–
19	碎石(2cm)	m³	5505012	6.76	6.76	6.86	6.86	–	–	–	–
20	42.5级水泥	t	5509002	–	–	5.762	5.762	–	–	–	–
21	52.5级水泥	t	5509003	5.678	5.678	–	–	–	–	–	–
22	其他材料费	元	7801001	45	88.2	46.8	62.1	–	–	–	–
23	60m³/h 以内混凝土输送泵	台班	8005051	0.08	0.09	0.08	0.09	–	–	–	–
24	30kN 以内单筒慢动卷扬机	台班	8009080	1.91	2.18	2.03	2.18	–	–	–	–
25	50kN 以内单筒慢动卷扬机	台班	8009081	0.65	0.76	0.7	0.76	–	–	–	–
26	φ100mm 电动多级水泵(≤120m)	台班	8013011	0.26	0.36	0.26	0.36	–	–	–	–

单位:表列单位

顺序号	项　目	单位	代　号	混凝土				钢筋			
				T形刚构、连续梁、斜拉桥		连续刚构		现场加工		集中加工	
				0号块	悬浇段	0号块	悬浇段	0号块	悬浇段	0号块	悬浇段
				10m³ 实体				1t			
				1	2	3	4	5	6	7	8
27	数控钢筋弯箍机	台班	8015006	–	–	–	–	–	–	0.03	0.03
28	数控立式钢筋弯曲中心	台班	8015007	–	–	–	–	–	–	0.13	0.13
29	32kV·A 以内交流电弧焊机	台班	8015028	0.07	0.17	0.07	0.17	0.28	0.28	0.28	0.28
30	100kV·A 以内交流对焊机	台班	8015048	–	–	–	–	0.01	0.03	–	–
31	小型机具使用费	元	8099001	48	128.9	48.1	116.5	18.6	18.8	–	–
32	基价	元	9999001	5864	6928	5587	5983	4121	4145	4091	4096

单位:1t

顺序号	项　　目	单位	代　号	斜拉索锚固套筒
				9
1	人工	工日	1001001	21.84
2	HRB400 钢筋	t	2001002	0.198
3	钢板	t	2003005	2.402
4	钢管	t	2003008	1
5	电焊条	kg	2009011	27.1
6	12t 以内汽车式起重机	台班	8009027	2.87
7	32kV·A 以内交流电弧焊机	台班	8015028	1.93
8	小型机具使用费	元	8099001	25.3
9	基价	元	9999001	18634

4-6-12 现浇拱桥

工程内容 1)搭、拆脚手架及井字架;2)钢模板安装、拆除、修理、涂脱模剂、堆放;3)钢筋除锈、下料、弯曲、制作、运输、电焊、绑扎等;4)混凝土浇筑、捣固及养护。

I.薄壳桥及二铰(肋)板拱

单位:表列单位

顺序号	项 目	单位	代 号	薄壳拱					二铰(肋)板拱		
				混凝土				钢筋	混凝土		钢筋
				壳体	侧墙	帽石	边梁、端梁		二铰板拱	二铰肋拱	
				10m³ 实体				1t	10m³ 实体		1t
				1	2	3	4	5	6	7	8
1	人工	工日	1001001	12.1	22.4	29.3	22.8	5.8	14.5	18	6.4
2	普 C20-32.5-4	m³	1503032	(10.20)	(10.20)	(10.20)	—	—	(10.20)	(10.20)	—
3	普 C25-32.5-4	m³	1503033	—	—	—	(10.20)	—	—	—	—
4	HPB300 钢筋	t	2001001	—	—	—	—	0.399	—	—	0.041
5	HRB400 钢筋	t	2001002	—	—	—	—	0.626	—	—	0.984
6	8~12 号铁丝	kg	2001021	3.1	3.1	3.1	3.1	—	6.9	7.3	—
7	20~22 号铁丝	kg	2001022	—	—	—	—	2.93	—	--	2.71
8	电焊条	kg	2009011	—	—	—	—	1.48	—	—	1.74
9	铁件	kg	2009028	—	13.7	—	27.6	—	0.8	4.8	—
10	铁钉	kg	2009030	0.1	3.1	14.2	2.5	—	0.6	2	—
11	水	m³	3005004	15	15	15	15	—	15	15	—
12	原木	m³	4003001	0.03	0.03	0.03	0.03	—	0.07	0.16	—

顺序号	项 目	单位	代 号	薄壳拱					二铰(肋)板拱		
				混凝土				钢筋	混凝土		钢筋
				壳体	侧墙	帽石	边梁、端梁		二铰板拱	二铰肋拱	
				10m³ 实体				1t	10m³ 实体		1t
				1	2	3	4	5	6	7	8
13	锯材	m³	4003002	0.03	0.59	1.87	0.97	–	0.13	0.39	–
14	油毛毡	m²	5009012	–	–	–	1	–	–	–	–
15	中(粗)砂	m³	5503005	5	5	5	4.9	–	5	5	–
16	碎石(4cm)	m³	5505013	8.57	8.57	8.57	8.47	–	8.57	8.57	–
17	32.5 级水泥	t	5509001	3.04	3.04	3.04	3.417	–	3.04	3.04	–
18	其他材料费	元	7801001	10.8	14	21.8	19.8	–	3.9	8.8	–
19	32kV·A 以内交流电弧焊机	台班	8015028	–	–	–	–	0.24	–	–	0.29
20	小型机具使用费	元	8099001	13.6	27.3	32.4	25.8	17.6	18.6	21.7	22.1
21	基价	元	9999001	3562	5592	8254	6373	4064	4039	4952	4111

顺序号	项　目	单位	代　号	现浇箱形拱				箱拱悬臂浇筑			现浇薄壳拱钢筋	现浇二铰（板）拱钢筋
				主拱圈混凝土	钢筋（套筒）	型钢骨架横隔板	拱顶合龙段型钢骨架	起步段混凝土	悬臂浇筑混凝土	钢筋（套筒）		
				10m³ 实体	1t			10m³ 实体		1t		
				9	10	11	12	13	14	15	16	17
1	人工	工日	1001001	48.9	5.2	4.9	19	39.8	28	8.3	4.6	5.2
2	泵 C50－42.5－2	m³	1503069	－	－	－	－	(10.40)	(10.40)	－	－	－
3	泵 C50－42.5－4	m³	1503090	(10.40)	－	－	－	－	－	－	－	－
4	HPB300 钢筋	t	2001001	－	0.18	0.12	0.13	－	－	0.18	0.397	0.041
5	HRB400 钢筋	t	2001002	－	0.845	－	－	－	－	0.845	0.623	0.979
6	20～22 号铁丝	kg	2001022	－	3.5	－	－	－	－	4.6	2.93	2.71
7	型钢	t	2003004	－	－	0.74	－	0.132	0.042	－	－	－
8	钢板	t	2003005	－	－	0.14	0.05	－	0.032	－	－	－
9	钢管	t	2003008	0.003	－	－	0.82	0.785	0.003	－	－	－
10	钢模板	t	2003025	－	－	－	－	0.021	0.05	－	－	－
11	组合钢模板	t	2003026	0.01	－	－	－	－	－	－	－	－
12	电焊条	kg	2009011	－	7.2	34.5	30.5	1.6	3	3.5	1.48	1.74
13	钢筋连接套筒	个	2009012	－	14.65	－	－	－	－	15.75	－	－
14	铁件	kg	2009028	20	－	－	－	24.54	24.05	－	－	－

单位:表列单位

顺序号	项　目	单位	代　号	现浇箱形拱				箱拱悬臂浇筑			现浇薄壳拱钢筋	现浇二铰（板）拱钢筋
				主拱圈混凝土	钢筋（套筒）	型钢骨架横隔板	拱顶合龙段型钢骨架	起步段混凝土	悬臂浇筑混凝土	钢筋（套筒）		
				10m³ 实体	1t			10m³ 实体		1t		
				9	10	11	12	13	14	15	16	17
15	铁钉	kg	2009030	8	-	-	-	-	-	-	-	-
16	水	m³	3005004	21	-	-	-	21	21	-	-	-
17	锯材	m³	4003002	0.29	-	-	-	0.16	0.09	-	-	-
18	中（粗）砂	m³	5503005	5.72	-	-	-	5.51	5.51	-	-	-
19	碎石（2cm）	m³	5505012	-	-	-	-	6.86	6.86	-	-	-
20	碎石（4cm）	m³	5505013	6.97	-	-	-	-	-	-	-	-
21	42.5 级水泥	t	5509002	5.252	-	-	-	5.762	5.762	-	-	-
22	其他材料费	元	7801001	1613.5	-	-	24.9	1182.3	1146.4	-	-	-
23	60m³/h 以内混凝土输送泵	台班	8005051	0.23	-	-	-	0.15	0.2	-	-	-
24	50kN 以内单筒慢动卷扬机	台班	8009081	-	-	-	-	2.06	1.31	-	-	-
25	100t 以内液压千斤顶	台班	8009150	-	-	-	-	-	1.67	-	-	-
26	φ100mm 电动多级水泵（≤120m）	台班	8013011	-	-	-	-	0.41	0.35	-	-	-
27	100Fs-37A 油泵	台班	8013032	-	-	-	-	-	1.67	-	-	-
28	数控钢筋弯箍机	台班	8015006	-	-	-	-	-	-	-	0.03	0.03

顺序号	项目	单位	代号	现浇箱形拱				箱拱悬臂浇筑			现浇薄壳拱钢筋	现浇二铰（板）拱钢筋
				主拱圈混凝土	钢筋（套筒）	型钢骨架横隔板	拱顶合龙段型钢骨架	起步段混凝土	悬臂浇筑混凝土	钢筋（套筒）		
				10m³ 实体	1t			10m³ 实体		1t		
				9	10	11	12	13	14	15	16	17
29	数控立式钢筋弯曲中心	台班	8015007	-	-	-	-	-	-	-	0.11	0.12
30	32kV·A 以内交流电弧焊机	台班	8015028	-	1.25	9.94	19.24	0.65	0.25	1.19	0.24	0.29
31	小型机具使用费	元	8099001	15	332.1	11.3	-	17.4	17.4	16.8	-	-
32	基价	元	9999001	10829	4605	6051	9801	13665	9137	4599	4021	4073

4-6-13 桥面铺装

工程内容 1)桥面清扫;2)钢桥面喷砂除锈、混凝土表面抛丸处理;3)模板制作、安装、拆除、修理、涂脱模剂、堆放;4)水泥混凝土浇筑、捣固、养护。

I. 行车道铺装混凝土

单位:10m³ 实体

顺序号	项目	单位	代号	水泥混凝土			防水混凝土		
				垫层	面层		垫层	面层	
					非泵送	泵送		非泵送	泵送
				1	2	3	4	5	6
1	人工	工日	1001001	10	13.2	6.6	10	13.3	6.7
2	普 C30-32.5-4	m³	1503034	(10.2)	(10.2)	-	-	-	-
3	泵 C30-32.5-4	m³	1503084	-	-	(10.4)	-	-	(10.4)
4	防 C30-32.5-4	m³	1503111	-	-	-	(10.2)	(10.2)	-
5	型钢	t	2003004	0.001	0.001	0.001	0.002	0.002	0.002
6	水	m³	3005004	15	15	21	15	15	21
7	中(粗)砂	m³	5503005	4.69	4.69	5.82	4.69	4.69	5.82
8	碎石(4cm)	m³	5505013	8.47	8.47	7.59	8.57	8.57	7.59
9	32.5级水泥	t	5509001	3.845	3.845	4.368	4.06	4.06	4.455
10	其他材料费	元	7801001	4.3	4.3	29.6	228.9	228.9	276.8
11	混凝土电动刻纹机	台班	8003083	-	-	0.43	-	-	0.43
12	混凝土电动切缝机	台班	8003085	-	1.01	-	-	0.75	-
13	60m³/h 以内混凝土输送泵	台班	8005051	-	-	0.09	-	-	0.09
14	1t 以内机动翻斗车	台班	8007046	0.45	0.45	-	0.45	0.45	-
15	小型机具使用费	元	8099001	17.6	21.8	-	17.6	21.8	-
16	基价	元	9999001	3550	4106	3527	3852	4365	3815

II. 行车道铺装钢筋

顺序号	项 目	单位	代 号	水泥及防水混凝土	
				钢筋直径(mm)	
				8 以内	8 以上
				7	8
1	人工	工日	1001001	7.3	7.1
2	HPB300 钢筋	t	2001001	1.025	0.621
3	HRB400 钢筋	t	2001002	–	0.404
4	20 ~ 22 号铁丝	kg	2001022	3.13	2.55
5	电焊条	kg	2009011	6.65	5.41
6	32kV·A 以内交流电弧焊机	台班	8015028	1.16	0.94
7	小型机具使用费	元	8099001	18	18
8	基价	元	9999001	4477	4371

III. 人行道铺装

单位：表列单位

顺序号	项 目	单位	代 号	钢桥面喷砂除锈 1000m²	人行道铺装水泥砂浆	人行道铺装沥青砂	混凝土表面抛丸处理 1000m²
					10m³ 实体		
				9	10	11	12
1	人工	工日	1001001	49.6	39.5	42.1	17.8
2	M20 水泥砂浆	m³	1501006	–	(10.25)	–	–
3	钢砂	kg	2003041	306.6	–	–	–
4	钢丸	t	2003042	0.715	–	–	0.08
5	石油沥青	t	3001001	–	–	2.018	–
6	煤	t	3005001	–	–	0.798	–
7	水	m³	3005004	10	75	–	–
8	砂	m³	5503004	–	–	14.24	–
9	中(粗)砂	m³	5503005	–	10.87	–	–
10	矿粉	t	5503013	–	–	3.683	–
11	32.5 级水泥	t	5509001	–	4.807	–	–
12	其他材料费	元	7801001	82.5	80.6	20.2	29.1
13	设备摊销费	元	7901001	–	–	18.5	–
14	10t 以内载货汽车	台班	8007007	–	–	–	1.2

顺序号	项目	单位	代号	钢桥面喷砂除锈	人行道铺装水泥砂浆	人行道铺装沥青砂	混凝土表面抛丸处理
				1000m²	10m³ 实体		1000m²
				9	10	11	12
15	直径500mm以内抛丸除锈机	台班	8015087	–	–	–	1.54
16	20m³/min以内电动空压机	台班	8017045	3	–	–	4.5
17	喷砂除锈设备	台班	8023017	3.5	–	–	–
18	小型机具使用费	元	8099001	702.1	–	–	190.6
19	基价	元	9999001	12596	6912	15778	6994

4-6-14 现浇混凝土桥头搭板

工程内容 1) 模板安装、拆除、修理、涂脱模剂、堆放;2) 钢筋除锈、制作、电焊、绑扎;3) 混凝土浇筑、捣固及养护。

单位:表列单位

顺序号	项 目	单位	代 号	混凝土搭板	混凝土枕梁	现场加工桥头搭板钢筋	集中加工桥头搭板钢筋
				10m³ 实体		1t	
				1	2	3	4
1	人工	工日	1001001	14.1	18.24	6.3	5
2	普 C30-32.5-4	m³	1503034	(10.20)	(10.20)	–	–
3	HRB400 钢筋	t	2001002	–	–	1.025	1.02
4	20~22 号铁丝	kg	2001022	–	–	0.95	0.95
5	型钢	t	2003004	0.002	0.006	–	–
6	组合钢模板	t	2003026	0.003	0.027	–	–
7	电焊条	kg	2009011	–	–	1.34	1.34
8	铁件	kg	2009028	1.4	9.6	–	–
9	水	m³	3005004	12	12	–	–
10	原木	m³	4003001	0.001	–	–	–
11	锯材	m³	4003002	0.008	0.008	–	–
12	中(粗)砂	m³	5503005	4.692	4.692	–	–

单位:表列单位

顺序号	项　　目	单位	代　号	混凝土搭板	混凝土枕梁	现场加工桥头搭板钢筋	集中加工桥头搭板钢筋
				10m³ 实体		1t	
				1	2	3	4
13	碎石(4cm)	m³	5505013	8.466	8.466	–	–
14	32.5 级水泥	t	5509001	3.845	3.845	–	–
15	其他材料费	元	7801001	24.5	18.7	–	–
16	1t 以内机动翻斗车	台班	8007046	0.451	0.451	–	–
17	数控立式钢筋弯曲中心	台班	8015007	–	–	–	0.16
18	32kV·A 以内交流电弧焊机	台班	8015028	–	–	0.23	0.23
19	小型机具使用费	元	8099001	14.3	13.1	20.9	–
20	基价	元	9999001	4031	4627	4074	4039

注:本章定额中未包括搭板垫层的费用,需要时可按有关定额另行计算。

4－6－15　转体磨心、磨盖混凝土、钢筋

工程内容　磨心混凝土:1)准备工作;2)定型钢模板安装;3)混凝土浇筑、捣固及养护。

　　　　　　磨盖混凝土:1)准备工作;2)定型钢模板安装;3)混凝土浇筑、捣固、养护、磨心、磨盖、转动、磨合。

　　　　　　钢筋:钢筋除锈、下料、制作、场内运输、点焊、定位等全部工作。

单位:表列单位

顺序号	项　　目	单位	代　　号	混凝土		钢筋
				磨心	磨盖	
				10m³ 实体		1t
				1	2	3
1	人工	工日	1001001	8.7	10.2	7.3
2	HPB300 钢筋	t	2001001	–	–	0.051
3	HRB400 钢筋	t	2001002	–	–	0.974
4	钢丝绳	t	2001019	–	0.002	–
5	20～22 号铁丝	kg	2001022	–	–	3.4
6	钢管	t	2003008	0.001	0.001	–
7	钢模板	t	2003025	0.38	0.21	–
8	电焊条	kg	2009011	–	–	3.1
9	水	m³	3005004	21	21	–
10	锯材	m³	4003002	0.013	0.011	–
11	中(粗)砂	m³	5503005	5.51	5.51	–
12	碎石(2cm)	m³	5505012	6.86	6.86	–

单位:表列单位

顺序号	项　　目	单位	代　号	混凝土		钢筋
				磨心	磨盖	
				10m³ 实体		1t
				1	2	3
13	42.5 级水泥	t	5509002	5.762	5.762	−
14	其他材料费	元	7801001	1193.3	1103.7	−
15	60m³/h 以内混凝土输送泵	台班	8005051	0.09	0.08	−
16	100kN 以内单筒慢动卷扬机	台班	8009083	−	0.6	−
17	φ100mm 电动多级水泵(≤120m)	台班	8013011	0.25	0.25	−
18	32kV·A 以内交流电弧焊机	台班	8015028	−	−	0.61
19	小型机具使用费	元	8099001	14.8	14.8	−
20	基价	元	9999001	7634	6943	4256

4-6-16 转体施工

工程内容 清理下盘、试运转、正式运转、调拱高程、固定焊接。

单位:1000t

顺序号	项 目	单位	代 号	转体施工90°	转体施工每增减15°
				1	2
1	人工	工日	1001001	4.7	0.8
2	其他材料费	元	7801001	8126	—
3	300t 以内液压千斤顶	台班	8009152	0.32	0.05
4	ZB4-500 油泵	台班	8013033	0.32	0.05
5	32kV·A 以内交流电弧焊机	台班	8015028	0.15	0.02
6	基价	元	9999001	8789	110

中华人民共和国行业推荐性标准

公路工程预算定额

JTG/T 3832—2018

（下　册）

主编单位：交通运输部路网监测与应急处置中心

批准部门：中华人民共和国交通运输部

实施日期：2019 年 05 月 01 日

人民交通出版社股份有限公司

律 师 声 明

图书在版编目(CIP)数据

公路工程预算定额：JTG/T 3832—2018 / 交通运输部路网监测与应急处置中心主编. — 北京：人民交通出版社股份有限公司, 2019.1
ISBN 978-7-114-14366-3

I. ①公… Ⅱ. ①交… Ⅲ. ①道路工程—预算定额—中国 Ⅳ. ①U415.13

中国版本图书馆 CIP 数据核字(2019)第 002410 号

标准类型：**中华人民共和国行业推荐性标准**
Gonglu Gongcheng Yusuan Ding'e
标准名称：**公路工程预算定额**（下册）
标准编号：**JTG/T 3832—2018**
主编单位：交通运输部路网监测与应急处置中心
责任编辑：吴有铭　黎小东　王海南　侯蓓蓓
责任校对：张　贺
责任印制：刘高彤
出版发行：人民交通出版社股份有限公司
地　　址：(100011)北京市朝阳区安定门外外馆斜街 3 号
网　　址：http://www.ccpress.com.cn
销售电话：(010)59757973
总 经 销：人民交通出版社股份有限公司发行部
经　　销：各地新华书店
印　　刷：中国电影出版社印刷厂
开　　本：880×1230　1/32
印　　张：19.875
字　　数：638 千
版　　次：2019 年 1 月　第 1 版
印　　次：2023 年 4 月　第 4 次印刷
书　　号：ISBN 978-7-114-14366-3
定　　价：300.00 元（上、下册）
(有印刷、装订质量问题的图书，由本公司负责调换)

中华人民共和国交通运输部公告

第 86 号

交通运输部关于发布《公路工程建设项目投资估算编制办法》
《公路工程建设项目概算预算编制办法》及《公路工程
估算指标》《公路工程概算定额》《公路工程预算定额》
《公路工程机械台班费用定额》的公告

现发布《公路工程建设项目投资估算编制办法》(JTG 3820—2018)、《公路工程建设项目概算预算编制办法》
(JTG 3830—2018)作为公路工程行业标准;《公路工程估算指标》(JTG/T 3821—2018)、《公路工程概算定额》
(JTG/T 3831—2018)、《公路工程预算定额》(JTG/T 3832—2018)、《公路工程机械台班费用定额》(JTG/T 3833—
2018)作为公路工程行业推荐性标准,自 2019 年 5 月 1 日起施行。原《公路工程基本建设项目投资估算编制办法》
(JTG M20—2011)、《公路工程基本建设项目概算预算编制办法》(JTG B06—2007)、《公路工程估算指标》(JTG/T

M21—2011)、《公路工程概算定额》(JTG/T B06-01—2007)、《公路工程预算定额》(JTG/T B06-02—2007)、《公路工程机械台班费用定额》(JTG/T B06-03—2007)同时废止。

上述标准的管理权和解释权归交通运输部,日常解释和管理工作由主编单位交通运输部路网监测与应急处置中心负责。请各有关单位注意在实践中总结经验,及时将发现的问题和修改建议函告交通运输部路网监测与应急处置中心(地址:北京市朝阳区安定路5号院8号楼外运大厦21层,邮政编码:100029)。

特此公告。

中华人民共和国交通运输部
2018 年 12 月 17 日

交通运输部办公厅   2018 年 12 月 19 日印发

《公路工程预算定额》编委会

主 编 单 位：交通运输部路网监测与应急处置中心

参 编 单 位：湖南省交通运输厅交通建设造价管理站

四川省交通运输厅交通建设工程造价管理站

山西省交通运输厅公路交通工程定额站

广东省交通运输工程造价事务中心

福建省交通工程造价管理站

云南省交通运输厅工程造价管理局

贵州省交通建设工程造价管理站

河北省公路工程定额站

陕西省交通厅交通工程定额站

湖北省交通基本建设造价管理站

黑龙江省公路工程造价管理总站

北京市道路工程造价定额管理站

广西壮族自治区交通工程造价管理站

海南省交通工程造价管理站

安徽省公路工程定额站

新疆维吾尔自治区交通运输厅工程造价管理局

国道网(北京)交通科技有限公司

深圳高速工程顾问有限公司

昆明海巍科技有限公司

中交公路规划设计院有限公司

北京交科公路勘察设计研究院有限公司

主　　　编：方　申

主要参编人员：杨志朴　王彩仙　李　宁　帖卉霞　李　燕　杨　莉　张　磊　陈永真　王春雷

李　征　余佩群　杨智勇　刘小燕　胡　雷　姜永利　步越超　于泽友　管　培

易万中　陈同生　莫　钧　张睿麟　雷英夏　雷晓明　马海燕　杜国艳　李光仪

赵福玉　田　涛　李凤求　虞晓群　汪　昊　黄　敏　李道松　黄成锋　俞　恒

刘丽华　吴　鸿　晋　敏　顾　剑　张玉峰　张胜林　杨　新　车正伟　吴　培

余宏泰　胡振山　罗杏春　吴培关　张　杭　林英杰　辛广宇　向　峰　王　博

刘兴庄　张贵军　王潇军　张　炬

主　　　审：赵晞伟

参与审查人员：张建军　张慧彧　张冬青　孙　静　桂志敬　唐世强　黄成造　陈乐生　郜玉兰

李春风　杜洪烈　闫秋波　姚　沅　张艳平　张　靖　王　荣

感 谢 单 位：广东省南粤交通投资建设有限公司
　　　　　　　中交第二航务工程局有限公司
　　　　　　　中交第二公路工程局有限公司
　　　　　　　中铁大桥局集团有限公司
　　　　　　　四川公路桥梁建设集团有限公司
　　　　　　　北京中交京纬公路造价技术有限公司
　　　　　　　北京云星宇交通工程有限公司
　　　　　　　北京公科飞达交通工程发展有限公司
　　　　　　　山西省交通科学研究院

总　说　明

一、《公路工程预算定额》(JTG/T 3832—2018)(以下简称本定额)是全国公路专业定额。它是编制施工图预算的依据,也是编制工程概算定额(指标)的基础,适用于公路建设新建与改扩建工程。

二、本定额是以人工、材料、机械台班消耗量表现的公路工程预算定额。编制预算时,其人工费、材料费、机械使用费,应按现行《公路工程建设项目概算预算编制办法》(JTG 3830—2018)的规定计算。

三、本定额包括路基工程、路面工程、隧道工程、桥涵工程、交通工程及沿线设施、绿化及环境保护工程、临时工程、材料采集及加工、材料运输共九章及附录。

四、本定额是按照合理的施工组织和一般正常的施工条件编制的。定额中所采用的施工方法和工程质量标准,是根据国家现行的公路工程施工技术及验收规范、质量评定标准及安全操作规程取定的,除定额中规定允许换算者外,均不得因具体工程的施工组织、操作方法和材料消耗与定额的规定不同而调整定额。

五、本定额除潜水工作每工日 6h、隧道工作每工日 7h 外,其余均按每工日 8h 计算。

六、定额中的工程内容,均包括定额项目的全部施工过程。定额内除扼要说明施工的主要操作工序外,均包括准备与结束、场内操作范围内的水平与垂直运输、材料工地小搬运、辅助和零星用工、工具及机械小修、场地清理等工程内容。

七、本定额中的材料消耗量是按现行材料标准的合格料和标准规格料计算的。定额内材料、成品、半成品均已包括场内运输及操作损耗,编制预算时,不得另行增加。其场外运输损耗、仓库保管损耗应在材料预算价格内考虑。

八、本定额中周转性的材料、模板、支撑、脚手杆、脚手板和挡土板等的数量,已考虑了材料的正常周转次数并计入定额内。其中,就地浇筑钢筋混凝土梁用的支架及拱圈用的拱盔、支架,如确因施工安排达不到规定的周转次数时,可根据具体情况进行换算并按规定计算回收,其余工程一般不予抽换。

九、定额中列有的混凝土、砂浆的强度等级和用量,其材料用量已按附录二中配合比表规定的数量列入定额,不得重算。如设计采用的混凝土、砂浆强度等级或水泥强度等级与定额所列强度等级不同时,可按配合比表进行换算。但实际施工配合比材料用量与定额配合比表用量不同时,除配合比表说明中允许换算者外,均不得调整。

混凝土、砂浆配合比表的水泥用量,已综合考虑了采用不同品种水泥的因素,实际施工中不论采用何种水泥,均不得调整定额用量。

十、本定额中各类混凝土均未考虑外掺剂的费用,当设计需要添加外掺剂时,可按设计要求另行计算外掺剂的费用并适当调整定额中的水泥用量。

十一、本定额中各类混凝土均按施工现场拌和进行编制;当采用商品混凝土时,可将相关定额中的水泥、中(粗)砂、碎石的消耗量扣除,并按定额中所列的混凝土消耗量增加商品混凝土的消耗。

十二、水泥混凝土、钢筋、模板工程的一般规定列在第四章说明中,该规定同样适用于其他各章。

十三、本定额中各项目的施工机械种类、规格是按一般合理的施工组织确定的,如施工中实际采用机械的种类、规格与定额规定的不同时,一律不得换算。

十四、本定额中施工机械的台班消耗,已考虑了工地合理的停置、空转和必要的备用量等因素。编制预算的台班单价,应按《公路工程机械台班费用定额》(JTG/T 3833—2018)分析计算。

十五、本定额中只列工程所需的主要材料用量和主要机械台班数量。对于次要、零星材料和小型施工机具均未一一列出,分别列入"其他材料费"及"小型机具使用费"内,以元表示,编制预算即按此计算。

十六、其他未包括的项目,各省级公路造价管理部门可编制补充定额在本地区执行;还缺少的项目,各设计单位可编制补充定额,随同预算文件一并送审。所有补充定额均应按照本定额的编制原则、方法进行编制,并将数据上传至"公路工程造价依据信息管理平台"。

十七、定额表中注明"某某数以内"或"某某数以下"者,均包括某某数本身;而注明"某某数以外"或"某某数以上"者,则不包括某某数本身。定额内数量带"(　　　)"者,则表示基价中未包括其价值。

十八、本定额中凡定额名称中带有"※"号者,均为参考定额,使用定额时,可根据情况进行调整。

十九、本定额的基价是人工费、材料费、机械使用费的合计价值。基价中的人工费、材料费按附录四计算,机械使用费按《公路工程机械台班费用定额》(JTG/T 3833—2018)计算。项目所在地海拔超过3000m以上,人工、材料、机械基价乘以系数1.3。

二十、定额中的"工料机代号"系编制概预算采用电子计算机计算时作为对工、料、机械名称识别的符号,不应随意变动。编制补充定额时,遇有新增材料或机械,编码采用7位,第1、2位取相近品种的材料或机械代号,第3、4位采用偶数编制,后3位采用顺序编制。

总 目 录

上 册

下　　册

下 册 目 录

第四章 桥涵工程

第七节 预制、安装混凝土及钢筋混凝土构件

说 明

1. 预制钢筋混凝土上部构造中,矩形板、空心板、连续板、少筋微弯板、预应力桁架梁、顶推预应力连续梁、桁架拱、刚架拱均已包括底模板,其余的系按配合底座(或台座)施工考虑。

2. 顶进立交箱涵、圆管涵的顶进靠背由于形式很多,宜根据不同的地形、地质情况设计,定额中未单独编列子目,需要时可根据施工图纸采用有关定额另行计算。

3. 顶进立交箱涵、圆管涵定额是根据全部顶进的施工方法编制的。顶进设备未包括在顶进定额中,应按顶进设备定额另行计算。施工过程中,铁路线路的加固、临时信号灯、行车期间的线路维修和行车指挥等其他工作,需要时其费用应另行计算。

4. 预制立交箱涵、箱梁的内模、翼板的门式支架等工、料已包括在定额中。

5. 顶推预应力连续梁是按多点顶推的施工工艺编制的,顶推使用的滑道单独编列子目,其他滑块、拉杆、拉锚器及顶推用的机具、预制箱梁的工作平台均摊入顶推定额中。顶推用的导梁及工作平台底模顶升千斤顶以下的工程,本章定额中未计入,应按有关定额另行计算。

6. 构件安装指从架设孔起吊起至安装就位，整体化完成的全部施工工序。本节定额中除安装矩形板、空心板及连续板等项目的现浇混凝土可套用桥面铺装定额计算外，其他安装上部构造定额中均单独编列有现浇混凝土子目。

7. 本节定额中凡采用金属结构吊装设备和缆索吊装设备安装的项目，均未包括吊装设备的费用，应按有关定额另行计算。

8. 制作、张拉预应力钢筋、钢绞线，是按不同的锚头形式分别编制的；当每吨钢筋的根数或每吨钢绞线的束数有变化时，可根据定额进行抽换。

9. 预应力钢筋及钢绞线定额中均已计入预应力管道及压浆的消耗量，使用定额时不得另行计算。定额中不含波纹管的定位钢筋，需要时应另行计算。定额中的束长为一次张拉的长度。

10. 对于钢绞线不同型号的锚具，使用定额时可按下表规定计算：

设计采用锚具型号(孔)	1	4	5	6	8	9	10	14	15	16	17	24
套用定额的锚具型号(孔)	3		7				12			19		22

11. 金属结构吊装设备定额是根据不同的安装方法划分子目的，如"单导梁"指安装用的拐脚门架、蝴蝶架、导梁等全套设备。设备质量不包括列入材料部分的铁件、钢丝绳、鱼尾板、道钉及列入"小型机具使用费"内的滑车等。

12. 预制场用龙门架、悬浇箱梁用的墩顶拐脚门架，可套用高度9m以内的跨墩门架定额，但质量应根据实际计算。

13. 安装金属支座的工程量系指半成品钢板(包括座板、齿板、垫板、辊轴等)的质量。至于锚栓、梁上的钢筋网、铁件等均以材料数量综合在定额内。

14. 安装支座定额中的钢板是按一般规定计算的；当设计数量与定额有出入时，可按设计数量调整。

15. 工程量计算规则:

(1)预制构件的工程量为构件的实际体积(不包括空心部分的体积),但预应力构件的工程量为构件预制体积与构件端头封锚混凝土的数量之和。预制空心板的空心堵头混凝土已综合在预制定额内,计算工程量时不应再计列这部分混凝土的数量。

(2)使用定额时,构件的预制数量应为安装定额中括号内所列的构件备制数量。

(3)安装的工程量为安装构件的体积。

(4)构件安装时的现浇混凝土的工程量为现浇混凝土和砂浆的数量之和。但如在安装定额中已计列砂浆消耗的项目,则在工程量中不应再计列砂浆的数量。

(5)预制、悬拼预应力箱梁临时支座的工程量为临时支座中混凝土及硫黄砂浆的体积之和。

(6)移动模架的质量包括托架(牛腿)、主梁、鼻梁、横梁、吊架、工作平台及爬梯的质量,不包括液压构件和内外模板(含模板支撑系统)的质量。

(7)预应力钢绞线、预应力精轧螺纹粗钢筋的工程量为锚固长度与工作长度的质量之和。

(8)先张钢绞线质量为设计图纸质量,定额中已包括钢绞线损耗及预制场构件间的工作长度及张拉工作长度。

(9)缆索吊装的索跨指两塔架间的距离。

4-7-1 预制桩

工程内容 1)模板制作、安装、拆除、修理、涂脱模剂、堆放;2)钢筋除锈、制作、焊接、绑扎;3)混凝土浇筑、捣固及养护;4)安装射水管件及桩尖;5)安装、焊接破冰尖。

单位:表列单位

顺序号	项 目	单位	代 号	混凝土		现场加工预制钢筋		集中加工预制钢筋	
				预制矩形、方形桩	预制空心射水的矩、方形桩	矩、方形桩	矩形破冰桩	矩、方形桩	矩形破冰桩
				10m³ 实体		1t			
				1	2	3	4	5	6
1	人工	工日	1001001	18.4	18.1	4.7	5	3.8	4
2	普 C30-32.5-2	m³	1503009	(10.10)	(10.10)	–	–	–	–
3	HPB300 钢筋	t	2001001	–	–	0.088	0.088	0.087	0.087
4	HRB400 钢筋	t	2001002	–	–	0.937	0.937	0.933	0.933
5	20~22 号铁丝	kg	2001022	–	–	3.36	3.36	3.36	3.36
6	型钢	t	2003004	–	–	–	0.351	–	0.351
7	钢管	t	2003008	–	0.059	–	–	–	–
8	铁皮	m²	2003044	–	88	–	–	–	–
9	电焊条	kg	2009011	–	–	–	2.24	–	2.24
10	铁件	kg	2009028	14.7	155.1	–	–	–	–
11	铁钉	kg	2009030	5.6	5.4	–	–	–	–

顺序号	项　目	单位	代　号	混凝土		现场加工预制钢筋		集中加工预制钢筋	
				预制矩、方形桩	预制空心射水的矩、方形桩	矩、方形桩	矩形破冰桩	矩、方形桩	矩形破冰桩
				10m³ 实体		1t			
				1	2	3	4	5	6
12	水	m³	3005004	16	16	–	–	–	–
13	锯材	m³	4003002	0.4	0.38	–	–	–	–
14	中(粗)砂	m³	5503005	4.65	4.65	–	–	–	–
15	碎石(2cm)	m³	5505012	7.98	7.98	–	–	–	–
16	32.5级水泥	t	5509001	4.101	4.101	–	–	–	–
17	其他材料费	元	7801001	39.2	24.5	–	–	–	–
18	数控立式钢筋弯曲中心	台班	8015007	–	–	–	–	0.1	0.11
19	32kV·A以内交流电弧焊机	台班	8015028	–	–	–	0.28	–	0.28
20	75kV·A以内交流对焊机	台班	8015047	–	–	0.13	0.13	0.13	0.13
21	小型机具使用费	元	8099001	14.7	14.5	21.4	21.4	–	–
22	基价	元	9999001	5121	7942	3909	5235	3863	5188

4-7-2 预制排架立柱

工程内容 预制:1)模板制作、安装、拆除、修理、涂脱模剂、堆放;2)钢筋除锈、下料、弯曲、运输、电焊、绑扎;3)混凝土浇筑、捣固及养护。

安装:1)搭、拆脚手架;2)地锚坑开挖、回填;3)整修构件、扒杆移动、吊装就位、接头焊接及砂浆填缝、锯吊环。

单位:表列单位

顺序号	项　　目	单位	代　号	预制排架立柱混凝土	预制排架立柱钢筋		安装排架立柱
					现场加工	集中加工	
				10m³ 实体	1t		10m³ 实体
				1	2	3	4
1	人工	工日	1001001	18.6	4.4	3.9	20.9
2	M30 水泥砂浆	m³	1501008	-	-	-	(0.07)
3	普 C30-32.5-2	m³	1503009	(10.10)	-	-	-
4	HPB300 钢筋	t	2001001	-	0.088	0.087	-
5	HRB400 钢筋	t	2001002	-	0.937	0.933	-
6	8~12 号铁丝	kg	2001021	-	-	-	30.2
7	20~22 号铁丝	kg	2001022	-	3.36	3.36	-
8	电焊条	kg	2009011	-	-	-	15.2
9	铁件	kg	2009028	15.1	-	-	1.5
10	铁钉	kg	2009030	5.8	-	-	-
11	水	m³	3005004	16	-	-	-

单位:表列单位

顺序号	项 目	单位	代 号	预制排架立柱混凝土	预制排架立柱钢筋		安装排架立柱
					现场加工	集中加工	
				10m³ 实体	1t		10m³ 实体
				1	2	3	4
12	原木	m³	4003001	–	–	–	0.28
13	锯材	m³	4003002	0.41	–	–	–
14	中(粗)砂	m³	5503005	4.65	–	–	0.07
15	碎石(2cm)	m³	5505012	7.98	–	–	–
16	32.5 级水泥	t	5509001	4.101	–	–	0.043
17	其他材料费	元	7801001	25.7	–	–	–
18	30kN 以内单筒慢动卷扬机	台班	8009080	–	–	–	8.18
19	数控立式钢筋弯曲中心	台班	8015007	–	–	0.08	–
20	32kV·A 以内交流电弧焊机	台班	8015028	–	–	–	0.6
21	75kV·A 以内交流对焊机	台班	8015047	–	0.13	0.13	–
22	小型机具使用费	元	8099001	11.1	16	16	6.6
23	基价	元	9999001	5143	3872	3872	4203

4-7-3 预制、安装杜式墩台管节

工程内容 预制:1)模板制作、安装、拆除、修理、涂脱模剂、堆放;2)钢筋除锈、下料、弯曲、运输、电焊、绑扎;3)混凝土浇筑、捣固及养护。

安装:1)管节构件整修、洗刷、挂线;2)起吊就位,构件接头连接;3)地锚埋设、拆除;4)管节填心混凝土、钢筋的全部操作。

单位:表列单位

顺序号	项 目	单位	代 号	预制柱式墩台管节混凝土	预制墩台管节钢筋		起重机安装柱式墩台管节	管节混凝土填心	管节填心钢筋	
					现场加工	集中加工			现场加工	集中加工
									起重机配合	
				10m³ 实体	1t		10m³ 实体		1t	
				1	2	3	4	5	6	7
1	人工	工日	1001001	40.3	6.1	5.1	5.3	8.2	5.6	4.6
2	普 C20-32.5-2	m³	1503007	(10.10)	–	–	–	–	–	–
3	普 C30-32.5-4	m³	1503034	–	–	–	–	(10.20)	–	–
4	HPB300 钢筋	t	2001001	–	1.025	1.02	–	–	0.123	0.122
5	HRB400 钢筋	t	2001002	–	–	–	–	–	0.902	0.898
6	8~12 号铁丝	kg	2001021	–	–	–	–	13.4	–	–
7	20~22 号铁丝	kg	2001022	–	5.19	5.19	–	–	2.52	2.52
8	钢板	t	2003005	–	–	–	0.065	–	–	–
9	电焊条	kg	2009011	–	–	–	–	–	3.9	3.9
10	铁件	kg	2009028	18	–	–	45.5	–	–	–

顺序号	项　　目	单位	代　号	预制柱式墩台管节混凝土	预制墩台管节钢筋		起重机安装柱式墩台管节	管节混凝土填心	管节填心钢筋	
					现场加工	集中加工			现场加工	集中加工
									起重机配合	
				10m³ 实体	1t		10m³ 实体		1t	
				1	2	3	4	5	6	7
11	铁钉	kg	2009030	11.3	–	–	–	0.4	–	–
12	水	m³	3005004	16	–	–	–	12	–	–
13	原木	m³	4003001	–	–	–	–	0.17	–	–
14	锯材	m³	4003002	0.8	–	–	–	0.05	–	–
15	中(粗)砂	m³	5503005	4.95	–	–	–	4.69	–	–
16	碎石(2cm)	m³	5505012	8.28	–	–	–	–	–	–
17	碎石(4cm)	m³	5505013	–	–	–	–	8.47	–	–
18	32.5 级水泥	t	5509001	3.182	–	–	–	3.845	–	–
19	其他材料费	元	7801001	41.1	–	–	8.8	2	–	–
20	10t 以内履带式起重机	台班	8009001	–	–	–	1.53	0.25	0.13	0.11
21	12t 以内汽车式起重机	台班	8009027	–	–	–	–	–	–	0.13
22	30kN 以内单筒慢动卷扬机	台班	8009080							
23	数控立式钢筋弯曲中心	台班	8015007	–	–	0.1	–	–	–	0.11
24	32kV·A 以内交流电弧焊机	台班	8015028	–	–	–	–	–	–	0.61
25	小型机具使用费	元	8099001	33.2	18.8	18.8	7.6	12.1	15.6	15.6
26	基价	元	9999001	7882	4109	4073	1992	3756	4180	4251

4-7-4 预制圆管涵

工程内容 1)搭、拆临时脚手架、跳板;2)模板制作、安、拆、修理、涂脱模剂、堆放;3)钢筋除锈、下料、弯曲、电焊、绑扎;4)混凝土浇筑、捣固及养护。

单位:表列单位

顺序号	项 目	单位	代 号	混凝土		预制圆管涵	
				预制圆管管径(m)		钢筋	冷拔低碳钢丝
				1.0 以内	2.0 以内		
				10m³ 实体		1t	
				1	2	3	4
1	人工	工日	1001001	43.7	32.8	6	6.4
2	普 C30 - 32.5 - 2	m³	1503009	(10.10)	(10.10)	–	–
3	HPB300 钢筋	t	2001001	–	–	1.025	0.336
4	冷拔低碳钢丝	t	2001012	–	–	–	0.699
5	20~22 号铁丝	kg	2001022	–	–	4.62	4.45
6	钢模板	t	2003025	0.118	0.074	–	–
7	电焊条	kg	2009011	–	–	–	0.95
8	水	m³	3005004	16	16	–	–
9	中(粗)砂	m³	5503005	4.65	4.65	–	–
10	碎石(2cm)	m³	5505012	7.98	7.98	–	–

单位:表列单位

顺序号	项　目	单位	代　号	混凝土		预制圆管涵	
				预制圆管管径(m)		钢筋	冷拔低碳钢丝
				1.0 以内	2.0 以内		
				10m³ 实体		1t	
				1	2	3	4
11	32.5 级水泥	t	5509001	4.101	4.101	–	–
12	其他材料费	元	7801001	21.2	16	–	–
13	5t 以内汽车式起重机	台班	8009025	0.61	0.46	–	–
14	32kV·A 以内交流电弧焊机	台班	8015028	–	–	–	0.16
15	小型机具使用费	元	8099001	4.8	4.9	4.7	4.5
16	基价	元	9999001	8111	6615	4081	5165

4−7−5 安装圆管涵

工程内容 安装混凝土圆管:1)人工拌运砂浆;2)整修构件、吊装就位、安、拆嵌缝、养护。
　　　　　 安装波形钢管涵:1)管体安装;2)密封防腐处理;3)圆管涵管体底部两侧楔形部回填夯实。
　　　　　 现浇管座混凝土:混凝土浇筑、捣固及养护。

单位:10m³ 实体

顺序号	项　目	单位	代　号	人工安装		起重机安装		现浇管座混凝土
				圆管涵管径(m)				
				0.75 以内	1.5 以内	1.0 以内	1.0 以上	
				1	2	3	4	5
1	人工	工日	1001001	11	8.8	5.3	3.2	6.2
2	普 C15−32.5−4	m³	1503031	−	−	−	−	(10.20)
3	铁件	kg	2009028	−	−	−	−	1.3
4	铁钉	kg	2009030	−	−	−	−	1.8
5	水	m³	3005004	1	1	1	1	10
6	锯材	m³	4003002	−	−	−	−	0.21
7	中(粗)砂	m³	5503005	0.74	0.45	0.48	0.37	5.1
8	碎石(4cm)	m³	5505013	−	−	−	−	8.67
9	32.5 级水泥	t	5509001	0.314	0.188	0.202	0.157	2.723
10	其他材料费	元	7801001	2.6	2.6	2.6	2.6	16.7
11	5t 以内汽车式起重机	台班	8009025	−	−	1.08	0.76	0.13
12	小型机具使用费	元	8099001	1.2	0.7	0.7	0.7	2.7
13	基价	元	9999001	1337	1038	1362	911	3151

顺序号	项目	单位	代号	整装波形钢管涵安装		拼装波形钢管涵安装		
				管径(cm)				
				150	250	300	400	600
				6	7	8	9	10
1	人工	工日	1001001	0.8	1.7	4.9	8.1	10.2
2	钢管	t	2003008	–	–	0.006	0.013	0.023
3	整装波形钢管涵(ϕ150cm)	m	2003057	10	–	–	–	–
4	整装波形钢管涵(ϕ250cm)	m	2003058	–	10	–	–	–
5	拼装波形钢管涵(ϕ300cm)	m	2003059	–	–	10	–	–
6	拼装波形钢管涵(ϕ400cm)	m	2003060	–	–	–	10	–
7	拼装波形钢管涵(ϕ600cm)	m	2003061	–	–	–	–	10
8	镀锌螺栓	kg	2009014	–	–	237.9	380.6	570.9
9	镀锌法兰	kg	2009018	54.4	59.8	–	–	–
10	石油沥青	t	3001001	0.243	0.404	0.416	0.647	0.971
11	锯材	m³	4003002	0.01	0.01	0.01	0.02	0.03
12	耐候胶	kg	5001059	11.7	14.4	40	64.1	96.1
13	其他材料费	元	7801001	62	95	106.7	128.9	150.2
14	12t以内载货汽车	台班	8007008	0.06	0.08	0.09	0.11	0.13
15	12t以内汽车式起重机	台班	8009027	0.18	0.28	0.59	0.89	1.07
16	小型机具使用费	元	8099001	22	31	61.1	92.6	97.6
17	基价	元	9999001	30515	53126	66484	102896	166954

4-7-6 顶进圆管涵

工程内容 1)吊装管节,千斤顶、油泵管路控制台的安装、拆除,管节沉降缝处理及填塞,管内挖土外运50m;2)钢板内圈接口的制作、安装、除锈、涂沥青。

单位:表列单位

顺序号	项 目	单位	代 号	管节顶进				钢板内圈接口
				管径(m)				
				1.0	1.25	1.5	2.0	1t
				1m				
				1	2	3	4	5
1	人工	工日	1001001	4.6	5.6	6.9	10.5	17.6
2	钢板	t	2003005	–	–	–	–	1.06
3	水	m³	3005004	0.01	0.01	0.01	0.01	–
4	中(粗)砂	m³	5503005	0.01	0.01	0.01	0.01	–
5	32.5级水泥	t	5509001	0.002	0.002	0.003	0.004	–
6	其他材料费	元	7801001	122.6	151.3	182.4	240.8	25.8
7	5t以内汽车式起重机	台班	8009025	0.23	0.29	0.35	0.53	–
8	φ1200顶管设备	台班	8009143	2.03	–	–	–	–
9	φ1650顶管设备	台班	8009144	–	1.79	1.79	–	–
10	φ2000顶管设备	台班	8009145	–	–	–	1.64	–
11	小型机具使用费	元	8099001	–	–	–	–	2.4
12	基价	元	9999001	1266	1464	1671	2255	5659

4-7-7 预制立交箱涵

工程内容 1)组合钢模组拼拆及安装、拆除、修理、涂脱模剂、堆放;2)钢筋除锈、制作、成型、焊接、绑扎;3)门式钢支架、临时脚手架、跳板搭拆及摇头扒杆移动;4)混凝土浇筑、捣固及养护。

单位:表列单位

顺序号	项 目	单位	代 号	预制立交箱涵		
				混凝土	钢筋	
					现场加工	集中加工
				10m³ 实体	1t	
				1	2	3
1	人工	工日	1001001	18.6	7.9	6.5
2	普 C30-32.5-4	m³	1503034	(10.10)	–	–
3	HRB400 钢筋	t	2001002	–	1.025	1.02
4	8~12 号铁丝	kg	2001021	0.1	–	–
5	20~22 号铁丝	kg	2001022	–	1.11	1.11
6	型钢	t	2003004	0.004	–	–
7	钢管	t	2003008	0.004	–	–
8	组合钢模板	t	2003026	0.009	–	–
9	门式钢支架	t	2003027	0.002	–	–
10	电焊条	kg	2009011	–	3.7	3.7
11	铁件	kg	2009028	3.2	–	–

顺序号	项　目	单位	代　号	预制立交箱涵		
				混凝土	钢筋	
					现场加工	集中加工
				10m³ 实体	1t	
				1	2	3
12	铁钉	kg	2009030	0.1	-	-
13	水	m³	3005004	16	-	-
14	原木	m³	4003001	0.01	-	-
15	锯材	m³	4003002	0.01	-	-
16	中(粗)砂	m³	5503005	4.65	-	-
17	碎石(4cm)	m³	5505013	8.38	-	-
18	32.5级水泥	t	5509001	3.808	-	-
19	其他材料费	元	7801001	13.3	-	-
20	5t 以内汽车式起重机	台班	8009025	-	0.06	0.05
21	12t 以内汽车式起重机	台班	8009027	0.62	-	-
22	25t 以内汽车式起重机	台班	8009030	-	-	0.05
23	数控立式钢筋弯曲中心	台班	8015007	-	-	0.16
24	32kV·A 以内交流电弧焊机	台班	8015028	-	0.57	0.57
25	小型机具使用费	元	8099001	10.90	20.4	20.4
26	基价	元	9999001	4998	4359	4395

4 - 7 - 8　顶进立交箱涵

工程内容　1)安装千斤顶、油泵、油管路、控制台、配电盘及钢传力柱与横梁、喷涂润滑隔离层、试顶、顶进操作及纠偏;2)拆除后的顶进设备分类堆码。

单位:1m

顺序号	项　目	单位	代　号	空顶箱涵					
				涵身质量(t)					
				1000 以内	1500 以内	2000 以内	3000 以内	4000 以内	5000 以内
				1	2	3	4	5	6
1	人工	工日	1001001	13.5	16.1	18.8	23.7	34.4	49.7
2	钢板	t	2003005	0.004	0.005	0.006	0.012	0.015	0.018
3	门式钢支架	t	2003027	0.092	0.115	0.138	0.219	0.313	0.405
4	螺栓	kg	2009013	1.4	1.5	1.5	2.2	2.75	3.3
5	其他材料费	元	7801001	77.9	106.3	134	173.8	196.9	220
6	8t 以内汽车式起重机	台班	8009026	0.98	1.1	–	–	–	–
7	16t 以内汽车式起重机	台班	8009028	–	–	0.94	1.24	–	–
8	20t 以内汽车式起重机	台班	8009029	–	–	–	–	0.94	1.24
9	1000t 以内箱涵顶进设备	台班	8009138	0.62	–	–	–	–	–
10	2000t 以内箱涵顶进设备	台班	8009140	–	0.62	0.62	–	–	–
11	4000t 以内箱涵顶进设备	台班	8009141	–	–	–	0.55	0.62	–
12	5000t 以内箱涵顶进设备	台班	8009142	–	–	–	–	–	0.62
13	基价	元	9999001	2869	3442	4046	5319	6837	9389

单位:1m

顺序号	项　目	单位	代　号	挖土顶箱涵					
				涵身质量(t)					
				1000 以内	1500 以内	2000 以内	3000 以内	4000 以内	5000 以内
				7	8	9	10	11	12
1	人工	工日	1001001	24.1	28.9	33.7	42.3	61.5	88.8
2	钢板	t	2003005	0.004	0.005	0.006	0.012	0.015	0.018
3	门式钢支架	t	2003027	0.092	0.115	0.138	0.219	0.313	0.405
4	螺栓	kg	2009013	1.4	1.5	1.5	2.2	2.75	3.3
5	其他材料费	元	7801001	77.9	106.3	134	173.8	197.1	220
6	8t 以内汽车式起重机	台班	8009026	1.75	1.96	–	–	–	–
7	16t 以内汽车式起重机	台班	8009028	–	–	1.67	2.22	–	–
8	20t 以内汽车式起重机	台班	8009029	–	–	–	–	1.67	2.22
9	1000t 以内箱涵顶进设备	台班	8009138	1.11	–	–	–	–	–
10	2000t 以内箱涵顶进设备	台班	8009140	–	1	1.11	–	–	–
11	4000t 以内箱涵顶进设备	台班	8009141	–	–	–	0.98	1.11	–
12	5000t 以内箱涵顶进设备	台班	8009142	–	–	–	–	–	1
13	基价	元	9999001	4704	5582	6591	8509	10839	14972

注:1.本章定额不包括铁路线加固与防护,按相关定额另计。

　　2.顶进涵身质量包括钢筋混凝土涵身和钢刃脚的质量。

4-7-9 预制矩形板、空心板

工程内容 1)地底模制作、修理、铺塑料薄膜;2)组合钢模组拼拆及安装、拆除、修理、涂脱模剂、堆放;3)空心板端头封固;4)钢筋除锈、制作、绑扎、焊接;5)混凝土浇筑、捣固、养护;6)立面凿毛。

单位:表列单位

I. 矩 形 板

顺序号	项 目	单位	代 号	预制矩形板混凝土		预制矩形板钢筋	
				跨径(m)		现场加工	集中加工
				4 以内	8 以内		
				10m³ 实体		1t	
				1	2	3	4
1	人工	工日	1001001	14.1	11.2	4.8	3.5
2	M10 水泥砂浆	m³	1501003	(0.59)	(0.37)	–	–
3	普 C30-32.5-4	m³	1503034	(10.10)	(10.10)	–	–
4	HPB300 钢筋	t	2001001	–	–	0.269	0.267
5	HRB400 钢筋	t	2001002	–	–	0.756	0.753
6	20~22 号铁丝	kg	2001022	–	–	3.49	3.49
7	型钢	t	2003004	0.012	0.01	–	–
8	组合钢模板	t	2003026	0.015	0.012	–	–
9	电焊条	kg	2009011	–	–	0.74	0.74
10	铁件	kg	2009028	5.4	4.3	–	–
11	水	m³	3005004	17	17	–	–

続前页

单位:表列单位

顺序号	项　　目	单位	代　号	预制矩形板混凝土		预制矩形板钢筋	
				跨径(m)		现场加工	集中加工
				4 以内	8 以内		
				10m³ 实体		1t	
				1	2	3	4
12	原木	m³	4003001	0.01	0.01	–	–
13	锯材	m³	4003002	0.03	0.03	–	–
14	中(粗)砂	m³	5503005	5.28	5.04	–	–
15	碎石(4cm)	m³	5505013	8.38	8.38	–	–
16	32.5 级水泥	t	5509001	3.991	3.923	–	–
17	其他材料费	元	7801001	57.8	42.2	–	–
18	数控钢筋弯箍机	台班	8015006	–	–	–	0.012
19	数控立式钢筋弯曲中心	台班	8015007	–	–	–	0.129
20	32kV·A 以内交流电弧焊机	台班	8015028	–	–	0.13	0.34
21	小型机具使用费	元	8099001	6	5.1	15	–
22	基价	元	9999001	4217	3824	3922	3913

II. 空 心 板

顺序号	项　　　目	单位	代　号	预制空心板		
				混凝土	钢筋	
					现场加工	集中加工
				10m³ 实体	1t	
				5	6	7
1	人工	工日	1001001	19.6	5	3.8
2	M10 水泥砂浆	m³	1501003	(0.38)	–	–
3	普 C30 – 32.5 – 2	m³	1503009	(10.22)	–	–
4	HPB300 钢筋	t	2001001	–	0.21	0.209
5	HRB400 钢筋	t	2001002	–	0.815	0.811
6	20~22 号铁丝	kg	2001022	–	3.63	3.63
7	型钢	t	2003004	0.011	–	–
8	钢板	t	2003005	0.015	–	–
9	组合钢模板	t	2003026	0.019	–	–
10	电焊条	kg	2009011	–	2.15	2.15
11	铁件	kg	2009028	10.2	–	–
12	铁钉	kg	2009030	0.4	–	–
13	水	m³	3005004	16	–	–
14	原木	m³	4003001	0.03	–	–

顺序号	项 目	单位	代 号	预制空心板		
				混凝土	钢筋	
					现场加工	集中加工
				10m³ 实体	1t	
				5	6	7
15	锯材	m³	4003002	0.04	–	–
16	中(粗)砂	m³	5503005	5.11	–	–
17	碎石(2cm)	m³	5505012	8.1	–	–
18	32.5 级水泥	t	5509001	4.268	–	–
19	其他材料费	元	7801001	66.6	–	–
20	数控钢筋弯箍机	台班	8015006	–	–	0.011
21	数控立式钢筋弯曲中心	台班	8015007	–	–	0.123
22	32kV·A 以内交流电弧焊机	台班	8015028	–	0.34	0.34
23	小型机具使用费	元	8099001	7.8	14.8	–
24	基价	元	9999001	5004	3986	3943

4 - 7 - 10　安装矩形板、空心板

工程内容　1)构件修整;2)铺垫油毛毡支座;3)埋设及拆除地笼;4)起重机纵移过墩;5)构件吊装。

单位:10m³ 构件

顺序号	项　目	单位	代　号	起重机安装	
				安装矩形板	安装空心板
				1	2
1	人工	工日	1001001	3.8	2.6
2	油毛毡	m²	5009012	19.8	−
3	其他材料费	元	7801001	−	6.5
4	8t 以内汽车式起重机	台班	8009026	0.97	−
5	20t 以内汽车式起重机	台班	8009029	−	0.52
6	基价	元	9999001	1164	911

注:现浇企口混凝土及砂浆插缝采用桥面铺装定额计算。

4-7-11 预制、安装连续板

工程内容 预制:1)地底模制作、修理、铺塑料薄膜;2)组合钢模组拼拆及安装、安拆、修理、涂脱模剂、堆放;3)钢筋除锈、下料、弯曲、制作、电焊、绑扎;4)混凝土浇筑、捣固、养护。

安装:1)构件整修;2)埋设及拆除地笼;3)起重机、单导梁、拐脚门架、托架纵移过墩;4)构件吊装。

单位:表列单位

顺序号	项 目	单位	代 号	预制连续板			安装连续板	
				混凝土	钢筋		起重机安装	单导梁式架桥机
					现场加工	集中加工		
				10m³ 实体	1t		10m³ 实体	
				1	2	3	4	5
1	人工	工日	1001001	17.8	5.7	4.5	2.3	5.1
2	M10 水泥砂浆	m³	1501003	(0.21)	–	–	–	–
3	普 C25 – 32.5 – 4	m³	1503033	(0.31)	–	–	–	–
4	普 C30 – 32.5 – 4	m³	1503034	(10.10)	–	–	–	–
5	HPB300 钢筋	t	2001001	–	0.206	0.205	–	–
6	HRB400 钢筋	t	2001002	–	0.819	0.815	–	–
7	20 ~ 22 号铁丝	kg	2001022	–	2.57	2.570	–	–
8	型钢	t	2003004	0.034	–	–	–	–
9	组合钢模板	t	2003026	0.041	–	–	–	–
10	电焊条	kg	2009011	–	3.1	3.1	–	–
11	铁件	kg	2009028	14.7	–	–	–	–

单位:表列单位

顺序号	项目	单位	代号	预制连续板			安装连续板	
				混凝土	钢筋		起重机安装	单导梁式架桥机
					现场加工	集中加工		
				10m³ 实体	1t		10m³ 实体	
				1	2	3	4	5
12	水	m³	3005004	17	–	–	–	–
13	原木	m³	4003001	0.02	–	–	–	–
14	锯材	m³	4003002	0.08	–	–	–	–
15	中(粗)砂	m³	5503005	5.02	–	–	–	–
16	碎石(4cm)	m³	5505013	8.64	–	–	–	–
17	32.5 级水泥	t	5509001	3.977	–	–	–	–
18	其他材料费	元	7801001	73.3	–	–	–	–
19	20t 以内汽车式起重机	台班	8009029	–	–	–	0.52	–
20	30kN 以内单筒慢动电动卷扬机	台班	8009080	–	–	–	–	0.75
21	50kN 以内单筒慢动电动卷扬机	台班	8009081	–	–	–	–	0.13
22	数控钢筋弯箍机	台班	8015006	–	–	0.01	–	–
23	数控立式钢筋弯曲中心	台班	8015007	–	–	0.14	–	–
24	32kV·A 以内交流电弧焊机	台班	8015028	–	0.5	0.5	–	–
25	小型机具使用费	元	8099001	9.9	14.6	14.6	–	10.1
26	基价	元	9999001	4955	4089	4075	873	690

4-7-12 预制、安装 T 形梁、I 形梁

工程内容 预制:1)钢模安装、拆除、修理、涂脱模剂;2)钢筋除锈、制作、成型、焊接、绑扎;3)搭、拆跳板;4)混凝土浇筑、捣固及养护。
安装:1)预制构件整修;2)构件起吊、纵横移、落梁、就位、校正、锯吊环;3)单、双导梁、跨墩门架纵移过墩;4)吊脚手、安全网的装、拆、移动过墩;5)T 形梁横隔板接头钢板焊接及连接处砂浆嵌缝;6)I 形梁横隔板的模板工作及混凝土浇筑、捣固及养护。

I. 预 制

单位:表列单位

顺序号	项　目	单位	代号	预制 T 形梁			预制 I 形梁		
				混凝土	钢筋		混凝土	钢筋	
					现场加工	集中加工		现场加工	集中加工
				10m³ 实体	1t		10m³ 实体	1t	
				1	2	3	4	5	6
1	人工	工日	1001001	18.6	6.6	5.5	16	6.2	5.5
2	普 C30-32.5-2	m³	1503009	(10.10)	–	–	(10.10)	–	–
3	HPB300 钢筋	t	2001001	0.002	0.246	0.245	0.002	0.194	0.193
4	HRB400 钢筋	t	2001002	–	0.779	0.775	–	0.831	0.827
5	钢丝绳	t	2001019	0.004	–	–	0.004	–	–
6	20~22 号铁丝	kg	2001022	–	2.07	2.07	–	2.13	2.13
7	钢板	t	2003005	0.03	–	–	–	–	–
8	钢模板	t	2003025	0.174	–	–	0.168	–	–
9	电焊条	kg	2009011	4.3	5.93	5.93	–	8.2	8.2

顺序号	项　目	单位	代　号	预制 T 形梁			预制 I 形梁		
				混凝土	钢筋		混凝土	钢筋	
					现场加工	集中加工		现场加工	集中加工
				10m³ 实体	1t		10m³ 实体	1t	
				1	2	3	4	5	6
10	铁件	kg	2009028	15.4	–	–	15	–	–
11	水	m³	3005004	16	–	–	16	–	–
12	锯材	m³	4003002	0.04	–	–	0.04	–	–
13	中(粗)砂	m³	5503005	4.65	–	–	4.65	–	–
14	碎石(2cm)	m³	5505012	7.98	–	–	7.98	–	–
15	32.5 级水泥	t	5509001	4.101	–	–	4.101	–	–
16	其他材料费	元	7801001	28.3	–	–	27.7	–	–
17	30kN 以内单筒慢动卷扬机	台班	8009080	–	0.14	0.1	–	0.17	0.12
18	50kN 以内单筒慢动卷扬机	台班	8009081	3.59	–	–	3.48	–	–
19	数控钢筋弯箍机	台班	8015006	–	–	0.01	–	–	0.01
20	数控立式钢筋弯曲中心	台班	8015007	–	–	0.15	–	–	0.14
21	32kV·A 以内交流电弧焊机	台班	8015028	0.94	0.99	0.99	–	1.41	1.25
22	75kV·A 以内交流对焊机	台班	8015047	–	0.14	–	–	0.17	–
23	100kV·A 以内交流对焊机	台班	8015048	–	–	0.08	–	–	0.08
24	150kV·A 以内交流对焊机	台班	8015049	–	0.08	0.05	–	0.08	0.05
25	小型机具使用费	元	8099001	46.9	20.5	20.5	46.9	17.8	17.8
26	基价	元	9999001	6489	4398	4373	5855	4451	4422

顺序号	项　目	单位	代号	T形梁(跨径 10～20m)			汽车式起重机安装Ⅰ形梁	安装Ⅰ形梁现浇横隔板混凝土
				起重机安装	单导梁式架桥机安装	龙门式起重机安装		
				7	8	9	10	11
1	人工	工日	1001001	7.6	11.8	9.5	6.2	31.4
2	M25 水泥砂浆	m³	1501007	(0.02)	(0.02)	(0.02)	–	–
3	普 C30 – 32.5 – 2	m³	1503009	–	–	–	–	(10.20)
4	预制构件	m³	1517001	(10.00)	(10.00)	(10.00)	(10.00)	–
5	型钢	t	2003004	0.015	0.016	0.016	0.056	–
6	钢板	t	2003005	0.03	0.032	0.03	–	–
7	电焊条	kg	2009011	15.5	17.05	15.1	–	–
8	铁件	kg	2009028	–	–	–	30.1	30.9
9	铁钉	kg	2009030	–	–	–	5.2	5.3
10	水	m³	3005004	–	–	–	–	15
11	锯材	m³	4003002	0.01	0.01	0.01	–	0.93
12	中(粗)砂	m³	5503005	0.02	0.02	0.02	–	4.69
13	碎石(2cm)	m³	5505012	–	–	–	–	8.06
14	32.5 级水泥	m³	5509001	0.011	0.011	0.011	–	4.141
15	其他材料费	元	7801001	11.1	11.1	11.9	1.9	15.4

続前页

单位:10m³ 实体

顺序号	项 目	单位	代 号	T 形梁(跨径 10~20m)			汽车式起重机安装 I 形梁	安装 I 形梁现浇横隔板混凝土
				起重机安装	单导梁式架桥机安装	龙门式起重机安装		
				7	8	9	10	11
16	20t 以内汽车式起重机	台班	8009029	-	-	-	0.77	0.37
17	30t 以内汽车式起重机	台班	8009031	0.64	-	-	-	-
18	50kN 以内单筒慢动卷扬机	台班	8009081	-	0.86	0.77	-	-
19	32kV·A 以内交流电弧焊机	台班	8015028	0.56	0.56	0.6	0.17	-
20	小型机具使用费	元	8099001	27	19.8	43.4	1.2	13.5
21	基价	元	9999001	2147	1824	1577	1981	7814

4-7-13 预制、安装预应力空心板

工程内容 预制:1)组合钢模板拼拆及安装、拆除、修理、涂脱模剂、堆放;2)钢筋除锈、制作、成型、焊接、绑扎;3)混凝土浇筑、捣固及养护;4)立面凿毛。

安装:1)整修构件;2)构件起吊、横移、就位、校正;3)起重机、单导梁过墩移动;4)锯断吊环。

单位:表列单位

顺序号	项 目	单位	代 号	预制混凝土		预制预应力空心板钢筋		起重机安装		单导梁式架桥机安装预应力空心板	
								跨径(m)			
				非泵送	泵送	现场加工	集中加工	10以内	20以内	10以内	20以内
				10m³ 实体		1t		10m³ 实体			
				1	2	3	4	5	6	7	8
1	人工	工日	1001001	16.7	11.4	5.7	4.3	4.8	3.8	6	4.9
2	普 C20-32.5-2	m³	1503007	(0.44)	(0.44)	–	–	–	–	–	–
3	普 C40-42.5-2	m³	1503014	(10.10)	–	–	–	–	–	–	–
4	泵 C40-42.5-2	m³	1503067	–	(10.30)	–	–	–	–	–	–
5	预制构件	m³	1517001	–	–	–	–	(10.00)	(10.00)	–	–
6	HPB300 钢筋	t	2001001	0.004	0.004	0.351	0.35	–	–	–	–
7	HRB400 钢筋	t	2001002	–	–	0.674	0.67	–	–	–	–
8	钢丝绳	t	2001019	0.002	0.002	–	–	–	–	–	–
9	20~22 号铁丝	kg	2001022	–	–	3.68	4.59	–	–	–	–

顺序号	项 目	单位	代 号	预制混凝土		预制预应力空心板钢筋		起重机安装		单导梁式架桥机安装预应力空心板	
				非泵送	泵送	现场加工	集中加工	跨径(m)			
								10 以内	20 以内	10 以内	20 以内
				10m³ 实体		1t		10m³ 实体			
				1	2	3	4	5	6	7	8
10	钢管	t	2003008	0.003	0.003	–	–	–	–	–	–
11	钢模板	t	2003025	0.051	0.051	–	–	–	–	–	–
12	电焊条	kg	2009011	–	–	1.31	2.66	–	–	–	–
13	铁件	kg	2009028	8.6	8.6	–	–	–	–	–	–
14	水	m³	3005004	17	17	–	–	–	–	–	–
15	锯材	m³	4003002	0.02	0.02	–	–	–	–	–	–
16	中(粗)砂	m³	5503005	4.76	5.61	–	–	–	–	–	–
17	碎石(2cm)	m³	5505012	8.34	7.19	–	–	–	–	–	–
18	32.5 级水泥	t	5509001	0.139	0.139	–	–	–	–	–	–
19	42.5 级水泥	t	5509002	4.474	4.85	–	–	–	–	–	–
20	其他材料费	元	7801001	85	85	–	–	0.6	0.3	0.4	0.3
21	60m³/h 以内混凝土输送泵	台班	8005051	–	0.06	–	–	–	–	–	–
22	20t 以内汽车式起重机	台班	8009029	–	–	–	–	0.64	–	–	–
23	30t 以内汽车式起重机	台班	8009031	–	–	–	–	–	0.41	–	–

顺序号	项目	单位	代号	预制混凝土		预制预应力空心板钢筋		起重机安装		单导梁式架桥机安装预应力空心板	
								跨径(m)			
				非泵送	泵送	现场加工	集中加工	10以内	20以内	10以内	20以内
				10m³ 实体		1t		10m³ 实体			
				1	2	3	4	5	6	7	8
24	50kN 以内单筒慢动卷扬机	台班	8009081	1.16	–	–	–	–	–	1.3	0.82
25	数控钢筋弯箍机	台班	8015006	–	–	–	0.01	–	–	–	–
26	数控立式钢筋弯曲中心	台班	8015007	–	–	–	0.13	–	–	–	–
27	32kV·A 以内交流电弧焊机	台班	8015028	–	–	0.24	0.28	–	–	–	–
28	小型机具使用费	元	8099001	10.5	6.1	17.4	17.6	1.3	0.7	13.6	10.6
29	基价	元	9999001	5338	4757	4052	4027	1286	1001	876	673

注:现浇企口混凝土可套用桥面铺装定额计算。

4-7-14 预制、安装预应力 T 形梁、I 形梁

工程内容 预制:1)钢模安装、拆除、修理、涂脱模剂、堆放;2)搭、拆跳板;3)混凝土浇筑、捣固及养护。

安装:1)整修构件;2)构件吊起、纵移、落梁、横移就位、校正;3)T 形梁横隔板接头钢板焊接及接缝现浇混凝土浇筑、捣固及养护和水泥砂浆嵌缝;4)I 形梁横隔板、桥面板现浇混凝土浇筑、捣固及养护和组合钢模板拼拆及安装、拆除、修理、涂脱模剂、堆放;5)龙门起重机及单、双导梁纵移过墩;6)吊脚手、安全网的装、拼、移动过渡。

I. 预 制

单位:表列单位

顺序号	项 目	单位	代 号	预制 T 形梁混凝土		预制预应力 T 形梁钢筋		预制 I 形梁混凝土		预制预应力 I 形梁钢筋	
				非泵送	泵送	现场加工	集中加工	非泵送	泵送	现场加工	集中加工
				10m³		1t		10m³		1t	
				1	2	3	4	5	6	7	8
1	人工	工日	1001001	20.2	11.8	6.8	5	20.7	12.2	6.8	5
2	普 C50－42.5－2	m³	1503018	(10.10)	－	－	－	(10.10)	－	－	－
3	泵 C50－42.5－2	m³	1503069	－	(10.20)	－	－	－	(10.30)	－	－
4	HPB300 钢筋	t	2001001	0.001	0.001	－	－	0.001	0.001	0.295	0.294
5	HRB400 钢筋	t	2001002	－	－	1.025	1.02	－	－	0.73	0.726
6	钢丝绳	t	2001019	0.002	0.002	－	－	0.003	0.003	－	－
7	20～22 号铁丝	kg	2001022	－	－	2.86	3.6	－	－	2.85	3.6
8	钢板	t	2003005	0.055	0.055	－	－	0.119	0.119	－	－
9	钢模板	t	2003025	0.106	0.106	－	－	0.111	0.111	－	－

单位:表列单位

顺序号	项 目	单位	代号	预制T形梁混凝土		预制预应力T形梁钢筋		预制I形梁混凝土		预制预应力I形梁钢筋	
				非泵送	泵送	现场加工	集中加工	非泵送	泵送	现场加工	集中加工
				10m³		1t		10m³		1t	
				1	2	3	4	5	6	7	8
10	电焊条	kg	2009011	6.48	6.48	5.26	6.6	14	14	5.4	6.7
11	铁件	kg	2009028	9.4	9.4	–	–	9.8	9.8	–	–
12	水	m³	3005004	16	23	–	–	16	23	–	–
13	锯材	m³	4003002	0.03	0.03	–	–	0.03	0.03	–	–
14	中(粗)砂	m³	5503005	4.44	5.46	–	–	4.44	5.46	–	–
15	碎石(2cm)	m³	5505012	7.58	6.8	–	–	7.58	6.8	–	–
16	42.5级水泥	t	5509002	5.292	5.706	–	–	5.292	5.706	–	–
17	其他材料费	元	7801001	20.1	20.1	–	–	17.9	17.9	–	–
18	60m³/h以内混凝土输送泵	台班	8005051	–	0.07	–	–	–	0.07	–	–
19	30kN以内单筒慢动卷扬机	台班	8009080	–	–	0.13	–	–	–	0.13	–
20	50kN以内单筒慢动卷扬机	台班	8009081	3.29	1.61	–	–	3.11	1.43	–	–
21	数控钢筋弯箍机	台班	8015006	–	–	–	0.01	–	–	–	0.01
22	数控立式钢筋弯曲中心	台班	8015007	–	–	–	0.13	–	–	–	0.13
23	32kV·A以内交流电弧焊机	台班	8015028	1.07	1.07	1.29	1.5	2.29	2.29	1.29	1.62
24	100kV·A以内交流对焊机	台班	8015048	–	–	0.03	0.03	–	–	0.03	0.04
25	小型机具使用费	元	8099001	49.9	46.5	16	16.4	42.8	39.5	15.2	15.3
26	基价	元	9999001	6933	6027	4380	4324	7475	6559	4406	4375

注:I形梁现浇横隔板及桥面板的钢筋计入预制的钢筋数量内。

单位:10m³

顺序号	项　目	单位	代　号	双导梁安装T形梁	现浇接缝混凝土	I 形梁					现浇横隔板及桥面板
						单梁式架桥机安装	双梁式架桥机安装	龙门式起重机安装			
						标准跨径（m）					
						20	25、30	20	25、30		
				9	10	11	12	13	14		15
1	人工	工日	1001001	8.8	25.8	9.4	8.8	6.4	5.2		23.9
2	普 C50 – 42.5 – 2	m³	1503018	–	(10.20)	–	–	–	–		(10.20)
3	预制构件	m³	1517001	–	–	(10.00)	(10.00)	(10.00)	(10.00)		–
4	HRB400 钢筋	t	2001002	–	–	0.36	0.263	0.36	0.263		–
5	8~12 号铁丝	kg	2001021	–	3.5	–	–	–	–		–
6	型钢	t	2003004	0.003	0.039	–	–	–	–		0.026
7	钢板	t	2003005	0.059	–	–	–	–	–		–
8	钢管	t	2003008	–	–	–	–	–	–		0.002
9	组合钢模板	t	2003026	–	0.038	–	–	–	–		0.046
10	门式钢支架	t	2003027	–	–	–	–	–	–		0.005
11	电焊条	kg	2009011	20.9	–	–	–	–	–		–
12	铁件	kg	2009028	–	16.3	16.9	12.3	16.9	12.3		15.5
13	水	m³	3005004	–	15	–	–	–	–		15
14	锯材	m³	4003002	–	0.08	–	–	–	–		0.06

单位:10m³

顺序号	项 目	单位	代 号	双导梁安装T形梁	现浇接缝混凝土	I形梁				现浇横隔板及桥面板
						单梁式架桥机安装	双梁式架桥机安装	龙门式起重机安装		
						标准跨径（m）				
						20	25、30	20	25、30	
				9	10	11	12	13	14	15
15	中(粗)砂	m³	5503005	–	4.49	–	–	–	–	4.49
16	碎石(2cm)	m³	5505012	–	7.65	–	–	–	–	7.65
17	42.5级水泥	t	5509002	–	5.345	–	–	–	–	5.345
18	其他材料费	元	7801001	15.2	73.5	–	–	–	–	16
19	20t以内汽车式起重机	台班	8009029	–	0.36	–	–	–	–	0.52
20	30kN以内单筒慢动卷扬机	台班	8009080	0.27	–	–	–	0.65	–	–
21	50kN以内单筒慢动卷扬机	台班	8009081	0.5	–	–	–	–	0.5	–
22	32kV·A以内交流电弧焊机	台班	8015028	1.39	–	–	–	–	–	–
23	小型机具使用费	元	8099001	9.8	14.6	11	18.6	9.4	6.2	21.5
24	基价	元	9999001	1684	6863	2256	1864	2035	1555	6779

注:I形梁现浇横隔板及桥面板的钢筋计入预制的钢筋数量内。

4－7－15 预制、安装预应力箱梁

工程内容 预制:1)钢模板安装、拆除、修理、涂脱模剂、堆放;2)钢筋除锈、下料、制作、骨架入模、电焊、绑扎;3)混凝土浇筑、捣固及养护。

安装:1)整修构件;2)构件起吊、纵移、落梁、横移就位、校正、锯吊环;3)双导梁纵移过墩;4)构件搭接钢板的切割、电焊;5)吊脚手架的安拆、移动;6)现浇接缝混凝土的模板工作及混凝土的浇筑、捣固、养护。

单位:表列单位

顺序号	项 目	单位	代 号	预制等截面箱梁混凝土		预制安装预应力箱梁钢筋		安装		
								双梁式架桥机		现浇连续梁接缝混凝土
								简支梁	连续梁	
				非泵送	泵送	现场加工	集中加工	跨径(m)		
								30 以内	50 以内	
				10m³		1t		10m³		
				1	2	3	4	5	6	7
1	人工	工日	1001001	27.5	16.4	6.3	4.8	6.4	5.1	23.5
2	普 C50－42.5－2	m³	1503018	(10.10)	－	－	－	－	－	(10.20)
3	泵 C50－42.5－2	m³	1503069	－	(10.30)	－	－	－	－	－
4	预制构件	m³	1517001	－	－	－	－	(10.00)	(10.00)	－
5	HPB300 钢筋	t	2001001	0.002	0.002	0.156	0.156	－	－	－
6	HRB400 钢筋	t	2001002	－	－	0.869	0.864	－	－	－
7	钢丝绳	t	2001019	0.004	0.004	－	－	－	－	－

单位:表列单位

顺序号	项 目	单位	代 号	预制等截面箱梁混凝土		预制安装预应力箱梁钢筋		安装		现浇连续梁接缝混凝土
								双梁式架桥机		
								简支梁	连续梁	
				非泵送	泵送	现场加工	集中加工	跨径(m)		
								30 以内	50 以内	
				10m³		1t		10m³		
				1	2	3	4	5	6	7
8	20~22 号铁丝	kg	2001022	–	–	3.25	3.98	–	–	–
9	型钢	t	2003004	0.002	0.002	–	–	0.003	0.002	0.017
10	钢板	t	2003005	–	–	–	–	0.018	0.012	–
11	钢管	t	2003008	–	–	–	–	–	–	0.001
12	钢模板	t	2003025	0.08	0.08	–	–	–	–	–
13	组合钢模板	t	2003026	–	–	–	–	–	–	0.031
14	门式钢支架	t	2003027	–	–	–	–	–	–	0.003
15	电焊条	kg	2009011	–	–	3.42	4.27	5.4	6.8	–
16	铁件	kg	2009028	7.2	7.2	–	–	–	–	10.2
17	水	m³	3005004	16	16	–	–	–	–	15
18	锯材	m³	4003002	0.01	0.01	–	–	–	–	0.04
19	中(粗)砂	m³	5503005	4.44	5.46	–	–	–	–	4.49
20	碎石(2cm)	m³	5505012	7.58	6.8	–	–	–	–	7.65

单位:表列单位

顺序号	项目	单位	代号	预制等截面箱梁混凝土		预制安装预应力箱梁钢筋		安装		现浇连续梁接缝混凝土
								双梁式架桥机		
								简支梁	连续梁	
				非泵送	泵送	现场加工	集中加工	跨径(m)		
								30 以内	50 以内	
				10m³		1t		10m³		
				1	2	3	4	5	6	7
21	42.5 级水泥	t	5509002	5.292	5.706	–	–	–	–	5.345
22	其他材料费	元	7801001	42.9	42.9	–	–	8.6	2.6	11.6
23	60m³/h 以内混凝土输送泵	台班	8005051	–	0.07	–	–	–	–	–
24	20t 以内汽车式起重机	台班	8009029	–	–	–	–	–	–	0.62
25	30kN 以内单筒慢动卷扬机	台班	8009080	–	0.73	0.19	0.14	0.62	0.44	–
26	50kN 以内单筒慢动卷扬机	台班	8009081	2.96	2.18	–	–	0.79	0.58	–
27	数控钢筋弯箍机	台班	8015006	–	–	–	0.01	–	–	–
28	数控立式钢筋弯曲中心	台班	8015007	–	–	–	0.14	–	–	–
29	32kV·A 以内交流电弧焊机	台班	8015028	–	–	0.67	0.76	0.45	0.53	–
30	75kV·A 以内交流对焊机	台班	8015047	–	–	0.19	–	–	–	–
31	100kV·A 以内交流对焊机	台班	8015048	–	–	0.09	0.1	–	–	–
32	小型机具使用费	元	8099001	15.4	8.2	16.2	16.5	11.9	11.6	10.7
33	基价	元	9999001	7053	6105	4301	4225	1121	910	6673

4-7-16 预制、悬拼预应力节段箱梁

工程内容 预制:1)定型钢模组拼拆及安装、拆除、修理、涂脱模剂、堆放;2)内模及翼板门式钢支架、踏步、井字架搭、拆;3)钢筋除锈、制作、成型、绑扎、焊接、入模;4)混凝土浇筑、捣固及养护。

安装:1)预制构件起吊、试装和就位;2)构件安装,接触面的清洗;3)环氧树脂胶结料的调配、涂刷;4)悬臂吊机过墩和安全网的装拆。

安、拆临时支座:1)模板的制作、安装、拆除及修理;2)钢材及钢筋的除锈、制作、成型、焊接;3)混凝土及硫黄砂浆的人工配制、浇筑、捣固和养护;4)临时支座拆除并烧割锚筋。

单位:表列单位

顺序号	项 目	单位	代号	预制节段箱梁混凝土		预制悬拼预应力箱梁钢筋		悬臂吊机(130t)悬拼	安、拆临时支座
				非泵送	泵送	现场加工	集中加工		
				10m³		1t		10m³	1m³
				1	2	3	4	5	6
1	人工	工日	1001001	22.7	17	6.6	5.3	13.8	21.6
2	普 C50-42.5-2	m³	1503018	(10.10)	-	-	-	-	-
3	泵 C50-42.5-2	m³	1503069	-	(10.30)	-	-	-	-
4	预制构件	m³	1517001	-	-	-	-	(10.00)	-
5	HPB300 钢筋	t	2001001	0.001	0.001	0.196	0.195	-	-
6	HRB400 钢筋	t	2001002	-	-	0.829	0.825	-	0.83
7	钢丝绳	t	2001019	0.003	0.003	-	-	-	-
8	20~22 号铁丝	kg	2001022	-	-	3.25	3.25	-	-

顺序号	项　目	单位	代　号	预制节段箱梁混凝土		预制悬拼预应力箱梁钢筋		悬臂吊机(130t)悬拼	安、拆临时支座
				非泵送	泵送	现场加工	集中加工		
				10m³		1t		10m³	1m³
				1	2	3	4	5	6
9	型钢	t	2003004	0.001	0.001	–	–	–	0.233
10	钢模板	t	2003025	0.051	0.051	–	–	–	–
11	电焊条	kg	2009011	–	–	1.7	1.7	–	0.8
12	铁件	kg	2009028	5.6	5.6	–	–	–	7.9
13	铁钉	kg	2009030	–	–	–	–	–	0.6
14	水	m³	3005004	16	16	–	–	–	1
15	锯材	m³	4003002	0.01	0.01	–	–	–	0.16
16	中(粗)砂	m³	5503005	4.44	5.46	–	–	–	0.44
17	碎石(2cm)	m³	5505012	7.58	6.8	–	–	–	0.77
18	42.5级水泥	t	5509002	5.292	5.706	–	–	–	–
19	其他材料费	元	7801001	32	32	–	–	339.2	319.7
20	60m³/h 以内混凝土输送泵	台班	8005051	–	0.07	–	–	–	–
21	30kN 以内单筒慢动卷扬机	台班	8009080	1.37	0.48	0.12	0.15	1.65	–
22	50kN 以内单筒慢动卷扬机	台班	8009081	4.1	1.43	–	–	1.39	–
23	数控钢筋弯箍机	台班	8015006	–	–	–	0.01	–	–
24	数控立式钢筋弯曲中心	台班	8015007	–	–	–	0.16	–	–

顺序号	项　目	单位	代　号	预制节段箱梁混凝土		预制悬拼预应力箱梁钢筋		悬臂吊机(130t)悬拼	安、拆临时支座
				非泵送	泵送	现场加工	集中加工		
				10m³		1t		10m³	1m³
				1	2	3	4	5	6
25	32kV·A以内交流电弧焊机	台班	8015028	–	–	0.32	0.32	–	0.35
26	75kV·A以内交流对焊机	台班	8015047	–	–	0.15	–	–	–
27	100kV·A以内交流对焊机	台班	8015048	–	–	0.06	0.06	–	–
28	小型机具使用费	元	8099001	10.5	6.1	17.8	17.8	22.2	11.7
29	基价	元	9999001	6758	5812	4231	4188	2322	6597

注:0号块混凝土、钢筋以及箱梁内斜拉索锚固套筒采用悬浇预应力箱梁上部构造有关定额计算。

4-7-17 预制、悬拼预应力桁架梁

工程内容 预制:1)定型钢模组拼拆及安装、拆除、修理、涂脱模剂、堆放;2)内模及翼板门式钢支架、踏步、井字架搭、拆;3)钢筋除锈、制作、成型、绑扎、焊接、入模;4)混凝土浇筑、捣固及养护。

安装:1)预制构件起吊、试装、就位;2)构件安装,接触面的清洗;3)环氧树脂胶结料的调配、涂刷;4)悬臂吊机过墩,安全网的装、拆。

安、拆临时支座:1)模板的制作、安装、拆除及修理;2)钢材及钢筋的除锈、制作、成型、焊接;3)混凝土及硫黄砂浆的人工配制、浇筑、捣固和养护;4)临时支座拆除并烧割锚筋。

单位:表列单位

顺序号	项 目	单位	代 号	现浇墩顶块件			预制桁架			预制桥面板			安装桁架梁	现浇桁架梁接头混凝土	安装桥面板
				混凝土	钢筋		混凝土	钢筋		混凝土	钢筋				
					现场加工	集中加工		现场加工	集中加工		现场加工	集中加工			
				10m³	1t		10m³	1t		10m³	1t		10m³		
				1	2	3	4	5	6	7	8	9	10	11	12
1	人工	工日	1001001	13.3	6.4	5	30.3	8.3	6.7	17.9	6.5	4.8	11.5	51.4	13.2
2	M50 水泥砂浆	m³	1501011	–	–	–	–	–	–	–	–	–	(0.01)	–	–
3	普 C50-42.5-2	m³	1503018	–	–	–	(10.10)	–	–	–	–	–	–	–	–
4	普 C40-42.5-4	m³	1503039	(9.39)	–	–	–	–	–	(10.10)	–	–	–	–	–
5	普 C50-42.5-4	m³	1503043	(0.81)	–	–	–	–	–	–	–	–	–	(10.20)	–
6	HPB300 钢筋	t	2001001	–	0.118	0.118	–	0.206	0.205	0.004	0.388	0.387	–	–	–

顺序号	项 目	单位	代 号	现浇墩顶块件			预制桁架			预制桥面板			安装桁架梁	现浇桁架梁接头混凝土	安装桥面板
				混凝土	钢筋		混凝土	钢筋		混凝土	钢筋				
					现场加工	集中加工		现场加工	集中加工		现场加工	集中加工			
				$10m^3$	1t		$10m^3$	1t		$10m^3$	1t		$10m^3$		
				1	2	3	4	5	6	7	8	9	10	11	12
7	HRB400 钢筋	t	2001002	—	0.907	0.904	—	0.819	0.817	—	0.637	0.635	—	—	
8	钢丝绳	t	2001019	—	—	—	0.001	—	—	0.002	—	—	—	—	
9	20～22 号铁丝	kg	2001022	—	3.79	3.79	—	3.57	3.57	—	3.72	3.72	—	—	
10	型钢	t	2003004	0.014	—	—	—	—	—	—	—	—	—	—	
11	钢板	t	2003005	—	—	—	0.038	—	—	—	—	—	—	—	
12	钢管	t	2003008	0.001	—	—	—	—	—	—	—	—	—	—	
13	钢模板	t	2003025	—	—	—	0.085	—	—	0.024	—	—	—	—	
14	组合钢模板	t	2003026	0.013	—	—	—	—	—	—	—	—	—	—	
15	电焊条	kg	2009011	—	3.36	3.36	0.8	5.42	5.42	—	1.69	1.69	3.34	—	
16	铁件	kg	2009028	10.48	—	—	11.04	—	—	7.07	—	—	—	2.25	
17	铁钉	kg	2009030	—	—	—	—	—	—	—	—	—	—	0.88	
18	水	m^3	3005004	15	—	—	16.16	—	—	16.16	—	—	—	15.3	
19	原木	m^3	4003001	0.01	—	—	—	—	—	—	—	—	—	—	
20	锯材	m^3	4003002	0.01	—	—	0.13	—	—	0.04	—	—	—	0.21	

顺序号	项 目	单位	代 号	现浇墩顶块件			预制桁架			预制桥面板			安装桁架梁	现浇桁架梁接头混凝土	安装桥面板
				混凝土	钢筋		混凝土	钢筋		混凝土	钢筋				
					现场加工	集中加工		现场加工	集中加工		现场加工	集中加工			
				10m³	1t		10m³	1t		10m³	1t		10m³		
				1	2	3	4	5	6	7	8	9	10	11	12
21	中(粗)砂	m³	5503005	4.48	–	–	4.34	–	–	4.44	–	–	0.01	4.39	0.09
22	碎石(4cm)	m³	5505013	8.43	–	–	7.98	–	–	8.38	–	–	–	8.06	–
23	42.5级水泥	t	5509002	4.291	–	–	4.919	–	–	4.192	–	–	0.085	4.97	0.085
24	其他材料费	元	7801001	25	–	–	66.3	–	–	73.7	–	–	72	81.9	0.1
25	12t以内汽车式起重机	台班	8009027	–	–	–	0.43	–	–	0.39	–	–	–	–	–
26	20t以内汽车式起重机	台班	8009029	0.74	–	–	–	–	–	–	–	–	–	–	–
27	30kN以内单筒慢动卷扬机	台班	8009080	–	–	–	–	–	–	–	–	–	1.91	–	3.97
28	50kN以内单筒慢动卷扬机	台班	8009081	–	–	–	–	–	–	–	–	–	1.39	–	1.39
29	数控钢筋弯箍机	台班	8015006	–	–	0.01	–	–	0.01	–	–	0.01	–	–	–
30	数控立式钢筋弯曲中心	台班	8015007	–	–	0.14	–	–	0.14	–	–	0.14	–	–	–
31	32kV·A以内交流电弧焊机	台班	8015028	–	0.52	0.52	0.22	0.86	0.86	–	0.29	0.29	0.74	–	–
32	100kV·A以内交流对焊机	台班	8015048	–	–	–	–	0.07	0.07	–	–	–	–	–	–
33	小型机具使用费	元	8099001	7	16.8	16.8	10.5	17.5	17.5	11.3	17.8	17.8	26.5	2.3	35.9
34	基价	元	9999001	5267	4169	4141	7472	4479	4429	5262	4152	4091	2042	8826	2329

4-7-18　预制、顶推预应力连续梁

工程内容 1)搭、拆预制台后工作平台及踏步;2)模板、钢筋、混凝土的全部操作(不包括混凝土的拌和及运输);3)不锈钢滑道的加工及安装、拆除;4)安装、拆除顶推用的机具设备和操作悬臂支架;5)滑道底座及顶推机具基座的模板、钢筋、混凝土的全部操作;6)构件顶推、就位、起梁、校正及观测。

单位:表列单位

顺序号	项　目	单位	代　号	混凝土	钢筋		顶推安装	不锈钢滑道
					现场加工	集中加工		
				10m³	1t		10m³	10m²
				1	2	3	4	5
1	人工	工日	1001001	23.1	7.1	5.7	9.4	79
2	普 C50-42.5-2	m³	1503018	(10.10)	–	–	–	–
3	普 C50-42.5-4	m³	1503043	–	–	–	(0.05)	–
4	HPB300 钢筋	t	2001001	0.189	0.19		0.001	0.118
5	HRB400 钢筋	t	2001002	0.01	0.836	0.83	0.006	0.472
6	钢丝绳	t	2001019	0.002	–	–	–	–
7	8~12 号铁丝	kg	2001021	0.1	–	–	–	–
8	20~22 号铁丝	kg	2001022	–	3.45	3.45	0.1	2.94
9	型钢	t	2003004	0.01	–	–	0.007	0.448
10	钢板	t	2003005	0.027	–	–	0.021	0.943

顺序号	项 目	单位	代 号	混凝土	钢筋		顶推安装	不锈钢滑道
					现场加工	集中加工		
				$10m^3$	$1t$		$10m^3$	$10m^2$
				1	2	3	4	5
11	钢管	t	2003008	0.001	–	–	–	–
12	钢模板	t	2003025	0.052	–	–	–	–
13	组合钢模板	t	2003026	0.01	–	–	–	0.009
14	门式钢支架	t	2003027	0.002	–	–	–	–
15	不锈钢滑板	kg	2005003	–	–	–	–	138.7
16	电焊条	kg	2009011	1	2.94	2.94	0.96	16.53
17	螺栓	kg	2009013	–	–	–	6.7	–
18	铁件	kg	2009028	8.58	–	–	0.55	22.07
19	水	m^3	3005004	16.16	–	–	1	4.7
20	原木	m^3	4003001	–	–	–	–	0.01
21	锯材	m^3	4003002	0.05	–	–	0.01	0.46
22	聚四氟乙烯滑板	kg	5001001	–	–	–	0.13	–
23	聚四氟乙烯滑块	块	5001002	–	–	–	1.11	–
24	中(粗)砂	m^3	5503005	4.44	–	–	0.02	–
25	碎石(2cm)	m^3	5505012	7.58	–	–	–	–

顺序号	项　　目	单位	代　号	混凝土	钢筋		顶推安装	不锈钢滑道
					现场加工	集中加工		
				10m³	1t		10m³	10m²
				1	2	3	4	5
26	碎石(4cm)	m³	5505013	–	–	–	0.04	–
27	42.5级水泥	t	5509002	5.292	–	–	0.024	–
28	橡皮线	m	7001006	–	–	–	15.05	–
29	其他材料费	元	7801001	16.3	–	–	72.1	801
30	600t以内连续桥梁顶推设备	台班	8005072	–	–	–	1.44	–
31	5t以内汽车式起重机	台班	8009025	0.01	–	–	–	–
32	30kN以内单筒慢动卷扬机	台班	8009080	–	0.09	0.12	0.01	–
33	50kN以内单筒慢动卷扬机	台班	8009081	3.44	–	–	–	0.67
34	数控钢筋弯箍机	台班	8015006	–	–	0.01	–	–
35	数控立式钢筋弯曲中心	台班	8015007	–	–	0.14	–	–
36	32kV·A以内交流电弧焊机	台班	8015028	0.17	0.52	0.52	0.08	1.32
37	75kV·A以内交流对焊机	台班	8015047	–	0.12	–	–	–
38	100kV·A以内交流对焊机	台班	8015048	–	0.09	0.09	–	–
39	小型机具使用费	元	8099001	35.9	16.1	16.1	9	58.8
40	基价	元	9999001	6820	4325	4262	1750	22664

4-7-19 预应力钢筋及钢绞线

工程内容 预应力钢筋制作、张拉:1)钢筋调直、切断、焊接、除锈、缠束、弯锚;2)制作、安装铁皮管及三通管,胶管预留孔道或制作、安装波纹管成孔,预应力钢束(筋)张拉,孔道压浆;3)浇铸锚头。
预应力钢绞线制作、张拉:1)波纹管安装;2)安装压浆嘴、排气管、锚垫板、螺旋筋;3)搭、拆临时脚手架及操作平台;4)钢绞线束制作,穿束;5)安装锚具、智能张拉机安装、张拉;6)切割钢绞线(束)头、封锚头、清洗孔道及孔道压浆;7)机具安、拆及保养;8)张拉压浆数据分析汇总。

I. 制作、张拉预应力钢筋 单位:10t 预应力钢筋

顺序号	项 目	单位	代 号	预应力钢筋螺栓锚	
				波纹管成孔	
				每 10t 530 根	每增减 1 根
				1	2
1	人工	工日	1001001	207.5	0.2
2	水泥浆(32.5)	m³	1501021	(1.44)	-
3	预应力粗钢筋	t	2001006	10.4	-
4	波纹管钢带	t	2003002	0.983	-
5	铁皮	m²	2003044	-	-
6	水	m³	3005004	2	-
7	32.5 级水泥	t	5509001	1.941	-
8	精轧螺纹钢锚具	套	6005022	1121.6	2.1

单位:10t 预应力钢筋

顺序号	项 目	单位	代 号	预应力钢筋螺栓锚	
				波纹管成孔	
				每 10t 530 根	每增减 1 根
				1	2
9	其他材料费	元	7801001	245.4	0.5
10	900kN 以内预应力拉伸机	台班	8005074	17.43	0.03
11	波纹管卷制机	台班	8005082	7.71	–
12	50kN 以内单筒慢动卷扬机	台班	8009081	3.63	–
13	小型机具使用费	元	8099001	908.9	1.7
14	基价	元	9999001	122682	97

顺序号	项 目	单位	代 号	束长(m)							
				20 以内							
				锚具型号							
				3 孔		7 孔		12 孔		19 孔	
				每 t 18.94 束	每增减 1 束	每 t 8.12 束	每增减 1 束	每 t 4.73 束	每增减 1 束	每 t 2.99 束	每增减 1 束
				3	4	5	6	7	8	9	10
1	人工	工日	1001001	12.8	0.6	9.7	0.6	7.1	0.6	5.6	0.7
2	钢绞线	t	2001008	1.04	–	1.04	–	1.04	–	1.04	–
3	塑料波纹管 SBG－50Y	m	5001035	291	–	–	–	–	–	–	–
4	塑料波纹管 SBG－60Y	m	5001036	–	–	125	–	–	–	–	–
5	塑料波纹管 SBG－75Y	m	5001037	–	–	–	–	73	–	–	–
6	塑料波纹管 SBG－100Y	m	5001038	–	–	–	–	–	–	46	–
7	压浆料	t	5003003	0.67	–	0.35	–	0.3	–	0.36	–
8	钢绞线圆锚(3 孔)	套	6005005	38.26	2.02	–	–	–	–	–	–
9	钢绞线圆锚(7 孔)	套	6005009	–	–	16.4	2.02	–	–	–	–
10	钢绞线圆锚(12 孔)	套	6005013	–	–	–	–	9.55	2.02	–	–
11	钢绞线圆锚(19 孔)	套	6005018	–	–	–	–	–	–	6.04	2.02
12	其他材料费	元	7801001	80.9	–	41.9	–	29.1	–	23.3	–
13	智能张拉系统	台班	8005079	2.27	0.12	0.97	0.12	0.57	0.12	0.36	0.12
14	智能压浆系统	台班	8005084	0.07	–	0.04	–	0.03	–	0.04	–
15	小型机具使用费	元	8099001	154.3	2.4	89	3.4	51.3	4	47.9	5.1
16	基价	元	9999001	12823	268	10385	434	9531	642	9305	944

单位:1t 钢绞线

顺序号	项　目	单位	代　号	束长(m)							
				20 以内				40 以内			
				锚具型号							
				22 孔		31 孔		3 孔		7 孔	
				每 t 2.58 束	每增减 1 束	每 t 1.83 束	每增减 1 束	每 t 8.91 束	每增减 1 束	每 t 3.82 束	每增减 1 束
				11	12	13	14	15	16	17	18
1	人工	工日	1001001	5.3	0.7	4.1	0.7	9.8	1	6.9	1
2	钢绞线	t	2001008	1.04	–	1.04	–	1.04	–	1.04	–
3	塑料波纹管 SBG－50Y	m	5001035		–			307	–		
4	塑料波纹管 SBG－60Y	m	5001036		–		–			132	
5	塑料波纹管 SBG－100Y	m	5001038	40	–		–				
6	塑料波纹管 SBG－130Y	m	5001039		–	28					
7	压浆料	t	5003003	0.29	–	0.37	–	0.71	–	0.37	
8	钢绞线圆锚(3 孔)	套	6005005	–	–	–	–	18	2.02	–	
9	钢绞线圆锚(7 孔)	套	6005009	–	–	–	–	–	–	7.72	2.02
10	钢绞线圆锚(22 孔)	套	6005019	5.21	2.02	–	–	–	–	–	–
11	钢绞线圆锚(31 孔)	套	6005021	–	–	3.7	2.02	–	–	–	–
12	其他材料费	元	7801001	17.5	–	13.6	–	72.8	–	41.8	
13	智能张拉系统	台班	8005079	0.31	0.12	0.22	0.12	1.51	0.17	0.65	0.17
14	智能压浆系统	台班	8005084	0.03	–	0.04	–	0.07	–	0.04	
15	小型机具使用费	元	8099001	39.9	5.8	27.9	6.6	151.6	8	86.7	15.2
16	基价	元	9999001	9042	1069	8933	1443	10895	348	8703	521

单位:1t 钢绞线

顺序号	项　　目	单位	代　号	束长(m)							
				40 以内							
				锚具型号							
				12 孔		19 孔		22 孔		31 孔	
				每 t 2.33 束	每增减 1 束	每 t 1.41 束	每增减 1 束	每 t 1.22 束	每增减 1 束	每 t 0.86 束	每增减 1 束
				19	20	21	22	23	24	25	26
1	人工	工日	1001001	4.8	1	3.6	1	3.2	1.1	2.5	1.1
2	钢绞线	t	2001008	1.04	–	1.04	–	1.04	–	1.04	–
3	塑料波纹管 SBG – 75Y	m	5001037	80	–	–	–	–	–	–	–
4	塑料波纹管 SBG – 100Y	m	5001038	–	–	49	–	42	–	–	–
5	塑料波纹管 SBG – 130Y	m	5001039	–	–	–	–	–	–	30	–
6	压浆料	t	5003003	0.33	–	0.38	–	0.3	–	0.4	–
7	钢绞线圆锚(12 孔)	套	6005013	4.55	2.02	–	–	–	–	–	–
8	钢绞线圆锚(19 孔)	套	6005018	–	–	2.88	2.02	–	–	–	–
9	钢绞线圆锚(22 孔)	套	6005019	–	–	–	–	2.49	2.02	–	–
10	钢绞线圆锚(31 孔)	套	6005021	–	–	–	–	–	–	1.75	2.02
11	其他材料费	元	7801001	33.2	–	29.1	–	20.4	–	12.6	–
12	智能张拉系统	台班	8005079	0.4	0.17	0.24	0.17	0.21	0.17	0.15	0.17
13	智能压浆系统	台班	8005084	0.03	–	0.04	–	0.03	–	0.04	–
14	小型机具使用费	元	8099001	54.2	22.6	55.9	29.3	47.9	35.9	37.2	37.2
15	基价	元	9999001	8050	735	7860	1032	7573	1174	7561	1548

顺序号	项 目	单位	代 号	束长(m)							
				80 以内							
				锚具型号							
				12 孔		19 孔		22 孔		31 孔	
				每 t 1.38 束	每增减 1 束	每 t 0.87 束	每增减 1 束	每 t 0.75 束	每增减 1 束	每 t 0.53 束	每增减 1 束
				27	28	29	30	31	32	33	34
1	人工	工日	1001001	5	1.6	3.8	1.6	3.5	1.6	2.6	1.6
2	钢绞线	t	2001008	1.04	–	1.04	–	1.04	–	1.04	–
3	塑料波纹管 SBG – 75Y	m	5001037	78	–	–	–	–	–	–	–
4	塑料波纹管 SBG – 100Y	m	5001038	–	–	49	–	43	–	–	–
5	塑料波纹管 SBG – 130Y	m	5001039	–	–	–	–	–	–	30	–
6	压浆料	t	5003003	0.32	–	0.38	–	0.31	–	0.4	–
7	钢绞线圆锚(12 孔)	套	6005013	2.79	2.02	–	–	–	–	–	–
8	钢绞线圆锚(19 孔)	套	6005018	–	–	1.77	2.02	–	–	–	–
9	钢绞线圆锚(22 孔)	套	6005019	–	–	–	–	1.53	2.02	–	–
10	钢绞线圆锚(31 孔)	套	6005021	–	–	–	–	–	–	1.08	2.02
11	其他材料费	元	7801001	31.5	–	28.2	–	19.9	–	13.6	–
12	智能张拉系统	台班	8005079	0.33	0.24	0.21	0.24	0.18	0.24	0.13	0.24
13	智能压浆系统	台班	8005084	0.03	–	0.04	–	0.03	–	0.04	–
14	小型机具使用费	元	8099001	53.2	27.9	54.5	38.7	47.9	50.7	41.2	58.5
15	基价	元	9999001	7561	849	7427	1150	7179	1286	7137	1667

续前页

单位:1t 钢绞线

顺序号	项　　目	单位	代　　号	束长（m）						横向预应力	
				120 以内				200 以内			
				锚具型号							
				22 孔		31 孔		31 孔		3 孔	
				每 t 0.41 束	每增减 1 束	每 t 0.29 束	每增减 1 束	每 t 0.19 束	每增减 1 束	每 t 23.29 束	每增减 1 束
				35	36	37	38	39	40	41	42
1	人工	工日	1001001	3.4	2.2	2.6	2.2	3.4	3.2	13.9	0.7
2	钢绞线	t	2001008	1.04	–	1.04	–	1.04	–	1.04	–
3	塑料波纹管 SBG – 100Y	m	5001038	43	–	–	–	–	–	–	–
4	塑料波纹管 SBG – 130Y	m	5001039	–	–	30	–	31	–	–	–
5	塑料波纹管 SBG – 55B	m	5001040	–	–	–	–	–	–	284	
6	压浆料	t	5003003	0.31	–	0.4	–	0.41	–	0.34	
7	钢绞线圆锚(22 孔)	套	6005019	0.83	2.02	–	–	–	–	–	–
8	钢绞线圆锚(31 孔)	套	6005021	–	–	0.59	2.02	0.39	2.02	–	–
9	钢绞线扁锚(3 孔)	套	6005024	–	–	–	–	–	–	47.04	2.02
10	其他材料费	元	7801001	18.9	–	12.2	–	9.7	–	34.3	–
11	智能张拉系统	台班	8005079	0.11	0.28	0.08	0.28	0.08	0.42	2.1	0.09
12	智能压浆系统	台班	8005084	0.03	–	0.04	–	0.04	–	0.03	
13	小型机具使用费	元	8099001	45.2	61.2	38.6	71.8	87.8	179.5	165.6	2.4
14	基价	元	9999001	6804	1386	6790	1770	6823	2074	11676	223

顺序号	项 目	单位	代 号	负弯矩预应力钢绞线			
				8m 以内		16m 以内	
				5 孔		4 孔	
				每 t 25.95 束	每增减 1 束	每 t 16.21 束	每增减 1 束
				43	44	45	46
1	人工	工日	1001001	14.2	0.7	11.6	0.7
2	钢绞线	t	2001008	1.04	–	1.04	–
3	塑料波纹管 90×25mm	m	5001034	177.7	–	230.2	–
4	塑料波纹管 SBG – 72B	m	5001041	–		215	
5	塑料波纹管 SBG – 90B	m	5001042	151	–	–	–
6	压浆料	t	5003003	0.29	–	0.33	–
7	钢绞线扁锚(4 孔)	套	6005025	–		32.74	2.02
8	钢绞线扁锚(5 孔)	套	6005026	52.42	2.02	–	–
9	其他材料费	元	7801001	58.3	–	46	–
10	智能张拉系统	台班	8005079	3.11	0.13	1.95	0.12
11	智能压浆系统	台班	8005084	0.03	–	0.03	–
12	小型机具使用费	元	8099001	62.7	9.5	56.3	9.5
13	基价	元	9999001	14334	314	11900	278

注:1. 预应力钢筋的锚具消耗量已包括在制作、张拉定额内。

2. 锚具的单价中包括螺旋筋和锚垫板。

3. 本章定额按现场卷制波纹管考虑;当采用外购波纹管时,可根据需要对波纹管消耗进行抽换,并将波纹管卷制机台班消耗调整为 0,其他不变。

4. 预应力钢绞线定额中的钢束长度指钢束的一次张拉长度。使用本章定额若有连接器,可将连接器作为锚具进行计算,这时锚具的单价应进行综合计算。

例:锚具 X 个,连接器 Y 个,其单价分别为 A、B,则锚具的综合单价为:$(A \times X + B \times Y) \div (X + 2 \times Y)$。

III. 预应力钢绞线(成品束)

顺序号	项 目	单位	代 号	束长(m) 20 以内 锚具型号 3 孔 每 t 18.94 束 47	每增减 1 束 48	7 孔 每 t 8.12 束 49	每增减 1 束 50	12 孔 每 t 4.73 束 51	每增减 1 束 52	19 孔 每 t 2.99 束 53	每增减 1 束 54
1	人工	工日	1001001	6.4	0.3	4.8	0.3	3.5	0.3	2.8	0.3
2	钢绞线成品束	t	2001007	1	—	1	—	1	—	1	—
3	塑料波纹管 SBG–50Y	m	5001035	291	—	—	—	—	—	—	—
4	塑料波纹管 SBG–60Y	m	5001036	—	—	125	—	—	—	—	—
5	塑料波纹管 SBG–75Y	m	5001037	—	—	—	—	73	—	—	—
6	塑料波纹管 SBG–100Y	m	5001038	—	—	—	—	—	—	46	—
7	压浆料	t	5003003	0.67	—	0.35	—	0.3	—	0.36	—
8	钢绞线圆锚(3 孔)	套	6005005	38.26	2.02	—	—	—	—	—	—
9	钢绞线圆锚(7 孔)	套	6005009	—	—	16.4	2.02	—	—	—	—
10	钢绞线圆锚(12 孔)	套	6005013	—	—	—	—	9.55	2.02	—	—
11	钢绞线圆锚(19 孔)	套	6005018	—	—	—	—	—	—	6.04	2.02
12	其他材料费	元	7801001	80.9	—	41.9	—	29.1	—	23.3	—
13	智能张拉系统	台班	8005079	2.27	0.12	0.97	0.12	0.57	0.12	0.36	0.12
14	智能压浆系统	台班	8005084	0.06	—	0.03	—	0.03	—	0.03	—
15	小型机具使用费	元	8099001	81	1.2	46.7	1.8	27	2.1	25.2	2.7
16	基价	元	9999001	13879	234	11632	401	10942	608	10795	899

单位:1t 钢绞线

顺序号	项 目	单位	代 号	束长(m)							
				20 以内				40 以内			
				锚具型号							
				22 孔		31 孔		3 孔		7 孔	
				每 t 2.58 束	每增减 1 束	每 t 1.83 束	每增减 1 束	每 t 8.91 束	每增减 1 束	每 t 3.82 束	每增减 1 束
				55	56	57	58	59	60	61	62
1	人工	工日	1001001	2.6	0.3	2.1	0.3	4.9	0.5	3.4	0.5
2	钢绞线成品束	t	2001007	1	–	1	–	1	–	1	–
3	塑料波纹管 SBG－50Y	m	5001035	–	–	–	–	307	–	–	–
4	塑料波纹管 SBG－60Y	m	5001036	–	–	–	–	–	–	132	–
5	塑料波纹管 SBG－100Y	m	5001038	40	–	–	–	–	–	–	–
6	塑料波纹管 SBG－130Y	m	5001039	–	–	28	–	–	–	–	–
7	压浆料	t	5003003	0.29	–	0.37	–	0.71	–	0.37	–
8	钢绞线圆锚(3 孔)	套	6005005	–	–	–	–	18	2.02	–	–
9	钢绞线圆锚(7 孔)	套	6005009	–	–	–	–	–	–	7.72	2.02
10	钢绞线圆锚(22 孔)	套	6005019	5.21	2.02	–	–	–	–	–	–
11	钢绞线圆锚(31 孔)	套	6005021	–	–	3.7	2.02	–	–	–	–
12	其他材料费	元	7801001	17.5	–	13.6	–	72.8	–	41.8	–
13	智能张拉系统	台班	8005079	0.31	0.12	0.22	0.12	1.51	0.17	0.65	0.17
14	智能压浆系统	台班	8005084	0.03	–	0.04	–	0.07	–	0.03	–
15	小型机具使用费	元	8099001	20.9	3	14.6	3.5	79.6	4.2	45.5	8
16	基价	元	9999001	10553	1024	10524	1397	12119	291	10100	460

顺序号	项　　目	单位	代　号	束长(m)							
				40 以内							
				锚具型号							
				12 孔		19 孔		22 孔		31 孔	
				每 t 2.33 束	每增减 1 束	每 t 1.41 束	每增减 1 束	每 t 1.22 束	每增减 1 束	每 t 0.86 束	每增减 1 束
				63	64	65	66	67	68	69	70
1	人工	工日	1001001	2.4	0.5	1.8	0.5	1.6	0.5	1.3	0.5
2	钢绞线成品束	t	2001007	1	–	1	–	1	–	1	–
3	塑料波纹管 SBG－75Y	m	5001037	80	–	–	–	–	–	–	–
4	塑料波纹管 SBG－100Y	m	5001038	–	–	49	–	42	–	–	–
5	塑料波纹管 SBG－130Y	m	5001039	–	–	–	–	–	–	30	–
6	压浆料	t	5003003	0.33	–	0.38	–	0.3	–	0.4	–
7	钢绞线圆锚(12 孔)	套	6005013	4.55	2.02	–	–	–	–	–	–
8	钢绞线圆锚(19 孔)	套	6005018	–	–	2.88	2.02	–	–	–	–
9	钢绞线圆锚(22 孔)	套	6005019	–	–	–	–	2.49	2.02	–	–
10	钢绞线圆锚(31 孔)	套	6005021	–	–	–	–	–	–	1.75	2.02
11	其他材料费	元	7801001	33.2	–	29.1	–	20.4	–	12.6	–
12	智能张拉系统	台班	8005079	0.4	0.17	0.24	0.17	0.21	0.17	0.15	0.17
13	智能压浆系统	台班	8005084	0.03	–	0.04	–	0.03	–	0.04	–
14	小型机具使用费	元	8099001	28.5	11.9	29.3	15.3	25.2	18.9	19.6	19.6
15	基价	元	9999001	9586	671	9459	965	9198	1093	9232	1466

单位:1t 钢绞线

顺序号	项　目	单位	代　号	束长(m)							
				80 以内							
				锚具型号							
				12 孔		19 孔		22 孔		31 孔	
				每 t 1.38 束	每增减 1 束	每 t 0.87 束	每增减 1 束	每 t 0.75 束	每增减 1 束	每 t 0.53 束	每增减 1 束
				71	72	73	74	75	76	77	78
1	人工	工日	1001001	2.5	0.8	1.9	0.8	1.6	0.8	1.2	0.8
2	钢绞线成品束	t	2001007	1	–	1	–	1	–	1	–
3	塑料波纹管 SBG－75Y	m	5001037	78	–	–	–	–	–	–	–
4	塑料波纹管 SBG－100Y	m	5001038	–	–	49	–	43	–	–	–
5	塑料波纹管 SBG－130Y	m	5001039	–	–	–	–	–	–	30	–
6	压浆料	t	5003003	0.32	–	0.38	–	0.31	–	0.4	–
7	钢绞线圆锚(12 孔)	套	6005013	2.79	2.02	–	–	–	–	–	–
8	钢绞线圆锚(19 孔)	套	6005018	–	–	1.77	2.02	–	–	–	–
9	钢绞线圆锚(22 孔)	套	6005019	–	–	–	–	1.53	2.02	–	–
10	钢绞线圆锚(31 孔)	套	6005021	–	–	–	–	–	–	1.08	2.02
11	其他材料费	元	7801001	31.5	–	28.2	–	19.9	–	13.6	–
12	智能张拉系统	台班	8005079	0.33	0.24	0.21	0.24	0.18	0.24	0.13	0.24
13	智能压浆系统	台班	8005084	0.03	–	0.04	–	0.03	–	0.04	–
14	小型机具使用费	元	8099001	27.9	14.6	28.6	20.3	25.2	26.6	21.6	30.8
15	基价	元	9999001	9087	751	9017	1047	8771	1177	8786	1554

单位:1t 钢绞线

顺序号	项 目	单位	代 号	束长(m)					
				120 以内				200 以内	
				锚具型号					
				22 孔		31 孔		31 孔	
				每 t 0.41 束	每增减 1 束	每 t 0.29 束	每增减 1 束	每 t 0.19 束	每增减 1 束
				79	80	81	82	83	84
1	人工	工日	1001001	1.7	1.1	1.3	1.1	1.7	1.6
2	钢绞线成品束	t	2001007	1	–	1	–	1	–
3	塑料波纹管 SBG – 100Y	m	5001038	43	–	–	–	–	–
4	塑料波纹管 SBG – 130Y	m	5001039	–	–	30	–	31	–
5	压浆料	t	5003003	0.31	–	0.4	–	0.41	–
6	钢绞线圆锚(22 孔)	套	6005019	0.83	2.02	–	–	–	–
7	钢绞线圆锚(31 孔)	套	6005021	–	–	0.59	2.02	0.39	2.02
8	其他材料费	元	7801001	18.9	–	12.2	–	9.7	–
9	智能张拉系统	台班	8005079	0.11	0.28	0.08	0.28	0.08	0.42
10	智能压浆系统	台班	8005084	0.07	–	0.04	–	0.03	–
11	小型机具使用费	元	8099001	23.8	32.1	20.2	37.7	46.1	94.2
12	基价	元	9999001	8447	1240	8450	1619	8410	1818

单位:1t 钢绞线

顺序号	项 目	单位	代 号	横向预应力		负弯矩预应力钢绞线			
						8m 以内		16m 以内	
				锚具型号					
				3 孔		5 孔		4 孔	
				每 t 23.29 束	每增减 1 束	每 t 25.95 束	每增减 1 束	每 t 16.50 束	每增减 1 束
				85	86	87	88	89	90
1	人工	工日	1001001	6.5	0.3	7.1	0.3	5.8	0.3
2	钢绞线成品束	t	2001007	1	–	1	–	1	–
3	塑料波纹管 SBG – 55B	m	5001040	284	–	–	–	–	–
4	塑料波纹管 SBG – 72B	m	5001041	–	–	–	–	215	–
5	塑料波纹管 SBG – 90B	m	5001042	–	–	151	–	–	–
6	压浆料	t	5003003	0.34	–	0.29	–	0.33	–
7	钢绞线扁锚(3 孔)	套	6005024	47.04	2.02	–	–	–	–
8	钢绞线扁锚(4 孔)	套	6005025	–	–	–	–	32.74	2.02
9	钢绞线扁锚(5 孔)	套	6005026	–	–	52.42	2.02	–	–
10	其他材料费	元	7801001	34.3	–	58.3	–	46	–
11	智能张拉系统	台班	8005079	2.1	0.09	3.11	0.12	–	0.12
12	智能压浆系统	台班	8005084	0.03	–	0.03	–	0.03	–
13	小型机具使用费	元	8099001	86.9	1.2	32.9	5	29.5	5
14	基价	元	9999001	12628	179	14608	261	10839	231

4-7-20 先张法预应力钢筋、钢丝及钢绞线

工程内容 预应力钢筋:1)钢筋平直、画线、配料、对焊、切断;2)除锈、镦头、对焊接长杆;3)穿钢筋、上锚具和连接器、对张;4)检查、放张、切割、抹砂浆。

预应力钢绞线:1)平直、画线、切割、除油;2)夹具检验,安装钢绞线、夹具、张拉、放丝、切除外露段、封锚;3)机具安、拆及保养。

单位:1t

顺序号	项 目	单位	代 号	预应力钢筋			冷拔低碳钢丝	钢绞线
				直径(mm)				
				16	22	25	5	
				1	2	3	4	5
1	人工	工日	1001001	5.2	4.4	3.7	10.3	7.3
2	预应力粗钢筋	t	2001006	1.04	1.04	1.04	–	–
3	钢绞线	t	2001008	–	–	–	–	1.04
4	冷拔低碳钢丝	t	2001012	–	–	–	1.04	–
5	型钢	t	2003004	–	–	–	0.05	0.003
6	钢板	t	2003005	0.015	0.01	0.003	0.066	0.001
7	铁件	kg	2009028	20.6	7.3	4.7	–	–
8	其他材料费	元	7801001	29.8	15.2	5.8	93.6	6.2
9	900kN以内预应力拉伸机	台班	8005074	0.77	0.6	0.49	1.36	0.42

单位:1t

顺序号	项　目	单位	代　号	预应力钢筋			冷拔低碳钢丝	钢绞线
				直径(mm)				
				16	22	25	5	
				1	2	3	4	5
10	5000kN 以内预应力拉伸机	台班	8005077	–	–	–	–	0.44
11	30kN 以内单筒慢动卷扬机	台班	8009080	–	–	–	–	0.15
12	50kN 以内单筒慢动卷扬机	台班	8009081	0.43	0.41	0.35	0.7	–
13	75kV・A 以内交流对焊机	台班	8015047	0.39	0.35	0.31	0.57	–
14	小型机具使用费	元	8099001	40	28.6	21.7	245.7	–
15	基价	元	9999001	6145	5933	5779	7106	5909

4-7-21 预制、安装桁架拱桥构件

工程内容 预制:1)组合钢模组拼拆及安装、拆除、修理、涂脱模剂、堆放;2)钢筋除锈、制作、绑扎、焊接、入模;3)混凝土浇筑、捣固及养护。

安装:1)构件整修、安装、就位、校正、固定;2)构件接头焊接;3)模板制作、安装、拆除、修理;4)接头混凝土浇筑、捣固及养护;5)砂浆拌和、运输、坐浆、填塞、抹缝、捣实及养护。

I. 预 制

单位:表列单位

顺序号	项 目	单位	代 号	桁拱片		横向联系		微弯板	
				混凝土	钢筋	混凝土	钢筋	混凝土	钢筋
				10m³	1t	10m³	1t	10m³	1t
				1	2	3	4	5	6
1	人工	工日	1001001	25.6	4.3	42.2	5	32.5	4.4
2	普 C20-32.5-4	m³	1503032	–	–	(10.10)	–	–	–
3	普 C30-32.5-4	m³	1503034	(10.10)	–	–	–	(10.10)	–
4	HPB300 钢筋	t	2001001	–	0.088	–	0.304	0.004	1.025
5	HRB400 钢筋	t	2001002	–	0.937	–	0.721	–	–
6	20~22 号铁丝	kg	2001022	–	3.1	–	4.4	–	5.1
7	型钢	t	2003004	0.029	–	0.06	–	–	–
8	钢模板	t	2003025	–	–	–	–	0.036	–
9	组合钢模板	t	2003026	0.045	–	0.094	–	–	–
10	电焊条	kg	2009011	–	3.5	–	5.7	–	6.5

顺序号	项目	单位	代号	桁拱片		横向联系		微弯板	
				混凝土	钢筋	混凝土	钢筋	混凝土	钢筋
				10m³	1t	10m³	1t	10m³	1t
				1	2	3	4	5	6
11	铁件	kg	2009028	21.2	–	44.3	–	–	–
12	水	m³	3005004	16	–	16	–	16	–
13	原木	m³	4003001	0.03	–	0.07	–	–	–
14	锯材	m³	4003002	0.13	–	0.27	–	–	–
15	中(粗)砂	m³	5503005	4.65	–	4.95	–	6.02	–
16	碎石(4cm)	m³	5505013	8.38	–	8.48	–	8.38	–
17	32.5级水泥	t	5509001	3.808	–	3.01	–	4.249	–
18	其他材料费	元	7801001	52.6	–	98.3	–	123.1	–
19	32kV·A以内交流电弧焊机	台班	8015028	–	0.44	–	0.9	–	0.91
20	小型机具使用费	元	8099001	5.3	15	7.9	13.7	10.6	12.4
21	基价	元	9999001	5768	3925	8075	4120	6396	4126

II. 安 装

顺序号	项 目	单位	代 号	桁拱片	横向联系	微弯板	现浇接头混凝土
				安装方法			
				缆索		人工	
				7	8	9	10
1	人工	工日	1001001	22.3	30.1	21.6	35.5
2	M12.5 水泥砂浆	m³	1501004	–	–	(0.39)	–
3	普 C35 – 32.5 – 2	m³	1503011	–	–	–	(10.20)
4	预制构件	m³	1517001	(10.00)	(10.00)	(10.10)	–
5	型钢	t	2003004	–	0.085	–	–
6	电焊条	kg	2009011	7.7	20.8	7.8	–
7	铁件	kg	2009028	–	3	–	12.7
8	铁钉	kg	2009030	–	–	–	3.9
9	水	m³	3005004	–	–	1	15
10	锯材	m³	4003002	–	–	–	0.55
11	中(粗)砂	m³	5503005	–	–	0.42	4.59
12	碎石(2cm)	m³	5505012	–	–	–	7.96
13	32.5 级水泥	t	5509001	–	–	0.142	4.59
14	其他材料费	元	7801001	–	4.1	–	22.1
15	30kN 以内单筒慢动卷扬机	台班	8009080	1.02	0.88	0.88	–
16	50kN 以内单筒慢动卷扬机	台班	8009081	3.18	2.9	2.9	–
17	32kV·A 以内交流电弧焊机	台班	8015028	0.65	1.66	1.42	–
18	小型机具使用费	元	8099001	21.6	12.7	2.5	12
19	基价	元	9999001	3261	4588	3323	7268

4-7-22 预制、安装刚架拱桥构件

工程内容 预制:1)组合钢模板组拼拆及安装、拆除、修理、涂脱模剂、堆放;2)钢筋除锈、制作、绑扎、焊接、入模;3)混凝土浇筑、捣固及养护。

安装:1)构件整修、安装、就位、校正、固定;2)构件接头焊接;3)模板制作、安装、拆除、修理;4)接头混凝土浇筑、捣固及养护;5)砂浆拌和、运输、坐浆、填塞、抹缝、捣实及养护。

I. 预 制

单位:表列单位

顺序号	项 目	单位	代 号	刚拱片		横系梁		微弯板	
				混凝土	钢筋	混凝土	钢筋	混凝土	钢筋
				10m³	1t	10m³	1t	10m³	1t
				1	2	3	4	5	6
1	人工	工日	1001001	21.6	4.4	31.1	4.8	29.4	4.4
2	普 C30-32.5-2	m³	1503009	(10.10)	–	(10.10)	–	(10.10)	–
3	HPB300 钢筋	t	2001001	–	0.183	–	0.185	0.005	1.025
4	HRB400 钢筋	t	2001002	–	0.842	–	0.84	–	–
5	20~22 号铁丝	kg	2001022	–	3.1	–	4.5	–	5.1
6	型钢	t	2003004	0.021	–	0.557	–	–	–
7	钢板	t	2003005	0.014	–	–	–	–	–
8	钢模板	t	2003025	–	–	–	–	0.04	–
9	组合钢模板	t	2003026	0.033	–	0.072	–	–	–
10	电焊条	kg	2009011	4.7	3.3	12.4	5.4	–	6.5

单位:表列单位

顺序号	项　目	单位	代　号	刚拱片		横系梁		微弯板	
				混凝土	钢筋	混凝土	钢筋	混凝土	钢筋
				10m³	1t	10m³	1t	10m³	1t
				1	2	3	4	5	6
11	铁件	kg	2009028	15.6	–	30	–	–	–
12	水	m³	3005004	16	–	16	–	16	–
13	原木	m³	4003001	0.02	–	0.03	–	–	–
14	锯材	m³	4003002	0.1	–	–	–	–	–
15	中(粗)砂	m³	5503005	4.65	–	4.65	–	4.65	–
16	碎石(2cm)	m³	5505012	7.98	–	7.98	–	7.98	–
17	32.5级水泥	t	5509001	4.101	–	4.101	–	4.101	–
18	其他材料费	元	7801001	40.7	–	70.2	–	94.4	–
19	32kV·A以内交流电弧焊机	台班	8015028	0.4	0.41	1.52	0.74	–	0.91
20	小型机具使用费	元	8099001	4.8	15.2	6.2	13.9	9.7	12.4
21	基价	元	9999001	5384	3937	8614	4058	5877	4126

Ⅱ 安 装

顺序号	项 目	单位	代 号	刚拱片	横系梁	微弯板	现浇接头混凝土
				缆索吊装			
				7	8	9	10
1	人工	工日	1001001	22.7	30.7	22	36.9
2	普 C35－32.5－2	m³	1503011	－	－	－	(10.20)
3	型钢	t	2003004	－	0.085	－	－
4	电焊条	kg	2009011	7.7	20.8	7.8	－
5	铁件	kg	2009028	－	3	－	12.7
6	铁钉	kg	2009030	－	－	－	3.9
7	水	m³	3005004	－	－	1	15
8	锯材	m³	4003002	－	－	－	0.55
9	中(粗)砂	m³	5503005	－	－	0.42	4.59
10	碎石(2cm)	m³	5505012	－	－	－	7.96
11	32.5 级水泥	t	5509001	－	－	0.135	4.59
12	其他材料费	元	7801001	－	4.1	－	22.1
13	30kN 以内单筒慢动卷扬机	台班	8009080	0.96	0.83	0.83	－
14	50kN 以内单筒慢动卷扬机	台班	8009081	3.01	2.74	2.74	－
15	32kV·A 以内交流电弧焊机	台班	8015028	1.53	1.85	1.57	－
16	小型机具使用费	元	8099001	21.6	12.7	2.5	12
17	基价	元	9999001	3427	4651	3355	7417

4-7-23 预制、安装箱形拱桥构件

工程内容 预制:1)组合钢模板组拼拆及安装、拆除、修理、涂脱模剂、堆放;2)钢筋除锈、制作、绑扎、焊接、入模;3)混凝土浇筑、捣固及养护。

安装:1)构件整修、安装、就位、校正、固定;2)构件接头焊接,安装连接螺栓;3)横系梁钢筋制作、焊接、安装、横向连接钢筋焊接;4)模板制作、安装、拆除;5)砂浆配运料、拌和、运输;6)安砌开口箱盖板,浇筑横缝及开口箱整体化混凝土。

单位:表列单位

顺序号	项 目	单位	代 号	预制				安装			
				主拱圈		立柱盖梁		主拱圈			立柱、盖梁
				混凝土	钢筋	混凝土	钢筋	开口箱	闭口箱	现浇接缝和整体化混凝土	缆索吊装
								缆索吊装			
				10m³	1t	10m³	1t	10m³			
				1	2	3	4	5	6	7	8
1	人工	工日	1001001	32.5	6.9	23.7	5.6	31	22.8	14.7	35.8
2	M20 水泥砂浆	m³	1501006	–	–	–	–	(0.04)	–	–	(0.19)
3	普 C40–32.5–2	m³	1503013	–	–	–	–	–	–	–	(0.20)
4	普 C40–42.5–2	m³	1503014	(10.10)	–	–	–	–	–	(10.20)	–
5	普 C20–32.5–4	m³	1503032	–	–	(10.10)	–	–	–	–	–
6	预制构件	m³	1517001	–	–	–	–	(10.00)	(10.00)	–	(10.00)
7	HPB300 钢筋	t	2001001	–	0.296	–	0.211	–	–	–	0.005
8	HRB400 钢筋	t	2001002	–	0.729	–	0.814	–	–	–	–

顺序号	项　目	单位	代　号	预制				安装			
				主拱圈		立柱盖梁		主拱圈			立柱、盖梁
				混凝土	钢筋	混凝土	钢筋	开口箱	闭口箱	现浇接缝和整体化混凝土	缆索吊装
								缆索吊装			
				10m³	1t	10m³	1t	10m³			
				1	2	3	4	5	6	7	8
9	8~12号铁丝	kg	2001021	4.4	–	–	–	–	–	–	–
10	20~22号铁丝	kg	2001022	–	4.6	–	4.9	–	–	–	–
11	型钢	t	2003004	0.061	–	0.004	–	0.002	0.002	–	–
12	钢板	t	2003005	0.1	–	–	–	–	–	–	–
13	钢管	t	2003008	0.001	–	–	–	–	–	–	–
14	钢模板	t	2003025	0.052	–	–	–	–	–	–	–
15	组合钢模板	t	2003026	–	–	0.032	–	–	–	–	–
16	铁皮	m²	2003044	2.7	–	–	–	–	–	–	–
17	电焊条	kg	2009011	2.4	4.3	–	4.5	1	2.6	–	0.8
18	螺栓	kg	2009013	44.2	–	–	–	–	–	–	–
19	铁件	kg	2009028	7.9	–	13.2	–	3	2.8	1	0.9
20	铁钉	kg	2009030	3.9	–	–	–	–	–	0.3	0.2
21	水	m³	3005004	16	–	16	–	1	–	15	1

单位:表列单位

顺序号	项目	单位	代号	预制				安装			
				主拱圈		立柱盖梁		主拱圈			立柱、盖梁
								开口箱	闭口箱	现浇接缝和整体化混凝土	
				混凝土	钢筋	混凝土	钢筋	缆索吊装			缆索吊装
				10m³	1t	10m³	1t	10m³			
				1	2	3	4	5	6	7	8
22	原木	m³	4003001	–	–	0.02	–	–	–	–	–
23	锯材	m³	4003002	0.19	–	–	–	–	–	0.07	0.04
24	中(粗)砂	m³	5503005	4.55	–	4.95	–	0.04	–	4.59	0.29
25	碎石(2cm)	m³	5505012	7.98	–	–	–	–	–	8.06	0.16
26	碎石(4cm)	m³	5505013	–	–	8.48	–	–	–	–	–
27	32.5级水泥	t	5509001	–	–	3.01	–	0.024	–	–	0.183
28	42.5级水泥	t	5509002	4.474	–	–	–	–	–	4.519	–
29	其他材料费	元	7801001	28.6	–	33.1	–	0.1	0.1	3.6	1.7
30	30kN以内单筒慢动卷扬机	台班	8009080	1.86	–	–	–	1.27	1.52	–	1.08
31	50kN以内单筒慢动卷扬机	台班	8009081	5.59	–	–	–	3.82	3.07	1.14	3.25
32	32kV·A以内交流电弧焊机	台班	8015028	0.34	0.76	–	0.77	0.27	0.50	–	0.23
33	100kV·A以内交流对焊机	台班	8015048	–	0.04	–	–	–	–	–	–
34	小型机具使用费	元	8099001	16.90	20.10	10.80	16.50	49.00	44.30	6.70	33.20
35	基价	元	9999001	9215	4309	4948	4150	4287	3357	4695	4793

4-7-24 预制、安装人行道构件

工程内容 预制:1)组合钢模板组拼拆及安装、拆除、修理、涂脱模剂、堆放;2)钢筋除锈、制作、电焊、绑扎;3)混凝土浇筑、捣固及养护。

安装:1)构件整修、人工安装就位;2)水泥砂浆配运料、拌和、运输、铺筑、填缝或填空;3)连接钢筋焊接。

单位:表列单位

顺序号	项 目	单位	代 号	预制		安装
				混凝土	钢筋	
				10m³	1t	10m³
				1	2	3
1	人工	工日	1001001	29.1	3.7	11.3
2	M20 水泥砂浆	m³	1501006	–	–	(1.03)
3	普 C20－32.5－2	m³	1503007	(10.10)	–	(0.07)
4	预制构件	m³	1517001	–	–	(10.10)
5	HPB300 钢筋	t	2001001	–	0.82	–
6	HRB400 钢筋	t	2001002	–	0.205	–
7	20~22 号铁丝	kg	2001022	–	2.8	–
8	型钢	t	2003004	0.018	–	–
9	钢板	t	2003005	0.118	–	–
10	组合钢模板	t	2003026	0.144	–	–

顺序号	项　目	单位	代　号	预制		安装
				混凝土	钢筋	
				$10m^3$	$1t$	$10m^3$
				1	2	3
11	电焊条	kg	2009011	9	1	4.2
12	铁件	kg	2009028	55	–	–
13	水	m^3	3005004	16	–	1
14	原木	m^3	4003001	0.05	–	–
15	锯材	m^3	4003002	0.05	–	–
16	中(粗)砂	m^3	5503005	4.95	–	1.12
17	碎石(2cm)	m^3	5505012	8.28	–	0.06
18	32.5级水泥	t	5509001	3.182	–	0.483
19	其他材料费	元	7801001	94.00	–	–
20	32kV·A以内交流电弧焊机	台班	8015028	–	0.25	0.65
21	小型机具使用费	元	8099001	9.20	13.60	–
22	基价	元	9999001	6981	3871	1599

4-7-25 预制小型构件

工程内容 1)木模制作、安装、拆除、修理、涂脱模剂、堆放;2)组合钢模板组拼拆及安装、拆除、修理、涂脱模剂、堆放;3)钢筋除锈、制作、电焊、绑扎;4)混凝土浇筑、捣固及养护。

单位:10m³

顺序号	项 目	单位	代 号	混凝土					
				桥涵缘(帽)石		漫水桥标志		栏杆柱及栏杆扶手	
				木模	钢模	木模	钢模	木模	钢模
				1	2	3	4	5	6
1	人工	工日	1001001	24.2	22.5	37.4	35.3	41.9	39.3
2	普 C25-32.5-2	m³	1503008	(10.10)	(10.10)	(10.10)	(10.10)	(10.10)	(10.10)
3	型钢	t	2003004	–	0.009	–	0.011	–	0.013
4	组合钢模板	t	2003026	–	0.063	–	0.078	–	0.103
5	铁件	kg	2009028	–	31.2	–	38.4	–	40.3
6	铁钉	kg	2009030	22.2	–	27.3	–	34.1	–
7	水	m³	3005004	16	16	16	16	16	16
8	原木	m³	4003001	–	0.06	–	0.07	–	0.12
9	锯材	m³	4003002	0.66	–	0.81	–	1.02	–
10	中(粗)砂	m³	5503005	4.85	4.85	4.85	4.85	4.85	4.85
11	碎石(2cm)	m³	5505012	8.08	8.08	8.08	8.08	8.08	8.08
12	32.5级水泥	t	5509001	3.97	3.97	3.97	3.97	3.97	3.97

单位:10m³

顺序号	项 目	单位	代 号	混凝土					
				桥涵缘(帽)石		漫水桥标志		栏杆柱及栏杆扶手	
				木模	钢模	木模	钢模	木模	钢模
				1	2	3	4	5	6
13	其他材料费	元	7801001	25.2	18.1	29.3	20.5	29.1	21.5
14	小型机具使用费	元	8099001	9.8	5.2	12	6.4	11.9	6.5
15	基价	元	9999001	6107	5363	7766	6850	8592	7474

顺序号	项　　　目	单位	代　　号	混凝土				钢筋
				桥头搭板		混凝土块件		
				木模	钢模	木模	钢模	
				10m³				1t
				7	8	9	10	11
1	人工	工日	1001001	17.7	17.3	22.1	21.5	2.6
2	普 C25 – 32.5 – 2	m³	1503008	(10.10)	(10.10)	(10.10)	(10.10)	–
3	HPB300 钢筋	t	2001001	–	–	–	–	1.025
4	20~22 号铁丝	kg	2001022	–	–	–	–	4.2
5	型钢	t	2003004	–	0.004	–	0.007	–
6	组合钢模板	t	2003026	–	0.04	–	0.062	–
7	铁件	kg	2009028	–	12.9	–	20.4	–
8	铁钉	kg	2009030	13	–	20.5	–	–
9	水	m³	3005004	16	16	16	16	–
10	锯材	m³	4003002	0.39	0.05	0.61	0.09	–
11	中(粗)砂	m³	5503005	4.85	4.85	4.85	4.85	–
12	碎石(2cm)	m³	5505012	8.08	8.08	8.08	8.08	–
13	32.5 级水泥	t	5509001	3.97	3.97	3.97	3.97	–
14	其他材料费	元	7801001	17.9	13.7	23.9	17.3	–
15	小型机具使用费	元	8099001	5.8	3	9	4.8	12.2
16	基价	元	9999001	4955	4594	5798	5254	3725

4-7-26 安装小型构件

工程内容 1)构件整修、人工安装就位;2)水泥砂配运料、拌和;3)铺砂垫层;4)砌筑、灌浆。

单位:10m³ 构件

顺序号	项 目	单位	代 号	桥涵缘(帽)石	漫水桥标志	栏杆柱及栏杆扶手	桥头搭板
				1	2	3	4
1	人工	工日	1001001	6.7	13.1	9.5	4.7
2	M7.5 水泥砂浆	m³	1501002	(0.54)	–	–	–
3	M15 水泥砂浆	m³	1501005	–	–	–	(0.61)
4	M20 水泥砂浆	m³	1501006	–	(1.10)	(0.92)	–
5	预制构件	m³	1517001	(10.10)	(10.10)	(10.10)	(10.10)
6	石油沥青	t	3001001	–	–	0.18	–
7	煤	t	3005001	–	–	0.16	–
8	水	m³	3005004	1	1	1	1
9	油毛毡	m²	5009012	–	–	24	–
10	中(粗)砂	m³	5503005	0.59	1.17	0.98	0.65
11	砂砾	m³	5503007	–	–	–	2.26
12	32.5 级水泥	t	5509001	0.144	0.493	0.412	0.240
13	其他材料费	元	7801001	–	203.70	1.20	–
14	基价	元	9999001	811	1853	2213	738

4-7-27 安装支座

工程内容 1)预埋钢板、钢筋的制作、预埋、电焊;2)支座电焊;3)支座安装。

I. 普通钢支座及板式橡胶支座

单位:表列单位

顺序号	项 目	单位	代 号	切线式钢支座	辊轴钢支座	板式橡胶支座	四氟板式橡胶组合支座
				1t		1dm³	
				1	2	3	4
1	人工	工日	1001001	21.9	8.9	0.1	0.1
2	HRB400 钢筋	t	2001002	0.207	0.037	–	0.001
3	型钢	t	2003004	–	0.06	–	–
4	钢板	t	2003005	–	–	–	0.011
5	电焊条	kg	2009011	35.9	0.6	–	0.1
6	铁件	kg	2009028	–	13.2	–	–
7	钢支座	t	6001001	1	1	–	–
8	四氟板式橡胶组合支座	dm³	6001002	–	–	–	1
9	板式橡胶支座	dm³	6001003	–	–	1	–
10	其他材料费	元	7801001	99.9	99.9	0.3	2.6
11	32kV·A 以内交流电弧焊机	台班	8015028	8.29	0.14	–	0.02
12	小型机具使用费	元	8099001	–	–	–	0.2
13	基价	元	9999001	12269	8901	58	120

顺序号	项　　目	单位	代　号	支座反力（kN）					
				3000	4000	5000	7000	10000	15000
				5	6	7	8	9	10
1	人工	工日	1001001	1.4	1.9	2.2	3.8	5.2	7.6
2	支座预埋钢板	kg	2003013	55.2	72.7	91.1	127	181.2	270
3	电焊条	kg	2009011	0.9	1	1.1	1.3	1.6	1.9
4	环氧树脂	kg	5009009	2.9	3.5	4.4	5.4	7.7	10.9
5	中(粗)砂	m³	5503005	0.01	0.02	0.02	0.02	0.03	0.05
6	52.5 级水泥	t	5509003	0.01	0.02	0.02	0.03	0.041	0.051
7	盆式橡胶支座(DX,3000kN)	套	6001061	1	–	–	–	–	–
8	盆式橡胶支座(DX,4000kN)	套	6001067	–	1	–	–	–	–
9	盆式橡胶支座(DX,5000kN)	套	6001070	–	–	1	–	–	–
10	盆式橡胶支座(DX,7000kN)	套	6001076	–	–	–	1	–	–
11	盆式橡胶支座(DX,10000kN)	套	6001085	–	–	–	–	1	–
12	盆式橡胶支座(DX,15000kN)	套	6001091	–	–	–	–	–	1
13	其他材料费	元	7801001	12	15.9	18.5	24.4	34.7	49.1
14	20t 以内汽车式起重机	台班	8009029	0.19	0.15	0.15	0.16	0.03	0.04
15	30t 以内汽车式起重机	台班	8009031	–	–	–	–	0.26	0.26
16	32kV·A 以内交流电弧焊机	台班	8015028	0.24	0.26	0.3	0.35	0.42	0.51
17	小型机具使用费	元	8099001	5.3	5.9	6.9	8.5	9.6	10.6
18	基价	元	9999001	3331	4724	6465	10042	15667	25020

单位:1 个

顺序号	项 目	单位	代 号	支座反力（kN）					
				20000	25000	30000	35000	40000	45000
				11	12	13	14	15	16
1	人工	工日	1001001	8.7	11.2	12.5	15.8	17.3	19.9
2	支座预埋钢板	kg	2003013	364.5	453	543.7	634.8	724.6	820.2
3	电焊条	kg	2009011	2.2	2.5	2.7	2.9	3.1	3.4
4	环氧树脂	kg	5009009	14.7	18.7	21	26	28	33
5	中(粗)砂	m³	5503005	0.06	0.08	0.09	0.11	0.12	0.15
6	52.5 级水泥	t	5509003	0.071	0.092	0.102	0.133	0.143	0.163
7	盆式橡胶支座(DX,20000kN)	套	6001097	1	–	–	–	–	–
8	盆式橡胶支座(DX,25000kN)	套	6001103	–	1	–	–	–	–
9	盆式橡胶支座(DX,30000kN)	套	6001109	–	–	1	–	–	–
10	盆式橡胶支座(DX,35000kN)	套	6001115	–	–	–	1	–	–
11	盆式橡胶支座(DX,40000kN)	套	6001121	–	–	–	–	1	–
12	盆式橡胶支座(DX,45000kN)	套	6001124	–	–	–	–	–	1
13	其他材料费	元	7801001	60.5	73.2	83.2	95.8	101.9	117.7
14	20t 以内汽车式起重机	台班	8009029	0.06	0.07	0.08	0.11	0.11	0.13
15	30t 以内汽车式起重机	台班	8009031	0.26	0.26	0.26	0.26	0.26	–
16	40t 以内汽车式起重机	台班	8009032	–	–	–	–	–	0.24
17	32kV·A 以内交流电弧焊机	台班	8015028	0.6	0.66	0.74	0.79	0.84	0.9
18	小型机具使用费	元	8099001	11.7	13.3	14.4	15.4	17	18.1
19	基价	元	9999001	35732	48568	63899	80228	98838	107934

单位:1个

顺序号	项　目	单位	代　号	支座反力（kN）			STU 支座	抗风支座
				50000	55000	60000		
				17	18	19	20	21
1	人工	工日	1001001	21.9	23.1	24.1	26	22
2	钢管	t	2003008	–	–	–	0.005	–
3	支座预埋钢板	kg	2003013	902.8	999.3	1080.1	3.9	–
4	电焊条	kg	2009011	3.5	3.7	3.8	–	–
5	阻尼器	套	2009020	–	–	–	1	–
6	环氧树脂	kg	5009009	35	40	42	22	–
7	中(粗)砂	m³	5503005	0.15	0.18	0.18	0.1	–
8	52.5 级水泥	t	5509003	0.173	0.204	0.214	0.112	–
9	盆式橡胶支座（DX,50000kN）	套	6001127	1	–	–	–	–
10	盆式橡胶支座（DX,55000kN）	套	6001130	–	1	–	–	–
11	盆式橡胶支座（DX,60000kN）	套	6001133	–	–	1	–	–
12	抗风支座	个	6001136	–	–	–	–	1
13	其他材料费	元	7801001	125.4	139.4	145.5	98.6	–
14	20t 以内汽车式起重机	台班	8009029	0.13	0.15	0.16	0.08	0.52
15	30t 以内汽车式起重机	台班	8009031	–	–	–	–	–
16	40t 以内汽车式起重机	台班	8009032	0.24	0.29	0.3	–	–
17	30kN 以内单筒慢动卷扬机	台班	8009080	–	–	–	1.22	–

单位:1 个

顺序号	项目	单位	代号	支座反力（kN）			STU 支座	抗风支座
				50000	55000	60000		
				17	18	19	20	21
18	32kV·A 以内交流电弧焊机	台班	8015028	0.94	0.99	1.03	1.04	–
19	小型机具使用费	元	8099001	19.1	21.2	26.5	23.8	–
20	基价	元	9999001	118955	151611	169122	841593	94420

注:STU 支座指桥梁的限位支座。

顺序号	项 目	单位	代 号	球型支座反力（kN）					
				2000	3000	4000	5000	6000	7000
				22	23	24	25	26	27
1	人工	工日	1001001	1	1.1	1.2	1.3	1.3	1.4
2	支座预埋钢板	kg	2003013	48.2	70.2	87.2	106	126.6	149
3	电焊条	kg	2009011	0.8	1	1.1	1.2	1.3	1.4
4	环氧树脂	kg	5009009	2.8	3.6	4.1	5.2	5.6	6.2
5	中(粗)砂	m³	5503005	0.01	0.02	0.02	0.02	0.03	0.03
6	52.5级水泥	t	5509003	0.01	0.02	0.02	0.02	0.031	0.031
7	球型支座(DX,2000KN)	个	6001004	1	–	–	–	–	–
8	球型支座(DX,3000KN)	个	6001007	–	1	–	–	–	–
9	球型支座(DX,4000KN)	个	6001010	–	–	1	–	–	–
10	球型支座(DX,5000KN)	个	6001013	–	–	–	1	–	–
11	球型支座(DX,6000KN)	个	6001016	–	–	–	–	1	–
12	球型支座(DX,7000KN)	个	6001019	–	–	–	–	–	1
13	其他材料费	元	7801001	12.6	17.5	20.4	26.2	28.2	30.1
14	20t 以内汽车式起重机	台班	8009029	0.14	0.14	0.15	0.15	0.15	0.15
15	30kN 以内单筒慢动卷扬机	台班	8009080	0.2	0.23	0.26	0.29	0.31	0.34
16	小型机具使用费	元	8099001	5.3	5.9	6.9	7.4	8	8.5
17	基价	元	9999001	2115	3444	4375	5897	7387	9307

顺序号	项目	单位	代号	球型支座反力（kN）						
				8000	9000	10000	12500	15000	17500	20000
				28	29	30	31	32	33	34
1	人工	工日	1001001	1.5	1.6	1.6	1.7	1.8	2.0	2.2
2	支座预埋钢板	kg	2003013	165	186.2	204	262.4	308.2	351.6	388.5
3	电焊条	kg	2009011	1.5	1.6	1.6	1.9	2	2.1	2.3
4	环氧树脂	kg	5009009	7.3	8.2	8.6	9.8	10.9	12.5	14.7
5	中(粗)砂	m³	5503005	0.03	0.04	0.04	0.05	0.06	0.07	0.08
6	52.5级水泥	t	5509003	0.031	0.041	0.04	0.05	0.05	0.07	0.08
7	球型支座(DX,8000KN)	个	6001022	1	–	–	–	–	–	–
8	球型支座(DX,9000KN)	个	6001025	–	1	–	–	–	–	–
9	球型支座(DX,10000KN)	个	6001028	–	–	1	–	–	–	–
10	球型支座(DX,12500KN)	个	6001031	–	–	–	1	–	–	–
11	球型支座(DX,15000KN)	个	6001034	–	–	–	–	1	–	–
12	球型支座(DX,17500KN)	个	6001037	–	–	–	–	–	1	–
13	球型支座(DX,20000KN)	个	6001040	–	–	–	–	–	–	1
14	其他材料费	元	7801001	34	36.9	40	48.7	52.8	63.8	71.3
15	20t以内汽车式起重机	台班	8009029	0.16	0.16	0.25	0.25	0.25	0.25	0.25
16	30kN以内单筒慢动卷扬机	台班	8009080	0.37	0.38	0.41	0.45	0.5	0.53	0.55
17	小型机具使用费	元	8099001	9	9.6	10.1	10.6	11.2	11.7	12.2
18	基价	元	9999001	10620	12801	14216	18271	22267	26904	30540

4-7-28 金属结构吊装设备

工程内容 1)全套金属设备(包括起吊设备及钢轨)的安装、拆除;2)脚手架、绞车平台、张拉工作台、底板工作台、铁(木)梯等附属设备的制作、安装、拆除;3)混凝土枕块、平衡重的预制、安装;4)安装设备用的扒杆的移动;5)机具设备的擦拭、保养、堆放。

单位:10t 金属设备

顺序号	项 目	单位	代 号	单导梁	双导梁	跨墩门架 门架高(m) 9	跨墩门架 门架高(m) 16	悬臂吊机	悬浇挂篮
				1	2	3	4	5	6
1	人工	工日	1001001	45.1	41.2	53.7	50.2	75.9	80.7
2	普 C15-32.5-4	m³	1503031	–	–	–	–	–	(1.36)
3	普 C40-32.5-4	m³	1503038	–	–	–	–	(0.38)	(0.34)
4	钢丝绳	t	2001019	0.018	0.003	0.021	0.012	0.008	0.003
5	8~12 号铁丝	kg	2001021	2.5	2.4	3.3	2	1.6	1.1
6	电焊条	kg	2009011	0.1	–	0.1	0.1	–	–
7	铁件	kg	2009028	9.9	3.3	17	12.8	6.3	7.9
8	铁钉	kg	2009030	0.4	0.2	0.3	0.2	0.7	1.6
9	水	m³	3005004	–	–	–	–	1	3
10	原木	m³	4003001	0.02	–	0.12	0.07	–	–

单位:10t 金属设备

顺序号	项 目	单位	代 号	单导梁	双导梁	跨墩门架 门架高(m) 9	跨墩门架 门架高(m) 16	悬臂吊机	悬浇挂篮
				1	2	3	4	5	6
11	锯材	m³	4003002	0.43	0.39	0.44	0.28	0.36	0.36
12	枕木	m³	4003003	–	–	–	–	0.11	–
13	聚四氟乙烯滑板	kg	5001001	–	–	–	–	7.6	6.1
14	中(粗)砂	m³	5503005	–	–	–	–	0.17	0.83
15	碎石(4cm)	m³	5505013	–	–	–	–	0.31	1.44
16	32.5级水泥	t	5509001	–	–	–	–	0.176	0.521
17	其他材料费	元	7801001	20.1	10.9	37.9	21.7	23	9.7
18	设备摊销费	元	7901001	7200	7200	5600	5600	5600	7200
19	30kN以内单筒慢动卷扬机	台班	8009080	4.03	2.32	4.15	4.15	10.95	10.95
20	32kV·A以内交流电弧焊机	台班	8015028	0.02	–	0.05	0.04	–	–
21	小型机具使用费	元	8099001	14	8.1	14.5	14.5	14.4	14.4
22	基价	元	9999001	13490	12586	13043	12269	16666	18773

单位:10t 金属设备

顺序号	项 目	单位	代 号	提升架			索塔	钢管独脚摇头扒杆	爬斜挂篮
				双柱墩	空心墩				
				高度（m）					
				40 以内		40 以上			
				7	8	9	10	11	12
1	人工	工日	1001001	54	63.1	77.7	97.2	36.7	74
2	HPB300 钢筋	t	2001001	–	–	–	0.029	–	–
3	HRB400 钢筋	t	2001002	–	–	–	0.76	–	–
4	钢丝绳	t	2001019	0.028	0.028	0.028	0.023	0.353	0.004
5	钢板	t	2003005	–	–	–	0.941	–	–
6	电焊条	kg	2009011	0.3	0.4	0.4	30	–	5.3
7	铁件	kg	2009028	53.6	53.6	53.6	4.8	–	–
8	铁钉	kg	2009030	2	2	2	3.8	–	–
9	原木	m³	4003001	–	–	–	–	5.09	–
10	锯材	m³	4003002	0.72	0.72	0.72	0.81	0.64	–
11	其他材料费	元	7801001	26.4	26.4	26.4	83.8	–	24.8
12	设备摊销费	元	7901001	5600	5600	5600	5600	5600	7200
13	25t 以内汽车式起重机	台班	8009030	3.31	3.31	3.31	3.31	–	–
14	30kN 以内单筒慢动卷扬机	台班	8009080	–	–	–	–	3.07	–
15	32kV·A 以内交流电弧焊机	台班	8015028	0.16	0.16	0.16	2.66	–	0.02
16	小型机具使用费	元	8099001	53.4	91.5	144.3	259	10.7	34.6
17	基价	元	9999001	17442	18447	20052	28722	19586	15182

4-7-29 移动模架安装、拆除

工程内容 1)移动模架的托架、推进台车、主梁、鼻梁、横梁、门型吊架、工作平台及爬梯的第一次吊装、就位和最后一次拆除；
2)机具设备的擦拭、保养、堆放。

单位:10t 金属设备

顺序号	项 目	单位	代 号	移动模架安装拆除
				1
1	人工	工日	1001001	37.6
2	钢丝绳	t	2001019	0.003
3	8~12 号铁丝	kg	2001021	2.4
4	铁件	kg	2009028	3.3
5	铁钉	kg	2009030	0.2
6	锯材	m³	4003002	0.39
7	其他材料费	元	7801001	23.3
8	设备摊销费	元	7901001	7200
9	30t 以内汽车式起重机	台班	8009031	1.29
10	50t 以内汽车式起重机	台班	8009033	2.01
11	75t 以内汽车式起重机	台班	8009034	0.12
12	小型机具使用费	元	8099001	102
13	基价	元	9999001	19866

4-7-30 缆索吊装设备

工程内容 1）木塔架制作及钢、木塔架安装、拆除；2）挖、埋、拆木地锚或挖基、浇筑混凝土地锚以及拴缆风绳；3）索道、卷扬机、缆风索以及滑车等设备安装、拆除；4）机具设备擦拭、保养、堆放。

I. 塔　架

单位：表列单位

顺序号	项　　　目	单位	代　　号	木塔架			钢塔架
				塔架高（m）			
				12 以内	16 以内	20 以内	
				1 个			10t
				1	2	3	4
1	人工	工日	1001001	133.4	168.4	241	82.3
2	普 C30-32.5-4	m³	1503034	-	-	-	(4.86)
3	HPB300 钢筋	t	2001001	-	-	-	0.004
4	钢丝绳	t	2001019	0.028	0.036	0.043	0.074
5	电焊条	kg	2009011	-	-	-	0.1
6	铁件	kg	2009028	135.5	182.4	248.6	0.9
7	铁钉	kg	2009030	-	-	-	0.2
8	水	m³	3005004	-	-	-	6
9	原木	m³	4003001	3.94	5.31	7.23	0.01
10	锯材	m³	4003002	0.6	0.8	1.09	0.53

顺序号	项 目	单位	代 号	木塔架			钢塔架
				塔架高(m)			
				12 以内	16 以内	20 以内	
				1 个			10t
				1	2	3	4
11	中(粗)砂	m³	5503005	–	–	–	2.24
12	碎石(4cm)	m³	5505013	–	–	–	4.03
13	32.5 级水泥	t	5509001	–	–	–	1.832
14	其他材料费	元	7801001	49.1	80.8	92.8	24.6
15	设备摊销费	元	7901001	409.2	409.2	409.2	5600
16	50kN 以内单筒慢动卷扬机	台班	8009081	16.74	28.3	31.37	10.64
17	32kV·A 以内交流电弧焊机	台班	8015028	–	–	–	0.02
18	小型机具使用费	元	8099001	35.2	45.1	65.9	25.3
19	基价	元	9999001	24295	32367	43887	18629

顺序号	项　目	单位	代　号	主索地锚							运输索道用塔架及地锚
				木	混凝土						
				块件质量（t）							
				10 以内	15 以内	20 以内	30 以内	50 以内	60 以内	70 以内	
				1 个							1 套
				5	6	7	8	9	10	11	12
1	人工	工日	1001001	104.1	68.2	103.1	113.9	126.8	139.9	143.9	133.4
2	普 C15 – 32.5 – 4	m³	1503031	–	(46.92)	(54.62)	(72.88)	(94.68)	(105.56)	(116.48)	–
3	HPB300 钢筋	t	2001001	–	0.454	1.477	1.969	1.969	1.969	1.969	
4	钢丝绳	t	2001019	0.032	–	–	–	–	–	–	0.028
5	8～12 号铁丝	kg	2001021	–	–	14.9	19.8	25.8	25.8	25.8	–
6	铁件	kg	2009028	13.6	–	16.6	16.6	16.6	16.6	16.6	135.5
7	水	m³	3005004	–	56	66	87	114	127	140	–
8	原木	m³	4003001	5.59	1.83	3.26	3.26	3.26	3.26	3.26	3.94
9	锯材	m³	4003002	1.01	–	2.3	2.3	2.3	2.3	2.3	0.6
10	中(粗)砂	m³	5503005	–	23.46	27.31	36.44	47.34	52.78	58.24	–
11	片石	m³	5505005	–	–	18.36	18.36	18.36	18.36	18.36	–
12	碎石(4cm)	m³	5505013	–	39.88	46.43	61.95	80.48	89.73	99.01	–
13	32.5 级水泥	t	5509001	–	12.528	14.584	19.459	25.28	28.185	31.1	–

顺序号	项　目	单位	代　号	主索地锚							运输索道用塔架及地锚
				木	混凝土						
					块件质量（t）						
				10 以内	15 以内	20 以内	30 以内	50 以内	60 以内	70 以内	
							1 个				1 套
				5	6	7	8	9	10	11	12
14	其他材料费	元	7801001	–	4.9	5.6	7.6	9.8	11	12.1	49.1
15	设备摊销费	元	7901001	–	–	–	2632.5	2632.5	2632.5	2632.5	409.2
16	50kN 以内单筒慢动卷扬机	台班	8009081	–	–	–	–	–	–	–	16.74
17	小型机具使用费	元	8099001	–	36.5	42.6	56.9	73.8	82.4	90.9	35.2
18	基价	元	9999001	20009	20654	35936	45090	50925	54531	57177	24295

顺序号	项　目	单位	代　号	索道							运输索道
				块件质量(t)							
				5 以内	10 以内	20 以内	30 以内	50 以内	60 以内	70 以内	
				13	14	15	16	17	18	19	20
1	人工	工日	1001001	8.3	15.9	24.5	37.7	58.2	68.6	85.8	4.1
2	索道钢丝绳	t	2001034	0.119	0.189	0.391	0.524	0.724	0.869	1.086	0.06
3	其他材料费	元	7801001	19	30.3	62.6	84	116	139.1	174	9.5
4	50kN 以内单筒慢动卷扬机	台班	8009081	0.8	1.54	2.36	3.64	5.62	8.66	8.66	0.4
5	小型机具使用费	元	8099001	1.7	3.2	6.6	10.2	15.7	18.8	23.6	0.9
6	基价	元	9999001	1854	3281	5753	8311	12236	14883	18234	925

注:1. 本章定额钢塔架设备摊消费按每 t 每月 140 元,并按使用 4 个月编制;当施工工期不同时,可以调整。

　2. 金属塔架设备全套参考质量如下:

塔高(m)	12	20	30	40	50	60	70	80
设备质量(t)	59.03	98.38	119.34	134.52	157.72	178.32	204.92	223.38

4 - 7 - 31 顶 进 设 备

工程内容 1)圆管涵基座混凝土浇筑、捣固、养护及简易木靠背的安、拆;2)顶进设备的安装、拆除;3)箱涵钢刃脚制作、安装、拆除;4)箱涵预埋件的制作、埋设。

单位:表列单位

顺序号	项 目	单位	代号	顶进设备				钢构件	
				圆管涵	箱涵			钢刃脚	预埋件
					箱涵质量(t)				
					1000 以内	2000 以内	3000 以内		
				10t				1t	
				1	2	3	4	5	6
1	人工	工日	1001001	62.6	66.2	59.1	51.7	14.4	12
2	普 C20 - 32.5 - 4	m³	1503032	(6.75)	–	–	–	–	–
3	型钢	t	2003004	–	–	–	–	0.082	–
4	钢板	t	2003005	–	–	–	–	0.063	–
5	电焊条	kg	2009011	–	–	–	–	3.6	6
6	铁件	kg	2009028	5.9	–	–	–	15.5	1020
7	水	m³	3005004	8	–	–	–	–	–
8	原木	m³	4003001	–	–	–	–	0.05	–
9	锯材	m³	4003002	1.32	–	–	–	0.05	–
10	中(粗)砂	m³	5503005	3.31	–	–	–	–	–

续前页

顺序号	项　目	单位	代　号	顶进设备				钢构件	
				圆管涵	箱涵			钢刃脚	预埋件
					箱涵质量(t)				
					1000 以内	2000 以内	3000 以内		
					10t			1t	
				1	2	3	4	5	6
11	碎石(4cm)	m³	5505013	5.67	–	–	–	–	–
12	32.5 级水泥	t	5509001	2.012	–	–	–	–	–
13	其他材料费	元	7801001	14.3	46.6	45.6	39.1	15.6	12.9
14	设备摊销费	元	7901001	1400	4200	4200	4200	–	–
15	12t 以内汽车式起重机	台班	8009027	–	–	–	–	0.39	0.14
16	30kN 以内单筒慢动卷扬机	台班	8009080	5.94	–	–	–	–	–
17	32kV·A 以内交流电弧焊机	台班	8015028	–	–	–	–	0.2	0.8
18	小型机具使用费	元	8099001	39.5	–	–	–	0.5	–
19	基价	元	9999001	12454	11282	10527	9734	2655	6209

注:1.本章定额设备摊销费按每 t 每月 140 元,并分别按使用 1、3 个月编制;当施工期限不同时,可以调整。

2.全套顶进设备包括钢顶桩、钢横梁和钢顶块,不包括顶镐、拉镐等机具。

4-7-32 短线匹配法预制、安装节段箱梁

工程内容 预制:1)台车及模板系统加工;2)端模、底模、外模安装及内模就位,涂抹脱模剂;3)钢筋除锈、下料、制作成半成品、编号堆放;4)装配式台座上定位、绑扎、焊接成型;5)钢筋骨架整体吊装入模;6)预埋件制作与安装;7)混凝土浇筑、振捣及养护;8)匹配梁运至存梁处、新浇匹配梁移至匹配梁处;9)预制梁段移置存梁场修饰。
浮吊安装墩顶块:1)浮吊、驳船就位、吊具挂钩、固定;2)起吊、落梁、粗定位;3)梁段定位调整、浮吊解除吊构返回、墩顶临时锚固。
导梁吊装:1)预制箱梁起吊、试拼、就位;2)结构面清洗;环氧树脂胶配料、拌和、涂刷;3)预制构件精确定位、拼接,清理;4)临时预应力张拉。

单位:表列单位

顺序号	项 目	单位	代 号	匹配法箱梁预制					墩顶块浮吊安装	标准块导梁吊装
				混凝土		钢筋		装配式钢筋绑扎台架		
				非泵送	泵送	现场加工	集中加工			
				10m³		1t		1座	10m³	
				1	2	3	4	5	6	7
1	人工	工日	1001001	15.4	7.8	5.1	3.9	34.7	3.4	3
2	普 C50-42.5-2	m³	1503018	(10.10)	(10.30)	-	-	-	-	-
3	预制构件	m³	1517001	-	-	-	-	-	(10.00)	(10.00)
4	HPB300 钢筋	t	2001001	-	-	0.048	0.05	-	-	-
5	HRB400 钢筋	t	2001002	-	-	0.977	0.97	-	-	-
6	预应力粗钢筋	t	2001006	-	-	-	-	-	-	0.006
7	8~12 号铁丝	kg	2001021	-	-	-	-	2.95	-	-

顺序号	项 目	单位	代 号	匹配法箱梁预制					墩顶块浮吊安装	标准块导梁吊装
				混凝土		钢筋		装配式钢筋绑扎台架		
				非泵送	泵送	现场加工	集中加工			
				10m³		1t		1座	10m³	
				1	2	3	4	5	6	7
8	20~22号铁丝	kg	2001022	–	–	4.9	6	–	–	–
9	型钢	t	2003004	–	–	–	–	1.129	–	–
10	钢板	t	2003005	0.089	0.089	–	–	0.321	–	–
11	钢管	t	2003008	0.01	0.01	–	–	0.899	–	–
12	钢模板	t	2003025	0.07	0.07	–	–	–	–	–
13	电焊条	kg	2009011	3.2	3.2	2.2	2.7	1.4	–	–
14	膨胀螺栓	套	2009015	–	–	–	–	27.85	–	–
15	铁件	kg	2009028	–	–	–	–	70.53	–	–
16	水	m³	3005004	16	22	–	–	–	–	–
17	锯材	m³	4003002	0.09	0.09	–	–	–	–	–
18	枕木	m³	4003003	0.59	0.59	–	–	–	–	–
19	环氧树脂	kg	5009009	–	–	–	–	–	–	23.59
20	中(粗)砂	m³	5503005	4.44	5.46	–	–	–	–	–
21	碎石(2cm)	m³	5505012	7.58	6.8	–	–	–	–	–
22	42.5级水泥	t	5509002	5.292	5.706	–	–	–	–	–

顺序号	项　目	单位	代号	匹配法箱梁预制					墩顶块浮吊安装	标准块导梁吊装
				混凝土		钢筋		装配式钢筋绑扎台架		
				非泵送	泵送	现场加工	集中加工			
				10m³		1t		1 座	10m³	
				1	2	3	4	5	6	7
23	板式橡胶支座	dm³	6001003	1.41	1.41	–	–	–	–	–
24	YGM 锚具	套	6005023	–	–	–	–	–	–	2.08
25	其他材料费	元	7801001	62.5	62.5	–	–	29.9	4.7	83.7
26	设备摊销费	元	7901001	146.2	146.2	–	–	–	–	–
27	60m³/h 以内混凝土输送泵	台班	8005051	–	0.09	–	–	–	–	–
28	30kN 以内单筒慢动卷扬机	台班	8009080	–	–	0.15	0.04	–	–	–
29	50kN 以内单筒慢动卷扬机	台班	8009081	2.7	–	–	–	–	–	–
30	200kN 以内单筒慢动卷扬机	台班	8009084	0.6	0.4	–	–	–	–	–
31	数控钢筋弯箍机	台班	8015006	–	–	–	0.01	–	–	–
32	数控立式钢筋弯曲中心	台班	8015007	–	–	–	0.15	–	–	–
33	32kV·A 以内交流电弧焊机	台班	8015028	0.46	0.46	0.29	0.33	1.11	–	–
34	350t 以内旋转扒杆起重船	台班	8019046	–	–	–	–	–	0.08	–
35	小型机具使用费	元	8099001	39.7	41.2	36.5	37.2	39.1	10.4	29.2
36	基价	元	9999001	7537	6484	4024	4019	13287	2971	1115

注:导梁吊装未包含导梁设备费用,使用时按有关定额另行计算。

4-7-33 平板拖车运输钢筋笼

工程内容 第一个 1km:1)挂钩、起吊、装车、固定;2)等待装卸;3)运走、掉头及空回。

每增运 0.5km:运走及空回。

单位:100t

顺序号	项　　目	单位	代　号	平板拖车运输钢筋笼	
				第一个 1km	每增运 0.5km
				1	2
1	人工	工日	1001001	4.8	-
2	钢丝绳	t	2001019	0.03	-
3	枕木	m³	4003003	0.04	-
4	其他材料费	元	7801001	199	-
5	20t 以内平板拖车组	台班	8007024	1.81	0.78
6	20t 以内轮胎式起重机	台班	8009020	0.67	-
7	100kN 以内单筒慢动卷扬机	台班	8009083	0.67	-
8	小型机具使用费	元	8099001	133	-
9	基价	元	9999001	3735	741

第八节　构件运输

说　明

1.本节的各种运输距离以 10m、50m、1km 为计算单位。不足第一个 10m、50m、1km 者,均按 10m、50m、1km 计;超过第一个定额运距单位时,其运距尾数不足一个增运定额单位的半数时不计,等于或超过半数时按一个定额运距单位计算。

2.运输便道、轨道的铺设,栈桥码头、龙门架、缆索的架设等,均未包括在定额内,应按有关章节定额另行计算。

3.本节定额未单列构件出坑堆放的定额,如需出坑堆放,可按相应构件运输第一个运距单位定额计列。

4.凡以手摇卷扬机和电动卷扬机配合运输的构件重载升坡时,第一个定额运距单位不增加人工及机械,每增加定额单位运距按以下规定乘以换算系数。

(1)手推车运输每增运 10m 定额的人工,按下表乘以换算系数:

坡度(%)	1 以内	5 以内	10 以内
系数	1.0	1.5	2.5

(2)垫滚子绞运每增运 10m 定额的人工和小型机具使用费,按下表乘以换算系数:

坡度(%)	0.4 以内	0.7 以内	1.0 以内	1.5 以内	2.0 以内	2.5 以内
系数	1.0	1.1	1.3	1.9	2.5	3.0

(3)轻轨平车运输配电动卷扬机每增运 50m 定额的人工及电动卷扬机台班,按下表乘以换算系数:

坡度(%)	0.7 以内	1.0 以内	1.5 以内	2.0 以内	3.0 以内
系数	1.00	1.05	1.10	1.15	1.25

4-8-1　手推车运及垫滚子绞运

工程内容　手推车运:1)装、运、卸、空回;2)构件堆放。

　　　　　　垫滚子绞运:1)用千斤顶顶起构件;2)铺垫、倒换、返回木轨、垫木、滚杠;3)安、拆绞车、地锚,绞运。

单位:10m³ 实体

顺序号	项　目	单位	代　号	手推车运输		垫滚子绞运					
				构件质量(t)							
				0.3 以内		5 以内		10 以内		15 以内	
				第一个 10m	每增运 10m	第一个 10m	每增运 10m	第一个 10m	每增运 10m	第一个 10m	每增运 10m
				1	2	3	4	5	6	7	8
1	人工	工日	1001001	1.4	0.2	1.5	0.4	1	0.3	0.8	0.2
2	钢管	t	2003008	–	–	0.002	0.002	0.001	0.001	0.001	0.001
3	铁件	kg	2009028	–	–	–	–	1.8	–	1.3	–
4	锯材	m³	4003002	–	–	0.1	0.04	0.08	0.04	0.07	0.03
5	其他材料费	元	7801001	14.4	–	–	–	–	–	–	–
6	小型机具使用费	元	8099001	–	–	3.6	0.9	3.5	0.8	2.8	0.7
7	基价	元	9999001	163	21	322	112	242	97	203	71

4－8－2 轨道平车运输

工程内容 第一个 50m:1)挂钩、起吊、装车、固定构件;2)等待装卸;3)起运 50m 及空回;4)安、拆卷扬机。
每增运 50m:运走 50m 及空回。

I. 卷扬机牵引 单位:100m³ 实体

顺序号	项 目	单位	代 号	第一个 50m										
				龙门架装车								起重机装车		
				构件质量(t)										
				5 以内	10 以内	15 以内	25 以内	50 以内	80 以内	100 以内	120 以内	5 以内	10 以内	15 以内
				1	2	3	4	5	6	7	8	9	10	11
1	人工	工日	1001001	9.4	5.8	4.5	3.1	1.8	1.3	1.1	0.9	4.4	2.8	2.2
2	铁件	kg	2009028	－	4.2	3	1.7	1.4	0.8	0.64	0.53	－	4.2	3
3	锯材	m³	4003002	0.31	0.29	0.24	0.16	0.16	0.13	0.104	0.087	0.31	0.29	0.24
4	其他材料费	元	7801001	34.7	22.1	17.9	14.3	10.2	8.3	6.6	5.5	34.7	22.1	17.9
5	20t 以内轮胎式起重机	台班	8009020	－	－	－	－	－	－	－	－	1.88	1.24	－
6	25t 以内轮胎式起重机	台班	8009021	－	－	－	－	－	－	－	－	－	－	0.97
7	30kN 以内单筒慢动卷扬机	台班	8009080	4.13	2.58	1.99	1.39	－	－	－	－	0.3	0.2	0.13
8	50kN 以内单筒慢动卷扬机	台班	8009081	－	－	－	－	0.81	0.59	0.65	0.54	－	－	－
9	小型机具使用费	元	8099001	41.4	41	44.1	49	55.6	61	67.2	74.6	22	27.6	31.5
10	基价	元	9999001	2178	1532	1221	855	644	508	462	402	3171	2241	1856

单位:100m³ 实体

顺序号	项 目	单位	代 号	每增运 50m 构件质量(t)							
				5 以内	10 以内	15 以内	25 以内	50 以内	80 以内	100 以内	120 以内
				12	13	14	15	16	17	18	19
1	人工	工日	1001001	0.5	0.4	0.3	0.2	0.2	0.2	0.1	0.1
2	钢丝绳	t	2001019	0.017	0.01	0.007	0.005	0.003	0.002	0.002	0.002
3	30kN 以内单筒慢动卷扬机	台班	8009080	0.22	0.2	0.13	0.12	–	–	–	–
4	50kN 以内单筒慢动卷扬机	台班	8009081	–	–	–	–	0.11	0.08	0.06	0.05
5	小型机具使用费	元	8099001	3.7	5.8	5.5	7.9	13.9	15	11.7	12.9
6	基价	元	9999001	192	139	99	77	72	62	45	44

顺序号	项　目	单位	代　号	第一个 50m										
				龙门架装车								起重机装车		
				构件质量(t)										
				5以内	10以内	15以内	25以内	50以内	80以内	100以内	120以内	5以内	10以内	15以内
				20	21	22	23	24	25	26	27	28	29	30
1	人工	工日	1001001	9.2	5.7	4.4	3.1	1.7	1.3	1.1	0.9	4.3	2.7	2.1
2	铁件	kg	2009028	–	4.2	3	1.7	1.4	0.8	0.64	0.53	–	4.2	3
3	锯材	m³	4003002	0.216	0.206	0.16	0.102	0.114	0.086	0.069	0.057	0.216	0.206	0.16
4	其他材料费	元	7801001	34.7	22.1	17.9	14.3	10.2	8.3	6.6	5.5	34.7	22.1	17.9
5	轨道拖车头	台班	8007050	0.2	0.18	0.11	0.1	0.08	0.07	0.06	0.05	0.2	0.18	0.11
6	8t 以内轮胎式起重机	台班	8009018	–	–	–	–	–	–	–	–	1.95	–	–
7	20t 以内轮胎式起重机	台班	8009020	–	–	–	–	–	–	–	–	–	1.235	–
8	25t 以内轮胎式起重机	台班	8009021	–	–	–	–	–	–	–	–	–	–	0.97
9	30kN 以内单筒慢动卷扬机	台班	8009080	3.91	2.38	1.85	1.27	–	–	–	–	–	–	–
10	50kN 以内单筒慢动卷扬机	台班	8009081	–	–	–	–	0.96	0.67	0.54	0.45	–	–	–
11	小型机具使用费	元	8099001	39.8	39	42.2	46.6	50.9	57.4	67.2	74.6	20.3	25.5	29.5
12	基价	元	9999001	2043	1420	1102	779	610	475	410	357	2132	2123	1738

单位:100m³ 实体

顺序号	项　目	单位	代　号	每增运50m							
				构件质量(t)							
				5以内	10以内	15以内	25以内	50以内	80以内	100以内	120以内
				31	32	33	34	35	36	37	38
1	人工	工日	1001001	0.4	0.3	0.2	0.2	0.2	0.1	0.1	0.1
2	轨道拖车头	台班	8007050	0.2	0.18	0.11	0.1	0.08	0.07	0.06	0.05
3	小型机具使用费	元	8099001	1.9	3.4	3.2	5	8.2	10.4	11.7	12.9
4	基价	元	9999001	108	92	59	58	55	43	41	39

4-8-3 载货汽车运输

工程内容 第一个 1km：1）装卸、绑扎构件；2）移动、安装、拆除装卸工具；3）汽车等待装卸、运行、掉头、空回。

每增运 0.5km：运走及空回。

单位：100m³ 实体

顺序号	项　　目	单位	代　号	第一个 1km									
				人工装卸		手摇卷扬机装卸				汽车式起重机装卸			
				载货汽车装载质量(t)								
				4 以内	6 以内	4 以内	6 以内	8 以内	10 以内	4 以内	6 以内	8 以内	10 以内
				1	2	3	4	5	6	7	8	9	10
1	人工	工日	1001001	34.7	31.3	12.4	11.1	9.9	8.6	5.4	4.9	4.6	4.3
2	锯材	m³	4003002	0.22	0.22	0.31	0.31	0.31	0.31	0.22	0.22	0.22	0.22
3	其他材料费	元	7801001	44.3	44.3	44.3	44.3	44.3	44.3	44.3	44.3	44.3	44.3
4	4t 以内载货汽车	台班	8007003	7.14	–	4.74	–	–	–	3.35	–	–	–
5	6t 以内载货汽车	台班	8007005	–	6.49	–	4.77	–	–	–	2.98	–	–
6	8t 以内载货汽车	台班	8007006	–	–	–	–	4.12	–	–	–	2.56	–
7	10t 以内载货汽车	台班	8007007	–	–	–	–	–	3.6	–	–	–	2.21
8	5t 以内汽车式起重机	台班	8009025	–	–	–	–	–	–	2.35	2.12	1.89	1.65
9	小型机具使用费	元	8099001	–	–	97.3	87.4	77.7	68	–	–	–	–
10	基价	元	9999001	7420	6898	4154	4127	4133	3897	4021	3714	3617	3359

单位:100m³ 实体

顺序号	项 目	单位	代 号	每增运 0.5km			
				运距在 15km 以内			
				载货汽车装载质量(t)			
				4 以内	6 以内	8 以内	10 以内
				11	12	13	14
1	4t 以内载货汽车	台班	8007003	0.3	–	–	–
2	6t 以内载货汽车	台班	8007005	–	0.23	–	–
3	8t 以内载货汽车	台班	8007006	–	–	0.18	–
4	10t 以内载货汽车	台班	8007007	–	–	–	0.13
5	基价	元	9999001	141	113	109	87

4－8－4 平板拖车运输

工程内容 第一个 1km:1)挂钩、起吊、装车、固定构件;2)等待装卸;3)运走、掉头及空回。

每增运 0.5km:运走及空回。

顺序号	项 目	单位	代 号	第一个 1km									
				龙门架装车						起重机装车			
				构件质量(t)									
				10 以内	15 以内	25 以内	40 以内	60 以内	80 以内	10 以内	15 以内	25 以内	40 以内
				1	2	3	4	5	6	7	8	9	10
1	人工	工日	1001001	5.8	4.9	3.7	2.5	1.8	1.3	2.6	1.8	1.4	0.9
2	铁件	kg	2009028	4.2	3	1.7	1	0.7	0.5	4.2	3	1.7	1
3	锯材	m³	4003002	0.3	0.23	0.15	0.09	0.06	0.045	0.3	0.23	0.15	0.09
4	其他材料费	元	7801001	27.9	22.9	18.6	13	8.6	6.5	26.2	21.7	17.3	11.6
5	20t 以内平板拖车组	台班	8007024	1.89	1.64	–	–	–	–	1.75	1.34	–	–
6	30t 以内平板拖车组	台班	8007025	–	–	1.22	–	–	–	–	–	0.94	–
7	60t 以内平板拖车组	台班	8007028	–	–	–	0.8	–	–	–	–	–	0.66
8	80t 以内平板拖车组	台班	8007029	–	–	–	–	0.56	–	–	–	–	–
9	100t 以内平板拖车组	台班	8007030	–	–	–	–	–	0.43	–	–	–	–
10	8t 以内轮胎式起重机	台班	8009018	–	–	–	–	–	–	1.29	–	–	–
11	20t 以内轮胎式起重机	台班	8009020	–	–	–	–	–	–	–	0.96	–	–

单位:100m³ 实体

顺序号	项 目	单位	代 号	第一个 1km									
				龙门架装车						起重机装车			
				构件质量(t)									
				10以内	15以内	25以内	40以内	60以内	80以内	10以内	15以内	25以内	40以内
				1	2	3	4	5	6	7	8	9	10
12	40t 以内轮胎式起重机	台班	8009022	–	–	–	–	–	–	–	–	0.73	0.49
13	50kN 以内单筒慢动卷扬机	台班	8009081	2.64	2.25	1.7	1.13	0.77	0.59	–	–	–	–
14	小型机具使用费	元	8099001	20.1	17.3	14.9	9.9	6.6	5	5.9	4.5	3.3	2.2
15	基价	元	9999001	3385	2866	2396	1863	1643	1480	3255	2940	2598	1999

单位:100m³ 实体

顺序号	项 目	单位	代 号	每增运 0.5km					
				运距 15km 以内					
				构件质量(t)					
				10 以内	15 以内	25 以内	40 以内	60 以内	80 以内
				11	12	13	14	15	16
1	20t 以内平板拖车组	台班	8007024	0.21	0.2	–	–	–	–
2	30t 以内平板拖车组	台班	8007025	–	–	0.13	–	–	–
3	60t 以内平板拖车组	台班	8007028	–	–	–	0.09	–	–
4	80t 以内平板拖车组	台班	8007029	–	–	–	–	0.06	–
5	100t 以内平板拖车组	台班	8007030	–	–	–	–	–	0.04
6	小型机具使用费	元	8099001	0.7	0.7	0.4	0.3	0.2	0.2
7	基价	元	9999001	200	191	154	140	130	108

4-8-5 驳船运输

工程内容 第一个50m或100m:1)挂钩、起吊、装船、固定构件、拴锚绳;2)等待装卸;3)搭、拆跳板;4)安、拆卷扬机;5)运输及空回。

每增运50m或100m:运输及空回。

单位:100m³ 实体

顺序号	项目	单位	代号	第一个50m			每增运50m		
				构件质量(t)					
				25 以内	50 以内	80 以内	25 以内	50 以内	80 以内
				1	2	3	4	5	6
1	人工	工日	1001001	2.5	1.7	1.2	0.1	0.1	0.1
2	钢丝绳	t	2001019	–	–	–	0.002	0.001	0.001
3	铁件	kg	2009028	0.5	0.4	0.3	–	–	–
4	锯材	m³	4003002	0.19	0.15	0.117	–	–	–
5	其他材料费	元	7801001	30.3	18.9	12.1	–	–	–
6	50kN以内单筒慢动卷扬机	台班	8009081	1.13	0.79	0.56	0.06	0.05	0.04
7	200t以内工程驳船	台班	8019023	0.51	–	–	0.04	–	–
8	300t以内工程驳船	台班	8019024	–	0.35	–	–	0.03	–
9	400t以内工程驳船	台班	8019025	–	–	0.24	–	–	0.02
10	小型机具使用费	元	8099001	6.6	7.7	6.6	0.4	0.4	0.4
11	基价	元	9999001	897	672	503	42	34	31

Ⅱ.拖 轮 牵 引

顺序号	项 目	单位	代 号	第一个100m 构件质量(t)			每增运100m 构件质量(t)		
				25 以内	50 以内	80 以内	25 以内	50 以内	80 以内
				7	8	9	10	11	12
1	人工	工日	1001001	2.4	1.7	1.1	0.1	0.1	0.1
2	铁件	kg	2009028	0.5	0.3	0.3	–	–	–
3	锯材	m³	4003002	0.131	0.106	0.075	–	–	–
4	其他材料费	元	7801001	27.6	17.2	11.1	–	–	–
5	50kN 以内单筒慢动卷扬机	台班	8009081	1.06	0.75	0.52	–	–	–
6	221kW 以内内燃拖轮	台班	8019005	0.16	–	–	0.04	–	–
7	294kW 以内内燃拖轮	台班	8019006	–	0.12	0.07	–	0.03	0.02
8	200t 以内工程驳船	台班	8019023	0.49	–	–	0.04	–	–
9	300t 以内工程驳船	台班	8019024	–	0.33	–	–	0.03	–
10	400t 以内工程驳船	台班	8019025	–	–	0.23	–	–	0.02
11	小型机具使用费	元	8099001	6.2	7.4	6.4	–	–	–
12	基价	元	9999001	1132	940	622	108	107	76

注:本章定额未包括装船的龙门架设备,应按有关定额另行计算。本章定额仅适用于运距在1km 以内的构件运输。当拖轮牵引运距在5km 以内时,每增运500m 乘以表中规定系数计算;超过5km 时按社会运输计算:

运距(m)	1500 以内	2000 以内	2500 以内	3000 以内	3500 以内	4000 以内	4500 以内	5000 以内
增运定额调整系数	0.982	0.961	0.94	0.925	0.909	0.892	0.874	0.856

4－8－6 缆 索 运 输

工程内容 第一个50m:挂钩、起吊、牵引及空回。

每增运50m:牵引及空回。

顺序号	项 目	单位	代 号	第一个 50m 构件质量(t)						
				10 以内	20 以内	30 以内	50 以内	60 以内	70 以内	100 以内
				1	2	3	4	5	6	7
1	人工	工日	1001001	6.8	4.7	4.1	2.7	2.4	2.2	2
2	50kN 以内单筒慢动卷扬机	台班	8009081	6.76	4.7	4.09	－	－	－	－
3	80kN 以内单筒慢动卷扬机	台班	8009082	－	－	－	2.83	2.52	2.27	－
4	100kN 以内单筒慢动卷扬机	台班	8009083	－	－	－	－	－	－	1.6
5	小型机具使用费	元	8099001	195.7	138.3	123	84.8	75.5	67.9	47.5
6	基价	元	9999001	2083	1448	1263	979	872	789	682

单位:100m³ 实体

顺序号	项 目	单位	代 号	每增运 50m						
				构件质量(t)						
				10 以内	20 以内	30 以内	50 以内	60 以内	70 以内	100 以内
				8	9	10	11	12	13	14
1	50kN 以内单筒慢动卷扬机	台班	8009081	1.09	0.91	0.65	–	–	–	–
2	80kN 以内单筒慢动卷扬机	台班	8009082	–	–	–	0.4	0.36	0.32	–
3	100kN 以内单筒慢动卷扬机	台班	8009083	–	–	–	–	–	–	0.22
4	小型机具使用费	元	8099001	31.7	26.8	19.7	11.9	10.6	9.7	6.7
5	基价	元	9999001	220	184	132	98	88	78	65

4-8-7 运梁车运输

工程内容 第一个 1km:1)挂钩、起吊、装车、固定构件;2)等待装卸;3)运走、掉头及空回。

每增运 0.5km:运走及空回。

单位:100m³ 实体

顺序号	项　目	单位	代　号	第一个 1km				每增运 0.5km			
				龙门架装车							
				构件质量(t)							
				100 以内	120 以内	160 以内	200 以内	100 以内	120 以内	160 以内	200 以内
				1	2	3	4	5	6	7	8
1	人工	工日	1001001	1.2	1.2	1.1	1.1	–	–	–	–
2	铁件	kg	2009028	0.4	0.3	0.3	0.2	–	–	–	–
3	锯材	m³	4003002	0.036	0.032	0.022	0.013	–	–	–	–
4	其他材料费	元	7801001	5.2	4.5	3.7	2.6	–	–	–	–
5	120t 以内轮胎式运梁车	台班	8007063	0.48	–	–	–	0.05	–	–	–
6	160t 以内轮胎式运梁车	台班	8007064	–	0.37	–	–	–	0.04	–	–
7	180t 以内轮胎式运梁车	台班	8007065	–	–	0.32	–	–	–	0.03	–
8	200t 以内轮胎式运梁车	台班	8007066	–	–	–	0.25	–	–	–	0.02
9	50kN 以内单筒慢动卷扬机	台班	8009081	0.47	0.37	0.31	0.24	–	–	–	–
10	小型机具使用费	元	8099001	4	3.4	2.8	2	0.2	0.1	0.1	0.1
11	基价	元	9999001	591	587	526	465	33	37	30	23

第九节　拱盔、支架工程

说　　明

1. 桥梁拱盔、木支架及简单支架均按有效宽度 8.5m 计,钢支架按有效宽度 12.0m 计;当实际宽度与定额不同时,可按比例换算。

2. 木结构制作按机械配合人工编制,配备的木工机械均已计入定额中。结构中的半圆木构件,用圆木对剖加工所需的工日及机械台班均已计入定额内。

3. 所有拱盔均包括底模板及工作台的材料,但不包括现浇混凝土的侧模板。

4. 桁构式拱盔安装、拆除用的人字扒杆、地锚移动用工及拱盔缆风设备工料已计入定额,但不包括扒杆制作的工、料,扒杆数量根据施工组织设计另行计算。

5. 桁构式支架定额中已包括了墩台两旁支撑排架及中间拼装、拆除用支撑架,支撑架已加计了拱失高度并考虑了缆风设备。定额以孔为计量单位。

6. 木支架及满堂式钢管支架的帽梁和地梁已计入定额中,地梁以下的基础工程未计入定额中;如需要,应按有关相应定额另行计算。

7. 简单支架定额适用于安装钢筋混凝土双曲拱桥拱肋及其他桥梁需增设的临时支架。稳定支架的缆风设施已计入本章定额内。

8. 涵洞拱盔支架、板涵支架定额单位的水平投影面积为涵洞长度乘以净跨径。

9. 桥梁拱盔定额单位的立面积指起拱线以上的弓形侧面积,其工程量按下式(表)计算:$F = K \times (\text{净跨})^2$。

拱矢度	$\dfrac{1}{2}$	$\dfrac{1}{2.5}$	$\dfrac{1}{3}$	$\dfrac{1}{3.5}$	$\dfrac{1}{4}$	$\dfrac{1}{4.5}$	$\dfrac{1}{5}$	$\dfrac{1}{5.5}$
K	0.393	0.298	0.241	0.203	0.172	0.154	0.138	0.125
拱矢度	$\dfrac{1}{6}$	$\dfrac{1}{6.5}$	$\dfrac{1}{7}$	$\dfrac{1}{7.5}$	$\dfrac{1}{8}$	$\dfrac{1}{9}$	$\dfrac{1}{10}$	
K	0.113	0.104	0.096	0.09	0.084	0.076	0.067	

10. 桥梁支架定额单位的立面积为桥梁净跨径乘以高度,拱桥高度为起拱线以下至地面的高度,梁式桥高度为墩、台帽顶至地面的高度。这里的地面指支架地梁的底面。

11. 钢拱架的工程量为钢拱架及支座金属构件的质量之和,其设备摊销费按 4 个月计算;当实际使用期与定额不同时,可予以调整。

12. 钢管支架定额指采用直径大于 30cm 的钢管作为立柱,在立柱上采用金属构件搭设水平支撑平台的支架,其中下部指立柱顶面以下部分,上部指立柱顶面以上部分。下部工程量按立柱质量计算,上部工程按支架水平投影面积计算。

13. 支架预压的工程量按支架上现浇混凝土的体积计算。

4-9-1 涵洞拱盔、支架

工程内容 制作、安装、拆除。

单位:100m² 水平投影面积

顺序号	项　　　目	单位	代　号	拱涵拱盔及支架		板涵支架
				跨径(m)		
				2 以内	4 以内	
				1	2	3
1	人工	工日	1001001	41.4	33.8	23.5
2	铁件	kg	2009028	87.1	42.8	64.3
3	铁钉	kg	2009030	3.3	2.2	–
4	原木	m³	4003001	3.25	2.44	2.31
5	锯材	m³	4003002	1.71	1.58	0.88
6	φ500mm 以内木工圆锯机	台班	8015013	0.63	0.57	0.26
7	小型机具使用费	元	8099001	21.7	19.5	9
8	基价	元	9999001	11659	9400	7121

4-9-2 桥梁拱盔

工程内容 木拱盔:1)拱盔制作、安装与拆除;2)工作台的搭设与拆除;3)桁构式拱盔,包括扒杆移动、吊装、拆除,架设及拆除缆风,地锚埋设与拆除。

钢拱架:1)全套金属设备的安装、拆除;2)脚手架、工作台、铁梯等附属设备的制作、安装、拆除;3)临时钢拱座、分配梁、落架砂筒、反力架的安装及拆除;4)拱架横移。

单位:表列单位

顺序号	项 目	单位	代 号	木拱盔					箱形拱桥钢拱架		
				满堂式			桁架式		安装及拆除	横移10m	横移每增减2m
				跨径(m)							
				10以内	20以内	50以内	20以内	50以内			
				10m² 立面积					10t 钢拱架		
				1	2	3	4	5	6	7	8
1	人工	工日	1001001	75.6	40.3	30.3	42.7	31.1	40.6	13.1	1.6
2	HPB300 钢筋	t	2001001	–	–	–	–	–	0.02	–	–
3	预应力粗钢筋	t	2001006	–	–	–	–	–	–	0.019	0.002
4	钢丝绳	t	2001019	–	–	–	0.006	0.003	0.32	–	–
5	钢板	t	2003005	–	–	–	–	–	–	0.52	0.047
6	铁件	kg	2009028	76.5	41.8	35	96.6	51.3	72.5	–	–
7	铁钉	kg	2009030	2.1	1.1	0.9	2.1	1.9	0.9	–	–
8	水	m³	3005004	–	–	–	–	–	1	–	–

顺序号	项 目	单位	代 号	木拱盔					箱形拱桥钢拱架		
				满堂式			桁架式		安装及拆除	横移10m	横移每增减2m
				跨径(m)							
				10以内	20以内	50以内	20以内	50以内			
				10m² 立面积					10t 钢拱架		
				1	2	3	4	5	6	7	8
9	原木	m³	4003001	1.12	0.47	0.95	0.98	0.55	–	–	–
10	锯材	m³	4003002	2.79	1.63	0.57	1	0.95	0.6	–	–
11	中(粗)砂	m³	5503005	–	–	–	–	–	0.34	–	–
12	碎石(4cm)	m³	5505013	–	–	–	–	–	0.32	–	–
13	32.5级水泥	t	5509001	–	–	–	–	–	0.14	–	–
14	设备摊销费	元	7901001	–	–	–	–	–	5600	–	–
15	650kN以内预应力拉伸机	台班	8005073	–	–	–	–	–	–	0.2	0.02
16	25t以内汽车式起重机	台班	8009030	–	–	–	–	–	2.48	–	–
17	50kN以内单筒慢动卷扬机	台班	8009081	–	–	–	2.44	0.87	0.8	–	–
18	300t以内液压千斤顶	台班	8009152	–	–	–	–	–	–	0.12	–
19	φ500mm以内木工圆锯机	台班	8015013	1.42	0.76	0.57	0.73	0.55	–	–	–
20	小型机具使用费	元	8099001	48.8	26.1	19.6	29.1	20.8	8	4.8	0.4
21	基价	元	9999001	14265	7661	5556	8331	5944	16740	3344	348

注:本章定额设备摊销费按每t每月140元,并按使用4个月编制;当施工工期不同时,可以调整。

4-9-3 桥梁支架

工程内容 木支架:1)支架制作、安装与拆除;2)桁构式包括踏步、工作台的制作、搭设与拆除,地锚埋设、拆除,缆风架设、拆除。
钢支架:1)地梁、轻型门式钢支架、钢管等安装、拆除;2)支架上帽梁的安装、拆除。

I. 木 支 架

单位:表列单位

顺序号	项 目	单位	代 号	满堂式		桁构式			
						墩台高度(m)			
				6 以内	12 以内	3 以内	6 以内	9 以内	12 以内
				10m²		1 孔			
				1	2	3	4	5	6
1	人工	工日	1001001	6.7	9.6	37.4	52.2	76.2	97.4
2	钢丝绳	t	2001019	–	–	0.01	0.015	0.015	0.02
3	8~12 号铁丝	kg	2001021	0.3	0.5	19.1	19.1	35.4	56.2
4	铁件	kg	2009028	6.6	10	37.6	75.2	97.5	127.8
5	铁钉	kg	2009030	0.1	0.1	0.9	1.1	1.8	2.2
6	原木	m³	4003001	0.49	0.69	1.01	1.65	3.18	4.57
7	锯材	m³	4003002	0.05	0.07	0.89	1.37	1.6	1.72
8	φ500mm 以内木工圆锯机	台班	8015013	0.08	0.12	0.22	0.38	0.6	0.78
9	小型机具使用费	元	8099001	1.6	2	6.7	9.8	13.7	16.8
10	基价	元	9999001	1460	2077	6964	10305	15374	19878

II. 满堂式钢管支架　　　　　　　　　　　　　　　　　　单位:10m² 立面积

顺序号	项　目	单位	代　号	满堂式				
				支架高度（m）				
				4	6	8	10	12
				7	8	9	10	11
1	人工	工日	1001001	6.9	7.2	7.4	7.8	8.2
2	型钢	t	2003004	0.019	0.014	0.01	0.007	0.005
3	钢管	t	2003008	0.12	0.12	0.12	0.12	0.12
4	铁件	kg	2009028	1.8	1.6	1.3	1	0.8
5	锯材	m³	4003002	0.06	0.04	0.03	0.02	0.02
6	16t 以内汽车式起重机	台班	8009028	0.17	0.14	0.12	0.1	0.06
7	基价	元	9999001	1574	1527	1497	1492	1486

注:当支架高度与定额不同时,可内插计算。

4-9-4 桥梁简单支架

工程内容 1)支架制作、安装、拆除;2)上料踏步搭设、拆除,地锚埋设、拆除;3)埋设地锚、拆除,架设缆风及其拆除。

单位:1座

顺序号	项　目	单位	代　号	支架高度（m）				
				3	6	9	12	15
				1	2	3	4	5
1	人工	工日	1001001	9.4	28.2	42.4	55.3	69.4
2	钢丝绳	t	2001019	–	0.01	0.015	0.015	0.02
3	8~12号铁丝	kg	2001021	–	13.2	19.1	35.4	56.2
4	铁件	kg	2009028	25.1	43.1	61.1	79.1	97.1
5	铁钉	kg	2009030	0.3	0.9	1.1	1.6	2
6	原木	m³	4003001	0.49	1.07	1.64	2.37	3.21
7	锯材	m³	4003002	0.28	0.45	0.53	0.65	0.77
8	φ500mm以内木工圆锯机	台班	8015013	0.11	0.18	0.26	0.35	0.44
9	小型机具使用费	元	8099001	2	6.2	7.5	9.2	10.7
10	基价	元	9999001	2181	5394	7905	10562	13537

注:当支架高度与定额不同时,可内插计算。

4－9－5　钢管梁式支架

工程内容　1)钢管桩安装、焊接,平台钢板、型钢等加工;2)起重机吊装立柱,现场栓接、焊接,横向连接焊接;3)平台搭设与拆除。

单位:表列单位

顺序号	项　目	单位	代　号	下　部	上　部
				10t	100m²
				1	2
1	人工	工日	1001001	47.5	72.8
2	型钢	t	2003004	－	2.23
3	钢板	t	2003005	－	1.28
4	钢管桩	t	2003021	1.04	－
5	电焊条	kg	2009011	7.2	8.1
6	铁件	kg	2009028	1.2	0.58
7	锯材	m³	4003002	－	0.18
8	其他材料费	元	7801001	62.1	42.2
9	设备摊销费	元	7901001	－	7448
10	20t以内载货汽车	台班	8007010	1.18	－
11	30t以内汽车式起重机	台班	8009031	1.44	4.58
12	50kN以内单筒慢动卷扬机	台班	8009081	1.67	5.98

顺序号	项　目	单位	代　号	下　部	上　部
				10t	100m^2
				1	2
13	32kV·A 以内交流电弧焊机	台班	8015028	1.47	5.7
14	小型机具使用费	元	8099001	93.7	122.7
15	基价	元	9999001	14118	36764

注:1. 上部定额中每 100m^2 综合的金属设备质量为 13.3t,设备摊消费按每 t 每月 140 元,并按使用 4 个月编制;当施工工期不同时,可以调整。

2. 下部定额中钢管桩消耗量为陆地上搭设管桩支架的消耗;当为水中搭设钢管桩支架或用于索塔横梁的现浇支架时,应将定额中的钢管桩消耗量调整为 3.467t,其余消耗量不变。

4－9－6 支架预压

工程内容 1)备料、装袋;2)堆载、预压、卸载、清理等。

单位:10m³ 混凝土实体

顺序号	项　　目	单位	代　号	支架预压
				1
1	人工	工日	1001001	0.5
2	砂砾	m³	5503007	0.5
3	其他材料费	元	7801001	9.8
4	16t 以内汽车式起重机	台班	8009028	0.04
5	基价	元	9999001	127

第十节　钢结构工程

说　明

1. 本节钢桁梁桥定额是按钢桁现场节段拼装、钢桁梁节段悬臂吊机吊装编制的,钢索吊桥的加劲桁拼装定额按高强螺栓拴接编制的;如采用其他方法施工,应另行计算。

2. 钢桁架桥中的钢桁梁,施工用的导梁钢桁和连接及加固杆件,钢索吊桥中的钢桁、钢纵横梁、悬吊系统构件、套筒及拉杆构件均为半成品,使用定额时应按半成品价格计算。

3. 主索锚碇除套筒及拉杆、承托板以外,其他项目如锚洞开挖、衬砌,护索罩的预制、安装,检查井的砌筑等,应按其他章节有关定额另计。

4. 钢索吊桥定额中已综合了缆索吊装设备及钢桁油漆项目,使用定额时不得另行计算。

5. 抗风缆结构安装定额中未包括锚碇部分,使用定额时应按有关相应定额另行计算。

6. 安装金属栏杆的工程量指钢管的质量。至于栏杆座钢板、插销等,均以材料数量综合在定额内。

7. 定额中成品构件单价构成:

工厂化生产、无须施工企业自行加工的产品为成品构件,以材料单价的形式进入定额。其材料单价为出厂价格加上运输至施工场地的费用。

(1)平行钢丝拉索,吊杆、系杆、索股等以 t 为单位,以平行钢丝、钢丝绳或钢绞线质量计量,不包括锚头和 PE 或套管等防护料的质量,但锚头和 PE 或套管防护料的费用应含在成品单价中。

(2)钢绞线斜拉索的工程量以钢绞线的质量计算,其单价包括厂家现场编索和锚具费用。悬索桥锚固系统预应力环氧钢绞线单价中包括两端锚具费用。

（3）钢箱梁、索鞍、拱肋、钢纵横梁等以 t 为单位。钢箱梁和拱肋单价中包括工地现场焊接费用。

8. 施工电梯、施工塔式起重机和龙门架起重机没有计入到定额中。需要时根据施工组织设计，另行计算其安、拆及使用费。

9. 钢管拱桥定额中未计入钢塔架、扣塔、地锚、索道的费用，应根据施工组织设计，套用第七节相关定额另行计算。

10. 悬索桥的主缆、吊索、索夹、检修道定额未包括涂装防护，应另行计算。

11. 本章定额未含施工期间航道占用费，需要时另行计算。

12. 工程量计算规则：

（1）定位钢支架质量为定位支架型钢、钢板、钢管质量之和，以 t 为单位计算。

（2）锚固拉杆质量包括拉杆、连接器、螺母（包括锁紧和球面）、垫圈（包括锁紧和球面）质量之和计算，以 t 为单位计算。

（3）锚固体系环氧钢绞线质量以 t 为单位计算。本章定额包括了钢绞线张拉的工作长度。

（4）塔顶门架质量按门架型钢质量，以 t 为单位计算。钢格栅按钢格栅和反力架质量之和，以 t 为单位计算。主索鞍质量包括承板、鞍体、安装板、挡块、槽盖、拉杆、隔板、锚梁、锌质填块的质量，以 t 为单位计算。散索鞍质量包括底板、底座、承板、鞍体、压紧梁、隔板、拉杆、锌质填块的质量，以 t 为单位计算。主索鞍定额按索鞍顶推按 6 次计算；如顶推次数不同，则按人工每 10t·次 1.8 工日进行增减。鞍罩为钢结构，以套为单位计算，1 个主索鞍处为1 套。

鞍罩的防腐和抽湿系统费用需另行计算。

（5）牵引系统长度为牵引系统所需的单侧长度，以 m 为单位计算。

（6）猫道系统长度为猫道系统的单侧长度，以 m 为单位计算。

（7）索夹质量包括索紧主体、螺母、螺杆、防水螺母、球面垫圈质量，以 t 为单位计算。

（8）缠丝以主缆长度扣除锚跨区、塔顶区、索夹处无须缠丝的主缆长度后的单侧长度，以 m 为单位计算。

（9）缆套包括套体、锚碇处连接件、标准镀锌紧固件质量，以 t 为单位计算。

（10）钢箱梁质量为钢箱梁（包括箱梁内横隔板）、桥面板（包括横肋）、横梁、钢锚箱质量之和。

（11）钢拱肋的工程量以设计质量计算，包括拱肋钢管、横撑、腹板、拱脚处外侧钢板、拱脚接头钢板及各种加劲块，不包括支座和钢拱肋内的混凝土的质量。

4-10-1 钢 桁 梁※

工程内容 钢桁梁整节段拼装:1)清理桁架拼装胎架;2)调运钢桁梁至拼装台;3)龙门吊调运钢桁梁部件至准确位置;4)节点板连接钢桁梁部件;5)打冲钉、上高强螺栓。

钢桁梁安装:1)缆索或桥面吊机下挂吊具连接桁梁;2)起吊桁架、平移、安装就位;3)连接板处安装高强螺栓。

钢桥面板拼装:1)调校胎架;2)定桥面板中心线、横隔纵梁的前期打磨、拼装板;3)定位对接、点固焊接横隔纵梁、支座板定位焊接;4)拆螺栓、标号、脱胎、调校、翻身;5)焊吊耳、U肋端头补焊、探伤、脱胎。

钢桥面板安装:1)挂钩、起吊、定位;2)上钢桥面板高强螺栓、割吊耳。

I.钢桁梁整节段拼装　　　　　　　　　　　　　　　　单位:10t

顺序号	项　　目	单位	代　号	钢桁梁整节段拼装
				1
1	人工	工日	1001001	6.2
2	钢板	t	2003005	0.358
3	钢桁	t	2003034	10
4	电焊条	kg	2009011	0.3
5	镀锌螺栓	kg	2009014	240.9
6	铁件	kg	2009028	8
7	15t 以内平板拖车组	台班	8007023	0.22
8	25t 以内汽车式起重机	台班	8009030	0.26
9	100kN 以内单筒慢动卷扬机	台班	8009083	0.38
10	500kN 以内单筒慢动卷扬机	台班	8009086	0.98

单位:10t

顺序号	项 目	单位	代 号	钢桁梁整节段拼装
				1
11	5t 以内电动葫芦	台班	8009114	0.11
12	0.6m³/min 以内电动空压机	台班	8017040	0.17
13	小型机具使用费	元	8099001	26.9
14	基价	元	9999001	104472

顺序号	项 目	单位	代 号	缆索吊装	桥面吊机吊装
				2	3
1	人工	工日	1001001	8.2	8.6
2	钢板	t	2003005	0.102	0.262
3	钢管	t	2003008	0.02	0.02
4	电焊条	kg	2009011	0.8	0.9
5	镀锌螺栓	kg	2009014	50.12	60.46
6	铁件	kg	2009028	2.4	2.6
7	设备摊销费	元	7901001	193.4	–
8	50t 以内汽车式起重机	台班	8009033	0.23	–
9	12t 以内 200m 高塔式起重机	台班	8009057	0.23	–
10	行走式桥面吊机	台班	8009076	–	0.12
11	80kN 以内单筒慢动卷扬机	台班	8009082	0.49	–
12	200kN 以内单筒慢动卷扬机	台班	8009084	0.49	–
13	500kN 以内单筒慢动卷扬机	台班	8009086	0.54	–
14	5t 以内电动葫芦	台班	8009114	–	0.22
15	10t 以内电动葫芦	台班	8009115	0.52	–
16	200m 以内双笼施工电梯	台班	8009132	0.07	–

单位:10t

顺序号	项 目	单位	代 号	缆索吊装	桥面吊机吊装
				2	3
17	100t 以内液压千斤顶	台班	8009150	0.87	—
18	300t 以内液压千斤顶	台班	8009152	0.69	—
19	0.6m³/min 以内电动空压机	台班	8017040	—	0.09
20	小型机具使用费	元	8099001	146.5	145.2
21	基价	元	9999001	4161	4156

顺序号	项 目	单位	代 号	钢桥面板拼装
				4
1	人工	工日	1001001	7.3
2	钢板	t	2003005	0.161
3	钢桥面板	t	2003019	10
4	电焊条	kg	2009011	30.5
5	镀锌螺栓	kg	2009014	95.3
6	套管	个	7005016	0.51
7	其他材料费	元	7801001	85.2
8	500kN 以内单筒慢动卷扬机	台班	8009086	0.37
9	5t 以内电动葫芦	台班	8009114	0.17
10	32kV·A 以内直流电弧焊机	台班	8015035	1.31
11	250A 以内 CO_2 保护焊机	台班	8015039	1.32
12	半自动切割机	台班	8015042	0.06
13	500A 以内自动埋弧焊机	台班	8015043	0.19
14	0.6m^3/min 以内电动空压机	台班	8017040	0.19
15	喷砂除锈设备	台班	8023017	1.51
16	小型机具使用费	元	8099001	90.9
17	基价	元	9999001	72385

IV. 钢桥面板安装

单位:10t

顺序号	项 目	单位	代 号	缆索吊装桥面板	桥面吊机吊装桥面板
				5	6
1	人工	工日	1001001	3.2	2
2	钢板	t	2003005	0.052	0.072
3	钢管	t	2003008	0.02	0.01
4	电焊条	kg	2009011	0.7	0.6
5	镀锌螺栓	kg	2009014	40.5	48.6
6	铁件	kg	2009028	1.8	1.6
7	其他材料费	元	7801001	–	95
8	设备摊销费	元	7901001	141.6	–
9	50t 以内汽车式起重机	台班	8009033	0.1	–
10	12t 以内 200m 高塔式起重机	台班	8009057	0.13	–
11	行走式桥面吊机	台班	8009076	–	0.11
12	80kN 以内单筒慢动卷扬机	台班	8009082	0.44	–
13	200kN 以内单筒慢动卷扬机	台班	8009084	0.36	–
14	500kN 以内单筒慢动卷扬机	台班	8009086	0.28	–
15	5t 以内电动葫芦	台班	8009114	–	0.12
16	10t 以内电动葫芦	台班	8009115	0.42	–

续前页

单位:10t

顺序号	项　　目	单位	代　号	缆索吊装桥面板	桥面吊机吊装桥面板
				5	6
17	200m 以内双笼施工电梯	台班	8009132	0.05	-
18	100t 以内液压千斤顶	台班	8009150	0.77	-
19	300t 以内液压千斤顶	台班	8009152	0.66	-
20	小型机具使用费	元	8099001	111.3	42.9
21	基价	元	9999001	2415	2463

4－10－2　钢索吊桥上部结构

工程内容　索吊部分:1)钢丝绳拉直、截断、绑扎;2)绞移主索过河,调整垂度,就位;3)安、拆临时运输索道及木索槽;4)悬吊系统构件、套筒及拉杆、抗风缆结构的安装;5)上油涂漆;6)套筒灌锌。

桥面部分:1)加劲桁喷砂除锈、油漆、移运、组拼、上高强螺栓、起吊安装就位;2)钢纵横梁移运、起吊安装、就位、铆焊接头、油漆;3)制作、安装防腐木桥面;4)承托板的模板、混凝土、钢筋的全部施工工序。

I.索 吊 部 分

单位:表列单位

顺序号	项　目	单位	代号	安装				套筒灌锌
				主索	悬吊系统构件	套筒及拉杆	抗风缆结构	
				1t				10 个
				1	2	3	4	5
1	人工	工日	1001001	33.3	20.6	24.2	24.3	15.7
2	HPB300 钢筋	t	2001001	－	－	－	0.027	－
3	钢丝绳	t	2001019	1.04	－	－	0.939	－
4	8～12 号铁丝	kg	2001021	1.3	－	－	－	1.1
5	钢板	t	2003005	－	－	－	0.015	－
6	悬吊系统构件	t	2003031	－	1	－	－	－
7	套管及拉杆构件	t	2003032	－	－	1	－	－
8	铸铁	kg	2003040	－	－	－	43	－
9	锌	kg	2007001	－	－	－	－	134.9
10	电焊条	kg	2009011	－	0.8	－	－	－

单位:表列单位

顺序号	项　目	单位	代　号	安装				套筒灌锌
				主索	悬吊系统构件	套筒及拉杆	抗风缆结构	
				1t				10 个
				1	2	3	4	5
11	铁件	kg	2009028	0.5	56.4	4.6	13.4	–
12	原木	m³	4003001	0.05	–	–	–	–
13	锯材	m³	4003002	0.04	–	–	–	–
14	其他材料费	元	7801001	198	73.3	60.8	60.8	4.3
15	5t 以内汽车式起重机	台班	8009025	1.48	1.48	–	–	–
16	50kN 以内单筒慢动卷扬机	台班	8009081	0.39	0.22	–	0.22	–
17	32kV·A 以内交流电弧焊机	台班	8015028	–	0.1	–	–	–
18	小型机具使用费	元	8099001	1	–	–	–	–
19	基价	元	9999001	11090	13779	12910	8587	3534

Ⅱ. 桥 面 部 分

顺序号	项 目	单位	代 号	加劲桁拼装	安装钢纵、横梁	木桥面板制作及铺设	承托板	
							混凝土	钢筋
				1t		10m³		1t
				6	7	8	9	10
1	人工	工日	1001001	10.9	8.5	26.4	16.2	8.1
2	普 C30 – 32.5 – 4	m³	1503034	–	–	–	(10.20)	–
3	HPB300 钢筋	t	2001001	–	0.001	–	–	0.244
4	HRB400 钢筋	t	2001002	–	–	–	–	0.781
5	8～12 号铁丝	kg	2001021	0.4	–	–	–	–
6	20～22 号铁丝	kg	2001022	–	–	–	–	5.1
7	钢板	t	2003005	–	0.005	–	–	–
8	钢桁	t	2003034	1	–	–	–	–
9	钢纵横梁	t	2003035	–	1	–	–	–
10	电焊条	kg	2009011	–	10.1	–	–	–
11	螺栓	kg	2009013	60.3	–	–	–	–
12	铁件	kg	2009028	1.1	0.8	194.8	3.5	–
13	铁钉	kg	2009030	–	–	8	1.6	–
14	水	m³	3005004	–	–	–	15	–
15	原木	m³	4003001	–	–	–	0.19	–
16	锯材	m³	4003002	0.05	0.02	11.5	0.25	–

顺序号	项目	单位	代号	加劲桁拼装	安装钢纵、横梁	木桥面板制作及铺设	承托板	
							混凝土	钢筋
				1t		10m³		1t
				6	7	8	9	10
17	中(粗)砂	m³	5503005	0.88	–	–	4.69	–
18	碎石(4cm)	m³	5505013	–	–	–	8.47	–
19	32.5级水泥	t	5509001	–	–	–	3.845	–
20	其他材料费	元	7801001	8.7	8.7	358.4	4.9	–
21	5t以内汽车式起重机	台班	8009025	1.48	1.48	–	–	–
22	50kN以内单筒慢动卷扬机	台班	8009081	0.24	0.24	–	–	–
23	32kV·A以内交流电弧焊机	台班	8015028	–	0.79	–	–	–
24	9m³/min以内机动空压机	台班	8017049	0.07	–	–	–	–
25	小型机具使用费	元	8099001	6.6	–	–	10.6	4
26	基价	元	9999001	12640	9847	21385	4746	4239

4－10－3　钢管金属栏杆安装

工程内容　1)切割钢管与钢板;2)钢管挖眼、调直;3)安装、焊接、除锈、油漆;4)混凝土配运料、运输、浇筑、养护。

单位:1t 钢管

顺序号	项　目	单位	代　号	柔性桥	刚性桥
				1	2
1	人工	工日	1001001	32.2	24.2
2	钢板	t	2003005	0.083	0.004
3	钢管	t	2003008	1.04	1.04
4	电焊条	kg	2009011	16.9	3.2
5	螺栓	kg	2009013	55.4	－
6	铁件	kg	2009028	5.9	－
7	中(粗)砂	m³	5503005	－	0.03
8	石屑	m³	5503014	－	0.05
9	32.5 级水泥	t	5509001	－	0.022
10	其他材料费	元	7801001	58.8	52.5
11	32kV·A 以内交流电弧焊机	台班	8015028	1.33	0.28
12	小型机具使用费	元	8099001	41.7	34.8
13	基价	元	9999001	8940	7103

4-10-4 悬索桥锚碇锚固系统

工程内容 定位钢支架:钢支架制作、加工、预拼、安装、精确定位。

环氧钢绞线钢束:准备工作,钢绞线制作、穿束、安装锚具、张拉、切割钢绞线,制作安装锚具防护帽,灌防腐油脂,50m以内取具取放。

锚固拉杆安装:1)场内二次运输;2)连接器、拉杆、螺母、垫圈、锚头鞍罩的安装、调整及精确定位。

单位:1t

顺序号	项 目	单位	代 号	定位钢支架	环氧钢绞线		锚固拉杆
					40m 以内		
					每 t 1.43 束	每增减 1 束	
				1	2	3	4
1	人工	工日	1001001	10.4	7.6	1.8	4.1
2	环氧钢绞线	t	2001009	–	1.04	–	–
3	钢丝绳	t	2001019	0.02	–	–	0.002
4	型钢	t	2003004	0.362	–	–	–
5	钢板	t	2003005	0.159	0.053	–	0.024
6	钢管	t	2003008	0.504	–	–	–
7	套管及拉杆构件	t	2003032	–	–	–	1
8	电焊条	kg	2009011	3.6	–	–	–
9	铁件	kg	2009028	3.5	–	–	6.4
10	原木	m³	4003001	–	–	–	0.02

单位:1t

顺序号	项　目	单位	代　号	定位钢支架	环氧钢绞线		锚固拉杆
					40m 以内		
					每 t 1.43 束	每增减 1 束	
				1	2	3	4
11	锯材	m³	4003002	–	–	–	0.03
12	其他材料费	元	7801001	13.2	2695.2	–	80.3
13	钢绞线拉伸设备	台班	8005078	–	0.28	0.2	–
14	15t 以内载货汽车	台班	8007009	–	–	–	0.04
15	16t 以内汽车式起重机	台班	8009028	0.08	–	–	0.01
16	32kV·A 以内交流电弧焊机	台班	8015028	2.42	–	–	–
17	9m³/min 以内机动空压机	台班	8017049	–	–	–	0.18
18	小型机具使用费	元	8099001	46.7	54.8	27.2	42.9
19	基价	元	9999001	5788	11338	245	11189

4 - 10 - 5 悬索桥索鞍

工程内容 吊装门架:吊装门架安装、改造、拆除。

钢格栅:钢格栅场内运输、吊装、纵移、精确定位、浇筑钢格栅内混凝土、索鞍顶推到位后割除反力架。

散索鞍:散索鞍场内运输、底板安装、浇筑底板空格内高强混凝土、承板安装、吊装、精确定位、临时支撑;索股架设完成后将锌填块填平鞍槽、安装压紧梁、安装拉杆固定。

主索鞍:索鞍场内运输、承板安装、索鞍吊装、预偏、不同工况位移通过顶推调整索鞍位置,顶推至成桥位置后,鞍槽内填平锌填块,上紧拉杆进行锚固。

主索鞍鞍罩:鞍罩骨架、围壁及端罩制作加工、运输、安装;钢质梯安装;气密门及水密舱口盖安装。

单位:表列单位

顺序号	项 目	单位	代 号	吊装门架	钢格栅	散索鞍	主索鞍		主索鞍鞍罩
							岸上塔	水中塔	
				10t					1套
				1	2	3	4	5	6
1	人工	工日	1001001	56.4	55.8	48.1	76.2	76.2	52.6
2	水泥浆(32.5)	m³	1501021	–	–	(0.02)	–	–	–
3	普 C60 – 52.5 – 2	m³	1503021	–	(0.77)	(0.30)	–	–	–
4	钢绞线	t	2001008	–	–	–	0.06	0.06	–
5	钢丝绳	t	2001019	–	0.116	0.143	0.011	0.011	0.013
6	型钢	t	2003004	5.3	0.289	0.247	0.038	0.038	8.523
7	钢板	t	2003005	0.44	0.173	0.164	0.015	0.015	1.133

单位:表列单位

顺序号	项 目	单位	代 号	吊装门架	钢格栅	散索鞍	主索鞍		主索鞍鞍罩
							岸上塔	水中塔	
				10t					1 套
				1	2	3	4	5	6
8	钢管	t	2003008	0.167	–	–	–	–	0.327
9	钢格栅	t	2003029	–	10	–	–	–	–
10	索鞍构件	t	2003030	–	–	10	10	10	–
11	不锈钢板	kg	2005002	–	–	–	–	–	10276
12	电焊条	kg	2009011	0.4	2.89	6.8	4	4	223.2
13	铁件	kg	2009028	0.1	–	–	–	–	–
14	铁钉	kg	2009030	0.1	–	–	–	–	–
15	水	m³	3005004	–	1	0.5	–	–	–
16	锯材	m³	4003002	–	0.17	0.27	0.83	0.83	0.29
17	中(粗)砂	m³	5503005	–	0.32	0.12	–	–	–
18	碎石(2cm)	m³	5505012	–	0.6	0.23	–	–	–
19	42.5级水泥	t	5509002	–	0.31	0.027	–	–	–
20	52.5级水泥	t	5509003	–	0.415	0.162	–	–	–
21	钢绞线圆锚(19孔)	套	6005018	–	–	–	0.59	0.59	–
22	其他材料费	元	7801001	192.8	63.5	704.4	199.4	199.4	118.8

单位:表列单位

顺序号	项 目	单位	代 号	吊装门架	钢格栅	散索鞍	主索鞍		主索鞍鞍罩
							岸上塔	水中塔	
				10t					1套
				1	2	3	4	5	6
23	600t 以内连续桥梁顶推设备	台班	8005072	–	–	–	1.25	1.25	–
24	10t 以内载货汽车	台班	8007007	–	–	–	–	–	0.71
25	20t 以内平板拖车组	台班	8007024	–	1.42	–	–	–	–
26	100t 以内平板拖车组	台班	8007030	–	–	0.22	0.24	0.21	–
27	80t 以内履带式起重机	台班	8009010	–	–	–	0.25	0.23	–
28	16t 以内汽车式起重机	台班	8009028	–	–	–	–	–	0.72
29	20t 以内汽车式起重机	台班	8009029	–	0.39	–	–	–	–
30	75t 以内汽车式起重机	台班	8009034	–	–	0.23	–	–	–
31	50kN 以内单筒慢动卷扬机	台班	8009081	–	–	–	0.34	0.34	–
32	80kN 以内单筒慢动卷扬机	台班	8009082	–	1.31	0.68	0.36	0.36	–
33	32kV·A 以内交流电弧焊机	台班	8015028	1.46	1.33	0.91	0.74	0.74	10.62
34	221kW 以内内燃拖轮	台班	8019005	–	–	–	–	0.26	–
35	300t 以内工程驳船	台班	8019024	–	–	–	–	0.44	–
36	小型机具使用费	元	8099001	82.6	50.10	67.70	71.5	71.5	38.1
37	基价	元	9999001	27373	138714	224127	225778	226345	274293

注:1. 高空作业人工单价乘以系数 1.3。

2. 如果水中塔可利用施工便桥将主索鞍运至塔底时,应按岸上塔主索鞍定额计算。

3. 鞍罩定额未包括防腐和抽湿系统,需要时另行计算。

— 863 —

4-10-6 悬索桥牵引系统

工程内容 导索过江:穿牵引索,封航,拖轮就位,两岸主、副卷扬机牵引,牵引索对接,解除封航。
牵引系统架设:安装塔顶、锚碇处导轮组,架设牵引。

单位:表列单位

顺序号	项 目	单位	代 号	塔顶平台	牵引系统		
					主跨跨径(m)		
					1000 以内	1500 以内	2000 以内
				10t	10m		
				1	2	3	4
1	人工	工日	1001001	110.6	5.6	7.8	9.5
2	钢丝绳	t	2001019	0.034	0.09	0.09	0.09
3	8~12 号铁丝	kg	2001021	5.7	0.2	0.2	0.2
4	型钢	t	2003004	1.033	0.013	0.013	0.013
5	钢板	t	2003005	0.294	0.006	0.006	0.006
6	钢管	t	2003008	0.053	–	–	–
7	电焊条	kg	2009011	22.9	0.4	0.4	0.4
8	铁件	kg	2009028	7.1	0.1	0.1	0.1
9	锯材	m³	4003002	3.83	–	–	–
10	其他材料费	元	7801001	109.4	127.4	127.4	127.4

单位:表列单位

顺序号	项目	单位	代号	塔顶平台	牵引系统		
					主跨跨径(m)		
					1000 以内	1500 以内	2000 以内
				10t	10m		
				1	2	3	4
11	设备摊销费	元	7901001	5600	1582.6	1582.6	1582.6
12	10t 以内载货汽车	台班	8007007	0.44	–	–	–
13	12t 以内汽车式起重机	台班	8009027	0.44	–	–	–
14	50kN 以内单筒慢动卷扬机	台班	8009081	3.82	–	–	–
15	80kN 以内单筒慢动卷扬机	台班	8009082	–	0.29	0.4	0.55
16	250kN 以内双筒慢动卷扬机	台班	8009098	–	0.04	0.06	0.07
17	32kV·A 以内交流电弧焊机	台班	8015028	4.88	0.08	0.08	0.08
18	588kW 以内内燃拖轮	台班	8019009	–	0.01	0.01	0.01
19	300t 以内工程驳船	台班	8019024	–	0.03	0.03	0.03
20	198kW 以内机动艇	台班	8019063	–	0.03	0.03	0.03
21	小型机具使用费	元	8099001	28	65.9	65.9	65.9
22	基价	元	9999001	30754	3199	3466	3683

注:1. 长度为牵引系统所需的单侧长度。

2. 本章定额未包括导索过江航道管制费用。

3. 本章定额为水上牵引;如在陆地牵引,调整船舶消耗为0,卷扬机消耗乘以系数2;如采用热气球等其他方式,另行计算费用。

4. 定额中设备摊销费是按4个月编制;当实际工期不同时,可按每t每月140元进行调整。

4-10-7 悬索桥猫道系统

工程内容 1)猫道锚梁与拉杆、托架安装与拆除,承重索制作,运输、架设、矢度调整,施工完成后拆除;2)猫道面层的铺设,猫道矢度调整、猫道门架及滚筒的安装、猫道悬挂以及猫道拆除;3)横向走道的制作、吊装与下滑到位,吊装钢箱梁之前的拆除;4)下压装置、变位刚架、制振结构安装与拆除;5)天车系统的安装、拆除。

单位:10m

顺序号	项目	单位	代号	主跨跨径(m)		
				1000 以内	1500 以内	2000 以内
				1	2	3
1	人工	工日	1001001	52.3	65.8	71.5
2	8~12 号铁丝	kg	2001021	1.6	1.6	1.6
3	镀锌高强钢丝绳	t	2001027	0.716	0.716	0.716
4	猫道编织网	m²	2001030	172.65	172.65	172.65
5	型钢	t	2003004	0.38	0.38	0.38
6	钢板	t	2003005	0.01	0.011	0.011
7	钢管	t	2003008	0.14	0.14	0.14
8	电焊条	kg	2009011	1.03	1.03	1.03
9	铁件	kg	2009028	5	5	5
10	锯材	m³	4003002	0.08	0.08	0.08
11	其他材料费	元	7801001	17.8	17.8	17.8
12	设备摊销费	元	7901001	6263.9	6263.9	6263.9

顺序号	项 目	单位	代 号	主跨跨径(m)		
				1000 以内	1500 以内	2000 以内
				1	2	3
13	3000kN 以内预应力拉伸机	台班	8005076	0.11	0.15	0.15
14	10t 以内载货汽车	台班	8007007	1.2	1.2	1.2
15	20t 以内平板拖车组	台班	8007024	0.28	0.28	0.28
16	25t 以内汽车式起重机	台班	8009030	0.76	0.76	0.76
17	50kN 以内单筒慢动卷扬机	台班	8009081	3.26	4.56	6.16
18	100kN 以内单筒慢动卷扬机	台班	8009083	1.32	1.85	2.49
19	250kN 以内双筒慢动卷扬机	台班	8009098	1.28	1.79	2.42
20	32kV·A 以内交流电弧焊机	台班	8015028	2.81	2.81	2.81
21	小型机具使用费	元	8099001	28.3	28.3	28.3
22	基价	元	9999001	27655	29690	31025

注:1. 定额单位长度为猫道系统的单侧长度,猫道宽度为 4.0m。

　　2. 猫道承重索制作加工场地及槽座需另计。

　　3. 未含所有锚塔施工平台及爬梯,套用平台定额另计。

4-10-8 悬索桥主缆

工程内容 锚碇内钢管脚手架搭设与拆除、索股运输、放索、索股的牵引、索股提起、横移、整形、临时锚固、入锚、线形调整、张拉、固定。

单位:10t

顺序号	项　目	单位	代　号	主跨跨径(m)		
				1000 以内	1500 以内	2000 以内
				1	2	3
1	人工	工日	1001001	46.22	27.7	24.4
2	主缆索股	t	2001017	10	10	10
3	钢丝绳	t	2001019	0.05	0.017	0.017
4	8~12 号铁丝	kg	2001021	0.27	0.3	0.3
5	型钢	t	2003004	0.01	0.01	0.01
6	钢板	t	2003005	0.01	0.006	0.006
7	钢管	t	2003008	0.02	0.017	0.017
8	铁件	kg	2009028	0.2	0.2	0.2
9	锯材	m³	4003002	0.01	0.01	0.01
10	其他材料费	元	7801001	1042.4	1042.4	1042.4
11	钢绞线拉伸设备	台班	8005078	5.35	5.89	6.15
12	100t 以内平板拖车组	台班	8007030	1.24	1.24	1.24
13	50kN 以内单筒慢动卷扬机	台班	8009081	2.49	2.3	1.92

续前页

顺序号	项　　目	单位	代　号	主跨跨径(m)		
				1000 以内	1500 以内	2000 以内
				1	2	3
14	80kN 以内单筒慢动卷扬机	台班	8009082	2.31	2.13	1.83
15	300kN 以内单筒慢动卷扬机	台班	8009085	2.47	2.47	2.37
16	小型机具使用费	元	8099001	610.3	610.3	610.3
17	基价	元	9999001	141531	139339	138840

注:高空作业人工单价乘以系数 1.3。

4-10-9 悬索桥紧缆

工程内容 预紧缆、紧缆机安装、正式紧缆,测定空隙率、打钢带、紧缆完成后拆除紧缆机。

单位:10m

顺序号	项 目	单位	代 号	主缆直径(mm)			
				600 以内	700 以内	800 以内	900 以内
				1	2	3	4
1	人工	工日	1001001	14.4	15	15.8	16.4
2	钢丝绳	t	2001019	0.013	0.013	0.013	0.013
3	紧缆钢带	t	2003003	0.016	0.016	0.016	0.016
4	型钢	t	2003004	0.014	0.014	0.014	0.014
5	锯材	m³	4003002	0.01	0.01	0.01	0.01
6	其他材料费	元	7801001	15	15	15	15
7	8t 以内载货汽车	台班	8007006	0.03	0.04	0.04	0.04
8	20t 以内汽车式起重机	台班	8009029	0.03	0.03	0.03	0.03
9	50kN 以内单筒慢动卷扬机	台班	8009081	0.29	0.35	0.45	0.53
10	钢缆压紧机	台班	8015012	0.39	0.48	0.61	0.72
11	小型机具使用费	元	8099001	39.9	39.9	39.9	39.9
12	基价	元	9999001	2529	2705	2946	3141

注:高空作业人工单价乘以系数 1.3。

4 -10 -10 悬索桥索夹及吊索

工程内容 索夹:1)地面运输,利用天车系统运输索夹至安装位置;2)安装索夹、定位、橡胶条定位、索夹张拉及螺栓轴力管理。
吊索:1)地面运输,利用天车系统运输吊索至安装位置;2)安装吊索及减振装置。

单位:10t

顺序号	项 目	单位	代号	索夹	吊索 长度(m)		
					100 以内	200 以内	300 以内
				1	2	3	4
1	人工	工日	1001001	51.4	62.1	55.9	48.4
2	预应力粗钢筋	t	2001006	0.104	–	–	–
3	吊索	t	2001018	–	10	10	10
4	钢丝绳	t	2001019	0.036	0.333	0.333	0.333
5	钢板	t	2003005	–	0.115	0.115	0.115
6	钢管	t	2003008	–	0.054	0.054	0.054
7	索夹	t	2009019	10	–	–	–
8	铁件	kg	2009028	–	5.3	5.3	5.3
9	锯材	m³	4003002	0.58	–	–	–
10	橡胶条	kg	5001004	51.3	3.9	3.9	3.9
11	其他材料费	元	7801001	106.3	45.5	45.5	45.5
12	900kN 以内预应力拉伸机	台班	8005074	4.65	–	–	–

单位:10t

顺序号	项　目	单位	代　号	索夹	吊索		
					长度(m)		
					100 以内	200 以内	300 以内
				1	2	3	4
13	10t 以内载货汽车	台班	8007007	-	0.49	0.49	0.49
14	12t 以内汽车式起重机	台班	8009027	-	0.49	0.49	0.49
15	50kN 以内单筒慢动卷扬机	台班	8009081	2.63	1.19	1.07	0.93
16	小型机具使用费	元	8099001	59.5	55.9	55.9	55.9
17	基价	元	9999001	222004	206906	206227	205406

注:高空作业人工单价乘以系数1.3。

4－10－11　悬索桥主缆缠丝

工程内容　缠丝机安、拆、倒盘,丝盘转运,缠丝机缠丝、固定已缠好的钢丝、打磨焊点、缠丝机过索夹,手动缠丝机配合。

单位:10m

顺序号	项　目	单位	代　号	主缆直径(mm)			
				600 以内	700 以内	800 以内	900 以内
				1	2	3	4
1	人工	工日	1001001	31.3	32.3	42	46.4
2	镀锌高强钢丝	t	2001014	0.435	0.655	0.776	0.878
3	钢丝绳	t	2001019	0.015	0.017	0.019	0.024
4	其他材料费	元	7801001	872.8	1249.9	1558.3	1633.2
5	8t 以内载货汽车	台班	8007006	0.03	0.03	0.03	0.03
6	20t 以内汽车式起重机	台班	8009029	0.1	0.03	0.03	0.03
7	50kN 以内单筒慢动卷扬机	台班	8009081	0.75	0.88	1.26	1.43
8	钢缆缠丝机	台班	8015011	1.02	1.19	1.72	1.95
9	75kV·A 以内长臂交流点焊机	台班	8015052	0.87	0.87	0.87	0.87
10	小型机具使用费	元	8099001	116.3	116.3	116.3	116.3
11	基价	元	9999001	8724	10683	13461	14950

注:高空作业人工单价乘以系数1.3。

4-10-12 悬索桥主缆附属工程

工程内容 缆套:缆套场内运输、吊装至安装位置、定位、安装缆套、橡胶层防水施工。

检修道:1)扶手绳、栏杆绳、立柱组件、锚板安装;2)检修道支架、锚室处防水套制作,安装;3)钢爬梯制作、安装;4)扶手绳和栏杆绳安装,钢丝绳矢度和张力调整。

单位:表列单位

顺序号	项 目	单位	代 号	缆套 1t 1	检修道 10m 2
1	人工	工日	1001001	4.5	1.5
2	HRB400 钢筋	t	2001002	0.003	–
3	钢丝绳	t	2001019	0.013	0.124
4	型钢	t	2003004	–	0.012
5	钢板	t	2003005	–	0.031
6	套管及拉杆构件	t	2003032	1	–
7	电焊条	kg	2009011	–	1.9
8	锯材	m³	4003002	–	0.01
9	橡胶条	kg	5001004	8.5	–
10	其他材料费	元	7801001	25.9	1534.9
11	6t 以内载货汽车	台班	8007005	0.11	0.02
12	12t 以内汽车式起重机	台班	8009027	0.09	0.02

顺序号	项　目	单位	代　号	缆套	检修道
				1t	10m
				1	2
13	50kN 以内单筒慢动卷扬机	台班	8009081	0.38	0.03
14	32kV·A 以内交流电弧焊机	台班	8015028	-	0.04
15	小型机具使用费	元	8099001	23.8	5.9
16	基价	元	9999001	11134	2658

注:高空作业人工单价乘以系数1.3。

4-10-13 平行钢丝斜拉索

工程内容 1)滚筒及托架安装、拆除:安放滚筒及托架,使其桥面固结,完工后拆除;2)索盘安放:索盘运至桥下,吊装到桥面,并按预定位置放置;3)挂索:在桥面牵引拉索,在滚筒上移动,起吊,将拉索两端锚头入锚箱;4)张拉平台安、拆:塔内张拉脚手架及工作平台安装、拆除;5)张拉设备安、拆:准备机具,安装油泵,千斤顶和反力架,张拉后的拆除;6)张拉及索力调整:根据要求分阶段张拉斜拉索,调查并记录;7)减振器安装:永久性减振器的安装、固定。

单位:表列单位

顺序号	项 目	单位	代 号	斜拉索安装				减振器安装
				斜拉索长度(m)				
				150 以内		350 以内		
				每10t 2.305 束	每增减 1 束	每10t 0.888 束	每增减 1 束	1 个
				10t				
				1	2	3	4	5
1	人工	工日	1001001	143.7	35.8	86.8	53.4	1.7
2	平行钢丝斜拉索	t	2001015	10	–	10	–	–
3	钢丝绳	t	2001019	0.041	–	0.042	–	–
4	型钢	t	2003004	0.14	–	0.142	–	–
5	钢板	t	2003005	0.007	–	0.008	–	–
6	钢管	t	2003008	0.04	–	0.041	–	–
7	斜拉索减振器	个	2009001	–	–	–	–	1
8	电焊条	kg	2009011	8.5	–	3.7	–	–

顺序号	项 目	单位	代 号	斜拉索安装				减振器安装
				斜拉索长度(m)				
				150 以内		350 以内		
				每10t 2.305 束	每增减1 束	每10t 0.888 束	每增减1 束	
				10t				1 个
				1	2	3	4	5
9	锯材	m³	4003002	0.03	–	0.03	–	–
10	其他材料费	元	7801001	518.2	–	459.6	–	–
11	1200kN 以内预应力拉伸机	台班	8005075	–	–	3.32	–	–
12	3000kN 以内预应力拉伸机	台班	8005076	19.14	8.3	–	–	–
13	5000kN 以内预应力拉伸机	台班	8005077	–	–	9.34	10.52	–
14	30t 以内平板拖车组	台班	8007025	0.61	–	0.7	–	–
15	20t 以内汽车式起重机	台班	8009029	0.61	–	0.7	–	–
16	40t 以内汽车式起重机	台班	8009032	0.61	–	0.7	–	–
17	50kN 以内单筒慢动卷扬机	台班	8009081	17.57	–	8.46	–	1.23
18	80kN 以内单筒慢动卷扬机	台班	8009082	9.68	0.26	7.23	0.26	–
19	32kV·A 以内交流电弧焊机	台班	8015028	34.75	–	14.49	–	–
20	小型机具使用费	元	8099001	91.8	–	66.1	–	–
21	基价	元	9999001	182484	4590	171380	7878	7230

4 – 10 – 14　斜拉索(钢绞线)安装

工程内容　挂索平台、张拉平台搭、拆,斜拉索场内运输,下料制索,挂索,穿套管,单根张拉,整体张拉,索力调整,封锚,场内50m以内运输等。

单位:10t

顺序号	项　目	单位	代号	每10t 1.748束	每增减1束
				1	2
1	人工	工日	1001001	280.3	92.8
2	钢绞线斜拉索	t	2001016	10	—
3	钢丝绳	t	2001019	0.029	—
4	型钢	t	2003004	0.248	—
5	钢板	t	2003005	0.097	—
6	钢管	t	2003008	0.028	—
7	电焊条	kg	2009011	2.1	—
8	锯材	m^3	4003002	0.04	—
9	其他材料费	元	7801001	641.2	—
10	1.0m³ 以内轮胎式装载机	台班	8001045	4.75	—
11	900kN 以内预应力拉伸机	台班	8005074	10.61	6.82
12	5000kN 以内预应力拉伸机	台班	8005077	10.61	6.82
13	8t 以内载货汽车	台班	8007006	4.44	—

续前页

顺序号	项　目	单位	代　号	每10t 1.748 束	每增减1束
				1	2
14	16t 以内汽车式起重机	台班	8009028	4.84	－
15	30kN 以内单筒慢动卷扬机	台班	8009080	24.31	－
16	50kN 以内单筒慢动卷扬机	台班	8009081	14.54	－
17	小型机具使用费	元	8099001	29.3	－
18	基价	元	9999001	205278	11614

说明:1. 定额单位以斜拉索(钢绞线)的质量为单位(不含锚具质量),锚具的费用已包含在成品斜拉索的单价中。

2. 斜拉索(钢绞线)的锚具、索导管、外套管及其内渗、外渗防护等包含在斜拉索成品单价中。

3. 斜拉索(钢绞线)从场内转运,挂索平台、张拉平台搭、拆费用已计。

4. 高空作业人工单价乘以系数1.3。

4-10-15 钢 箱 梁

工程内容 缆索吊机吊装:吊具下放与钢箱梁连接,垂直提升钢箱梁,挂梁,装垫板并精确定位,配合钢梁栓(焊)接,跨缆吊机移位。

悬臂吊机吊装:吊具下放与钢箱梁连接,卷扬机垂直提升钢箱梁就位,装配件并精确定位,配合钢箱梁栓(焊)接,悬臂吊机移位。

起重船吊装:安装纵移轨道、滑块搭拆,浮起吊吊成品钢箱至托架轨道滑块上,纵、横顶推就位,配合栓接、焊接,临时系统连接及解除。

滑移50m:千斤顶顶推钢箱梁在滑移轨道上纵向移动50m。

顶推钢箱梁:搭、拆顶推工作机具,钢箱梁顶推、就位、落梁、校正。

陆地吊装钢箱梁:起重机就位、起吊、落梁、校正等工作内容。

单位:10t

顺序号	项 目	单位	代 号	吊装钢箱梁		无索区钢箱梁安装起重船吊装	滑移50m	自锚式悬索桥顶推钢箱梁	顶推安装钢箱梁	陆地吊装钢箱梁	
				跨缆吊机	悬臂吊机					80t以内	150t以内
				1	2	3	4	5	6	7	8
1	人工	工日	1001001	3.2	8	8.8	1.4	13.5	13	5.3	3.3
2	钢绞线	t	2001008	–	–	–	–	0.005	–	–	–
3	钢丝绳	t	2001019	0.362	0.044	0.043	–	–	–	0.171	0.161
4	型钢	t	2003004	0.005	0.009	0.011	0.001	0.008	0.013	–	–
5	钢板	t	2003005	–	0.002	0.001	–	0.039	0.039	0.166	0.157
6	钢箱梁	t	2003036	10	10	10	–	10	10	10	10

顺序号	项 目	单位	代 号	吊装钢箱梁		无索区钢箱梁安装起重船吊装	滑移50m	自锚式悬索桥顶推钢箱梁	顶推安装钢箱梁	陆地吊装钢箱梁	
				跨缆吊机	悬臂吊机					80t以内	150t以内
				1	2	3	4	5	6	7	8
7	不锈钢板	kg	2005002	–	–	–	–	3.5	–	–	–
8	不锈钢滑板	kg	2005003	–	–	–	–	–	3.5	–	–
9	电焊条	kg	2009011	–	–	0.1	–	1	1	11	11
10	螺栓	kg	2009013	74.5	10	–	–	–	–	–	–
11	锯材	m³	4003002	–	–	–	–	–	–	0.19	0.09
12	聚四氟乙烯滑块	块	5001002	–	–	–	–	2.52	2.52	–	–
13	其他材料费	元	7801001	44.3	99.3	168.1	11.9	55.6	55.6	55.6	55.6
14	600t以内连续桥梁顶推设备	台班	8005072	–	–	–	–	3.25	–	–	–
15	350t以内汽车式起重机	台班	8009044	–	–	–	–	–	–	0.202	0.19
16	跨缆吊机	台班	8009075	0.18	–	–	–	–	–	–	–
17	30kN以内单筒慢动卷扬机	台班	8009080	–	–	–	–	0.43	0.39	–	–
18	80kN以内单筒慢动卷扬机	台班	8009082	0.08	3.49	–	–	–	–	–	–
19	1000t以内箱涵顶进设备	台班	8009138	–	–	–	–	–	3.25	–	–
20	32kV·A以内交流电弧焊机	台班	8015028	–	–	–	–	0.18	–	0.37	0.18
21	50kV·A以内短臂交流点焊机	台班	8015051	0.16	0.28	–	–	–	0.16	–	–
22	350t以内旋转扒杆起重船	台班	8019046	–	–	0.18	–	–	–	–	–
23	小型机具使用费	元	8099001	2.4	11.4	17.9	0.8	23.9	23.9	21.3	21.3
24	基价	元	9999001	97985	96158	101275	165	96679	97460	100752	100021

4-10-16　钢　管　拱

工程内容　钢绞线扣索:准备工作,钢绞线下料,P 型锚制作;扣索牵挂,扣索牵拉、锚固;扣索系统拆除,50m 以内料具取放。
　　　　　拱肋安装:起吊,调整扣索应力;横撑定位焊接;拱肋合龙,调整线形。
　　　　　拱肋混凝土:安装进料管、增压管、钻气孔、安装导管、砂浆润滑、泵送混凝土。
　　　　　吊杆安装:吊杆起吊、定位、锚固、调整索力,封锚。
　　　　　系杆安装:穿系杆钢绞线,准备机具,安装油泵、千斤顶,装锚具,分多次张拉,检查、锚固,50m 以内料具取放。
　　　　　钢横梁安装:钢横梁起吊、安装就位、调整,与吊杆下锚头锚固。
　　　　　混凝土纵横梁预制:钢模板安装、拆除、涂脱模剂、修理,混凝土浇筑、捣固、养护。
　　　　　钢筋:钢筋除锈、制作、焊接及绑扎。
　　　　　混凝土纵横梁的安装:构件整修、运输、起吊、纵横移、落梁、校正,50m 以内半成品、材料运输堆放。

I. 拱 肋 安 装

单位:表列单位

顺序号	项　　　目	单位	代　号	钢绞线扣索	钢拱肋安装	拱肋混凝土
				1t	10t	10m³
				1	2	3
1	人工	工日	1001001	4.3	55.1	4.5
2	泵 C60-52.5-2	m³	1503071	–	–	(10.40)
3	HPB300 钢筋	t	2001001	–	0.002	–
4	钢绞线	t	2001008	1.04	–	–
5	钢丝绳	t	2001019	0.048	0.01	0.011
6	8~12 号铁丝	kg	2001021	4.1	–	–
7	型钢	t	2003004	–	0.127	–

顺序号	项　目	单位	代号	钢绞线扣索 1t	钢拱肋安装 10t	拱肋混凝土 10m³
				1	2	3
8	钢板	t	2003005	–	0.083	–
9	钢管	t	2003008	–	–	0.044
10	钢管拱肋	t	2003039	–	10	–
11	电焊条	kg	2009011	–	42.2	2.5
12	螺栓	kg	2009013	–	5.2	–
13	水	m³	3005004	–	–	18
14	锯材	m³	4003002	–	0.04	–
15	中(粗)砂	m³	5503005	–	–	5.41
16	碎石(2cm)	m³	5505012	–	–	6.58
17	52.5级水泥	t	5509003	–	–	6.047
18	其他材料费	元	7801001	122.5	921.6	1491.2
19	60m³/h 以内混凝土输送泵	台班	8005051	–	–	0.31
20	3000kN 以内预应力拉伸机	台班	8005076	0.32	11.68	–
21	50kN 以内单筒慢动卷扬机	台班	8009081	0.25	0.7	0.05
22	100kN 以内单筒慢动卷扬机	台班	8009083	–	3.05	–
23	32kV·A 以内交流电弧焊机	台班	8015028	–	–	0.06
24	小型机具使用费	元	8099001	30.5	37.9	17.6
25	基价	元	9999001	5963	103930	6452

II. 吊索及系杆安装

顺序号	项　　目	单位	代　号	吊索	系杆		
					系杆长度（m）		
					100 以内	200 以内	300 以内
				4	5	6	7
1	人工	工日	1001001	15.8	7.4	6.5	5
2	HPB300 钢筋	t	2001001	0.001	–	–	–
3	吊索	t	2001018	1	–	–	–
4	钢丝绳	t	2001019	0.001	0.001	0.001	0.001
5	系杆	t	2003001	–	1	1	1
6	型钢	t	2003004	–	0.001	0.001	0.001
7	钢板	t	2003005	0.026	0.212	0.203	0.193
8	圆钢	t	2003006	–	0.004	0.004	0.004
9	电焊条	kg	2009011	4.2	1.6	1.5	1.4
10	其他材料费	元	7801001	469.5	64.7	53.6	44.2
11	3000kN 以内预应力拉伸机	台班	8005076	3.03	0.22	0.18	0.14
12	20t 以内汽车式起重机	台班	8009029		0.07	0.06	0.05
13	50kN 以内单筒慢动卷扬机	台班	8009081	1.06	–	–	–
14	100kN 以内单筒慢动卷扬机	台班	8009083	–	0.17	0.15	0.12
15	32kV·A 以内交流电弧焊机	台班	8015028	1.04	0.4	0.36	0.33
16	小型机具使用费	元	8099001	26.4	32.4	25.9	19.2
17	基价	元	9999001	22599	14710	14536	14296

III.纵横梁安装

単位:表列単位

顺序号	项目	单位	代号	钢纵横梁安装	混凝土纵横梁		构件安装
					预制		
					混凝土	钢筋	
				1t	10m³	1t	10m³
				8	9	10	11
1	人工	工日	1001001	1.4	19.6	6.4	20.9
2	普 C30 – 32.5 – 4	m³	1503034	–	(10.10)	–	–
3	HPB300 钢筋	t	2001001	0.001	–	0.304	–
4	HRB400 钢筋	t	2001002	–	–	0.721	–
5	钢丝绳	t	2001019	0.001	–	–	–
6	20～22 号铁丝	kg	2001022	–	–	4.4	–
7	钢板	t	2003005	0.005	0.082	–	0.059
8	钢模板	t	2003025	–	0.116	–	–
9	钢纵横梁	t	2003035	1	–	–	–
10	电焊条	kg	2009011	0.5	–	5.7	10.5
11	铁件	kg	2009028	–	12.7	–	–
12	水	m³	3005004	–	18	–	–
13	原木	m³	4003001	–	0.03	–	–
14	锯材	m³	4003002	–	0.05	–	–
15	中(粗)砂	m³	5503005	–	4.65	–	–

单位:表列单位

顺序号	项　目	单位	代　号	钢纵横梁安装	混凝土纵横梁		
					预制		构件安装
					混凝土	钢筋	
				1t	10m³	1t	10m³
				8	9	10	11
16	碎石(4cm)	m³	5505013	–	8.38	–	–
17	32.5级水泥	t	5509001	–	3.808	–	–
18	其他材料费	元	7801001	35	83.9	–	14.5
19	20t以内汽车式起重机	台班	8009029	0.07	–	–	–
20	30kN以内单筒慢动卷扬机	台班	8009080	–	1.01	–	4.82
21	50kN以内单筒慢动卷扬机	台班	8009081	0.11	3.11	–	3.11
22	100kN以内单筒慢动卷扬机	台班	8009083	0.12	–	–	–
23	32kV·A以内交流电弧焊机	台班	8015028	–	–	1.06	0.95
24	小型机具使用费	元	8099001	23	95.7	16.5	18.1
25	基价	元	9999001	8064	6392	4301	3977

第十一节 杂 项 工 程

说　　明

1. 杂项工程包括沥青麻絮沉降缝、锥坡填土、拱上填料、台背排水、土牛(拱)胎、防水层、基础垫层、水泥砂浆勾缝及抹面、伸缩缝及泄水管、混凝土构件蒸汽养护室建筑及蒸汽养护、预制构件底座、先张法预应力张拉台座、混凝土搅拌站、混凝土搅拌船及混凝土运输、冷却管、钢桁架栈桥式码头、水上泥浆循环系统、施工电梯、施工塔式起重机、拆除旧建筑物等项目。本节定额适用于桥涵及其他构造物工程。

2. 大型预制构件底座定额分为平面底座和曲面底座两项。

平面底座定额适用于 T 形梁、I 形梁、等截面箱梁,每根梁底座面积的工程量按下式计算:

$$底座面积 = (梁长 + 2.00m) \times (梁宽 + 1.00m)$$

曲面底座定额适用于梁底为曲面的箱形梁(如 T 形钢构等),每块梁底座的工程量按下式计算:

$$底座面积 = 构件下弧长 \times 底座实际修建宽度$$

平面底座的梁宽指预制梁的顶面宽度。

3. 模数式伸缩缝预留槽钢纤维混凝土中钢纤维的含量是按水泥用量的1%计算;当设计钢纤维含量与定额不同时,可按设计用量抽换定额中钢纤维的消耗。

4. 蒸汽养护室面积按有效面积计算,其工程量按每一养护室安置两片梁,其梁间距离为0.8m,并按长度每端增加1.5m,宽度每边增加1.0m考虑。定额中已将其附属工程及设备,按摊销量计入定额中,编制预算时不得另行计算。

5. 混凝土搅拌站的材料,均已按桥次摊销列入定额中。

6. 钢桁架栈桥式码头定额适用于大型预制构件装船。码头上部为万能杆件及各类型钢加工的半成品和钢轨等,均已按摊销费计入定额中。

7. 施工塔式起重机和施工电梯所需安、拆数量和使用时间按施工组织设计的进度安排进行计算。

4 – 11 – 1　沥青麻絮沉降缝

工程内容　熬化、涂刷沥青,填塞沥青及麻絮。

单位:10m²

顺序号	项　目	单位	代　号	沥青麻絮沉降缝
				1
1	人工	工日	1001001	0.2
2	石油沥青	t	3001001	0.021
3	其他材料费	元	7801001	53.4
4	基价	元	9999001	170

注:定额单位每平方米指伸缩缝的接触面积。

4－11－2　锥坡填土、拱上填料、台背排水

工程内容　锥坡填土:挖装运土,洒水,平土,夯实。

拱上填料:取料,铺平,洒水,夯实。

台背排水:取运料,铺夯黏土层,铺碎(砾)石层,筑盲沟。

单位:10m³ 实体

顺序号	项目	单位	代号	锥坡填土	拱上填料	台背排水
				1	2	3
1	人工	工日	1001001	4.3	5.6	5.5
2	草皮	m²	4013002	－	－	7.46
3	黏土	m³	5501003	－	－	4.38
4	片石	m³	5505005	－	－	1.32
5	碎石(8cm)	m³	5505015	－	13.26	4.73
6	小型机具使用费	元	8099001	－	－	4.5
7	基价	元	9999001	457	1689	1137

4-11-3 土牛(拱)胎

工程内容 1)挡土墙挖基、砌筑、拆除及基坑回填;2)土牛(拱)胎挖、装、运土,填筑,洒水,夯实及挖除;3)拱涵及拱桥灰土层的配料、拌和、摊铺、拍实、养护、挖除及铺设、拆除塑料薄膜。

单位:表列单位

顺序号	项 目	单位	代 号	涵洞				桥梁			
				拱涵		现浇混凝土盖板涵		拱桥		现浇混凝土板桥	
				跨径(m)				拱圈宽(m)		板宽(m)	
				2以内	4以内	2以内	4以内	8.50	每增减1	8.50	每增减1
				100m² 水平投影面积				10m² 立面积			
				1	2	3	4	5	6	7	8
1	人工	工日	1001001	158.8	319.3	162.6	308.3	92.3	7.2	87.5	6.8
2	水	m³	3005004	3	3	–	–	1	–	–	–
3	土	m³	5501002	16.27	16.45	–	–	2.96	0.35	–	–
4	熟石灰	t	5503003	2.054	2.077	–	–	0.374	0.044	–	–
5	片石	m³	5505005	5.43	12.38	7.06	14.12	4.53	–	4.41	–
6	其他材料费	元	7801001	61.2	59.4	–	–	10.6	1.3	–	–
7	基价	元	9999001	18016	35519	17727	33657	10241	782	9578	723

4-11-4 防水层

工程内容 1)搭、拆跳板;2)配料、拌和、摊铺、拍紧、整型、养护;3)安锅、裁铺油毛毡、涂沥青、洒布车洒布。

单位:表列单位

顺序号	项 目	单位	代 号	胶泥	石灰土	石灰三合土	沥青油毡	涂沥青	防水剂
				10m³			10m²		1000m²
				1	2	3	4	5	6
1	人工	工日	1001001	4.6	10.5	17.3	0.8	0.6	2.6
2	2:1:4 三合土	m³	1507035	–	–	(10.15)	–	–	–
3	石油沥青	t	3001001	–	–	–	0.051	0.039	–
4	水	m³	3005004	5	3	4	–	–	–
5	桥面防水涂料	kg	5009005	–	–	–	–	–	1664
6	油毛毡	m²	5009012	–	–	–	22	–	–
7	黏土	m³	5501003	10.4	7.28	2.33	–	–	–
8	熟石灰	t	5503003	–	2.009	2.507	–	–	–
9	中(粗)砂	m³	5503005	–	–	8.42	–	–	–
10	其他材料费	元	7801001	1.5	4.4	4.4	1.7	1.5	–
11	4000L 以内沥青洒布车	台班	8003038	–	–	–	–	–	0.06
12	基价	元	9999001	625	1769	3310	393	242	17384

4－11－5　基础垫层

工程内容　砂砾(砂)、碎(砾)石、片石垫层:运料、铺平、整平、夯实。
三合土垫层:配运料、拌铺、整平、夯实。
水泥砂浆灌片石垫层:拌砂浆、铺运片石、嵌缝、砂浆灌缝。
混凝土垫层:人工配运料、拌和、浇筑、捣实及养护。

单位:10m³ 实体

顺序号	项　目	单位	代　号	填砂砾(砂)	填碎(砾)石	填片石	三合土	水泥砂浆灌片石	混凝土
				1	2	3	4	5	6
1	人工	工日	1001001	2.9	3.5	4.1	6.5	5.2	5.1
2	M7.5 水泥砂浆	m³	1501002	－	－	－	－	(2.50)	－
3	普 C10－32.5－4	m³	1503030	－	－	－	－	－	(10.20)
4	水	m³	3005004	－	－	－	4	4	12
5	黏土	m³	5501003	－	－	－	2.33	－	－
6	熟石灰	t	5503003	－	－	－	2.507	－	－
7	中(粗)砂	m³	5503005	－	－	－	8.42	2.8	5.2
8	砂砾	m³	5503007	12.75	－	－	－	－	－
9	片石	m³	5505005	－	－	12.5	－	12.5	－
10	碎石(4cm)	m³	5505013	－	12.44	－	－	－	8.87
11	32.5 级水泥	t	5509001	－	－	－	－	0.545	2.295
12	其他材料费	元	7801001	－	－	－	2.8	1.2	2
13	基价	元	9999001	902	1447	1225	2161	1766	2504

4 – 11 – 6　水泥砂浆勾缝及抹面

工程内容　勾缝:剔缝、洗刷、配、拌、运砂浆、勾缝、养护。
　　　　　　抹面:清扫、洗刷、配、拌、运砂浆、抹平、养护。

单位:100m²

顺序号	项　目	单位	代　号	水泥砂浆勾缝					
				平、立面					
				平凹缝				凸缝	
				片石	块石	料石及混凝土预制块	砖	片石	块石
				1	2	3	4	5	6
1	人工	工日	1001001	4.6	4.4	3.9	3.8	7.4	7.1
2	M10 水泥砂浆	m³	1501003	(0.87)	(0.52)	(0.35)	(0.22)	(1.22)	(0.73)
3	水	m³	3005004	14	14	14	14	14	14
4	中(粗)砂	m³	5503005	0.93	0.56	0.38	0.24	1.31	0.78
5	32.5 级水泥	t	5509001	0.28	0.167	0.113	0.071	0.393	0.235
6	基价	元	9999001	694	606	521	485	1060	933

单位:100m²

顺序号	项 目	单位	代 号	水泥砂浆勾缝					
				平、立面		仰面			
				凸缝		平凹缝			
				料石及混凝土预制块	砖	片石	块石	料石及混凝土预制块	砖
				7	8	9	10	11	12
1	人工	工日	1001001	6.1	6.2	6.5	6.7	4.9	4.8
2	M10 水泥砂浆	m³	1501003	(0.49)	(0.31)	(0.91)	(0.55)	(0.37)	(0.23)
3	水	m³	3005004	14	14	14	14	14	14
4	中(粗)砂	m³	5503005	0.52	0.33	0.97	0.59	0.4	0.25
5	32.5 级水泥	t	5509001	0.158	0.1	0.293	0.171	0.119	0.074
6	基价	元	9999001	780	757	904	854	630	593

单位:100m²

顺序号	项　目	单位	代　号	水泥砂浆勾缝				水泥砂浆抹面（厚2cm）
				仰面				
				凸缝				
				片石	块石	料石及混凝土预制块	砖	
				13	14	15	16	17
1	人工	工日	1001001	10.2	10.4	7.8	7.6	2.9
2	M10 水泥砂浆	m³	1501003	(1.27)	(0.77)	(0.52)	(0.32)	(2.60)
3	水	m³	3005004	14	14	14	14	15
4	中(粗)砂	m³	5503005	1.36	0.82	0.56	0.34	2.78
5	32.5 级水泥	t	5509001	0.409	0.242	0.167	0.103	0.837
6	基价	元	9999001	1367	1290	967	907	849

4-11-7 伸缩缝及泄水管

工程内容 模数式伸缩缝:1)安装前的检查及准备工作;2)吊装伸缩缝就位;3)现场对接;4)伸缩缝高程调整;5)对伸缩缝临时固定;6)伸缩缝与预埋钢筋的焊接;7)预留槽内并浇筑钢纤维混凝土、振捣、养护;8)解除伸缩缝锁定装置;9)嵌入密封橡胶条。

其他伸缩缝:1)裁焊钢板、镀锌铁皮,加工、安装锚栓;2)钢筋除锈、制作、绑扎、焊接;3)熬化、涂刷沥青,填塞沥青及麻絮;4)安放橡胶条;5)安装氯丁橡胶板,上螺栓螺母。

泄水管:洗刷、涂沥青、安装。

PVC排水管:排水管切割、埋设卡箍、涂胶合口、找正、安装。

I. 模数式伸缩缝

单位:表列单位

顺序号	项 目	单位	代号	伸缩量(mm)				预留槽混凝土	预留槽钢筋
				480以内	880以内	1520以内	2160以内		
				1m				10m³	1t
				1	2	3	4	5	6
1	人工	工日	1001001	0.9	4.3	15.7	33.4	24.7	9.5
2	普C50-42.5-2	m³	1503018	–	–	–	–	(10.20)	–
3	HPB300钢筋	t	2001001	–	–	–	–	–	0.156
4	HRB400钢筋	t	2001002	–	–	–	–	–	0.869
5	钢丝绳	t	2001019	0.002	0.005	0.01	0.019	–	–
6	钢纤维	t	2001020	–	–	–	–	0.053	–
7	20~22号铁丝	kg	2001022	–	–	–	–	–	4.1
8	电焊条	kg	2009011	0.66	2.65	19.5	50.3	–	4.3

顺序号	项 目	单位	代 号	伸缩量(mm)				预留槽混凝土	预留槽钢筋
				480 以内	880 以内	1520 以内	2160 以内	10m³	1t
				1m					
				1	2	3	4	5	6
9	水	m³	3005004	–	–	–	–	15	–
10	锯材	m³	4003002	–	–	–	–	0.02	–
11	中(粗)砂	m³	5503005	–	–	–	–	4.49	–
12	碎石(2cm)	m³	5505012	–	–	–	–	7.65	–
13	42.5 级水泥	t	5509002	–	–	–	–	5.345	–
14	模数式伸缩装置 240 型	m	6003004	1	–	–	–	–	–
15	模数式伸缩装置 880 型	m	6003007	–	1	–	–	–	–
16	模数式伸缩装置 1200 型	m	6003008	–	–	1	–	–	–
17	模数式伸缩装置 1680 型	m	6003009	–	–	–	1	–	–
18	其他材料费	元	7801001	20.8	83.2	167.2	224.3	1.9	–
19	12t 以内汽车式起重机	台班	8009027	0.04	–	–	–	0.42	–
20	20t 以内汽车式起重机	台班	8009029	–	0.11	–	–	–	–
21	25t 以内汽车式起重机	台班	8009030	–	–	0.61	–	–	–
22	50t 以内汽车式起重机	台班	8009033	–	–	–	0.86	–	–
23	32kV·A 以内交流电弧焊机	台班	8015028	0.14	0.39	1.02	1.49	–	0.84
24	小型机具使用费	元	8099001	11.4	37.3	63.7	83.9	3.8	19.4
25	基价	元	9999001	2596	64930	92830	190700	6362	4570

单位:表列单位

顺序号	项 目	单位	代号	伸缩缝						泄水管
				梳形钢板	钢板	橡胶条	板式橡胶伸缩缝	镀锌铁皮沥青麻絮		
								梁桥用	拱桥用	
				1m						10 个
				7	8	9	10	11	12	13
1	人工	工日	1001001	6.4	1.2	0.4	1.6	0.5	1	0.2
2	普 C30 – 32.5 – 2	m³	1503009	(0.26)	–	–	–	–	–	–
3	普 C40 – 32.5 – 2	m³	1503013	–	–	–	(0.10)	–	–	–
4	HPB300 钢筋	t	2001001	0.019	0.003	0.004	0.011	–	–	–
5	型钢	t	2003004	0.001	0.026	0.01	–	–	–	–
6	钢板	t	2003005	0.266	0.025	0.005	–	–	–	–
7	铁皮	m²	2003044	0.1	0.1	0.5	–	0.5	1.1	–
8	电焊条	kg	2009011	4.8	1.4	0.6	1.1	–	–	–
9	铁件	kg	2009028	–	–	–	1.5	–	–	–
10	铸铁管	kg	2009033	–	–	–	–	–	–	140
11	石油沥青	t	3001001	0.005	0.001	0.001	–	0.009	0.018	–
12	水	m³	3005004	4	–	–	–	–	–	–
13	橡胶条	kg	5001004	–	–	3.3	–	–	–	–
14	中(粗)砂	m³	5503005	0.15	–	–	0.04	–	–	–

单位:表列单位

顺序号	项目	单位	代号	伸缩缝						泄水管
				梳形钢板	钢板	橡胶条	板式橡胶伸缩缝	镀锌铁皮沥青麻絮		
								梁桥用	拱桥用	
				1m						10 个
				7	8	9	10	11	12	13
15	碎石(2cm)	m³	5505012	0.21	–	–	0.08	–	–	–
16	32.5 级水泥	t	5509001	0.106	–	–	0.049	–	–	–
17	板式橡胶伸缩缝	m	6003010	–	–	–	1			
18	其他材料费	元	7801001	22.1	2.1	0.7	7.4	2.2	4.4	8.4
19	32kV·A 以内交流电弧焊机	台班	8015028	0.92	0.22	0.19	0.25	–	–	–
20	小型机具使用费	元	8099001	9.6	–	–	2.1	–	–	–
21	基价	元	9999001	2019	375	189	600	108	217	508

单位:10m

顺序号	项 目	单位	代 号	PVC 塑料排水管	
				管径(mm)	
				100	160
				14	15
1	人工	工日	1001001	1.8	2
2	PVC 塑料管(ϕ100mm)	m	5001014	10.6	–
3	PVC 塑料管(ϕ160mm)	m	5001015	–	10.6
4	其他材料费	元	7801001	87.4	208.7
5	基价	元	9999001	393	754

注:1.定额单位每米伸缩缝指桥面行车道的宽度,行车道以外的伸缩缝工、料、机消耗量已包括在定额中;

2.定额包含90°弯头的安装与材料消耗。

4-11-8 蒸汽养护室建筑及蒸汽养护

工程内容 蒸汽养护室建筑:挖填坑体土方,坑底及坑壁砌筑、勾缝、抹平、养护,坑盖及保温门制作、安装、拆除,管道安装、拆除及保养。

蒸汽养护:卷扬机揭、盖坑盖,用草袋覆盖坑盖缝隙,按时测温、测湿、喷水、检查管道部件等全部操作。

单位:表列单位

顺序号	项 目	单位	代 号	蒸汽养护室建筑	混凝土构件蒸汽养护
				10m²	10m³
				1	2
1	人工	工日	1001001	29.2	4.7
2	M5 水泥砂浆	m³	1501001	(2.29)	—
3	M10 水泥砂浆	m³	1501003	(0.17)	—
4	型钢	t	2003004	0.002	—
5	钢管	t	2003008	0.025	—
6	铁件	kg	2009028	1.1	—
7	铁钉	kg	2009030	1.1	—
8	水	m³	3005004	13	—
9	原木	m³	4003001	0.01	—
10	锯材	m³	4003002	0.14	—
11	油毛毡	m²	5009012	63.5	—
12	中(粗)砂	m³	5503005	2.75	—

单位:表列单位

顺序号	项 目	单位	代 号	蒸汽养护室建筑	混凝土构件蒸汽养护
				10m²	10m³
				1	2
13	片石	m³	5505005	4.32	-
14	青(红)砖	千块	5507003	2.16	-
15	32.5级水泥	t	5509001	0.552	-
16	其他材料费	元	7801001	17.7	18.3
17	30kN以内单筒慢动卷扬机	台班	8009080	-	0.64
18	1t/h以内工业锅炉	台班	8017054	-	1.7
19	基价	元	9999001	5247	2262

注:本章定额未包括混凝土预制构件底座。

4-11-9 大型预制构件底座

工程内容 1)放样,开挖基坑;2)开挖、清理排水沟;3)拱桥底座的打、拔小圆木桩;4)铺筑石灰土垫层;5)砌筑曲面底座的基础及墙身;6)混凝土底座及钢筋混凝土墙帽的全部操作;7)底模板的制作、安装、拆除、修理。

单位:10m² 底座面积

顺序号	项 目	单位	代 号	平面底座	曲面底座	
					梁桥	拱桥
				1	2	3
1	人工	工日	1001001	8.3	11.7	6
2	M5 水泥砂浆	m³	1501001	–	(1.99)	–
3	M10 水泥砂浆	m³	1501003	–	(0.03)	–
4	普 C15－32.5－4	m³	1503031	–	(0.54)	(1.52)
5	HPB300 钢筋	t	2001001	0.05	0.042	–
6	型钢	t	2003004	0.05	0.057	0.046
7	钢板	t	2003005	0.02	0.062	0.042
8	组合钢模板	t	2003026	–	0.002	0.001
9	电焊条	kg	2009011	0.7	1.9	0.73
10	铁件	kg	2009028	6.8	7.7	0.7
11	水	m³	3005004	4	7	1.79
12	原木	m³	4003001	–	–	0.16
13	锯材	m³	4003002	–	–	–

单位:10m² 底座面积

顺序号	项　目	单位	代　号	平面底座	曲面底座	
					梁桥	拱桥
				1	2	3
14	黏土	m³	5501003	–	2.52	–
15	熟石灰	t	5503003	–	0.388	–
16	中(粗)砂	m³	5503005	2.7	2.53	0.75
17	天然砂砾	m³	5503008	–	–	5.02
18	片石	m³	5505005	4.5	–	1.19
19	碎石(4cm)	m³	5505013	1.7	0.46	1.27
20	块石	m³	5505025	–	7.72	–
21	32.5 级水泥	t	5509001	0.84	0.588	0.796
22	其他材料费	元	7801001	1.1	6.7	5.4
23	250L 以内强制式混凝土搅拌机	台班	8005002	0.06	0.01	0.04
24	30kN 以内单筒慢动卷扬机	台班	8009080	0.01	0.06	0.04
25	50kN 以内单筒慢动卷扬机	台班	8009081	0.03	0.19	0.13
26	32kV·A 以内交流电弧焊机	台班	8015028	0.1	0.29	0.11
27	小型机具使用费	元	8099001	1.4	0.4	1
28	基价	元	9999001	2304	3280	1820

4-11-10 先张法预应力钢筋张拉、冷拉台座

工程内容 张拉台座:1)挖基、回填、夯实;2)铺垫层砂砾;3)台面、压柱、横系梁的模板、钢筋、混凝土全部操作;4)安装钢横梁。

冷拉台座:1)挖槽、修整;2)埋设地锚;3)模板、钢筋、混凝土的全部操作;4)钢板切割、安设、就位。

单位:1座

顺序号	项 目	单位	代 号	60m 张拉台座(kN)		45m 冷拉台座
				3000	6000	
				1	2	3
1	人工	工日	1001001	133.2	210.7	97.2
2	普 C20-32.5-4	m³	1503032	(27.091)	(27.091)	(39.698)
3	普 C40-32.5-4	m³	1503038	(37.842)	(75.684)	−
4	HPB300 钢筋	t	2001001	0.629	1.257	−
5	HRB400 钢筋	t	2001002	1.841	3.682	−
6	20~22 号铁丝	kg	2001022	12.35	24.7	−
7	型钢	t	2003004	2.353	4.705	−
8	钢板	t	2003005	0.22	0.441	1.954
9	圆钢	t	2003006	−	−	0.663
10	电焊条	kg	2009011	179.85	359.7	−
11	铁件	kg	2009028	27.82	55.64	4.22
12	铁钉	kg	2009030	12.67	25.35	8.82

顺序号	项　目	单位	代　号	60m 张拉台座(kN)		45m 冷拉台座
				3000	6000	
				1	2	3
13	水	m³	3005004	77.92	123.33	47.64
14	原木	m³	4003001	–	–	1.43
15	锯材	m³	4003002	1.99	3.98	1.33
16	中(粗)砂	m³	5503005	29.55	45.82	19.07
17	天然砂砾	m³	5503008	17.35	17.35	–
18	碎石(4cm)	m³	5505013	53.41	84.06	32.69
19	32.5 级水泥	t	5509001	25.518	42.963	11.83
20	其他材料费	元	7801001	164.2	322.8	595.7
21	250L 以内强制式混凝土搅拌机	台班	8005002	1.52	2.35	0.93
22	32kV·A 以内交流电弧焊机	台班	8015028	13.38	26.77	–
23	小型机具使用费	元	8099001	32.1	55.6	34
24	基价	元	9999001	54040	96002	32423

4-11-11 混凝土拌和及运输

工程内容 混凝土搅拌机拌和:人工配料、拌和、出料。

混凝土搅拌站(楼)安装、拆除:1)砌筑砂、石料仓隔板、挡墙、围墙,浇筑搅拌站基座的全部工作;2)搅拌站安装、拆除;3)竣工后施工场地清理、拆除;4)场内50m以内范围材料运输。

混凝土搅拌站(楼)拌和:自动配料、拌和、出料。

混凝土搅拌船拌和:搅拌船抛锚定位,自动配料、拌和、出料。

混凝土运输:1)第一个1km:等待装卸、装、卸、运行、掉头、空回、清洗车辆;2)每增运0.5km:运走0.5km及空回。

I. 混凝土搅拌机拌和

单位:10m³

顺序号	项目	单位	代号	混凝土搅拌机					
				容量(L)					
				250以内	350以内	500以内	750以内	1000以内	1500以内
				1	2	3	4	5	6
1	人工	工日	1001001	1.7	1.5	1.3	1	0.9	0.7
2	250L以内强制式混凝土搅拌机	台班	8005002	0.27	–	–	–	–	–
3	350L以内强制式混凝土搅拌机	台班	8005003	–	0.26	–	–	–	–
4	500L以内强制式混凝土搅拌机	台班	8005004	–	–	0.24	–	–	–
5	750L以内强制式混凝土搅拌机	台班	8005005	–	–	–	0.2	–	–
6	1000L以内强制式混凝土搅拌机	台班	8005006	–	–	–	–	0.15	–
7	1500L以内强制式混凝土搅拌机	台班	8005007	–	–	–	–	–	0.13
8	基价	元	9999001	229	216	203	175	165	155

II. 混凝土搅拌站(楼)安装、拆除

顺序号	项 目	单位	代 号	混凝土搅拌站(楼)安装、拆除				
				生产能力(m³/h)				
				15 以内	25 以内	40 以内	60 以内	90 以内
				7	8	9	10	11
1	人工	工日	1001001	204.3	342.4	609.7	841.3	1182.8
2	M7.5 水泥砂浆	m³	1501002	(4.05)	(33.23)	(29.95)	(38.90)	(54.46)
3	普 C25－32.5－4	m³	1503033	(46.29)	(31.16)	(52.57)	(78.84)	(110.38)
4	HPB300 钢筋	t	2001001	0.222	－	0.089	0.119	0.166
5	8~12 号铁丝	kg	2001021	1.1	－	0.44	0.58	0.81
6	型钢	t	2003004	0.071	0.035	0.086	0.096	0.135
7	组合钢模板	t	2003026	0.154	0.075	0.186	0.207	0.289
8	铁件	kg	2009028	－	28.94	71.27	79.34	111.08
9	水	m³	3005004	78	217	229	269	376.6
10	原木	m³	4003001	0.22	－	0.05	0.1	0.14
11	锯材	m³	4003002	0.14	0.01	0.02	0.02	0.03
12	中(粗)砂	m³	5503005	26.63	51.17	57.95	80.24	112.34
13	天然砂砾	m³	5503008	－	－	73.658	85.28	119.392
14	碎石(4cm)	m³	5505013	38.42	25.86	43.71	65.44	91.62
15	青(红)砖	千块	5507003	8.95	73.52	66.26	86.06	120.48

单位:1 座

顺序号	项 目	单位	代 号	混凝土搅拌站(楼)安装、拆除				
				生产能力(m³/h)				
				15 以内	25 以内	40 以内	60 以内	90 以内
				7	8	9	10	11
16	32.5 级水泥	t	5509001	16.58	19.276	25.327	36.76	51.463
17	其他材料费	元	7801001	223.7	81.9	207	261.2	365.6
18	8~10t 光轮压路机	台班	8001079	–	–	3.14	3.54	5.32
19	250L 以内强制式混凝土搅拌机	台班	8005002	2.01	2.58	3.3	4.1	6.59
20	4t 以内载货汽车	台班	8007003	3.26	3.8	–	–	–
21	8t 以内载货汽车	台班	8007006	–	–	6.1	–	–
22	40t 以内平板拖车组	台班	8007026	–	–	–	2.88	4.32
23	12t 以内汽车式起重机	台班	8009027	3.57	0.8	1.57	2.09	3.14
24	20t 以内汽车式起重机	台班	8009029	–	3.05	4.88	–	–
25	30t 以内汽车式起重机	台班	8009031	–	–	–	5.37	8.06
26	小型机具使用费	元	8099001	34.5	23.1	40.7	57.1	85.6
27	基价	元	9999001	43562	85720	124231	167685	236963

III. 混凝土搅拌站(楼)拌和

单位:100m³

顺序号	项　目	单位	代　号	混凝土搅拌站(楼)拌和				
				生产能力(m³/h)				
				15 以内	25 以内	40 以内	60 以内	90 以内
				12	13	14	15	16
1	75kW 以内履带式推土机	台班	8001002	1.13	0.68	0.38	0.28	0.2
2	1.0m³ 以内轮胎式装载机	台班	8001045	–	–	0.38	0.28	0.2
3	15m³/h 以内混凝土搅拌站	台班	8005056	1.16	–	–	–	–
4	25m³/h 以内混凝土搅拌站	台班	8005057	–	0.71	–	–	–
5	40m³/h 以内混凝土搅拌站	台班	8005058	–	–	0.43	–	–
6	60m³/h 以内混凝土搅拌站	台班	8005060	–	–	–	0.3	–
7	90m³/h 以内混凝土搅拌站	台班	8005061	–	–	–	–	0.2
8	基价	元	9999001	1933	1249	1075	926	704

顺序号	项　　目	单位	代　号	混凝土搅拌船拌和		
				生产能力(m³/h)		
				100 以内	120 以内	150 以内
				17	18	19
1	人工	工日	1001001	18.2	26.7	36.9
2	368kW 以内内燃拖轮	台班	8019007	0.03	0.04	0.05
3	100m³/h 以内混凝土搅拌船	台班	8019056	1.01	–	–
4	120m³/h 以内混凝土搅拌船	台班	8019057	–	0.87	–
5	150m³/h 以内混凝土搅拌船	台班	8019058	–	–	0.75
6	123kW 以内机动艇	台班	8019062	0.1	0.12	0.14
7	基价	元	9999001	20847	21037	21368

V. 混凝土运输

单位：100m³

顺序号	项　目	单位	代　号	机动翻斗车运		混凝土搅拌运输车运							
						运输能力（m³）							
						3		6		8		10	
				第一个100m	每增运100m	第一个1km	每增运0.5km	第一个1km	每增运0.5km	第一个1km	每增运0.5km	第一个1km	每增运0.5km
				20	21	22	23	24	25	26	27	28	29
1	3m³ 以内混凝土搅拌运输车	台班	8005028	-	-	1.76	0.11	-	-	-	-	-	-
2	6m³ 以内混凝土搅拌运输车	台班	8005031	-	-	-	-	1.08	0.06	-	-	-	-
3	8m³ 以内混凝土搅拌运输车	台班	8005032	-	-	-	-	-	-	0.8	0.05	-	-
4	10m³ 以内混凝土搅拌运输车	台班	8005034	-	-	-	-	-	-	-	-	0.7	0.04
5	1t 以内机动翻斗车	台班	8007046	2.94	1.09	-	-	-	-	-	-	-	-
6	基价	元	9999001	625	232	1442	90	1418	79	1337	84	1263	72

顺序号	项　目	单位	代　号	防爆型混凝土搅拌运输车运			
				运输能力(m³)			
				3		6	
				第一个1km	每增运0.5km	第一个1km	每增运0.5km
				30	31	32	33
1	3m³以内防爆型混凝土搅拌运输车	台班	8005037	2.1	0.15	–	–
2	6m³以内防爆型混凝土搅拌运输车	台班	8005038	–	–	1.25	0.09
3	基价	元	9999001	1844	132	1727	124

4－11－12 冷 却 水 管

工程内容 冷却水管的安装、定位、通水(含更换通水方向)、混凝土浇筑完成后通水管内灌浆封孔。

单位:1t

顺序号	项　　目	单位	代　号	冷却水管
				1
1	人工	工日	1001001	3.3
2	水泥浆(32.5)	m³	1501021	(0.52)
3	HRB400 钢筋	t	2001002	0.005
4	钢管	t	2003008	1.04
5	电焊条	kg	2009011	0.6
6	水	m³	3005004	2
7	32.5 级水泥	t	5509001	0.701
8	其他材料费	元	7801001	15.6
9	φ150mm 电动单级离心水泵	台班	8013003	7.68
10	32kV·A 以内交流电弧焊机	台班	8015028	0.42
11	小型机具使用费	元	8099001	20.00
12	基价	元	9999001	6160

4-11-13 钢桁架栈桥式码头

工程内容 1)下部墩台钻孔灌注桩基础及墩台全部钢筋混凝土、浆砌片石操作工序;2)全部万能杆件及钢材半成品的组拼、拖运就位及 拆卸分类堆放。

单位:跨河向 10m

顺序号	项 目	单位	代 号	钢桁架栈桥式码头
				1
1	人工	工日	1001001	212.2
2	M7.5 水泥砂浆	m³	1501002	(1.60)
3	普 C15-32.5-4	m³	1503031	(3.43)
4	普 C25-32.5-4	m³	1503033	(6.84)
5	水 C20-32.5-4	m³	1503100	(10.30)
6	HPB300 钢筋	t	2001001	0.251
7	HRB400 钢筋	t	2001002	1.003
8	钢丝绳	t	2001019	0.01
9	8~12 号铁丝	kg	2001021	7.57
10	20~22 号铁丝	kg	2001022	1.84
11	电焊条	kg	2009011	6.97
12	铁件	kg	2009028	47.99
13	铁钉	kg	2009030	5.93

続前页

顺序号	项目	单位	代号	钢桁架栈桥式码头
				1
14	水	m³	3005004	25
15	原木	m³	4003001	0.45
16	锯材	m³	4003002	1.42
17	黏土	m³	5501003	13.76
18	中(粗)砂	m³	5503005	12.1
19	片石	m³	5505005	5.24
20	碎石(4cm)	m³	5505013	15.91
21	32.5级水泥	t	5509001	7.423
22	其他材料费	元	7801001	22.2
23	设备摊销费	元	7901001	7171.3
24	250L以内强制式混凝土搅拌机	台班	8005002	0.26
25	1t以内机动翻斗车	台班	8007046	0.5
26	30kN以内双筒快动卷扬机	台班	8009101	13.71
27	50kN以内双筒快动卷扬机	台班	8009102	0.40
28	32kV·A以内交流电弧焊机	台班	8015028	0.90
29	小型机具使用费	元	8099001	98.90
30	基价	元	9999001	45810

注:设备摊销费是按4个月编制的;当实际工期不同时,可按每t每月140元进行调整。

4－11－14　水上泥浆循环系统

工程内容　水上泥浆循环系统的制作、安装、拆除。

顺序号	项　目	单位	代　号	水上泥浆循环系统
				1
1	人工	工日	1001001	39.8
2	M7.5 水泥砂浆	m³	1501002	(1.89)
3	普 C20－32.5－4	m³	1503032	(6.87)
4	HRB400 钢筋	t	2001002	0.613
5	钢丝绳	t	2001019	0.148
6	20～22 号铁丝	kg	2001022	3
7	铁皮	m²	2003044	26.5
8	铁件	kg	2009028	2.8
9	铁钉	kg	2009030	7.1
10	水	m³	3005004	18
11	原木	m³	4003001	0.04
12	锯材	m³	4003002	0.56
13	中(粗)砂	m³	5503005	5.43
14	碎石(4cm)	m³	5505013	5.77
15	青(红)砖	千块	5507003	2.29

顺序号	项　　目	单位	代　号	水上泥浆循环系统
				1
16	32.5 级水泥	t	5509001	2.55
17	其他材料费	元	7801001	18.3
18	250L 以内强制式混凝土搅拌机	台班	8005002	0.35
19	小型机具使用费	元	8099001	10.90
20	基价	元	9999001	11460

4-11-15 施 工 电 梯

工程内容 1)准备工作,基座放样,基座浇筑的全部工序;2)清理预埋件及各种支撑的安装、拆除等全部工序;3)电梯运行、维修、保养。

I. 安、拆

单位:1 部

顺序号	项　　　目	单位	代　号	安装高度(m)				
				100 以内	150 以内	200 以内	250 以内	300 以内
				1	2	3	4	5
1	人工	工日	1001001	198.4	270.5	350.8	421	515.2
2	普 C30-32.5-4	m³	1503034	(1.70)	(2.38)	(3.05)	(3.85)	(4.63)
3	8~12 号铁丝	kg	2001021	15	18	21	26	30
4	型钢	t	2003004	0.27	0.36	0.46	0.598	0.771
5	钢板	t	2003005	0.6	0.68	0.76	0.988	1.186
6	电焊条	kg	2009011	68.7	97.3	125.8	163.5	190.55
7	铁件	kg	2009028	76.5	113.2	149.8	194.7	233.9
8	铁钉	kg	2009030	3.5	3.5	3.5	3.5	3.5
9	水	m³	3005004	2	3	4	5	6
10	原木	m³	4003001	0.5	0.5	0.5	0.5	0.5
11	枕木	m³	4003003	0.03	0.03	0.03	0.03	0.03
12	中(粗)砂	m³	5503005	0.78	1.09	1.4	1.77	2.13
13	碎石(4cm)	m³	5505013	1.41	1.98	2.53	3.2	3.84

单位:1 部

顺序号	项 目	单位	代 号	安装高度(m)				
				100 以内	150 以内	200 以内	250 以内	300 以内
				1	2	3	4	5
14	32.5 级水泥	t	5509001	0.641	0.897	1.15	1.451	1.746
15	裸铝(铜)线	m	7001005	31	31	31	31	31
16	其他材料费	元	7801001	422.6	493.3	582.4	763	851.4
17	20t 以内汽车式起重机	台班	8009029	1.63	2.44	2.44	3.22	3.21
18	32kV·A 以内交流电弧焊机	台班	8015028	8.59	12.69	16.83	21.55	22.5
19	小型机具使用费	元	8099001	36.4	38	39.6	50.7	61.1
20	基价	元	9999001	30178	40747	51267	62651	74763

单位:1台天

顺序号	项　目	单位	代　号	单笼电梯使用			双笼电梯使用		
				高度(m)					
				75以内	100以内	150以内	100以内	200以内	300以内
				6	7	8	9	10	11
1	75m以内单笼施工电梯	台班	8009128	1.83	–	–	–	–	–
2	100m以内单笼施工电梯	台班	8009129	–	1.83	–	–	–	–
3	150m以内单笼施工电梯	台班	8009130	–	–	1.83	–	–	–
4	100m以内双笼施工电梯	台班	8009131	–	–	–	1.83	–	–
5	200m以内双笼施工电梯	台班	8009132	–	–	–	–	1.83	–
6	300m以内双笼施工电梯	台班	8009133	–	–	–	–	–	1.83
7	基价	元	9999001	588	631	685	766	926	1372

4-11-16 施工塔式起重机

工程内容 1)塔吊基础专用地脚螺栓埋设;2)构件运输到位,拼装塔吊;3)塔吊附墙设置;4)塔吊根据高度要求自升;5)施工完成后塔吊拆除。

I. 安、拆

单位:1 部

顺序号	项 目	单位	代 号	安装高度(m)			
				100 以内	150 以内	200 以内	250 以内
				1	2	3	4
1	人工	工日	1001001	229.2	274.7	394.4	461.7
2	HRB400 钢筋	t	2001002	1.239	1.735	2.416	3.395
3	钢丝绳	t	2001019	0.051	0.076	0.104	0.138
4	型钢	t	2003004	0.882	1.288	1.738	2.365
5	钢板	t	2003005	2.004	2.967	4.088	5.652
6	电焊条	kg	2009011	85.8	127	175	231.7
7	铁件	kg	2009028	159.1	237.1	329.4	442.4
8	锯材	m³	4003002	0.24	0.37	0.51	0.64
9	其他材料费	元	7801001	32.1	32.1	32.1	32.1
10	20t 以内平板拖车组	台班	8007024	5.42	9.03	10.84	12.64
11	40t 以内汽车式起重机	台班	8009032	5.86	9.77	11.72	13.67
12	32kV·A 以内交流电弧焊机	台班	8015028	10.08	16.8	20.16	23.52
13	小型机具使用费	元	8099001	116	116	116	116
14	基价	元	9999001	60653	86239	114474	140454

II. 使 用

单位:1 台大

顺序号	项 目	单位	代 号	塔式起重机规格(起重量:t)								
				6 以内			8 以内			12 以内		
				安装高度(m)								
				80 以内	150 以内	200 以内	80 以内	150 以内	200 以内	80 以内	150 以内	200 以内
				5	6	7	8	9	10	11	12	13
1	6t 以内 80m 高塔式起重机	台班	8009049	1.83	–	–	–	–	–	–	–	–
2	6t 以内 150m 高塔式起重机	台班	8009050	–	1.83	–	–	–	–	–	–	–
3	6t 以内 200m 高塔式起重机	台班	8009051	–	–	1.83	–	–	–	–	–	–
4	8t 以内 80m 高塔式起重机	台班	8009052	–	–	–	1.83	–	–	–	–	–
5	8t 以内 150m 高塔式起重机	台班	8009053	–	–	–	–	1.83	–	–	–	–
6	8t 以内 200m 高塔式起重机	台班	8009054	–	–	–	–	–	1.83	–	–	–
7	12t 以内 80m 高塔式起重机	台班	8009055	–	–	–	–	–	–	1.83	–	–
8	12t 以内 150m 高塔式起重机	台班	8009056	–	–	–	–	–	–	–	1.83	–
9	12t 以内 200m 高塔式起重机	台班	8009057	–	–	–	–	–	–	–	–	1.83
10	基价	元	9999001	1722	2109	2385	2072	2623	3016	2570	3304	3671

注:当设计采用的塔式起重机的规格、型号与定额不同时,可以按实际情况对定额进行抽换。

4－11－17 旧建筑物拆除

工程内容 1)撬除圬工,凿除或炸除混凝土;2)拆除木料及铁件;3)清理现场,整堆材料。

单位:表列单位

顺序号	项 目	单位	代 号	人工拆除		人工凿除	炸除	拆除		挖掘机拆除
				干砌	浆砌	混凝土及钢筋混凝土		简支梁木桥	桁架梁木桥	浆砌圬工
				10m³				10m		10m³
				1	2	3	4	5	6	7
1	人工	工日	1001001	2.1	3.1	13.3	9.1	12.8	15.6	0.2
2	钢钎	kg	2009002	–	–	7.2	–	–	–	–
3	硝铵炸药	kg	5005002	–	–	–	3.4	–	–	–
4	非电毫秒雷管	个	5005008	–	–	–	21.0	–	–	–
5	导爆索	m	5005009	–	–	–	32.0	–	–	–
6	其他材料费	元	7801001	–	–	18.0	2.5	–	–	–
7	1m³ 以内履带式液压单斗挖掘机	台班	8001027	–	–	–	–	–	–	0.15
8	3m³/min 以内机动空压机	台班	8017047	–	–	2.85	–	–	–	–
9	小型机具使用费	元	8099001	–	–	13.6	–	–	–	–
10	基价	元	9999001	223	329	2339	1142	1360	1658	201

第五章　交通工程及沿线设施

说　　明

1. 本章定额包括安全设施,监控、收费系统,通信系统及通信管道,通风及消防设施,供电、照明系统,电缆敷设,配管及铁构件制作安装等项目。

2. 本章定额中均已包括混凝土的拌和费用。

第一节 安全设施

说 明

1. 本节定额包括混凝土、砌体护栏，钢护栏，隔离栅，标志牌，路面标线，里程碑、百米桩、界碑，轮廓标，防眩、防撞设施，中间带，安全设施拆除，客运汽车停靠站防雨棚等项目。

2. 定额中波形钢板、型钢立柱、钢管立柱、镀锌钢管、护栏、钢板网、钢板标志、铝合金板标志、柱式轮廓标、钢管防撞立柱、镀锌钢管栏杆、预埋钢管等均为成品，编制预算时按成品价格计算。其中标志牌单价中不含反光膜的费用。

3. 水泥混凝土构件的预制、安装定额中均包括了混凝土及构件运输的工程内容，使用定额时，不得另行计算。

4. 工程量计算规则：

(1) 钢筋混凝土防撞护栏中铸铁柱与钢管栏杆按柱与栏杆的总质量计算，预埋螺栓、螺母及垫圈等附件已综合在定额内，使用定额时，不得另行计算。

(2) 波形钢板护栏中钢管柱、型钢柱按柱的成品质量计算；波形钢板按波形钢板、端头板(包括端部稳定的锚定板、夹具、挡板)与撑架的总质量计算，柱帽、固定螺栓、连接螺栓、钢丝绳、螺母及垫圈等附件已综合在定额内，使用定额时，不得另行计算。

(3) 隔离栅中钢管柱按钢管与网框型钢的总质量计算，型钢立柱按柱与斜撑的总质量计算，钢管柱定额中已综合了螺栓、螺母、垫圈及柱帽钢板的数量，型钢立柱定额中已综合了各种连接件及地锚钢筋的数量，使用定额时，不得另行计算。

钢板网面积按各网框外边缘所包围的净面积之和计算。

刺铁丝网按刺铁丝的总质量计算;铁丝编织网面积按网高(幅宽)乘以网长计算。

(4)中间带隔离墩上的钢管栏杆与防眩板分别按钢管与钢板的总质量计算。

(5)金属标志牌中立柱质量按立柱、横梁、法兰盘等的总质量计算;面板质量按面板、加固槽钢、抱箍、螺栓、滑块等的总质量计算。

(6)路面标线按划线的净面积计算。

(7)客运汽车停靠站防雨棚中钢结构防雨棚的长度按顺路方向防雨棚两端立柱中心间的长度计算;钢筋混凝土防雨棚的水泥混凝土体积按水泥混凝土垫层、基础、立柱及顶棚的体积之和计算,定额中已综合了浇筑立柱及棚顶混凝土所需的支架等,使用定额时,不得另行计算。

站台地坪按地坪铺砌的净面积计算,路缘石及地坪垫层已综合在定额中,使用定额时,不得另行计算。

5-1-1 混凝土、砌体护栏

工程内容 预制钢筋混凝土护栏:1)混凝土及钢筋的全部工序;2)挖槽、浇筑混凝土、安装混凝土护栏;3)钢管栏杆制作、安装及油漆。

现浇钢筋混凝土防撞护栏:1)混凝土及钢筋的全部工序;2)安装铸铁柱、栏杆;3)铸铁柱、栏杆油漆。

柱式护栏:1)钢筋混凝土柱式护栏预制的全部工序;2)护栏油漆;3)挖洞,埋置,柱脚填石(砂浆)固定;4)预制构件运输。

石砌墙式护栏:1)挖基;2)洗石;3)挂线;4)拌运砂浆;5)铺浆、砌筑、勾缝、油漆、养护。

I.预制钢筋混凝土护栏　　　　　　　　　　　　　　　　　单位:表列单位

顺序号	项　　目	单位	代号	预制混凝土	预制钢筋	安装	制作、安装钢管栏杆
				10m³	1t	10m³	1t
				1	2	3	4
1	人工	工日	1001001	24.9	8.6	3.6	32.3
2	M10 水泥砂浆	m³	1501003	(0.24)	–	–	–
3	普 C30-32.5-4	m³	1503034	(10.10)	–	–	–
4	预制构件	m³	1517001	–	–	–	(10.00)
5	HPB300 钢筋	t	2001001	0.002	1.025	–	–
6	20~22 号铁丝	kg	2001022	–	5.135	–	–
7	钢板	t	2003005	–	0.081	–	0.381
8	钢管	t	2003008	–	–	–	0.666
9	钢模板	t	2003025	0.1	–	–	–

顺序号	项　目	单位	代　号	预制混凝土 10m³ 1	预制钢筋 1t 2	安装 10m³ 3	制作、安装钢管栏杆 1t 4
10	电焊条	kg	2009011	–	7.7	–	20.4
11	铁件	kg	2009028	11.745	–	–	–
12	水	m³	3005004	16.16	–	1	–
13	原木	m³	4003001	0.031	–	–	–
14	锯材	m³	4003002	0.05	–	–	–
15	油漆	kg	5009002	–	–	–	36.9
16	中(粗)砂	m³	5503005	4.903	–	0.63	–
17	碎石(4cm)	m³	5505013	8.383	–	–	–
18	32.5 级水泥	t	5509001	3.883	–	0.233	–
19	其他材料费	元	7801001	51.7	–	2.4	355
20	250L 以内强制式混凝土搅拌机	台班	8005002	0.31	–	–	–
21	4t 以内载货汽车	台班	8007003	–	–	2.35	–
22	5t 以内汽车式起重机	台班	8009025	–	–	0.88	–
23	32kV·A 以内交流电弧焊机	台班	8015028	–	1.86	–	3.73
24	小型机具使用费	元	8099001	7.3	41.4	–	113.1
25	基价	元	9999001	5865	5071	2180	9407

注:预制钢筋混凝土护栏上当不安装钢管栏杆或防眩板时,应在钢筋子目中扣除人工4.0工日,钢板0.081t,电焊条7.7kg,32kV·A以内交流电弧焊机1.86台班。

顺序号	项　　目	单位	代　号	墙体混凝土	墙体钢筋	铸铁柱及栏杆
				10m³ 实体	1t	
				5	6	7
1	人工	工日	1001001	16	8.8	9.2
2	普 C25－32.5－4	m³	1503033	(10.20)	－	－
3	HPB300 钢筋	t	2001001	0.001	1.025	－
4	20～22 号铁丝	kg	2001022	－	5.1	－
5	钢管	t	2003008	－	－	0.362
6	钢模板	t	2003025	0.101	－	－
7	铸铁	kg	2003040	－	－	652
8	铁件	kg	2009028	13.3	－	90
9	水	m³	3005004	12	－	－
10	原木	m³	4003001	0.043	－	－
11	锯材	m³	4003002	0.061	－	－
12	油漆	kg	5009002	－	－	8.1
13	中(粗)砂	m³	5503005	4.9	－	－
14	碎石(4cm)	m³	5505013	8.47	－	－
15	32.5 级水泥	t	5509001	3.417	－	－
16	其他材料费	元	7801001	14.2	－	8.6
17	250L 以内强制式混凝土搅拌机	台班	8005002	0.29	－	－
18	1t 以内机动翻斗车	台班	8007046	0.28	－	－
19	小型机具使用费	元	8099001	4.8	10.7	－
20	基价	元	9999001	4829	4387	4479

单位:10 根

顺序号	项　　　目	单位	代　号	设置部位	
				路肩上	挡土墙上
				8	9
1	人工	工日	1001001	3.4	2.2
2	普 C20 - 32.5 - 2	m³	1503007	(0.53)	(0.33)
3	HPB300 钢筋	t	2001001	0.034	0.021
4	20 ~ 22 号铁丝	kg	2001022	0.2	0.1
5	铁钉	kg	2009030	1.6	1
6	水	m³	3005004	1	1
7	锯材	m³	4003002	0.053	0.033
8	油漆	kg	5009002	2.9	1.8
9	中(粗)砂	m³	5503005	0.26	0.162
10	碎石(2cm)	m³	5505012	0.435	0.271
11	碎石(8cm)	m³	5505015	1.3	-
12	32.5 级水泥	t	5509001	0.167	0.104
13	其他材料费	元	7801001	5.2	3.3
14	3t 以内载货汽车	台班	8007002	0.12	0.08
15	小型机具使用费	元	8099001	1.3	1.1
16	基价	元	9999001	885	496

顺序号	项 目	单位	代 号	浆砌片石	浆砌块石
				10	11
1	人工	工日	1001001	9.9	10.1
2	M5 水泥砂浆	m³	1501001	(3.50)	(2.70)
3	M10 水泥砂浆	m³	1501003	(0.45)	(0.27)
4	水	m³	3005004	17	17
5	油漆	kg	5009002	27.4	27.4
6	中(粗)砂	m³	5503005	4.402	3.313
7	片石	m³	5505005	11.5	-
8	块石	m³	5505025	-	10.5
9	32.5 级水泥	t	5509001	0.903	0.673
10	其他材料费	元	7801001	13.6	13.6
11	基价	元	9999001	2922	3030

5-1-2 钢 护 栏

工程内容 波形钢板护栏:1)基础:混凝土工作的全部工序;2)钢管柱:切割、焊接、钻孔、打桩机打入钢管柱,挖洞,浇筑柱脚混凝土;3)型钢柱:打桩机打入柱;4)波形钢板:安装撑架、固定螺栓及连接螺栓。

缆索护栏:1)挖洞,浇筑柱脚混凝土;2)打桩机打桩;3)缆索安装:安装撑架、固定螺栓及连接螺栓。

中央分隔带开口护栏:1)放样;2)钻孔;3)护栏运输;4)安设钢套筒;5)固定锚固单元段;6)安装护栏;7)立柱加封沥青等全部工序。

护栏防撞端头:放样、构部件运输、打桩机打立柱、安装横梁和端头等的全部工序。

防撞垫:放样、构部件运输、锚固锚板、安装框架、缓冲结构和滑轨等的全部工序。

I. 波形钢板护栏

单位:表列单位

顺序号	项 目	单位	代 号	基础混凝土	立柱钢管柱埋入	立柱钢管柱打入	型钢立柱打入	单面波形钢板	双面波形钢板
				10m³ 实体	1t				
				1	2	3	4	5	6
1	人工	工日	1001001	14.7	9.7	4.6	1.9	0.3	0.3
2	普 C20-32.5-8	m³	1503052	(10.20)	–	–	–	–	–
3	钢丝绳	t	2001019	–	–	–	–	0.008	–
4	钢板	t	2003005	–	0.032	0.025	–	–	–
5	钢管立柱	t	2003015	–	1.01	1.01	–	–	–
6	型钢立柱	t	2003016	–	–	–	1.01	–	–
7	波形钢板	t	2003017	–	–	–	–	1.01	1.01

顺序号	项　目	单位	代　号	基础混凝土	立柱钢管柱埋入	立柱钢管柱打入	型钢立柱打入	单面波形钢板	双面波形钢板
				10m³ 实体	1t				
				1	2	3	4	5	6
8	电焊条	kg	2009011	–	6	4.8	–	–	–
9	螺栓	kg	2009013	–	–	–	–	53.5	39.6
10	水	m³	3005004	12	–	–	–	–	–
11	中(粗)砂	m³	5503005	5.51	–	–	–	–	–
12	碎石(8cm)	m³	5505015	8.364	–	–	–	–	–
13	32.5 级水泥	t	5509001	2.876	–	–	–	–	–
14	其他材料费	元	7801001	2.6	11.3	8.8	–	–	–
15	2t 以内载货汽车	台班	8007001	–	0.37	0.37	0.69	–	–
16	4t 以内载货汽车	台班	8007003	–	–	–	–	0.06	0.06
17	32kV·A 以内交流电弧焊机	台班	8015028	–	0.69	0.55	–	–	–
18	小型机具使用费	元	8099001	–	41.7	52	35.8	–	–
19	基价	元	9999001	3654	6665	6073	5222	5853	5703

顺序号	项 目	单位	代 号	钢管立柱		缆索
				埋入	打入	
				7	8	9
1	人工	工日	1001001	10.4	4.9	10
2	缆索	t	2001031	–	–	1.01
3	镀锌钢板	t	2003012	0.006	0.006	–
4	钢管立柱	t	2003015	1.01	1.01	–
5	镀锌螺栓	kg	2009014	–	–	20.83
6	其他材料费	元	7801001	11.3	8.8	60.7
7	2t 以内载货汽车	台班	8007001	0.37	0.37	–
8	4t 以内载货汽车	台班	8007003	–	–	0.39
9	0.6t 以内导杆式柴油打桩机	台班	8011001	–	0.25	–
10	32kV・A 以内交流电弧焊机	台班	8015028	0.69	0.55	–
11	小型机具使用费	元	8099001	39.9	48.1	64.3
12	基价	元	9999001	6617	6137	16639

注:混凝土基础可按"波形钢板护栏"的有关定额计算。

Ⅲ. 中央分隔带开口护栏、缓冲设施

顺序号	项 目	单位	代 号	中央分隔带开口护栏	缓冲设施	
					防撞端头	防撞垫
				100m	10 套	
				10	11	12
1	人工	工日	1001001	13.6	25.8	15.5
2	石油沥青	t	3001001	0.065		
3	防撞垫	套	6007014			10
4	中央分隔带开口护栏	m	6007016	100		
5	护栏防撞端头	套	6007019		10	
6	其他材料费	元	7801001	52	184	76
7	5t 以内载货汽车	台班	8007004	2.2	3.5	2.5
8	10t 以内载货汽车	台班	8007007	1.05	1.65	1.25
9	8t 以内汽车式起重机	台班	8009026	1.2		
10	护栏液压打桩(钻孔)机	台班	8011087	1.66	2.9	
11	6m³ 以内机动空压机	台班	8017048	0.75		2.5
12	小型机具使用费	元	8099001	124	372	346
13	基价	元	9999001	205623	157271	405607

5-1-3 隔 离 栅

工程内容 钢筋混凝土立柱:混凝土及钢筋全部工序,构件运输,安柱。
隔离栅立柱:安装立柱、斜撑及地锚钢筋。
钢板网、电焊网:钢管及角钢切割、焊接、钻孔、安柱、裁网及电焊。
刺铁丝:剪丝、挂丝、绑扎。
铁丝编制网:挂网、加强钢丝及花篮螺钉安装。

单位:表列单位

顺序号	项 目	单位	代 号	钢筋混凝土隔离栅立柱		钢隔离栅立柱		隔离栅网面			
				混凝土	钢筋	钢管	型钢	钢板网	刺铁丝	铁丝编织网	电焊网
				10m³	1t			100m²	1t	100m²	
				1	2	3	4	5	6	7	8
1	人工	工日	1001001	47.5	7.5	7.8	17	8.4	65	8.1	8.1
2	普 C25-32.5-2	m³	1503008	(10.20)	-	-	-	-	-	-	-
3	HPB300 钢筋	t	2001001	-	1.025	-	0.036	-	-	-	-
4	8~12 号铁丝	kg	2001021	-	-	-	-	-	22.4	-	-
5	20~22 号铁丝	kg	2001022	-	5.1	-	-	-	-	-	-
6	刺铁丝	kg	2001023	-	-	-	-	-	1020	-	-
7	电焊网排	m²	2001024	-	-	-	-	-	-	-	102.5
8	钢板网	m²	2001025	-	-	-	-	102.5	-	-	-
9	铁丝编织网	m²	2001026	-	-	-	-	-	-	102	-
10	型钢	t	2003004	0.002	-	0.257	-	-	-	-	-

顺序号	项目	单位	代号	钢筋混凝土隔离栅立柱		钢隔离栅立柱		隔离栅网面			
				混凝土	钢筋	钢管	型钢	钢板网	刺铁丝	铁丝编织网	电焊网
				10m³	1t			100m²	1t	100m²	
				1	2	3	4	5	6	7	8
11	钢管立柱	t	2003015	–	–	0.788	–	–	–	–	–
12	型钢立柱	t	2003016	–	–	–	1.01	–	–	–	–
13	组合钢模板	t	2003026	0.043	–	–	–	–	–	–	–
14	电焊条	kg	2009011	–	–	9.4	–	34.4	–	–	34.4
15	铁件	kg	2009028	8.5	–	21.4	5.8	–	–	–	–
16	水	m³	3005004	15	–	–	–	–	–	–	–
17	原木	m³	4003001	0.019	–	–	–	–	–	–	–
18	中(粗)砂	m³	5503005	4.9	–	–	–	–	–	–	–
19	碎石(2cm)	m³	5505012	8.16	–	–	–	–	–	–	–
20	32.5 级水泥	t	5509001	3.754	–	–	–	–	–	–	–
21	其他材料费	元	7801001	14	–	25.4	–	–	–	–	–
22	250L 以内强制式混凝土搅拌机	台班	8005002	0.31	–	–	–	–	–	–	–
23	2t 以内载货汽车	台班	8007001	–	–	0.87	2.23	–	–	–	–
24	4t 以内载货汽车	台班	8007003	2.17	–	–	–	–	–	–	0.09
25	32kV·A 以内交流电弧焊机	台班	8015028	–	–	1.29	–	5.11	–	–	5.11
26	小型机具使用费	元	8099001	10.5	16.6	88.6	–	–	–	–	–
27	基价	元	9999001	8765	4255	6571	7464	4151	12147	2945	5721

5－1－4 标 志 牌

工程内容 钢筋混凝土基础:1)挖基、回填;2)钢筋及混凝土的全部工件。

金属标志牌:安装标志的全部工序。

I. 钢筋混凝土基础

单位:表列单位

顺序号	项　　目	单位	代　号	基础混凝土	基础钢筋
				10m³	1t
				1	2
1	人工	工日	1001001	13.1	8.7
2	普 C25－32.5－4	m³	1503033	(10.20)	－
3	HPB300 钢筋	t	2001001	－	1.025
4	20～22 号铁丝	kg	2001022		5.1
5	型钢	t	2003004	0.004	－
6	组合钢模板	t	2003026	0.007	－
7	铁件	kg	2009028	3.3	－
8	水	m³	3005004	12	－
9	锯材	m³	4003002	0.001	－
10	中(粗)砂	m³	5503005	4.9	－
11	碎石(4cm)	m³	5505013	8.47	－
12	32.5 级水泥	t	5509001	3.417	－

顺序号	项 目	单位	代 号	基础混凝土	基础钢筋
				10m³	1t
				1	2
13	其他材料费	元	7801001	33.6	-
14	小型机具使用费	元	8099001	3.5	-
15	基价	元	9999001	3737	4366

顺序号	项 目	单位	代 号	单柱式铝合金标志		双柱式铝合金标志		单悬臂铝合金标志		双悬臂铝合金标志		门架式铝合金标志		附着式铝合金标志
				立柱	面板	立柱	面板	立柱	面板	立柱	面板	立柱	面板	
				3	4	5	6	7	8	9	10	11	12	13
1	人工	工日	1001001	9.5	23.4	2.3	6.4	1.8	6.7	1.5	7.2	5.6	6.8	42.8
2	钢管立柱	t	2003015	6.314	—	7.198	—	7.08	—	7.051	—	7.429	—	—
3	电焊条	kg	2009011	0.9	—	0.6	—	0.6	—	0.5	—	0.4	—	—
4	镀锌铁件	kg	2009029	3759.9	3033.7	2858.3	2416.8	2978.8	2996.6	3007.7	5062.7	2622.9	3238.8	6978.9
5	铝合金标志	t	6007002	—	7.026	—	7.631	—	7.062	—	5.037	—	6.825	3.158
6	反光膜	m²	6007004	—	963.1	—	1028	—	1018.1	—	741.3	—	963.9	477.6
7	6t 以内载货汽车	台班	8007005	3.2	7.9	0.68	2.15	—	—	—	—	—	—	1.93
8	10t 以内载货汽车	台班	8007007	—	—	—	—	0.46	1.67	0.37	1.79	0.74	0.91	—
9	5t 以内汽车式起重机	台班	8009025	2.83	6.98	0.69	1.9	—	—	—	—	—	—	—
10	8t 以内汽车式起重机	台班	8009026	—	—	—	—	0.49	1.8	0.4	1.92	0.74	0.91	—
11	10m 以内高空作业车	台班	8009046	—	—	—	—	—	0.9	—	0.96	—	0.52	—
12	32kV·A 以内交流电弧焊机	台班	8015028	0.15	—	0.09	—	0.09	—	0.08	—	0.06	—	—
13	小型机具使用费	元	8099001	—	—	—	—	—	—	—	—	—	—	44.8
14	基价	元	9999001	58345	309941	54330	319708	54244	312480	54103	243502	54757	299325	179807

Ⅲ．钢板标志牌

顺序号	项　目	单位	代　号	单柱式钢板标志		双柱式钢板标志		单悬臂钢板标志		双悬臂钢板标志		门架式钢板标志	
				立柱	面板	立柱	面板	立柱	面板	立柱	面板	立柱	面板
				14	15	16	17	18	19	20	21	22	23
1	人工	工日	1001001	8	14.7	2.2	3.9	1.7	3.3	1.5	3.6	5.2	3.4
2	钢管立柱	t	2003015	6.901	–	7.386	–	7.179	–	7.092	–	7.606	–
3	电焊条	kg	2009011	0.8	–	0.5	–	0.5	–	0.4	–	0.3	–
4	镀锌铁件	kg	2009029	3161.1	3436.1	2666.4	2747.9	2877	3100.9	2965.9	5187.1	2441.5	3347.6
5	钢板标志	t	6007001	–	6.631	–	7.3	–	6.96	–	4.915	–	6.718
6	反光膜	m²	6007004	–	606	–	615.2	–	501.7	–	361.7	–	474.4
7	6t 以内载货汽车	台班	8007005	2.69	4.97	0.72	1.29	–	–	–	–	–	–
8	10t 以内载货汽车	台班	8007007	–	–	–	–	0.43	0.82	0.37	0.88	0.69	0.45
9	5t 以内汽车式起重机	台班	8009025	2.38	4.39	0.64	1.14	–	–	–	–	–	–
10	8t 以内汽车式起重机	台班	8009026	–	–	–	–	0.46	0.88	0.39	0.94	0.69	0.44
11	10m 以内高空作业车	台班	8009046	–	–	–	–	–	0.44	–	0.48	–	0.25
12	32kV·A 以内交流电弧焊机	台班	8015028	0.12	–	0.08	–	0.07	–	0.07	–	0.05	–
13	基价	元	9999001	57221	174292	54169	171351	54112	151682	54064	126206	54512	146167

5-1-5 路面标线

工程内容 清扫路面、放样、加热熔化热塑型标线涂料,划线。

单位:表列单位

顺序号	项 目	单位	代 号	普通标线			热熔标线		路面反光路钮	自发光路面标识	振动标线	彩色铺装	双组分标线	橡胶减速带
				人工标线	喷线机标线	汽车标线	沥青路面	水泥混凝土路面						
				100m²					100 个		100m²			1m
				1	2	3	4	5	6	7	8	9	10	11
1	人工	工日	1001001	3.2	3	1.3	3.1	3.1	1.4	0.8	6.9	7.9	4.5	0.2
2	环氧树脂胶水	kg	5001065	–	–	–	–	–	–	4	–	–	–	–
3	标线漆	kg	5009003	49	49	49	–	–	–	–	–	–	–	–
4	底油	kg	5009007	–	–	–	–	23	–	–	23	–	3.02	–
5	热熔涂料	kg	5009008	–	–	–	469	469	–	–	–	–	–	–
6	冷塑路面材料底漆	kg	5009015	–	–	–	–	–	–	–	–	162	–	–
7	冷塑路面材料面漆	kg	5009016	–	–	–	–	–	–	–	–	102.4	–	–
8	反光玻璃珠	kg	6007003	–	–	–	95.7	95.7	–	–	26.5	–	–	–
9	反光突起路钮	个	6007005	–	–	–	–	–	101	101	–	–	–	–
10	振动标线涂料	kg	6007010	–	–	–	–	–	–	–	784.9	–	–	–
11	双组分标线涂料	kg	6007011	–	–	–	–	–	–	–	–	–	215	–

顺序号	项目	单位	代号	普通标线			热熔标线		路面反光路钮	自发光路面标识	振动标线	彩色铺装	双组分标线	橡胶减速带
				人工标线	喷线机标线	汽车标线	沥青路面	水泥混凝土路面						
				100m²					100个		100m²			1m
				1	2	3	4	5	6	7	8	9	10	11
12	防滑砂	kg	6007012	–	–	–	–	–	–	–	–	550	–	–
13	橡胶减速带	m	6007013	–	–	–	–	–	–	–	–	–	–	1
14	其他材料费	元	7801001	–	–	–	194.2	194.2	63.1	9.7	194.2	194.2	–	14.6
15	热熔标线设备	台班	8003070	–	–	–	0.47	0.47	–	–	–	–	–	–
16	2.2kW 以内路面划线车	台班	8003071	–	0.46	–	–	–	–	–	–	–	–	–
17	汽车式划线车	台班	8003073	–	–	0.33	–	–	–	–	–	–	–	–
18	凸起振动标线机	台班	8003075	–	–	–	–	–	–	–	1.34	–	–	–
19	2t 以内载货汽车	台班	8007001	–	–	–	–	–	–	0.49	–	–	–	–
20	4t 以内载货汽车	台班	8007003	–	0.52	–	0.43	0.43	–	–	2.56	2.8	0.56	0.03
21	小型机具使用费	元	8099001	29.5	–	–	–	–	–	39.5	–	88.7	280	–
22	基价	元	9999001	1119	1394	1098	3340	3602	1248	1424	9649	16088	5833	118

5-1-6 里程碑、百米桩、界碑

工程内容 预制混凝土里程碑、百米桩、界碑:1)混凝土及钢筋的全部工序;2)油漆;3)挖洞、埋设、回填。

铝合金里程牌:剪贴反光膜,安装铝合金里程牌的全部工序。

百米桩标志牌:制作、安装百米桩标志牌的全部工序,剪贴反光膜。

I. 预制混凝土里程碑、百米桩、界碑

单位:100 块

顺序号	项 目	单位	代 号	预制混凝土		
				里程碑	百米桩	界碑
				1	2	3
1	人工	工日	1001001	33.1	3.6	20.3
2	普 C25-32.5-2	m³	1503008	(5.51)	(0.51)	(2.75)
3	普 C10-32.5-8	m³	1503050	(6.12)	–	(7.14)
4	HPB300 钢筋	t	2001001	0.267	0.07	0.182
5	型钢	t	2003004	0.005	0.001	0.003
6	组合钢模板	t	2003026	0.032	0.007	0.022
7	铁件	kg	2009028	18	3.7	12.5
8	水	m³	3005004	16	1	13
9	原木	m³	4003001	0.021	0.004	0.014
10	油漆	kg	5009002	31.1	4.6	16.4
11	中(粗)砂	m³	5503005	6.195	0.245	5.461
12	碎石(2cm)	m³	5505012	4.41	0.41	2.2

单位:100 块

顺序号	项　目	单位	代　号	预制混凝土		
				里程碑	百米桩	界碑
				1	2	3
13	碎石(8cm)	m³	5505015	5.08	-	5.93
14	32.5 级水泥	t	5509001	3.325	0.188	2.527
15	其他材料费	元	7801001	68.6	4.8	17.2
16	250L 以内强制式混凝土搅拌机	台班	8005002	0.17	0.01	0.09
17	4t 以内载货汽车	台班	8007003	0.98	0.05	0.32
18	小型机具使用费	元	8099001	1.9	0.4	1.3
19	基价	元	9999001	8141	894	5364

顺序号	项目	单位	代号	铝合金	
				里程牌	百米桩标志牌
				4	5
1	人工	工日	1001001	12.7	8.1
2	钢管立柱	t	2003015	4.561	–
3	电焊条	kg	2009011	0.45	–
4	镀锌铁件	kg	2009029	83.7	24.48
5	铝合金标志	t	6007002	0.391	0.006
6	反光膜	m²	6007004	53.76	1.54
7	4t 以内载货汽车	台班	8007003	1.619	0.46
8	5t 以内汽车式起重机	台班	8009025	1.289	–
9	32kV·A 以内交流电弧焊机	台班	8015028	0.067	–
10	基价	元	9999001	42523	1581

5-1-7 轮 廓 标

工程内容 柱式轮廓标:1)加工成型、油漆、剪贴反光膜;2)挖洞,埋设,锚筋安设,回填夯实;3)柱脚、混凝土的全部工序。

栏式轮廓标:1)制作、粘贴反光膜;2)螺栓固定。

立面标记:1)反光膜:清理粘贴处表面,剪贴反光膜;2)反光油漆:清理粘贴处表面,刷漆两遍。

单位:表列单位

顺序号	项 目	单位	代 号	轮廓标			立面标记	
				钢板柱式	玻璃钢柱式	栏式	反光膜	反光油漆
				100 根		100 块	100m²	
				1	2	3	4	5
1	人工	工日	1001001	12.7	8.1	0.7	1.8	4.9
2	普 C15-32.5-4	m³	1503031	(1.84)	(1.84)	-	-	-
3	HPB300 钢筋	t	2001001	0.05	0.05	-	-	-
4	镀锌钢板	t	2003012	-	-	0.008	-	-
5	型钢立柱	t	2003016	1.19	-	-	-	-
6	镀锌铁件	kg	2009029	-	-	16.2	-	-
7	水	m³	3005004	2	2	-	-	-
8	反光油漆	kg	5009014	-	-	-	-	50
9	中(粗)砂	m³	5503005	0.92	0.92	-	-	-
10	碎石(4cm)	m³	5505013	1.564	1.564	-	-	-
11	32.5 级水泥	t	5509001	0.516	0.516	-	-	-

单位:表列单位

顺序号	项　目	单位	代　号	轮廓标			立面标记	
				钢板柱式	玻璃钢柱式	栏式	反光膜	反光油漆
				100 根		100 块	100m²	
				1	2	3	4	5
12	反光膜	m²	6007004	1.58	1.58	1.32	110	–
13	柱式轮廓标	根	6007008	–	100	–	–	–
14	其他材料费	元	7801001	4.7	4.7	3.5	22.3	7
15	2t 以内载货汽车	台班	8007001	0.87	0.87	–	–	–
16	基价	元	9999001	8063	5536	433	18985	2237

注:栏式轮廓标安装在波形钢板护栏上时,应扣减定额中镀锌铁件的数量。

5-1-8 防眩、防撞设施

工程内容 防眩网:1)钢管立柱安装;2)钢管及角钢切割、焊接、钻孔、安装、裁网及电焊。

防眩板:1)安装固定托架或安装立柱固定横梁;2)连接螺栓安装防眩板。

防撞桶、水马:摆放防撞桶、水马。

单位:表列单位

顺序号	项 目	单位	代 号	防眩网		防眩板			防撞桶	水马
				钢管立柱	防眩网	支架式支撑	立柱式支撑	玻璃钢防眩板		
				1t	100m²	1t			100块	1个	
				1	2	3	4	5	6	7
1	人工	工日	1001001	5.1	7.2	6.2	9.7	17.7	0.1	0.1
2	型钢	t	2003004	0.03	–	–	–	–	–	–
3	镀锌钢板	t	2003012	0.292	–	1.04	0.315	–	–	–
4	钢管立柱	t	2003015	0.698	–	–	0.725	–	–	–
5	电焊条	kg	2009011	9.4	17.2	3.84	6	–	–	–
6	镀锌螺栓	kg	2009014	27	9.55	–	50	–	–	–
7	镀锌膨胀螺栓	套	2009016	–	–	150	–	–	–	–
8	防撞桶	个	6007009	–	–	–	–	–	1	–
9	水马	个	6007015	–	–	–	–	–	–	1
10	防眩网	m²	6007017	–	100	–	–	–	–	–

顺序号	项 目	单位	代 号	防眩网		防眩板			防撞桶	水马
				钢管立柱	防眩网	支架式支撑	立柱式支撑	玻璃钢防眩板		
				1t	100m²	1t		100块	1个	
				1	2	3	4	5	6	7
11	玻璃钢防眩板	块	6007018	–	–	–	–	100	–	–
12	其他材料费	元	7801001	25.4	–	–	11.3	177.4	–	–
13	2t以内载货汽车	台班	8007001	0.73	0.88	0.45	0.37	0.99	0.08	0.02
14	32kV·A以内交流电弧焊机	台班	8015028	1.29	2.56	0.44	0.69	–	–	–
15	小型机具使用费	元	8099001	88.6	–	–	41.7	30	–	–
16	基价	元	9999001	6528	4314	6456	7114	5418	380	359

注:防眩板材质为玻璃钢,当材质或规格不同时进行抽换。混凝土基础可按"波形钢板护栏"的有关定额计算。

5-1-9 中 间 带

工程内容 中间带:1)混凝土及钢筋的全部工序;2)挖槽、浇筑混凝土、安装隔离墩;3)安装中间带缘石,中间带填土;4)钢管栏杆及防眩板的制作、安装及油漆。

隔离墩:1)混凝土及钢筋的全部工序;2)挖槽、浇筑混凝土、安装隔离墩;3)安装中间带缘石,中间带填土;4)钢管栏杆及防眩板的制作、安装及油漆。

车道分离块:1)混凝土及钢筋的全部工序;2)连接钢筋制作;3)构件安装及油漆。

I.中 间 带

单位:10m³

顺序号	项 目	单位	代号	预制混凝土	安装混凝土	填土
				1	2	3
1	人工	工日	1001001	31.5	12.3	2.6
2	M5 水泥砂浆	m³	1501001	-	(0.61)	-
3	M10 水泥砂浆	m³	1501003	-	(0.11)	-
4	普 C20-32.5-4	m³	1503032	(10.10)	-	-
5	铁钉	kg	2009030	23.2	-	-
6	水	m³	3005004	16	4	-
7	锯材	m³	4003002	0.561	-	-
8	中(粗)砂	m³	5503005	4.95	0.801	-
9	碎石(4cm)	m³	5505013	8.484	-	-
10	32.5 级水泥	t	5509001	3.01	0.167	-

单位:10m³

顺序号	项　　　目	单位	代　号	预制混凝土	安装混凝土	填土
				1	2	3
11	其他材料费	元	7801001	30.9	–	–
12	250L 以内强制式混凝土搅拌机	台班	8005002	0.31	–	–
13	基价	元	9999001	6522	1439	276

注:中间带的绿化,可按设计另行计算;填土需远运时,可按"路基工程"项目的土方运输定额另行计算。

单位:表列单位

顺序号	项 目	单位	代 号	预制混凝土隔离墩	预制隔离墩钢筋	安装隔离墩	现浇隔离墩混凝土板	制作、安装隔离墩钢管栏杆
				10m³	1t	10m³	10m³	1t
				4	5	6	7	8
1	人工	工日	1001001	25.4	8.8	3.7	16.3	32.9
2	M10 水泥砂浆	m³	1501003	(0.24)	–	–	–	–
3	普 C15 – 32.5 – 4	m³	1503031	–	–	–	(10.20)	–
4	普 C30 – 32.5 – 4	m³	1503034	(10.10)	–	–	–	–
5	HPB300 钢筋	t	2001001	0.002	1.025	–	–	–
6	20 ~ 22 号铁丝	kg	2001022	–	5.1	–	–	–
7	钢板	t	2003005	–	0.081	–	–	0.381
8	钢管	t	2003008	–	–	–	–	0.666
9	钢模板	t	2003025	0.106	–	–	–	–
10	电焊条	kg	2009011	–	7.7	–	–	20.4
11	铁件	kg	2009028	11.7	–	–	–	–
12	铁钉	kg	2009030	–	–	–	9.6	–
13	水	m³	3005004	16	–	1	12	–
14	原木	m³	4003001	0.031	–	–	–	–
15	锯材	m³	4003002	0.047	–	–	0.419	–
16	油漆	kg	5009002	–	–	–	–	36.9

顺序号	项 目	单位	代 号	预制混凝土隔离墩	预制隔离墩钢筋	安装隔离墩	现浇隔离墩混凝土板	制作、安装隔离墩钢管栏杆
				10m³	1t		10m³	1t
				4	5	6	7	8
17	中(粗)砂	m³	5503005	4.91	–	0.63	5.1	–
18	碎石(4cm)	m³	5505013	8.383	–	–	8.67	–
19	32.5 级水泥	t	5509001	3.883	–	0.233	2.723	–
20	其他材料费	元	7801001	51.7	–	2.4	46.9	355
21	250L 以内强制式混凝土搅拌机	台班	8005002	0.31	–	–	0.27	–
22	4t 以内载货汽车	台班	8007003	–	–	2.35	–	–
23	1t 以内机动翻斗车	台班	8007046	–	–	–	0.39	–
24	5t 以内汽车式起重机	台班	8009025	–	–	0.88	–	–
25	32kV·A 以内交流电弧焊机	台班	8015028	–	1.86	–	–	3.73
26	小型机具使用费	元	8099001	7.3	41.4	–	9.8	113.1
27	基价	元	9999001	5946	5092	2191	4661	9471

注:1. 中间带的绿化,可按设计另行计算;填土需远运时,可按"路基工程"项目的土方运输定额另行计算。

2. 隔离墩上不安装钢管栏杆或防眩板时,应在钢筋子目中扣除人工 4 工日,钢板 0.081t,电焊条 7.7kg,30kV·A 交流电焊机 1.86 台班。

单位:表列单位

顺序号	项　目	单位	代　号	预制混凝土车道分离块	预制车道分离块钢筋	安装车道分离块
				10m³	1t	10m³
				9	10	11
1	人工	工日	1001001	24.1	9.1	7.9
2	普 C25 – 32.5 – 2	m³	1503008	(10.10)	–	–
3	HPB300 钢筋	t	2001001	0.01	1.025	0.5
4	20~22 号铁丝	kg	2001022	–	5.1	–
5	钢模板	t	2003025	0.093	–	–
6	水	m³	3005004	16	–	–
7	油漆	kg	5009002	–	–	65.3
8	中(粗)砂	m³	5503005	5.04	–	–
9	碎石(2cm)	m³	5505012	8.08	–	–
10	32.5 级水泥	t	5509001	3.717	–	–
11	其他材料费	元	7801001	82.3	–	–
12	250L 以内强制式混凝土搅拌机	台班	8005002	0.31	–	–
13	4t 以内载货汽车	台班	8007003	–	–	2.41
14	小型机具使用费	元	8099001	3.1	27.1	4.3
15	基价	元	9999001	5577	4435	4648

注:本定额中分离块的连接是按钢筋连接编制的;当采用钢管连接时,每次10m³ 构件实体按钢管长度546m计算,并扣减安装定额中的钢筋数量。

5－1－10　安全设施拆除

工程内容　拆除安全设施、运输、集中堆放,清理现场。

单位:表列单位

顺序号	项目	单位	代号	拆除铝合金标志		拆除混凝土护栏	拆除波形钢板护栏		拆除隔离栅		拆除铝合金里程牌	拆除铝合金百米牌	拆除界碑	拆除突起路标	人工铲除标线	机械铲除标线	拆除防眩板
				立柱	面板		立柱	波形钢板	立柱	网面							
				10t		10m³	10根	100m	100根	100m²	100个					100m²	100块
				1	2	3	4	5	6	7	8	9	10	11	12	13	14
1	人工	工日	1001001	3.3	8.1	18	1.4	1.7	5.4	0.8	2.8	1.7	2.3	0.4	22.2	4.8	1.8
2	其他材料费	元	7801001	－	－	17.5	－	－	－	－	－	－	－	－	52.4	－	－
3	标线清除机	台班	8003074	－	－	－	－	－	－	－	－	－	－	－	－	1.8	－
4	2t以内载货汽车	台班	8007001	－	－	4.1	0.12	－	0.99	0.08	0.83	0.66	0.41	0.05	－	－	0.66
5	4t以内载货汽车	台班	8007003	1.27	3.34	－	－	0.35	－	－	－	－	－	－	－	－	－
6	5t以内汽车式起重机	台班	8009025	1.07	2.82	－	－	－	－	－	－	－	－	－	－	－	－
7	小型机具使用费	元	8099001	－	－	－	63.8	2.5	26.6	1.2	1.7	1.2	1.4	－	40.4	0.1	3.1
8	基价	元	9999001	1630	4228	3333	254	348	939	114	583	408	386	60	2452	1309	420

5-1-11 客运汽车停靠站防雨棚

工程内容 1)挖基,回填及夯实;2)站台地坪垫层及地坪、缘石预制块的预制、铺砌的全部工序;3)防雨棚制作安装的全部工序。

单位:表列单位

顺序号	项 目	单位	代号	钢结构防雨棚	钢筋混凝土		站台地坪
					混凝土	钢筋	
				10m	10m³	1t	100m²
				1	2	3	4
1	人工	工日	1001001	20.3	33.7	5	24.6
2	普 C25-32.5-2	m³	1503008	(0.31)	(6.71)	-	-
3	普 C20-32.5-4	m³	1503032	-	(1.15)	-	(1.27)
4	普 C10-32.5-8	m³	1503050	-	(2.33)	-	-
5	普 C20-32.5-8	m³	1503052	(4.86)	-	-	-
6	HPB300 钢筋	t	2001001	0.044	-	0.553	-
7	HRB400 钢筋	t	2001002	-	-	0.472	-
8	8~12 号铁丝	kg	2001021	-	0.5	-	-
9	20~22 号铁丝	kg	2001022	0.2	-	1.5	-
10	型钢	t	2003004	0.114	0.044	-	-
11	钢板	t	2003005	0.025	-	-	-
12	钢管	t	2003008	0.153	-	-	-
13	组合钢模板	t	2003026	0.016	0.059	-	-

顺序号	项 目	单位	代 号	钢结构防雨棚	钢筋混凝土		站台地坪
					混凝土	钢筋	
				10m	10m³	1t	100m²
				1	2	3	4
14	门式钢支架	t	2003027	–	0.009	–	–
15	电焊条	kg	2009011	3.2	–	8.2	–
16	铁件	kg	2009028	14.3	51.9	–	–
17	铁钉	kg	2009030	–	0.2	–	4.6
18	水	m³	3005004	6	17	–	10
19	原木	m³	4003001	0.001	0.821	–	–
20	锯材	m³	4003002	0.008	0.187	–	0.076
21	油漆	kg	5009002	4.2	–	–	–
22	玻璃钢瓦	m²	5009013	26.4	–	–	–
23	中(粗)砂	m³	5503005	2.773	6.79	–	5.7
24	天然级配	m³	5503009	–	–	–	10.4
25	碎石(2cm)	m³	5505012	0.25	5.38	–	4.14
26	碎石(4cm)	m³	5505013	–	0.97	–	1.07
27	碎石(8cm)	m³	5505015	3.99	1.934	–	–
28	32.5级水泥	t	5509001	1.486	3.789		1.97

单位:表列单位

顺序号	项 目	单位	代 号	钢结构防雨棚	钢筋混凝土		站台地坪
					混凝土	钢筋	
				10m	10m³	1t	100m²
				1	2	3	4
29	其他材料费	元	7801001	35.6	208.1	–	26.3
30	250L 以内强制式混凝土搅拌机	台班	8005002	0.16	0.31	–	0.2
31	3t 以内载货汽车	台班	8007002	–	–	–	1.45
32	1t 以内机动翻斗车	台班	8007046	0.16	0.41	–	–
33	5t 以内汽车式起重机	台班	8009025	–	0.18	–	–
34	φ500mm 内木工圆锯机	台班	8015013	–	0.23	–	–
35	32kV·A 以内交流电弧焊机	台班	8015028	0.87	–	1.13	–
36	小型机具使用费	元	8099001	180.1	12.5	23	5.1
37	基价	元	9999001	6228	8661	4193	5614

第二节 监控、收费系统

说 明

1.本节定额包括监控、收费系统中管理站、分中心、中心(计算机及网络设备,软件,视频控制设备安装,附属配套设备),收费车道设备,外场管理设备(称重设备安装,隧道监控设备安装,信息显示设备安装、调试,视频监控与传输设备安装、调试,信号灯及车辆检测器安装),太阳能电池安装,系统互联、调试与试运行,收费岛等13个项目。

2.本节不包括以下工程内容:

(1)设备本身的功能性故障排除。

(2)制作缺件、配件。

(3)在特殊环境条件下的设备加固、防护。

(4)与计算机系统以外的外系统联试、校验或统调。

(5)设备基础和隐蔽管线施工。

(6)外场主干通信电缆和信号控制电缆的敷设施工及试运行。

(7)接地装置、避雷装置的制作与安装,安装调试设备必需的技术改造和修复施工。

3.收费岛上涂刷反光标志漆和粘贴反光膜的数量,已综合收费岛混凝土定额中,使用定额时,均不得另行计算。

4.防撞栏杆的预埋钢套管的数量已综合在定额中,使用定额时,不得另行计算。

5.防撞立柱的预埋钢套管及立柱填充水泥混凝土、立柱与预埋钢套管之间灌填水泥砂浆的数量,均已综合在定额中,使用定额时,不得另行计算。

6.设备基础混凝土定额中综合了预埋钢筋、地脚螺母、底座法兰盘等的数量,使用定额时,不得另行计算。

5-2-1 计算机及网络设备安装

工程内容 1)开箱检查、定位、机械安装、线缆连接、电气调试、指标测试、清理现场;2)软件测试与安装;3)零配件配套、按说明书通电;4)设备初验、检查基础、安装设备、调试设备、试运行;5)单机自检、接口正确性检查和调试、联机调试。

单位:1套

顺序号	项 目	单位	代 号	小型服务器(含软件)	普通服务器(含软件)	工作站(含软件)	防火墙(包含软件)	综合大型控制台	以太网交换机 100M以内	以太网交换机 1000M以内	以太网交换机 1000M以上	磁盘阵列	普通光盘机
				1	2	3	4	5	6	7	8	9	10
1	人工	工日	1001001	12	6	0.9	1.8	14.4	1.8	3	4.5	4.8	0.3
2	母线	m	7001002	12	4	–	–	–	–	–	–	–	–
3	绝缘软线	m	7001008	50	50	–	–	–	–	–	–	–	–
4	其他材料费	元	7801001	106	53	25.6	–	1.9	1.9	1.9	1.9	359.3	1.9
5	4t以内载货汽车	台班	8007003	–	–	–	–	–	–	–	–	0.18	–
6	3t以内电瓶车	台班	8007055	–	–	–	0.76	–	–	–	–	–	–
7	4t以内内燃叉车	台班	8009122	0.88	–	–	0.44	–	–	–	–	–	–
8	微机硬盘测试仪	台班	8021003	–	–	–	–	–	–	–	–	2	–
9	网络分析仪	台班	8021007	–	–	–	–	–	1	1.5	1.5	–	–
10	90kW以内工程修理车	台班	8025004	0.92	–	–	0.28	–	0.28	0.28	0.28	–	–
11	小型机具使用费	元	8099001	96.8	23.7	7.3	–	64.8	110.1	141	141	15.6	7.3
12	基价	元	9999001	3527	1578	129	395	1988	672	913	1073	1200	41

顺序号	项　目	单位	代　号	彩色扫描仪	网卡1000M	移动硬盘	光盘机DVD-R/RW	针式打印机	票据打印机	宽行打印机	网络打印机	单色激光打印机	彩色喷墨打印机
				1套						1台			
				11	12	13	14	15	16	17	18	19	20
1	人工	工日	1001001	0.6	0.3	0.1	0.3	0.3	0.3	0.6	1.2	0.6	0.6
2	其他材料费	元	7801001	5.8	–	–	13.7	8.5	3.9	10.2	39.1	53.1	316.6
3	4t 以内内燃叉车	台班	8009122	–	–	–	–	0.09	0.09	0.09	0.09	0.09	0.09
4	小型机具使用费	元	8099001	0.9	–	–	9.2	8.8	9.9	33.1	51.8	16.5	33.6
5	基价	元	9999001	70	32	11	55	92	89	150	261	176	457

顺序号	项　目	单位	代　号	热转印打印机	打印机控制器	视频打印机	KVM 控制器	
							8 路	16 路
				1 台		1 套		
				21	22	23	24	25
1	人工	工日	1001001	0.9	0.6	1.1	0.6	0.9
2	其他材料费	元	7801001	51.7	55	1.9	1.9	1.9
3	4t 以内内燃叉车	台班	8009122	0.09	–	–	–	–
4	小型机具使用费	元	8099001	38.6	15.4	10.9	10.9	10.9
5	基价	元	9999001	229	134	130	77	108

5－2－2 软件(包括系统、应用软件)安装

工程内容 软件测试与安装,调试、联机调试。

单位:1 套

顺序号	项 目	单位	代 号	监控应用软件	收费应用软件					联网收费结算中心软件
					站级	分中心级	中心级	MTC 车道	ETC 车道	
				1	2	3	4	5	6	7
1	人工	工日	1001001	14.4	14.4	7.2	36.1	7.2	9.6	36.1
2	其他材料费	元	7801001	183.5	183.5	295.6	407.8	91.7	122.3	479.1
3	小型机具使用费	元	8099001	21.9	21.9	32.8	43.7	11	14.6	54.7
4	基价	元	9999001	1736	1736	1094	4288	868	1157	4371

5－2－3 视频控制设备安装

工程内容 1)开箱检查、定位、机械安装、线缆连接、电气调试、指标测试、清理现场;2)软件测试与安装;3)零配件配套、按说明书通电;4)设备初验、检查基础、安装设备、调试设备、试运行;5)搬运、清点设备、通电检查。

单位:表列单位

顺序号	项 目	单位	代 号	矩阵切换设备				多画面分割器（合成器）			音频、视频分配器	图像处理器	控制键盘	数字图像叠加器	彩色监视器	监视器列架(2×2)	调制解调器
				16路以内	64路以内	128路以内	256路以内	4画面	16画面	16画面以上							
				1台							1套						
				1	2	3	4	5	6	7	8	9	10	11	12	13	14
1	人工	工日	1001001	1.8	4.8	6.6	9	0.4	1.3	1.9	1.2	1.4	0.7	0.7	0.4	1.8	0.4
2	其他材料费	元	7801001	0.4	0.5	0.5	0.5	2.2	3.7	4.1	0.3	1.9	1.9	1.9	1.9	1.9	1.9
3	3t以内电瓶车	台班	8007055	－	－	－	－	－	－	－	－	－	－	－	－	0.38	－
4	小型机具使用费	元	8099001	84.3	179.5	235	235	－	－	－	13.3	15.1	2.7	35.4	13.7	4.7	3.1
5	基价	元	9999001	276	690	937	1192	45	142	206	141	166	79	112	58	288	48

顺序号	项目	单位	代号	光端机				视频压缩编(解)码器	光纤收发器	光纤模块	视频补偿器	视频传输设备		地图板 1m×1m	投影仪一对一单屏	投影仪拼接控制器	
				数据光端机	视频数据光端机	单路视频光端机	多路视频复用机					多路遥控发射设备	多路遥控接收设备			10屏以内	20屏以内
				1套								1台		1套			
				15	16	17	18	19	20	21	22	23	24	25	26	27	28
1	人工	工日	1001001	1.4	2.9	3.6	4.3	4.7	0.7	0.4	0.9	2.4	1.8	5.1	3.6	4.8	7.2
2	其他材料费	元	7801001	1.9	1.9	1.9	1.9	1.9	1.9	1.9	0.8	0.5	0.5	1.9	1.9	2.9	3.9
3	4t 以内载货汽车	台班	8007003	–	–	–	–	–	–	–	–	–	–	0.18	0.18	0.88	0.88
4	300kg 以内液压升降机	台班	8009153	–	–	–	–	–	–	–	–	–	–	0.06	0.06	0.31	0.31
5	光纤测试仪	台班	8021001	–	–	–	–	–	0.25	0.15	–	–	–	–	–	–	–
6	光时域反射仪	台班	8021016	0.2	0.3	0.5	0.75	1	–	–	–	–	–	–	–	–	–
7	小型机具使用费	元	8099001	7.6	14.7	17.5	35.4	22.5	–	–	5.2	40.9	28.5	20.7	19	81.2	81.7
8	基价	元	9999001	284	514	717	967	1154	147	87	102	296	220	657	496	1050	1307

单位:表列单位

顺序号	项　　目	单位	代　号	投影仪拼接控制器 20屏以上 1套 29	LED显示屏 1m² 30	数字硬盘录像机 4路以内 1台 31	数字硬盘录像机 16路以内 1台 32	网络编解码器 33
1	人工	工日	1001001	9.6	4.2	1.2	3.6	1.5
2	其他材料费	元	7801001	4.9	8.1	–	–	110.5
3	4t以内载货汽车	台班	8007003	0.88	–	–	–	–
4	300kg以内液压升降机	台班	8009153	0.31	–	–	–	–
5	光纤熔接机	台班	8021014	–	–	–	–	0.5
6	小型机具使用费	元	8099001	82.4	27	40.7	122	114.3
7	基价	元	9999001	1563	481	168	505	439

注:监视器列架按2×2单元计列,实际使用可按设计数量进行对应比例调整;地图板按1m×1m计列,实际使用可按设计数量进行对应比例调整。

5－2－4 信息显示设备安装、调试

工程内容 开箱检查、定位、机械安装、线缆连接、电气调试、指标测试、清理现场。

单位:1 套

顺序号	项　目	单位	代号	LED 可变道路情报板		小型 LED 信息标志板		可变限速标志		停车场标志牌	停车场信息显示板	出入口标志板	场内车位显示板
				门架式	悬臂门架式	立柱式	移动式	LED 式	光纤式				
				1	2	3	4	5	6	7	8	9	10
1	人工	工日	1001001	36.1	21.7	10.8	7.2	3.6	4.3	3.3	7.2	2.7	2.7
2	螺栓	kg	2009013	1.8	1.8	0.6	－	0.4	0.4	0.4	0.4	0.4	0.4
3	其他材料费	元	7801001	2.3	2.3	1.9	1.9	1.9	1.9	1.9	1.9	1.9	1.9
4	4t 以内载货汽车	台班	8007003	－	0.44	0.44	0.88	0.44	0.44	0.44	0.44	0.44	0.44
5	20t 以内平板拖车组	台班	8007024	0.86	－	－	－	－	－	－	－	－	－
6	5t 以内汽车式起重机	台班	8009025	－	0.37	0.22	0.19	0.19	0.19	－	－	－	－
7	20t 以内汽车式起重机	台班	8009029	0.95	－	－	－	－	－	－	－	－	－
8	光纤熔接机	台班	8021014	－	－	－	－	－	0.25	－	－	－	－
9	光时域反射仪	台班	8021016	－	－	－	－	－	0.25	－	－	－	－
10	小型机具使用费	元	8099001	126.2	78.4	72.4	40.3	59.2	21.9	－	－	－	－
11	基价	元	9999001	5944	2843	1574	1342	775	997	562	977	499	499

注:如需安装设备立柱、门架、基础、手井、接地,可参照其他定额另计。停车场信息显示板按 1m² 计列,如显示尺寸超过 1m²,参照视频控制设备 LED 显示屏定额套算。

5-2-5 视频监控与传输设备安装、调试

工程内容 开箱检查、定位、机械安装、线缆连接、电气调试、指标测试、清理现场。

单位:1 套

顺序号	项 目	单位	代 号	CCD 彩色摄像机					高速智能球形摄像机	激光夜视摄像机	镜头、防护罩、云台、支架
				收费亭内	收费岛上	收费广场、主线	隧道内	一般室内			
				1	2	3	4	5	6	7	8
1	人工	工日	1001001	3	4.8	9	3.6	3.6	1.7	9	0.6
2	螺栓	kg	2009013	–	–	2.9	–	–	–	2.9	–
3	膨胀螺栓	套	2009015	4.1	10.2	10.2	8.2	8.2	–	10.2	–
4	其他材料费	元	7801001	1.9	2.5	4.1	1.9	1.9	1.8	4.1	4.9
5	4t 以内载货汽车	台班	8007003	–	–	0.88	0.22	0.18	–	0.88	–
6	300kg 以内液压升降机	台班	8009153	–	–	0.16	–	–	–	0.16	0.16
7	小型机具使用费	元	8099001	12.2	23.6	62.7	13.1	13.1	39.5	62.7	–
8	基价	元	9999001	353	585	1529	540	522	222	1529	90

5-2-6 隧道监控设备安装

工程内容 可编程控制器及环境监测设备安装调试:开箱检查、定位、机械安装、线缆连接、电气调试、指标测试、清理现场。

火灾探测器安装:校线、挂锡、安装底座、探头、编码、清洁、调测。

火灾报警主机安装:安装、固定、校线、挂锡、功能检测、防潮和防尘处理、压线、标志、绑扎。

消防系统调试:校线、挂锡、并线、压线、标志、安装、固定、功能检测、防潮和防尘处理。

I. 可编程控制器安装调试

单位:1套

顺序号	项 目	单位	代 号	主控可编制控制器 PLC 设备安装、调试	区域可编制控制器 PLC 设备安装、调试
				1	2
1	人工	工日	1001001	18.1	9
2	可挠金属管(LV-5/50#)	m	2003047	12	8
3	膨胀螺栓	套	2009015	6.1	6.1
4	电缆	m	7001001	257	114
5	母线	m	7001002	15	12
6	屏蔽线	m	7001003	12	10
7	电线	m	7001004	12	10
8	绝缘软线	m	7001008	5	4
9	铜接线端子	个	7005011	150	120
10	空气开关	个	7005029	3	3
11	24V 电源	个	7005030	2	2

顺序号	项　目	单位	代　号	主控可编制控制器 PLC 设备安装、调试	区域可编制控制器 PLC 设备安装、调试
				1	2
12	其他材料费	元	7801001	44.4	44.4
13	4t 以内载货汽车	台班	8007003	1	0.6
14	300kg 以内液压升降机	台班	8009153	0.5	0.4
15	小型机具使用费	元	8099001	36.2	28.9
16	基价	元	9999001	14659	7816

顺序号	项 目	单位	代 号	风向、风速检测器	能见度检测器	气象检测器	一氧化碳检测器
				3	4	5	6
1	人工	工日	1001001	1.8	5.1	3.3	0.7
2	膨胀螺栓	套	2009015	6.1	8.2	12.20	4.1
3	其他材料费	元	7801001	1.7	2.1	1.9	1.90
4	混凝土电动切缝机	台班	8003085	–	–	0.15	–
5	300kg 以内液压升降机	台班	8009153	0.31	0.19	–	0.12
6	小型机具使用费	元	8099001	27.1	34	65.6	27.9
7	基价	元	9999001	291	643	508	140

顺序号	项　　目	单位	代　号	总线制					火灾报警按钮
				感温(烟)探测器	双波长探测器	探头	线型探测器	红外光束探测器	
				1 台		1 只	10m	1 只	
				7	8	9	10	11	12
1	人工	工日	1001001	1.2	1.8	0.2	3.3	2.3	0.5
2	镀锌钢绞线	t	2001010	–	–	–	0.023	–	–
3	铁件	kg	2009028	–	–	–	–	0.10	–
4	电缆	m	7001001	–	–	–	3.00	–	–
5	感温光缆	m	7003002	–	–	–	13.20	–	–
6	其他材料费	元	7801001	4.60	4.90	1.90	16.90	14.60	7.10
7	10m 以内高空作业车	台班	8009046	0.3	–	–	0.4	–	–
8	小型机具使用费	元	8099001	0.4	1.8	1.8	–	1.4	1.1
9	基价	元	9999001	287	198	25	967	261	61

IV. 火灾报警主机安装

单位:1 台

顺序号	项　目	单位	代　号	火灾报警主机(点)			
				500 以内	1000 以内	2000 以内	2000 以上
				13	14	15	16
1	人工	工日	1001001	28.5	37.3	43.6	59.4
2	其他材料费	元	7801001	35.3	71.1	113.00	220.7
3	6t 以内载货汽车	台班	8007005	0.1	0.1	0.1	0.10
4	小型机具使用费	元	8099001	130.7	222	386	680.1
5	基价	元	9999001	3244	4307	5182	7263

顺序号	项　目	单位	代　号	自动报警系统装置		水灭火系统控制装置 500点以上	电动防火门控制系统装置	防火卷帘门控制系统装置	正压送风阀、排烟阀、防火阀控制系统装置
				500点以内	2000点以内				
				1 系统			10 处		
				17	18	19	20	21	22
1	人工	工日	1001001	186.9	330.1	219.7	6.4	31.4	4.2
2	电	kW·h	3005002	180	740	329	2	108	5
3	其他材料费	元	7801001	591.2	1985.7	113.5	－	4.7	375.3
4	小型机具使用费	元	8099001	2850.9	5688.6	636	22.2	119.1	61.3
5	基价	元	9999001	23459	43386	24379	704	3553	887

5-2-7 收费系统设备安装

工程内容 1）开箱检查、定位、机械安装、线缆连接、电气调试、指标测试、清理现场;2）零配件配套、按说明书通电。

单位:1 套

顺序号	项　目	单位	代　号	车道控制机	终端显示器	专用键盘	电动栏杆	手动栏杆	费用显示及报价器	拾音器	收据打印机	纸制磁条通行券发卡机	纸制磁条通行券读卡机	非接触式IC卡读写机	ETC路侧单元读写控制器（RSU）
				1	2	3	4	5	6	7	8	9	10	11	12
1	人工	工日	1001001	5.1	0.4	0.4	2.5	1.1	1.4	0.2	0.4	1.4	1.1	0.7	7.2
2	膨胀螺栓	套	2009015	–	–	–	6.1	6.1	–	–	–	–	–	–	–
3	电线	m	7001004	–	–	–	–	–	–	–	–	–	–	–	51
4	其他材料费	元	7801001	72.6	1.9	1.9	1.9	1.9	1.9	–	1.9	1.9	1.9	1.9	1.9
5	3t 以内电瓶车	台班	8007055	0.19	–	–	0.19	0.19	–	–	–	–	–	–	–
6	300kg 以内液压升降机	台班	8009153	–	–	–	–	–	–	–	–	–	–	–	0.62
7	小型机具使用费	元	8099001	12.7	3.1	2	14.6	11.3	3.6	–	3.1	–	2.7	2.7	–
8	基价	元	9999001	673	48	46	357	205	154	21	48	151	122	79	952

单位:1套

顺序号	项目	单位	代号	路侧单元识别读写器(OBU)	二维条码通行券打印机	二维条码通行券识读机	自动发卡读卡机	声光报警器	收费操作台	紧急脚踏开关	报警灯	雨棚信号灯(单相)	车辆通行信号灯	雾灯	有线对讲主机 8路
				13	14	15	16	17	18	19	20	21	22	23	24
1	人工	工日	1001001	7.8	1.1	0.7	7.2	0.2	0.7	0.1	0.2	1.8	0.7	0.4	3.6
2	膨胀螺栓	套	2009015	6.1	–	–	30.6	–	–	–	–	6.1	6.1	4.1	0.1
3	电线	m	7001004	51	–	–	–	–	–	–	–	51	20	20	–
4	其他材料费	元	7801001	77.7	1.9	1.9	3	1.9	1.9	1.5	0.4	2.7	1.9	1.9	–
5	4t 以内载货汽车	台班	8007003	0.35	–	–	–	–	–	–	–	0.13	0.09	–	–
6	300kg 以内液压升降机	台班	8009153	0.31	–	–	0.25	–	–	–	–	0.31	–	–	–
7	小型机具使用费	元	8099001	9.9	1.8	1.8	–	2.3	1.8	1.1	1.1	5.5	4.4	3.5	21.9
8	基价	元	9999001	1253	121	78	949	25	78	13	23	432	192	107	405

注:ETC 路侧单元读写控制器(RSU)、路侧单元识别读写器(OBU)如需安装门架、立柱、天线杆时,可参照其他定额另计。

顺序号	项 目	单位	代 号	有线对讲主机 16 路	投包机	环形线圈车辆检测器单通道	车辆分离器	视频车辆检测器	车型识别装置 红外式	车型识别装置 视频式	车辆牌照识别装置
				25	26	27	28	29	30	31	32
1	人工	工日	1001001	5.4	7.2	2.7	1.1	1.4	3.6	2.9	2.2
2	膨胀螺栓	套	2009015	0.3	6.1	–	16.3	8.2	32.6	8.2	8.2
3	水	m³	3005004	–	–	2	–	–	–	–	–
4	环氧树脂	kg	5009009	–	–	4	–	–	–	–	–
5	电线	m	7001004	–	–	51	–	–	–	–	–
6	其他材料费	元	7801001	–	77.7	5.5	5.9	2.1	4.3	2.1	2.1
7	混凝土电动切缝机	台班	8003085	–	–	0.38	–	–	–	–	–
8	4t 以内载货汽车	台班	8007003	–	0.35	0.18	0.44	0.44	0.13	–	–
9	小型机具使用费	元	8099001	32.8	9.9	8.9	20.1	44.8	29.3	44.8	39.3
10	基价	元	9999001	608	1047	668	428	442	633	394	314

5－2－8　称重设备安装

工程内容　称重控制器、称重传感器、红外线车道分离器、轮轴识别器、检测线圈、穿线管、排水、穿管工作等。

单位：表列单位

顺序号	项　目	单位	代号	车位检测器 1端	称重器 弯板式 1套	称重器 单称台 1套	称重器 双称台 1套	称重器 动态 1台
				1	2	3	4	5
1	人工	工日	1001001	1.1	14.4	21.1	25.3	2.5
2	HPB300 钢筋	t	2001001	－	－	0.024	0.165	－
3	HRB400 钢筋	t	2001002	－	－	0.187	0.078	－
4	钢管	t	2003008	－	0.043	0.043	0.043	－
5	可挠金属管(LV-5/50#)	m	2003047	－	10	10	10	－
6	膨胀螺栓	套	2009015	－	－	－	－	32.6
7	镀锌扁铁	m	2009043	－	30	30	30	－
8	水	m³	3005004	－	3	3	3	－
9	PVC 塑料管(φ100mm)	m	5001014	－	4	4	4	－
10	环氧树脂	kg	5009009	－	6	6	6	－
11	电线	m	7001004	－	51	51	51	－
12	绝缘软线	m	7001008	－	20	20	20	－
13	其他材料费	元	7801001	1.9	5.9	5.9	5.9	5.9
14	混凝土电动切缝机	台班	8003085	－	0.76	0.76	0.76	－

顺序号	项　目	单位	代　号	车位检测器	称重器			
					弯板式	单称台	双称台	动态
				1 端	1 套			1 台
				1	2	3	4	5
15	4t 以内载货汽车	台班	8007003	0.18	2.63	2.63	2.63	0.22
16	300kg 以内液压升降机	台班	8009153	–	0.74	0.74	0.74	–
17	小型机具使用费	元	8099001	6	29.3	29.3	29.3	29.3
18	基价	元	9999001	209	4404	5804	6366	560

S-2-9 信号灯及车辆检测器安装

工程内容 1)开箱检查、定位、机械安装、线缆连接、电气调试、指标测试、清理现场;2)零配件配套、按说明书通电。

单位:表列单位

顺序号	项 目	单位	代 号	隧道通行信号灯	信号灯控制机	机动车道信号灯	人行道信号灯	信号灯倒计时器	通行诱导信息板	环形线圈车辆检测器			微波检测器
										双通道	四通道	八通道	
				1套									1台
				1	2	3	4	5	6	7	8	9	10
1	人工	工日	1001001	0.7	2.2	1.8	1.1	2.2	4.7	3.6	5.4	8.1	2.9
2	膨胀螺栓	套	2009015	6.1	–	6.1	6.1	6.1	8.2	–	–	–	12.2
3	水	m³	3005004	–	–	–	–	–	–	2	2	2	–
4	环氧树脂	kg	5009009	–	–	–	–	–	–	8	16	32	–
5	电线	m	7001004	51	–	–	–	–	–	102	204	408	–
6	其他材料费	元	7801001	1.9	1.9	1.9	1.9	1.9	1.9	11	22	44	3.2
7	混凝土电动切缝机	台班	8003085	–	–	–	–	–	–	0.57	1.14	2.27	–
8	4t以内载货汽车	台班	8007003	0.09	0.22	0.09	0.09	0.13	0.13	0.26	0.53	1.05	0.22
9	300kg以内液压升降机	台班	8009153	–	–	0.12	–	0.12	0.06	–	–	–	0.16
10	小型机具使用费	元	8099001	5.1	16.8	5.5	4.8	5.5	9.9	14.5	26.2	43.4	23.8
11	基价	元	9999001	253	356	286	195	348	620	1048	1901	3494	519

5 – 2 – 10　附属配套设备安装

工程内容　1)装调技术准备、装调机具准备、电源检测和施工安全防护、搬运、开箱、检查、定位、安装、互联、设备清理和清洗、接通电源、单机自检、接口正确性检查和调试、联机调试;2)电气调试、指标调试、清理现场;3)搬运、开箱检查、自检、调试;4)设备组装、检查基础、画线定位、安装调试。

单位:表列单位

顺序号	项　目	单位	代　号	触摸屏显示器	通行券编码器	交、直流稳压电源			不间断电源				标准机柜	
						规格(kV·A)			规格(kV·A)				1.2m左右	2m左右
						10以内	45以内	45以上	6以内	10以内	30以内	50以内		
				1 台		1 套			1 台					
				1	2	3	4	5	6	7	8	9	10	11
1	人工	工日	1001001	1.2	2.9	0.9	1.5	2.1	3.6	7.2	15.1	21.1	0.8	1.2
2	电线	m	7001004	–	–	100	250	450	–	–	–	–	–	–
3	其他材料费	元	7801001	16.7	1.9	1.9	1.9	1.9	2.4	4	4	6.6	1.4	3.3
4	5t 以内汽车式起重机	台班	8009025	–	–	–	0.37	0.55	–	–	–	–	–	–
5	4t 以内内燃叉车	台班	8009122	0.09	–	–	0.44	0.66	0.44	0.88	0.88	0.88	0.18	0.44
6	小型机具使用费	元	8099001	36.3	7.3	15.7	15.7	15.7	84.5	143.2	258.9	381.3	4	5
7	基价	元	9999001	223	317	310	1115	1792	679	1332	2287	3050	176	345

注:不间断电源含 UPS、EPS 等电源设备。

5-2-11 太阳能电池安装

工程内容 安装方阵铁架:开箱检验、清洁、加固、调整安装角度、补漆。
安装太阳能电池:开箱检验、清洁、起吊安装组件,调整方位和俯仰角、测试、记录,安装安全遮盖罩布,安装接线盒,组件与接线盒电路连接,子方阵与接线盒电路连接,太阳能电池与控制屏联测。

单位:表列单位

顺序号	项 目	单位	代 号	安装方阵		安装太阳能电池(2000Wp以下)	太阳能电池与控制屏联测(单方阵系统)
				铁架(基础底座上安装)	铁架(铁塔上安装,高20m以下)		
				10m²		1组	
				1	2	3	4
1	人工	工日	1001001	2.4	4.5	4.8	2.4
2	50kN以内单筒慢动卷扬机	台班	8009081	0.77	0.77	—	—
3	小型机具使用费	元	8099001	—	—	25.3	—
4	基价	元	9999001	388	611	535	255

注:不间断电源含 UPS、EPS 等电源设备。

5－2－12 系统互联、调试及试运行

工程内容 系统互联与调试:1)收费(监控)系统联调;2)收费系统与监控系统互联(工作准备、接口调试、系统调试、指标调试)。
系统试运行:工作准备、系统运行、指标测试、故障修复、系统验收。

I. 系统互联与调试

单位:1 套

顺序号	项　　目	单位	代　号	监控(分)中心			收费(分)中心			收费站				收费系统与监控系统互联	联网收费结算中心
				5个站以内	10个站以内	每增加1个站	5个站以内	10个站以内	每增加1个站	5车道以内	10车道以内	15车道以内	每增加1车道		
				1	2	3	4	5	6	7	8	9	10	11	12
1	人工	工日	1001001	36.1	66.2	6	36.1	50.6	7.2	25.3	36.1	50.6	2.9	28.9	144.5
2	其他材料费	元	7801001	958.3	1700	180.5	561	937.9	114.2	244.7	321.2	530.1	55	662.6	1850
3	90kW 以内工程修理车	台班	8024004	9.19	18.38	2.76	9.19	18.38	1.84	－	－	－	－	－	－
4	小型机具使用费	元	8099001	142.8	285.5	43.5	142.8	269.9	29.4	33.9	56.8	79.8	7.9	134	392.9
5	基价	元	9999001	11630	22405	2871	11232	19970	2249	2967	4215	5988	371	3868	17600

II. 系统试运行

单位:1 系统·月

顺序号	项　　目	单位	代　号	5 个站以内	10 个站以内	15 个站以内	每增加 1 个站
				13	14	15	16
1	人工	工日	1001001	72.2	108.4	144.5	10.8
2	其他材料费	元	7801001	412.9	442.1	825.7	92.4
3	90kW 以内工程修理车	台班	8024004	4.6	6.89	9.19	0.92
4	小型机具使用费	元	8099001	127	199.5	271.8	26.3
5	基价	元	9999001	11563	17180	23147	1936

5-2-13 收费岛

工程内容 1)清理场地、钢模板安装、拆除、修理、涂脱模剂;2)钢筋除锈、制作、电焊、绑扎;3)水泥混凝土配运料、拌和、浇筑、捣固安放预留钢套管、养护、涂刷反光标志漆、粘贴反光膜;4)安装收费亭护栏、防撞立柱及横梁,防撞立柱填水泥混凝土、立柱套管填灌砂浆、粘贴反光膜;5)设备基础混凝土浇筑、安装设备基础预留铁件;6)铺设预留电线钢套管混凝土垫层、预留电线钢套管的锯套丝、弯管、去毛刺、焊接地螺栓、敷设管线;7)安放排水管,地面砖铺设;8)材料场内搬运。

单位:表列单位

顺序号	项目	单位	代号	收费岛		岛上设备基础混凝土	收费亭		岛面砖安砌
				混凝土	钢筋		防撞护栏	钢管防撞柱	
				10m³	1t	10m³	1t		100m²
				1	2	3	4	5	6
1	人工	工日	1001001	10.9	6.6	13	4.3	5.7	13.3
2	普C40-42.5-2	m³	1503014	–	–	–	–	(0.47)	–
3	普C25-32.5-4	m³	1503033	(10.20)	–	(10.20)	–	–	–
4	HPB300 钢筋	t	2001001	0.006	1.025	0.161	–	–	–
5	钢丝绳	t	2001019	0.001	–	0.005	–	–	–
6	20~22 号铁丝	kg	2001022	–	2.5	–	–	–	–
7	型钢	t	2003004	0.038	–	0.025	–	–	–
8	钢板	t	2003005	–	–	1.206	–	–	–
9	钢管	t	2003008	0.078	–	0.004	1.04	1.04	

顺序号	项　　目	单位	代　号	收费岛		岛上设备基础混凝土	收费亭		岛面砖安砌
				混凝土	钢筋		防撞护栏	钢管防撞柱	
				10m³	1t	10m³	1t		100m²
				1	2	3	4	5	6
10	钢模板	t	2003025	0.015	–	0.01	–	–	–
11	电焊条	kg	2009011	–	2.4	–	1.1	1.1	–
12	螺栓	kg	2009013	–	–	647.1	–	–	–
13	铁件	kg	2009028	10.1	–	6.8	–	–	–
14	水	m³	3005004	12	–	12	–	1	–
15	锯材	m³	4003002	0.01	–	0.006	–	–	–
16	标线漆	kg	5009003	6.5	–	–	–	–	–
17	砂	m³	5503004	–	–	–	–	–	0.04
18	中(粗)砂	m³	5503005	4.9	–	4.9	–	0.21	6.62
19	碎石(2cm)	m³	5505012	–	–	–	–	0.37	–
20	碎石(4cm)	m³	5505013	8.47	–	8.47	–	–	–
21	瓷砖	m²	5507002	–	–	–	–	–	104
22	32.5级水泥	t	5509001	3.417	–	3.417	–	–	–
23	42.5级水泥	t	5509002	–	–	–	–	0.208	–
24	反光膜	m²	6007004	4.67	–	–	–	7.54	–

顺序号	项 目	单位	代 号	收费岛		岛上设备基础混凝土	收费亭		岛面砖安砌
				混凝土	钢筋		防撞护栏	钢管防撞柱	
				10m³	1t	10m³	1t		100m²
				1	2	3	4	5	6
25	其他材料费	元	7801001	8.2	–	5.6	5.3	–	–
26	250L 以内强制式混凝土搅拌机	台班	8005002	0.27	–	0.27	–	–	–
27	32kV·A 以内交流电弧焊机	台班	8015028	–	0.36	–	0.13	0.1	–
28	小型机具使用费	元	8099001	2.8	24.5	2.9	–	–	–
29	基价	元	9999001	4986	4235	13481	4839	6396	6670

第三节　通信系统及通信管道

说　　明

1. 本节定额适用于通信系统及通信管道工程。其中:通信系统内容包括光通信设备,程控交换机,通信电源设备,广播、会议设备,跳线架、配线架安装,通信机房附属设施安装,光缆工程等7个项目;通信管道工程内容包括人工敷设塑料子管,穿放、布放电话线,塑料波纹管管道敷设,钢管管道敷设,管道包封及填充、管箱安装,人(手)孔,拆除工程等7个项目。

2. 安装电缆走线架定额中,不包括通过沉降(伸缩)缝和要做特殊处理的内容,需要时按有关定额另行计算。

3. 2.5Gb/s 系统的 ADM 分插复用器,分插支路是按 8 个 155Mb/s(或 140Mb/s)光口或电口考虑的;当支路数超于 8 个时,每增加 1 个 155Mb/s(或 140Mb/s)支路增加 2 个工日。

4. 双绞线缆的敷设及跳线架和配线架的安装、打接定额消耗量是按五类非屏蔽布线系统编制的,高于五类的布线工程按定额人工工日消耗量增加 10%、屏蔽系统增加 20% 计取。

5. 通信管道定额中不包括管道过桥时的托架和管箱等工程内容,应按相关定额另行计算。

6. 硅芯管敷设定额中已综合标石的制作及埋放、人孔处的包封等,使用定额时,不得另行计算。

7. 镀锌钢管敷设定额中已综合接口处套管的切割、焊接、防锈处理等内容,使用定额时,不得另行计算。

5－3－1　光通信设备

工程内容　光通信设备安装调测系统:开箱检验、清洁搬运,设备安装固定、设备自检、设备各项性能指标测试、修改数据、试通调测。

安装音频配线箱:开箱检验、清洁搬运、固定箱体、箱内件组装、接地线。

安装电缆走线架:搬运、组装、打孔、补漆、安装固定。

安装总配线架:开箱检验,清洁搬运、安装固定、安装端子板、告警信号装置、调整清理。

系统运行试验:系统运行试验,记录数据,整理资料。

制作安装抗震机座:抗震机座的制作安装。

放绑电缆:取料、搬运、测试、量裁、布放、编绑、整理。

母线敷设:接地线平直、下料、测位、打眼、埋卡子、煨弯、敷设、焊接、防腐处理。

安装调测路由器、IP 电话系统:开箱检验、清洁搬运、定位安装机柜、机箱、装配接口板、接口检查、硬件加电自检、接口正确性测试、系统综合调测等。

安装调测以太网交换机:技术准备、开箱检查、定位安装机柜、机箱、装配接口板、通电检查、清理现场、硬件系统调试、综合调测等。

I. 光电传输设备安装

单位：表列单位

顺序号	项目	单位	代号	安装测试光端机（支路系统）	安装测试复用电端机	PCM 终端机 安装	PCM 终端机 调试	安装音频配线箱	安装电缆走线架	安装测试ADM端机 2.5Gb/s终端复用	安装测试ADM端机 2.5Gb/s分插复用	安装测试ADM端机 2/155Mb/s跳级复用	安装测试ADM端机 155Mb/s终端复用器
				1套	1套	1套	1套	1个	1m	1端	1端	1端	1端
				1	2	3	4	5	6	7	8	9	10
1	人工	工日	1001001	1.8	1.8	1	3	1.5	0.3	20.5	12.6	16.9	18.1
2	电线	m	7001004	–	–	–	–	72	–	–	–	–	–
3	配线箱	套	7005017	–	–	–	–	1	–	–	–	–	–
4	其他材料费	元	7801001	–	–	9.7	–	–	–	–	–	–	–
5	误码率测试仪	台班	8021004	–	–	–	2	–	–	–	–	–	–
6	小型机具使用费	元	8099001	–	–	17.5	45.6	–	–	–	–	–	–
7	基价	元	9999001	191	191	133	546	337	32	2179	1339	1796	1924

注：1. 电缆走线架按成套供应考虑，适用于角钢、铝型材结构。

2. 本定额中测试2.5Gb/s系统为1+0状态，当系统为1+1状态时，2.5Gb/s系统终端复用器（TM）每端增加2个工日；分插复用器每端增加4个工日。

3. 155Mb/s系统终端复用器高速侧接光口，当接电口时，使用2/155Mb/s跳级复用子目。

4. OLT、ONU设备的各接口盘的安装测试：8个端口以下的按人工定额乘以3.0系数；8个端口以上按人工定额乘以2.0系数计算。

5. 数据接口包括FE、GE、RS232等接口。

顺序号	项 目	单位	代 号	安装测试再生中继		安装调测		安装测试网管设备	安装总配线架	安装、调测操作维护系统设备（OMC）	光电测试中间站配合	安装调测网管系统站点调测	数字公务系统运行试验
				2系统/架	每增加1系统	OLT机（环载局端机）	ONU机（环载远端机）						
				1端		1套			1架	1台		1站	
				11	12	13	14	15	16	17	18	19	20
1	人工	工日	1001001	6	2.4	47.9	21.1	21.1	5.2	18.1	6	9	2.4
2	其他材料费	元	7801001	18.8	–	–	–	–	–	–	–	–	–
3	小型机具使用费	元	8099001	–	–	–	–	–	–	262.4	–	–	–
4	基价	元	9999001	656	255	5091	2243	2243	553	2186	638	957	255

顺序号	项　目	单位	代　号	安装调测路由器			安装调测以太网交换机		安装调测集线器	安装调测 IP 电话系统		
				低端	中端	高端	低端	高、中端		语音网关	IP 电话网络管理系统	IP 电话
				1 套					1 台	1 套		1 台
				21	22	23	24	25	26	27	28	29
1	人工	工日	1001001	10.8	26.5	38.9	10.2	13.5	1.5	26.5	33.1	1.8
2	其他材料费	元	7801001	–	–	–	–	–	–	–		10
3	小型机具使用费	元	8099001	476.6	2188.8	4109	158.7	238	19	2188.8	–	10.9
4	基价	元	9999001	1624	5005	8243	1243	1673	178	5005	3518	212

5−3−2 程控交换机

工程内容 程控交换机安装、调试:程控交换机的硬件及软件安装、调试与开通。

中继线调试:中继设置、中继分配、类型划分、本机自环和功能调试。

外围设备安装、调试:设备安装、连线、试验、开通。

紧急电话设备的安装、调试:开箱检查、机械安装、线缆连接、电气调试、指标测试、清理现场。

I. 程控交换机安装、调试

单位:1 部

顺序号	项 目	单位	代 号	规格 300 用户线以内	规格 500 用户线以内	规格 1000 用户线以内	规格 2000 用户线以内	规格 2000 用户线以上,每增加 1000 线
				1	2	3	4	5
1	人工	工日	1001001	42.1	56	89.1	107.2	48.2
2	其他材料费	元	7801001	53.8	56.1	60.8	68.3	24.4
3	PCM 通道测试仪	台班	8021005	6	8	12	16	12
4	小型机具使用费	元	8099001	427.4	569.9	854.8	1139.7	854.8
5	基价	元	9999001	6927	9207	14329	17859	9945

II. 中继线调试

顺序号	项 目	单位	代 号	模拟中继调试	数字中继调试		
					1 号信令	7 号信令	Q 号信令
				6	7	8	9
1	人工	工日	1001001	6	9.6	12	9.6
2	其他材料费	元	7801001	0.6	0.6	0.6	0.6
3	PCM 通道测试仪	台班	8021005	–	4	6	8
4	信令分析仪	台班	8021006	–	4	6	–
5	小型机具使用费	元	8099001	150.4	284.9	427.4	569.9
6	基价	元	9999001	789	3919	5623	4220

Ⅲ. 外围设备安装、调试

顺序号	项　目	单位	代　号	安装、调试						
				终端	数字话机或其他接口	电脑话务员	话务台	远程维护	计费系统（含微机及打印机）	语音信箱设备
				10	11	12	13	14	15	16
1	人工	工日	1001001	1.8	1.5	1.8	1.8	1.8	7.2	9.6
2	其他材料费	元	7801001	–	10	–	8.1	–	74.1	74.1
3	小型机具使用费	元	8099001	10.9	10.9	10.9	10.9	10.9	54.7	21.9
4	基价	元	9999001	202	180	202	210	202	894	1116

IV. 紧急电话设备的安装、调试

单位:表列单位

顺序号	项 目	单位	代 号	安装、调试			
				光缆传输紧急电话	无线传输紧急电话	紧急电话控制中心	分线盒/接线箱
				1 部		1 套	
				17	18	19	20
1	人工	工日	1001001	1.8	2.9	7.2	1.4
2	螺栓	kg	2009013	0.2	0.2	–	–
3	膨胀螺栓	套	2009015	–	–	–	4.1
4	其他材料费	元	7801001	1.9	1.9	194.8	1.9
5	4t 以内载货汽车	台班	8007003	0.44	0.44	0.88	–
6	3t 以内电瓶车	台班	8007055	–	–	0.38	–
7	光纤测试仪	台班	8021001	0.5	–	1	–
8	小型机具使用费	元	8099001	12.9	12.9	51.7	31.6
9	基价	元	9999001	556	531	1800	202

5－3－3 通信电源设备

工程内容 电源安装:开箱检验、清洁搬运、画线定位、安装固定、调整水平、安装附件、绝缘测试、通电前检查、单机主要电气性能调测、电池监测、电压设定、测量电池温度变化的补充控制浮充充电压、自动升压充电和升压充电持续时间的控制、整流器、线路故障检测及各种信号告警特性、电池充放电电流控制、预防电池深放电选择、并机性能等。
蓄电池支架安装:开箱检验、安装、加固、补刷耐酸漆。
蓄电池安装:开箱检验、安装、调整、固定连线、电池标志、调酸注液、充电、放电、测试记录、清理整理。

I. 电 源 安 装

单位:表列单位

顺序号	项　目	单位	代号	高频开关电源(ATX)	安装组合开关电源基本单元	安装高频开关整流模块	开关电源系统调测
				1 台	1 套	1 个	1 套
				1	2	3	4
1	人工	工日	1001001	4.8	6	0.9	3
2	其他材料费	元	7801001	3.7	－	－	－
3	4t 以内内燃叉车	台班	8009122	0.09	－	－	－
4	小型机具使用费	元	8099001	5.5	－	－	172.9
5	基价	元	9999001	562	638	96	492

II. 蓄电池安装

单位:表列单位

顺序号	项　　目	单位	代　号	蓄电池防震支架安装					安装蓄电池柜	铺橡皮绝缘垫	安装48V防酸爆蓄电池	
				单层支架单排安装	单层支架双排安装	双层支架单排安装	双层支架双排安装	3～4层支架双排安装			200A·h以内	500A·h以内
				1架					1个	10m²	1组	
				5	6	7	8	9	10	11	12	13
1	人工	工日	1001001	0.4	0.5	0.8	0.8	1.5	0.6	0.3	17	18
2	电焊条	kg	2009011	0.1	2.2	2.7	5.4	－	－	－	－	－
3	膨胀螺栓	套	2009015	22	54	22	54	－	4	－	－	－
4	绝缘橡胶板	kg	5001005	－	－	－	－	－	－	72	－	－
5	其他材料费	元	7801001	2	2	2	2	2	2	2	502.4	995.2
6	32kV·A以内交流电弧焊机	台班	8015028	0.82	1.67	2.01	2.94	－	－	－	－	－
7	基价	元	9999001	302	634	578	918	161	85	495	2309	2908

5-3-4　广播、会议设备

工程内容　有线广播、视频会议设备安装:开箱检查、设备上机柜组装、设备间输入/输出电平适配、设备间连接线的平衡非平衡选择、输出/输入阻抗适配、输入/输出端子插头连接线正负与地的辨别、供给电源。

扬声器:开箱检查设备外观和阻抗、找相位、按设计坐标方位悬挂。

专用麦克风:开箱检验、做传声器输入插头。

卡座:开箱检验、做安装输入插头、上机柜、电源供电和其他设备连接。

I. 有线广播设备安装

单位:表列单位

顺序号	项目	单位	代号	隧道有线广播设备安装				大桥有线广播设备安装								
				有线广播控制主机	有线广播分机	功率放大器	扬声器	多媒体广播工控机	广播控制主机	音源安装			远端适配器	功率放大器	扬声器	
										卡座	数字调谐器、CD/DVD/MP3播放器	专用麦克风			室内	室外
				1套	1部	1台		1套		1台		1个	1台			
				1	2	3	4	5	6	7	8	9	10	11	12	13
1	人工	工日	1001001	7.2	1.8	0.3	0.2	3.6	10.8	0.3	0.3	0.2	1.5	0.3	0.2	0.6
2	螺栓	kg	2009013	-	0.2	-	-	-	-	-	-	-	-	-	-	-
3	屏蔽线	m	7001003	-	-	12	-	-	-	-	-	-	-	12	-	-
4	其他材料费	元	7801001	194.8	1.9	24	4.9	25.6	53	2.2	2.2	4.9	110.5	24	4.9	15.5

顺序号	项 目	单位	代 号	隧道有线广播设备安装				大桥有线广播设备安装								
										音源安装				扬声器	
				有线广播控制主机	有线广播分机	功率放大器	扬声器	多媒体广播工控机	广播控制主机	卡座	数字调谐器、CD/DVD/MP3播放器	专用麦克风	远端适配器	功率放大器	室内	室外
				1 套	1 部	1 台		1 套		1 台		1 个	1 台			
				1	2	3	4	5	6	7	8	9	10	11	12	13
5	4t 以内载货汽车	台班	8007003	0.88	0.44	–	–	–	–	–	–	–	–	–	–	–
6	3t 以内电瓶车	台班	8007055	0.5	–	–	–	–	–	–	–	–	–	–	–	–
7	光纤测试仪	台班	8021001	1	0.5	–	–	–	–	–	–	–	–	–	–	–
8	光纤熔接机	台班	8021014	–	–	–	–	–	–	–	–	–	0.5	–	–	–
9	小型机具使用费	元	8099001	51.7	12.9	1.1	0.4	7.3	23.7	1.1	0.4	0.4	114.3	1.1	0.4	13.7
10	基价	元	9999001	1828	556	103	27	416	1225	35	34	27	439	103	27	93

顺序号	项　目	单位	代　号	视频会议主机	安装、调测视频会议控制设备	视频会议终端	会场摄像机	麦克风	液晶电视/等离子屏	电子白板	投影仪
				1 台	1 套	1 台	1 套	1 个	1 套		
				14	15	16	17	18	19	20	21
1	人工	工日	1001001	21.7	18.1	5.4	3.6	0.2	1.2	2.4	3.6
2	膨胀螺栓	套	2009015	–	–	–	8.2	–	–	–	–
3	其他材料费	元	7801001	674.8	–	208.7	1.9	4.9	18.4	2.9	1.9
4	4t 以内载货汽车	台班	8007003	–	–	–	0.25	–	–	–	0.2
5	300kg 以内液压升降机	台班	8009153	–	–	–	–	–	–	–	0.1
6	小型机具使用费	元	8099001	521.3	262.4	130.3	13.1	0.4	16.8	2.5	19
7	基价	元	9999001	3502	2186	913	554	27	163	260	511

顺序号	项　目	单位	代　号	会议主控机	主席机	代表机	电子通道选择器	音频媒体接口机	发卡主机	席位扩展单元	会议专用主控PC机	调音台	数字音频处理器	卡座/有线电视机顶盒/CD/DVD/MP3	压限器	均衡器
				1 台										1 个	1 台	
				22	23	24	25	26	27	28	29	30	31	32	33	34
1	人工	工日	1001001	1.2	0.6	0.6	0.2	0.2	0.2	0.2	0.9	3.2	0.9	0.6	0.6	0.5
2	其他材料费	元	7801001	3.9	2.9	2.9	1	1.9	1.9	1	4.9	230.6	135	4.5	90.3	46.6
3	小型机具使用费	元	8099001	0.9	0.4	0.4	0.4	0.4	0.4	0.4	0.4	14.2	1.3	1.5	4.4	1.8
4	基价	元	9999001	132	67	67	23	24	24	23	101	585	232	70	158	102

5-3-5 跳线架、配线架安装

工程内容 安装打接跳线架,配线架,卡接双绞线缆,编扎固定双绞线缆,卡线,做屏蔽,校对线序,做标记等。

单位:表列单位

顺序号	项 目	单位	代 号	安装打接跳线架			配线架安装打接				线管理器安装
				100 对	200 对	400 对	12 口	24 口	48 口	96 口	10 个
				1 条							
				1	2	3	4	5	6	7	8
1	人工	工日	1001001	1.2	2.3	4.5	0.7	1.4	2.8	5.4	0.6
2	其他材料费	元	7801001	1	1.5	1.9	1	1.5	1.9	2.9	—
3	小型机具使用费	元	8099001	8.1	16	32.2	4.8	10.5	19.3	40.2	—
4	基价	元	9999001	137	262	512	80	161	319	617	64

5－3－6 通信机房附属设施安装

工程内容 安装电缆走线架:开箱检验、清洁搬运、固定吊挂或支架、组装电缆走道、打孔、补漆、调整垂直与水平、安装固定等。
安装防静电地板:架支撑网、横梁、缓冲垫、防静电通道接地、铺板调平、洁净处理、涂防静电蜡等。
制作、安装抗震基座:抗震基座制作、定位、安装。

单位:表列单位

顺序号	项 目	单位	代 号	安装电缆走线架 1m	安装防静电地板 1m²	制作、安装抗震基座 1个
				1	2	3
1	人工	工日	1001001	0.3	0.4	1.5
2	活动地板	m²	2003055	－	1.02	－
3	电缆走线架	m	7005020	1.01	－	－
4	其他材料费	元	7801001	－	124.7	－
5	小型机具使用费	元	8099001	－	4.5	－
6	基价	元	9999001	256	329	159

5-3-7 光缆工程

工程内容 室外管道光缆敷设:检查光缆,配盘,清刷管孔,穿放引线,敷设光缆安装托板、人孔内保护管,盘余长,光缆标记。

室外埋式光缆敷设:检查测试光缆、光缆配盘、清理沟底、人工抬放光缆、复测光缆、加保护等。

室内光缆穿放、连接:检验,测试光缆,清理管(暗槽),制作穿线端头(钩),穿放引线,穿放光缆、出口衬垫,做标记,封堵出口等。

布放光缆护套:清理槽道,布放、绑扎光缆护套,加垫套,做标记,封堵出口等。

气流法布放光纤束:检验,测试光纤,检查护套,气吹布放光纤束,做标记,封堵出口等。

光纤连接:端面处理,纤芯连接,测试:包封护套、盘绕、固定光纤等。

布放尾纤:光纤熔接,测试衰耗,固定光纤连接器,盘留固定。

光缆接续:检验器材,确定接头位置,熔接纤芯,接续加强芯,盘绕固定预留光纤,复测衰减,安装接头盒,拖架等。

光缆成端接头:检查器材,熔接尾纤,测试衰减,固定活接头,固定光缆,堵头制作、固定。

管道试通:试通准备、开机试通、记录、整理资料等。

充气试验:试验准备、充气试验等。

光纤测试:按施工验收规范要求测试、记录、整理资料等。

安装测试光缆终端盒:安装光缆终端盒,光纤熔接,测试衰减,光纤的盘留固定。

I. 室外管道光缆敷设

单位:100m

顺序号	项 目	单位	代 号	敷设管道光缆				气流穿放管道光缆			
				12芯以内	36芯以内	72芯以内	96芯以内	12芯以内	36芯以内	72芯以内	96芯以内
				1	2	3	4	5	6	7	8
1	人工	工日	1001001	2.4	2.7	3	3.3	0.7	0.7	0.7	0.7
2	8~12号铁丝	kg	2001021	2.3	2.3	2.3	2.3	–	–	–	–
3	光缆	m	7003001	102	102	102	102	102	102	102	102
4	其他材料费	元	7801001	15.5	15.5	15.5	15.5	26.2	26.2	26.2	26.2
5	6t以内载货汽车	台班	8007005	–	–	–	–	0.01	0.01	0.02	0.02
6	17m³/min以内机动空压机	台班	8017051	–	–	–	–	0.01	0.01	0.02	0.02
7	光缆气流吹缆机	台班	8021015	–	–	–	–	0.01	0.01	0.02	0.02
8	光时域反射仪	台班	8021016	0.01	0.02	0.04	0.05	–	–	–	–
9	基价	元	9999001	722	761	805	843	556	556	575	575

顺序号	项 目	单位	代 号	敷设埋式光缆					
				12 芯以内	36 芯以内	60 芯以内	84 芯以内	108 芯以内	144 芯以内
				9	10	11	12	13	14
1	人工	工日	1001001	33.5	38.3	43	47.7	52.4	59.5
2	光缆	m	7003001	1005	1005	1005	1005	1005	1005
3	基价	元	9999001	7852	8362	8861	9361	9860	10615

顺序号	项　　目	单位	代　号	光缆穿放管(槽)			布放光缆护套	气流法布放光纤束	多模光纤连接	单模光纤连接	布放尾纤光纤配线架内跳线
				12 芯以内	36 芯以内	72 芯以内					
				100m					10 芯		10 根
				15	16	17	18	19	20	21	22
1	人工	工日	1001001	1	1.5	2	1.1	0.7	2.4	3	1.2
2	光缆	m	7003001	102	102	102	–	102	–	–	–
3	光缆护套	m	7005003	–	–	–	101	–	–	–	–
4	光纤连接器	套	7005007	–	–	–	–	–	10.1	10.1	–
5	尾纤	根	7005008	–	–	–	–	–	–	–	10.2
6	光纤测试仪	台班	8021001	–	–	–	–	–	1.5	1.5	–
7	光纤熔接机	台班	8021014	–	–	–	–	–	0.3	0.3	0.2
8	光缆气流吹缆机	台班	8021015	–	–	–	–	0.02	–	–	–
9	小型机具使用费	元	8099001	3.2	6.3	9.5	3.2	2.5	–	–	11.5
10	基价	元	9999001	545	601	658	1156	521	1145	1209	1382

注:凡大于 72 芯时,按照等数量的进档差值增加人工工日消耗。

Ⅳ. 光 缆 接 续

单位:表列单位

顺序号	项　目	单位	代　号	光缆接续 规格（芯） 12以内	24以内	36以内	48以内	60以内	72以内	84以内	96以内	光缆成端接头 1芯	管道试通 1孔千米	充气试验 1孔千米
				10头										
				23	24	25	26	27	28	29	30	31	32	33
1	人工	工日	1001001	9	18.1	27.1	36.1	45.2	54.2	63.2	72.2	0.3	1.8	0.6
2	光缆接头盒	套	7005004	10.1	10.1	10.1	10.1	10.1	10.1	10.1	10.1	–	–	–
3	其他材料费	元	7801001	–	–	–	–	–	–	–	–	2.4	–	–
4	4t以内载货汽车	台班	8007003	4	6.4	8	9.6	11.2	12.8	14.4	16	–	–	–
5	光纤熔接机	台班	8021014	4	6.4	8	9.6	11.2	12.8	14.4	16	0.03	–	–
6	光时域反射仪	台班	8021016	4	6.4	8	9.6	11.2	12.8	14.4	16	0.05	–	–
7	小型机具使用费	元	8099001	–	–	–	–	–	–	–	–	–	113.5	51.4
8	基价	元	9999001	8647	12519	15412	18305	21208	24102	26995	29888	69	305	115

注:接头盒保护套的费用包含在接头盒的预算价格中。

— 1013 —

V. 光 纤 测 试

顺序号	项 目	单位	代 号	光纤测试
				34
1	人工	工日	1001001	0.1
2	光纤测试仪	台班	8021001	0.1
3	基价	元	9999001	39

Ⅵ.安装测试光缆终端盒

单位:10个

顺序号	项　目	单位	代　号	安装测试光缆终端盒					
				20 芯以内	28 芯以内	48 芯以内	60 芯以内	72 芯以内	96 芯以内
				35	36	37	38	39	40
1	人工	工日	1001001	12	16.9	28.9	36.1	43.3	57.8
2	镀锌螺栓	kg	2009014	0.9	0.9	0.9	0.9	0.9	0.9
3	光缆终端盒(48 芯以内)	个	7005005	10.2	10.2	10.2	10.2	10.2	10.2
4	光纤熔接机	台班	8021014	8	9	12	24	26	30
5	小型机具使用费	元	8099001	185	208.2	277.6	555.1	601.3	693.9
6	基价	元	9999001	3832	4485	6160	8520	9551	11624

5－3－8　人工敷设塑料子管

工程内容　清刷管孔,塑料管外观检查,敷设塑料管并试通,固定堵头及塞子,管头做标记等。

单位:1000m

顺序号	项　目	单位	代　号	人工敷设塑料子管	
				1 孔	3 孔
				1	2
1	人工	工日	1001001	11.4	18.1
2	8～12 号铁丝	kg	2001021	3	3
3	20～22 号铁丝	kg	2001022	20.3	20.3
4	通信子管	m	7005002	1010	3030
5	其他材料费	元	7801001	113.8	341
6	基价	元	9999001	4718	12222

注:本定额系指钢管或 HDPE 双壁波纹管一孔内同时布放塑料子管(1 孔或 3 孔)。

5-3-9 穿放、布放电话线

工程内容 穿放、布放电话线:开箱、线缆检查、编号、安装(穿放)、断线、固定、临时封头、清理场地。
电话组线箱安装:组线箱安装、接地等。
电话线出口:面板安装、接线,急装箱、接地、打眼、埋设挂钩。

单位:表列单位

顺序号	项目	单位	代号	穿放、布放电话线			电话组线箱安装	电话线出口(普通型)
				20 对以内	50 对以内	200 对以内	1 台	1 个
				1000m				
				1	2	3	4	5
1	人工	工日	1001001	9.6	14.4	30.1	6.3	0.2
2	8~12 号铁丝	kg	2001021	29.6	29.6	91.8	–	–
3	镀锌钢板	t	2003012	–	–	–	0.004	–
4	电焊条	kg	2009011	–	–	–	0.5	–
5	镀锌螺栓	kg	2009014	–	–	–	–	0.2
6	电缆	m	7001001	1010	1010	1010	–	–
7	其他材料费	元	7801001	–	–	–	9	9.9
8	32kV·A 以内交流电弧焊机	台班	8015028	–	–	–	0.16	–
9	小型机具使用费	元	8099001	31.5	47.3	78.7	–	–
10	基价	元	9999001	38642	39168	41139	729	34

5－3－10 塑料波纹管管道敷设

工程内容 敷设塑料管道:钢筋支架加工、绑扎、锉管内口、铺设、接续、试通等。

敷设硅芯管:塑管检查、配盘、封堵端头,沟底抄平,布放塑管,塑管接续,埋标石、人孔处防水封口等。

单位:1000m

顺序号	项目	单位	代号	敷设塑料管道(包括波纹管、集束管)								敷设硅芯管	
				1孔 1×1	2孔 2×1	3孔 3×1	4孔 2×2	6孔 3×2	9孔 3×3	12孔 4×3	18孔 6×3	12孔	每增减 1孔
				1	2	3	4	5	6	7	8	9	10
1	人工	工日	1001001	8.8	16.9	24.1	32	45.8	66.3	86.9	126.1	28.4	2
2	塑料波纹管(φ100mm)	m	5001021	1010	2020	3030	4040	6060	9090	12120	18180	－	－
3	硅芯管	m	7005001	－	－	－	－	－	－	－	－	12120	1010
4	其他材料费	元	7801001	193.8	387.7	581.5	775.3	1163	1745	2326.6	3489.9	234.8	－
5	4t以内载货汽车	台班	8007003	－	－	－	－	－	－	－	－	0.44	－
6	5t以内汽车式起重机	台班	8009025	－	－	－	－	－	－	－	－	0.37	－
7	基价	元	9999001	15542	31009	46381	61827	92507	138506	184515	276320	81385	6687

注:子目中"n×m",其中,n为每层孔数,m为层数。

5－3－11 钢管管道敷设

工程内容 敷设钢塑复合管:铺设钢塑复合管、绑扎、试通。
敷设镀锌钢管:铺设钢管、锉管内口、切割、焊接套管、刷防锈漆、试通。

单位:表列单位

顺序号	项 目	单位	代 号	敷设钢塑复合管								敷设镀锌钢管										
				1孔 1×1	2孔 2×1	3孔 3×1	4孔 2×2	6孔 3×2	9孔 3×3	12孔 4×3	18孔 6×3	1孔 (1×1)	2孔 (2×1)	3孔 (3×1)	4孔 (2×2)	6孔 (3×2)	9孔 (3×3)	12孔 (4×3)	18孔 (6×3)	24孔 (6×4)	30孔 (6×5)	36孔 (6×6)
				1000m								100m										
				1	2	3	4	5	6	7	8	9	10	11	12	13	14	15	16	17	18	19
1	人工	工日	1001001	26.1	33	48.1	70.4	102.9	151.7	200.5	295.9	1.5	1.9	2.8	4.1	6	8.8	11.7	17.2	18.8	23.1	27.3
2	型钢	t	2003004	–	–	–	–	–	–	–	–	0.012	0.022	0.029	0.035	0.039	0.071	0.075	0.078	0.116	0.155	0.194
3	镀锌钢管	t	2003009	–	–	–	–	–	–	–	–	0.812	1.623	2.435	4.697	7.045	10.568	14.09	21.135	28.08	35.1	42.12
4	电焊条	kg	2009011	–	–	–	–	–	–	–	–	2.6	5.1	7.7	12.8	19.2	28.8	38.4	57.6	72.9	89.6	105.8
5	钢塑复合管	m	5001045	1010	2020	3030	4040	6060	9090	12120	18180	–	–	–	–	–	–	–	–	–	–	–
6	管箍	个	7005024	–	–	–	–	–	–	–	–	20	40	60	80	120	180	240	360	480	600	720
7	其他材料费	元	7801001	55.8	111.6	167.4	348	521.9	782.9	1043.9	1565.8	–	–	–	–	–	–	–	–	–	–	–
8	21kV·V以内交流电弧焊机	台班	8015027	–	–	–	–	–	–	–	–	0.17	0.34	0.51	0.85	1.27	1.9	2.54	3.82	4.84	5.94	7.02
9	小型机具使用费	元	8099001	56	112.1	168.1	224.2	336.3	504.4	672.5	1008.8	–	–	–	–	–	–	–	–	–	–	–
10	基价	元	9999001	76262	150484	225577	301560	452053	677798	903544	1354800	4194	8258	12370	23158	34670	52029	69298	103790	137470	171803	206119

注:1.管道开挖、回填等参考路基土石方相关定额按实计算。
2.管道支架按照本章第六节中相关定额按实计算。

5－3－12 管道包封及填充、管箱安装

工程内容 管道填充水泥砂浆:拌和、填充水泥砂浆、养护等。

　　　　　管道混凝土包封:制、支、拆模板,洗刷管身基础及模板,拌和、浇筑混凝土,养护等。

　　　　　钢管箱安装:施工挂篮、接头处理、铺设玻璃钢管箱、螺栓固定。

单位:表列单位

顺序号	项 目	单位	代 号	管道填充水泥砂浆	管道混凝土包封	安装玻璃钢管箱
				10m³		10m
				1	2	3
1	人工	工日	1001001	18.5	21	1.4
2	1:3 水泥砂浆	m³	1501015	(10.20)	－	－
3	普 C20－32.5－4	m³	1503032	－	(10.20)	－
4	组合钢模板	t	2003026	－	0.007	－
5	锯材	m³	4003002	－	0.6	－
6	中(粗)砂	m³	5503005	10.74	4.998	－
7	碎石(4cm)	m³	5505013	－	8.568	－
8	32.5 级水泥	t	5509001	4.111	3.29	－
9	玻璃钢管箱	m	7005015	－	－	10.1
10	小型机具使用费	元	8099001	－	3.5	35.5
11	基价	元	9999001	4170	5360	1229

注:钢管箱安装定额中未包括托架费用,需要时应按照本章第六节中金属支架相关定额按实计算。

5-3-13 人(手)孔

工程内容 1)基地夯实;2)组合钢模组拼拆及安装、拆除、修理、涂脱模剂、堆放;3)钢筋除锈、制作、电焊、绑扎;4)混凝土配运料、拌和、浇筑、捣固、养护;5)找地平;6)安装电缆支架、托板、拉线环;7)安砌积水罐、人(手)孔井盖等。

I. 砖砌人(手)孔

单位:1个

顺序号	项目	单位	代号	砖砌人孔（现场浇筑上覆）	砖砌手孔		
					手孔	（现场浇筑上覆）90cm×120cm	（现场浇筑上覆）120cm×170cm
				1	2	3	4
1	人工	工日	1001001	19.2	3.8	7.5	10.2
2	HPB300 钢筋	t	2001001	0.086	–	0.011	0.025
3	锯材	m³	4003002	0.04	0.02	0.06	0.1
4	中(粗)砂	m³	5503005	3.11	0.61	0.93	1.4
5	碎石(2cm)	m³	5505012	1.91	0.35	0.5	0.87
6	青(红)砖	千块	5507003	2.56	0.51	0.72	1.08
7	32.5 级水泥	t	5509001	1.48	0.2	0.4	0.65
8	电缆托架 120cm	根	7005021	8.08	–	–	–
9	电缆托架 60cm	根	7005022	–	4.04	4.04	4.04
10	电缆托架穿钉	副	7005023	26.26	8.08	8.08	8.08
11	积水罐	套	7005025	1.01	–	1.01	1.01

顺序号	项 目	单位	代 号	砖砌人孔（现场浇筑上覆）	砖砌手孔		
					手孔	（现场浇筑上覆）90cm×120cm	（现场浇筑上覆）120cm×170cm
				1	2	3	4
12	拉力环	个	7005026	3.03	2.02	2.02	2.02
13	人孔口圈(车行道)	套	7005027	1.01	–	–	–
14	手孔口圈	套	7005028	–	1.01	1.01	1.01
15	基价	元	9999001	5964	1487	2205	2891

单位:1 个

顺序号	项 目	单位	代 号	现浇混凝土人孔 2.2m×1.4m×2.17m	现浇混凝土手孔 1.19m×1.19m×1.1m
				5	6
1	人工	工日	1001001	12.1	3.6
2	M10 水泥砂浆	m³	1501003	(0.30)	(0.01)
3	普 C25 – 32.5 – 2	m³	1503008	(3.08)	(1.10)
4	HPB300 钢筋	t	2001001	0.058	–
5	HRB400 钢筋	t	2001002	0.139	–
6	型钢	t	2003004	0.008	0.003
7	钢管	t	2003008	0.002	0.001
8	组合钢模板	t	2003026	0.016	0.005
9	门式钢支架	t	2003027	0.003	0.001
10	铸铁	kg	2003040	178	70
11	电焊条	kg	2009011	3.8	–
12	铁件	kg	2009028	7.9	2.6
13	镀锌铁件	kg	2009029	18	–
14	水	m³	3005004	4	–
15	原木	m³	4003001	0.014	0.005
16	锯材	m³	4003002	0.017	0.006

顺序号	项　目	单位	代　号	现浇混凝土人孔2.2m×1.4m×2.17m	现浇混凝土手孔1.19m×1.19m×1.1m
				5	6
17	中(粗)砂	m³	5503005	1.8	0.54
18	碎石(2cm)	m³	5505012	2.46	0.88
19	32.5级水泥	t	5509001	1.227	0.408
20	电线	m	7001004	8	–
21	其他材料费	元	7801001	187.1	46.5
22	250L以内强制式混凝土搅拌机	台班	8005002	0.09	0.04
23	32kV·A以内交流电弧焊机	台班	8015028	0.7	–
24	小型机具使用费	元	8099001	2	0.7
25	基价	元	9999001	3769	913

顺序号	项　目	单位	代　号	砖混人孔 2.48m×1.68m×2.11m	砖混手孔 1.2m×1.2m×1.36m
				7	8
1	人工	工日	1001001	7.6	1.7
2	M10 水泥砂浆	m³	1501003	(1.85)	(0.31)
3	普 C25 - 32.5 - 2	m³	1503008	(0.63)	(0.46)
4	HPB300 钢筋	t	2001001	0.011	–
5	HRB400 钢筋	t	2001002	0.024	–
6	型钢	t	2003004	0.001	–
7	组合钢模板	t	2003026	0.002	0.001
8	铸铁	kg	2003040	178	70
9	铁件	kg	2009028	2.5	0.4
10	镀锌铁件	kg	2009029	18	–
11	水	m³	3005004	1	1
12	原木	m³	4003001	0.055	–
13	锯材	m³	4003002	0.021	–
14	中(粗)砂	m³	5503005	2.6	0.57
15	碎石(2cm)	m³	5505012	0.93	0.37
16	青(红)砖	千块	5507003	1.62	0.53

顺序号	项 目	单位	代 号	砖混人孔 2.48m×1.68m×2.11m	砖混手孔 1.2m×1.2m×1.36m
				7	8
17	32.5 级水泥	t	5509001	0.934	0.224
18	电线	m	7001004	8	–
19	其他材料费	元	7801001	180.4	44.6
20	250L 以内强制式混凝土搅拌机	台班	8005002	0.04	0.03
21	4t 以内载货汽车	台班	8007003	0.01	–
22	5t 以内汽车式起重机	台班	8009025	0.03	–
23	小型机具使用费	元	8099001	1	0.4
24	基价	元	9999001	3008	754

5－3－14 拆 除 工 程

工程内容 拆除清理等。

顺序号	项　　目	单位	代　号	拆除旧人孔 1 处	拆除旧手孔 1 个	拆除旧管道 100m
				1	2	3
1	人工	工日	1001001	7.2	3.6	0.6
2	基价	元	9999001	765	383	64

注:拆除旧人(手)孔,不含挖填土方工程量。

第四节 通风及消防设施

说　　明

1. 本节定额包括射流风机安装、风机预埋件、控制柜安装、轴流风机安装、风机拉拔试验、隧道消防设施、消防管道安装、水泵安装等 8 个项目。

2. 本节定额中不含通风机、控制柜、消火栓、消防水泵接合器、水流指示器、电气信号装置、气压水罐、泡沫比例混合器、防火门等的购置费用,应按编办规定单独计列。

3. 通风机预埋件按设计所示为完成通风机安装而需预埋的一切金属构件的质量计算工程数量,包括钢拱架、通风机拱部钢筋、通风机支座及各部分连接件等。

4. 洞内预埋件工程量按设计预埋件的敷设长度计算,定额中已综合了预留导线的数量。

5. 镀锌钢管法兰连接定额中,管件是按成品、弯头两端是按短管焊法兰考虑的,包括了直管、管件、法兰等全部安装工序内容。

6. 给水管道:室内外界线以建筑物外墙皮 1.5m 为界,入口处设阀门者以阀门为界;与市政管道界线以水表井为界,无水表井者,以与市政管道碰头点为界。

5－4－1 射流风机安装

工程内容 支架安装、拆除，吊装风机。

单位:1 台

顺序号	项 目	单位	代 号	射流风机安装
				1
1	人工	工日	1001001	10.6
2	钢管	t	2003008	0.01
3	铁件	kg	2009028	0.7
4	锯材	m³	4003002	0.026
5	其他材料费	元	7801001	4.9
6	6t 以内载货汽车	台班	8007005	1
7	5t 以内汽车式起重机	台班	8009025	0.9
8	小型机具使用费	元	8099001	13.6
9	基价	元	9999001	2295

5-4-2 风机预埋件

工程内容 预埋件:花拱架、拱部钢筋、风机支座制作、安装。
预埋钢管:测位、画线、锯管、套丝、配管。

单位:表列单位

顺序号	项 目	单位	代 号	预埋件 1t 1	预埋钢管 100m 2
1	人工	工日	1001001	14.1	6.2
2	HPB300 钢筋	t	2001001	0.245	-
3	HRB400 钢筋	t	2001002	0.515	-
4	20~22 号铁丝	kg	2001022	2.3	0.7
5	型钢	t	2003004	0.016	-
6	钢板	t	2003005	0.252	-
7	钢管	t	2003008	-	0.508
8	电焊条	kg	2009011	8.1	1.1
9	铁件	kg	2009028	5.8	-
10	其他材料费	元	7801001	11.5	96
11	4t 以内载货汽车	台班	8007003	0.18	-
12	32kV·A 以内交流电弧焊机	台班	8015028	2.38	0.48
13	小型机具使用费	元	8099001	15.1	-
14	基价	元	9999001	5571	2976

5－4－3　控制柜安装

工程内容　开箱、检查、安装,各种电器、表计等附件的拆装,送交试验,盘内整理,一次接线。

单位:1 台

顺序号	项　目	单位	代　号	射流风机控制柜	轴流风机变频控制柜
				1	2
1	人工	工日	1001001	6.1	17.6
2	钢板	t	2003005	0.004	0.004
3	电焊条	kg	2009011	0.1	0.6
4	镀锌螺栓	kg	2009014	1.53	－
5	棉纱头	kg	4001008	0.15	0.3
6	塑料软管	kg	5001017	1.5	15.2
7	铜接线端子	个	7005011	2.03	－
8	其他材料费	元	7801001	134	265.3
9	4t 以内载货汽车	台班	8007003	0.1	0.1
10	5t 以内汽车式起重机	台班	8009025	0.1	－
11	12t 以内汽车式起重机	台班	8009027	－	0.2
12	30kN 以内单筒慢动卷扬机	台班	8009080	0.1	－
13	21kV·A 以内交流电弧焊机	台班	8015027	0.24	0.15
14	基价	元	9999001	1017	2603

5-4-4 轴流风机安装

工程内容 安装:设备本体及与本体联体的附件、管道、润滑冷却装置等的清洗、刮研、组装、调试,联轴器或皮带以及安全防护罩安装,设备带有的电动机及减震器安装。

拆装检查:设备本体及部件、第一个阀门以内的管道等拆卸、清洗、检查、刮研、换油、调间隙及调配重、找正、找平、找中、记录、组装复原。

单位:表列单位

顺序号	项　　目	单位	代　号	安装轴流风机				拆装检查轴流风机				起重桁吊	钢制通风管	消声器	集流器	钢梯安装
				1t以内	3t以内	6t以内	10t以内	1t以内	3t以内	6t以内	10t以内					
				1台									1t	1台		1座
				1	2	3	4	5	6	7	8	9	10	11	12	13
1	人工	工日	1001001	5.4	13.7	32.6	52	3.3	9.5	16.9	26.1	134.2	40.2	2.4	1.4	1.6
2	普 C25-32.5-2	m³	1503008	(0.18)	(0.28)	(0.53)	(0.73)	−	−	−	−	−	−	−	−	−
3	8~12 号铁丝	kg	2001021	0.8	1	4	6	−	−	−	−	−	−	−	−	−
4	型钢	t	2003004	−	−	−	−	−	−	−	−	−	1.164	0.013	0.005	−
5	钢板	t	2003005	0.001	0.001	0.001	0.007	−	−	−	−	0.001	−	−	−	−
6	电焊条	kg	2009011	0.4	0.6	0.6	2.1	−	−	−	−	15.38	−	−	−	−
7	铁件	kg	2009028	4.1	11.6	15.5	40	−	−	−	−	−	−	−	−	−
8	汽油	kg	3003002	−	−	−	−	−	−	−	−	3.94	−	−	−	−
9	锯材	m³	4003002	0.01	0.01	0.019	0.028	−	−	−	−	0.117	−	−	−	0.003

顺序号	项目	单位	代号	安装轴流风机				拆装检查轴流风机				起重桁吊	钢制通风管	消声器	集流器	钢梯安装
				1t以内	3t以内	6t以内	10t以内	1t以内	3t以内	6t以内	10t以内		1t	1台		1座
				1台												
				1	2	3	4	5	6	7	8	9	10	11	12	13
10	油漆	kg	5009002	–	–	–	–	–	–	–	–	–	81.19	0.46	0.17	1.84
11	中(粗)砂	m³	5503005	0.09	0.13	0.254	0.35	–	–	–	–	–	–	–	–	0.003
12	碎石(2cm)	m³	5505012	0.14	0.22	0.424	0.584	–	–	–	–	–	–	–	–	–
13	碎石(4cm)	m³	5505013	–	–	–	–	–	–	–	–	–	–	–	–	0.005
14	32.5级水泥	t	5509001	0.066	0.103	0.195	0.269	–	–	–	–	–	–	–	–	–
15	42.5级水泥	t	5509002	–	–	–	–	–	–	–	–	–	–	–	–	0.002
16	其他材料费	元	7801001	81	198.3	314.1	542.6	28.6	79.3	142.9	187.3	2352.1	646.7	43.8	31.6	19.1
17	4t以内载货汽车	台班	8007003	–	–	–	–	–	–	–	–	0.72	–	–	–	–
18	5t以内汽车式起重机	台班	8009025	–	–	–	–	–	–	–	–	0.64	–	–	–	–
19	12t以内汽车式起重机	台班	8009027	–	–	0.5	0.5	–	–	–	–	–	–	–	–	–
20	50kN以内单筒慢动卷扬机	台班	8009081	–	0.15	0.4	2	–	–	2.5	–	–	–	–	–	–
21	5t以内内燃叉车	台班	8009123	0.18	0.35	–	–	–	–	–	–	–	–	–	–	–
22	32kV·A以内交流电弧焊机	台班	8015028	0.08	0.24	0.5	1	–	–	–	–	–	2	–	–	–
23	基价	元	9999001	859	2072	4607	7473	379	1089	1939	3392	17662	10615	352	201	223

5-4-5 风机拉拔试验

工程内容 技术和器具准备,检查接线,功能测试,系统试验,记录整理。

单位:1组风机

顺序号	项 目	单位	代 号	风机拉拔试验
				1
1	人工	工日	1001001	8.4
2	型钢	t	2003004	0.02
3	钢板	t	2003005	0.03
4	电焊条	kg	2009011	5
5	其他材料费	元	7801001	137.9
6	5t以内汽车式起重机	台班	8009025	0.8
7	21kV·A以内交流电弧焊机	台班	8015027	0.4
8	小型机具使用费	元	8099001	814.1
9	基价	元	9999001	2627

5 - 4 - 6　隧道消防设施

工程内容　室内消火栓安装:预留洞、切管、套丝、箱体及消火栓安装、附件检查安装、水压试验。

　　　　室外消火栓安装:管口涂沥青、制垫、加垫、紧螺栓、消火栓安装。

　　　　水泵接合器安装:切管、焊法兰、制垫、加垫、紧螺栓、整体安装、充水试验。

　　　　水流指示器安装:外观检查、切管、套丝、上零件、临时短管安装拆除、主要功能检查、安装及调整。

　　　　水位标尺安装:预埋螺栓、下料、制作、安装、导杆升降调整。

　　　　水位电气信号装置:测位、画线、安装、配管、穿线、接线、刷油。

　　　　气压水罐安装:搬运、定位、焊法兰、制加垫、紧螺栓、充气定压、充水、调试。

　　　　泡沫比例混合器安装:开箱检查、整体吊装、找正、找平、安装固定、切管、焊法兰、调试。

　　　　伴热电缆敷设:开箱检验、加盘敷设、定位量载、绑扎整理、剥头接线、绝缘处理、绝缘处理、安装固定。

　　　　管道保温:下料、安装、黏结、修整找平。

　　　　温控器:开箱、检验、安装、固定、整理现场。

　　　　隧道洞门:制作、平直、画线、下料、焊接、刷油(喷漆)、安装、补刷油。

顺序号	项目	单位	代号	安装消火栓				安装水泵接合器		安装水流指示器	安装水位标尺	安装水位电气信号装置	安装气压水罐	泡沫比例混合器	温控器	伴热电缆敷设	管道保温	隧道洞室门
				室内		室外地下式		DN100	DN150									
				单栓	双栓	1.0 MPa	1.6 MPa											
				10套						1个	1套		1台		1个	1000m	1m³	1m²
				1	2	3	4	5	6	7	8	9	10	11	12	13	14	15
1	人工	工日	1001001	5.7	7.3	4	5.7	10.7	13	1.5	2.8	2.4	6.7	8	1.2	42.1	0.4	1.7
2	HPB300 钢筋	t	2001001	–	–	–	–	–	–	–	0.001	–	–	–	–	–	–	–
3	钢丝绳	t	2001019	–	–	–	–	–	–	–	–	–	–	–	–	0.326	–	–
4	8~12 号铁丝	kg	2001021	–	–	–	–	–	–	–	–	–	–	–	–	40.8	–	–
5	20~22 号铁丝	kg	2001022	–	–	–	–	–	–	–	–	–	–	–	–	–	3.05	–
6	型钢	t	2003004	–	–	–	–	–	–	–	0.052	–	–	–	–	–	–	0.031
7	钢板	t	2003005	–	–	–	–	–	–	–	0.019	0.002	–	0.014	–	–	–	0.942
8	镀锌钢管	t	2003009	–	–	–	–	0.007	0.007	–	–	–	–	–	–	–	–	–
9	镀锌钢板	t	2003012	–	–	–	–	–	–	–	–	0.008	–	–	0.001	–	–	–
10	电焊条	kg	2009011	–	–	–	2.2	2.2	2.9	–	–	0.1	0.2	1.6	0.1	–	–	0.06
11	镀锌螺栓	kg	2009014	–	–	–	–	–	–	–	–	–	–	–	0.4	–	–	–
12	法兰	kg	2009017	–	–	–	60	60	104	–	–	–	2.7	5.4	–	–	–	–
13	锯材	m³	4003002	0.03	0.03	–	–	–	–	–	–	–	–	–	–	–	–	–
14	塑料软管	kg	5001017	–	–	–	–	–	–	–	–	–	–	–	0.5	–	–	–
15	塑料弹簧软管(φ50mm)	m	5001018	–	–	–	–	–	–	–	–	–	–	–	5	–	–	–

顺序号	项　目	单位	代　号	安装消火栓				安装水泵接合器		安装水流指示器	安装水位标尺	安装水位电气信号装置	安装气压水罐	泡沫比例混合器	温控器	伴热电缆敷设	管道保温	隧道洞室门
				室内		室外地下式												
				单栓	双栓	1.0 MPa	1.6 MPa	DN 100	DN 150									
				10 套						1 个		1 套		1 台		1 个	1000m	1m³	1m²
				1	2	3	4	5	6	7	8	9	10	11	12	13	14	15
16	油漆	kg	5009002	–	–	–	–	–	–	–	–	–	–	–	–	–	–	0.85
17	32.5 级水泥	t	5509001	0.014	0.014	–	–	–	–	–	–	–	–	–	–	–	–	–
18	42.5 级水泥	t	5509002	–	–	0.005	–	–	–	–	–	0.001	–	–	–	–	–	–
19	岩棉管壳	m³	5513002	–	–	–	–	–	–	–	–	–	–	–	–	–	1.03	–
20	电缆	m	7001001	–	–	–	–	–	–	–	–	–	–	–	–	1010.0	–	–
21	其他材料费	元	7801001	30.9	38.8	31.6	184.4	426	228.5	71.6	176.8	67.5	27.4	72.3	5.4	1279.7	1.7	17.6
22	4t 以内载货汽车	台班	8007003	–	–	–	–	–	–	–	–	–	–	–	0.04	–	–	–
23	6t 以内载货汽车	台班	8007005	–	–	–	–	–	–	–	–	–	0.06	0.09	–	–	–	–
24	5t 以内汽车式起重机	台班	8009025	–	–	–	–	–	–	–	–	–	0.15	–	0.04	–	–	–
25	21kV·A 以内交流电弧焊机	台班	8015027	–	–	–	–	–	–	–	–	–	–	–	–	–	–	0.02
26	32kV·A 以内交流电弧焊机	台班	8015028	–	–	0.57	0.57	0.89	–	–	–	0.02	0.06	0.53	0.03	–	–	–
27	0.6m³/min 以内电动空压机	台班	8017040	–	–	–	–	–	–	–	–	–	–	–	–	–	–	0.38
28	小型机具使用费	元	8099001	5.9	9.5	–	1.6	11.6	14.5	2.8	13.5	1.1	1.6	1.5	–	94.4	8.9	–
29	基价	元	9999001	692	874	459	1484	2298	2832	234	741	371	904	1177	249	45434	297	3682

注:水位电气信号装置未包括水泵房电气控制设备,继电气安装及水泵房至水泵、水箱的管线敷设。

5-4-7 消防管道安装

工程内容 镀锌钢管螺纹连接:切管,套丝,调直,上零件,管道安装,水压试验。

镀锌钢管法兰连接:切管,坡口,调直,对口,焊接,法兰连接,管道及管件安装,水压试验。

管道支吊架安装:切断,调直,煨制,钻孔,组对,焊接,安装。

给水管和钢管套管:切管,坡口,调直,煨弯,挖眼接管,异径管制作,对口,焊接,管道及管件安装,水压试验。

承插式铸铁管:切管,管道及管件安装,挖工作坑,熔化接口材料,接口,水压试验。

管道支架安装:切断,调直,煨制,钻孔,组对,焊接,打洞,安装,和灰,堵洞。

管道伸缩器安装:切管,检修盘根,对口,焊接法兰,制垫、加垫、安装,水压试验。

管道压力试验:准备工作,制作盲板,装设临时泵,加压,停压检查。

阀门安装:切管,焊接法兰,制垫,加垫,水压试验。自动排气阀:支架制作,安装。水压试验。

自动排气阀:支架制作,安装,水压试验。

I. 水灭火系统镀锌钢管安装

单位:表列单位

顺序号	项 目	单位	代 号	水灭火系统镀锌钢管安装						管道支吊架安装
				螺纹连接				法兰连接		
				φ32mm 以内	φ50mm 以内	φ80mm 以内	φ100mm 以内	φ150mm 以内	φ200mm 以内	
				1000m						1t
				1	2	3	4	5	6	7
1	人工	工日	1001001	113.8	134.8	175.8	198.1	582.7	747.7	53.6
2	8~12号铁丝	kg	2001021	7.7	7.7	7.7	7.7	7.7	7.7	—

顺序号	项 目	单位	代 号	水灭火系统镀锌钢管安装						管道支吊架安装
				螺纹连接				法兰连接		
				φ32mm以内	φ50mm以内	φ80mm以内	φ100mm以内	φ150mm以内	φ200mm以内	
				1000m						1t
				1	2	3	4	5	6	7
3	型钢	t	2003004	–	–	–	–	–	–	1.06
4	镀锌钢管	t	2003009	3.29	5.12	8.76	11.39	18.7	31.51	–
5	电焊条	kg	2009011	–	–	–	–	1078.2	1673.2	54
6	螺栓	kg	2009013	–	–	–	–	–	–	16.4
7	膨胀螺栓	套	2009015	–	–	–	–	–	–	34.9
8	水	m³	3005004	9	16	20	31	38	47	–
9	其他材料费	元	7801001	3908	8015.1	11380.1	11565.9	14032.1	15230.9	520.7
10	4t 以内载货汽车	台班	8007003	–	–	–	–	–	1.75	–
11	5t 以内汽车式起重机	台班	8009025	–	–	–	–	–	1.48	–
12	50kN 以内单筒慢动卷扬机	台班	8009081	–	–	–	–	–	16.07	–
13	32kV·A 以内交流电弧焊机	台班	8015028	–	–	–	–	267.05	358.14	8.41
14	小型机具使用费	元	8099001	604.6	813.1	927.7	970.2	4395.1	4779.3	257.4
15	基价	元	9999001	31625	46513	70912	85499	220899	323016	12336

II. 给水管道安装

顺序号	项 目	单位	代 号	给水管道安装						钢管套管
				钢管焊接连接						
				ϕ32mm 以内	ϕ80mm 以内	ϕ100mm 以内	ϕ125mm 以内	ϕ150mm 以内	ϕ200mm 以内	ϕ350mm 以内
				8	9	10	11	12	13	14
1	人工	工日	1001001	42.7	67.4	72.2	88.5	101.7	112.6	177.6
2	8~12号铁丝	kg	2001021	8	8	8	8	8	8	8
3	型钢	t	2003004	–	–	–	–	–	0.024	0.033
4	钢板	t	2003005	0.009	0.01	0.01	0.014	0.014	0.021	0.03
5	钢管	t	2003008	3.13	8.34	10.85	15.04	17.81	31.51	54.89
6	压制弯头	kg	2003011	–	22	65	192.5	256.5	324.8	669.6
7	电焊条	kg	2009011	1	43	48	81	101	176	579
8	水	m³	3005004	4	9	15	20	25	45	90
9	其他材料费	元	7801001	304	753.7	982.2	1123.1	1286	1595.1	3205.2
10	6t以内载货汽车	台班	8007005	–	–	–	–	–	1.53	2.24
11	5t以内汽车式起重机	台班	8009025	–	–	–	–	–	3.69	5.9
12	12t以内汽车式起重机	台班	8009027	–	–	–	–	–	4.11	6.57
13	32kV·A以内交流电弧焊机	台班	8015028		9.47	9.47	10.52	14.72	37.86	77.3
14	小型机具使用费	元	8099001	176.6	260.2	319.1	342	394.3	500.3	404.2
15	基价	元	9999001	18184	45605	57886	80516	96025	167810	295157

顺序号	项 目	单位	代 号	给水管道安装						
				承插式铸铁管		管道支架安装	管道伸缩器安装			管道压力试验
				φ150mm以内	φ200mm以内		φ100mm以内	φ150mm以内	φ200mm以内	φ100mm以内
				1000m		1t	1 个			1000m
				15	16	17	18	19	20	21
1	人工	工日	1001001	125.2	148.1	61	0.6	0.8	1.1	27.9
2	8~12 号铁丝	kg	2001021	8	8	–	–	–	–	–
3	型钢	t	2003004	–	–	1.06	–	–	–	–
4	钢板	t	2003005	–	–	–	–	–	–	0.025
5	钢管	t	2003008	–	–	–	–	–	–	0.013
6	承插式铸铁管	t	2003010	35.5	47	–	–	–	–	–
7	电焊条	kg	2009011	–	–	54	0.6	0.9	2.4	2
8	螺栓	kg	2009013	–	–	47.5	3.7	5.8	8.6	31
9	法兰	kg	2009017	–	–	–	12	20.8	29	–
10	螺纹截止阀	个	2009022	–	–	–	–	–	–	2
11	水	m³	3005004	–	–	0.2	–	–	–	8
12	锯材	m³	4003002	–	–	0.2	–	–	–	–
13	中(粗)砂	m³	5503005	–	–	0.5	–	–	–	–

顺序号	项目	单位	代号	给水管道安装						
				承插式铸铁管		管道支架安装	管道伸缩器安装			管道压力试验
				φ150mm以内	φ200mm以内		φ100mm以内	φ150mm以内	φ200mm以内	φ100mm以内
				1000m		1t	1个			1000m
				15	16	17	18	19	20	21
14	碎石(4cm)	m³	5505013	–	–	0.5	–	–	–	–
15	32.5级水泥	t	5509001	–	–	0.293	–	–	–	–
16	其他材料费	元	7801001	10841.2	13933.6	692	5.6	9.3	11.6	169.4
17	6t以内载货汽车	台班	8007005	–	1.53	–	–	–	–	–
18	5t以内汽车式起重机	台班	8009025	–	5.17	–	–	–	–	–
19	32kV·A以内交流电弧焊机	台班	8015028	–	–	16.99	0.15	0.16	0.35	0.53
20	小型机具使用费	元	8099001	83	83	622.3	–	–	–	45.9
21	基价	元	9999001	130462	174438	15779	242	371	547	3718

单位:表列单位

顺序号	项 目	单位	代 号	给水管道安装					
				管道压力试验	阀门安装				自动排气阀安装
				φ200mm 以内	φ80mm 以内	φ100mm 以内	φ150mm 以内	φ200mm 以内	
				1000m	1个				
				22	23	24	25	26	27
1	人工	工日	1001001	34.1	0.5	0.5	0.8	1.3	0.2
2	型钢	t	2003004	–	–	–	–	–	0.001
3	钢板	t	2003005	0.074	–	–	–	–	–
4	钢管	t	2003008	0.013	–	–	–	–	–
5	电焊条	kg	2009011	2	0.5	0.6	0.9	2.4	–
6	螺栓	kg	2009013	7	2.9	2.9	5.8	8.7	–
7	法兰	kg	2009017	–	4.06	6	10.4	14.5	–
8	自动排气阀	个	2009021	–	–	–	–	–	1
9	螺纹截止阀	个	2009022	2	–	–	–	–	–
10	法兰阀门(DN80)	个	2009023	–	1	–	–	–	–
11	法兰阀门(DN100)	个	2009024	–	–	1	–	–	–
12	法兰阀门(DN150)	个	2009025	–	–	–	1	–	–
13	法兰阀门(DN200)	个	2009026	–	–	–	–	1	–
14	水	m³	3005004	32					

单位:表列单位

顺序号	项 目	单位	代 号	给水管道安装					
				管道压力试验	阀门安装				自动排气阀安装
				φ200mm 以内	φ80mm 以内	φ100mm 以内	φ150mm 以内	φ200mm 以内	
				1000m	1个				
				22	23	24	25	26	27
15	其他材料费	元	7801001	200.9	4.8	6	9.1	10.9	5.3
16	32kV·A 以内交流电弧焊机	台班	8015028	0.53	0.12	0.15	0.16	0.35	–
17	小型机具使用费	元	8099001	89.5	–	–	–	–	–
18	基价	元	9999001	4514	357	456	700	1751	313

5-4-8 水泵安装

工程内容 安装:设备本体及与本体联体的附件、管道、润滑冷却装置等的清洗、组装、刮研,深井泵泵体扬水管及滤水网安装,联轴器或皮带安装。

拆装检查:设备本体及部件、第一个阀门以内的管道等拆卸、清洗、检查、刮研、换油、调间隙、找正、找平、找中心、记录、组装复原。

单位:1 台

顺序号	项目	单位	代号	单级离心水泵				多级离心水泵			
				安装		拆装检查		安装		拆装检查	
				1t 以内	3t 以内	1t 以内	3t 以内	2t 以内	4t 以内	2t 以内	4t 以内
				1	2	3	4	5	6	7	8
1	人工	工日	1001001	5.6	12	6.2	12.1	10.4	16	14.5	20.7
2	普 C25-32.5-2	m³	1503008	(0.18)	(0.34)	-	-	(0.24)	(0.37)	-	-
3	8~12 号铁丝	kg	2001021	0.8	1.2	-	-	0.8	1.2	-	-
4	电焊条	kg	2009011	0.2	0.4	-	-	0.6	0.7	-	-
5	铁件	kg	2009028	3	4.1	-	-	7.1	8.1	-	-
6	锯材	m³	4003002	0.009	0.019	-	-	0.013	0.023	-	-
7	中(粗)砂	m³	5503005	0.09	0.163	-	-	0.12	0.18	-	-
8	碎石(2cm)	m³	5505012	0.144	0.272	-	-	0.192	0.3	-	-
9	32.5 级水泥	t	5509001	0.066	0.125	-	-	0.088	0.136	-	-
10	其他材料费	元	7801001	66.9	104.3	48.1	109.9	147.3	184.6	82.8	131.5

单位:1台

顺序号	项　目	单位	代　号	单级离心水泵				多级离心水泵			
				安装		拆装检查		安装		拆装检查	
				1t以内	3t以内	1t以内	3t以内	2t以内	4t以内	2t以内	4t以内
				1	2	3	4	5	6	7	8
11	5t以内内燃叉车	台班	8009123	0.18	0.35	–	–	0.26	0.44	–	–
12	32kV·A以内交流电弧焊机	台班	8015028	0.08	0.24	–	–	0.24	0.32	–	–
13	基价	元	9999001	856	1762	707	1396	1563	2368	1624	2331

单位:1 台

顺序号	项　　目	单位	代　号	离心式深水泵				真空泵			
				安装		拆装检查		安装		拆装检查	
				1t 以内	2t 以内	1t 以内	2t 以内	1t 以内	2t 以内	1t 以内	2t 以内
				9	10	11	12	13	14	15	16
1	人工	工日	1001001	17.4	20	8.5	9.8	6.8	11	7.7	12.4
2	普 C25－32.5－2	m³	1503008	(0.10)	(0.11)	－	－	(0.18)	(0.26)	－	－
3	8~12 号铁丝	kg	2001021	1.7	1.7	－	－	0.8	1.2	－	－
4	电焊条	kg	2009011	0.3	0.3	－	－	0.2	0.2	－	－
5	铁件	kg	2009028	4.1	4.1	－	－	3	3	－	－
6	锯材	m³	4003002	0.004	0.006	－	－	0.009	0.014	－	－
7	中(粗)砂	m³	5503005	0.05	0.053	－	－	0.09	0.125	－	－
8	碎石(2cm)	m³	5505012	0.08	0.09	－	－	0.144	0.21	－	－
9	32.5 级水泥	t	5509001	0.037	0.04	－	－	0.066	0.096	－	－
10	其他材料费	元	7801001	116.3	123	37.2	58.7	64.1	76.1	58.8	83
11	5t 以内内燃叉车	台班	8009123	0.18	0.26	－	－	0.18	0.26	－	－
12	32kV·A 以内交流电弧焊机	台班	8015028	0.16	0.16	－	－	0.08	0.16	－	－
13	基价	元	9999001	2158	2493	941	1100	980	1528	877	1401

第五节　供电、照明系统

说　明

1. 本节定额包括变压器安装调试,供电设施安装调试,柴油发电机安装,母线、母线槽等安装,配电箱安装,接地、避雷设施安装,照明系统等7个项目。

2. 干式变压器带有保护外罩时,人工工日和机械台班乘以系数1.2。

3. 变压器油是按设备自带考虑的,但施工中变压器油的过滤损耗及操作损耗已包括在定额中。变压器安装过程中放注油、油过滤所使用的油罐,已摊入油过滤定额中。

4. 高压成套配电柜中断路器安装定额系综合考虑的,不分容量大小,也不包括母线配制及设备干燥。

5. 组合型成套箱式变电站主要指10kV以下的箱式变电站,一般布置形式为变压器在箱的中间,箱的一端为高压开关位置,另一端为低压开关位置。

6. 控制设备安装未包括支架的制作和安装,需要时可按相关定额另行计算。

7. 送配电设备系统调试包括系统内的电缆试验、瓷瓶耐压等全套调试工作。供电桥回路中的断路器、母线分段断路器皆作为独立的供电系统计算,定额皆按一个系统一侧配一台断路器考虑,当两侧皆有断路器时,则按两个系统计算。如果分配电箱内只有刀开关、熔断器等不含调试元件的供电回路,则不再作为调试系统计算。

8. 3~10kV母线系统调试含一组电压互感器,1kV以下母线系统调试定额不含电压互感器,适用于低压配电装置的各种母线(包括软母线)的调试。

9. 灯具安装定额是按灯具类型分别编制的,对于灯具本身及异型光源,定额已综合了安装费,但未包括灯杆费用,应另行计算。

10. 各种灯架元器具件的配线,均已综合考虑在定额内,使用时不作调整。

11. 本节定额已包括利用仪表测量绝缘及一般灯具的试亮等工程内容,使用定额时,不得另行计算,但不包括全负荷试运行。

12. 本节定额未包括电缆接头的制作及导线的焊压接线端子。

13. 各种灯柱穿线均套相应的配管配线定额。

14. 室内照明灯具的安装高度,应急灯、碘钨灯和和混光灯定额是按 10m 以下编制的,其他照明灯具安装高度均按 5m 以下编制。

15. 普通吸顶灯、LED 灯、高压钠灯、标志灯等成套灯具安装是按灯具出厂时达到安装条件编制的,其他成套灯具安装所需配线,定额中均已包括。

16. 立灯杆定额中未包括防雷及接地装置。

17. 25m 以上高杆灯安装,未包括杆内电缆敷设。

18. 接地装置是按变配电系统接地、车间接地和设备接地等工业设施接地编制的。定额中未包括接地电阻率高的土质换土和化学处理的土壤及由此发生的接地电阻测试等费用,需要时应另行计算。接地装置换填土执行电缆沟挖填土相应子目。

19. 定额中避雷针安装、避雷引下线的安装均已考虑了高空作业的因素。避雷针按成品件考虑。

5-5-1 变压器安装调试

工程内容 干式变压器安装:开箱、检查,本体就位,电铁及止轮器制作,安装,附件安装,接地,补漆,配合电器试验。
电力变压器干燥:准备,干燥及维护、检查、记录整理、清扫、收尾及注油。
杆上安装变压器:支架、横担、撑铁安装,变压器吊装固定,配线,接线,接地。
地上安装变压器:开箱检查,本体就位,砌身检查,套管,油枕及散热器的清洗,油柱试验,风扇油泵电动机触体检查接线,附件安装,热铁及齿轮器制作安装,补充注油及安装后的整体密封试验。
组合型成套箱式变电站安装:开箱、检查、安装固定、接线、接地。

I. 干式变压器安装

单位:1 台

顺序号	项 目	单位	代 号	干式变压器安装					
				容量(kV·A)					
				100 以内	250 以内	500 以内	800 以内	1000 以内	2000 以内
				1	2	3	4	5	6
1	人工	工日	1001001	4.5	5.1	6.7	8	8.8	10.5
2	8~12 号铁丝	kg	2001021	0.8	1	1	1.5	2	2.7
3	钢板	t	2003005	0.004	0.004	0.004	0.006	0.006	0.007
4	镀锌钢板	t	2003012	0.005	0.005	0.005	0.005	0.005	0.005
5	电焊条	kg	2009011	0.3	0.3	0.3	0.3	0.3	0.3
6	镀锌螺栓	kg	2009014	1.4	1.4	1.4	1.4	1.4	1.4
7	其他材料费	元	7801001	42.3	42.3	48.4	49.8	63.7	65
8	6t 以内载货汽车	台班	8007005	0.09	0.09	0.11	0.14	–	–

单位:1台

顺序号	项 目	单位	代 号	干式变压器安装					
				容量(kV·A)					
				100 以内	250 以内	500 以内	800 以内	1000 以内	2000 以内
				1	2	3	4	5	6
9	8t 以内载货汽车	台班	8007006	–	–	–	–	0.24	0.26
10	5t 以内汽车式起重机	台班	8009025	0.06	0.06	0.07	0.1	–	–
11	12t 以内汽车式起重机	台班	8009027	–	–	–	–	0.21	0.24
12	32kV·A 以内交流电弧焊机	台班	8015028	0.17	0.17	0.17	0.17	0.17	0.23
13	基价	元	9999001	693	758	950	1133	1425	1662

顺序号	项 目	单位	代 号	干燥 10kV/电力变压器			
				容量(kV·A)			
				250 以内	500 以内	1000 以内	2000 以内
				7	8	9	10
1	人工	工日	1001001	6.1	8.2	11.8	15.1
2	8～12 号铁丝	kg	2001021	1.5	1.8	2.5	6
3	20～22 号铁丝	kg	2001022	–	–	0.1	0.2
4	电	kW·h	3005002	148	218	300	470
5	锯材	m³	4003002	0.05	0.05	0.2	0.2
6	电线	m	7001004	15	15	45	50
7	其他材料费	元	7801001	118.8	126.2	414.3	518.6
8	小型机具使用费	元	8099001	21.6	30.2	32.4	43.3
9	基价	元	9999001	1026	1326	2357	2993

单位:1 台

顺序号	项 目	单位	代 号	杆上安装变压器		地上(台上)安装变压器
				容量(kV·A)		
				100 以内	320 以内	500 以内
				11	12	13
1	人工	工日	1001001	4.5	7.3	7.1
2	8～12 号铁丝	kg	2001021	1	1	1
3	钢板	t	2003005	0.004	0.004	0.005
4	镀锌钢板	t	2003012	–	–	0.005
5	电焊条	kg	2009011	–	–	0.3
6	镀锌螺栓	kg	2009014	0.9	0.9	0.9
7	其他材料费	元	7801001	31.6	41.4	129.1
8	6t 以内载货汽车	台班	8007005	–	–	0.11
9	5t 以内汽车式起重机	台班	8009025	0.37	0.37	0.47
10	32kV·A 以内交流电弧焊机	台班	8015028	–	–	0.17
11	小型机具使用费	元	8099001	–	–	32.4
12	基价	元	9999001	775	1082	1358

IV. 组合型成套箱式变电站安装

单位:1 台

顺序号	项 目	单位	代 号	组合型成套箱式变电站安装不带高压开关柜变压器		
				容量(kV·A)		
				100 以内	315 以内	630 以内
				14	15	16
1	人工	工日	1001001	5.8	6.9	8.4
2	钢板	t	2003005	0.008	0.011	0.014
3	镀锌钢板	t	2003012	0.072	0.096	0.12
4	电焊条	kg	2009011	0.2	0.2	0.2
5	镀锌螺栓	kg	2009014	2.6	2.6	2.6
6	其他材料费	元	7801001	46.8	50.6	54.9
7	6t 以内载货汽车	台班	8007005	0.38	0.38	0.38
8	5t 以内汽车式起重机	台班	8009025	0.37	0.37	0.37
9	32kV·A 以内交流电弧焊机	台班	8015028	0.11	0.11	0.11
10	基价	元	9999001	1494	1734	2017

注:不带高压开关柜的箱式变电站的高压侧进线一般采用负荷开关。

5-5-2 供电设施安装调试

工程内容 控制、继电、模拟及配电屏安装:开箱、检查、安装,电器、表计及继电器等附件的拆装、送交试验、盘内整理及一次校线、接线。

断路器安装:开箱、检查,安装固定,放注油,导电接触面的检查调整,附件的拆装,接地。

户内隔离开关、负荷开关安装:开箱、检查,安装固定,调整,拉杆配制和安装,操作机构连锁装置和信号装置接头检查,安装,接地。

控制台、控制箱安装:开箱、检查、安装,各种电器、表计等附件的拆装,送交试验,盘内整理,一次接线。

送配电装置系统调试:自动开关或断路器、隔离开关、常规保护装置、电测量仪表、电力电缆第一和二次回路系统的调试。

变压器系统调试:变压器、断路器、互感器、隔离开关、风冷及油循环冷却系统电器装置、常规保护装置第一和二次回路的调试及空投试验。

自动投入装置调试:自动装置、继电器及控制回路的调整试验。

交流同步电动机变频调速:变频装置本体、变频母线、电动机、励磁机、断路器、互感器、电力电缆、保护装置等一和二次回路的调试。

电力、电缆母线试验:测量绝缘电阻、直流耐压试验、测量泄漏电流。

I. 控制、继电、模拟及配电屏安装

顺序号	项　　目	单位	代　号	安装控制屏	安装继电、信号屏	安装模拟屏（宽2m以内）	安装配电（电源）屏低压开关柜	安装高压成套配电双母线柜、断路器柜	安装户内隔离开关、负荷开关（电流2000A以内）	安装控制台(2m以内)	安装同期小屏控制箱
				1	2	3	4	5	6	7	8
1	人工	工日	1001001	2.8	3.5	11.1	2.8	6.2	2.7	5.8	1.2
2	型钢	t	2003004	–	–	–	–	–	0.027	–	–
3	钢管	t	2003008	–	–	–	–	–	0.005	–	–
4	镀锌钢板	t	2003012	0.002	0.002	0.003	0.002	–	0.003	0.003	0.001
5	电焊条	kg	2009011	0.2	0.2	0.3	0.2	0.2	0.3	0.1	0.1
6	镀锌螺栓	kg	2009014	0.5	0.5	1.1	0.5	0.8	4.1	0.5	0.4
7	塑料软管	kg	5001017	1.2	1.5	2	0.5	–	–	1.5	0.5
8	塑料弹簧软管（φ50mm）	m	5001018	6	6	20	6	–	–	12	5
9	其他材料费	元	7801001	9.3	10.3	17.4	20.1	34	24.5	13.1	5.4
10	4t以内载货汽车	台班	8007003	0.05	0.05	0.13	0.05	0.09	–	0.09	0.04
11	5t以内汽车式起重机	台班	8009025	0.07	0.07	0.3	0.07	0.12	–	0.07	0.04
12	30kN以内单筒慢动卷扬机	台班	8009080	–	–	–	–	–	–	0.07	–
13	32kV·A以内交流电弧焊机	台班	8015028	0.06	0.06	0.08	0.06	0.08	0.15	0.06	0.03
14	基价	元	9999001	479	558	1720	480	837	519	899	249

II. 电力系统调整试验

单位:表列单位

顺序号	项　目	单位	代　号	调试送配电装置系统				调试10kV以下变压器系统容量560kV·A以内	调试备用		调试线路自动重合闸		调试电机变频调速交流同步电动机（1000kW以内）	电缆试验	电缆母线（段）试验
				负荷隔离开关（交流供电10kV以内）	断路器（交流供电10kV以内）	带电抗路（交流供电10kV以内）	直流供电500V以内单侧电源		电源自投装置	电机自投装置	单侧电源	双侧电源			
				1 系统					1 套				1 系统	1 次	1 根
				9	10	11	12	13	14	15	16	17	18	19	20
1	人工	工日	1001001	15.1	24.1	27.7	4.8	22.9	8.4	3.6	4.8	20.5	115.6	0.8	0.8
2	其他材料费	元	7801001	11.3	18.1	20.8	3.6	17.1	6.3	2.7	3.6	15.3	86.6	2.8	3.1
3	继电保护测试仪	台班	8021009	–	–	–	–	–	2	1	0.5	3	–	–	–
4	三相精密测试电源	台班	8021010	–	–	–	–	–	1.5	0.5	1	3	–	–	–
5	电能校验仪	台班	8021011	2	2	2	2	1.5	–	–	–	–	6	–	–
6	记录仪	台班	8021012	–	–	–	–	–	–	–	–	–	17	–	–
7	真空断路器测试仪	台班	8021013	–	1	–	–	–	–	–	–	–	2	–	–
8	高压试验变压器全套装置	台班	8021029	–	–	–	1	–	–	–	–	–	–	–	–
9	直流高压发生器	台班	8021030	1	1.5	2	–	1	–	–	–	–	6	–	–
10	轻型试验变压器	台班	8021031	1	1.5	2	–	1	–	–	–	–	6	–	–

顺序号	项　目	单位	代　号	调试送配电装置系统				调试10kV以下变压器系统容量560kV·A以内	调试备用		调试线路自动重合闸		调试电机变频调速交流同步电动机(1000kW以内)	电缆试验	电缆母线(段)试验
				负荷隔离开关(交流供电10kV以内)	断路器(交流供电10kV以内)	带电抗路(交流供电10kV以内)	直流供电500V以内单侧电源		电源自投装置	电机自投装置	单侧电源	双侧电源			
				1 系统					1 套				1 系统	1 次	1 根
				9	10	11	12	13	14	15	16	17	18	19	20
11	小型机具使用费	元	8099001	196.1	488.1	552	56.1	438.4	68.9	30.1	64	259	4567.2	34.8	38.6
12	基价	元	9999001	1951	3392	3867	656	3321	1304	566	705	3009	18449	123	127

注:1.本定额不包括避雷器、自动装置、特殊保护装置和接地装置的调试。

　　2.当断路器为六氟化硫断路器时,定额乘以系数1.3。

　　3.双侧电源自动重合闸是按同期考虑的。

5－5－3　柴油发电机安装

工程内容　柴油发电机组安装:开箱检验、安装固定、稳机找平、试车等。

排气系统安装:清点材料、丈量尺寸、排气管加工套丝(或焊接)、焊法兰盘、垫石棉垫、安装固定(含吊挂)、安装波纹管及消音器等。

燃油箱、机油箱安装:开箱检验,清洁,安装支架,安装固定箱体、油泵,系统调试等。

I.柴油发电机组安装　　　　　　　　　　　　　　　　　单位:1组

顺序号	项　目	单位	代号	柴油发电机组安装							
				功率(kW)							
				30以内	75以内	120以内	200以内	300以内	500以内	800以内	800以上
				1	2	3	4	5	6	7	8
1	人工	工日	1001001	9	13	14.1	16.6	19.6	29.2	37.3	47.9
2	12t以内汽车式起重机	台班	8009027	0.07	0.09	0.16	0.32	0.34	0.39	0.58	0.65
3	小型机具使用费	元	8099001	10.9	10.9	10.9	10.9	10.9	10.9	10.9	10.9
4	基价	元	9999001	1027	1469	1645	2047	2382	3445	4467	5653

注:本定额未包括安装柴油发电机组所需的底座的费用,应根据设计图纸按有关定额另行计算。

II. 柴油发电机组体外排气系统安装

单位:1套

顺序号	项目	单位	代号	柴油发电机组体外排气系统安装				燃油箱安装	机油箱安装
				功率(kW)					
				120以内	500以内	800以内	800以上		
				9	10	11	12	13	14
1	人工	工日	1001001	4.2	5.4	6.6	7.8	7.2	7.8
2	螺栓	kg	2009013	–	–	–	–	0.2	0.2
3	膨胀螺栓	套	2009015	–	–	–	–	4.1	4.1
4	基价	元	9999001	446	574	701	829	786	850

注:1. 本定额未包括排配气系统所需排气管的费用,应根据设计数量按实计列。

2. 安装与柴油发电机组在一体的燃油箱、机油箱均不得使用本定额。

5 - 5 - 4　母线、母线槽等安装

工程内容　母线及引下线安装:平直,制作,安装固定,刷相色漆。

　　　　　　插接式封闭母线槽安装:开箱检查,接头清洗处理,绝缘测试,吊装就位,线槽连接,固定,接地。

单位:表列单位

顺序号	项　目	单位	代　号	带形母线安装		带形母线引下线安装		插接式封闭母线槽安装		
				铜母线	铝母线	铜母线	铝母线	每相电流(A)		
								800 以内	1250 以内	2000 以内
				10m/单相				10m		
				1	2	3	4	5	6	7
1	人工	工日	1001001	1.6	1.1	3	2.2	2.4	3	4.5
2	8~12 号铁丝	kg	2001021	–	–	–	–	0.3	0.3	0.3
3	镀锌钢板	t	2003012	–	–	–	–	0.005	0.012	0.021
4	电焊条	kg	2009011	0.5	–	–	–	2	2	2.2
5	螺栓	kg	2009013	1	1	1	1	–	–	–
6	镀锌螺栓	kg	2009014	4.1	4.1	10.9	10.9	0.3	0.3	0.3
7	油漆	kg	5009002	0.6	0.6	0.5	0.6	0.2	0.2	0.3
8	绝缘软线	m	7001008	–	–	–	–	2	2	2
9	铜接线端子	个	7005011	–	–	–	–	8.1	8.1	8.1
10	其他材料费	元	7801001	20	17.4	47.4	4.1	11	25.6	30.5
11	10kN 以内单筒慢动卷扬机	台班	8009079	–	–	–	–	0.24	0.3	0.34

顺序号	项　目	单位	代　号	带形母线安装		带形母线引下线安装		插接式封闭母线槽安装		
				铜母线	铝母线	铜母线	铝母线	每相电流(A)		
								800以内	1250以内	2000以内
				10m/单相				10m		
				1	2	3	4	5	6	7
12	32kV·A以内交流电弧焊机	台班	8015028	0.14	0.08	–	–	–	–	–
13	500A以内氩弧焊机	台班	8015038	–	–	–	–	0.41	0.41	0.41
14	万能母线机	台班	8021019	1	0.9	1	0.9	–	–	–
15	小型机具使用费	元	8099001	0.9	0.2	7.1	4.4	–	–	–
16	基价	元	9999001	457	369	690	543	523	641	854

注:带形母线和引下线的规格为每相一片800mm² 以下;母线槽每节之间的接地连线设计规格不同时可进行抽换。

5-5-5 配电箱安装

工程内容 落地式控制箱安装:箱体安装,接线,接地,调试和平衡分路负载,销链加油润滑。

成套配电箱安装:开箱检查,安装,查校线,接地。

配电箱明装:测位,画线,打眼,埋螺栓,安装,固定,接线,接地等。

杆上配电箱安装:支架,横担,撑铁安装,设备安装固定,检查,调整,油开关注油,配线,接线,接地。

接线箱安装:测位,打眼,埋螺栓,开孔,刷漆,固定。

接线盒安装:测定,固定,修孔。

I. 落地式控制箱安装

单位:1 套

顺序号	项 目	单位	代 号	落地式控制箱安装			
				半周长 2m 以内二路	半周长 2m 以内三路	半周长 2m 以内四路	半周长 2m 以内六路
				1	2	3	4
1	人工	工日	1001001	3.2	3.4	3.6	3.7
2	电焊条	kg	2009011	0.1	0.1	0.1	0.1
3	螺栓	kg	2009013	1.2	1.2	1.2	1.2
4	铁件	kg	2009028	0.5	0.8	1	1.3
5	皮线	m	7001007	4	4	4	4
6	铜接线端子	个	7005011	8.2	12.4	16.5	20.6
7	路灯控制箱	个	7509002	1	1	1	1
8	其他材料费	元	7801001	3	3.9	4.9	5.8
9	4t 以内载货汽车	台班	8007003	0.13	0.13	0.18	0.18
10	32kV·A 以内交流电弧焊机	台班	8015028	0.01	0.01	0.01	0.01
11	基价	元	9999001	596	649	725	766

— 1063 —

顺序号	项 目	单位	代号	成套配电箱安装			配电箱安装	
				落地式	悬挂嵌入式		明装	杆上
					半周长 1.0m	半周长 2.5m		
				5	6	7	8	9
1	人工	工日	1001001	21.9	7.8	16.9	6.7	19
2	钢板	t	2003005	0.003	0.002	0.002	–	–
3	镀锌钢板	t	2003012	0.015	–	0.015	–	0.04
4	电焊条	kg	2009011	1.5	1.3	1.5	–	–
5	镀锌螺栓	kg	2009014	5.1	2.6	3.4	–	5.1
6	膨胀螺栓	套	2009015	–	–	–	40.8	–
7	塑料软管	kg	5001017	3	1.5	2.5	1.5	32.1
8	裸铝(铜)线	m	7001005	2	2	2	–	–
9	铜接线端子	个	7005011	–	20.3	–	–	–
10	其他材料费	元	7801001	33.7	29.3	48.85	20.2	108.4
11	4t 以内载货汽车	台班	8007003	0.53	0.18	0.53	–	–
12	5t 以内汽车式起重机	台班	8009025	0.74	0.3	0.44	–	–
13	32kV·A 以内交流电弧焊机	台班	8015028	0.53	0.42	0.53	–	0.15
14	小型机具使用费	元	8099001	–	–	–	9.3	–
15	基价	元	9999001	3375	1426	2637	957	2834

注:本定额成套配电箱安装未包括支架制作、安装。

III. 接线箱、盒安装

顺序号	项 目	单位	代 号	接线箱安装				接线盒安装	
				明装		暗装		暗装	明装
				半周长 700mm 以内	半周长 1500mm 以内	半周长 700mm 以内	半周长 1500mm 以内		
				10	11	12	13	14	15
1	人工	工日	1001001	5.7	7.8	6.4	9.8	0.3	0.5
2	螺栓	kg	2009013	2.4	3.7	–	–	–	0.2
3	接线箱	个	7005018	10	10	10	10	–	–
4	其他材料费	元	7801001	1.3	1.3	7	12.6	42.8	21.8
5	基价	元	9999001	5377	5610	5439	5806	75	76

5－5－6　接地、避雷设施安装

工程内容　接地极制作安装:下料加工、卡子制作、打入地卡、刷油。

接地母线敷设:平直、断料、测位、打眼、卡子制作、埋卡子、焊接、固定、刷油。

架设天线铁塔避雷装置:安装,焊接,固定,涂漆。

避雷针安装:底座制作,组装,焊接,吊装,找正,固定,补漆。

避雷引下线敷设:平直,下料,测位,打眼,埋卡子,焊接,固定,刷漆。

天线铁塔消雷器安装:安装、焊接、固定、涂漆。

接地模块安装:检查、埋设、焊接、防腐、检验。

漏电、浪涌保护安装:开箱、检查、安装、接线、接地等。

接地装置:接地电阻测试,控制装置,电流互感器,继电保护装置,测量仪表及一、二次回路调整。

避雷器:母线耐压试验,接触电阻测量,避雷器,母线绝缘监视装置,电测量仪表一、二次回路的调试,接地电阻测试。

顺序号	项　　目	单位	代　号	接地极制作安装		接地母线敷设	
				角钢	铜板	镀锌扁钢明敷	镀锌扁钢暗敷
				1 根	1 块	10m	
				1	2	3	4
1	人工	工日	1001001	0.2	1.9	1	0.2
2	镀锌钢板	t	2003012	–	–	0.013	0.013
3	铜接地板	kg	2007002	–	1	–	–
4	镀锌铁件	kg	2009029	9.9	–	–	–
5	其他材料费	元	7801001	2.9	68.2	12.9	1.7
6	小型机具使用费	元	8099001	3.6	2.7	3.4	4.8
7	基价	元	9999001	84	297	182	87

II. 避雷针及引下线安装

顺序号	项目	单位	代号	独立避雷针安装					避雷引下线敷设		
				针高(m)			水泥杆上	金属杆上	高度(m)		
				20 以内	30 以内	40 以内			25 以内	30 以内	40 以内
				1 套					10m		
				5	6	7	8	9	10	11	12
1	人工	工日	1001001	4.6	5.8	6.6	1	0.3	0.7	1.2	1.7
2	HPB300 钢筋	t	2001001	0.034	0.034	0.034	0.01	–	–	–	–
3	8~12 号铁丝	kg	2001021	2.5	5	6.5	–	–	–	–	–
4	钢板	t	2003005	0.006	0.006	0.006	0.017	–	–	–	–
5	钢管	t	2003008	–	–	–	–	–	0.002	0.002	0.002
6	电焊条	kg	2009011	1	1.5	2	0.1	0.3	0.3	0.3	0.3
7	螺栓	kg	2009013	2.1	4.8	4.9	0.6	–	–	–	–
8	裸铝(铜)线	m	7001005	–	–	–	–	–	10	10	10
9	其他材料费	元	7801001	10.1	17.8	18.1	20.9	0.6	6.6	6.6	6.6
10	4t 以内载货汽车	台班	8007003	0.18	0.18	0.26	–	–	–	–	–
11	5t 以内汽车式起重机	台班	8009025	0.22	–	–	–	–	–	–	–
12	12t 以内汽车式起重机	台班	8009027	–	0.29	–	–	–	–	–	–
13	16t 以内汽车式起重机	台班	8009028	–	–	0.27	–	–	–	–	–
14	32kV·A 以内交流电弧焊机	台班	8015028	0.27	0.37	0.53	0.17	0.05	0.11	0.11	0.11

顺序号	项 目	单位	代 号	独立避雷针安装					避雷引下线敷设		
				针高（m）			水泥杆上	金属杆上	高度（m）		
				20以内	30以内	40以内			25以内	30以内	40以内
				1套					10m		
				5	6	7	8	9	10	11	12
15	小型机具使用费	元	8099001	9.3	9.3	9.3	-	-	-	-	-
16	基价	元	9999001	950	1243	1436	257	43	146	199	252

顺序号	项目	单位	代号	防雷接地模块安装				三相漏电保安器安装	浪涌保护器安装
				规格(mm)					
				φ100×500	φ150×800	φ260×1000	500×400×60		
				13	14	15	16	17	18
1	人工	工日	1001001	1.2	1.3	1.4	1.2	0.4	0.4
2	镀锌钢板	t	2003012	0.005	0.005	0.005	0.005	–	–
3	电焊条	kg	2009011	0.2	0.3	0.3	0.4	–	–
4	镀锌螺栓	kg	2009014	–	–	–	–	0.1	0.1
5	其他材料费	元	7801001	0.7	0.7	0.7	0.7	98.8	99.5
6	32kV·A 以内交流电弧焊机	台班	8015028	0.11	0.11	0.16	0.21	–	–
7	小型机具使用费	元	8099001	6.5	6.5	6.5	6.5	0.5	5.5
8	基价	元	9999001	179	190	210	198	143	149

IV. 防雷接地装置测试

顺序号	项 目	单位	代 号	防雷接地装置测试	避雷器防雷测试
				1 系统	1 组
				19	20
1	人工	工日	1001001	0.2	7.2
2	其他材料费	元	7801001	1	5.4
3	直流高压发生器	台班	8021030	–	1
4	轻型试验变压器	台班	8021031	–	1
5	小型机具使用费	元	8099001	12	230.6
6	基价	元	9999001	34	1054

注:不包括特殊保护装置的调试,避雷器每三相为一组。

5-5-7 照 明 系 统

工程内容 调压器、稳压器安装:开箱检验、清洁,画线定位,安装固定,补充注油等。

固定式灯盘安装:测位、画线、成套吊装,找正、螺栓固定,配线、焊压包头。

升降式灯盘安装:测位、画线、成套吊装,找正、螺栓固定,配线、焊压包头,升降传动装置安装,清洗上油,试验。

立灯杆:插接式灯杆的组合、灯杆组立、防水螺母安装、补漆。

杆座安装:座箱部件检查,安装,找正,箱体接触,接点防水,绝缘处理。

高杆灯具安装:开箱、清扫、检查、灯具安装、连线、补漆、试亮等。

照明器件安装:开箱检查,固定,配线,测位,画线,打眼,埋螺栓,支架安装,灯具组装,接线焊包头,灯泡安装,试亮。

荧光灯具安装:测位,画线,打眼,埋螺栓,上木台,吊链,吊管加工,灯具组装,接线,焊接包头,试亮。

标志、诱导装饰灯具安装:开箱清点、测位画线、打眼埋螺栓,支架制作、安装,灯具拼装固定,挂装饰部件、接焊线包头等。

其他灯具安装:打眼、埋螺栓、支架安装,灯具组装,配线、接线、焊接包头,校试。

I. 调压器、稳压器安装

单位:1台

顺序号	项　　目	单位	代　号	调试器安装 容量(kV·A)		电子交流稳压器安装
				100 以内	500 以内	
				1	2	3
1	人工	工日	1001001	2.4	3.6	1.2
2	小型机具使用费	元	8099001	5.5	5.5	1.1
3	基价	元	9999001	261	388	129

顺序号	项 目	单位	代 号	灯盘灯架安装			
				固定式灯架		升降式灯架	
				灯火数			
				24 以内	60 以内	24 以内	60 以内
				4	5	6	7
1	人工	工日	1001001	18.9	25.2	21.7	29
2	电焊条	kg	2009011	0.2	0.3	–	–
3	电线	m	7001004	178	431	178	431
4	升降传动装置	套	7005019	–	–	1	1
5	其他材料费	元	7801001	24.6	51.8	46.8	76.2
6	4t 以内载货汽车	台班	8007003	0.44	0.44	0.44	0.44
7	16t 以内汽车式起重机	台班	8009028	0.46	0.91	0.46	0.91
8	20m 以内高空作业车	台班	8009048	0.45	0.89	0.45	0.89
9	32kV·A 以内交流电弧焊机	台班	8015028	0.09	0.11	0.09	0.11
10	基价	元	9999001	3525	5621	3896	6100

注:灯架作为设备列入设备购置费中。

顺序号	项 目	单位	代 号	立灯杆				
				高度(m)				
				10 以内	15 以内	20 以内	30 以内	40 以内
				8	9	10	11	12
1	人工	工日	1001001	1.1	2	3.7	19.9	26.5
2	镀锌钢板	t	2003012	0.001	0.001	0.006	0.01	0.02
3	镀锌螺栓	kg	2009014	1.5	1.5	6.7	13.4	17.9
4	其他材料费	元	7801001	10.7	12.4	45.7	194.2	285.6
5	12t 以内汽车式起重机	台班	8009027	0.07	0.11	0.32	0.51	0.65
6	50t 以内汽车式起重机	台班	8009033	–	–	–	0.55	–
7	75t 以内汽车式起重机	台班	8009034	–	–	–	–	0.69
8	小型机具使用费	元	8099001	1.6	2.7	5.1	67.6	86.6
9	基价	元	9999001	211	343	822	4552	6445

注:灯杆作为设备列入设备购置费中。

顺序号	项 目	单位	代 号	成套型金属杆座安装	组装型混凝土制件安装
				13	14
1	人工	工日	1001001	1.9	3.6
2	螺栓	kg	2009013	0.9	0.6
3	塑料弹簧软管(φ50mm)	m	5001018	7	7
4	电线	m	7001004	47	32
5	其他材料费	元	7801001	5.1	2.8
6	4t以内载货汽车	台班	8007003	0.44	0.44
7	基价	元	9999001	583	730

注:金属杆座作为设备列入设备购置费中。

V. 高杆灯具安装

单位:1套

顺序号	项 目	单位	代 号	高杆灯具(单弧灯具)安装			
				杆高(m)			升降式2m
				10 以内	15 以内	20 以内	
				15	16	17	18
1	人工	工日	1001001	0.7	1	2.3	–
2	电线	m	7001004	22	35	49	7
3	照明灯具	盏	7509001	1	1	1	1
4	其他材料费	元	7801001	12.3	16.1	21.5	2.9
5	15m 以内高空作业车	台班	8009047	0.17	0.21	–	–
6	20m 以内高空作业车	台班	8009048	–	–	0.22	–
7	小型机具使用费	元	8099001	0.9	1.4	3.3	0.8
8	基价	元	9999001	646	736	980	414

注:灯具挑臂及灯泡的费用应包含在照明灯具的预算价格中。

VI. 照明灯具安装

顺序号	项目	单位	代号	碘钨灯安装	管形氙灯安装	投光灯安装	高压汞灯泡安装	高(低)压钠灯安装	LED灯安装	吸顶式荧光灯具(组装型)安装		
										单管	双管	三管
				19	20	21	22	23	24	25	26	27
1	人工	工日	1001001	18.7	20.2	18.7	5.3	5.3	4.8	14.4	22.3	27.1
2	钢板	t	2003005	–	0.3	0.1	–	–	–	–	–	–
3	电焊条	kg	2009011	–	10	10	–	–	–	–	–	–
4	螺栓	kg	2009013	8	40	20	–	–	–	–	–	–
5	膨胀螺栓	套	2009015	–	–	–	–	–	–	204	204	204
6	电线	m	7001004	200	–	200	–	–	–	480	780	1090
7	照明灯具	盏	7509001	101	101	101	101	101	101	101	101	101
8	其他材料费	元	7801001	–	–	–	–	–	–	11.7	18.4	24.3
9	10m高空作业车	台班	8009046	–	–	–	1.61	1.61	–	–	–	–
10	32kV·A以内交流电弧焊机	台班	8015028	–	3.4	3.4	–	–	–	–	–	–
11	基价	元	9999001	42495	44243	43621	41448	41448	40565	43519	44957	46084

注:电容器安装已包含在定额内。

VII. 标志、诱导装饰灯具安装

单位:100 套

顺序号	项目	单位	代号	标志、诱导装饰灯具安装			
				吸顶式	吊杆式	墙壁式	嵌入式
				28	29	30	31
1	人工	工日	1001001	14.4	17.5	14.4	16.9
2	膨胀螺栓	套	2009015	204	204	–	–
3	电线	m	7001004	50	80	50	60
4	照明灯具	盏	7509001	101	101	101	101
5	其他材料费	元	7801001	118.3	2299.5	171.5	80.8
6	基价	元	9999001	42779	45349	41855	42050

VIII. 其他灯具安装

单位:100 套

顺序号	项 目	单位	代 号	桥栏杆灯安装		嵌入式密封型地道涵洞灯安装
				成套嵌入式	组装嵌入式	
				32	33	34
1	人工	工日	1001001	40.3	48.8	26.5
2	膨胀螺栓	套	2009015	408	816	408
3	电线	m	7001004	500	500	160
4	照明灯具	盏	7509001	101	101	101
5	其他材料费	元	7801001	21.4	31	13.3
6	4t 以内载货汽车	台班	8007003	3.5	3.5	–
7	10m 以内高空作业车	台班	8009046	–	–	3.22
8	基价	元	9999001	48944	51811	46813

第六节　电缆敷设

说　　明

1.本章节包括电缆沟工程,铜芯电缆敷设,同轴电缆布放,多芯电缆敷设,电缆终端头、中间头制作安装,桥架、支架安装,线槽安装等7个项目。

2.工程量计算规则:

(1)电缆敷设按单根延长米计算(如一个架上敷设3根各长100m的电缆,工程量应按300m计算,依此类推)。电缆附加及预留的长度是电缆敷设长度的组成部分,应计入电缆工程量内。电缆进入建筑物预留长度按2m计算。电缆进入沟内或吊架预留长度按1.5m计算。电缆中间接头盒预留长度两端各按2m计算。

(2)电缆沟盖板揭、盖定额,按每揭、盖一次以延长米计算。如又揭又盖,则按两次计算。

(3)用于扩改建工程时,所用定额的人工工日乘以系数1.35;用于拆除工程时,所用定额的人工工日乘以系数0.25。施工单位为配合认证单位验收测试而发生的费用,按本定额验证测试子目的工日、仪器仪表台班总用量乘以系数0.30计取。

5 − 6 − 1 电缆沟工程

工程内容　电缆沟及路面开挖:画线定位,开挖,回填等。

　　　　　　开槽:画线定位,开槽,回填等。

　　　　　　铺砂盖板、揭盖板:调整电缆间距,铺砂,盖砖,盖保护板,埋设标桩,揭、盖盖板。

I. 电缆沟及路面开挖

单位:表列单位

顺序号	项　目	单位	代　号	人工挖电缆沟				人工开挖路面			
				普通土	坚土	松砂石	坚石	混凝土路面150mm	混凝土路面250mm	沥青路面250mm	砂石路面250mm
				10m³				1m³			
				1	2	3	4	5	6	7	8
1	人工	工日	1001001	0.4	0.6	1	3.1	0.8	0.9	0.6	0.3
2	其他材料费	元	7801001	1.9	1.9	4.9	4.9	0.5	1.2	0.4	0.2
3	手持式风动凿岩机	台班	8001102	–	–	–	1.5	–	–	–	–
4	半自动切割机	台班	8015042	–	–	–	–	0.04	0.04	0.06	0.06
5	0.6m³/min 以内电动空压机	台班	8017040	–	–	–	–	0.1	0.15	–	–
6	小型机具使用费	元	8099001	0.3	0.5			0.7	1.6	0.5	0.2
7	基价	元	9999001	45	66	111	360	93	107	68	35

II. 开 槽

顺序号	项　目	单位	代　号	开砖槽	开混凝土槽
				9	10
1	人工	工日	1001001	0.4	1.7
2	其他材料费	元	7801001	4.6	4.6
3	基价	元	9999001	47	185

注:本定额是按预埋长度 1m 的 $\phi 25\,mm$ 以下钢管取定的人工工日消耗。

Ⅲ. 电缆沟铺砂盖盖板、揭盖板

单位:1000m

顺序号	项目	单位	代号	铺砂、盖砖 1~2根	铺砂、盖砖 增加1根	铺砂、盖保护板 1~2根	铺砂、盖保护板 增加1根	揭盖盖板 板长500mm以内	揭盖盖板 板长1000mm以内	揭盖盖板 板长1500mm以内
				11	12	13	14	15	16	17
1	人工	工日	1001001	37.5	10	37.5	10	52.8	89.4	126
2	中(粗)砂	m³	5503005	97.2	36.4	97.2	36.4	-	-	-
3	青(红)砖	千块	5507003	8.3	4.2	-	-	-	-	-
4	其他材料费	元	7801001	33.4	-	2909.2	2491.4	-	-	-
5	基价	元	9999001	15760	5887	15388	6735	5612	9501	13391

5—6—2 铜芯电缆敷设

工程内容：开盘、检查、架线盘、敷设、锯断、排列、整理、固定、收盘、临时封头、挂牌。

单位：1000m

顺序号	项 目	单位	代 号	水平电缆敷设			竖直通道电缆敷设			管道电缆敷设		
							电缆截面面积(mm²)					
				35以内	120以内	240以内	35以内	120以内	240以内	16以内	50以内	120以内
				1	2	3	4	5	6	7	8	9
1	人工	工日	1001001	42.2	76	106.8	154.8	241.3	328.5	14.5	23	35.5
2	8~12号铁丝	kg	2001021	3.2	4.5	4.8	30	34	36	—	—	—
3	镀锌螺栓	kg	2009014	14.4	14.4	36	47.9	47.9	218.4	—	—	—
4	膨胀螺栓	套	2009015	162	140	—	2400	2400	800	—	—	—
5	电缆	m	7001001	1010	1010	1010	1010	1010	1010	1010	1010	1010
6	其他材料费	元	7801001	823.6	890	1029.9	3074.4	3497.4	4577.5	363.4	437.4	573.4
7	6t以内载货汽车	台班	8007005	0.08	0.54	2.13	0.08	0.54	2.13	0.09	0.63	0.63
8	5t以内汽车式起重机	台班	8009025	0.07	0.52	—	0.74	3.1	—	0.07	0.52	0.52
9	12t以内汽车式起重机	台班	8009027	—	—	2.3	—	—	5.75	—	—	—
10	小型机具使用费	元	8099001	—	—	—	—	—	20.1	20.1	32	49.4
11	基价	元	9999001	43815	47887	53290	69695	81058	89461	39474	41016	42498

5－6－3 同轴电缆布放

工程内容 同轴电缆布放:定位,钻孔,固定支架,电缆布放,吊挂。

终端接头:钻孔,固定支架,安装,做接头,缠绑。

单位:表列单位

顺序号	名　称	单位	代　号	同轴电缆布放	同轴电缆终端接头
				1000m	10个
				1	2
1	人工	工日	1001001	60.2	6
2	钢丝绳	t	2001019	0.326	－
3	8～12号铁丝	kg	2001021	40.8	0.3
4	电缆	m	7001001	1010	－
5	其他材料费	元	7801001	1279.7	642.1
6	小型机具使用费	元	8099001	94.4	－
7	基价	元	9999001	47357	1281

5-6-4 多芯电缆敷设

工程内容 开箱,搬运,线缆检查、编号、安装(布放、穿放),断线,固定,临时封头,清理场地。

单位:1000m

顺序号	项　目	单位	代　号	室内槽道中安装电缆		室内沿架/支架安装电缆		室内管道中安装电缆	
				规格(芯)					
				25 以内	50 以内	25 以内	50 以内	25 以内	50 以内
				1	2	3	4	5	6
1	人工	工日	1001001	6.9	13.5	10.8	16.9	10.2	15.1
2	20~22 号铁丝	kg	2001022	–	–	–	–	10	10
3	电缆	m	7001001	1010	1010	1010	1010	1010	1010
4	其他材料费	元	7801001	58.3	58.3	58.3	58.3	–	–
5	小型机具使用费	元	8099001	42.4	73.8	55	86.4	51.9	77
6	基价	元	9999001	38295	39028	38722	39402	38645	39191

注:多芯电缆包括屏蔽电缆。

5 - 6 - 5　电缆终端头、中间头制作安装

工程内容　热缩式电缆终端头:定位,量尺寸,锯断,剥切清洗,内屏蔽层处理,焊接地线,套热缩管,压接线端子,装终端盒,配料浇筑,安装。
　　　　　　控制电缆头制作安装:定位,锯断,剥切,焊接头,包缠绝缘层,安装固定。

I. 热缩式电缆终端头

单位:10 个

顺序号	名　称	单位	代号	终端头			中间头					
							1kV			10kV		
				电缆截面面积(mm²)								
				35 以内	120 以内	240 以内	35 以内	120 以内	240 以内	35 以内	120 以内	240 以内
				1	2	3	4	5	6	7	8	9
1	人工	工日	1001001	15.6	22.9	27.7	8.1	12.8	16.6	10	15.5	19.7
2	镀锌螺栓	kg	2009014	6.9	8	8	1.9	1.9	1.9	1.9	1.9	1.9
3	户外终端盒(热塑头)	套	7005009	10.2	10.2	10.2	–	–	–	–	–	–
4	电缆中间接头	套	7005010	–	–	–	10.2	10.2	10.2	10.2	10.2	10.2
5	铜接线端子	个	7005011	10.2	10.2	10.2	10.2	10.2	10.2	10.2	10.2	10.2
6	其他材料费	元	7801001	1051	1836	2962.5	773.1	1229.5	2023.8	763.5	1158.6	1388.6
7	基价	元	9999001	5521	7095	8732	3036	3992	5190	3228	4208	4884

II. 控制电缆头制作安装

单位:10个

顺序号	名　　称	单位	代　号	终端头	中间头
				10	11
1	人工	工日	1001001	5.1	4.7
2	螺栓	kg	2009013	0.3	–
3	塑料软管	kg	5001017	1.9	0.2
4	铜接线端子	个	7005011	10.2	–
5	套管	个	7005016	10.5	–
6	其他材料费	元	7801001	320.6	364.3
7	基价	元	9999001	1092	867

注:本定额是按14芯以内控制电缆编制的。

5-6-6 桥架、支架安装

工程内容 桥架安装:组对,焊接或螺栓固定,弯头、三通、盖板、附件安装。
  支架安装:组对,螺栓连接,安装固定,立柱、托臂膨胀螺栓或焊接固定。

单位:表列单位

顺序号	名 称	单位	代 号	梯式桥架	托盘式桥架	金属支架
				10m		1t
				1	2	3
1	人工	工日	1001001	5.2	6.8	35.3
2	电焊条	kg	2009011	0.5	0.4	7
3	膨胀螺栓	套	2009015	–	–	210
4	电	kW·h	3005002	3	5	51
5	中(粗)砂	m³	5503005	–	–	0.07
6	32.5级水泥	t	5509001	–	–	0.065
7	橡皮线	m	7001006	1.7	1.7	–
8	桥架	m	7005013	10.1	10.1	–
9	支架	kg	7005014	–	–	1005
10	其他材料费	元	7801001	29.1	26.7	71.5
11	4t以内载货汽车	台班	8007003	–	–	0.26
12	8t以内载货汽车	台班	8007006	0.05	0.05	–

单位:表列单位

顺序号	名 称	单位	代 号	梯式桥架	托盘式桥架	金属支架
				10m		1t
				1	2	3
13	16t 以内汽车式起重机	台班	8009028	0.05	0.05	－
14	32kV·A 以内交流电弧焊机	台班	8015028	0.09	0.11	0.85
15	小型机具使用费	元	8099001	0.2	4.1	10.7
16	基价	元	9999001	1214	1390	10816

5-6-7 线 槽 安 装

工程内容 金属线槽安装:线槽检查,安装线槽及附件,接地,做标记,穿墙处封堵等。
塑料线槽安装:线槽检查,测位,安装线槽等。

单位:1000m

顺序号	名 称	单位	代 号	金属线槽安装			塑料线槽安装	
				宽度(mm)				
				150 以下	300 以下	300 以上	100 以下	100 以上
				1	2	3	4	5
1	人工	工日	1001001	140.9	183	219.8	84.5	102
2	线槽	m	7005012	1050	1050	1050	1050	1050
3	基价	元	9999001	27543	32018	35929	21549	23409

注:线槽配件应综合在线槽的预算价格中。

第七节　配管及铁构件制作安装

说　　明

本节定额包括钢管地埋敷设,钢管砖、混凝土结构暗配,钢管钢结构支架配管,PVC 阻燃塑料管敷设,金属软管、可挠金属套管安装,顶管敷设及非标铁构件、箱盒制作安装等 7 个子项目。

5-7-1 配管及铁构件制作安装

工程内容 钢管地埋敷设:钢管去毛刺,套丝,敷设钢管。

钢管砖、混凝土结构暗配:测位,锯管,配管,接地刷漆等。

钢管钢结构支架配管:测位,安装支架,锯管,配管,接地刷漆等。

PVC阻燃塑料管明敷:测位,画线,打眼,下胀管,连接管件,配管,装管卡等。

PVC阻燃塑料管暗敷:测位,断管,配管,固定,连接管件等。

金属软管安装:量尺寸,断管,连接接头,钻眼,攻丝,固定等。

顶管敷设:测位,安装机具,顶管接管,清理、扫管等。

铁构件制作安装:量尺寸,断管,连接接头,钻眼,攻丝,固定等。

I. 钢管地埋敷设

单位:1000m

顺序号	名　　称	单位	代　号	地埋敷设钢管			
				管径(mm)			
				32以内	50以内	70以内	100以内
				1	2	3	4
1	人工	工日	1001001	72.2	102.3	143.3	165.6
2	8~12号铁丝	kg	2001021	6.6	6.6	6.6	6.6
3	镀锌钢管	t	2003009	3.29	5.12	7.25	11.39
4	电焊条	kg	2009011	9	11.3	13.6	13.6
5	镀锌螺栓	kg	2009014	25.4	25.4	25.8	26.9
6	裸铝(铜)线	m	7001005	199	199	199	199

单位:1000m

顺序号	名　称	单位	代　号	地埋敷设钢管			
				管径(mm)			
				32 以内	50 以内	70 以内	100 以内
				1	2	3	4
7	其他材料费	元	7801001	416.1	601.1	822.9	2371.6
8	32kV·A 以内交流电弧焊机	台班	8015028	2.48	3.11	3.73	3.74
9	小型机具使用费	元	8099001	52.1	102.9	266.7	354
10	基价	元	9999001	24621	36506	51066	73912

顺序号	名 称	单位	代 号	钢管砖、混凝土结构暗配			
				管径(mm)			
				32 以内	50 以内	70 以内	100 以内
				5	6	7	8
1	人工	工日	1001001	52.9	91.9	133.2	215.3
2	HPB300 钢筋	t	2001001	0.009	0.028	0.043	0.043
3	8~12 号铁丝	kg	2001021	6.6	6.6	6.6	6.6
4	镀锌钢管	t	2003009	3.29	5.12	7.25	11.39
5	电焊条	kg	2009011	9	11.3	13.6	13.6
6	中(粗)砂	m³	5503005	0.2	0.35	0.8	1.5
7	其他材料费	元	7801001	864	1082.9	1355.4	2968.1
8	32kV·A 以内交流电弧焊机	台班	8015028	2.48	3.11	3.74	3.75
9	小型机具使用费	元	8099001	52.1	102.9	266.7	354
10	基价	元	9999001	22083	35024	49753	79067

III. 钢管钢结构支架配管

单位:1000m

顺序号	名　称	单位	代　号	钢管钢结构支架配管			
				管径(mm)			
				32 以内	50 以内	70 以内	100 以内
				9	10	11	12
1	人工	工日	1001001	68.9	111.9	166.3	254
2	HPB300 钢筋	t	2001001	0.009	0.028	0.043	0.043
3	8~12 号铁丝	kg	2001021	6.6	6.6	6.6	6.6
4	镀锌钢管	t	2003009	3.29	5.12	7.25	11.39
5	电焊条	kg	2009011	9	11.3	13.6	13.6
6	螺栓	kg	2009013	6	4.7	3.6	3.6
7	油漆	kg	5009002	32.1	50	73.8	96.6
8	中(粗)砂	m³	5503005	0.2	0.35	0.8	1.5
9	其他材料费	元	7801001	1591.3	1759.4	1771.7	3255.4
10	32kV·A 以内交流电弧焊机	台班	8015028	2.48	3.11	3.74	3.75
11	小型机具使用费	元	8099001	52.1	102.9	266.7	354
12	基价	元	9999001	25048	38630	54849	84979

IV. PVC 阻燃塑料管敷设

单位:1000m

顺序号	名 称	单位	代 号	PVC 阻燃塑料管敷设			
				明敷		暗敷	
				管径(mm)			
				50 以内	70 以内	50 以内	70 以内
				13	14	15	16
1	人工	工日	1001001	65.1	69.2	59.4	62.2
2	8~12 号铁丝	kg	2001021	2.5	2.5	2.5	2.5
3	PVC 阻燃塑料管	m	5001016	1073.6	1073.6	1073.6	1073.6
4	其他材料费	元	7801001	3853.3	5195.5	2327.5	2959.4
5	小型机具使用费	元	8099001	90.5	96.1	82.4	86.4
6	基价	元	9999001	17294	19077	15154	16087

V. 金属软管安装

单位:10m

顺序号	名　称	单位	代　号	金属软管安装	可挠金属套管	
					50 号	83 号
				17	18	19
1	人工	工日	1001001	1.8	1.8	2.5
2	20～22 号铁丝	kg	2001022	–	0.07	0.07
3	金属软管	m	2003045	10.3	–	–
4	可挠金属管(LV－5/50 号)	m	2003047	–	10.6	–
5	可挠金属管(LV－5/83 号)	m	2003050	–	–	10.6
6	镀锌螺栓	kg	2009014	0.1	–	–
7	其他材料费	元	7801001	28.1	12.6	14.6
8	小型机具使用费	元	8099001	2.6	–	–
9	基价	元	9999001	287	440	824

VI. 顶 管 敷 设

单位:10m

顺序号	名　称	单位	代　号	顶管敷设 DN100 以下、20m 以内 20
1	人工	工日	1001001	10.5
2	8～12 号铁丝	kg	2001021	2.2
3	钢板	t	2003005	0.005
4	电焊条	kg	2009011	0.6
5	枕木	m³	4003003	0.15
6	其他材料费	元	7801001	73.3
7	6t 以内载货汽车	台班	8007005	0.43
8	200t 以内液压千斤顶	台班	8009151	5.2
9	32kV·A 以内交流电弧焊机	台班	8015028	0.48
10	小型机具使用费	元	8099001	71.7
11	基价	元	9999001	1843

顺序号	名　称	单位	代　号	接线箱盒制作安装	铁构件制作安装
				1t	100kg
				21	22
1	人工	工日	1001001	23	3.5
2	型钢	t	2003004	0.046	0.109
3	钢板	t	2003005	1.04	
4	电焊条	kg	2009011	1.5	1.8
5	油漆	kg	5009002	7	7.02
6	其他材料费	元	7801001	57.9	32.1
7	21kV·A 以内交流电弧焊机	台班	8015027	0.98	1.45
8	0.6m³/min 以内电动空压机	台班	8017040	0.6	0.4
9	小型机具使用费	元	8099001	56.6	31.3
10	基价	元	9999001	6717	1198

第六章 绿化及环境保护工程

说 明

1. 本章定额包括绿化工程及环境保护工程。

2. 绿化工程栽植子目中均已综合了挖树穴、底肥、1 次浇水费用。

3. 环境保护工程隔声、吸音板材可依据设计进行调整。

第一节 绿 化 工 程

说　　明

1. 栽植子目中已包含死苗补植,使用定额时不得更改。盆栽植物均按脱盆的规格套用相应的定额子目。

2. 苗木及地被植物的场内运输已在定额中综合考虑,使用定额时不得另行增加。

3. 本定额的工程内容中,清理场地指工程完工后将树穴余泥杂物清除并归堆;当有余泥杂物需外运时,按路基土石方运输有关定额子目另行计算。

4. 栽植子目中均已综合了挖树穴工程量,底肥费用计入其他材料费中,浇水按1次计算,其余内容按相应定额计算,但不得重复计算。栽植子目按土可用的情况进行编制;若需要换土,则按有关子目进行计算。

5. 当编制中央分隔带部分的绿化工程预算时;若中央分隔带内的填土没有计入该项工程预算,其填土可按路基土方有关定额子目计算,但应扣减树穴所占的体积。

6. 为了确保路基边坡的稳定而修建的各种形式的网格植草或播种草籽等护坡,应并入防护工程内计算。

7. 运苗木子目仅适用于自运苗木的运输。

8. 本定额中的胸径指距地坪1.30m高处的树干直径;株高指树顶端距地坪的高度;篱高指绿篱苗木顶端距地坪的高度。

6-1-1 乔木栽植

工程内容 挖树穴、下基肥、散苗木、栽植、支撑架搭设、场地清理、第一次浇水。

I. 带 土 球

单位:100 株

顺序号	项 目	单位	代 号	土球直径(cm)					
				10 以内	20 以内	30 以内	40 以内	50 以内	60 以内
				1	2	3	4	5	6
1	人工	工日	1001001	1.5	2.2	3.2	4.3	6.6	9.5
2	水	m³	3005004	16	20	22	24	26	36
3	乔木	株	4009001	105	105	105	105	105	105
4	其他材料费	元	7801001	93.0	126.0	164.0	205.5	246.6	288.4
5	4000L 以内洒水汽车	台班	8007040	0.02	0.02	0.04	0.04	0.05	0.05
6	小型机具使用费	元	8099001	0.4	0.6	0.9	2.2	4.7	6.8
7	基价	元	9999001	5327	5445	5608	5773	6073	6452

顺序号	项　目	单位	代　号	土球直径(cm)					
				70 以内	80 以内	90 以内	100 以内	110 以内	120 以内
				7	8	9	10	11	12
1	人工	工日	1001001	12.3	16.1	20.1	25.6	31.2	37.6
2	水	m³	3005004	57	76	98	115	124	132
3	乔木	株	4009001	105	105	105	105	105	105
4	其他材料费	元	7801001	315.4	358.5	402.1	454.3	519.6	597.3
5	4000L 以内洒水汽车	台班	8007040	0.06	0.06	0.07	0.07	0.07	0.08
6	5t 以内汽车式起重机	台班	8009025	0.99	1.16	1.32	1.48	1.65	1.82
7	小型机具使用费	元	8099001	9.3	11.6	13.6	16	18.4	20.9
8	基价	元	9999001	7473	8083	8721	9509	10304	11201

II. 裸　根

单位:100 株

顺序号	项　目	单位	代　号	胸径(cm)		
				5 以内	7 以内	10 以内
				13	14	15
1	人工	工日	1001001	2.9	4.5	11.7
2	水	m³	3005004	25	28	56
3	乔木	株	4009001	105	105	105
4	其他材料费	元	7801001	158.8	219.4	304.9
5	4000L 以内洒水汽车	台班	8007040	0.03	0.04	0.06
6	小型机具使用费	元	8099001	0.8	2.6	8.2
7	基价	元	9999001	5573	5819	6764

6-1-2 灌木栽植

工程内容 挖树穴、下基肥、散苗木、栽植、场地清理、第一次浇水。

I. 带土球

单位:100 株

顺序号	项　　目	单位	代　号	土球直径(cm)					
				10 以内	20 以内	30 以内	40 以内	50 以内	60 以内
				1	2	3	4	5	6
1	人工	工日	1001001	1.0	1.3	1.8	2.4	4.0	5.7
2	水	m^3	3005004	16	20	22	24	26	36
3	灌木	株	4011002	105	105	105	105	105	105
4	其他材料费	元	7801001	18.8	19.2	19.7	20.4	21.6	23.2
5	4000L 以内洒水汽车	台班	8007040	0.02	0.02	0.02	0.02	0.02	0.02
6	小型机具使用费	元	8099001	0.1	0.4	0.5	1.5	3.3	5.2
7	基价	元	9999001	2040	2083	2142	2213	2392	2603

单位:100 株

顺序号	项　　目	单位	代　号	株高(cm)					
				40 以内	60 以内	80 以内	100 以内	120 以内	150 以内
				7	8	9	10	11	12
1	人工	工日	1001001	0.8	1.2	1.7	2.4	3.2	4.1
2	水	m³	3005004	18	20	22	25	28	33
3	灌木	株	4011002	105	105	105	105	105	105
4	其他材料费	元	7801001	22.5	26.4	34.2	45.1	57.0	69.7
5	4000L 以内洒水汽车	台班	8007040	0.02	0.02	0.02	0.02	0.02	0.02
6	小型机具使用费	元	8099001	0.1	0.5	0.6	1.6	3.5	5.3
7	基价	元	9999001	2028	2080	2146	2241	2348	2472

6-1-3 绿篱栽植

工程内容 挖树穴、下基肥、散苗木、栽植、场地清理、第一次浇水。

单位:100m

顺序号	项 目	单位	代 号	篱高(cm)					
				40 以内	60 以内	80 以内	100 以内	120 以内	150 以内
				1	2	3	4	5	6
1	人工	工日	1001001	3.0	3.7	4.8	6.3	8.1	10.2
2	水	m³	3005004	25	28	32	36	40	46
3	绿篱	m	4011001	105	105	105	105	105	105
4	其他材料费	元	7801001	4.7	5.8	7.4	9.4	12	16.1
5	4000L 以内洒水汽车	台班	8007040	0.02	0.02	0.04	0.04	0.05	0.05
6	基价	元	9999001	4585	4669	4811	4983	5194	5438

6-1-4 地被栽植(片植)

工程内容 1)翻土整地、铺草皮、场地清理;2)翻土整地、施底肥、播种、覆盖、压实。

单位:100m²

顺序号	项 目	单位	代 号	铺草皮(毛毡式)	播种	
					散播	点播、条播
				1	2	3
1	人工	工日	1001001	2.4	0.8	1.2
2	水	m³	3005004	6	5	5
3	草籽	kg	4013001	–	14	14
4	草皮	m²	4013002	110	–	–
5	其他材料费	元	7801001	21.9	30.3	38.4
6	4000L以内洒水汽车	台班	8007040	0.1	0.1	0.1
7	小型机具使用费	元	8099001	4.4	4.9	5.5
8	基价	元	9999001	701	1188	1239

6-1-5 浇　水

工程内容　浇水前刨坑围堰、浇后封土。

单位:1000 株

顺序号	项　目	单位	代　号	人工运水、浇水		拖拉机运水、人工浇水				洒水汽车运水、浇水			
						第一个 1km		每增运 1km		第一个 1km		每增运 1km	
				15kg/株	±5kg/株	15kg/株	±5kg/株	15kg/株	±5kg/株	15kg/株	±5kg/株	15kg/株	±5kg/株
				1	2	3	4	5	6	7	8	9	10
1	人工	工日	1001001	7.1	2.3	4.1	1	-	-	3	0.4	-	-
2	水	m³	3005004	(15)	(5)	(15)	(5)	-	-	(15)	(5)	-	-
3	41kW 以内轮胎式拖拉机	台班	8001074	-	-	0.72	0.21	0.05	0.02	-	-	-	-
4	4000L 以内洒水汽车	台班	8007040	-	-	-	-	-	-	0.35	0.12	0.04	0.01
5	基价	元	9999001	755	244	743	196	21	9	538	118	25	6

注:1. 人工运水、浇水定额仅适用于取水运距在 200m 以内。

2. 当水需计费时,其费用另行计算;当需水泵辅助时,台班消耗按路面洒水说明增计。

3. 草坪、花草、绿篱浇水按路面洒水计算。

6−1−6 绿化成活期保养

工程内容 施肥、防治病虫害、修剪、除草及维护管理等。

单位:表列单位

顺序号	项 目	单位	代 号	乔木			灌木、竹类	绿篱、地被	多年生草本植物	攀缘植物
				胸径(cm)						
				10以下	20以下	20以上				
				100株·月				1000m²·月	1000株·月	
				1	2	3	4	5	6	7
1	人工	工日	1001001	0.3	0.6	0.9	0.3	1.1	0.9	0.6
2	其他材料费	元	7801001	0.8	1	1.4	0.7	1.7	2	1.4
3	小型机具使用费	元	8099001	0.1	0.1	0.2	0.1	1.1	0.3	0.2
4	基价	元	9999001	33	65	97	33	120	98	65

6-1-7 苗 木 运 输

工程内容 装车、排放、绑扎固定、运输、卸车、分段堆放。

顺序号	项 目	单位	代 号	乔木、灌木					
				土球直径(cm)					
				10 以内		20 以内		30 以内	
				第一个 1km	每增运 1km	第一个 1km	每增运 1km	第一个 1km	每增运 1km
				10000 株		1000 株		100 株	
				1	2	3	4	5	6
1	人工	工日	1001001	2.9	–	2.3	–	1	–
2	6t 以内载货汽车	台班	8007005	3.59	0.03	2.88	0.02	1.15	0.01
3	基价	元	9999001	2076	15	1663	10	673	5

单位:100 株

顺序号	项　目	单位	代　号	乔木、灌木					
				土球直径(cm)					
				40 以内		50 以内		60 以内	
				第一个 1km	每增运 1km	第一个 1km	每增运 1km	第一个 1km	每增运 1km
				7	8	9	10	11	12
1	人工	工日	1001001	1.9	–	3.7	–	5.6	–
2	6t 以内载货汽车	台班	8007005	1.15	0.02	1.18	0.03	1.2	0.06
3	5t 以内汽车式起重机	台班	8009025	–	–	–	–	–	–
4	基价	元	9999001	768	10	974	15	1186	30

单位:100 株

顺序号	项　　目	单位	代　号	乔木、灌木					
				土球直径(cm)					
				70 以内		80 以内		90 以内	
				第一个 1km	每增运 1km	第一个 1km	每增运 1km	第一个 1km	每增运 1km
				13	14	15	16	17	18
1	人工	工日	1001001	1.9	–	2.3	–	2.6	–
2	6t 以内载货汽车	台班	8007005	1.23	0.09	1.5	0.13	1.79	0.19
3	5t 以内汽车式起重机	台班	8009025	1.43	–	1.72	–	2.02	–
4	基价	元	9999001	1719	44	2079	64	2445	94

单位:100 株

顺序号	项　　目	单位	代　号	乔木、灌木					
				土球直径(cm)					
				100 以内		110 以内		120 以内	
				第一个 1km	每增运 1km	第一个 1km	每增运 1km	第一个 1km	每增运 1km
				19	20	21	22	23	24
1	人工	工日	1001001	2.9	–	3.4	–	3.7	–
2	6t 以内载货汽车	台班	8007005	2.09	0.27	2.41	0.36	2.74	0.45
3	5t 以内汽车式起重机	台班	8009025	2.3	–	2.58	–	2.87	–
4	基价	元	9999001	2803	133	3192	177	3571	222

单位:1000 株

顺序号	项 目	单位	代 号	裸根乔木					
				胸径(cm)					
				5 以内		7 以内		10 以内	
				第一个 1km	每增运 1km	第一个 1km	每增运 1km	第一个 1km	每增运 1km
				25	26	27	28	29	30
1	人工	工日	1001001	0.8	–	3.1	–	9.3	–
2	6t 以内载货汽车	台班	8007005	0.96	0.01	3.84	0.03	11.46	0.06
3	5t 以内汽车式起重机	台班	8009025	–	–	–	–	–	–
4	基价	元	9999001	558	5	2220	15	6632	30

顺序号	项　　目	单位	代　号	裸根灌木 株高(cm) 80 以内 第一个 1km 10000 株 31	裸根灌木 株高(cm) 80 以内 每增运 1km 10000 株 32	裸根灌木 株高(cm) 150 以内 第一个 1km 1000 株 33	裸根灌木 株高(cm) 150 以内 每增运 1km 1000 株 34	草皮(毛毡式) 第一个 1km 1000m² 35	草皮(毛毡式) 每增运 1km 1000m² 36
1	人工	工日	1001001	3.7	–	0.7	–	1	–
2	6t 以内载货汽车	台班	8007005	4.6	0.04	0.89	0.01	1.28	0.01
3	5t 以内汽车式起重机	台班	8009025	–	–	–	–	–	–
4	基价	元	9999001	2659	20	513	5	737	5

注:胸径超过 8cm 的乔木运输,是以保留 1/3~1/2 树冠考虑;截干乔木的运输,按相应子目汽车运输台班的 70% 计算。

6-1-8 多年生草本植物栽植

工程内容 下基肥、散苗、栽植、场地清理、第一次浇水。

单位:100 株

顺序号	项 目	单位	代 号	株高(cm)				
				40 以内	60 以内	80 以内	100 以内	120 以内
				1	2	3	4	5
1	人工	工日	1001001	0.6	0.9	1.5	2.2	3.2
2	水	m³	3005004	10	12	14	16	18
3	多年生草本植物	株	4013003	105	105	105	105	105
4	其他材料费	元	7801001	5.9	17.9	25.7	56.2	96.3
5	小型机具使用费	元	8099001	0.1	0.4	0.4	1.4	3.2
6	基价	元	9999001	329	379	456	567	721

6-1-9 灌木、花卉片植

工程内容 下基肥、散苗、栽植、场地清理、第一次浇水。

I. 灌 木 片 植

单位:10m²

顺序号	项 目	单位	代 号	灌木片植(株/m²)		
				16 以内	25 以内	36 以内
				1	2	3
1	人工	工日	1001001	0.8	0.9	1.1
2	水	m³	3005004	3	4	5
3	灌木苗	株	4011003	168	263	378
4	其他材料费	元	7801001	3.9	4.9	5.8
5	基价	元	9999001	245	343	469

注:设计图纸中,当灌木苗每平方米用量与定额不符时,应调整灌木苗数量。

单位:10m²

顺序号	项 目	单位	代 号	花卉片植(株/m²)		
				16 以内	25 以内	36 以内
				4	5	6
1	人工	工日	1001001	0.9	1.2	1.5
2	水	m³	3005004	3	4	5
3	花苗	株	4013004	168	263	378
4	其他材料费	元	7801001	3.9	4.9	5.8
5	基价	元	9999001	331	493	682

注:设计图纸中,当花苗每平方米用量与定额不符时,应调整花苗数量。

6-1-10 竹 类 栽 植

工程内容 下基肥、散苗、栽植、立支架、场地清理、第一次浇水。

I. 散 生 竹

单位:100 株

顺序号	项 目	单位	代 号	竹类胸径(cm)				
				2 以内	4 以内	6 以内	8 以内	10 以内
				1	2	3	4	5
1	人工	工日	1001001	1.5	2.3	3.9	5.4	6.6
2	水	m³	3005004	10	12	14	16	18
3	散生竹	株	4019001	105	105	105	105	105
4	其他材料费	元	7801001	14.7	21.7	41.5	117.3	215.6
5	小型机具使用费	元	8099001	0.4	0.4	1.3	2.8	4.1
6	基价	元	9999001	573	671	867	1109	1342

单位:100 株

顺序号	项 目	单位	代 号	竹类根幅丛径(cm)				
				30 以内	40 以内	50 以内	60 以内	80 以内
				6	7	8	9	10
1	人工	工日	1001001	2.0	2.9	4.1	6.1	8.3
2	水	m³	3005004	10	12	14	16	18
3	丛生竹	株	4019002	105	105	105	105	105
4	其他材料费	元	7801001	17.6	24.9	50.9	139.5	256.4
5	小型机具使用费	元	8099001	1	1.9	3.3	5.9	8.2
6	基价	元	9999001	816	925	1086	1395	1753

6 – 1 – 11 攀缘植物栽植

工程内容 下基肥、栽植、场地清理、第一次浇水。

单位:100 株

顺序号	项 目	单位	代 号	攀缘植物栽植
				1
1	人工	工日	1001001	0.6
2	水	m³	3005004	4
3	攀缘植物	株	4015001	105
4	其他材料费	元	7801001	7.3
5	基价	元	9999001	360

第二节　环境保护工程

说　明

1.本节定额包括声屏障基础、立柱和板材安装等定额项目。

2.立柱安装定额中,预埋件、H型钢立柱等均按成品镀锌构件编制,刷防腐油漆等定额已综合,使用定额时,不得另行计算。

3.本定额中板材是按定额表中所给出的结构形式及尺寸来编制的;若板材各单元的组合或尺寸有变,可根据设计按实进行调整。

6-2-1 声 屏 障※

工程内容 声屏障基础:1)钢筋除锈、制作、电焊、绑扎;2)组合钢模组拼拆及安装、拆除、修理、涂脱模剂、堆放;3)混凝土搅拌、运输、浇筑、捣固及养护。

声屏障立柱:1)预埋件的施工、测量、检查和修复;2)吊装与校正 H 型钢立柱;3)焊接、锚固 H 型钢立柱。

声屏障板材安装:1)吊装与校正板材、接板;2)板材间的密封;3)螺杆固定。

单位:表列单位

顺序号	名　　　称	单位	代　号	基础		立柱		板材安装
				混凝土	钢筋	预埋件安装	立柱安装	
				10m³		1t		100m²
				1	2	3	4	5
1	人工	工日	1001001	10.6	6.2	9.1	4.3	6
2	普 C25-32.5-4	m²	1503033	(10.2)	-	-	-	-
3	HPB300 钢筋	t	2001001	-	1.025	-	-	-
4	20~22 号铁丝	kg	2001022	-	2.5	2.5	-	-
5	型钢	t	2003004	0.02	-	-	-	0.131
6	钢板	t	2003005	-	-	0.475	-	-
7	圆钢	t	2003006	-	-	0.585	-	-
8	型钢立柱	t	2003016	-	-	-	1	-
9	组合钢模板	t	2003026	0.043	-	-	-	-
10	电焊条	kg	2009011	-	1.4	1.3	-	-
11	铁件	kg	2009028	16.6	-	-	-	-
12	水	m³	3005004	12	-	-	-	-

单位:表列单位

顺序号	名　　称	单位	代　号	基础		立柱		板材安装
				混凝土	钢筋	预埋件安装	立柱安装	
				10m³		1t		100m²
				1	2	3	4	5
13	锯材	m³	4003002	0.005	–	–	–	–
14	中(粗)砂	m³	5503005	4.9	–	–	–	–
15	碎石(4cm)	m³	5505013	8.47	–	–	–	–
16	32.5 级水泥	t	5509001	3.417	–	–	–	–
17	弧形吸音冲孔板	m²	6009005	–	–	–	–	34.45
18	夹胶隔声玻璃板	m²	6009006	–	–	–	–	24.61
19	平直形吸音冲孔板	m²	6009007	–	–	–	–	39.38
20	其他材料费	元	7801001	53.4	–	–	–	153.4
21	250L 以内强制式混凝土搅拌机	台班	8005002	0.43	–	–	–	–
22	4t 以内载货汽车	台班	8007003	–	–	–	2.7	1.12
23	5t 以内汽车式起重机	台班	8009025	–	–	–	–	1.12
24	32kV·A 以内交流电弧焊机	台班	8015028	–	0.35	0.33	–	–
25	小型机具使用费	元	8099001	10.6	26.6	–	–	–
26	基价	元	9999001	3866	4187	4682	6427	19107

注:1. 本定额未包括预埋螺栓的消耗量,其消耗量计入立柱安装定额。

2. 板材定额的计算高度为4m。当设计与定额规定不符时,可按下列公式进行调整:板材调整 $= 98.44\text{m}^2 \times h_1$(或 h_2 或 h_3)$\div H(\text{m}^2)$;式中,H 为面板设计高度,h_1、h_2、h_3 分别为弧形板、玻璃板、直立板的设计高度(m)。

3. 板材的计算工程量为各设计建筑段起点立柱和终点立柱的外缘间距离之和乘以板材设计高度。

第七章 临时工程

说　明

1. 本章定额包括汽车便道、临时便桥、临时码头、轨道铺设、架设输电线路、人工夯打小圆木桩等6个项目。

2. 汽车便道按路基宽度7.0m和4.5m分别编制,便道路面宽度按6.0m和3.5m分别编制,路基宽度4.5m的定额中已包括错车道的设置。汽车便道如使用期内需要养护的,按相应定额另行计算。

3. 临时汽车便桥按桥面净宽4m、单孔跨径21m编制;钢栈桥按上、下部编制。

4. 重力式砌石码头定额中不包括拆除的工程内容,需要时可按"桥涵工程"项目的"拆除旧建筑物"定额另行计算。

5. 轨道铺设定额中轻轨(11kg/m,15kg/m)部分未考虑道渣,轨距为75cm,枕距为80cm,枕长为1.2m;重轨(32kg/m)部分轨距为1.435m,枕距为80cm,枕长为2.5m,岔枕长为3.35m,并考虑了道渣铺筑。

6. 人工夯打小圆木桩的土质划分及桩入土深度的计算方法与打桩工程相同。圆木桩的体积,根据设计桩长和梢径(小头直径),按木材材积表计算。

7. 本章定额中便桥,输电线路的木料、电线的材料消耗均按一次使用量计列,编制预算时应按规定计算回收;其他各项定额分别不同情况,按其周转次数摊入材料数量。

7-1-1 汽 车 便 道

工程内容 汽车便道(含错车道):挖填土方,压实,修整排水沟。
天然砂砾路面:铺料,培肩,碾压。

单位:1km

顺序号	项 目	单位	代 号	汽车便道				路面	
				路基宽7.0m		路基宽4.5m		天然砂砾路面(压实厚度15cm)	
				平原微丘区	山岭重丘区	平原微丘区	山岭重丘区	路面宽6m	路面宽3.5m
				1	2	3	4	5	6
1	人工	工日	1001001	24.6	82.1	17.3	56.5	149.4	100.4
2	水	m³	3005004	–	–	–	–	112	67
3	天然级配	m³	5503009	–	–	–	–	1193.4	716.04
4	75kW以内履带式推土机	台班	8001002	8.99	17.9	6.44	12.5	–	–
5	6~8t光轮压路机	台班	8001078	0.8	1.4	0.54	0.99	–	–
6	8~10t光轮压路机	台班	8001079	0.5	0.89	0.34	0.62	1.15	0.69
7	12~15t光轮压路机	台班	8001081	2.12	3.71	1.42	2.62	2.47	1.48
8	0.6t以内手扶式振动碾	台班	8001085	–	–	–	–	4.19	4.19
9	基价	元	9999001	12295	27589	8696	19199	90609	55783

单位:1km·月

顺序号	项 目	单位	代 号	汽车便道养护	
				路基宽 7.0m	路基宽 4.5m
				7	8
1	人工	工日	1001001	2	1.5
2	天然级配	m³	5503009	18	10.8
3	6~8t 光轮压路机	台班	8001078	1.872	1.123
4	基价	元	9999001	1972	1215

7-1-2 临时便桥

工程内容 1)打拔桩的全部工序;2)钢桁架、架设设备、桥面板的拼装、拆除,清理堆放,去污,调刷油漆;3)钢桁架的拖拉、架设、定位。

单位:表列单位

顺序号	名称	单位	代号	简易汽车钢便桥	汽车便桥墩		钢栈桥下部	钢栈桥上部
					桩长10m以内	桩长20m以内		
				10m	1座		10t 钢管桩	100m²
				1	2	3	4	5
1	人工	工日	1001001	27.6	1.4	5.8	2.2	19.9
2	型钢	t	2003004	–	0.09	0.121	0.79	2.32
3	钢板	t	2003005	–	–	–	–	4.578
4	钢管	t	2003008	–	–	–	0.2	0.54
5	钢管桩	t	2003021	–	0.152	0.426	2.8	–
6	电焊条	kg	2009011	–	1.4	1.9	1.3	0.17
7	铁件	kg	2009028	16.1	13.3	40.3	1.15	–
8	原木	m³	4003001	0.171	0.21	0.59	–	–
9	锯材	m³	4003002	5.165	0.11	0.26	–	–
10	其他材料费	元	7801001	372.8	6.1	11.6	409.4	856.9
11	设备摊销费	元	7901001	3128.8	–	–	–	3953.5
12	80t以内履带式起重机	台班	8009010	–	–	–	1.81	2.06

顺序号	名　称	单位	代　号	简易汽车钢便桥	汽车便桥墩		钢栈桥下部	钢栈桥上部
					桩长10m以内	桩长20m以内		
				10m	1 座		10t 钢管桩	100m²
				1	2	3	4	5
13	25t 以内轮胎式起重机	台班	8009021	–	0.09	0.24	–	–
14	50kN 以内单筒慢动卷扬机	台班	8009081	2.287	–	–	–	–
15	300kN 以内振动打拔桩锤	台班	8011012	–	0.2	0.54	–	–
16	600kN 以内振动打拔桩锤	台班	8011014	–	–	–	1.82	–
17	32kV·A 以内交流电弧焊机	台班	8015028	–	0.15	0.22	0.364	4.207
18	44kW 以内内燃拖轮	台班	8019001	–	0.08	0.17	–	–
19	80t 以内工程驳船	台班	8019020	–	0.49	1.32	–	–
20	小型机具使用费	元	8099001	5.4	6.9	9.5	106.4	310.3
21	基价	元	9999001	14897	2052	5301	23898	40195

注:1. 本定额中的设备摊销费按使用4个月编制的;当使用期不同,可予以调整。

　　2. 本定额中的钢管桩为使用1年的消耗量;若使用期不同,可予以调整。

7-1-3 临时码头

工程内容 重力式砌石码头:筑、拆围堰,挖基,拌运砂浆,搭、拆脚手架,砌石,勾缝,养护,设置沉降缝,浇筑混凝土墙顶的全部工序,回填、碾压,制作、安装系船柱及防撞设施。

装配式浮箱码头:1)浮箱:运输,拼装,铺板,拆除;2)钢筋混凝土锚:预制,运输,抛锚,起锚的全部工序。

单位:表列单位

顺序号	项 目	单位	代 号	重力式砌石码头	装配式浮箱码头	
					浮箱	钢筋混凝土锚
				10m	100m²	1个
				1	2	3
1	人工	工日	1001001	181.9	61.9	13.8
2	M5 水泥砂浆	m³	1501001	(22.94)	–	–
3	M10 水泥砂浆	m³	1501003	(0.37)	–	–
4	普 C20-32.5-4	m³	1503032	(1.00)	–	–
5	普 C20-32.5-8	m³	1503052	(0.71)	–	(6.06)
6	HPB300 钢筋	t	2001001	–	–	0.231
7	钢丝绳	t	2001019	–	–	0.015
8	8~12 号铁丝	kg	2001021	16.3	–	–
9	20~22 号铁丝	kg	2001022	–	–	1.1
10	型钢	t	2003004	–	–	0.006
11	钢管	t	2003008	0.016	–	–

顺序号	项 目	单位	代 号	重力式砌石码头	装配式浮箱码头	
					浮箱	钢筋混凝土锚
				10m	100m²	1个
				1	2	3
12	组合钢模板	t	2003026	–	–	0.01
13	电焊条	kg	2009011	–	–	0.7
14	铁件	kg	2009028	2.5	–	5.7
15	铁钉	kg	2009030	0.6	–	–
16	水	m³	3005004	48	–	10
17	草袋	个	4001002	2460	–	–
18	原木	m³	4003001	0.166	–	0.077
19	锯材	m³	4003002	0.133	4.025	0.038
20	黏土	m³	5501003	1	–	–
21	中(粗)砂	m³	5503005	26.962	–	3.65
22	天然级配	m³	5503009	137.18	–	–
23	片石	m³	5505005	75.38	–	–
24	碎石(4cm)	m³	5505013	1.44	–	–
25	碎石(8cm)	m³	5505015	0.582	–	4.97
26	32.5级水泥	t	5509001	5.634	–	1.823

顺序号	项　目	单位	代　号	重力式砌石码头	装配式浮箱码头	
					浮箱	钢筋混凝土锚
				10m	100m^2	1 个
				1	2	3
27	其他材料费	元	7801001	56.3	48.5	87.4
28	设备摊销费	元	7901001	–	42613.2	19.7
29	12～15t 光轮压路机	台班	8001081	0.708	–	–
30	250L 以内强制式混凝土搅拌机	台班	8005002	0.14	–	0.46
31	8t 以内载货汽车	台班	8007006	–	2.094	–
32	5t 以内汽车式起重机	台班	8009025	–	0.59	–
33	16t 以内汽车式起重机	台班	8009028	–	–	0.091
34	30kN 以内单筒慢动卷扬机	台班	8009080	–	–	0.466
35	50kN 以内单筒慢动卷扬机	台班	8009081	–	–	0.383
36	32kV·A 以内交流电弧焊机	台班	8015028	–	–	0.218
37	44kW 以内内燃拖轮	台班	8019001	–	–	0.483
38	80t 以内工程驳船	台班	8019020	–	–	0.902
39	小型机具使用费	元	8099001	3.5	–	16.8
40	基价	元	9999001	44507	56939	4812

注:1. 浮箱码头定额中每 100m^2 码头平面面积的浮箱质量为 25.365t(包括浮箱连接件),其设备摊销费按 140 元/(t·月)计,并按使用 12 个月编制;若浮箱实际质量和施工期不同,可予以调整。

2. 钢筋混凝土锚定额中已包括了栓锚钢丝绳及锚链的数量,使用定额时不得另行计算。

7-1-4 轨 道 铺 设

工程内容 1)铺设枕木、钢轨,安装配件;2)铺设道渣并捣固整平;3)拆除线路,材料分类堆放。

单位:100m

顺序号	项　目	单位	代　号	钢轨重(kg/m)			
				11	15	32	
						在路基上	在桥面上
				1	2	3	4
1	人工	工日	1001001	5.4	5.3	14.8	10.9
2	铁钉	kg	2009030	–	–	0.455	2.224
3	锯材	m³	4003002	–	–	–	–
4	枕木	m³	4003003	0.81	0.81	3.375	3.375
5	碎石(6cm)	m³	5505014	–	–	21.267	–
6	设备摊销费	元	7901001	724.1	930.5	2021.8	2021.8
7	基价	元	9999001	2466	2662	10965	8059

注:1. 当需设置道岔时,每处道岔工、料按相应轨道铺设增加:轨重11kg/m、15kg/m的增加16m,轨重32kg/m的增加31m。

2. 轨重32kg/m的道渣已考虑了周转使用,本定额按实际使用量的30%计。

7-1-5 架设输电线路

工程内容 挖坑,埋杆,架线,接头,拆除,清理堆放。

单位:100m

顺序号	项 目	单位	代 号	架设输电线路
				1
1	人工	工日	1001001	4.5
2	8~12号铁丝	kg	2001021	4.2
3	型钢	t	2003004	0.015
4	钢板	t	2003005	0.05
5	铁件	kg	2009028	11.5
6	钢筋混凝土电杆(7M)	根	5511002	3
7	120/20聚乙烯绝缘电力电缆	m	7001009	315
8	其他材料费	元	7801001	157.8
9	设备摊销费	元	7901001	3697.9
10	基价	元	9999001	9843

注:设备摊销费为变压器的费用,按施工期2年计算;如施工期不同,可按比例调整。

7-1-6 人工夯打小圆木桩

工程内容 1)制作及运输小圆木桩;2)搭、拆简单脚手架;3)取放桩木;4)安、卸桩箍;5)校桩、打桩;6)锯桩头。

单位:10m³ 桩木

顺序号	项 目	单位	代 号	入土1.5m		入土2.5m	
				I组土	II组土	I组土	II组土
				1	2	3	4
1	人工	工日	1001001	57.3	85.56	40.8	64.8
2	铁件	kg	2009028	12.2	12.2	6.2	6.2
3	原木	m³	4003001	3.622	3.676	3.622	3.676
4	其他材料费	元	7801001	34.1	34.1	34.1	34.1
5	基价	元	9999001	10827	13900	9046	11666

第八章　材料采集及加工

说　明

1. 本章定额包括人工种植及采集草皮,土、黏土采筛,采筛洗砂及机制砂,采砂砾、碎(砾)石土、砾石、卵石,片石、块石开采,料石、盖板石开采,机械轧碎石,采筛路面用石屑、煤渣、矿渣,人工洗碎(砾、卵)石,堆、码方,碎石破碎设备安、拆。

2. 本章定额中机制砂、机轧碎石用到的片石均按开采片石计算。

3. 本章定额中材料采集及加工定额已包括采、筛、洗、堆及加工等操作损耗。

8-1-1 草皮人工种植及采集

工程内容 1)开挖草皮;2)制成块状;3)就地堆放。

单位:100m²

顺序号	项 目	单位	代 号	草皮采集	草皮室内种植	草皮室外种植
				1	2	3
1	人工	工日	1001001	2.7	1.5	1.6
2	草籽	kg	4013001	–	14	14
3	其他材料费	元	7801001	6.3	43.7	43.7
4	基价	元	9999001	293	1194	1205

8-1-2　土、黏土采筛

工程内容　1)采挖土或黏土;2)打碎土块;3)过筛;4)堆方。

单位:100m³ 堆方

顺序号	项　目	单位	代　号	土		黏土	
				人工采集	推土机推松、集土	人工采集	人工采筛
				1	2	3	4
1	人工	工日	1001001	11.7	0.5	16.4	32.8
2	90kW 以内履带式推土机	台班	8001003	–	0.21	–	–
3	基价	元	9999001	1243	273	1743	3486

8-1-3 采筛洗砂及机制砂

工程内容 开采砂:1)安移筛架;2)采挖;3)过筛;4)清渣洗砂;5)堆方及清除废渣。
隧道弃渣筛砂、机制砂:部分解小,喂料、碾碎、过筛,堆方及清除废渣。

I.人工采筛 单位:100m³ 堆方

顺序号	项 目	单位	代 号	采堆		采筛堆				洗堆
				干处	水中	成品率(%)				
						30 以内	50 以内	70 以内	70 以上	
				1	2	3	4	5	6	7
1	人工	工日	1001001	8.5	19.3	53.1	34.7	21.5	14.3	30.3
2	基价	元	9999001	903	2051	5643	3688	2285	1520	3220

顺序号	项 目	单位	代 号	采筛堆				采筛洗堆			
				成品率（%）							
				30 以内	50 以内	70 以内	70 以上	30 以内	50 以内	70 以内	70 以上
				8	9	10	11	12	13	14	15
1	人工	工日	1001001	2.9	1.9	1.3	0.8	3.2	2.3	1.5	1
2	105kW 以内履带式推土机	台班	8001004	0.8	0.64	0.43	0.29	0.88	0.64	0.43	0.29
3	2.0m³ 以内轮胎式装载机	台班	8001047	1.1	0.65	0.43	0.29	1.2	0.65	0.43	0.29
4	10m×0.5m 皮带运输机	台班	8009108	2.2	1.37	0.91	0.61	2.4	1.37	0.91	0.61
5	滚筒式筛分机	台班	8015081	1.1	0.68	0.45	0.3	1.2	0.68	0.45	0.3
6	小型机具使用费	元	8099001	51.4	51.4	51.4	51.4	90.4	90.4	90.4	90.4
7	基价	元	9999001	3038	2053	1388	943	3361	2134	1449	1004

III. 机 制 砂

单位:100m³ 堆方

顺序号	项 目	单位	代 号	隧道弃渣筛砂		机制砂
				人工	机械	
				16	17	18
1	人工	工日	1001001	63.3	9.5	4.4
2	铁件	kg	2009028	0.5	–	–
3	原木	m³	4003001	0.03	–	–
4	开采片石	m³	5505006	–	–	(124.0)
5	其他材料费	元	7801001	31.2	–	20.9
6	1.0m³ 以内轮胎式装载机	台班	8001045	–	1.2	1.4
7	10m×0.5m 皮带运输机	台班	8009108	–	–	1.8
8	150mm×250mm 电动颚式破碎机	台班	8015060	–	–	0.65
9	振动给料机	台班	8015078	–	–	0.63
10	制砂机	台班	8015079	–	–	0.65
11	滚筒式筛分机	台班	8015081	–	5.8	–
12	圆振动筛	台班	8015084	–	–	0.65
13	基价	元	9999001	6799	3046	2959

8-1-4 采砂砾、碎(砾)石土、砾石、卵石

工程内容 1)挖松;2)过筛;3)洗石;4)成品堆码方。

单位:100m³ 堆方及码方

顺序号	项　　目	单位	代号	采堆		采码卵石	采、筛、堆砾石			采、筛、洗、堆砾石		
				砂砾、天然级配料	碎石土、砾石土	粒径8cm以上	成品率(%)					
							50以内	70以内	70以上	50以内	70以内	70以上
				1	2	3	4	5	6	7	8	9
1	人工	工日	1001001	16.4	17.2	32.8	49.2	34.6	26.9	65.7	51	43.4
2	基价	元	9999001	1743	1828	3486	5229	3677	2859	6983	5420	4613

注:如需备水洗石,每1m³ 石料用水量按0.3m³ 计算,运水工另行计算。

单位:100m³ 堆方及码方

顺序号	项 目	单位	代 号	采堆砂砾、天然级配料				滚筒筛分砂砾				简易自流筛分砂砾
				1.0m³挖掘机	2.0m³挖掘机	90kW以内推土机	105kW以内推土机	成品率(%)				
								50以内	70以内	90以内	90以上	50以内
				10	11	12	13	14	15	16	17	18
1	人工	工日	1001001	0.2	0.2	–	–	0.3	0.3	0.3	0.2	0.2
2	其他材料费	元	7801001	–	–	–	–	–	–	–	–	18
3	90kW 以内履带式推土机	台班	8001003	–	–	0.41	–	–	–	–	–	–
4	105kW 以内履带式推土机	台班	8001004	–	–	–	0.33	–	–	–	–	–
5	1.0m³ 以内履带式机械单斗挖掘机	台班	8001035	0.25	–	–	–	–	–	–	–	–
6	2.0m³ 以内履带式机械单斗挖掘机	台班	8001037	–	0.15	–	–	–	–	–	–	–
7	2.0m³ 以内轮胎式装载机	台班	8001047	–	–	–	–	0.27	0.25	0.23	0.21	0.21
8	10m×0.5m 皮带运输机	台班	8009108	–	–	–	–	0.27	0.25	0.23	0.21	0.21
9	滚筒式筛分机	台班	8015081	–	–	–	–	0.27	0.25	0.23	0.21	–
10	小型机具使用费	元	8099001	–	–	–	–	31	31	31	31	–
11	基价	元	9999001	284	267	429	389	440	412	384	345	284

单位:100m³ 堆方及码方

顺序号	项　　目	单位	代　号	简易自流筛分砂砾		
				成品率(%)		
				70 以内	90 以内	90 以上
				19	20	21
1	人工	工日	1001001	0.2	0.2	0.2
2	其他材料费	元	7801001	11.9	8.9	8
3	2.0m³ 以内轮胎式装载机	台班	8001047	0.19	0.17	0.15
4	10m×0.5m 皮带运输机	台班	8009108	0.19	0.17	0.15
5	基价	元	9999001	255	228	204

单位:100m³ 堆方及码方

顺序号	项 目	单位	代 号	采堆碎石土、砾石土				采码8cm以上卵石
				1m³以内挖掘机	2m³以内挖掘机	90kW以内推土机	105kW以内推土机	
				22	23	24	25	26
1	人工	工日	1001001	0.2	0.2	–	–	32.8
2	90kW 以内履带式推土机	台班	8001003	–	–	0.44	–	–
3	105kW 以内履带式推土机	台班	8001004	–	–	–	0.35	–
4	1.0m³ 以内履带式机械单斗挖掘机	台班	8001035	0.27	–	–	–	–
5	2.0m³ 以内履带式机械单斗挖掘机	台班	8001037	–	0.16	–	–	–
6	基价	元	9999001	305	284	461	413	3486

单位:100m³ 堆方及码方

顺序号	项　目	单位	代　号	人工采、筛、堆砾石	人工采、筛、洗、堆砾石	机械采、筛、堆砾石			
				成品率(%)					
				30 以内	30 以内	30 以内	50 以内	70 以内	70 以上
				27	28	29	30	31	32
1	人工	工日	1001001	63.5	80.8	1.4	1	0.6	0.4
2	105kW 以内履带式推土机	台班	8001004	–	–	0.96	0.68	0.44	0.28
3	3.0m³ 以内轮胎式装载机	台班	8001049	–	–	1.44	1.02	0.65	0.42
4	10m×0.5m 皮带运输机	台班	8009108	–	–	2.88	2.05	1.3	0.84
5	振动给料机	台班	8015078			0.48	0.34	0.22	0.14
6	圆振动筛	台班	8015084	–	–	0.48	0.34	0.22	0.14
7	小型机具使用费	元	8099001	–	–	48.8	48.8	48.8	48.8
8	基价	元	9999001	6749	8587	4041	2879	1858	1212

注:1. 如需备水洗石,每1m³ 砾石用水量按0.3m³ 计算,运水工另行计算。

2. 资源费另计。

8-1-5 片石、块石开采

工程内容 片石开采:打眼、爆破、撬石、锶开、解小、码方。
片石捡清:撬石、解小、码方。
块石开采:打眼、爆破、锶开、劈石、粗清、码方。
块石捡清:选石、劈石、粗清、码方。

单位:100m³ 码方

顺序号	项 目	单位	代 号	片石			块石		
				人工开采	机械开采	捡清	人工开采	机械开采	捡清
				1	2	3	4	5	6
1	人工	工日	1001001	27.5	15.8	18.6	81.4	47.6	67.7
2	钢钎	kg	2009002	3.8	–	–	3	–	–
3	空心钢钎	kg	2009003	–	2.1	–	–	0.9	–
4	φ50mm 以内合金钻头	个	2009004	–	3	–	–	3	–
5	煤	t	3005001	0.024	–	–	0.018	–	–
6	硝铵炸药	kg	5005002	20.4	20.4	–	11.9	11.9	–
7	非电毫秒雷管	个	5005008	28	28	–	20	20	–
8	导爆索	m	5005009	13	13	–	9	9	–
9	9m³/min 以内机动空压机	台班	8017049	–	1.31	–	–	3.95	–
10	小型机具使用费	元	8099001	–	48.7	–	–	146.5	–
11	基价	元	9999001	3320	3139	1977	8904	8372	7195

8-1-6 料石、盖板石开采

工程内容 1)清除风化层;2)画线;3)钻线;4)打槽子;5)打锲眼;6)宰石;7)钻边;8)清面;9)堆放。

单位:100m³ 实方

顺序号	项 目	单位	代 号	粗料石	细料石	盖板石
				1	2	3
1	人工	工日	1001001	281.2	347.3	165.6
2	其他材料费	元	7801001	11.7	11.7	11.7
3	基价	元	9999001	29898	36923	17612

注:如需爆破,按开采块石所需材料计列。

单位:100m³ 实方

顺序号	项　目	单位	代　号	机械粗料石	机械细料石	机械盖板石
				4	5	6
1	人工	工日	1001001	88.3	108.9	52
2	其他材料费	元	7801001	7.8	7.8	11.7
3	半自动切割机	台班	8015042	60	70	40
4	打磨机	台班	8015077	-	80	28.05
5	小型机具使用费	元	8099001	17.7	-	-
6	基价	元	9999001	12457	28340	12199

8－1－7 机械轧碎石

工程内容　1)取运片石;2)机械轧、筛分碎石;3)接运碎石;4)成品堆方。

单位:100m³ 堆方

顺序号	项　　目	单位	代　号	未筛分								
				颚式破碎机、轧碎石机装料口径(mm×mm)								
				150×250				250×400				
				碎石规格(最大粒径 cm)								
				1.5	2.0	2.5	3.5	4.0	5.0	6.0	7.0	8.0
				1	2	3	4	5	6	7	8	9
1	人工	工日	1001001	35	33.3	32.4	30.8	30.2	28.5	27.9	27.6	27.4
2	开采片石	m³	5505006	119.05	117.6	116.9	115.3	114.9	113	111.1	110.5	109.9
3	150mm×250mm 电动颚式破碎机	台班	8015060	7.91	7.01	6.49	4.8	－	－	－	－	－
4	250mm×400mm 电动颚式破碎机	台班	8015061	－	－	－	－	3.42	2.89	2.71	2.58	2.45
5	基价	元	9999001	7385	7249	7067	6631	6636	6629	6152	6078	6015

单位:100m³ 堆方

顺序号	项 目	单位	代 号	筛分								
				颚式破碎机、轧碎石机装料口径(mm×mm)								
				150×250					250×400			
				碎石规格(最大粒径 cm)								
				1.5	2.0	2.5	3.5	4.0	5.0	6.0	7.0	8.0
				10	11	12	13	14	15	16	17	18
1	人工	工日	1001001	35	33.3	32.4	30.8	30.2	28.5	27.9	27.6	27.4
2	开采片石	m³	5505006	119.05	117.6	116.9	115.3	114.9	113	111.1	110.5	109.9
3	150mm×250mm 电动颚式破碎机	台班	8015060	7.91	7.01	6.49	4.8	–	–	–	–	–
4	250mm×400mm 电动颚式破碎机	台班	8015061	–	–	–	–	3.42	2.89	2.71	2.58	2.45
5	滚筒式筛分机	台班	8015081	8.04	7.13	6.6	4.88	3.48	2.94	2.75	2.63	2.49
6	基价	元	9999001	9435	8890	8585	7754	7437	6957	6785	6684	6588

单位:100m³ 堆方

顺序号	项 目	单位	代 号	联合破碎			
				破碎、筛分碎石粒径(cm)			
				0.8 以内	1.5	2.5	3.5
				19	20	21	22
1	人工	工日	1001001	2	6.3	4.2	3
2	开采片石	m³	5505006	–	117.6	115.9	114
3	3.0m³ 以内轮胎式装载机	台班	8001049	0.3	1.25	0.83	0.59
4	10m×0.5m 皮带运输机	台班	8009108	6	5	3.32	2.95
5	600mm×900mm 电动颚式破碎机	台班	8015065	–	1.25	0.83	0.59
6	120t/h 反击式破碎机	台班	8015072	–	1.25	0.83	0.59
7	偏心振动筛	台班	8015083	0.5	1.25	0.83	0.59
8	小型机具使用费	元	8099001	–	95.2	63.2	44.9
9	基价	元	9999001	4552	8080	6256	5298

单位:100m³ 堆方

顺序号	项 目	单位	代 号	四级破碎石					
				破碎、筛分石屑		破碎、筛分碎石			
				0.3cm 以内	0.8cm 以内	粒径(cm)			
						1.5	2.0	2.5	3.5
				23	24	25	26	27	28
1	人工	工日	1001001	6.6	5.8	5.1	4.3	3.7	3.4
2	开采片石	m³	5505006	120.1	116.2	115.8	115.5	115.3	114.9
3	3.0m³ 以内轮胎式装载机	台班	8001049	1.65	1.44	1.26	1.08	0.93	0.84
4	10m×0.5m 皮带运输机	台班	8009108	6.6	5.76	5.04	4.32	3.72	3.36
5	150mm×250mm 电动颚式破碎机	台班	8015060	0.55	0.48	0.42	0.36	0.31	0.28
6	140t/h 反击式破碎机	台班	8015073	0.55	0.48	0.42	0.36	0.31	0.28
7	圆锥破碎机	台班	8015076	0.55	0.48	0.42	0.36	0.31	0.28
8	振动给料机	台班	8015078	1.1	0.96	0.84	0.72	0.62	0.56
9	制砂机	台班	8015079	0.55	0.48	0.42	0.36	0.31	0.28
10	圆振动筛	台班	8015084	1.1	0.96	0.84	0.72	0.62	0.56
11	小型机具使用费	元	8099001	97.5	95.9	95.2	90.4	63.2	44.9
12	基价	元	9999001	9654	8708	7966	7211	6567	6178

8-1-8 路面用石屑、煤渣、矿渣采筛

工程内容 1)挖松;2)过筛;3)清渣;4)成品堆方。

单位:100m³ 堆方

顺序号	项　目	单位	代　号	人工采筛	
				煤渣	矿渣
				1	2
1	人工	工日	1001001	12.7	14.9
2	基价	元	9999001	1350	1584

单位:100m³ 堆方

顺序号	项 目	单位	代 号	机械采筛	
				煤渣	矿渣
				3	4
1	人工	工日	1001001	3	3.6
2	3.0m³ 以内轮胎式装载机	台班	8001049	0.3	0.32
3	滚筒式筛分机	台班	8015081	0.1	0.11
4	基价	元	9999001	717	808

8－1－9　人工洗碎(砾、卵)石

工程内容　1)取料;2)洗石;3)堆方(卵石码方)。

顺序号	项　目	单位	代　号	洗碎(砾、卵)石
				1
1	人工	工日	1001001	18.6
2	基价	元	9999001	1977

注:如需备水,每1m³ 碎(砾、卵)石用水量按0.3m³ 计算,运水工另行计算。

8 – 1 – 10 堆、码方

工程内容 1)平整场地;2)材料整理;3)堆、码方。

单位:100m³ 堆方或码方

顺序号	项 目	单位	代 号	堆方			码方	
				土、砂、石屑、黏土	碎石、砾石、碎石土、砾石土、煤渣、矿渣	大块碎石	片石、大卵石	块石
				1	2	3	4	5
1	人工	工日	1001001	1.6	2.1	4.2	5.2	6.9
2	基价	元	9999001	170	223	446	553	733

8-1-11 碎石破碎设备安拆

工程内容 1)放样;2)浇筑碎石设备基座的全部工作;3)上料台土方填筑、浆砌上料台;4)碎石设备的安装、拆除、平整场地; 5)竣工后拆除清理。

单位:1座

顺序号	项目	单位	代号	联合碎石设备	四级破碎机
				生产能力(50t/h 以内)	
				1	2
1	人工	工日	1001001	197.9	296.8
2	HPB300 钢筋	t	2001001	0.089	0.134
3	8~12 号铁丝	kg	2001021	0.4	0.6
4	型钢	t	2003004	0.076	0.114
5	钢板	t	2003005	0.7	1.05
6	组合钢模板	t	2003026	0.149	0.224
7	铁件	kg	2009028	71.3	106.95
8	水	m³	3005004	237	355.5
9	原木	m³	4003001	0.05	0.08
10	锯材	m³	4003002	0.02	0.03
11	中(粗)砂	m³	5503005	32.39	48.59
12	砾石(4cm)	m³	5505002	42.93	64.4
13	片石	m³	5505005	23	34.5

单位:1座

顺序号	项　目	单位	代　号	联合碎石设备	四级破碎机
				生产能力(50t/h 以内)	
				1	2
14	32.5 级水泥	t	5509001	19.113	28.67
15	其他材料费	元	7801001	279.9	419.9
16	3.0m³ 以内轮胎式装载机	台班	8001049	10	15
17	250L 以内强制式混凝土搅拌机	台班	8005002	4.24	6.36
18	1t 以内机动翻斗车	台班	8007046	5.6	8.4
19	20t 以内汽车式起重机	台班	8009029	6.2	9.3
20	小型机具使用费	元	8099001	540.8	811.2
21	基价	元	9999001	61390	92090

第九章　材料运输

说　明

1. 本章定额中包括人工挑抬运输、手推车运输、机动翻斗车运输(配合人工装车)、手扶拖拉机运输(配合人工装车)、载货汽车运输(配合人工装卸)、自卸汽车运输(配合装载机装车)、人工装机动翻斗车、人工装卸汽车、装载机装汽车、其他装卸汽车、洒水车运水等项目。

2. 汽车运输定额中已综合考虑路基不平、土路松软、泥泞、急弯、陡坡等因素增加的消耗。

3. 载货汽车运输、自卸汽车运输和洒水汽车运水定额项目,仅适用于平均运距在 15km 以内的运输;当运距超过第一个定额支距单位时,其运距尾数不足一个增运定额单位的半数时不计,等于或超过半数时按一个增运定额运距单位计算。当平均运距超过 15km 时,应按市场运价计算其运输费用。

4. 人力装卸船舶可按手推车运输相应项目定额计算。

5. 所有材料的运输及装卸定额中,均未包括堆、码方工日。

6. 本章定额中未列名称的材料,可按下列规定执行,其中不是以质量计量的应按单位质量进行换算。

(1)与碎石运输定额相同的材料有:天然级配、石渣、风化石。

(2)定额中未列的其他材料,一律按水泥运输定额计算。

9-1-1 人工挑抬运输

工程内容 1)装料;2)挑(抬)运;3)卸料;4)空回。

单位:100m³

顺序号	项 目	单位	代 号	土、砂、石屑		黏土		砂砾、碎(砾)石、碎(砾)石土		片石、大卵石		块石	
				装卸	挑运10m	装卸	挑运10m	装卸	挑运10m	装卸	挑运10m	装卸	挑运10m
				1	2	3	4	5	6	7	8	9	10
1	人工	工日	1001001	6.1	1.3	7.5	1.2	8.8	1.3	10.6	1.7	12.2	2.3
2	基价	元	9999001	648	138	797	128	935	138	1127	181	1297	244

顺序号	项　　目	单位	代　号	料石、盖板石		原木		锯材		煤渣、矿渣		水泥、矿粉	
				100m³								100t	
				装卸	挑运10m	装卸	挑运10m	装卸	挑运10m	装卸	挑运10m	装卸	挑运10m
				11	12	13	14	15	16	17	18	19	20
1	人工	工日	1001001	15.9	3.1	5.2	1.1	4.5	0.9	4.5	0.9	6.7	1
2	基价	元	9999001	1690	329	553	117	478	96	478	96	712	106

顺序号	项　　目	单位	代　号	生石灰		煤		钢材		爆破材料、沥青、油料	
				装卸	挑运10m	装卸	挑运10m	装卸	挑运10m	装卸	挑运10m
				21	22	23	24	25	26	27	28
1	人工	工日	1001001	7.4	1	4	1	6.7	1.3	8	1.3
2	基价	元	9999001	786	106	425	106	712	138	850	138

注:遇有升降坡时,除按水平距离计算运距外,并按下表增加运距:

升 降 坡 度	高 度 差	
	每升高1m	每降低1m
10%以下	不增加	不增加
10%~30%	7m	4m
30%以上	10m	7m

9 – 1 – 2 手推车运输

工程内容 1)装料;2)推运;3)卸料;4)空回。

单位:100m³

顺序号	项　　目	单位	代　号	土、砂、石屑		黏土		砂砾、碎(砾)石、碎(砾)石土		片石、大卵石		块石	
				装卸	推运10m	装卸	推运10m	装卸	推运10m	装卸	推运10m	装卸	推运10m
				1	2	3	4	5	6	7	8	9	10
1	人工	工日	1001001	6.1	0.5	7.5	0.5	8.8	0.5	11.6	0.7	13.4	0.9
2	基价	元	9999001	648	53	797	53	935	53	1233	74	1424	96

单位:表列单位

顺序号	项　　目	单位	代　号	料石、盖板石		原木		锯材		煤渣、矿渣		水泥、矿粉	
				100m³								100t	
				装卸	推运10m	装卸	推运10m	装卸	推运10m	装卸	推运10m	装卸	推运10m
				11	12	13	14	15	16	17	18	19	20
1	人工	工日	1001001	15.9	1.3	5.8	0.4	5	0.3	4.5	0.3	6.7	0.4
2	基价	元	9999001	1690	138	616	43	531	32	478	32	712	43

单位:100t

顺序号	项　　目	单位	代　　号	生石灰		煤		钢材		爆破材料、沥青、油料	
				装卸	推运10m	装卸	推运10m	装卸	推运10m	装卸	推运10m
				21	22	23	24	25	26	27	28
1	人工	工日	1001001	7.4	0.4	4	0.4	7.4	0.5	8.8	0.5
2	基价	元	9999001	786	43	425	43	786	53	935	53

注:遇有升降坡时,除按水平距离计算运距外,并按下表增加运距:

升 降 坡 度	高　度　差	
	每升高1m	每降低1m
5%以下	不增加	不增加
5%~10%	15m	5m
10%以上	25m	8m

9-1-3 机动翻斗车运输(配合人工装车)

工程内容 1)等待装料;2)运走;3)卸料;4)空回。

单位:100m³

顺序号	项目	单位	代号	土、砂、石屑		黏土		砂砾、碎(砾)石、碎(砾)石土		片石、大卵石	
				第一个100m	每增运100m	第一个100m	每增运100m	第一个100m	每增运100m	第一个100m	每增运100m
				1	2	3	4	5	6	7	8
1	1t以内机动翻斗车	台班	8007046	2.43	0.28	2.53	0.26	2.88	0.29	3.61	0.32
2	基价	元	9999001	517	60	538	55	613	62	768	68

单位:表列单位

顺序号	项　　目	单位	代　号	块石		煤渣、矿渣		粉煤灰		生石灰	
				100m³						100t	
				第一个100m	每增运100m	第一个100m	每增运100m	第一个100m	每增运100m	第一个100m	每增运100m
				9	10	11	12	13	14	15	16
1	1t以内机动翻斗车	台班	8007046	4.08	0.34	1.91	0.24	1.87	0.24	2.78	0.24
2	基价	元	9999001	868	72	406	51	398	51	591	51

9-1-4 手扶拖拉机运输(配合人工装车)

工程内容 1)等待装料;2)运走;3)卸料;4)空回。

单位:100m³

顺序号	项 目	单位	代 号	土、砂、石屑		黏土		砂砾、碎(砾)石、碎(砾)石土		片石、大卵石	
				第一个100m	每增运100m	第一个100m	每增运100m	第一个100m	每增运100m	第一个100m	每增运100m
				1	2	3	4	5	6	7	8
1	手扶式拖拉机(带拖斗)	台班	8007054	2.77	0.27	2.94	0.25	3.41	0.29	4.29	0.29
2	基价	元	9999001	571	56	606	52	703	60	884	60

顺序号	项　　目	单位	代　号	块石		煤渣、矿渣		粉煤灰		生石灰	
				100m³						100t	
				第一个100m	每增运100m	第一个100m	每增运100m	第一个100m	每增运100m	第一个100m	每增运100m
				9	10	11	12	13	14	15	16
1	手扶式拖拉机(带拖斗)	台班	8007054	4.87	0.33	2.16	0.23	2.1	0.23	3.4	0.23
2	基价	元	9999001	1004	68	445	47	433	47	701	47

9-1-5 载重汽车运输(配合人工装卸)

工程内容 1)等待装料;2)运走;3)卸料;4)空回。

I.4t 以内载货汽车

顺序号	项 目	单位	代 号	料石、盖板石		木材		钢材	
				100m³				100t	
				第一个1km	每增运1km	第一个1km	每增运1km	第一个1km	每增运1km
				1	2	3	4	5	6
1	4t 以内载货汽车	台班	8007003	3.49	0.25	2.69	0.18	2.39	0.13
2	基价	元	9999001	1641	118	1265	85	1124	61

单位:100t

顺序号	项 目	单位	代 号	水泥、矿粉		沥青、油料	
				第一个 1km	每增运 1km	第一个 1km	每增运 1km
				7	8	9	10
1	4t 以内载货汽车	台班	8007003	2.87	0.13	4.12	0.13
2	基价	元	9999001	1349	61	1937	61

单位:100m³

顺序号	项 目	单位	代 号	其他轻质材料		轻质管材	
				第一个1km	每增运1km	第一个1km	每增运1km
				11	12	13	14
1	4t以内载货汽车	台班	8007003	1.62	0.14	2.02	0.16
2	基价	元	9999001	762	66	950	75

顺序号	项　目	单位	代　号	料石、盖板石 100m³		木材 100t		钢材 100t	
				第一个 1km	每增运 1km	第一个 1km	每增运 1km	第一个 1km	每增运 1km
				15	16	17	18	19	20
1	6t 以内载货汽车	台班	8007005	2.71	0.23	2.09	0.16	1.84	0.12
2	基价	元	9999001	1335	113	1029	79	906	59

单位:100t

顺序号	项 目	单位	代 号	水泥、矿粉		沥青、油料	
				第一个 1km	每增运 1km	第一个 1km	每增运 1km
				21	22	23	24
1	6t 以内载货汽车	台班	8007005	2.22	0.12	3.25	0.12
2	基价	元	9999001	1093	59	1600	59

单位:100m³

顺序号	项 目	单位	代 号	其他轻质材料		轻质管材	
				第一个 1km	每增运 1km	第一个 1km	每增运 1km
				25	26	27	28
1	6t 以内载货汽车	台班	8007005	1.25	0.12	1.57	0.15
2	基价	元	9999001	616	59	773	74

III.8t 以内载货汽车

顺序号	项　目	单位	代　号	料石、盖板石		木材		钢材	
				100m³				100t	
				第一个 1km	每增运 1km	第一个 1km	每增运 1km	第一个 1km	每增运 1km
				29	30	31	32	33	34
1	8t 以内载货汽车	台班	8007006	2.15	0.17	1.63	0.13	1.45	0.1
2	基价	元	9999001	1301	103	986	79	877	61

顺序号	项　目	单位	代　号	水泥、矿粉		沥青、油料	
				第一个 1km	每增运 1km	第一个 1km	每增运 1km
				35	36	37	38
1	8t 以内载货汽车	台班	8007006	1.75	0.09	2.55	0.09
2	基价	元	9999001	1059	54	1543	54

单位:100m³

顺序号	项　　目	单位	代　号	其他轻质材料		轻质管材	
				第一个 1km	每增运 1km	第一个 1km	每增运 1km
				39	40	41	42
1	8t 以内载货汽车	台班	8007006	0.98	0.1	1.22	0.11
2	基价	元	9999001	593	61	738	67

顺序号	项 目	单位	代 号	料石、盖板石 100m³		木材 100m³		钢材 100t	
				第一个 1km	每增运 1km	第一个 1km	每增运 1km	第一个 1km	每增运 1km
				43	44	45	46	47	48
1	10t 以内载货汽车	台班	8007007	1.82	0.15	1.36	0.11	1.23	0.08
2	基价	元	9999001	1215	100	908	73	821	53

单位:100t

顺序号	项 目	单位	代 号	水泥、矿粉		沥青、油料	
				第一个1km	每增运1km	第一个1km	每增运1km
				49	50	51	52
1	10t以内载货汽车	台班	8007007	1.48	0.08	2.18	0.08
2	基价	元	9999001	988	53	1456	53

单位:100m³

顺序号	项　目	单位	代　号	其他轻质材料		管材	
				第一个1km	每增运1km	第一个1km	每增运1km
				53	54	55	56
1	10t以内载货汽车	台班	8007007	0.82	0.09	1.02	0.09
2	基价	元	9999001	548	60	681	60

V. 15t 以内载货汽车

顺序号	项 目	单位	代 号	料石、盖板石		木材		钢材	
				100m³				100t	
				第一个 1km	每增运 1km	第一个 1km	每增运 1km	第一个 1km	每增运 1km
				57	58	59	60	61	62
1	15t 以内载货汽车	台班	8007009	1.24	0.1	0.91	0.07	0.83	0.05
2	基价	元	9999001	1135	92	833	64	760	46

单位:100t

顺序号	项　目	单位	代　号	水泥、矿粉		沥青、油料	
				第一个1km	每增运1km	第一个1km	每增运1km
				63	64	65	66
1	15t以内载货汽车	台班	8007009	1.01	0.05	1.49	0.05
2	基价	元	9999001	925	46	1364	46

顺序号	项 目	单位	代 号	料石、盖板石 100m³		木材 100m³		钢材 100t	
				第一个 1km	每增运 1km	第一个 1km	每增运 1km	第一个 1km	每增运 1km
				67	68	69	70	71	72
1	20t 以内载货汽车	台班	8007010	0.89	0.08	0.65	0.05	0.6	0.04
2	基价	元	9999001	1001	90	731	56	675	45

单位:100t

顺序号	项　　目	单位	代　号	水泥、矿粉		沥青、油料	
				第一个 1km	每增运 1km	第一个 1km	每增运 1km
				73	74	75	76
1	20t 以内载货汽车	台班	8007010	0.72	0.04	1.06	0.04
2	基价	元	9999001	809	45	1192	45

9-1-6 自卸汽车运输(配合装载机装车)

工程内容 1)等待装料;2)运走;3)卸料;4)空回。

I.3t 以内自卸汽车

单位:100m³

顺序号	项 目	单位	代 号	土、砂、石屑		黏土		砂砾、碎(砾)石、碎(砾)石土		片石、大卵石	
				第一个1km	每增运1km	第一个1km	每增运1km	第一个1km	每增运1km	第一个1km	每增运1km
				1	2	3	4	5	6	7	8
1	3t 以内自卸汽车	台班	8007011	1	0.2	0.95	0.19	1.03	0.21	1.23	0.25
2	基价	元	9999001	483	97	458	92	497	101	594	121

顺序号	项 目	单位	代 号	块石		煤渣、矿渣		粉煤灰		生石灰		煤	
				100m³						100t			
				第一个1km	每增运1km	第一个1km	每增运1km	第一个1km	每增运1km	第一个1km	每增运1km	第一个1km	每增运1km
				9	10	11	12	13	14	15	16	17	18
1	3t 以内自卸汽车	台班	8007011	1.4	0.27	0.79	0.15	0.8	0.16	0.8	0.15	0.95	0.2
2	基价	元	9999001	676	130	381	72	386	77	386	72	458	97

单位:100m³

顺序号	项　　　目	单位	代　号	土、砂、石屑		黏土		砂砾、碎(砾)石、碎(砾)石土		片石、大卵石	
				第一个 1km	每增运 1km	第一个 1km	每增运 1km	第一个 1km	每增运 1km	第一个 1km	每增运 1km
				19	20	21	22	23	24	25	26
1	6t 以内自卸汽车	台班	8007013	0.78	0.16	0.77	0.15	0.85	0.17	0.9	0.18
2	基价	元	9999001	449	92	443	86	489	98	518	104

单位:表列单位

顺序号	项　　目	单位	代　　号	块石		煤渣、矿渣		粉煤灰		生石灰		煤	
				100m³						100t			
				第一个1km	每增运1km	第一个1km	每增运1km	第一个1km	每增运1km	第一个1km	每增运1km	第一个1km	每增运1km
				27	28	29	30	31	32	33	34	35	36
1	6t 以内自卸汽车	台班	8007013	1.03	0.21	0.53	0.11	0.56	0.12	0.56	0.12	0.56	0.12
2	基价	元	9999001	593	121	305	63	322	69	322	69	322	69

III. 8t 以内自卸汽车

单位:100m³

顺序号	项　目	单位	代　号	土、砂、石屑		黏土		砂砾、碎(砾)石、碎(砾)石土		片石、大卵石	
				第一个 1km	每增运 1km	第一个 1km	每增运 1km	第一个 1km	每增运 1km	第一个 1km	每增运 1km
				37	38	39	40	41	42	43	44
1	8t 以内自卸汽车	台班	8007014	0.62	0.13	0.59	0.13	0.66	0.14	0.7	0.15
2	基价	元	9999001	422	88	401	88	449	95	476	102

顺序号	项　目	单位	代　号	块石 100m³		煤渣、矿渣 100m³		粉煤灰 100m³		生石灰 100t		煤 100t	
				第一个 1km	每增运 1km	第一个 1km	每增运 1km	第一个 1km	每增运 1km	第一个 1km	每增运 1km	第一个 1km	每增运 1km
				45	46	47	48	49	50	51	52	53	54
1	8t 以内自卸汽车	台班	8007014	0.81	0.17	0.42	0.1	0.43	0.1	0.42	0.11	0.43	0.11
2	基价	元	9999001	551	116	286	68	292	68	286	75	292	75

IV. 10t 以内自卸汽车

顺序号	项 目	单位	代 号	土、砂、石屑		黏土		砂砾、碎(砾)石、碎(砾)石土		片石、大卵石	
				第一个 1km	每增运 1km	第一个 1km	每增运 1km	第一个 1km	每增运 1km	第一个 1km	每增运 1km
				55	56	57	58	59	60	61	62
1	10t 以内自卸汽车	台班	8007015	0.53	0.11	0.54	0.12	0.57	0.11	0.6	0.12
2	基价	元	9999001	402	84	410	91	433	84	456	91

顺序号	项　　目	单位	代　号	块石		煤渣、矿渣		粉煤灰		生石灰		煤	
				100m³						100t			
				第一个1km	每增运1km	第一个1km	每增运1km	第一个1km	每增运1km	第一个1km	每增运1km	第一个1km	每增运1km
				63	64	65	66	67	68	69	70	71	72
1	10t 以内自卸汽车	台班	8007015	0.7	0.13	0.35	0.08	0.36	0.08	0.35	0.08	0.36	0.08
2	基价	元	9999001	531	99	266	61	273	61	266	61	273	61

V. 12t 以内自卸汽车

单位:100m³

顺序号	项　　目	单位	代　号	土、砂、石屑		黏土		砂砾、碎(砾)石、碎(砾)石土		片石、大卵石	
				第一个1km	每增运1km	第一个1km	每增运1km	第一个1km	每增运1km	第一个1km	每增运1km
				73	74	75	76	77	78	79	80
1	12t 以内自卸汽车	台班	8007016	0.43	0.09	0.39	0.09	0.47	0.09	0.5	0.11
2	基价	元	9999001	362	76	328	76	395	76	421	93

顺序号	项　　目	单位	代　号	块石		煤渣、矿渣		粉煤灰		生石灰		煤	
				100m³						100t			
				第一个1km	每增运1km	第一个1km	每增运1km	第一个1km	每增运1km	第一个1km	每增运1km	第一个1km	每增运1km
				81	82	83	84	85	86	87	88	89	90
1	12t 以内自卸汽车	台班	8007016	0.57	0.12	0.29	0.06	0.3	0.06	0.31	0.07	0.31	0.07
2	基价	元	9999001	480	101	244	50	252	50	261	59	261	59

VI. 15t 以内自卸汽车

单位:100m³

顺序号	项 目	单位	代 号	土、砂、石屑		黏土		砂砾、碎(砾)石、碎(砾)石土		片石、大卵石	
				第一个 1km	每增运 1km	第一个 1km	每增运 1km	第一个 1km	每增运 1km	第一个 1km	每增运 1km
				91	92	93	94	95	96	97	98
1	15t 以内自卸汽车	台班	8007017	0.38	0.08	0.37	0.08	0.39	0.08	0.42	0.1
2	基价	元	9999001	352	74	343	74	361	74	389	93

顺序号	项　　目	单位	代　号	块石		煤渣、矿渣		粉煤灰		生石灰		煤	
				100m³						100t			
				第一个 1km	每增运 1km	第一个 1km	每增运 1km	第一个 1km	每增运 1km	第一个 1km	每增运 1km	第一个 1km	每增运 1km
				99	100	101	102	103	104	105	106	107	108
1	15t 以内自卸汽车	台班	8007017	0.48	0.11	0.24	0.06	0.25	0.06	0.26	0.06	0.26	0.06
2	基价	元	9999001	445	102	222	56	232	56	241	56	241	56

VII. 20t 以内自卸汽车

单位:100m³

顺序号	项 目	单位	代 号	土、砂、石屑		黏土		砂砾、碎(砾)石、碎(砾)石土		片石、大卵石	
				第一个 1km	每增运 1km	第一个 1km	每增运 1km	第一个 1km	每增运 1km	第一个 1km	每增运 1km
				109	110	111	112	113	114	115	116
1	20t 以内自卸汽车	台班	8007019	0.28	0.07	0.27	0.06	0.3	0.06	0.32	0.07
2	基价	元	9999001	314	78	303	67	336	67	359	78

续前页

单位:表列单位

顺序号	项　　目	单位	代　　号	块石		煤渣、矿渣		粉煤灰		生石灰		煤	
				100m³						100t			
				第一个1km	每增运1km	第一个1km	每增运1km	第一个1km	每增运1km	第一个1km	每增运1km	第一个1km	每增运1km
				117	118	119	120	121	122	123	124	125	126
1	20t 以内自卸汽车	台班	8007019	0.37	0.09	0.18	0.05	0.19	0.05	0.2	0.05	0.2	0.05
2	基价	元	9999001	415	101	202	56	213	56	224	56	224	56

9-1-7 人工装机动翻斗车

工程内容 装车。

顺序号	项 目	单位	代 号	土、砂、石屑	黏土	砂砾、碎(砾)石碎(砾)石土	片石、大卵石	块石	煤渣、矿渣	粉煤灰	生石灰
				\multicolumn — 100m³							100t
				1	2	3	4	5	6	7	8
1	人工	工日	1001001	2.7	3.1	3.7	5	5.6	2.1	1.9	4
2	基价	元	9999001	287	329	393	531	595	223	202	425

9-1-8 人工装卸手扶拖拉机

工程内容 1)装车;2)卸车堆放。

单位:表列单位

顺序号	项 目	单位	代 号	土、砂、石屑	黏土	砂砾、碎(砾)石、碎(砾)石土	片石、大卵石	块石	煤渣、矿渣	粉煤灰	生石灰
							100m³				100t
				1	2	3	4	5	6	7	8
1	人工	工日	1001001	4.1	4.6	5.6	7.4	8.5	3.1	2.9	5.9
2	基价	元	9999001	436	489	595	786	903	329	308	627

9-1-9 人工装卸汽车

工程内容 1)装车;2)捆绑;3)解绳;4)卸车堆放。

单位:表列单位

顺序号	项 目	单位	代 号	料石、盖板石	木材	钢材	水泥、矿粉	爆破材料	沥青、油料	轻质材料
				100m³	100t					100m³
				1	2	3	4	5	6	7
1	人工	工日	1001001	22.4	6.2	5.6	7	8.5	10.9	2.6
2	基价	元	9999001	2381	659.0	595	744.0	903	1158	276

9-1-10 装载机装汽车

工程内容 1)铲料;2)装车。

I.1m³ 以内轮式装载机

单位:表列单位

顺序号	项 目	单位	代 号	土、砂、石屑、黏土、碎(砾)石、碎(砾)石土、煤渣、矿渣、粉煤灰	片石、大卵石	块石	生石灰	煤
				100m³			100t	
				1	2	3	4	5
1	1.0m³ 以内轮胎式装载机	台班	8001045	0.26	0.31	0.38	0.29	0.26
2	基价	元	9999001	152	181	222	170	152

II. 2m³ 以内轮式装载机

单位:表列单位

顺序号	项 目	单位	代 号	土、砂、石屑、黏土、碎(砾)石、碎(砾)石土、煤渣、矿渣、粉煤灰	片石、大卵石	块石	生石灰	煤
				100m³			100t	
				6	7	8	9	10
1	2.0m³ 以内轮胎式装载机	台班	8001047	0.15	0.18	0.22	0.17	0.15
2	基价	元	9999001	148	177	217	168	148

单位:表列单位

顺序号	项　目	单位	代　号	土、砂、石屑、黏土、碎(砾)石、碎(砾)石土、煤渣、矿渣、粉煤灰	片石、大卵石	块石	生石灰	煤
				100m³			100t	
				11	12	13	14	15
1	3.0m³ 以内轮胎式装载机	台班	8001049	0.12	0.14	0.17	0.13	0.12
2	基价	元	9999001	150	175	212	162	150

9 - 1 - 11 其他装卸汽车

工程内容 1)铲料;2)装车。

顺序号	项　目	单位	代　号	叉车装卸		起重机装卸	
				木材	钢材	木材	钢材
				100m³	100t	100m³	100t
				1	2	3	4
1	人工	工日	1001001	0.5	0.4	0.7	0.6
2	20t 以内轮胎式起重机	台班	8009020	-	-	0.34	0.25
3	5t 以内内燃叉车	台班	8009123	0.55	0.35	-	-
4	小型机具使用费	元	8099001	177.3	177.3	177.3	177.3
5	基价	元	9999001	555	426	638	525

9-1-12 洒水车运水

工程内容 1)吸水;2)运水;3)泄水;4)空回。

单位:1000m³

顺序号	项目	单位	代号	4000 以内洒水车		6000 以内洒水车		8000 以内洒水车		10000 以内洒水车	
				第一个 1km	每增运 1km	第一个 1km	每增运 1km	第一个 1km	每增运 1km	第一个 1km	每增运 1km
				1	2	3	4	5	6	7	8
1	4000L 以内洒水汽车	台班	8007040	11.2	0.71	–	–	–	–	–	–
2	6000L 以内洒水汽车	台班	8007041	–	–	9.5	0.47	–	–	–	–
3	8000L 以内洒水汽车	台班	8007042	–	–	–	–	7.15	0.31	–	–
4	10000L 以内洒水汽车	台班	8007043	–	–	–	–	–	–	5.6	0.24
5	基价	元	9999001	7022	445	6630	328	6466	280	6187	265

附录一 路面材料计算基础数据表

1. 多种材料混合结构,按压实混合料干密度计算,各种路面压实混合料干密度如下:

单位:t/m³

路面名称	水泥稳定土基层								石灰稳定土基层							石灰、粉煤灰稳定土基层				
	水泥土	水泥砂	水泥砂砾	水泥碎石	水泥石屑	水泥石渣	水泥碎石土	水泥砂砾土	石灰土	石灰砂砾	石灰碎石	石灰砂砾土	石灰碎石土	石灰土砂砾	石灰土:碎石	石灰粉煤灰	石灰粉煤灰土	石灰粉煤灰砂	石灰粉煤灰砂砾	石灰粉煤灰碎石
干密度	1.768	2.070	2.255	2.300	2.160	2.120	2.170	2.130	1.730	2.120	2.160	1.967	1.995	1.967	1.995	1.180	1.520	1.700	2.000	2.070

路面名称	石灰、粉煤灰稳定土基层		石灰、煤渣稳定土基层						水泥石灰砂砾	水泥石灰碎(砾)石	水泥石灰碎石土	水泥石灰土砂	水泥石灰砂砾碎石土	水泥石灰碎石土	粒料改善		嵌锁级配型基层、面层			
	石灰粉煤灰矿渣	石灰粉煤灰煤矸石	石灰煤渣	石灰煤渣土	石灰煤渣碎石	石灰煤渣砂砾	石灰煤渣矿渣	石灰煤渣碎石土							砂、黏土	砾石	级配碎石	级配砾石	填隙碎石	泥结碎石
干密度	1.670	1.720	1.290	1.495	1.820	1.820	1.620	1.820	2.160	2.206	1.766	1.926	2.012	2.040	1.920	2.120	2.291	2.291	2.000	2.172

路面名称	磨耗层			沥青碎石				沥青稳定碎石(ATB)	沥青混凝土				改性沥青混凝土		橡胶沥青混凝土			沥青玛蹄脂(SMA)	橡胶沥青玛蹄脂
	砂土	级配砂砾	煤渣	特粗式	粗粒式	中粒式	细粒式		粗粒式	中粒式	细粒式	砂粒式	中粒式	细粒式	粗粒式	中粒式	细粒式		
干密度	1.920	2.220	1.620	2.294	2.294	2.280	2.263	2.294	2.377	2.370	2.363	2.362	2.374	2.366	2.377	2.370	2.363	2.365	2.365

2. 各种路面材料松方干密度如下：

单位：t/m³

材料名称	煤渣	土	矿渣	煤矸石	砂	沥青路面用机制砂	碎石	沥青路面用碎石	石屑	沥青路面用石屑	碎石土	石渣	砾石	砂砾	砂砾土	黏土	风化石
干密度	0.800	1.240	1.200	1.400	1.510	1.510	1.521	1.521	1.530	1.530	1.600	1.500	1.620	1.650	1.700	1.300	1.330

3. 单一材料结构，按压实系数计算，各种各种材料压实系数如下：

路面名称	级配砾石	级配碎石	砾石	碎石	砂	砂土	砂砾	煤渣	矿渣	天然砂砾	风化石
压实系数	1.280	1.340	1.200	1.220	1.260	1.280	1.250	1.650	1.300	1.310	1.300

4. 各种沥青混凝土油石比如下：

沥青混合料类型	沥青碎石				沥青稳定碎石（ATB）	沥青混凝土				改性沥青混凝土		橡胶沥青混凝土			沥青玛蹄脂	橡胶沥青玛蹄脂
	特粗式	粗粒式	中粒式	细粒式		粗粒式	中粒式	细粒式	砂粒式	中粒式	细粒式	粗粒式	中粒式	细粒式		
油石比（%）	3.33	3.63	3.88	4.19	3.87	4.45	4.80	5.22	6.01	4.89	5.22	4.58	4.97	5.97	6.21	6.76

附录二 基本定额

(一)砂浆及混凝土材料消耗

1.砂浆配合比表

序号	项 目	单位	水泥砂浆										
			砂浆强度等级										
			M5	M7.5	M10	M12.5	M15	M20	M25	M30	M35	M40	M50
			1	2	3	4	5	6	7	8	9	10	11
1	32.5 级水泥	kg	218	266	311	345	393	448	527	612	693	760	–
2	42.5 级水泥	kg	–	–	–	–	–	–	–	–	–	–	1000
3	熟石灰	kg	–	–	–	–	–	–	–	–	–	–	–
4	中(粗)砂	m³	1.12	1.09	1.07	1.07	1.07	1.06	1.02	0.99	0.98	0.95	0.927

单位:1m³ 砂浆及水泥浆

序号	项 目	单位	水泥砂浆				混合砂浆				石灰砂浆	水泥浆	
			砂浆强度等级										
			1:1	1:2	1:2.5	1:3	M2.5	M5	M7.5	M10	M1	32.5	42.5
			12	13	14	15	16	17	18	19	20	21	22
1	32.5 级水泥	kg	780	553	472	403	165	210	253	290	–	1348	–
2	42.5 级水泥	kg	–	–	–	–	–	–	–	–	–	–	1498
3	熟石灰	kg	–	–	–	–	127	94	61	29	207	–	–
4	中(粗)砂	m³	0.67	0.95	1.01	1.04	1.04	1.04	1.04	1.04	1.1	–	–

注:表列用量已包括场内运输及操作损耗。

2. 混凝土配合比表

序号	项目	单位	普通混凝土														
			碎(砾)石最大粒径(mm)														
			20														
			混凝土强度等级														
			C10	C15	C20	C25	C30		C35		C40			C45		C50	
			水泥强度等级														
			32.5	32.5	32.5	32.5	32.5	42.5	32.5	42.5	32.5	42.5	52.5	42.5	52.5	42.5	52.5
			1	2	3	4	5	6	7	8	9	10	11	12	13	14	15
1	水泥	kg	238	286	315	368	406	388	450	405	488	443	399	482	439	524	479
2	中(粗)砂	m³	0.51	0.51	0.49	0.48	0.46	0.48	0.45	0.47	0.43	0.45	0.47	0.45	0.45	0.44	0.42
3	碎(砾)石	m³	0.85	0.82	0.82	0.8	0.79	0.79	0.78	0.79	0.78	0.79	0.79	0.77	0.79	0.75	0.79
4	片石	m³	–	–	–	–	–	–	–	–	–	–	–	–	–	–	–

单位:1m³ 混凝土

序号	项 目	单位	普通混凝土														
			碎(砾)石最大粒径(mm)														
			20		40												
			混凝土强度等级														
			C55	C60	C10	C15	C20	C25	C30		C35		C40			C45	
			水泥强度等级														
			52.5	52.5	32.5	32.5	32.5	32.5	32.5	42.5	32.5	42.5	32.5	42.5	52.5	42.5	52.5
			16	17	18	19	20	21	22	23	24	25	26	27	28	29	30
1	水泥	kg	516	539	225	267	298	335	377	355	418	372	461	415	359	440	399
2	中(粗)砂	m³	0.42	0.41	0.51	0.5	0.49	0.48	0.46	0.46	0.45	0.46	0.43	0.44	0.46	0.44	0.44
3	碎(砾)石	m³	0.74	0.71	0.87	0.85	0.84	0.83	0.83	0.84	0.82	0.83	0.81	0.83	0.84	0.81	0.84
4	片石	m³	–	–	–	–	–	–	–	–	–	–	–	–	–	–	–

续前页

单位:1m³ 混凝土

序号	项　目	单位	普通混凝土					泵送混凝土							
			碎(砾)石最大粒径(mm)												
			40		80			20							
			混凝土强度等级												
			C50	C55	C10	C15	C20	C15	C20	C25	C30	C35		C40	C45
			水泥强度等级												
			42.5	52.5	52.5	32.5	32.5	32.5	32.5	32.5	32.5	32.5	42.5	32.5	42.5	42.5
			31	32	33	34	35	36	37	38	39	40	41	42	43	44	45
1	水泥	kg	487	430	451	212	253	282	321	354	407	443	491	431	538	471	512
2	中(粗)砂	m³	0.43	0.41	0.41	0.58	0.55	0.54	0.59	0.57	0.56	0.55	0.54	0.56	0.52	0.54	0.54
3	碎(砾)石	m³	0.79	0.84	0.83	0.83	0.83	0.82	0.75	0.75	0.71	0.7	0.69	0.7	0.67	0.69	0.67
4	片石	m³	−	−	−	−	−	−	−	−	−	−	−	−	−	−	−

单位:1m³ 混凝土

序号	项 目	单位	泵送混凝土														
			碎(砾)石最大粒径(mm)														
			20			40											
			混凝土强度等级														
			C50	C55	C60	C10	C15	C20	C25	C30	C35		C40		C45	C50	C55
			水泥强度等级														
			42.5	52.5	52.5	32.5	32.5	32.5	32.5	32.5	32.5	42.5	32.5	42.5	42.5	42.5	52.5
			46	47	48	49	50	51	52	53	54	55	56	57	58	59	60
1	水泥	kg	554	546	570	236	302	325	372	420	461	403	505	440	478	505	498
2	中(粗)砂	m³	0.53	0.51	0.5	0.66	0.59	0.59	0.58	0.56	0.54	0.57	0.52	0.55	0.56	0.55	0.55
3	碎(砾)石	m³	0.66	0.65	0.62	0.73	0.77	0.75	0.73	0.73	0.72	0.72	0.7	0.71	0.68	0.67	0.65
4	片石	m³	–	–	–	–	–	–	–	–	–	–	–	–	–	–	–

续前页

单位:1m³ 混凝土

序号	项　目	单位	水下混凝土				防水混凝土				喷射混凝土				片石混凝土		
			碎(砾)石最大粒径(mm)														
			40								20				80		
			混凝土强度等级														
			C20	C25	C30	C35	C25	C30	C35	C40	C15	C20	C25	C30	C10	C15	C20
			水泥强度等级														
			32.5	32.5	32.5	32.5	32.5	32.5	42.5	42.5	32.5	32.5	32.5	32.5	32.5	32.5	32.5
			61	62	63	64	65	66	67	68	69	70	71	72	73	74	75
1	水泥	kg	368	427	460	505	368	398	385	434	435	445	469	510	180	215	240
2	中(粗)砂	m³	0.52	0.51	0.51	0.49	0.49	0.46	0.47	0.46	0.61	0.61	0.6	0.59	0.49	0.47	0.46
3	碎(砾)石	m³	0.71	0.69	0.67	0.66	0.80	0.84	0.83	0.81	0.58	0.57	0.57	0.56	0.71	0.71	0.7
4	片石	m³	−	−	−	−	−	−	−	−	−	−	−	−	0.215	0.215	0.215

注:1. 采用细砂配制混凝土时,每1m³混凝土的水泥用量增加4%。

2. 表列各种强度等级混凝土的水泥用量,系按机械捣固计算的,当采用人工捣固时,每1m³混凝土增加水泥用量25kg。

3. 表列用量已包括场内运输及操作损耗。

4. 公路水下构造物每1m³混凝土水泥用量:机器捣固不应少于240kg,人工捣固不应少于265kg。

5. 每10m³混凝土拌和与养护用水为:

项　目		单位	用水量(m³)		项　目	单位	用水量(m³)	
			泵送混凝土	其他混凝土			泵送混凝土	其他混凝土
现浇	基础、下部构造	10m³	18	12	预制	10m³	22	16
	上部构造		21	15				

3.泡沫轻质土配合比表

序号	项　　目	单位	泡沫轻质土强度(MPa)							
			0.4	0.6	0.8	1.0	1.5	2.0	2.5	3.0
			1	2	3	4	5	6	7	8
1	42.5级水泥	t	0.28	0.3	0.36	0.4	0.42	0.48	0.55	0.61
2	水	m³	0.196	0.21	0.25	0.28	0.29	0.3	0.33	0.37
3	发泡剂	kg	1.2	1.15	1.1	1.05	1	0.95	0.9	0.85

4. 砌筑工程石料及砂浆消耗

単位:1m³ 砌体及100m² 勾缝抹面面积

序号	项目	单位	片石	卵石	块石	粗料石	细料石	青(红)砖	片石、卵石	块石
			浆砌工程						干砌工程	
			1m³ 砌体							
			1	2	3	4	5	6	7	8
1	片石、卵石	m³	1.15	1.15	–	–	–	–	1.25	–
2	块石	m³	–	–	1.05	–	–	–	–	1.15
3	粗料石	m³	–	–	–	0.9	–	–	–	–
4	细料石	m³	–	–	–	–	0.92	–	–	–
5	青(红)砖	千块	–	–	–	–	–	0.531	–	–
6	砂浆	m³	0.35	0.38	0.27	0.2	0.13	0.24		

序号	项目	单位	片石	块石	料石	青(红)砖	片石	块石	料石	青(红)砖	片石	块石	料石	青(红)砖
			水泥砂浆勾缝											
			平、立面								仰面			
			平凹缝				凸缝				平凹缝			
			100m² 勾缝面积											
			9	10	11	12	13	14	15	16	17	18	19	20
1	砂浆	m³	0.87	0.52	0.35	0.22	1.22	0.73	0.49	0.31	0.91	0.55	0.37	0.23

续前页

单位:1m³ 砌体及 100m² 勾缝抹面面积

序号	项 目	单位	水泥砂浆勾缝				水泥砂浆抹面
			仰面				厚2cm
			凸缝				
			片石	块石	料石	青(红)砖	
			100m² 勾缝面积				100m² 抹面面积
			21	22	23	24	25
1	砂浆	m³	1.27	0.77	0.52	0.32	2.60

注:1.浆砌工程中的砂浆用量不包括勾缝用量。

2.砌筑混凝土预制块同砌筑细料石。

3.混凝土预制块勾缝同料石。

4.表列用量已包括场内运输及操作损耗。

(二)脚手架、踏步、井字架工料消耗

1.轻型上下架材料消耗

序号	项　　目	单位	代　号	高度(m)	
				6	每增减2
				1	2
1	钢丝绳	kg	2001019	0.23	0.07
2	钢板	kg	2003005	0.83	0.06
3	钢管	kg	2003008	1.51	0.5
4	门式钢支架	kg	2003027	5.5	1.59
5	铁件	kg	2009028	2.8	0.3

注:轻型上下架平面尺寸为1.83m×1.22m。

2.门式钢支架材料消耗

序号	项　目	单位	代　号	总数量	摊销次数
				1	2
1	型钢	kg	2003004	28	100
2	钢板	kg	2003005	9.42	100
3	钢管	kg	2003008	18.41	100
4	管扣	kg	–	5.16	40
5	门式钢支架	kg	2003027	67.31	80

注:当用作箱梁等结构的内外模板支架时,应扣除上表中的钢板数量并乘以下表系数;当用作底模板施工支架(支架立在地面上)时,按上表数量并乘以下表系数计算:

不同高度调整系数

序号	项　目	单位	代　号	高度(m)					
				2 以内	3 以内	4 以内	6 以内	7 以内	8 以内
				1	2	3	4	5	6
1	型钢	kg	2003004	8.61	4.58	3.38	2.18	1.85	1.61
2	钢管	kg	2003008	5.95	2.91	2.23	1.62	1.58	1.55
3	管扣	kg	–	5.81	2.89	2.09	1.36	1.22	1.2
4	门式钢支架	kg	2003027	2.28	1.4	1.32	1.12	1.05	1.05

3. 钢管脚手架及井字架工料消耗

工程内容 清理场地,摆底座,插立杆,用卡子螺栓连接钢管,放垫木、脚手板,安装吊盘,拆除架子及吊盘,材料50m内搬运、堆放。

单位:10m 及 1 处

序号	项 目	单位	代 号	脚手架					井子架			
				高度(m)								
				4	6	8	12	16	8	10	14	18
				10m					1 处			
				1	2	3	4	5	6	7	8	9
1	人工	工日	1001001	3.91	4.94	6.32	9.92	15.23	7.58	9.47	13.26	17.05
2	钢丝绳	kg	2001019	–	–	–	–	–	0.9	1.2	1.7	2.1
3	8~12 号铁丝	kg	2001021	0.6	0.6	0.6	0.6	0.6	–	–	–	–
4	型钢	kg	2003004	–	–	–	–	–	3.6	3.6	3.6	3.6
5	钢板	kg	2003005	–	–	–	–	–	0.3	0.3	0.3	0.3
6	钢管	kg	2003008	16.9	24.4	32	46.7	60.5	16.7	20.8	29.1	37.3
7	铁钉	kg	2009030	0.5	0.5	0.5	0.5	0.5	–	–	–	–
8	锯材	m³	4003002	0.06	0.06	0.06	0.06	0.06	0.012	0.012	0.012	0.012
9	其他材料费及加工费	元	7801001	4.7	6.6	8.8	12.7	15.8	6.1	7.3	9.6	11.8

注:脚手架的宽度为 2.5m;井字架的平面尺寸为 2.5m×2.5m。

4.木脚手架及井字架工料消耗

工程内容 清理场地、挖基脚、立杆、绑扎、铺板,安装吊盘,拆除架子及吊盘,材料50m内搬运、堆放。

単位:10m 及 1 处

序号	项　　目	单位	代　号	脚手架						井子架				
				高度(m)										
				3	4	6	8	12	16	6	8	12	16	20
				10m						1 处				
				1	2	3	4	5	6	7	8	9	10	11
1	人工	工日	1001001	4.23	4.58	5.64	7.07	10.9	16.21	3.52	3.91	6.55	12.55	18.55
2	钢丝绳	kg	2001019	－	－	－	－	－	－	0.7	1	1.5	2	2.5
3	8～12号铁丝	kg	2001021	8.1	10.5	15.1	19.8	29.1	38.3	5.9	7.6	11	14.5	18.4
4	型钢	kg	2003004	－	－	－	－	－	－	4.7	4.7	4.7	4.7	4.7
5	钢板	kg	2003005	－	－	－	－	－	－	0.3	0.3	0.3	0.3	0.3
6	钢管	kg	2003008	－	－	－	－	－	－	1.2	1.7	2.5	3.3	4.2
7	铁钉	kg	2009030	0.5	0.5	0.5	0.5	0.5	0.5	－	－	－	－	－
8	原木	m³	4003001	0.103	0.134	0.196	0.258	0.381	0.505	0.075	0.101	0.151	0.201	0.252
9	锯材	m³	4003002	0.054	0.054	0.054	0.054	0.054	0.054	0.023	0.023	0.023	0.023	0.023
10	其他材料费及加工费	元		－	－	－	－	－	－	1.9	2	2.1	2.3	2.5

注:脚手架的宽度为 2.5m;井字架的平面尺寸为 2.5m×2.5m。

5. 踏步工料消耗

工程内容 清理场地、挖基脚、立杆、绑扎、铺板、拆除,材料50m内搬运、堆放。

单位:1处

序号	项　目	单位	代　号	高度(m)					
				3	4	6	8	12	16
				1	2	3	4	5	6
1	人工	工日	1001001	3.55	4.84	9.66	18.33	26.2	33.47
2	8~12号铁丝	kg	2001021	3	7.3	13.2	19.1	35.4	56.2
3	铁钉	kg	2009030	0.3	0.4	0.6	0.8	1.3	1.7
4	原木	m³	4003001	0.022	0.047	0.106	0.165	0.355	0.618
5	锯材	m³	4003002	0.062	0.094	0.14	0.187	0.281	0.375

6.工作平台材料消耗

序号	项　　目	单位	代　号	总数量	摊销次数	预算定额材料名称	材料损耗(%)
				1	2	3	4
1	HPB300 钢筋	kg	2001001	3.76	20	HPB300 钢筋	2.5
2	型钢	kg	2003004	31.18	100	型钢	6
3	钢管	kg	2003008	9.04	20	钢管	4
4	锯材	m³	4003002	0.133	20	锯材	15
5	预埋螺栓	kg	–	8.19	1	铁件	2
6	安全网	m³	–	2.36	8	其他材料费	0

注:结构高度大于7m时按表中材料数量配工作平台,提升模板不配工作平台。

7. 脚手架和轻型上下架的配备

序号	项目	高度(m)	脚手架	轻型上下架
1	承台	–	–	1 处、$H=3$m
2	重力式沉井	–	$H=4$m,长度同沉井周长	–
3	薄壁沉井	–	$H=8$m,长度同沉井周长	–
4	轻型桥台	–	$H=5$m,长度与桥同宽	–
5	实体墩台	10 以内	$H=8$m,长度与桥同宽	–
		20 以内	$H=16$m,长度与桥同宽	–
6	柱式墩台	10 以内	$H=8$m,长度与桥同宽	–
		20 以内	–	1 处、$H=20$m
		40 以内	–	1 处、$H=40$m
7	框架式桥台	10 以内	$H=8$m,长度与桥同宽	–
8	肋型埋置式桥台	8 以内	$H=6$m,长度与桥同宽	–
		14 以内	$H=10$m,长度与桥同宽	–
9	空心墩	20 以内	–	1 处、$H=20$m
		40 以内	–	1 处、$H=40$m
10	薄壁墩	20 以内	–	1 处、$H=20$m
		40 以内	–	1 处、$H=40$m
11	Y 型墩	20 以内	$H=16$m,长度与桥同宽	–
12	墩台帽、盖梁	–	–	–

(三)基本定额材料规格与质量

1. 组合钢模板的单位质量按 34.5kg/m² 计。

2. 组合钢模板所需的连接件(U 形卡、勾头螺栓、L 形插销、紧固螺栓)按 4.2kg/m² 计。

3. 对拉螺栓配套使用的套管为硬塑料管,其长度同构件结构厚度。

4. 缆风用钢丝绳的规格为:

直径(mm)		钢丝总断面积(mm²)	单位质量(kg/m)
钢丝绳	钢丝		
12.5	0.8	57	0.52

5. 缆风固定钢筋的规格为:φ22mm 圆钢:2.984kg/m,缆风用每根 0.8m 长,质量 2.4kg/根。

6. 扒钉的规格为:

方钢边长(圆钢直径)(mm)	横长(cm)	爪长 =1/3 横长(cm)	尖端长度 =3 倍直径(cm)	单位质量(kg/个)	
				方钢	圆钢
12	15	5	3.6	0.18	0.228

7. 螺栓的规格为:

杆径(mm)	杆质量(kg/m)	杆头、螺母及铁垫单位质量(kg/套)			
		杆头	螺母	铁垫圈	合计
16	1.6	0.057	0.067	0.164	0.288

8. 支撑木橛的规格为:0.008m³/个。

9. 木夹条板的厚度按 5.5cm 计。

10. 大块木模板用圆钉按 3kg/10m² 模板面积计。

11. 组合钢模板压楞型钢用 [8 ~ [10 槽钢。

附录三 材料的周转及摊销

材料的周转及摊销均按下式计算:

$$定额用量 = \frac{图纸一次使用量 \times (1 + 场内运输及操作损耗)}{周转次数(或摊销次数)}$$

各种工程材料周转及摊销次数规定如下:

(一)混凝土和钢筋混凝土构件、块件模板材料周转及摊销次数

1. 现浇混凝土的模板及支架、拱盔、隧道支撑

序号	材 料 名 称	单位	工料机代号	空心墩及索塔钢模板	悬浇箱形梁钢模	悬浇箱形梁、T形梁、T形刚构、连续梁木模板	其他混凝土的木模板及支架、拱盔、隧道开挖衬砌用木支撑等	水泥混凝土路面
				1	2	3	4	5
1	木料	次数	–	–	–	8	5	20
2	螺栓、拉杆	次数	–	12	12	12	8	20
3	铁件	次数	2009028	10	10	10	5	20
4	铁钉	次数	2009030	4	4	4	4	4
5	8~12号铁丝	次数	2001021	1	1	1	1	1
6	钢模	次数	2003025	100	80	–	–	–

注:模板钉有铁皮者,木料周转次数应提高50%。打入混凝土中不抽出的拉杆及预埋螺栓周转次数按1次计。

2. 预制混凝土构件的木模板

序号	材料名称	单位	工料机代号	沉井、桁架梁、桁架拱、箱形拱、薄壳拱、箱涵、板拱、双曲拱肋	箱形梁、T形梁、I形梁	矩形板、连续板、空心板、微弯板、方桩、墩台管节、管桩、护筒、立柱	圆管涵、拱波、预制块、护栏杆、栏杆、人行道、里程碑及其他小型构件
				1	2	3	4
1	木料	次数	–	10	12	17	25
2	螺栓、拉杆	次数	–	20	20	20	25
3	铁件	次数	2009028	10	10	10	12
4	铁钉	次数	2009030	5	5	5	5
5	8～12号铁丝	次数	2001021	1	1	1	1

注:预制构件模板钉有铁皮者,木料周转次数应提高50%。

3. 组合钢模板材料周转次数

序号	项 目	代 号	周转次数		预算定额材料名称	材料损耗(%)
			预制	现浇		
1	组合钢模板	2003026	60	40	组合钢模板	0
2	组合钢模板连接件	2009028	25	16	铁件	0
3	螺栓、拉杆	2009028	20	12	铁件	2
4	压楞型钢	2003004	80	60	型钢	6
5	木夹条	4003002	5	3次或1墩次	锯材	15
6	木支撑、木檩	4003001	12	8	原木	5
7	扒钉、铁件	2009028	10	10	铁件	2
8	钢丝绳、钢筋杆	–	40	40	钢丝绳、光圆钢筋	2.5
9	大块木模锯材(包括木拉带)	4003002	12	8	锯材	15
10	大块木模用圆钉	2009028	5	4	铁件	2
11	硬塑料管	–	1	1	其他材料费	2.5
12	橡胶板	–	20	20	其他材料费	2.5
13	钢板	2003005	100	80	钢板	6

4.定型钢模板材料的周转次数
（1）上部结构混凝土

序号	项　目			周转次数		预算定额材料名称
				预制	现浇	
1	定型钢模		T形梁、I形梁	80	35	钢模板
2			矩形板、实体板、空心板	80	50	
2		箱梁	支架施工	80	20	
3			模架施工	80	35	
4			T形刚构、连续梁、斜拉桥、连续刚构	80	35	
5			箱涵、拱涵	80	50	

注：其他材料的周转次数同组合钢模板。

（2）下部结构混凝土

模板周转摊销次数：平均 50 次，异形墩、系梁、空心墩等 30 次。

（二）脚手架、踏步、井字架、金属门式吊架、吊盘等摊销次数

材　料　名　称	原木、锯材	钢材		铁件	铁钉	8~12号铁丝	钢丝绳
		钢管	钢筋钢板型钢扣件				
	1	2	3	4	5	6	7
摊销次数	20	40	80	20	2	1	40

注：使用 1 次算 1 次。

(三)临时轨道铺设材料摊销

序号	材料名称	轻轨		重轨	
		使用次数	摊销率(%)	使用次数	摊销率(%)
		1	2	3	4
1	钢轨	12	8.3	16	6.3
2	鱼尾板	6	16.7	10	10
3	鱼尾螺钉	4	25	6	16.7
4	弹簧垫圈	–	–	4	25
5	道钉	3.5	28.6	3	33.3
6	枕木	3.5	28.6	3	33.3
7	防爬木撑	–	–	(3)	(33.3)
8	防爬用铁钉	–	–	(3)	(33.3)
9	防爬器	–	–	8	12.5

注:如轨道使用防爬器时,括号内材料均不需要。

(四)基础及打桩工程材料摊销次数

序号	材料名称	单位	浮运沉井	钢围图下沉	打圆木桩	打钢筋混凝土方桩、管桩	打钢板桩	打砂桩	基坑挡土板	钢板桩木支撑	打桩、灌注桩工作平台	套箱	浮运船加固	围堰
			1	2	3	4	5	6	7	8	9	10	11	12
1	原木	基础次	-	-	3	-	3	-	3	4	-	8	10	2
2	锯材	基础次	5	5	-	-	4	-	5	4	5	5	10	2
3	螺栓	基础次	10	10	-	15	15	-	-	15	15	15	15	4
4	铁件	基础次	10	-	-	15	15	-	10	15	15	15	15	2
5	铁钉	基础次	2	-	-	-	-	-	-	4	4	4	4	-
6	8~12号铁丝	基础次	1	-	-	-	-	-	-	-	1	-	-	1
7	桩(箍)帽	桩次	-	-	20	20	20	-	-	-	20	-	-	-
8	桩靴	桩次	-	-	-	-	-	-	-	-	-	-	-	-
9	桩垫	桩次	-	-	5	5	5	-	-	-	-	-	-	-
10	钢板桩	基础次	-	-	-	-	8	-	-	-	-	-	-	-
11	角钢、槽钢	基础次	-	6	-	-	14	-	-	-	20	80	5	-
12	钢管	桩次	-	-	-	-	-	25	-	-	14	-	-	-
13	钢丝绳	基础次	5	5	-	-	-	-	-	-	-	-	-	-
14	锚碇	基础次	2	2	-	-	-	-	-	-	-	-	-	-

续前页

序号	材料名称	单位	浮运沉井	钢围囹下沉	打圆木桩	打钢筋混凝土方桩、管桩	打钢板桩	打砂桩	基坑挡土板	钢板桩木支撑	打桩、灌注桩工作平台	套箱	浮运船加固	围堰
			1	2	3	4	5	6	7	8	9	10	11	12
15	钢轨	基础次	20	–	–	–	–	50	–	–	50	–	–	–
16	道钉	基础次	10	–	–	–	–	15	–	–	10	–	–	–
17	枕木	基础次	5	–	–	–	–	10	–	–	8	–	–	–
18	毛竹	基础次	–	–	–	–	–	–	–	–	–	–	–	1
19	钢套箱	基础次	–	–	–	–	–	–	–	–	–	10	–	–

注:1. 套箱底部结构用材料均按 1 基础次摊销。

　　2. 每完成一处桥台或桥墩基础为 1 基础次,每打一根桩为 1 桩次。

(五)灌注桩设备材料摊销

序号	设 备 材 料	钻架(座)		护筒(个)				出渣筒(个)	钻头(个)		
		木制	钢制	混凝土(挖孔桩)	钢护筒		钢筋混凝土		砂土、黏土	砂砾、砾石	卵石、软石、次坚石、坚石
					干处	水中					
		1	2	3	4	5	6	7	8	9	10
1	摊销单位	进米		桩次					进米		
2	摊销数	1000	3000	1	10	1	固定的1,重复使用的2	1000	700	500	400

续前页

序号	设 备 材 料	钻杆（个）			钢丝绳（400m）	漏斗（个）		导管（套）		钢丝绳（600m）	
		砂土、黏土	砂砾、砾石	卵石、软石、次坚石、坚石		桩径（cm）					
						120以内	120以上	120以内	120以上	120以内	120以上
		11	12	13	14	15	16	17	18	19	20
1	摊销单位	进米				10m³ 混凝土					
2	摊销数	3000	1500	1000	800	100	130	100	130	900	1300

注：1. 出渣槽、混凝土溜槽列入"小型临时设施"中。

2. 扒杆不摊入定额内，列入吊装设备内。

3. 护筒单列预算定额项目，不摊入造孔定额内。

4. 钻头进米数：卷扬机带冲击锥冲孔乘以 2.0 的系数；冲击钻机冲孔乘以 4.0 的系数；回旋钻机及潜水钻机钻孔，砂土、黏土、砂砾、砾石乘以 4.0 的系数（笼式钻头），卵石、软石乘以 14 的系数（牙轮钻头），次坚石、坚石乘以 10 的系数（牙轮钻头）。

5. 钢丝绳回旋钻进米数乘以 2.0 的系数。

（六）吊装设备材料摊销次数

1. 木制的人字扒杆、三角扒杆、甩头扒杆、木托架、简易木龙门架、木导梁、木塔架等设备木料、铁件、螺栓、铁钉均为 3 桥次。

2. 钢制的扒杆、单导梁及拐脚门架、双导梁、跨墩门架、悬臂吊机及托架、悬浇挂篮、组合钢模板提升架、钢塔架等设备的木料、铁件、螺栓均为 4 桥次，铁钉、铁丝为 1 桥次，钢轨为 20 桥次，道钉、鱼尾板为 10 桥次，导梁支垫木、枕木为 5 桥次。

3. 塔架的圬工基础及地锚为 1 桥次，木地锚为 2 桥次。

4. 运梁平车拼装用的木料、铁件均为 4 桥次。

5. 箱涵、圆管涵顶推法施工用的前后大横梁,顶镐、拉镐的竖横顶铁,导轨等均为 5 座次。

6. 钢结构设备摊销费按每吨每月 180 元或 140 元计。

7. 钢丝绳摊销:承重工作绳为 3 桥次,缆风绳为 10 桥次,轨索扣索为 5 桥次,其他索道运输设备为 3 桥次。

8. 钢梁拖拉支垫木为 5 桥次,滑运木料、螺栓为 3 桥次,钢轨为 10 桥次,钢滚筒为 20 桥次,牵引导梁钢料折旧按钢结构设备摊销费计。以上各项中,每架设完成一座桥为 1 桥次。

(七)预制构件和块件的堆放、运输材料摊销次数

1. 堆放:木料为 25 次,钢丝绳为 120 次。

2. 运输:木料为 30 次,螺栓、夹板为 40 次,铁件为 40 次,钢丝绳为 100 次,钢管为 300 次。

次数计算:大型构件每件算 1 次。小型构件视运输工具装载量而定,一次能运载若干块者合并所运块数作为 1 次。

附录四　定额人工、材料、设备单价表

序号	名　　称	代　号	规　　格	单位	单位质量（kg）	场内运输及操作损耗	单价(元)
	（一）人工	10					
1	人工	1001					
2	人工	1001001		工日			106.28
3	机械工	1051					
4	机械工	1051001		工日			106.28
	(二)配合比材料、路面混合料及制(成)品	15					
5	浆、砂浆类配合比材料	1501					
6	M5 水泥砂浆	1501001		m³			0
7	M7.5 水泥砂浆	1501002		m³			0
8	M10 水泥砂浆	1501003		m³			0
9	M12.5 水泥砂浆	1501004		m³			0
10	M15 水泥砂浆	1501005		m³			0

续前页

序号	名　称	代　号	规　格	单位	单位质量（kg）	场内运输及操作损耗	单价(元)
11	M20 水泥砂浆	1501006		m³			0
12	M25 水泥砂浆	1501007		m³			0
13	M30 水泥砂浆	1501008		m³			0
14	M35 水泥砂浆	1501009		m³			0
15	M40 水泥砂浆	1501010		m³			0
16	M50 水泥砂浆	1501011		m³			0
17	1:1 水泥浆	1501012		m³			0
18	1:2 水泥浆	1501013		m³			0
19	1:2.5 水泥浆	1501014		m³			0
20	1:3 水泥浆	1501015		m³			0
21	M2.5 混合砂浆	1501016		m³			0
22	M5 混合砂浆	1501017		m³			0
23	M7.5 混合砂浆	1501018		m³			0
24	M10 混合砂浆	1501019		m³			0
25	M1 石灰砂浆	1501020		m³			0
26	水泥浆(32.5)	1501021		m³			0
27	水泥浆(42.5)	1501022		m³			0

序号	名 称	代 号	规 格	单位	单位质量（kg）	场内运输及操作损耗	单价(元)
28	水泥水玻璃浆	1501023		m³			0
29	水泥混凝土配合比材料	1503					
30	片 C10 – 32.5 – 8	1503001		m³			0
31	片 C15 – 32.5 – 8	1503002		m³			0
32	片 C20 – 32.5 – 8	1503003		m³			0
33	片 C25 – 32.5 – 4	1503004		m³			0
34	普 C10 – 32.5 – 2	1503005		m³			0
35	普 C15 – 32.5 – 2	1503006		m³			0
36	普 C20 – 32.5 – 2	1503007		m³			0
37	普 C25 – 32.5 – 2	1503008		m³			0
38	普 C30 – 32.5 – 2	1503009		m³			0
39	普 C30 – 42.5 – 2	1503010		m³			0
40	普 C35 – 32.5 – 2	1503011		m³			0
41	普 C35 – 42.5 – 2	1503012		m³			0
42	普 C40 – 32.5 – 2	1503013		m³			0
43	普 C40 – 42.5 – 2	1503014		m³			0
44	普 C40 – 52.5 – 2	1503015		m³			0

序号	名　称	代　号	规　格	单位	单位质量（kg）	场内运输及操作损耗	单价(元)
45	普 C45 – 42.5 – 2	1503016		m³			0
46	普 C45 – 52.5 – 2	1503017		m³			0
47	普 C50 – 42.5 – 2	1503018		m³			0
48	普 C50 – 52.5 – 2	1503019		m³			0
49	普 C55 – 52.5 – 2	1503020		m³			0
50	普 C60 – 52.5 – 2	1503021		m³			0
51	普 C10 – 32.5 – 4	1503030		m³			0
52	普 C15 – 32.5 – 4	1503031		m³			0
53	普 C20 – 32.5 – 4	1503032		m³			0
54	普 C25 – 32.5 – 4	1503033		m³			0
55	普 C30 – 32.5 – 4	1503034		m³			0
56	普 C30 – 42.5 – 4	1503035		m³			0
57	普 C35 – 32.5 – 4	1503036		m³			0
58	普 C35 – 42.5 – 4	1503037		m³			0
59	普 C40 – 32.5 – 4	1503038		m³			0
60	普 C40 – 42.5 – 4	1503039		m³			0
61	普 C40 – 52.5 – 4	1503040		m³			0

续前页

序号	名　称	代　号	规　格	单位	单位质量（kg）	场内运输及操作损耗	单价(元)
62	普 C45 – 42.5 – 4	1503041		m³			0
63	普 C45 – 52.5 – 4	1503042		m³			0
64	普 C50 – 42.5 – 4	1503043		m³			0
65	普 C50 – 52.5 – 4	1503044		m³			0
66	普 C55 – 52.5 – 4	1503045		m³			0
67	普 C10 – 32.5 – 8	1503050		m³			0
68	普 C15 – 32.5 – 8	1503051		m³			0
69	普 C20 – 32.5 – 8	1503052		m³			0
70	泵 C15 – 32.5 – 2	1503060		m³			0
71	泵 C20 – 32.5 – 2	1503061		m³			0
72	泵 C25 – 32.5 – 2	1503062		m³			0
73	泵 C30 – 32.5 – 2	1503063		m³			0
74	泵 C35 – 32.5 – 2	1503064		m³			0
75	泵 C35 – 42.5 – 2	1503065		m³			0
76	泵 C40 – 32.5 – 2	1503066		m³			0
77	泵 C40 – 42.5 – 2	1503067		m³			0
78	泵 C45 – 42.5 – 2	1503068		m³			0

序号	名 称	代 号	规 格	单位	单位质量（kg）	场内运输及操作损耗	单价(元)
79	泵 C50 – 42.5 – 2	1503069		m³			0
80	泵 C55 – 52.5 – 2	1503070		m³			0
81	泵 C60 – 52.5 – 2	1503071		m³			0
82	泵 C10 – 32.5 – 4	1503080		m³			0
83	泵 C15 – 32.5 – 4	1503081		m³			0
84	泵 C20 – 32.5 – 4	1503082		m³			0
85	泵 C25 – 32.5 – 4	1503083		m³			0
86	泵 C30 – 32.5 – 4	1503084		m³			0
87	泵 C35 – 32.5 – 4	1503085		m³			0
88	泵 C35 – 42.5 – 4	1503086		m³			0
89	泵 C40 – 32.5 – 4	1503087		m³			0
90	泵 C40 – 42.5 – 4	1503088		m³			0
91	泵 C45 – 42.5 – 4	1503089		m³			0
92	泵 C50 – 42.5 – 4	1503090		m³			0
93	泵 C55 – 52.5 – 4	1503091		m³			0
94	水 C20 – 32.5 – 4	1503100		m³			0
95	水 C25 – 32.5 – 4	1503101		m³			0

序号	名　　称	代　号	规　格	单位	单位质量（kg）	场内运输及操作损耗	单价(元)
96	水 C30 – 32.5 – 4	1503102		m³			0
97	水 C35 – 32.5 – 4	1503103		m³			—— 0
98	防 C25 – 32.5 – 4	1503110		m³			0
99	防 C30 – 32.5 – 4	1503111		m³			0
100	防 C35 – 42.5 – 4	1503112		m³			0
101	防 C40 – 42.5 – 4	1503113		m³			0
102	喷 C15 – 32.5 – 2	1503120		m³			0
103	喷 C20 – 32.5 – 2	1503121		m³			0
104	喷 C25 – 32.5 – 2	1503122		m³			0
105	喷 C30 – 32.5 – 2	1503123		m³			0
106	自密实 C80 – 52.5 – 2	1503124		m³			0
107	沥青混凝土及混合料	1505					
108	特粗式沥青碎石	1505001		m³			0
109	粗粒式沥青碎石	1505002		m³			0
110	中粒式沥青碎石	1505003		m³			0
111	细粒式沥青碎石	1505004		m³			0
112	粗粒式沥青混凝土	1505005		m³			0

序号	名　称	代　号	规　格	单位	单位质量（kg）	场内运输及操作损耗	单价(元)
113	中粒式沥青混凝土	1505006		m³			0
114	细粒式沥青混凝土	1505007		m³			0
115	砂粒式沥青混凝土	1505008		m³			0
116	中粒式改性沥青混凝土	1505009		m³			0
117	细粒式改性沥青混凝土	1505010		m³			0
118	粗粒式橡胶沥青混凝土	1505011		m³			0
119	中粒式橡胶沥青混凝土	1505012		m³			0
120	细粒式橡胶沥青混凝土	1505013		m³			0
121	沥青玛蹄脂	1505014		m³			0
122	橡胶沥青玛蹄脂	1505015		m³			0
123	路面稳定土	1507					
124	水泥土	1507001		m³			0
125	水泥砂	1507002		m³			0
126	水泥砂砾	1507003		m³			0
127	水泥碎石	1507004		m³			0
128	水泥石屑	1507005		m³			0
129	水泥石渣	1507006		m³			0

续前页

序号	名　称	代　号	规　格	单位	单位质量（kg）	场内运输及操作损耗	单价(元)
130	水泥碎石土	1507007		m³			0
131	水泥砂砾土	1507008		m³			0
132	石灰土	1507009		m³			0
133	石灰砂砾	1507010		m³			0
134	石灰碎石	1507011		m³			0
135	石灰砂砾土	1507012		m³			0
136	石灰碎石土	1507013		m³			0
137	石灰土砂砾	1507014		m³			0
138	石灰土碎石	1507015		m³			0
139	石灰粉煤灰	1507016		m³			0
140	石灰粉煤灰土	1507017		m³			0
141	石灰粉煤灰砂	1507018		m³			0
142	石灰粉煤灰砂砾	1507019		m³			0
143	石灰粉煤灰碎石	1507020		m³			0
144	石灰粉煤灰矿渣	1507021		m³			0
145	石灰粉煤灰煤矸石	1507022		m³			0
146	石灰煤渣	1507023		m³			0

序号	名　称	代　号	规　格	单位	单位质量（kg）	场内运输及操作损耗	单价(元)
147	石灰煤渣土	1507024		m³			0
148	石灰煤渣碎石	1507025		m³			0
149	石灰煤渣砂砾	1507026		m³			0
150	石灰煤渣矿渣	1507027		m³			0
151	石灰煤渣碎石土	1507028		m³			0
152	水泥石灰砂砾	1507029		m³			0
153	水泥石灰碎(砾)石	1507030		m³			0
154	水泥石灰土	1507031		m³			0
155	水泥石灰土砂	1507032		m³			0
156	水泥石灰砂砾土	1507033		m³			0
157	水泥石灰碎石土	1507034		m³			0
158	2:1:4 三合土	1507035		m³			0
159	FC0.4 气泡混合轻质土	1507036		m³			0
160	FC0.6 气泡混合轻质土	1507037		m³			0
161	FC0.8 气泡混合轻质土	1507038		m³			0
162	FC1.0 气泡混合轻质土	1507039		m³			0
163	FC1.5 气泡混合轻质土	1507040		m³			0
164	FC2.0 气泡混合轻质土	1507041		m³			0
165	FC2.5 气泡混合轻质土	1507042		m³			0

序号	名　　称	代　号	规　　格	单位	单位质量（kg）	场内运输及操作损耗	单价(元)
166	FC3.0 气泡混合轻质土	1507043		m³			0
167	浆、砂浆类配合比材料(商)	1509					
168	M5 水泥砂(商)	1509001		m³			228.8
169	M7.5 水泥砂(商)	1509002		m³			242.55
170	M10 水泥砂(商)	1509003		m³			256.23
171	M12.5 水泥砂(商)	1509004		m³			268.08
172	M15 水泥砂(商)	1509005		m³			284.79
173	M20 水泥砂(商)	1509006		m³			302.96
174	M25 水泥砂(商)	1509007		m³			326.52
175	M30 水泥砂(商)	1509008		m³			353.16
176	M35 水泥砂(商)	1509009		m³			380.37
177	M40 水泥砂(商)	1509010		m³			400.73
178	M50 水泥砂(商)	1509011		m³			526.62
179	1:1 水泥砂(商)	1509012		m³			380.01
180	1:2 水泥砂(商)	1509013		m³			328.64
181	1:2.5 水泥砂(商)	1509014		m³			306.36
182	1:3 水泥砂(商)	1509015		m³			285.31
183	M2.5 混合砂(商)	1509016		m³			242.2
184	M5 混合砂(商)	1509017		m³			247.53

序号	名　称	代　号	规　格	单位	单位质量 (kg)	场内运输及 操作损耗	单价(元)
185	M7.5 混合砂(商)	1509018		m³			252.18
186	M10 混合砂(商)	1509019		m³			255.04
187	M1 石灰砂(商)	1509020		m³			215.72
188	水泥浆(32.5)(商)	1509021		m³			511.56
189	水泥浆(42.5)(商)	1509022		m³			665.23
190	水泥混凝土配合比材料(商)	1511					
191	普 C10 - 32.5 - 2(商)	1511005		m³			272.12
192	普 C15 - 32.5 - 2(商)	1511006		m³			285.83
193	普 C20 - 32.5 - 2(商)	1511007		m³			293.96
194	普 C25 - 32.5 - 2(商)	1511008		m³			309.42
195	普 C30 - 32.5 - 2(商)	1511009		m³			319.68
196	普 C30 - 42.5 - 2(商)	1511010		m³			341.66
197	普 C35 - 32.5 - 2(商)	1511011		m³			333.01
198	普 C35 - 42.5 - 2(商)	1511012		m³			347.76
199	普 C40 - 32.5 - 2(商)	1511013		m³			344.25
200	普 C40 - 42.5 - 2(商)	1511014		m³			361.58
201	普 C40 - 52.5 - 2(商)	1511015		m³			379.99

续前页

序号	名　　称	代　号	规　格	单位	单位质量（kg）	场内运输及操作损耗	单价（元）
202	普 C45 – 42.5 – 2（商）	1511016		m³			375.79
203	普 C45 – 52.5 – 2（商）	1511017		m³			398.14
204	普 C50 – 42.5 – 2（商）	1511018		m³			390.28
205	普 C50 – 52.5 – 2（商）	1511019		m³			415.3
206	普 C55 – 52.5 – 2（商）	1511020		m³			428.9
207	普 C60 – 52.5 – 2（商）	1511021		m³			436.48
208	普 C10 – 32.5 – 4（商）	1511030		m³			267.67
209	普 C15 – 32.5 – 4（商）	1511031		m³			279.35
210	普 C20 – 32.5 – 4（商）	1511032		m³			288.19
211	普 C25 – 32.5 – 4（商）	1511033		m³			299.11
212	普 C30 – 32.5 – 4（商）	1511034		m³			311.76
213	普 C30 – 42.5 – 4（商）	1511035		m³			329.11
214	普 C35 – 32.5 – 4（商）	1511036		m³			324.07
215	普 C35 – 42.5 – 4（商）	1511037		m³			335.21
216	普 C40 – 32.5 – 4（商）	1511038		m³			336.09
217	普 C40 – 42.5 – 4（商）	1511039		m³			351.12
218	普 C40 – 52.5 – 4（商）	1511040		m³			362.02

序号	名 称	代 号	规 格	单位	单位质量（kg）	场内运输及操作损耗	单价(元)
219	普 C45 – 42.5 – 4（商）	1511041		m³			359.56
220	普 C45 – 52.5 – 4（商）	1511042		m³			380.17
221	普 C50 – 42.5 – 4（商）	1511043		m³			376.16
222	普 C50 – 52.5 – 4（商）	1511044		m³			392.81
223	普 C55 – 52.5 – 4（商）	1511045		m³			402.39
224	普 C10 – 32.5 – 8（商）	1511050		m³			262.5
225	普 C15 – 32.5 – 8（商）	1511051		m³			273.82
226	普 C20 – 32.5 – 8（商）	1511052		m³			282
227	泵 C15 – 32.5 – 2（商）	1511060		m³			298.92
228	泵 C20 – 32.5 – 2（商）	1511061		m³			308.45
229	泵 C25 – 32.5 – 2（商）	1511062		m³			321.92
230	泵 C30 – 32.5 – 2（商）	1511063		m³			332.48
231	泵 C35 – 32.5 – 2（商）	1511064		m³			347.2
232	泵 C35 – 42.5 – 2（商）	1511065		m³			358.47
233	泵 C40 – 32.5 – 2（商）	1511066		m³			359.58
234	泵 C40 – 42.5 – 2（商）	1511067		m³			372.13
235	泵 C45 – 42.5 – 2（商）	1511068		m³			387.18

续前页

序号	名 称	代 号	规 格	单位	单位质量 （kg）	场内运输及 操作损耗	单价(元)
236	泵 C50 – 42.5 – 2（商）	1511069		m³			402.66
237	泵 C55 – 52.5 – 2（商）	1511070		m³			443.89
238	泵 C60 – 52.5 – 2（商）	1511071		m³			451.99
239	泵 C10 – 32.5 – 4（商）	1511080		m³			272.65
240	泵 C15 – 32.5 – 4（商）	1511081		m³			292.62
241	泵 C20 – 32.5 – 4（商）	1511082		m³			298.69
242	泵 C25 – 32.5 – 4（商）	1511083		m³			312.1
243	泵 C30 – 32.5 – 4（商）	1511084		m³			326.84
244	泵 C35 – 32.5 – 4（商）	1511085		m³			338.18
245	泵 C35 – 42.5 – 4（商）	1511086		m³			348.23
246	泵 C40 – 32.5 – 4（商）	1511087		m³			349.56
247	泵 C40 – 42.5 – 4（商）	1511088		m³			360.67
248	泵 C45 – 42.5 – 4（商）	1511089		m³			374.51
248	泵 C50 – 42.5 – 4（商）	1511090		m³			383.78
250	泵 C55 – 52.5 – 4（商）	1511091		m³			422.28
251	水 C20 – 32.5 – 4（商）	1511100		m³			302.82
252	水 C25 – 32.5 – 4（商）	1511101		m³			320.42

续前页

序号	名 称	代 号	规 格	单位	单位质量（kg）	场内运输及操作损耗	单价(元)
253	水 C30 – 32.5 – 4（商）	1511102		m³			329.96
254	水 C35 – 32.5 – 4（商）	1511103		m³			342.69
255	防 C25 – 32.5 – 4（商）	1511110		m³			308.65
256	防 C30 – 32.5 – 4（商）	1511111		m³			320.04
257	防 C35 – 42.5 – 4（商）	1511112		m³			341.61
258	防 C40 – 42.5 – 4（商）	1511113		m³			359.03
259	喷 C15 – 32.5 – 2（商）	1511120		m³			323.61
260	喷 C20 – 32.5 – 2（商）	1511121		m³			326.09
261	喷 C25 – 32.5 – 2（商）	1511122		m³			333.48
262	喷 C30 – 32.5 – 2（商）	1511123		m³			345.76
263	自密实 C80 – 52.5 – 2（商）	1511124		m³			522.67
264	沥青混凝土及混合料（商）	1513					
265	特粗式沥青碎石（商）	1513001		m³			694.51
266	粗粒式沥青碎石（商）	1513002		m³			724.61
267	中粒式沥青碎石（商）	1513003		m³			750.79
268	细粒式沥青碎石（商）	1513004		m³			783.66
269	粗粒式沥青混凝土（商）	1513005		m³			859.23

序号	名　　称	代　号	规　格	单位	单位质量（kg）	场内运输及操作损耗	单价（元）
270	中粒式沥青混凝土(商)	1513006		m³			893.31
271	细粒式沥青混凝土(商)	1513007		m³			936.1
272	砂粒式沥青混凝土(商)	1513008		m³			1029.92
273	中粒式改性沥青混凝土(商)	1513009		m³			1023.3
274	细粒式改性沥青混凝土(商)	1513010		m³			1066.11
275	粗粒式橡胶沥青混凝土(商)	1513011		m³			876.24
276	中粒式橡胶沥青混凝土(商)	1513012		m³			919.4
277	细粒式橡胶沥青混凝土(商)	1513013		m³			1034
278	沥青玛蹄脂(商)	1513014		m³			1328
279	橡胶沥青玛蹄脂(商)	1513015		m³			1156.34
280	路面稳定土(商)	1515					
281	水泥土(商)	1515001		m³			95.04
282	水泥砂(商)	1515002		m³			200.84
283	水泥砂砾(商)	1515003		m³			136.64
284	水泥碎石(商)	1515004		m³			193.01
285	水泥石屑(商)	1515005		m³			179.22
286	水泥石渣(商)	1515006		m³			124.46

序号	名　　称	代　号	规　　格	单位	单位质量(kg)	场内运输及操作损耗	单价(元)
287	水泥碎石土(商)	1515007		m³			105.66
288	水泥砂砾土(商)	1515008		m³			87.25
289	石灰土(商)	1515009		m³			93.09
290	石灰砂砾(商)	1515010		m³			128.78
291	石灰碎石(商)	1515011		m³			181.69
292	石灰砂砾土(商)	1515012		m³			87.11
293	石灰碎石土(商)	1515013		m³			103.55
294	石灰土砂砾(商)	1515014		m³			113.95
295	石灰土碎石(商)	1515015		m³			154.75
296	石灰粉煤灰(商)	1515016		m³			81.67
297	石灰粉煤灰土(商)	1515017		m³			183.9
298	石灰粉煤灰砂(商)	1515018		m³			214.57
299	石灰粉煤灰砂砾(商)	1515019		m³			164.99
300	石灰粉煤灰碎石(商)	1515020		m³			210.99
301	石灰粉煤灰矿渣(商)	1515021		m³			187.91
302	石灰粉煤灰煤矸石(商)	1515022		m³			159.57
303	石灰煤渣(商)	1515023		m³			195.62

序号	名　　称	代　号	规　　格	单位	单位质量（kg）	场内运输及操作损耗	单价(元)
304	石灰煤渣土(商)	1515024		m³			147.1
305	石灰煤渣碎石(商)	1515025		m³			188.41
306	石灰煤渣砂砾(商)	1515026		m³			160.52
307	石灰煤渣矿渣(商)	1515027		m³			178.19
308	石灰煤渣碎石土(商)	1515028		m³			149.48
309	水泥石灰砂砾(商)	1515029		m³			163.83
310	水泥石灰碎(砾)石(商)	1515030		m³			198.56
311	水泥石灰土(商)	1515031		m³			98.2
312	水泥石灰土砂(商)	1515032		m³			146.41
313	水泥石灰砂砾土(商)	1515033		m³			115.34
314	水泥石灰碎石土(商)	1515034		m³			119.65
315	2:1:4三合土(商)	1515035		m³			190.1
316	制(成)品	1517					
317	预制构件	1517001		m³			0
318	混凝土预制块	1517002		m³			0
	(三)金属及制品						
319	钢丝、线材及其制品	2001					

续前页

序号	名　　称	代　号	规　　格	单位	单位质量（kg）	场内运输及操作损耗	单价(元)
320	HPB300 钢筋	2001001		t	1000	2.5	3333.33
321	HRB400 钢筋	2001002		t	1000	2.5	3247.86
322	冷轧带肋钢筋网	2001003		t	1000	2.5	4290.6
323	环氧 HPB300 钢筋	2001004	带环氧涂层的光圆钢筋	t	1000	2.5	4188.03
324	环氧 HRB400 钢筋	2001005	带环氧涂层的带肋钢筋	t	1000	2.5	4102.56
325	预应力粗钢筋	2001006		t	1000	4	4957.26
326	钢绞线成品束	2001007	成品束	t	1000	4	6794.87
327	钢绞线	2001008	普通,无松弛	t	1000	4	4786.32
328	环氧钢绞线	2001009	带环氧涂层的钢绞线	t	1000	4	7264.96
329	镀锌钢绞线	2001010	混合规格(7 股、19 股,$1.0 \sim 134.2\,mm^2$)	t	1000	4	6358.97
330	钢丝	2001011	$\phi5mm$ 以内	kg	1	4	4.11
331	冷拔低碳钢丝	2001012	$\phi5mm$ 以内冷拔丝	t	1000	4	4726.5
332	高强钢丝	2001013	$\phi5mm$ 预应力用碳素钢丝	t	1000	4	4957.26
333	镀锌高强钢丝	2001014	$\phi5mm$ 预应力用镀锌碳素钢丝	t	1000	4	6008.55
334	平行钢丝斜拉索	2001015	成品索	t	1000		14957.26
335	钢绞线斜拉索	2001016	成品索	t	1000		15384.62

序号	名　称	代　号	规　格	单位	单位质量（kg）	场内运输及操作损耗	单价(元)
336	主缆索股	2001017	成品索股	t	1000		12820.51
337	吊索	2001018	成品索	t	1000		19658.12
338	钢丝绳	2001019	股丝6-7×19,绳径7.1~9.0mm; 股丝6×37,绳径14.1~15.5mm	t	1000	2.5	5970.09
339	钢纤维	2001020	扁丝切断型、钢丝切断型、高强铣削型、 剪切波纹型、剪切压痕型	t	1000	2	5128.21
340	8~12号铁丝	2001021	镀锌铁丝	kg	1	2	4.36
341	20~22号铁丝	2001022	镀锌铁丝	kg	1	2	4.79
342	刺铁丝	2001023		kg	1	2	5.04
343	电焊网排	2001024		m²		2	35.9
344	钢板网	2001025	网眼尺寸25mm×76mm	m²	1.845	2.5	20.68
345	铁丝编织网	2001026	镀锌铁丝(包括加强钢丝、花篮螺钉)	m²	3.5	2	20.43
346	镀锌高强钢丝绳	2001027		t	1000		7692.31
347	格栅网	2001028		m²			18.8
348	钢绳网	2001029		m²			38.46
349	猫道编织网	2001030		m²			23.5
350	缆索	2001031		t	1000		14871.79

続前页

序号	名 称	代 号	规 格	单位	单位质量（kg）	场内运输及操作损耗	单价(元)
351	圆丝编织网	2001032		m			0.77
352	镀锌铁丝	2001033		kg	1		3.5
353	索道钢丝绳	2001034		t	1000		6837.61
354	钢材及制品	2003					
355	系杆	2003001	成品索	t	1000		12820.51
356	波纹管钢带	2003002	0.25×36、0.28×36	t	1000	2	4683.76
357	紧缆钢带	2003003		t	1000	2	17521.37
358	型钢	2003004	工字钢,角钢	t	1000	6	3504.27
359	钢板	2003005	Q235,$\delta = 5 \sim 40mm$	t	1000	6	3547.01
360	圆钢	2003006	$\phi 6 \sim 36mm$ 混合型号	t	1000	6	3333.33
361	钢轨	2003007	重轨、轻轨、吊车轨	t	1000	6	4052.14
362	钢管	2003008	无缝钢管	t	1000	4	4179.49
363	镀锌钢管	2003009	外径$15 \sim 200mm$,壁厚$2.75 \sim 4.5mm$	t	1000	4	4547.01
364	承插式铸铁管	2003010	混合规格	t	1000	4	2991.45
365	压制弯头	2003011	各种规格	kg	1	4	22.05
366	镀锌钢板	2003012	$\delta = 1mm,\delta = 1.5mm,\delta = 3mm$	t	1000	4	4538.46
367	支座预埋钢板	2003013		kg	1	6	4.7

序号	名　称	代　号	规　格	单位	单位质量（kg）	场内运输及操作损耗	单价（元）
368	钢管立柱	2003015		t	1000	0	5128.21
369	型钢立柱	2003016	镀锌(包括斜撑)	t	1000	0	4700.85
370	波形钢板	2003017	镀锌(包括端头板、撑架)	t	1000	0	5299.15
371	托架	2003018		kg	1	1	5.89
372	钢桥面板	2003019		t	1000	0	6837.61
373	钢板桩	2003020	混合规格	t	1000	0	4559.83
374	钢管桩	2003021	直径219~2440mm,壁厚5~20mm	t	1000	0	4700.85
375	钢护筒	2003022		t	1000	0	4273.5
376	钢套箱	2003023		t	1000	0	4529.91
377	钢壳沉井	2003024		t	1000	0	4444.44
378	钢模板	2003025	各类定型大块钢模板	t	1000	0	5384.62
379	组合钢模板	2003026		t	1000	0	4700.85
380	门式钢支架	2003027		t	1000	0	4700.85
381	安全爬梯	2003028		t	1000	0	8076.92
382	钢格栅	2003029		t	1000	0	12735.04
383	索鞍构件	2003030		t	1000	0	21367.52
384	悬吊系统构件	2003031		t	1000	0	10256.41

序号	名　称	代　号	规　　格	单位	单位质量（kg）	场内运输及操作损耗	单价（元）
385	套管及拉杆构件	2003032		t	1000	0	10256.41
386	钢梁	2003033		t	1000	0	9401.71
387	钢桁	2003034		t	1000	0	9829.06
388	钢纵横梁	2003035		t	1000	0	7692.31
389	钢箱梁	2003036		t	1000	0	9401.71
390	钢锚箱	2003037		t	1000	0	15384.62
391	钢塔	2003038		t	1000	0	8547.01
392	钢管拱肋	2003039		t	1000	0	9401.71
393	铸铁	2003040		kg	1	0	2.22
394	钢砂	2003041		kg	1	2.5	2.99
395	钢丸	2003042		t	1000	2	3760.68
396	吊顶轻钢龙骨	2003043	4.2m/kg	kg	1	6	12.14
397	铁皮	2003044	26号镀锌铁皮	m²	4.32	2	22.91
398	金属软管	2003045		m	0.71	3	6.15
399	可挠金属管（LV－5/38号）	2003046		m		6	17.52
400	可挠金属管（LV－5/50号）	2003047		m		6	22.22
401	可挠金属管（LV－5/63号）	2003048		m		6	34.19

序号	名　称	代　号	规　格	单位	单位质量（kg）	场内运输及操作损耗	单价(元)
402	可挠金属管(LV – 5/76 号)	2003049		m		6	42.74
403	可挠金属管(LV – 5/83 号)	2003050		m		6	51.28
404	可挠金属管(LV – 5/101 号)	2003051		m		6	64.1
405	钢拉带	2003052		t	1000	2	5811.97
406	活动地板	2003055		m²			153.85
407	钢管立柱(叠合柱)	2003056	(D100cm 以上)	t	1000	0	5982.91
408	整装波形钢管涵(φ150cm)	2003057		m			2807.69
409	整装波形钢管涵(φ250cm)	2003058		m			4957.26
410	拼装波形钢管涵(φ300cm)	2003059		m			5910.26
411	拼装波形钢管涵(φ400cm)	2003060		m			9123.93
412	拼装波形钢管涵(φ600cm)	2003061		m			15000
413	工具吊杆	2003062		t	1000	0	12393.16
414	张拉杆	2003063		t	1000	0	25641.03
415	钢花管	2003064		kg	1		5.6
416	不锈钢材	2005					
417	不锈钢管	2005001	混合规格	kg	1	4	34.19
418	不锈钢板	2005002		kg	1	6	22.22

序号	名　　称	代　号	规　　格	单位	单位质量（kg）	场内运输及操作损耗	单价（元）
419	不锈钢滑板	2005003		kg	1	6	37.78
420	其他金属材	2007					
421	锌	2007001	1 号	kg	1	6	13.76
422	铜接地板	2007002		kg	1	2	24.53
423	五金制品	2009					
424	斜拉索减震器	2009001		个		0	6837.61
425	钢钎	2009002	$\phi = 22 \sim 25mm,32mm$	kg	1	20	6.32
426	空心钢钎	2009003	优质碳素工具钢	kg	1	20	6.84
427	$\phi 50mm$ 以内合金钻头	2009004	$\phi 43mm$	个	1.1	0	31.88
428	$\phi 150mm$ 以内合金钻头	2009005		个	4.82	0	81.71
429	$\phi 150mm$ 以内合金取芯钻头	2009006		个	4.82	0	136.75
430	钻杆	2009007	$\phi 50mm$、$\phi 73mm$、$\phi 89mm$、$\phi 114mm$，长 1m、1.5m	kg	1	0	6.84
431	中空注浆锚杆	2009008	混合规格	m		1	23.08
432	自进式锚杆	2009009	R25,R27,R32,R38,R51	m		1	34.19
433	钢绳锚杆	2009010		t	1000	1	7692.31
434	电焊条	2009011	结 422(502、506、507)3.2/4.0/5.0	kg	1	10	5.73
435	钢筋连接套筒	2009012	$\phi 16 \sim 40mm$	个		1	5.98

序号	名　称	代　号	规　格	单位	单位质量（kg）	场内运输及操作损耗	单价(元)
436	螺栓	2009013	混合规格	kg	1	2	7.35
437	镀锌螺栓	2009014	混合规格	kg	1	2	11.88
438	膨胀螺栓	2009015	混合规格	套	0.186	4	4.79
439	镀锌膨胀螺栓	2009016	混合规格	套		4	5.47
440	法兰	2009017		kg	1	0	9.57
441	镀锌法兰	2009018		kg	1	0	10.13
442	索夹	2009019		t	1000	0	21367.52
443	阻尼器	2009020	液体黏滞阻尼器	套		0	837606.84
444	自动排气阀	2009021	DN25	个	25	0	282.91
445	螺纹截止阀	2009022	J11t－16DN20	个	1.1	0	17.74
446	法兰阀门（DN80）	2009023		个	29.1	0	213.68
447	法兰阀门（DN100）	2009024		个	40.4	0	287.18
448	法兰阀门（DN150）	2009025		个	91	0	429.06
449	法兰阀门（DN200）	2009026		个	140	0	1320.51
450	锚链	2009027	$\phi37 \sim 58mm$	t	1000	0	7935.9
451	铁件	2009028	铁件	kg	1	2	4.53
452	镀锌铁件	2009029		kg	1	2	5.73

序号	名　称	代　号	规　格	单位	单位质量（kg）	场内运输及操作损耗	单价(元)
453	铁钉	2009030	混合规格	kg	1	2	4.7
454	滑动槽	2009031		kg	1	0	18.46
455	铸铁算子	2009032		kg	1	0	6.24
456	铸铁管	2009033		kg	1	0	3.42
457	U 形锚钉	2009034		kg	1	2	4.27
458	冲击器	2009035		个		0	1282.05
459	偏心冲击锤	2009036		个		0	1025.64
460	φ89mm 全破碎复合片钻头	2009037		个		0	1025.64
461	φ127mm 全破碎复合片钻头	2009038		个		0	2307.69
462	破碎锤钢钎	2009039		根		0	2222.22
463	铣挖机刀头	2009040		个		0	188.03
464	φ73mm 复合片取芯钻头	2009041		个		0	598.29
465	φ127mm 金刚石取芯钻头	2009042		个		0	769.23
466	镀锌扁铁	2009043		m		0	10.62
467	金刚石薄壁钻头（φ100mm）	2009044		个		0	111.11
468	金刚石薄壁钻头（φ200mm）	2009045		个		0	239.32
469	金刚石薄壁钻头（φ300mm）	2009046		个		0	376.07

序号	名 称	代 号	规 格	单位	单位质量（kg）	场内运输及操作损耗	单价(元)
470	高强螺栓	2009047		套		0	15.8
471	φ20mm 以内冲击钻头	2009048		个		0	9.5
472	φ30mm 以内冲击钻头	2009049		个		0	25
473	φ40mm 以内冲击钻头	2009050		个		0	40
474	链条	2009051		m		0	555.56
475	锯片	2009052		个		0	905.98
476	砂轮片	2009053		片		0	3.85
477	磁粉	2009054		kg	1	0	25.64
478	电焊丝	2009055		kg	1	0	15.38
479	钢管脚手及扣件	2009186		kg	1	0	3.8
480	对拉螺栓	2009244		套		0	152
481	钢丝刷	2009501		个		0	14.56
	（四）基础能源材料及制品						
482	沥青	3001					
483	石油沥青	3001001		t	1000	3	4529.91
484	改性沥青	3001002	SBS、SBR、SR 复合	t	1000	3	5470.09
485	环氧沥青	3001003		t	1000	3	20085.47

序号	名　　称	代　号	规　格	单位	单位质量（kg）	场内运输及操作损耗	单价(元)
486	橡胶沥青	3001004		t	1000	3	4615.38
487	乳化沥青	3001005	阳离子类乳化沥青、阳离子类乳化改性沥青、阴离子类乳化改性沥青	t	1000	3	3333.33
488	改性乳化沥青	3001006		t	1000	3	3589.74
489	燃油	3003					
490	重油	3003001		kg	1	2	3.59
491	汽油	3003002	92 号	kg	1	2	8.29
492	柴油	3003003	0 号，−10 号，−20 号	kg	1	2	7.44
493	水、电、气	3005					
494	煤	3005001		t	1000	7	561.95
495	电	3005002		kW·h		0	0.85
496	电网电	3005003		kW·h		0	0.63
497	水	3005004		m³	1000	0	2.72
	（五）种植材及制品						
498	草材	4001					
499	麻袋	4001001		个	1.8	4	4.66
500	草袋	4001002		个	1.5	5	2.72

序号	名 称	代 号	规 格	单位	单位质量（kg）	场内运输及操作损耗	单价(元)
501	稻草纤维	4001003		kg	1	4	0.62
502	芦苇	4001004		kg	1	4	1.46
503	棉秆	4001005		kg	1	4	0.78
504	稻草	4001006		kg	1	4	0.44
505	草帘	4001007		kg	1	4	1.94
506	棉纱头	4001008		kg	1	4	5.15
507	木材	4003					
508	原木	4003001	混合规格	m³	750	5	1283.19
509	锯材	4003002	中板 δ = 19 ~ 35mm,中方混合规格	m³	650	15	1504.42
510	枕木	4003003	硬	m³	650	5	1442.48
511	木粉	4003006		m³			442.48
512	木柴	4003007		kg	1	5	0.71
513	木纤维	4003008		kg	1	5	15.93
514	维萨面板	4003009		m²			132.74
515	竹材	4005					
516	毛竹	4005001	$\phi = 60mm, L \geqslant 6m; \phi = 75 \sim 90mm, L \geqslant 6m$	根	14	5	19.56
517	竹胶模板	4005002		m²	8.5	3	50.62

序号	名　称	代　号	规　格	单位	单位质量（kg）	场内运输及操作损耗	单价(元)
518	其他种植材	4007					
519	乔木	4009					
520	乔木	4009001		株		5	47.79
521	灌木	4011					
522	绿篱	4011001		m		3	39.82
523	灌木	4011002		株		5	17.7
524	灌木苗	4011003		株		5	0.88
525	草本植物	4013					
526	草籽	4013001		kg	1	5	70.8
527	草皮	4013002		m²	100	10	3.1
528	多年生草本植物	4013003		株		5	2.21
529	花苗	4013004		株		5	1.33
530	藤本植物	4015					
531	攀缘植物	4015001		株		5	2.65
532	水生植物	4017					
533	其他植物	4019					
534	散生竹	4019001		株		5	3.54

序号	名　称	代　号	规　格	单位	单位质量（kg）	场内运输及操作损耗	单价(元)
535	丛生竹	4019002		株		5	5.31
	(六)化工原料及制品						
536	塑料、橡胶及制品	5001					
537	聚四氟乙烯滑板	5001001		kg	1	20	51.28
538	聚四氟乙烯滑块	5001002		块	4.62		205.13
539	胶管	5001003		m	2	4	20.77
540	橡胶条	5001004		kg	1	2.5	7.78
541	绝缘橡胶板	5001005	$\delta = 10 \sim 12mm$	kg	1	2	6.41
542	氯化乳胶	5001006		kg	1	3	4.7
543	聚丙烯纤维	5001007		kg	1	2	23.08
544	聚丙烯腈纤维	5001008		kg	1	2	42.74
545	三维植被网	5001009	EM2、EM3、EM4、EM5	m²		2	8.97
546	塑料防水板	5001010	厚1.2mm	m²	2	6	15.38
547	橡胶防水板	5001011		m²	2.6	6	29.91
548	塑料板盲沟	5001012		m		6	10.26
549	PVC塑料管(ϕ50mm)	5001013		m	0.77	6	6.41
550	PVC塑料管(ϕ100mm)	5001014		m	2.71	6	10.77

序号	名　　称	代　号	规　格	单位	单位质量（kg）	场内运输及操作损耗	单价(元)
551	PVC 塑料管(φ160mm)	5001015		m	3.2	6	31.37
552	PVC 阻燃塑料管	5001016		m		2	5.98
553	塑料软管	5001017		kg	1	2	13.59
554	塑料弹簧软管(φ50mm)	5001018		m		6	10
555	塑料弹簧软管(φ80mm)	5001019		m		6	13.62
556	塑料弹簧软管(φ110mm)	5001020		m		6	19.49
557	φ100mm 以内双壁波纹管	5001021		m		6	14.27
558	φ200mm 以内双壁波纹管	5001022		m		6	51.28
559	φ300mm 以内双壁波纹管	5001023		m		6	65.06
560	φ400mm 以内双壁波纹管	5001024		m		6	76.92
561	φ500mm 以内双壁波纹管	5001025		m		6	153.18
562	φ600mm 以内双壁波纹管	5001026		m		6	193.46
563	φ700mm 以内双壁波纹管	5001027		m		6	229.3
564	φ800mm 以内双壁波纹管	5001028		m		6	350.45
565	φ900mm 以内双壁波纹管	5001029		m		6	400.42
566	φ1000mm 以内双壁波纹管	5001030		m		6	484.05
567	塑料打孔波纹管(φ100mm)	5001031		m		6	15.38

续前页

序号	名　称	代　号	规　格	单位	单位质量（kg）	场内运输及操作损耗	单价(元)
568	塑料打孔波纹管(ϕ200mm)	5001032		m		6	55.56
569	塑料打孔波纹管(ϕ400mm)	5001033		m		6	81.2
570	塑料波纹管 90mm×25mm	5001034		m		6	4.27
571	塑料波纹管 SBG－50Y	5001035		m		6	4.27
572	塑料波纹管 SBG－60Y	5001036		m		6	5.13
573	塑料波纹管 SBG－75Y	5001037		m		6	6.41
574	塑料波纹管 SBG－100Y	5001038		m		6	9.4
575	塑料波纹管 SBG－130Y	5001039		m		6	11.54
576	塑料波纹管 SBG－55B	5001040		m		6	3.59
577	塑料波纹管 SBG－72B	5001041		m		6	4.02
578	塑料波纹管 SBG－90B	5001042		m		6	4.27
579	PVC 注浆管	5001043		m	2	6	2.22
580	塑料管(含连接件)	5001044		m			13.68
581	钢塑复合管	5001045		m			72.65
582	ϕ1500mm 软质通风管	5001046		m			42.74
583	高压钢丝缠绕胶管	5001047		m			111.11
584	塑料管支架	5001048		套			4.27

序号	名　称	代　号	规　格	单位	单位质量（kg）	场内运输及操作损耗	单价(元)
585	橡胶止水带	5001049	15mm×300mm	m	0.585	2.5	33.85
586	橡胶止水条	5001050	15mm×300mm	m		2.5	14.53
587	塑料排水板	5001051	96g/m	m	0.18	2	4.7
588	塑料编织袋	5001052	袋装砂井用	个	0.01	5	1.45
589	灌注式黏结胶	5001053		kg	1		59.83
590	塑料拉筋带	5001054	聚丙烯塑料带	t	1000	16.2	10170.94
591	塑料扩张环	5001055		个			1.71
592	复合式防水板	5001056		m²			28.21
593	浸渍胶	5001057		kg			42.74
594	植生袋	5001058		个	1.3	1	1.28
595	耐候胶	5001059		kg	1		34.19
596	封缝胶	5001060		kg	1		42.74
597	碳纤维板黏结胶	5001061		kg	1		55.56
598	改性环氧基液	5001062		kg	1		29.91
599	涂抹式黏结胶	5001063		kg	1		42.74
600	PVC 胶	5001064		kg	1		4.7
601	环氧树脂胶水	5001065		kg	1		21.37

序号	名　　称	代　号	规　　格	单位	单位质量（kg）	场内运输及操作损耗	单价（元）
602	封边胶	5001432		kg	1		47.01
603	灌缝胶	5001439		kg	1		43.58
604	底胶	5001446		kg	1		55.53
605	找平胶	5001447		kg	1		51.24
606	注胶器	5001490		个			24.37
607	注胶座	5001491		个			1.03
608	玻璃胶	5001501		mL			0.08
609	振动标线涂料	5001760		kg	1		8.2
610	密封胶	5001767		kg	1		34.6
611	黏结胶	5001768		kg	1		43.25
612	植筋胶	5001839		kg	1		55.82
613	化工剂类	5003					
614	纤维稳定剂	5003001	木质素纤维、矿物纤维等	t	1000	2	11965.81
615	高次团粒剂	5003002		kg	1		25.64
616	压浆料	5003003		t	1000		1709.4
617	膨胀剂	5003004		kg	1		0.43
618	高效减水剂	5003005		kg	1		6.84

序号	名　　称	代　号	规　　格	单位	单位质量（kg）	场内运输及操作损耗	单价(元)
619	锚固剂	5003006		t	1000		1709.4
620	气密剂	5003007		kg	1		2.99
621	发泡剂	5003008		kg	1		21.36
622	高效防水剂	5003495		kg	1		19.9
623	瞬间堵漏剂	5003496		kg	1		19.9
624	遇水膨胀剂	5003497		kg	1		19.9
625	除锈剂	5003501		kg	1		7.28
626	氟	5003503		瓶			38.84
627	助焊剂	5003504		mL			0.08
628	火工材料	5005					
629	乳化炸药	5005001		kg	1		11.11
630	硝铵炸药	5005002	1 号、2 号岩石硝铵炸药	kg	1	1	11.97
631	导火线	5005003		m			1.28
632	砂包线	5005004	$\phi1.2\text{mm}$	m	0.012	4	1.28
633	母线	5005005	2.5mm^2	m	0.032	2	4.36
634	普通雷管	5005006		个			1.6

序号	名　称	代　号	规　格	单位	单位质量（kg）	场内运输及操作损耗	单价(元)
635	电雷管	5005007	6 号瞬发电雷管,带脚线 1.5m	个	0.007	3	2.31
636	非电毫秒雷管	5005008	导爆管长 3～7m	个	0.007	3	3.16
637	导爆索	5005009	爆速 6000～7000m/s	m	0.04	2	2.05
638	土工材料	5007					
639	土工布	5007001	宽 4～5m	m²	0.28	2	4.27
640	玻璃纤维布	5007002	宽 1.0～1.37m,长 100～200m	m²	0.2	2	2.39
641	土工格栅	5007003	宽 6m,聚乙烯单向、双向拉伸、聚丙烯双向、玻璃纤维	m²	0.45	2	8.29
642	土工格室	5007004	5～50cm,网格尺寸根据客户需求制作	m²		2	17.95
643	长桶形土工袋	5007005		个			1.45
644	其他化工原料及制品	5009					
645	无机富锌漆	5009001		kg	1	2	41.03
646	油漆	5009002		kg	1	2	15.38
647	标线漆	5009003	常温型	kg	1	2	15.3
648	涂料	5009004	毛面涂料	kg	1	4	11.97
649	桥面防水涂料	5009005	聚合物渗透水性桥面防水涂料	kg	1	4	10.26
650	防水卷材	5009006		m²		2	29.06

序号	名 称	代 号	规 格	单位	单位质量（kg）	场内运输及操作损耗	单价(元)
651	底油	5009007		kg	1	2	11.37
652	热熔涂料	5009008		kg	1	2	4.1
653	环氧树脂	5009009	E－42,E－44,E－51	kg	1	2	23.93
654	PE 防护料	5009010		kg	1	10	20.51
655	水玻璃	5009011	黏度 40°Bel	kg	1	2	1.79
656	油毛毡	5009012	400g,0.915m×21.95m	m²	1.97	2	3.42
657	玻璃钢瓦	5009013	1300mm×7300mm×1.1mm	m²	1.1	2	39.91
658	反光油漆	5009014		kg	1	2	34.19
659	冷塑路面材料底漆	5009015		kg	1	2	42.74
660	冷塑路面材料面漆	5009016		kg	1	2	42.74
661	磷酸二氢钠	5009017		kg	1	2	11.28
662	防火涂料	5009018		kg	1	2	1.79
663	面漆	5009019		kg	1	2	8.55
664	聚合物砂浆	5009020		m³		2	3846.15
665	聚合物混凝土	5009021		m³		2	3418.8
666	防腐聚氨酯	5009022		t	1000	2	5500
667	丙酮	5009023		kg	1	2	5

序号	名 称	代 号	规 格	单位	单位质量（kg）	场内运输及操作损耗	单价(元)
668	环氧富锌底漆	5009024		kg	1	2	47.01
669	环氧中间漆	5009025		kg	1	2	18.38
670	氟碳面漆	5009026		kg	1	2	60.26
671	油漆溶剂油	5009027		kg	1	2	7.69
672	纤维素	5009028		kg	1	2	5.64
673	碳纤维板	5009029		m³		2	641.03
674	防锈漆	5009030		kg	1	2	10.81
675	碳纤维布	5009433		m³		2	155.7
676	环氧油漆	5009440		kg	1	2	24.65
677	涂饰胶液	5009441		kg	1	2	11.25
678	浸渍树脂	5009445		kg	1	2	73.53
679	甲基丙烯酸甲酯	5009449		kg	1	2	22.49
	（七）矿土料及制品						
680	土及混合土料	5501					
681	泥炭	5501001		m³		2	19.42
682	土	5501002	路面用堆方	m³	1400	4	9.71
683	黏土	5501003	堆方	m³	1400	4	11.65

序号	名　称	代　号	规　格	单位	单位质量（kg）	场内运输及操作损耗	单价(元)
684	膨润土	5501004		kg	1000	2	0.78
685	碎石土	5501005	天然堆方	m³	1550	2	31.55
686	砂砾土	5501006	天然堆方	m³	1700	2	21.36
687	种植土	5501007		m³			11.65
688	植物营养土	5501008		m³			291.26
689	粉煤灰	5501009		t	1000	3	145.63
690	硅灰	5501011		t	1000	3	2621.36
691	粉、砂料	5503					
692	椰粉	5503001		m³			582.52
693	熟石灰	5503003		t	1000	10	276.7
694	砂	5503004	路面用堆方	m³	1500	4	77.67
695	中(粗)砂	5503005	混凝土、砂浆用堆方	m³	1500	4	87.38
696	路面用机制砂	5503006		m³	1600	4	87.38
697	砂砾	5503007	堆方	m³	1700	2	46.6
698	天然砂砾	5503008		m³	1700	2	18.45
699	天然级配	5503009	堆方	m³	1700	2	60.19
700	煤渣	5503010	过筛净渣堆方	m³	800	2	59.22

序号	名 称	代 号	规 格	单位	单位质量 (kg)	场内运输及 操作损耗	单价(元)
701	矿渣	5503011	堆方	m³	1050	2	67.96
702	石渣	5503012	堆方	m³	1500	2	38.83
703	矿粉	5503013	粒径<0.0074cm,质量比>70%	t	1000	3	155.34
704	石屑	5503014	粒径≤0.8cm 堆方	m³	1500	2	73.79
705	路面用石屑	5503015		m³	1500	2	106.8
706	石英砂	5503016		kg	1	2	0.29
707	机制防滑砂	5503894		t	1000	2	213.62
708	石料	5505					
709	砾石(2cm)	5505001	最大粒径2cm 堆方	m³	1650	2	63.11
710	砾石(4cm)	5505002	最大粒径4cm 堆方	m³	1650	2	61.17
711	砾石(6cm)	5505003	最大粒径6cm 堆方	m³	1650	2	60.19
712	砾石(8cm)	5505004	最大粒径8cm 堆方	m³	1650	2	58.25
713	片石	5505005	码方	m³	1600	2	63.11
714	开采片石	5505006		m³	1600	2	23.51
715	捡清片石	5505007		m³	1600	2	19.42
716	大卵石	5505008	粒径>8cm 码方	m³	1750	2	64.08
717	煤矸石	5505009	堆方	m³	1450	2	52.43

序号	名　　称	代　号	规　　格	单位	单位质量（kg）	场内运输及操作损耗	单价(元)
718	风化石	5505010	堆方	m³	1700	2	17.48
719	白石子	5505011	堆方	m³	1500	2	291.26
720	碎石(2cm)	5505012	最大粒径2cm堆方	m³	1500	2	88.35
721	碎石(4cm)	5505013	最大粒径4cm堆方	m³	1500	2	86.41
722	碎石(6cm)	5505014	最大粒径6cm堆方	m³	1500	2	85.44
723	碎石(8cm)	5505015	最大粒径8cm堆方	m³	1500	2	82.52
724	碎石	5505016	未筛分碎石统料堆方	m³	1500	2	75.73
725	路面用碎石(1.5cm)	5505017	最大粒径1.5cm堆方	m³	1500	2	94.17
726	路面用碎石(2.5cm)	5505018	最大粒径2.5cm堆方	m³	1500	2	92.23
727	路面用碎石(3.5cm)	5505019	最大粒径3.5cm堆方	m³	1500	2	91.26
728	路面用碎石(5cm)	5505020	最大粒径5cm堆方	m³	1500	2	90.29
729	路面用碎石(6cm)	5505021	最大粒径6cm堆方	m³	1500	2	90.29
730	路面用碎石(7cm)	5505022	最大粒径7cm堆方	m³	1500	2	88.35
731	路面用碎石(8cm)	5505023	最大粒径8cm堆方	m³	1500	2	87.38
732	玄武岩碎石	5505024	堆方	m³	1580	2	233.01
733	块石	5505025	码方	m³	1850	1.5	93.2
734	开采块石	5505026	码方	m³	1850	1.5	82.52

续前页

序号	名 称	代 号	规 格	单位	单位质量（kg）	场内运输及操作损耗	单价（元）
735	盖板石	5505027	实方	m³	2600	1	174.76
736	料石	5505028		m³	2600	1	194.17
737	粗料石	5505029	实方	m³	2600	1	190.58
738	细料石	5505030	实方	m³	2600	1	213.59
739	砖瓦等贴材	5507					
740	马赛克	5507001		m²	12	2	37.77
741	瓷砖	5507002	150mm × 150mm × 8mm	m²	14	2	44.95
742	青(红)砖	5507003	240mm × 115mm × 53mm	千块	2600	1	391.26
743	水泥	5509					
744	32.5 级水泥	5509001		t	1000	2	307.69
745	42.5 级水泥	5509002		t	1000	2	367.52
746	52.5 级水泥	5509003		t	1000	2	444.44
747	62.5 级水泥	5509004		t	1000	2	529.91
748	白水泥	5509005		t	1000	2	555.56
749	混凝土预制件	5511					
750	钢筋混凝土电杆(5m)	5511001		根		0	204.27
751	钢筋混凝土电杆(7m)	5511002		根		0	264.1

序号	名　称	代　号	规　格	单位	单位质量（kg）	场内运输及操作损耗	单价(元)
752	预应力管桩	5511003		m		0	81.2
753	ϕ200mm 以内混凝土排水管	5511004		m		1	36.19
754	ϕ300mm 以内混凝土排水管	5511005		m		1	54.29
755	ϕ400mm 以内混凝土排水管	5511006		m		1	71.43
756	ϕ500mm 以内混凝土排水管	5511007		m		1	122.14
757	ϕ600mm 以内混凝土排水管	5511008		m		1	183.22
758	ϕ700mm 以内混凝土排水管	5511009		m		1	219.86
759	ϕ800mm 以内混凝土排水管	5511010		m		1	316.64
760	ϕ900mm 以内混凝土排水管	5511011		m		1	379.92
761	ϕ1000mm 以内混凝土排水管	5511012		m		1	455.88
762	其他	5513					
763	石膏板	5513001	吸音板 600mm×600mm×9mm	m²	12	5	12.14
764	岩棉管壳	5513002		m³			222.22
	（八）专用工程材料						
765	支座	6001					
766	钢支座	6001001		t	1000	0	7435.9
767	四氟板式橡胶组合支座	6001002	GJZF4 系列、GYZF4 系列	dm³	3.2	0	59.83

续前页

序号	名 称	代 号	规 格	单位	单位质量 （kg）	场内运输及 操作损耗	单价（元）
768	板式橡胶支座	6001003	GJZ 系列、GYZ 系列	dm³	3.2	0	47.01
769	球型支座（DX,2000kN）	6001004		个	119	0	1487.18
770	球型支座（SX,2000kN）	6001005		个	136	0	1429.06
771	球型支座（GD,2000kN）	6001006		个	116	0	894.02
772	球型支座（DX,3000kN）	6001007		个	208	0	2666.67
773	球型支座（SX,3000kN）	6001008		个	234	0	2563.25
774	球型支座（GD,3000kN）	6001009		个	208	0	1603.42
775	球型支座（DX,4000kN）	6001010		个	267	0	3474.36
776	球型支座（SX,4000kN）	6001011		个	304	0	3339.32
777	球型支座（GD,4000kN）	6001012		个	271	0	2088.89
778	球型支座（DX,5000kN）	6001013		个	370	0	4858.97
779	球型支座（SX,5000kN）	6001014		个	405	0	4670.09
780	球型支座（GD,5000kN）	6001015		个	379	0	2921.37
781	球型支座（DX,6000kN）	6001016		个	467	0	6230.77
782	球型支座（SX,6000kN）	6001017		个	513	0	5988.89
783	球型支座（GD,6000kN）	6001018		个	486	0	3746.15
784	球型支座（DX,7000kN）	6001019		个	583	0	8012.82

序号	名 称	代 号	规 格	单位	单位质量（kg）	场内运输及操作损耗	单价(元)
785	球型支座(SX,7000kN)	6001020		个	640	0	7701.71
786	球型支座(GX,7000kN)	6001021		个	625	0	4817.95
787	球型支座(DX,8000kN)	6001022		个	651	0	9192.31
788	球型支座(SX,8000kN)	6001023		个	728	0	8835.04
789	球型支座(GD,8000kN)	6001024		个	717	0	5527.35
790	球型支座(DX,9000kN)	6001025		个	801	0	11230.77
791	球型支座(SX,9000kN)	6001026		个	884	0	10794.87
792	球型支座(GD,9000kN)	6001027		个	876	0	6752.99
793	球型支座(DX,10000kN)	6001028		个	883	0	12435.9
794	球型支座(SX,10000kN)	6001029		个	974	0	11952.99
795	球型支座(GD,10000kN)	6001030		个	970	0	7476.92
796	球型支座(DX,12500kN)	6001031		个	1118	0	16153.85
797	球型支座(SX,12500kN)	6001032		个	1200	0	15526.5
798	球型支座(GD,12500kN)	6001033		个	1194	0	9712.82
799	球型支座(DX,15000kN)	6001034		个	1406	0	19884.62
800	球型支座(SX,15000kN)	6001035		个	1502	0	19112.82
801	球型支座(GD,15000kN)	6001036		个	1474	0	11955.56

序号	名　　称	代　号	规　　格	单位	单位质量（kg）	场内运输及操作损耗	单价(元)
802	球型支座(DX,17500kN)	6001037		个	1702	0	24230.77
803	球型支座(SX,17500kN)	6001038		个	1819	0	23289.74
804	球型支座(GD,17500kN)	6001039		个	1803	0	14569.23
805	球型支座(DX,20000kN)	6001040		个	2040	0	27602.56
806	球型支座(SX,20000kN)	6001041		个	2175	0	26530.77
807	球型支座(GD,20000kN)	6001042		个	2053	0	16596.58
808	盆式橡胶支座(DX,800kN)	6001043	GPZ(II)	套	38.8	0	897.44
809	盆式橡胶支座(SX,800kN)	6001044	GPZ(II)	套	30.1	0	752.14
810	盆式橡胶支座(GD,800kN)	6001045	GPZ(II)	套	25	0	641.03
811	盆式橡胶支座(DX,1000kN)	6001046	GPZ(II)	套	47.8	0	1145.3
812	盆式橡胶支座(SX,1000kN)	6001047	GPZ(II)	套	37.6	0	957.26
813	盆式橡胶支座(GD,1000kN)	6001048	GPZ(II)	套	34	0	837.61
814	盆式橡胶支座(DX,1250kN)	6001049	GPZ(II)	套	58.3	0	1256.41
815	盆式橡胶支座(SX,1250kN)	6001050	GPZ(II)	套	46	0	1042.74
816	盆式橡胶支座(GD,1250kN)	6001051	GPZ(II)	套	45	0	965.81
817	盆式橡胶支座(DX,1500kN)	6001052	GPZ(II)	套	73.9	0	1401.71
818	盆式橡胶支座(SX,1500kN)	6001053	GPZ(II)	套	57	0	1128.21

序号	名　　称	代　号	规　　格	单位	单位质量 （kg）	场内运输及 操作损耗	单价（元）
819	盆式橡胶支座（GD,1500kN）	6001054	GPZ（Ⅱ）	套	57	0	1059.83
820	盆式橡胶支座（DX,2000kN）	6001055	GPZ（Ⅱ）	套	104.9	0	1846.15
821	盆式橡胶支座（SX,2000kN）	6001056	GPZ（Ⅱ）	套	81.7	0	1529.91
822	盆式橡胶支座（GD,2000kN）	6001057	GPZ（Ⅱ）	套	79	0	1367.52
823	盆式橡胶支座（DX,2500kN）	6001058	GPZ（Ⅱ）	套	132.3	0	2106.84
824	盆式橡胶支座（SX,2500kN）	6001059	GPZ（Ⅱ）	套	107	0	1735.04
825	盆式橡胶支座（GD,2500kN）	6001060	GPZ（Ⅱ）	套	104	0	1606.84
826	盆式橡胶支座（DX,3000kN）	6001061	GPZ（Ⅱ）	套	169.6	0	2551.28
827	盆式橡胶支座（SX,3000kN）	6001062	GPZ（Ⅱ）	套	131.7	0	2008.55
828	盆式橡胶支座（GD,3000kN）	6001063	GPZ（Ⅱ）	套	131	0	1897.44
829	盆式橡胶支座（DX,3500kN）	6001064	GPZ（Ⅱ）	套	216.7	0	3247.86
830	盆式橡胶支座（SX,3500kN）	6001065	GPZ（Ⅱ）	套	168.2	0	2555.56
831	盆式橡胶支座（GD,3500kN）	6001066	GPZ（Ⅱ）	套	158	0	2307.69
832	盆式橡胶支座（DX,4000kN）	6001067	GPZ（Ⅱ）	套	275.5	0	3829.06
833	盆式橡胶支座（SX,4000kN）	6001068	GPZ（Ⅱ）	套	221.8	0	3094.02
834	盆式橡胶支座（GD,4000kN）	6001069	GPZ（Ⅱ）	套	187	0	2538.46
835	盆式橡胶支座（DX,5000kN）	6001070	GPZ（Ⅱ）	套	358.5	0	5418.8

序号	名　称	代　号	规　格	单位	单位质量（kg）	场内运输及操作损耗	单价(元)
836	盆式橡胶支座（SX,5000kN）	6001071	GPZ(Ⅱ)	套	284.7	0	4367.52
837	盆式橡胶支座（GD,5000kN）	6001072	GPZ(Ⅱ)	套	265	0	3944.44
838	盆式橡胶支座（DX,6000kN）	6001073	GPZ(Ⅱ)	套	446.3	0	6820.51
839	盆式橡胶支座（SX,6000kN）	6001074	GPZ(Ⅱ)	套	356.5	0	5504.27
840	盆式橡胶支座（GD,6000kN）	6001075	GPZ(Ⅱ)	套	348	0	5188.03
841	盆式橡胶支座（DX,7000kN）	6001076	GPZ(Ⅱ)	套	542.5	0	8598.29
842	盆式橡胶支座（SX,7000kN）	6001077	GPZ(Ⅱ)	套	444.3	0	7047.01
843	盆式橡胶支座（GD,7000kN）	6001078	GPZ(Ⅱ)	套	428	0	6606.84
844	盆式橡胶支座（DX,8000kN）	6001079	GPZ(Ⅱ)	套	664.7	0	9905.98
845	盆式橡胶支座（SX,8000kN）	6001080	GPZ(Ⅱ)	套	532.2	0	8017.09
846	盆式橡胶支座（GD,8000kN）	6001081	GPZ(Ⅱ)	套	509	0	7435.9
847	盆式橡胶支座（DX,9000kN）	6001082	GPZ(Ⅱ)	套	778.9	0	11735.04
848	盆式橡胶支座（SX,9000kN）	6001083	GPZ(Ⅱ)	套	630.7	0	9572.65
849	盆式橡胶支座（GD,9000kN）	6001084	GPZ(Ⅱ)	套	592	0	8743.59
850	盆式橡胶支座（DX,10000kN）	6001085	GPZ(Ⅱ)	套	944.9	0	13512.82
851	盆式橡胶支座（SX,10000kN）	6001086	GPZ(Ⅱ)	套	762	0	10965.81
852	盆式橡胶支座（GD,10000kN）	6001087	GPZ(Ⅱ)	套	697	0	9794.87

序号	名　　称	代　号	规　　格	单位	单位质量（kg）	场内运输及操作损耗	单价(元)
853	盆式橡胶支座（DX,12500kN）	6001088	GPZ(Ⅱ)	套	1251.1	0	18401.71
854	盆式橡胶支座（SX,12500kN）	6001089	GPZ(Ⅱ)	套	1013.6	0	15034.19
855	盆式橡胶支座（GD,12500kN）	6001090	GPZ(Ⅱ)	套	947	0	13739.32
856	盆式橡胶支座（DX,15000kN）	6001091	GPZ(Ⅱ)	套	1565.9	0	22064.1
857	盆式橡胶支座（SX,15000kN）	6001092	GPZ(Ⅱ)	套	1280.5	0	18150.43
858	盆式橡胶支座（GD,15000kN）	6001093	GPZ(Ⅱ)	套	1227	0	17000
859	盆式橡胶支座（DX,17500kN）	6001094	GPZ(Ⅱ)	套	1949.1	0	28008.55
860	盆式橡胶支座（SX,17500kN）	6001095	GPZ(Ⅱ)	套	1572.4	0	22692.31
861	盆式橡胶支座（GD,17500kN）	6001096	GPZ(Ⅱ)	套	1497	0	21145.3
862	盆式橡胶支座（DX,20000kN）	6001097	GPZ(Ⅱ)	套	2332.1	0	32059.83
863	盆式橡胶支座（SX,20000kN）	6001098	GPZ(Ⅱ)	套	1911.2	0	17863.25
864	盆式橡胶支座（GD,20000kN）	6001099	GPZ(Ⅱ)	套	1896	0	25623.93
865	盆式橡胶支座（DX,22500kN）	6001100	GPZ(Ⅱ)	套	2694.2	0	38427.35
866	盆式橡胶支座（SX,22500kN）	6001101	GPZ(Ⅱ)	套	2217.1	0	31760.68
867	盆式橡胶支座（GD,22500kN）	6001102	GPZ(Ⅱ)	套	2108.2	0	31076.92
868	盆式橡胶支座（DX,25000kN）	6001103	GPZ(Ⅱ)	套	3134.3	0	44068.38
869	盆式橡胶支座（SX,25000kN）	6001104	GPZ(Ⅱ)	套	2597.9	0	36555.56

序号	名　称	代　号	规　格	单位	单位质量（kg）	场内运输及操作损耗	单价(元)
870	盆式橡胶支座（GD,25000kN）	6001105	GPZ(Ⅱ)	套	2566	0	35444.44
871	盆式橡胶支座（DX,27500kN）	6001106	GPZ(Ⅱ)	套	3539.8	0	52051.28
872	盆式橡胶支座（SX,27500kN）	6001107	GPZ(Ⅱ)	套	2961.5	0	45700.85
873	盆式橡胶支座（GD,27500kN）	6001108	GPZ(Ⅱ)	套	2930	0	44410.26
874	盆式橡胶支座（DX,30000kN）	6001109	GPZ(Ⅱ)	套	3975	0	58735.04
875	盆式橡胶支座（SX,30000kN）	6001110	GPZ(Ⅱ)	套	3331.5	0	49461.54
876	盆式橡胶支座（GD,30000kN）	6001111	GPZ(Ⅱ)	套	3295	0	47957.26
877	盆式橡胶支座（DX,32500kN）	6001112	GPZ(Ⅱ)	套	4577.1	0	66217.95
878	盆式橡胶支座（SX,32500kN）	6001113	GPZ(Ⅱ)	套	3788.9	0	55098.29
879	盆式橡胶支座（GD,32500kN）	6001114	GPZ(Ⅱ)	套	3709	0	52991.45
880	盆式橡胶支座（DX,35000kN）	6001115	GPZ(Ⅱ)	套	5064.3	0	74089.74
881	盆式橡胶支座（SX,35000kN）	6001116	GPZ(Ⅱ)	套	4225.5	0	62085.47
882	盆式橡胶支座（GD,35000kN）	6001117	GPZ(Ⅱ)	套	4154	0	59978.63
883	盆式橡胶支座（DX,37500kN）	6001118	GPZ(Ⅱ)	套	5637.2	0	84055.56
884	盆式橡胶支座（SX,37500kN）	6001119	GPZ(Ⅱ)	套	4669	0	69876.07
885	盆式橡胶支座（GD,37500kN）	6001120	GPZ(Ⅱ)	套	4610	0	67807.69
886	盆式橡胶支座（DX,40000kN）	6001121	GPZ(Ⅱ)	套	6134.9	0	92047.01

序号	名　称	代　号	规　格	单位	单位质量（kg）	场内运输及操作损耗	单价(元)
887	盆式橡胶支座（SX,40000kN）	6001122	GPZ（Ⅱ）	套	5085.5	0	76555.56
888	盆式橡胶支座（GD,40000kN）	6001123	GPZ（Ⅱ）	套	5050	0	74743.59
889	盆式橡胶支座（DX,45000kN）	6001124	GPZ（Ⅱ）	套	7214.2	0	100076.92
890	盆式橡胶支座（SX,45000kN）	6001125	GPZ（Ⅱ）	套	5973.3	0	83226.5
891	盆式橡胶支座（GD,45000kN）	6001126	GPZ（Ⅱ）	套	5856	0	80350.43
892	盆式橡胶支座（DX,50000kN）	6001127	GPZ（Ⅱ）	套	8222.9	0	110427.35
893	盆式橡胶支座（SX,50000kN）	6001128	GPZ（Ⅱ）	套	6861.5	0	92504.27
894	盆式橡胶支座（GD,50000kN）	6001129	GPZ（Ⅱ）	套	6744	0	89512.82
895	盆式橡胶支座（DX,55000kN）	6001130	GPZ（Ⅱ）	套	9468.8	0	142205.13
896	盆式橡胶支座（SX,55000kN）	6001131	GPZ（Ⅱ）	套	7921.5	0	119179.49
897	盆式橡胶支座（GD,55000kN）	6001132	GPZ（Ⅱ）	套	7872	0	116055.56
898	盆式橡胶支座（DX,60000kN）	6001133	GPZ（Ⅱ）	套	10626.4	0	159123.93
899	盆式橡胶支座（SX,60000kN）	6001134	GPZ（Ⅱ）	套	8907.7	0	135017.09
900	盆式橡胶支座（GD,60000kN）	6001135	GPZ（Ⅱ）	套	8817	0	131976.92
901	抗风支座	6001136		个		0	91452.99
902	高阻尼隔震橡胶支座	6001137		dm^3		0	179.49
903	伸缩缝	6003					

序号	名　称	代　号	规　格	单位	单位质量（kg）	场内运输及操作损耗	单价(元)
904	模数式伸缩装置 80 型	6003001		m	50	0	940.17
905	模数式伸缩装置 120 型	6003002		m	100	0	1538.46
906	模数式伸缩装置 160 型	6003003		m	150	0	1880.34
907	模数式伸缩装置 240 型	6003004		m	240	0	2393.16
908	模数式伸缩装置 320 型	6003005		m	330	0	3376.07
909	模数式伸缩装置 480 型	6003006		m	510	0	5128.21
910	模数式伸缩装置 880 型	6003007		m	1020	0	64102.56
911	模数式伸缩装置 1200 型	6003008		m	1400	0	89743.59
912	模数式伸缩装置 1680 型	6003009		m	2080	0	183760.68
913	板式橡胶伸缩缝	6003010	混合规格	m		0	299.15
914	TST 伸缩体	6003011		kg	1	2	12.82
915	锚具	6005					
916	弗氏锚具	6005001		kg	1	1	7.69
917	冷铸镦头锚	6005002		kg	1	1	13.68
918	镦头锚	6005003		kg	1	1	12.82
919	钢绞线群锚(1 孔)	6005004	包括夹片、锚垫板和螺旋筋	套		1	20.51
920	钢绞线群锚(3 孔)	6005005	包括夹片、锚垫板和螺旋筋	套	6	1	61.54

序号	名　称	代　号	规　格	单位	单位质量（kg）	场内运输及操作损耗	单价（元）
921	钢绞线群锚（4 孔）	6005006	包括夹片、锚垫板和螺旋筋	套		1	82.05
922	钢绞线群锚（5 孔）	6005007	包括夹片、锚垫板和螺旋筋	套		1	102.56
923	钢绞线群锚（6 孔）	6005008	包括夹片、锚垫板和螺旋筋	套		1	123.08
924	钢绞线群锚（7 孔）	6005009	包括夹片、锚垫板和螺旋筋	套	10.5	1	143.59
925	钢绞线群锚（8 孔）	6005010	包括夹片、锚垫板和螺旋筋	套		1	164.1
926	钢绞线群锚（9 孔）	6005011	包括夹片、锚垫板和螺旋筋	套		1	184.62
927	钢绞线群锚（10 孔）	6005012	包括夹片、锚垫板和螺旋筋	套		1	205.13
928	钢绞线群锚（12 孔）	6005013	包括夹片、锚垫板和螺旋筋	套	19.5	1	246.15
929	钢绞线群锚（14 孔）	6005014	包括夹片、锚垫板和螺旋筋	套		1	287.18
930	钢绞线群锚（15 孔）	6005015	包括夹片、锚垫板和螺旋筋	套		1	307.69
931	钢绞线群锚（16 孔）	6005016	包括夹片、锚垫板和螺旋筋	套		1	328.21
932	钢绞线群锚（17 孔）	6005017	包括夹片、锚垫板和螺旋筋	套		1	348.72
933	钢绞线群锚（19 孔）	6005018	包括夹片、锚垫板和螺旋筋	套	37	1	389.74
934	钢绞线群锚（22 孔）	6005019	包括夹片、锚垫板和螺旋筋	套	48.5	1	451.28
935	钢绞线群锚（24 孔）	6005020	包括夹片、锚垫板和螺旋筋	套		1	492.31
936	钢绞线群锚（31 孔）	6005021	包括夹片、锚垫板和螺旋筋	套	76	1	635.9
937	精轧螺纹钢锚具	6005022		套		1	34.19

序号	名　　称	代　号	规　　格	单位	单位质量（kg）	场内运输及操作损耗	单价(元)
938	YGM 锚具	6005023		套		1	42.74
939	钢绞线扁锚(3 孔)	6005024		套		1	43.59
940	钢绞线扁锚(4 孔)	6005025		套		1	58.12
941	钢绞线扁锚(5 孔)	6005026		套		1	72.65
942	安全设施	6007					
943	钢板标志	6007001	包括板面、垫板及其他金属附件	t	1000	0	6666.67
944	铝合金标志	6007002	包括板面、垫板及其他金属附件	t	1000	0	16666.67
945	反光玻璃珠	6007003	GB/T 24722—2009　1、2 号(A 类)	kg	1	2	3.33
946	反光膜	6007004		m²		10	170.94
947	反光突起路钮	6007005	通用型、耐磨型、陶瓷隧道专用	个		2	10.26
948	防眩板	6007006		块		1	25.64
949	栏式反射器	6007007		个		1	10.26
950	柱式轮廓标	6007008		根		1	35.56
951	防撞桶	6007009	950mm×950mm	个		0	341.88
952	震动标线涂料	6007010		kg	1	2	8.12

序号	名　称	代　号	规　格	单位	单位质量（kg）	场内运输及操作损耗	单价(元)
953	双组分标线涂料	6007011		kg	1	2	22.22
954	防滑砂	6007012		kg	1	2	4.27
955	橡胶减速带	6007013		m		0	68.38
956	防撞垫	6007014		套		0	40000.00
957	水马	6007015		个		0	341.88
958	中央分隔带开口护栏	6007016		m		0	2000.00
959	防眩网	6007017		m²		2	25.64
960	玻璃钢防眩板	6007018		块		1	29.91
961	护栏防撞端头	6007019		套		0	15000.00
962	圆形、三角形施工标志牌	6007020		块		0	128.21
963	矩形标志牌	6007021		块		0	341.88
964	附设施工警示灯的护栏	6007022		块		0	196.58
965	锥形交通标志	6007023		个		0	51.28
966	标志灯具	6007696		盏		0	302.75
967	隧道内标志牌	6007799		块		0	179.55
968	其他专用材料	6009					
969	轻型井点总管	6009001		m	15.63	4	48.72

序号	名 称	代 号	规 格	单位	单位质量（kg）	场内运输及操作损耗	单价（元）
970	轻型井点管	6009002		m	3.84	4	18.8
971	大口径井点管 φ159mm	6009003		m		4	97.03
972	大口径井点总管 φ400mm	6009004		m		4	226.8
973	弧形吸音冲孔板	6009005		m²		0	188.03
974	夹胶隔声玻璃板	6009006		m²		0	145.3
975	平直形吸音冲孔板	6009007		m²		0	166.67
976	橡胶瓦斯隔离板	6009008	厚1.2mm	m²	2	6	37.61
977	渗胶嘴	6009010		个		2	2.5
978	灌浆嘴	6009011		个		2	2.5
979	体外预应力减震器	6009012		套		0	576.92
980	体外预应力转向器	6009013		套		0	2393.16
981	成品井盖	6025678		块		0	473.24
	（九）机电材料及配件						
982	电线电缆	7001					
983	电缆	7001001	35mm² 三芯铝芯连地	m		5	37.09
984	母线	7001002		m		1	11.97
985	屏蔽线	7001003		m	0.15	2	3.85

序号	名　称	代　号	规　格	单位	单位质量 （kg）	场内运输及 操作损耗	单价(元)
986	电线	7001004	6~25mm² BLX 铝芯 500V	m		5	1.97
987	裸铝(铜)线	7001005	35mm² 钢芯铝绞成	m		5	3.42
988	橡皮线	7001006		m		5	6.24
989	皮线	7001007		m		5	4.87
990	绝缘软线	7001008	BVR-35	m		5	16.32
991	120/20 聚乙烯绝缘电力电缆	7001009	规格 120/20	m		5	14.02
992	70 聚乙烯绝缘电力电缆	7001010	规格 70	m		5	4.27
993	阻燃电缆	7001011		m		5	51.15
994	阻燃电线	7001012		m		5	3.43
995	双绞线	7001013		m		5	2.57
996	光缆	7003					
997	光缆	7003001		m		2	4.27
998	感温光缆	7003002		m		2	10.26
999	其他材料及配件	7005					
1000	硅芯管	7005001	40/33mm	m		1	6.41
1001	通信子管	7005002		m		1	3.25
1002	光缆护套	7005003		m		1	10.26

序号	名 称	代 号	规 格	单位	单位质量（kg）	场内运输及操作损耗	单价（元）
1003	光缆接头盒	7005004		套		1	282.05
1004	光缆终端盒（48芯以内）	7005005	每增加12芯，单价增加20元	个		2	145.3
1005	光纤插头	7005006		对		1	47.01
1006	光纤连接器	7005007		套		1	42.74
1007	尾纤	7005008	10m双头	根		2	119.66
1008	户外终端盒（热塑头）	7005009	35、120、240	套	40	2	260.68
1009	电缆中间接头	7005010	35、120、240	套		2	128.21
1010	铜接线端子	7005011	DT-10、25、35	个	0.02	2	7.01
1011	线槽	7005012		m		5	11.97
1012	桥架	7005013		m		1	51.28
1013	支撑架	7005014		kg	1	0.5	5.56
1014	玻璃钢管箱	7005015		m		1	103.42
1015	套管	7005016	KT2型	个		5	12.39
1016	配线箱	7005017		套		0	35.9
1017	接线箱	7005018		个		0	475.21
1018	升降传动装置	7005019		套		0	52.48
1019	电缆走线架	7005020		m		0	222.22

序号	名　称	代　号	规　格	单位	单位质量（kg）	场内运输及操作损耗	单价(元)
1020	电缆托架 120cm	7005021		根		0	64.1
1021	电缆托架 60cm	7005022		根		0	38.46
1022	电缆托架穿钉	7005023		副		0	12.82
1023	管箍	7005024		个		0	12.82
1024	积水罐	7005025		套		0	42.74
1025	拉力环	7005026		个		0	29.91
1026	人孔口圈(车行道)	7005027		套		0	683.76
1027	手孔口圈	7005028		套		0	384.62
1028	空气开关	7005029		个		0	102.56
1029	24V 电源	7005030		个		0	299.15
1030	防静电手刷	7005501		个		0	1.94
1031	水晶头	7005502		个		0	1.17
1032	电子镇流器	7005503		个		0	36.9
	(十)机电设备						
1033	收费设备	7501					
1034	车道控制器	7501001		套			18376.07
1035	收费员终端	7501002		套			2564.1

序号	名　称	代　号	规　格	单位	单位质量（kg）	场内运输及操作损耗	单价（元）
1036	复合卡读写器	7501003		套			3418.8
1037	非接触IC卡读写器	7501004		套			2290.6
1038	复合卡收发卡机	7501005		套			9401.71
1039	非接触IC卡收发卡机	7501006		套			9401.71
1040	雾灯	7501007		套			1367.52
1041	黄色声光报警器	7501008		套			211.97
1042	入口语音报读设备	7501009		套			85.47
1043	手动栏杆	7501010		套			1538.46
1044	雨棚信号灯	7501011		套			4957.26
1045	通行信号灯	7501012		套			1538.46
1046	自动栏杆	7501013		套			16239.32
1047	车牌自动识别系统	7501014		套			23076.92
1048	双通道车辆检测器	7501015		套			1709.4
1049	检测线圈(收费车道)	7501016		套			427.35
1050	脚踏报警开关	7501017		套			102.56
1051	拾音器	7501018		套			55.56
1052	亭内配电箱	7501019		套			683.76

续前页

序号	名 称	代 号	规 格	单位	单位质量（kg）	场内运输及操作损耗	单价(元)
1053	入口自动发卡设备	7501020		套			98290.6
1054	自动车型分类器	7501021		套			11965.81
1055	OBU 识别器	7501022		套			17094.02
1056	收费亭内空调	7501023		套			2136.75
1057	MTC 便携收费机	7501024		套			38461.54
1058	称重费额显示器	7501025		套			4461.54
1059	收据打印机	7501026		套			2777.78
1060	RFID 复合卡	7501027		张			21.37
1061	非接触 IC 卡	7501028		张			5.13
1062	卡盒、箱	7501029		个			641.03
1063	路侧读写单元	7501030		套			130769.23
1064	高速自动栏杆	7501031		套			27777.78
1065	电子标签	7501032		套			769.23
1066	称重控制器及机箱(含软件)	7501033		套			41880.34
1067	称重传感器	7501034		套			102564.1
1068	红外线车辆分离器	7501035		套			11965.81
1069	检测线圈(计重车道)	7501036		套			2136.75

序号	名　　称	代　号	规　格	单位	单位质量（kg）	场内运输及操作损耗	单价(元)
1070	收费车道摄像机	7501037		套			3846.15
1071	收费广场摄像机	7501038		套			17094.02
1072	收费亭摄像机	7501039		套			2991.45
1073	投包室、机房摄像机	7501040		套			2991.45
1074	解码器	7501041		套			7264.96
1075	车型分类及客货自动识别装置	7501042		套			72649.57
1076	投包机	7501043		台			55555.56
1077	收费站电脑桌	7501044		套			1709.4
1078	收费站操作台	7501045		套			2564.1
1079	高清卡口一体机(含软件)	7501046		套			47863.25
1080	高清网络摄像机	7501047		套			25641.03
1081	移动查询终端	7501048		套			4273.5
1082	RSU	7501049		套			153846.15
1083	RFID 路侧标识单元	7501050		套			153846.15
1084	手持检测终端	7501051		套			17094.02
1085	工业控制机	7501052		套			12820.51
1086	对讲主机	7501053		套			2478.63

序号	名 称	代 号	规 格	单位	单位质量 （kg）	场内运输及 操作损耗	单价（元）
1087	对讲分机	7501054		套			162.39
1088	报警主机	7501055		套			3247.86
1089	单向收费亭	7501056		个			25000
1090	双向收费亭	7501057		个			35000
1091	通信设备	7503					
1092	分插复用器 ADM	7503001		套			769230.77
1093	光纤线路终端 OLT	7503002		套			384615.38
1094	光纤网络单元 ONU（STM – 16 等级）	7503003		套			299145.3
1095	数字中继 REG	7503004		套			555555.56
1096	干线传输网管终端(含软件)	7503005		套			128205.13
1097	接入网网管终端(含软件)	7503006		套			85470.09
1098	便携式网管终端	7503007		套			17094.02
1099	光、数混合配线柜	7503008		套			12820.51
1100	维护终端桌椅	7503009		套			1709.4
1101	SPC 用户	7503010		套			769230.77
1102	告警箱	7503011		套			38461.54

序号	名　称	代　号	规　格	单位	单位质量（kg）	场内运输及操作损耗	单价(元)
1103	指令电话主机(数字录音终端系统)	7503012		台			38461.54
1104	话务员台	7503013		台			15811.97
1105	对讲电话主机(数字话机)	7503014		台			1367.52
1106	DTMF 电话分机	7503015		部			128.21
1107	配线架	7503016		台			6837.61
1108	传真机	7503017		台			2564.1
1109	打印机	7503018		台			2478.63
1110	紧急电话主控机、有线广播系统主机	7503019		套			85470.09
1111	隧道洞口紧急电话分机(光纤型,单主机)	7503020		部			4871.79
1112	隧道内紧急电话分机(光纤型,单主机)	7503021		部			4700.85
1113	紧急电话灯箱标志	7503022		套			427.35
1114	扬声器	7503023		套			341.88
1115	功率控制器	7503024		套			2136.75

序号	名　称	代　号	规　格	单位	单位质量（kg）	场内运输及操作损耗	单价(元)
1116	隧道外功率放大器设备箱	7503025		套			427.35
1117	音源设备	7503026		套			3418.8
1118	通信控制模块	7503027		套			4273.5
1119	集中控制器	7503028		套			5982.91
1120	广播主控台	7503029		套			25641.03
1121	数字音频解码器	7503030		套			12820.51
1122	切换控制器	7503031		套			4273.5
1123	功率放大器	7503032		套			2991.45
1124	音控器	7503033		套			1709.4
1125	收费亭扬声器	7503034		个			170.94
1126	背景广播设备机柜	7503035		个			2564.1
1127	开关电源	7503036		套			58119.66
1128	免维护蓄电池组	7503037		组			10683.76
1129	电源监控系统	7503038		套			17094.02
1130	监控设备	7505					
1131	综合控制台	7505001		套			38461.54
1132	监视墙	7505002		套			29914.53

序号	名 称	代 号	规 格	单位	单位质量（kg）	场内运输及操作损耗	单价（元）
1133	室内 LED 显示屏	7505003		套			34188.03
1134	液晶拼接系统	7505004		套			47008.55
1135	等离子拼接系统	7505005		套			34188.03
1136	显示屏拼接控制器	7505006		台			128205.13
1137	网络硬盘录像机	7505007		台			21367.52
1138	视频编解码器	7505008		台			12820.51
1139	视频数据叠加器	7505009		台			1068.38
1140	液晶监视器	7505010		台			4273.5
1141	网络控制键盘	7505011		套			5042.74
1142	19"标准机柜	7505012		台			3846.15
1143	小型可变信息标志	7505013		套			42735.04
1144	信息发布屏	7505014		套			68376.07
1145	门架式可变情报板	7505015		套			324786.32
1146	悬臂式可变情报板	7505016		套			152991.45
1147	隧道内悬挂式可变情报板	7505017		套			55555.56
1148	隧道内可变限速标志	7505018		套			12820.51
1149	气象检测站	7505019		套			213675.21

序号	名　称	代　号	规　　格	单位	单位质量（kg）	场内运输及操作损耗	单价(元)
1150	能见度/一氧化碳检测器	7505020		套			42735.04
1151	风速风向检测器	7505021		套			38461.54
1152	能见度检测器	7505022		套			42735.04
1153	光强检测器(亮度计)	7505023		套			47008.55
1154	光强检测器(照度计)	7505024		套			42735.04
1155	火灾报警主机	7505025		套			68376.07
1156	手动报警按钮	7505026		个			555.56
1157	光纤光栅感温火灾报警信号处理器	7505027		套			128205.13
1158	光纤光栅感温火灾探测器	7505028		套			21367.52
1159	光栅协议转换模块	7505029		套			17094.02
1160	双波长火灾报警控制器	7505030		套			102564.1
1161	双波长火焰探测器(报警综合盘)	7505031		套			14102.56
1162	点式感温探测器	7505032		台			299.15
1163	点式感烟探测器	7505033		台			299.15
1164	视频检测分析仪	7505034		台			102564.1

序号	名　　称	代　号	规　　格	单位	单位质量（kg）	场内运输及操作损耗	单价(元)
1165	微波车辆检测器	7505035		套			38461.54
1166	线圈车辆检测器	7505036		套			21367.52
1167	可编程控制器	7505037		套			47008.55
1168	太阳能供电系统	7505038		套			38461.54
1169	风光互补能供电系统	7505039		套			42735.04
1170	外场摄像机	7505040		套			17094.02
1171	隧道内摄像机	7505041		套			2564.1
1172	室内摄像机	7505042		套			2564.1
1173	设备机箱	7505043		套			1282.05
1174	车道控制标志	7505044		套			7264.96
1175	车行横洞指示标志	7505045		套			769.23
1176	人行横洞指示标志	7505046		套			769.23
1177	紧急停车带指示标志	7505047		套			769.23
1178	疏散指示标志	7505048		套			769.23
1179	电光诱导标志	7505049		个			299.15
1180	电光诱导控制器	7505050		套			8119.66
1181	电源转换器(AC220V 转 DC24V)	7505051		套			8547.01

序号	名　　称	代号	规　　格	单位	单位质量（kg）	场内运输及操作损耗	单价(元)
1182	交通信号灯	7505052		套			5128.21
1183	室内配电箱	7505053		个			683.76
1184	隧道内配电箱	7505054		个			854.7
1185	通风消防设备	7507					
1186	轴流风机	7507001		台			2564102.56
1187	中压软启动控制柜(含启动器)	7507002		台			128205.13
1188	电动排烟口	7507003		台			427350.43
1189	φ1120mm 射流风机	7507004		台			29914.53
1190	风机控制箱	7507005		台			21367.52
1191	软启动器	7507006		台			15384.62
1192	深井泵	7507007		台			81196.58
1193	消防水泵	7507008		台			41025.64
1194	潜污泵	7507009		台			12820.51
1195	水成膜泡沫灭火装置	7507010		套			5811.97
1196	SQ100 型水泵接合器	7507011		组			1709.4
1197	远传水位显示仪	7507012		台			3846.15
1198	室外消火栓	7507013		台			427.35

续前页

序号	名 称	代 号	规 格	单位	单位质量（kg）	场内运输及操作损耗	单价(元)
1199	供配电照明设备	7509					
1200	照明灯具	7509001	混光路灯汞灯400W,钠灯250W	盏		1	396.58
1201	路灯控制箱	7509002	半周长2m以内	个			101.71
1202	变压器	7509003		台			128205.13
1203	埋地式变压器	7509004		台			58119.66
1204	箱式变电站	7509005		台			170940.17
1205	高压开关柜	7509006		面			55555.56
1206	中压开关柜	7509007		面			42735.04
1207	高压电容补偿柜	7509008		面			42735.04
1208	低压配电柜	7509009		面			38461.54
1209	柴油发电机	7509010		台			128205.13
1210	EPS	7509011		台			38461.54
1211	UPS	7509012		台			55555.56
1212	ATS切换开关	7509013		台			25641.03
1213	调谐滤波柜	7509014		台			68376.07
1214	35kV高压进线柜	7509015		面			384615.38
1215	35kV高压避雷和电压互感器柜	7509016		面			299145.3

续前页

序号	名 称	代 号	规 格	单位	单位质量（kg）	场内运输及操作损耗	单价(元)
1216	35kV 高压计量柜	7509017		面			299145.3
1217	35kV 高压出线柜	7509018		面			384615.38
1218	35kV 高压联络柜	7509019		面			299145.3
1219	10kV 高压进线柜	7509020		面			85470.09
1220	10kV 高压避雷和电压互感器柜	7509021		面			68376.07
1221	10kV 高压出线柜	7509022		面			85470.09
1222	10kV 高压联络柜	7509023		面			68376.07
1223	直流屏	7509024		面			136752.14
1224	35kV 测控装置	7509026		台			256410.26
1225	10kV 测控装置	7509027		台			8547.01
1226	变电站综合自动化系统	7509028		套			128205.13
1227	通信处理装置	7509029		台			8547.01
1228	10kV 进线测控	7509030		台			10256.41
1229	变压器进线测控	7509031		台			10256.41
1230	低压总进线测控终端	7509032		台			2991.45
1231	低压测控装置	7509033		台			2991.45
1232	高杆灯杆	7509034		杆			51282.05

序号	名　称	代　号	规　格	单位	单位质量 （kg）	场内运输及 操作损耗	单价(元)
1233	中杆灯杆	7509035		杆			25641.03
1234	低杆灯杆	7509036		杆			4273.5
1235	照明配电箱	7509037		个			3846.15
1236	检修插座箱	7509038		个			683.76
1237	照明调光控制柜	7509039		台			2136.75
1238	光端机	7509040		对			2991.45
1239	电源箱	7509041		个			854.7
1240	控制箱	7509042		个			854.7
1241	金属钠灯泡(金属卤化物灯泡)	7509501		个			116.52
1242	镇流器	7509502		个			97.1
1243	启辉器	7509503		个			25.25
1244	像素管	7509504		个			15.54
1245	继电器	7509505		个			43.7
1246	日光灯管	7509506		个			36.8
1247	防雷接地系统	7511					
1248	信号避雷器	7511001		套			700.85
1249	视频避雷器	7511002		套			1444.44

序号	名　称	代号	规　格	单位	单位质量 （kg）	场内运输及 操作损耗	单价(元)
1250	单相电源避雷器	7511003		套			1282.05
1251	三相电源避雷器	7511004		套			1709.4
1252	避雷针	7511005		套			1282.05
1253	电源避雷装置	7511006		套			4273.5
1254	35kV 变电所防雷接地系统	7511007		项			128205.13
1255	备品备件及专用工具、测试设备	7513					
1256	试验检测设备	7515					
1257	软件	7517					
1258	应用软件	7517001		套			256410.26
1259	收费中心软件	7517002		套			42735.04
1260	MTC 站级软件	7517003		套			42735.04
1261	防病毒服务及中央控制端软件	7517004		套			17094.02
1262	MTC 入口车道应用软件	7517005		套			25641.03
1263	MTC 出口车道应用软件	7517006		套			25641.03
1264	称重配套系统软件及应用软件	7517007		套			12820.51
1265	标识点标识处理软件	7517008		套			76923.08
1266	标识点站级管理软件	7517009		套			34188.03

序号	名　称	代　号	规　格	单位	单位质量（kg）	场内运输及操作损耗	单价(元)
1267	标识点系统软件	7517010		套			6837.61
1268	监控中心软件	7517011		项			427350.43
1269	电力监控软件	7517012		台			85470.09
1270	监控管理软件	7517013		套			1709.4
1271	网络防病毒软件	7517014		套			12820.51
1272	防火墙	7517015		台			42735.04
1273	服务器操作系统	7517016		套			6837.61
1274	工作站操作系统	7517017		套			1367.52
1275	服务器数据库	7517018		套			30341.88
1276	其他	7519					
1277	容错服务器	7519001		套			170940.17
1278	服务器	7519002		套			34188.03
1279	磁盘阵列	7519003		台			47008.55
1280	工作站	7519004		台			7692.31
1281	激光打印机	7519005		套			10683.76
1282	彩色喷墨打印机	7519006		台			2290.6
1283	多串口卡	7519007		台			1367.52

序号	名 称	代 号	规 格	单位	单位质量（kg）	场内运输及操作损耗	单价(元)
1284	光盘刻录机	7519008		台			1521.37
1285	打印服务器	7519009		台			2290.6
1286	光纤收发器	7519010		对			2290.6
1287	1路数据光端机	7519011		对			2991.45
1288	多路视频光端机	7519012		对			8547.01
1289	多路视频/数据光端机	7519013		对			12820.51
1290	以太网交换机(10/100M)	7519014		台			7264.96
1291	三层、千兆以太网交换机	7519015		台			29914.53
1292	万兆以太网交换机	7519016		台			59829.06
1293	UPS	7519017		套			29914.53
1294	交流稳压器	7519018		套			12820.51
	（十一）养护管理设备						
1295	养护管理设备	7701					
1296	桥梁检测车	7701001		台			2991452.99
1297	路面铣刨机	7701002		台			1794871.79
1298	综合养护车	7701003		台			854700.85
1299	消防车	7701004		台			555555.56